鄂托克前旗年鉴

ᠣᠲᠣᠭ ᠤᠨ ᠡᠮᠦᠨᠡᠳᠦ ᠬᠣᠰᠢᠭᠤᠨ ᠤ ᠵᠢᠯ ᠦᠨ ᠳᠡᠪᠲᠡᠷ

（2022）

鄂托克前旗档案史志馆 编

黄河出版传媒集团
阳 光 出 版 社

图书在版编目（CIP）数据

鄂托克前旗年鉴. 2022 / 鄂托克前旗档案史志馆编
. -- 银川 : 阳光出版社, 2023.8
ISBN 978-7-5525-7037-3

Ⅰ. ①鄂… Ⅱ. ①鄂… Ⅲ. ①鄂托克前旗－2022－年鉴 Ⅳ. ①Z522.64

中国国家版本馆CIP数据核字(2023)第177066号

鄂托克前旗年鉴 2022　　鄂托克前旗档案史志馆 编

责任编辑　林　薇　金小燕
封面设计　王　婧
责任印制　岳建宁

黄河出版传媒集团
阳光出版社　出版发行

出 版 人　薛文斌
地　　址　宁夏银川市北京东路139号出版大厦（750001）
网　　址　http://www.ygchbs.com
网上书店　http://shop129132959.taobao.com
电子信箱　yangguangchubanshe@163.com
邮购电话　0951-5047283
经　　销　全国新华书店
印刷装订　银川市天彩印刷厂
印刷委托书号　（宁）0027217

开　　本　880 mm × 1230 mm　1/16
印　　张　22.5
字　　数　700千字
版　　次　2023年10月第1版
印　　次　2023年10月第1次印刷
书　　号　ISBN 978-7-5525-7037-3
定　　价　298.00元

鄂托克前旗名片

全国文明县城
国家卫生县城
国家园林县城
国家生态文明建设示范旗
全国民族团结示范旗
全国首批科普示范旗
全国科技进步先进旗
全国义务教育发展基本均衡旗
全国首批社会治理创新优秀地区
全国社会治理创新典范旗
全国节水型社会建设达标旗
国家级生态工业(煤化工)示范园区创建旗
国家数字乡村试点地区

自治区双拥模范旗
自治区平安建设先进旗
自治区法治政府建设示范旗
自治区民族团结进步创建示范旗
自治区国防教育基地
自治区中共党史教育 民族团结教育基地
自治区新时代文明实践中心建设试点旗
自治区农畜产品全产业追溯体系试点旗
自治区首家草原“三权分置”试点旗
自治区畜牧业全程机械化试点旗
自治区数字乡村试点旗
自治区蒙中医药先进旗
自治区首批“医养结合”示范基地
自治区第一批众创空间示范基地

古河套人发祥地
自治区民间文化艺术之乡
中国鄂尔多斯文化之乡
中国蒙古族三弦文化之乡
中国蒙古族筷子舞艺术之乡
中国鄂尔多斯博克(摔跤)之乡
中国鄂尔多斯婚礼文化传承基地
中国马文化保护基地
中国微电影拍摄基地
中国西部摄影家创作基地
中国绿色名旗
中国最佳休闲旅游目的地

城川民族干部学院名片

中组部干部党性教育基地备案目录
全国民族团结进步教育基地
中央社会主义学院教学基地
中央民族大学城川学院
中央民族大学学生实训基地
中央民族大学新生实训基地
上海交通大学社会实践基地
全国文明单位

内蒙古社会主义学院城川分院
自治区民族理论与政策研究基地
自治区统一战线教育培训基地
自治区干部教育培训基地
自治区直属机关工委党性教育基地
自治区公务员特色实践教育培训基地
自治区非公有制经济人士理想信念教育实践活动基地
自治区团干部教育培训基地
自治区文明单位
自治区第八批社科普及基地
自治区老促会教育培训基地

市党性教育基地
市直属机关工委党性教育基地
市公务员特色培训基地
市民族干部教育培训基地
市社会科学普及基地
市老促会教育培训基地

《鄂托克前旗年鉴(2022)》编审委员会

《鄂托克前旗年鉴(2022)》编辑部

编写说明

一、《鄂托克前旗年鉴（2022）》是由鄂托克前旗档案局、鄂托克前旗档案史志馆组织编写的地方综合性年鉴。

二、《鄂托克前旗年鉴（2022）》的编写宗旨是以马克思列宁主义、毛泽东思想、邓小平理论、“三个代表”重要思想、科学发展观和习近平新时代中国特色社会主义思想为指导，坚持辩证唯物主义和历史唯物主义的立场、观点和方法，全面、系统、准确地记载鄂托克前旗自然、政治、经济、社会、文化和生态文明等领域的基本情况和发展变化，为各级党委政府的正确决策提供参考借鉴，为社会各界群众了解鄂托克前旗提供翔实准确的地情资料。

三、《鄂托克前旗年鉴（2022）》记述时间为2021年1月1日至2021年12月31日，部分内容适当上溯或下延。本年鉴采用分类编辑法，基本结构分类目、分目、副分目、条目四个层次。类目框架主要以政治、经济、社会、文化、生态文明“五位一体”和“美丽乡村”六个方面的建设发展为基础，加以“专题综合”和“附录”两个辅助类目共八大类构成。

四、“视觉鄂前旗”以图片的形式，形象反映鄂托克前旗统筹推进“五位一体”“美丽乡村”建设以及提升人民生活水平等方面取得的显著成就。

五、“特别报道”主要刊载部分主流媒体宣传报道鄂托克前旗的稿件。

六、本年鉴行文所使用的标点符号、数字用法、计量单位均遵循国家相关规定。

七、本年鉴中的资料、数据均由各部门、镇和部分企事业单位提供，并经单位主要领导审核确认。同类数据若有出入，则以法定统计数据为准。

数说2021

土地总面积(平方千米)	12220.9436
森林总面积(公顷)	295181
·森林覆盖率(%)	24.15
·人工造林(公顷)	4620
草原总面积(公顷)	1052860
户籍总人口(人)	81709
·农村人口(%)	70.5
·蒙古族(%)	29.7
·男性(%)	50.2
·女性(%)	49.8
·出生率(‰)	8.16
·死亡率(‰)	4.77
·人口自然增长率(‰)	3.39
常住人口(人)	81709
·城镇化率(%)	60.3
·城镇登记失业率(%)	3.39
三次产业比例	8.4∶70.1∶21.5
地区生产总值(亿元)	198.55
·第一产业增加值(亿元)	16.69
·第二产业增加值(亿元)	139.22
·第三产业增加值(亿元)	42.64
人均地区生产总值(万元)	21.2236
全部工业增加值增速(%)	17.8
·规上企业主业收入(亿元)	160.9
工业发电量(亿千瓦时)	99.9
煤炭探明储量(亿吨)	142
·原煤产量(万吨)	1572
·焦炭产量(万吨)	105.3
天然气探明储量(亿立方米)	8620
·天然气开采量(亿立方米)	57.7
农业总产值(亿元)	15.930766
农作物总播面积(万公顷)	5.639762
·粮食作物面积(万公顷)	2.52778
·经济作物面积(万公顷)	2.967333
·饲草料作物面积(万公顷)	2.5053
·粮食总产量(万吨)	11.82685
·蔬菜产量(万吨)	7.74442
牧业年度家畜总数(万头只)	145.63
·肉类总产量(万吨)	2.01459
·奶产量(万吨)	0.85
农村用电量(万千瓦时)	28461.9
农业机械总动力(万千瓦时)	28.83104
·机耕面积(万公顷)	4.0767
·机播面积(万公顷)	3.7240
·机灌面积(万公顷)	5.3627
全社会固定资产投资增速(%)	25.1
·国有经济控股增速(%)	36.1
·第一产业完成投资增速(%)	– 68.5
·第二产业完成投资增速(%)	37.5
·第三产业完成投资增速(%)	–29.3

公共财政预算收入(亿元)	12.302
公共财政预算支出(亿元)	34.8297
社会消费品零售总额(亿元)	25.26
·城镇(%)	77
金融机构存款余额(亿元)	67.62352
金融机构贷款余额(亿元)	48.52441
邮电业务收入(亿元)	0.87181
·手机用户(万户)	10.3456
·宽带用户(万户)	2.3231
城镇居民人均可支配收入(元)	51549
农村居民人均可支配收入(元)	24380
恩格尔系数(%)	27
参加基本养老保险(人)	13958
参加基本医疗保险(人)	58115
城乡最低生活保障(人)	2032
普通中学(所)	2
九年一贯制学校(所)	1
民族职业高中(所)	1
完全小学(所)	6
在校学生(人)	10441
公办幼儿园(所)	10
民办幼儿园(所)	5
在园幼儿(人)	3300
医疗卫生机构(个)	102
·专业公共卫生机构(个)	3
·公立医院(个)	2
·基层医疗卫生机构(个)	95
·其他医院(个)	2
每千人拥有执业医师(人)	2.85
每千人拥有注册护士(人)	2.41
每千人拥有诊疗床位(张)	5.47
国家一级文化馆(群众艺术馆)(个)	1
国家一级图书馆(个)	1
镇综合文化活动站(个)	4
村标准文化活动室(个)	68
民间文艺组织(个)	40
示范文化户(户)	184
草原书屋(个)	72
公路总里程(千米)	3250.66
·高速公路(千米)	86.485
·一级公路(千米)	120.54
·二级公路(千米)	430.598
·三级公路(千米)	413.858
·四级公路(千米)	2199.179
铁路总里程(千米)	140.834

▲ 2021年6月30日，干部群众在鄂托克前旗马兰花广场庆祝建党100周年　　（文旅局　摄）

▲ 2021年9月10日，鄂托克前旗百名在职党员进社区为群众办实事活动启动　　（满都拉社区　摄）

▲ 2021年2月23日，中国人民政治协商会议鄂托克前旗第十届委员会第五次会议召开

（融媒体中心　摄）

▲ 2021年10月21日，鄂托克前旗委议军会议暨国防动员委员会全体会议召开　（人武部　摄）

▲ 2021年5月19日，鄂托克前旗老干部服务中心举行鄂尔多斯市老年大学鄂托克前旗分校揭牌仪式。市老年大学校长刘岳增（左3）在揭牌仪式上致辞 （老干部服务中心 摄）

▲ 2021年12月27日，鄂托克前旗老年大学首个分校在上海庙镇马兰花社区挂牌成立

（老干部服务中心 摄）

▲ 2021年5月，鄂托克前旗委编办为新组建事业单位鄂托克前旗公用事业服务中心揭牌

（张琳琳　摄）

▲ 2021年6月30日，鄂托克前旗举行“永远跟党走”庆祝中国共产党成立100周年系列活动，旗领导为“光荣在党50年”50名老党员集中颁授纪念章

（老干部服务中心　摄）

▲ 鄂托克前旗举办无党派人士认定仪式　　（统战部　摄）

▲ 2021年9月18日，在学校举行鄂托克前旗全民国防教育日宣传　　（人武部　摄）

▲ 2021年6月1日，鄂托克前旗在马兰花广场开展“安全生产月”“安全生产万里行”启动仪式

（应急管理局　摄）

▲ 2021年9月29日，鄂托克前旗旗委书记、二级巡视员王羽强带队赴内蒙古农业大学签署长期合作框架协议

（融媒体中心　摄）

▲ 2021 年 10 月 17 日，鄂托克前旗人民政府副旗长尤建庆带队赴华中农业大学签署共建智慧农业实验室合作框架协议 （大数据中心　摄）

▲ 2021 年 11 月 26 日，鄂托克前旗光伏制氢一体化示范项目举行开工仪式 （上海庙经济开发区　摄）

▲ 2021年12月，国电双维内蒙古上海庙能源有限公司实施的国电双维2×1000MW空冷超超临界发电工程项目第一台机组投入运行　（上海庙经济开发区经济发展局万涛　摄）

▲ 2021年，鄂托克前旗民营企业“金秋助学”贫困大学生资助仪式 （工商联 摄）

▲ 2021年9月29日，鄂托克前旗文化产业园——大学生创业（孵化）园“职为你来 就在金秋”大型专场招聘会 （就业服务中心 摄）

▲ 2021年4月23日，鄂托克前旗妇女联合会在昂素镇举行首个牧户“儿童之家”挂牌仪式暨宣传教育活动 （妇联 摄）

▲ 2021年11月8日，鄂托克前旗公用事业服务中心环卫工人集中除雪作业

（公用事业服务中心 摄）

▲ 2021 年 9 月 14 日，鄂托克前旗首个乡村振兴人才工作站——昂素镇畜牧业社会化服务人才工作站揭牌仪式

▲ 2021 年 9 月 21 日，鄂托克前旗兽医院暨兽医社会化服务中心启动仪式在昂素镇举行

（娜顺其木格　摄）

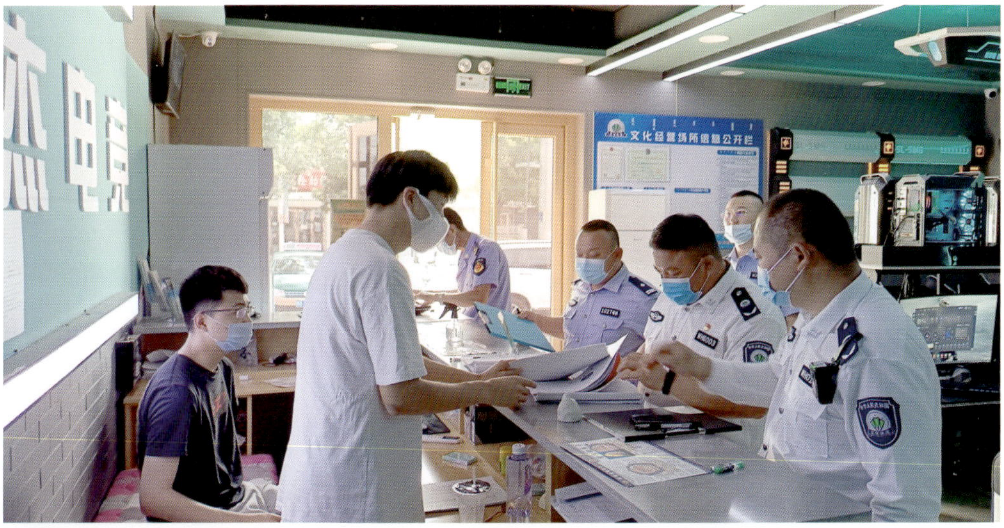

◀ 2021年8月18日，鄂托克前旗文化市场综合行政执法局联合公安局、网信办等部门对网吧开展专项检查

（杨晓娥　摄）

◀ 2021年9月10日，鄂托克前旗市场监管局检验检测人员在超市抽检农产品

（市场监管局　摄）

◀ 2021年6月8日，鄂托克前旗能源局夜间突击检查某洗煤厂安全生产情况

（能源局　摄）

▲ 2021年9月10日，鄂托克前旗教师节表彰大会全体与会人员合影　　（融媒体中心　摄）

▲ 2021年12月7日，鄂尔多斯市第一中学与鄂托克前旗第一中学举行结对共建办学签约仪式

（李艳梅　摄）

▲ 2021年5月27日，鄂托克前旗“加强民族法治宣传教育 铸牢中华民族共同体意识”主题书法摄影作品展

（文联　摄）

▲ 2021年6月18日，内蒙古自治区社会科学普及基地揭牌仪式在城川干部学院举行

（城川干部学院　摄）

▲ 2021年10月10日，“兴源水务杯”鄂托克前旗第三届非公有制经济运动会在旗全民健身中心开幕

（工商联　摄）

▲ 2021年6月25日，社会各界人士到鄂托克前旗档案史志馆参观鄂尔多斯南京知青纪念馆

（档案史志馆　摄）

▲ 2021年11月10日，“地方志 年鉴 进军营 进图书馆”赠书仪式在鄂托克前旗档案史志馆举行

▲ 2021年4月28日，市级马文化传承人葛巴图在鄂托克前旗青少年活动中心进行传习讲课，200多名小朋友及老师参加本次活动。

（文化和旅游局　摄）

▲ 2021 年 5 月 12 日，鄂托克前旗应急管理局在旗职业中学开展 5·12 防灾减灾宣传活动，在旗海军希望小学开展应急救援知识演练　　（应急管理局　摄）

▲鄂托克前旗巴彦希泊日草原　（乌日汗　摄）

▲2021年12月8日，鄂托克前旗生态环境监测站开展自认定和能力验证工作

（生态环境分局　摄）

▲2021年5月13日，鄂托克前旗举办鄂尔多斯四季赏花·夏季赏花度假暨“马兰花开锦·醉美鄂前旗”系列文旅活动

（林草局　摄）

▲2021年4月12日，鄂托克前旗人武部在昂素镇开展植树造林　（人武部　摄）

◀2021年12月25日，鄂尔多斯市开展全市新冠病毒检测应急演练，敖勒召其镇同步进行。此次应急演练在全镇共设有12个采样点，其中6个城镇社区设立9个采样点，3所学校设立3个采样点、42个通道

（李鹏飞　摄）

▶2021年11月6日，鄂托克前旗公安民警在大雪天气里开展疫情防控工作

（公安局　摄）

▲2021年11月5日，鄂托克前旗总工会慰问支援额济纳旗疫情防控一线公安干警家属

（公安局　摄）

▲2021 年 8 月，呼芦素淖日村农民在田地里劳作 （张峰 摄）

▲2021 年 9 月 18 日，鄂托克前旗气象局工作人员到城川镇开展气象服务调研 （伊布格乐 摄）

▲城川镇一户村民新建羊棚投入使用

（思军宇　摄）

▲瑞康农牧业有限责任公司是敖勒召其嘎查种羊基地，是集良种繁育、种羊推广、合作销售为一体的养殖企业

（李鹏飞　摄）

目　录

CONTENTS

专题综合

旗情概况

政治建设

中共地方委员会

党性教育

人民代表大会

人民政府

政治协商

经济开发

工业

农牧业

服务业

非公经济

社会事业

社会保障

社会团体

文化建设

社会主义核心价值

文化广播电视

文化旅游

教育体育

科学技术

档案方志

生态文明建设

水

森林草原

生态环境

人居环境

美丽乡村建设

脱贫攻坚

敖勒召其镇

上海庙镇

城川镇

昂素镇

附 录

荣 誉

企业选介

特　载

鄂托克前旗旗委工作报告（摘编）

——在鄂托克前旗旗委九届二十次全会暨全旗经济工作会议上的讲话

旗委书记　布仁其木格

（2021年1月20日）

刚刚过去的2020年，是决战脱贫攻坚、决胜全面建成小康社会和“十三五”完美收官之年。这一年，旗委常委会坚持以习近平新时代中国特色社会主义思想为指导，团结带领全旗上下在困局中艰难起步，在变局中主动作为，扎实推进“六稳”工作，全面落实“六保”任务，经济社会在逆势中保持了繁荣发展的良好态势。预计全年地区生产总值增长0.5%，高于全市平均水平5.2个百分点；固定资产投资增长10%，高于全市平均水平4个百分点；公共财政预算收入增长0.3%；城乡居民人均可支配收入分别增长1%和7%，农牧民人均可支配收入继续保持全市领先。

一是始终坚定正确政治方向。坚持强化理论武装，深入学习贯彻党的十九届五中全会精神和习近平总书记对内蒙古的重要讲话重要指示批示精神，引领各级党组织和党员干部始终同以习近平同志为核心的党中央保持高度一致，保证全旗各项工作始终在正确方向上前进。聚焦解决突出思想认识问题，通过组织召开专题民主生活会、学习研讨会等形式，系统研讨习近平总书记关于推动高质量发展、以人民为中心、民族团结工作等重大思想理论，引导各级干部深入反思纠偏、全面研究整改、提升工作质量。坚持以中央精神和自治区、市委决策部署谋划发展，制定了贯彻落实习近平总书记参加内蒙古代表团审议时重要讲话精神的实施方案，组织召开旗委常委会会议25次、书记专题会议19次，谋划部署各项重点工作，持续抓好上级各类督查反馈意见的整改落实，切实以思想到位和行动对标践行“两个维护”。

二是扎实推动经济平稳向好。深入贯彻新发展理念，链条式推进三产融合发展，全年实施各类项目77项，完成投资70亿元，地区经济高质量发展的基础更为殷实。工业经济提质加速。2019年启动实施“重大项目三年攻坚行动”以来，我们抢抓机遇，上紧发条，铆足干劲，下大气力推进项目建设，上海庙能源化工基地“扩区调区”工作获得自治区人民政府批复，鄂西物流煤炭储配交易额达3亿元，总产能2210万吨的6座煤矿获得核准，盛鲁电厂向山东输电22亿千瓦时，国电4×100万千瓦和长城2×100万千瓦电厂加速建设，华星煤制气正在办理核准，恒坤化工捣固焦二期和雅海LNG项目快速推进，碳化硅陶瓷、石英砂项目建成投产，提前一年完成了“重大项目三年攻坚行动”目标任务，煤炭、煤化工、天然气产量分别达1590万吨、93万吨、53亿立方米。现代农牧业发展势头强劲。全年投入5800多万元持续优化产业结构，优质蔬菜瓜类种植面积近7万亩，林果经济突破2万亩，全市最大单体育苗基地建成投用，全市最大冷链物流园加速建设，新型经营主体带动农牧民户均增收近1万元，“鄂托克前旗羊肉”区域公用品牌在第十八届中国国际农产品交易会上发布，鄂托克前旗辣椒、炒米、牛肉、羊肉入选全国名特优新农产品名录，与顺丰合作开展大型无人机牛羊肉运输，各类绿色优质有机农畜产品远销全国。现代服务业多点开花。红色培训、红色研学发展如火如荼，全域打造了60多个红色研学点，红色教育集训中心、场景式教学馆即将建成，挂牌自治区红十字人道文化传播与生命健康安全教育基地，被评为首批自治区级青少年综合实践营地，全年接待培训学员14.4万人次。水洞沟、大沙头、马兰花草原等景区功能日益完善，红色旅游入选全国红色旅游发展典型案例，游客年接待量突破70万人次，实现旅游收入21亿元。

三是打赢打好三大攻坚战。紧扣如期完成决战决胜目标任务，一鼓作气，尽锐出战，三大攻坚战取得决定性成就。脱贫攻坚完美交卷。积极落实各类兜底性保障政策，全旗嘎查村集体经济收入全部达到5万元以上，10万元以上占比达53%，建立了防止返贫监测和帮扶机制，为全旗建档立卡的365户897名贫困人口和边缘户购买了“防贫保”，所有贫困人口全部脱贫，敖镇马场井村获评全国美丽搬迁安置区。生态环境多维治理。全面落实河湖长制，统筹推进山水林田湖草系统治理和生态修复，不断加大对工矿企业、油气开发以及农村牧区面源污染的整治力度，全旗森林覆盖率达23.9%，畜禽粪污资源化利用率达95%，空气质量达标天数达340天以上，集中式饮用水源地水质均达到地下水三类标准，城川镇巴彦希里嘎查和大沟湾村获评国家森林乡村。重大风险有效防控。牢固树立“过紧日子”的思想，进一步优化收支结构，从严压缩一般性支出，持续用好厚植财源、资产处置等化债举措，累计化解债务5.6亿元，企业无分歧账款全部清偿，守住了不发生系统性金融风险底线。

四是有效激活地区发展动能。始终坚持把增强地区发展活力、动力、竞争力作为重要抓手，支撑地区发展的环境更优、氛围更浓。全面深化改革实现新突破。年初确定的37类177项改革任务全部完成，制定出台各类改革方案文件40份，形成改革成果42项，“数字乡村”改革列为国家级试点，乡村振兴“一张图”平台、羊绒专业合作社推广光控增绒技术等示范性改革走在了全市前列，旗政务服务局获评国家节约型公共机构示范单位。城乡发展面貌实现新改观。大力推进品质城镇建设，完善了市政管网、水电气暖、网络通信等基础设施建设，建成投用了植物园，建成区绿地率、绿化覆盖率分别达到38%、42%。大力全面推进乡村振兴，实施各类项目190多项，打造示范嘎查村5个，完成户厕改造2057户，4个镇污水处理厂全部建成，乡村振兴的要素保障更加丰富多元。基础设施建设取得新进展。着力补齐交通基础设施短板，鄂托克前旗通用机场完成飞行594架次、旅客吞吐量3800多人次，至呼和浩特航线即将通航；昂素至城川、城川至三段地红色旅游公路具备通车条件，公路通车总里程达

3825公里，互联互通的交通网络已经形成。

五是不断提升群众幸福指数。始终把人民群众对美好生活的向往作为矢志追求的目标，立足建旗40周年重要契机，完成民生投入15.4亿元，倾力办好了一批群众关心关注的实事好事。疫情防控坚决有力。坚持人民至上、生命至上，坚决扛起疫情防控重大政治责任，组织动员党员干部、志愿者2800多名，下沉各堵卡点蹲点值守，构建起联防联控、群防群控的防控体系，唯一确诊的患者健康出院，疫情防控工作实现了由应急超常规防控向常态化防控转变。社会事业持续繁荣。第三完全小学建成开课，城川幼儿园、昂素小学教师周转宿舍全部完工，初高中升学率再创新高；基层医疗卫生机构功能不断完善，旗蒙医院新院即将投用，获评全国计划生育优质服务先进单位、全国基层中医药先进单位；一大批建旗40周年文化盛宴深入人心，常态化文化活动惠及群众达30万人次，“六十棵榆树祭”入选第五批国家级非物质文化遗产名录，上海庙镇文化站获评自治区一级文化站。社会保障全面覆盖。城镇新增就业965人，城镇登记失业率为3.05%，发放城乡低保资金852万元、惠及低保户1328户，农牧民养老保险和合作医疗基本实现全覆盖，累计解决房地产历史遗留项目8个1475套，社会保障指标位居全区前列。社会大局稳定可控。深入实施“泰稳和德”社会治理工程，深化平安鄂托克前旗建设，扎实开展扫黑除恶专项斗争，治安案件和刑事案件发案率分别下降10.4%和15.7%，城川镇黄海子村获评全国民主法治示范村、全国乡村治理示范村，中央巡视组移交信访案件化解率位居全市前列，依法稳妥处置了宗教领域突发事件，筑牢了社会稳定的铜墙铁壁。

六是持续加强民主政治建设。旗委常委会坚持统筹推进党政军群协同高效发展，与时俱进开展人大工作，对涉及全旗改革发展稳定的重大事项作出决议决定7项，配合开展了9部法律法规的检查和立法调研工作，“人大代表之家”和“人大代表联络站”作用充分发挥。全力支持政协参政议政，确定了8项重点年度协商计划，推动协商民主广泛多层、制度化发展。坚持党管武装原则，深入开展全民国防教育，高标准推进国防教育展厅建设，获评自治区双拥模范城。扎实推进依法治旗工作，年初确定的58项工作任务全部完成，法治政府建设迈出坚实步伐。紧扣铸牢中华民族共同体意识，高质高效推进国家统编教材使用，扎实开展民族团结进步宣传教育，昂素镇巴彦乌素嘎查获评中国少数民族特色村寨。常态化推进“草原额吉”结对帮扶工作，表彰奖励73名劳动模范和先进工作者，58家“青年爱里”实现了服务全覆盖，群团组织的整体工作水平明显提高。

七是持续加强党的执政基础。坚决贯彻新时代党的建设总要求，扛牢扛稳全面从严治党重大政治责任，构建新时代党建工作新格局。基层基础全面夯实。坚持把党的政治建设摆在首位，统筹抓好农村牧区、非公企业等各领域党建，高标准创建“最强党支部”67个，动态评定星级党组织108个，打造覆盖全领域的党员政治生活驿站12个，高质量推进嘎查村社区“两委”换届工作，基层党组织战斗堡垒作用全面增强。意识形态阵地日益巩固。组织旗委理论学习中心组学习14次，开展学习宣讲活动520多场次、覆盖3.8万人次。坚决落实意识形态工作责任制，成功举办全市新时代文明实践中心试点工作现场推进会，严格规范各级各类阵地管理，全力维护好了意识形态领域安全。正风反腐成效明显。扎实推进人防系统、基层“微腐败”等重点领域专项治理工作，共受理处置问题线索232件，立案62件69人。率先在全市推广应用了“三务公开+民生”监督平台，实现了以案促改全覆盖，3597名干部被评为“清风干部”，全旗政治生态持续向好。煤炭领域违规违法问题专项整治扎实推进。组建了20个专项组和工作专班，建立了日排查、周调度、月汇总、季分析工作机制，自治区巡视反馈问题和集中核查发现问题加快整改，追缴资金3.35亿元。瞄准薄弱环节，制定了涉及煤矿建设和安全监管制度4项，从源头上堵塞了漏洞。

一年来，旗委常委会始终坚持不懈加强自身建设，带头增强“四个意识”、坚定“四个自信”、做到“两个维护”，认真贯彻民主集中制，带头严于律己、清正廉洁，联系群众、改进作风，强化学习、深入调研，以身作则营造良好政治生态。同时，常委会也认识到，在领导工作、自身建设等方面，仍然存在一些差距和不足：学懂弄通习近平总书记重要讲话重要指示批示精神不够到位，理论指导实践、推动工作还有差距；研究破解经济转型重大课题，走好高质量发展新路子仍有不足；推进全面从严治党，引导干部担当做得还不够有力。对于这些问题，旗委常委会将采取有效措施予以改进。希望同志们一如既往支持常委会工作，齐心协力把鄂托克前旗的事情办得更好。

同志们，“历尽天华成此景，人间万事出艰辛”。2020年，注定因攻坚克难而刻骨铭心、因拼搏奋斗而荡气回肠。我们共同亲历了太多的艰难、太多的感动，也共同见证了鄂托克前旗顶住压力、逆势而上的坚实足迹！这一年，我们披荆斩棘、锐意进取，内蒙古第一台百万机组并网发电，“煤从空中走，电送鲁东南”的愿景成为现实，带有鄂托克前旗地理标识的农畜产品走向了全国市场，红色培训、红色研学扬名区内外，经济发展实现了正增长，成功上榜2020中国西部百强县市。这一年，我们不忘初心、牢记使命，经受了比以往更严峻的考验，完成了比以往更繁重的任务，破解了比以往更复杂的难题，获评国家生态文明建设示范县、蝉联全国文明县城，让鄂托克前旗开启社会主义现代化新征程的步伐坚实有力！在此，我们要为有担当、有作为的鄂托克前旗党员干部喝彩，向能干事、干成事的鄂托克前旗人民致敬！

政府工作报告（摘编）

——在鄂托克前旗十届人大五次会议上的讲话

代旗长 吴 云

（2021年2月24日）

一、2020年工作回顾

2020年，我们以习近平新时代中国特色社会主义思想为引领，在市委、市政府和旗委的坚强领导下，在旗人大、政协的监督支持下，统筹推进疫情防控和经济社会发展，较好地完成了“十三五”收官之年的各项任务。一年来，主要做了以下工作。

一是着力稳增长、促投资，经济运行平稳回升。主要经济指标在第三季度恢复到2019年同期水平，地区生产总值完成140.5亿元，农村牧区人均可支配收入总量和增速继续保持全市前列，城镇登记失业率3.05%，低于市定目标1.45个百分点。创新实行“点对点”一站式服务机制，开通企业返岗直通车，率先恢复驻旗企业和项目生产建设秩序。全年实施各类重点项目77项，完成投资70亿元，固定资产投资增长10%。

二是着力抓项目、调结构，绿色发展提质增效。上海庙能源化工基地“扩区调区”获得自治区批复，盛鲁电厂建成投产，长城电厂、国能上海庙电厂开工建设，榆树井煤矿入选国家绿色矿山名录。投入5889万元调整优化农牧业产业结构，鄂托克前旗成功入选国家数字乡村建设试点，马场井被评为全国“十三五”易地扶贫“美丽安置区”，红色旅游发展入选全国典型案例，获评第四批国家生态文明建设示范旗。

三是着力惠民生、办实事，百姓福祉持续增进。脱贫攻坚决战决胜，662户1731人建档立卡贫困人口全部脱贫，在全面建成小康社会的路上，没有一户落下，没有一人掉队。教育教学条件进一步改善，蒙古族小学开工建设，第三完全小学建成开课。医疗卫生服务更加普惠，合作医疗实现全覆盖。城乡低保、社保实现应保尽保，社会保障指标位居全区前列。成功蝉联全国文明县城荣誉称号，群众幸福指数显著提升。

四是着力抗疫情、保平安，群众健康守护有力。坚持人民至上、生命至上，迅速打响疫情防控阻击战，构建起联防联控、群防群控的防控体系，2800多名志愿者、公安干警、党员干部日夜坚守在社区和卡口，15名医护人员精心救治，唯一确诊患者健康出院，实现无新增、零扩散。旗医院、蒙医综合医院核酸检测实验室通过验收，可在3天内完成全旗所有群众核酸检测。周密部署秋冬季疫情防控工作，开展重点人群疫苗接种，建立了常态化疫情防控机制。

五是着力转作风、提效能，自身建设不断加强。把学习贯彻习近平新时代中国特色社会主义思想作为首要政治任务，扎实推进全面从严治党，全力做好巡视整改、专项整治等各项工作。自觉接受人大、政协和社会监督，78件代表建议、委员提案全部办复，主动公开政府信息13000多条。人大代表票决的8件民生实事全部完成。与此同时，国防动员、民主法制、民族宗教、统计、档案、人防、气象、妇女儿童、老龄事业等工作均取得明显进步。

总结2020年的各项工作，困难比预料中多，取得的成效比预期要好。回顾整个“十三五”的发展变化，我们经受住了考验，付出了艰辛，创造了辉煌。“十三五”期间，我旗地区生产总值年均增长7.1%，人均GDP达到19.24万元，成功上榜中国西部百强县市名单。按照最新统计数据，一般公共财政预算收入由2017年的8.01亿元增加到2020年的11.9亿元，年均增长14%。城乡收入差距进一步缩小，农村牧区人均可支配收入连续15年居全市首位。固定资产投资累计完成超500亿元，引进实施亿元以上重大项目62项，一批优质税源加速成长。经过全旗上下的共同努力，“十三五”规划确定的目标任务基本完成，为我们在新发展阶段全面推进现代化鄂托克前旗建设奠定了坚实基础。

这些成绩的取得，是习近平新时代中国特色社会主义思想举旗定向、卓越引领的结果，是历届旗委、政府传承接续、久久为功的结果，是旗委正确领导、科学决策的结果，是旗人大、政协关心支持、有效监督的结果，是全旗上下团结拼搏、苦干实干的结果。在此，我代表旗人民政府，向全旗人民，向人大代表、政协委员，向各民主党派、工商联和无党派人士，向离退休老干部、老同志，向公安民警、驻旗部队官兵，向奋战在防控一线的战“疫”英雄，向所有关心、支持和参与鄂托克前旗改革发展的社会各界朋友，表示衷心的感谢，并致以崇高的敬意！

在看到成绩的同时，我们也更加清醒地认识到，经济社会发展中还存在着一些不容忽视的问题。一是经济总量小、边远、欠发达依然是最现实的旗情，工业项目正处于集中建设阶段，带动效应尚未显现；农牧业初加工、深加工能力不足，产品初级化特征明显、附加值低，农牧民在产业链上付出的最多，但收益空间最小；文化旅游融合程度不深，市场主体参与机会少，积极性不高，经济贡献不足。二是民生领域仍有许多短板和弱项，城乡公共资源占有不均衡，公共服务的精准化水平与多样化的民生需求还有差距；生态文明建设与环境保护任重道远，生态文明成果尚未转化为发展效益，生态产业化程度不高。三是思想解放不充分，一些公务员的思维方式、精神状态、工作作风还未完全跟上发展节奏，特别是在优化营商环境方面，缺乏全局思考和战略性眼光，与企业和群众要求、发展需求差距较大。对此，我们将不回避、不畏难、不懈怠，切实加以解决。

二、“十四五”时期经济社会发展主要目标任务

按照旗委《关于制定国民经济和社会发展第十四个五年规划和二〇三五年远景目标的建议》，我们编制了《鄂托克前旗国民经济和社会发展第十四个五年规划和二〇三五年远景目标纲要（草案）》，提请本次大会审议。

“十四五”时期，是开启全面建设社会主义现代化国家新征程、向第二个百年奋斗目标进军的第一个五年，也是我旗厚积薄发、后发赶超的关键时期。站在新起点，融入新格局，实现新发展，我们有坚定的信心和充足的底气，这一信心来源于多年接续奋斗积累的好基础，来源于长期不懈努力积聚的好势头，更来源于全旗上下人心思进、干劲十足的好氛围。一定要看到，我们正处于加快发展的机遇期。这些年来，我们引进实施了一批重大产业项目，有些已经建成投产，多数将在“十四五”期间投产达效。特别是在国家碳达峰、碳中和决策和自治区能耗双控要求大背景下，我们的在建煤矿均符合绿色矿山标准，火电项目污染排放量低于国家标准一半以上，耕地、草牧场开发利用强度低，土壤、空气和水的洁净度高，低碳发展空间较大，加快发展条件成熟。一定要看到，我们正处于开放发展的机遇期。我们拥有其他地区不可比拟的区位优势，要把这种优势转化成发展优势，必须在区域协作上有“话语权”。这些年来，我们突出重点、攻坚突破，红色旅游、现代农牧业、煤基产业快速发展，地区影响力不断提升，具备了开放协作的能力，也迫切需要通过开放协作更新发展思想和路径，跳出鄂托克前旗谋划和推动经济发展。一定要看到，我们正处于创新发展的机遇期。随着大企业、大项目引进落地，企业研发创新、设备更新和新技术应用等需求日益旺盛，与我们打造以集群化、高端化、品牌化、

绿色化为特征的产业形态不谋而合，自治区大力实施“科技兴蒙”行动，更为我们围绕自身的产业链需求打造创新链，深化大众创业、万众创新，大胆探索自己未来发展之路提供了新动力。这些机遇，是我们鄂托克前旗自己创造的，也是大环境大形势赋予的，我们必须牢牢抓住，主动思考、主动作为，全方位厚植发展优势，破解发展难题，努力实现更高水平、更有品质的发展。

未来五年，我们要围绕建设草原文明城、品质鄂托克前旗，全力抓好经济社会高质量发展重点任务。一是全力提升产业发展品质。聚焦建设绿色低碳发展示范旗、农牧业现代化示范旗、红色研学旅游融合发展示范旗和区域协作发展示范旗，大力发展现代能源经济，深入实施乡村振兴战略，创新发展红色研学旅游，积极培育数字经济新业态，推动经济社会发展绿色化、低碳化，提高经济附加值，产业高端、绿色低碳的高质量发展格局基本形成。二是全力提升城乡建设品质。统筹推进各镇错位式发展、农村牧区田园式发展，持续更新产业形态、生活环境和配套功能，使各镇空间骨架与产业空间布局高度契合，城镇建设与产业发展协调推进，城镇体系与区域功能定位相一致、与生产力布局相匹配，协调互补、全面融合的城乡一体化发展格局基本形成。三是全力提升民生保障品质。将人民群众对美好生活的向往，切实转化为民生目标，像抓经济建设一样抓民生保障，像落实发展指标一样落实民生任务，每年用于改善民生的公共财政支出不低于三分之二，不断织牢民生保障网，让改革发展成果更多、更好、更公平地惠及民生，让每一个鄂托克前旗人的梦想都变得触手可及，普惠共享、宜居宜业的民生发展格局基本形成。四是全力提升政府治理品质。坚持以人民为中心的发展思想，加强政府治理的标准化、高效化和可视化建设，推进政治、法治、德治、自治、智治“五治融合”，让有效的政府治理与生动的社会表情同频共振，打造人人有责、人人尽责、人人享有的社会治理共同体，充满活力、和谐有序的现代化治理格局基本形成。

三、扎实做好2021年各项工作

今年是实施“十四五”规划的第一年。综合考虑各方面因素，全年经济社会发展的主要预期目标是：地区生产总值增长6%左右，公共财政预算收入增长3%左右，社会消费品零售总额增长3%左右，固定资产投资增长13%左右，城乡常住居民人均可支配收入分别增长6%和8%左右，单位GDP能耗努力完成市级下达任务。实现上述目标，重点做好以下工作。

（一）坚持高起点建设，推动现代能源经济扩量升级。工业是强旗之基，必须主动顺应国家能源革命大趋势，持之以恒推动重大工业项目建设，培育新产业，集聚新动能，打造新增长极。提升煤炭安全、绿色供应能力。落实国家煤炭保供要求，加快办结新上海一号、巴愣等6座煤矿采矿证，启动鹰骏三号煤矿手续办理，力争所有煤矿合法合规生产。持续推进绿色矿山、智慧矿山建设，加快煤矿智慧化改造，年内新增绿色矿山1座。提升煤炭就地、高效转化能力。年内建成投运国电双维电厂1台机组。加快恒坤化工二期2×130万吨焦化多联产项目建设并启动三期工程，确保兴源12万吨碳化硅材料及2万吨碳化硅陶瓷制品项目上半年建成投产。提升新动能、新产业培育能力。抢抓自治区“十四五”实施“新能源倍增工程”机遇，争取再规划一条输电通道，扩大清洁能源、新能源装机和外送规模。积极推动国电上海庙120万千瓦风光火储一体化项目开工建设，加快中核汇能20万千瓦、中国能建55万千瓦一期工程等光伏项目前期手续办理。加快雅海60万吨LNG项目投产进度，启动内蒙古天利丰燃气有限公司60万吨LNG联产提氦项目一期工程建设，加强与中石油对接，推动天然气资源开采增量部分的合作开发，实现互惠共赢。推动润阳悦达10万吨高纯多晶硅项目、京能源网荷储氢项目取得实质性进展，实现氢能产业破题发展，主动融入呼包鄂和乌海燃料电池汽车示范城市群建设，逐步把上海庙能源化工基地打造成自治区低碳发展示范园区。

（二）坚持高标准示范，推动乡村全面振兴发展。农牧业是富民之本，必须大力实施乡村振兴战略，加快推进农牧业现代化，进一步让广大农牧民的腰包鼓起来、生活美起来。以规模化布局农牧业。继续投入5000万元旗级财政资金，扶持各类经营主体精耕细作、改良畜种、优化种养，促进生产要素向特色产业和优势区域集中，年内蔬菜种植面积达到4万亩、羔羊短期育肥30万只、种植经济林2万亩，扩大"净"字头农畜产品供给规模。积极引进牛羊肉、牧草、瓜果蔬菜初加工、深加工项目，将城川镇打造成一、二、三产融合发展示范镇。以组织化引导农牧民。加大龙头企业、新型经营主体以及生产性服务组织的培育力度，发挥好宏野、劲牛等企业示范带动作用，鼓励企业与合作社联产联盟，合作社与农牧民联产联营，打造自治区级农牧业产业化联合体2家，新培育产业化龙头企业4家，支持农牧户复制企业标准、联户规模化生产，形成统一标准的"产供销"闭合产业链，增强农牧户对接市场、抵御风险能力。以品牌化增加效益。制定完善具有鄂托克前旗特色的品牌发展规划，从把控品质、优化生产、制定标准、溯源监管、市场营销进行全过程包装策划，探索建立品牌会员机制，鼓励共享"鄂托克前旗羊肉"等品牌标识，配套完善农畜产品追溯体系，创建自治区农畜产品质量安全旗。以良种化提升质量。坚持藏粮于技，细化落实自治区种业发展三年行动，广泛开展良种选用、测土配方施肥、病虫害防治等农技服务，着力提高单产，改善品质。推进肉羊规模化改良，培育核心优质品种。加快建设绒山羊种业创新创业基地，持续做好绒山羊优质种公羊和基础母羊选育管理、标准化饲养等技术推广应用，绒山羊养殖示范户达到300户以上，支持企业建设梳绒厂，推动羊绒产业高质量发展。以数字化助力振兴。制定出台数字乡村试点建设三年行动方案，实现对全旗涉农数据的统一分析、统一发布、统一应用，打造智慧农牧业平台，确保高质量、高标准完成国家试点建设任务，助力乡村全面振兴。

（三）坚持高层次融合，推动现代服务业提档升级。现代服务业是朝阳产业，我旗红色研学旅游初具规模，必须在融合发展上下足功夫，带动形成专业化、多样化产业链。推动"点"上提标。加快推进红色研学项目，建成投用城川红色拓展训练基地、红色教育集训中心、民族教育展厅、国防教育展馆等项目；充分发挥市场主体作用，加快推进巴彦希泊日草原、水洞沟北区等重点景区开发建设，完善大沙头、马兰花草原等景区基础配套，系统提升景区、景点档次和品质。推动"线"上贯通。以水洞沟景区跨区联建为突破口，串联各类特色景区景点，打造一批红色研学与绿色康养互补共生的精品旅游路线，带动观光游、体验游、田园风情游等业态快速发展。聚焦园区生产需要和镇区生活需求，进一步配套完善机电维修、装备制造、商贸物流、金融服务等生产性、生活性服务业态。推动"面"上融合。探索与鄂托克前旗、银川、延安等周边地区的合作机制，出台具体政策措施，共同塑造红色旅游品牌、开发创意主题商品，逐步把鄂托克前旗打造成文旅深度融合、红绿交相辉映、产业跨区联动、成果全民共享的红色研学旅游示范旗。

（四）坚持高效能优化，打造一流营商环境。营商环境是地区经济软实力和综合竞争力的集中体现，必须把优化营商环境作为"十四五"开局起步的重要突破口，从市场主体最关心的事情做起，从人民群众最不满意的地方改起，全力推动营商环境水平实现整体性跃升，努力建设自治区营商环境最优旗。以解放思想凝聚合力。邀请行业专家专题解读优化营商环境工作，推动优化营商环境措施政策进机关、进企业，通过发放调查问卷、召开座谈会、现场调研、第三方评估等方式，倒逼机关干部和工作人员从"政府思维"转向"民本思维""企业视角"，多想"怎么干"、慎言"不能办"，真正以"思想破冰"凝聚共识，切实树立"人人都是营商环境、事事关系营商环境"的思想意识，坚决摒弃小地方办不成大事情的自卑心态。以转变作风破题开路。深入开展窗口部门作风整顿专项行动，紧紧盯住重点领域、关键环节普遍存在的、反应强烈的、治而未绝的突出问题，坚持规制惩戒、教育引领同向发力，坚决清除污染营商环境的"作风病毒"。打造企业全生命周期服务链条，建立从项目发起、考察、洽谈、签约到开工、建设、投产全过程的"保姆式"服务机制，每月组织开展一次"企业问需座谈会"，常态化推进政企交流互动，构建“亲清”新型政商关系，切实以干部好作风，换取企业和群众好口碑，形成营商好环境。以攻坚行动高效推进。制定优化营商环境两年攻坚行动方案，层层分解任务、压实责任。强化督查问责，实行政府职能部门优化营商环境工作定期评价排名通报制度，把优化营商环境纳入实绩考核，形成倒逼机制。加强诚信体系建设，全力打造更公平、更成熟的市场环境。坚持“法无禁止即可为”，落实好支持民营企业发展政策措施，依法保护企业家合法权益，保障企业正常生产经营，全力打造更稳定、更可期的法治环境。完善招才引智政策，更加注重引进人才、用好人才、留住人才，营造更包容、更开放的人才环境。深化“放管服”改革，继续深化集中联动审批机制，推动政务服务网上办、掌上办、就近办，实现网上网下一体化，全力打造更高效、更优质的服务环境。强化巡视反馈问题整改，紧盯制度、程序、服务、责任等方面的薄弱环节，确保所有问题清仓见底、整改到位。大力宣传优化营商环境的新举措新成效，让企业监督，让群众监督，推动形成“人人参与、人人监督”营商环境建设浓厚氛围。

（五）坚持高水平规划，建设宜居宜业家园。加快国土空间总体规划编制，推进“多规合一”，提升城镇品质，打造特色乡村，让城乡发展颜值更靓、内涵更深、布局更优。落实城市更新行动。聚焦群众反映突出的热点问题，加快老旧小区提质改造，完善市政基础建设，实施校园周边停车场项目，着力解决上海庙转移农牧民安置小区服务设施不完善、房屋漏雨漏水等问题。深入推进垃圾分类，在敖镇建设小型垃圾中转站和污水收集口。支持昂素镇进一步补齐基础设施和公共服务短板。加快农牧区4G、城镇5G等新基建布局，不断提升群众生活品质。落实乡村建设行动。进一步完善村庄整体规划，构建科学合理的乡村空间布局，落实农村牧区人居环境整治提升五年行动，深入推进农村牧区产权制度改革，完善旗镇村三级物流体系，按需适度新建农村公路，创建自治区“四好农村路”示范旗。统筹推进教育、医疗、科技等服务资源双向流通，促进城乡一体化、均等化发展。强化基础设施配套。全力推动两条旅游公路建成通车，推进通用机场改扩建工程，开工建设国电双维电厂铁路专用线，加快推进西部矿区铁路专用线和鄂托克前旗至上海庙铁路建设，提高支撑发展的基础保障能力。

（六）坚持高站位推进，全力筑牢生态防线。深入践行绿水青山就是金山银山的理念，持续抓好生态环境建设，守好绿色发展底色。加强生态保护。保护好草原、森林和水资源，严格执行河湖长制和林长制，严格落实草畜平衡、禁休牧、划区轮牧制度和水资源管理制度，围绕草原修复、天然林保护、水土保持等重点，争取、谋划和实施更多工程项目。全员开展大规模国土绿化行动，坚持因地制宜、适地适树，全面提升绿化效率，年内完成国土绿化13万亩以上、草原保护建设50万亩，深入推进昂素镇百万亩柠条种植行动，着力提升生态系统碳汇能力。强化生态治理。着力解决环境突出问题，加大对中央、自治区和市环保督察反馈问题整改力度，持续保护和改善旗域水、土壤和空气质量。加快水权制度改革，科学划定用水总量、用水限额，加强敖镇周边地下水超采区综合治理。从严打击环保违法行为，深入开展环境隐患排查整治行动，突出抓好工业园区、油气开采现场等重点区域环境综合整治，确保不发生大的环境影响事件。发展生态经济。培育林下经济，扩大特色林果产业规模，因地制宜引进一批林果、饲草料精深加工项目，让生态成为富民产业。统筹规划、一体推进废渣、废水、废气等综合处置利用，鼓励发展新型陶瓷建材等循环绿色产业。

（七）坚持高品质提升，倾力改善民生福祉。从旗情和现实出发，从必须办、办得了、能办好的事情做起，以更加科学务实的态度回应群众所期所盼。坚持教育惠民。进一步优化合作办学模式，探索建立绩效评估机制，加强教育督导，常态化实行校长、教师交流轮岗制度。完成在建学校续建工程，夯实高质量育人的基础条件。大力实施“名师带徒”工程，培育一批留得住、教得好的骨干教师，做好国家通用语言文字教育和国家统编教材使用工作，进一步提升教育教学质量，切实让鄂托克前旗的每一个孩子都能享受良好的教育、都能有人生出彩的机会。坚持卫计康民。常态化做好疫情防控工作，年内建成投用旗人民医院传染病楼、旗妇幼保健院、疾控中心和蒙医院发热门诊。推进昂素镇创建国家卫生镇，实现国家卫生镇创建达标率100%。深化医德医风建设，防止“小病大治”、杜绝“过度医疗”，开展“优质服务基层行”活动，有效解决农牧民群众看病难、看病远等问题。坚持文体育民。弘扬社会主义核心价值观，着力丰富群众文化生活，全年“送戏下乡”300场次以上。大力发展全民健身事业，经常性组织各类体育竞技赛事，增强干部职工和人民群众的身体素质。坚持保障利民。认真落实就业政策，扶持小微企业快速发展，年内新增就业900人，实现零就业家庭动态清零。鼓励社会力量参与福利事业，加强困难群体救助，保障妇女儿童、老年人、残疾人合法权益，确保弱有所扶，决不能让一名鄂托克前旗人滑入贫困线下。坚持治理为民。继续深化“自治、法治、德治”基层社会治理方式，创新探索“智治”工程，依托大数据中心，进一步整合政务服务、治安防控、安全生产、信访维稳等数据资源，构建数字治理框架，搭建“云服务”平台，全方位推进政府数字化转型，提高政府治理效能。

四、加强政府自身建设

打铁还需自身硬。我们将倍加珍惜人民的信任，谨记肩负的使命，把既定的目标落实好，把作出的承诺兑现好，全力建设人民满意的服务型政府。

强化政治意识，提高创造力。讲规矩，时刻保持清醒的政治头脑，坚定的政治方向，在思想上、行动上始终同以习近平同志为核心的党中央保持高度一致，把严守政治纪律贯穿于履行职责的全过程。讲学习，定期召开政府党组集中学习会，深入学习国家重大战略、重大部署、重大政策，每月组织政府组成部门负责人上讲台，讲政策、讲业务、讲项目，全面提高政策制度领悟能力、运用能力。讲创新，树立“只为办好想办法、不为不办找理由”的工作理念，深入一线发现问题、解决问题，使施政举措更加符合实际、贴近民愿、惠及民生。

强化效能意识，提高执行力。明确工作责任，对每一项重点任务、重大项目细化分解，建立台账、细化指标、精准定责、挂图作战，形成人人有责、层层负责、环环相扣的工作责任制。团结干事创业，对研究确定的事不争论、不折腾，做到落实决策一个声音，推进工作同频共振；对既定的目标任务不推诿、不扯皮，说了就算、定了就干、马上就办，形成主体之间、部门之间主动配合、主动补位，干部之间团结协作、相互支持的工作局面，决不在抓落实上“挂空挡”“磨洋工”“掉链子”。

强化法治意识，提高公信力。把法治信仰、法治思维贯穿于政府工作全过程、各方面，推进政府机构、职能、权限、程序、责任法定化，推进政府事权规范化、行政服务标准化、政务公开常态化。自觉接受人大依法监督、政协民主监督以及监察监督，提高人大代表议案、建议和政协提案的办理质量和落实成效。确定一批重点工作事项，开展电视问政、网络问政活动，提高社会监督效果。进一步压缩“三公”经费和一般性财政支出，着力开源节流，以阳光行政、有诺必践的作为，有效提升政府公信力。

宏伟蓝图鼓舞人心，壮阔远景催人奋进。让我们更加紧密地团结在以习近平同志为核心的党中央周围，在旗委的坚强领导下，“实”字当头、“快”字为先、“干”字为要，尽非常之责，立非常之功，以优异的成绩实现“十四五”良好开局、庆祝中国共产党成立100周年。

鄂托克前旗人民代表大会常务委员会工作报告

——在鄂托克前旗十届人大五次会议上的讲话

人大常委会主任　刘　渊

（2021年2月24日）

各位代表：

我受鄂托克前旗第十届人民代表大会常务委员会的委托，向大会报告工作，请予审议。

2020年的主要工作

一年来，旗人大常委会在旗委的领导下，深入学习贯彻习近平总书记关于坚持和完善人民代表大会制度的重要思想，紧紧围绕全旗中心工作，牢牢把握“两个机关”职能定位，主动作为，依法履职，以高水平监督服务高质量发展，以全面履职助推全面小康，圆满完成了旗十届人大四次会议确定的各项目标任务。

一、坚持党的领导、把牢政治方向，全力服务发展大局

常委会始终坚持正确的政治方向，围绕中心、突出重点，在贯彻落实旗委各项决策部署中充分发挥人大作用。一是围绕改革发展，认真审议决定重大事项。对事关全局性、根本性和长远性的重大事项，始终做到事前广泛调研论证、事中集体审议决定、事后强化监督落实，确保作出的决议决定更加科学民主、更加符合实际。一年来，先后作出财政经济、生态保护等方面决议决定9项，真正体现了旗委意图、回应了群众意愿、推动了经济发展。二是依法进行任免，不断加强干部任后监督。坚持党管干部与人大依法任免有机统一，进一步规范了任前考察、民主表决、向宪法宣誓和任后履职监督等程序，全年共任免29名国家机关工作人员，依法补选2名市人大代表、1名旗人大代表，促使任命干部增强宪法意识、责任意识和人大意识。听取了旗卫健委、应急管理局2名政府部门主要负责人履职情况报告并进行了满意度测评，全面客观地评价了任命干部履职情况，激励他们依法履职、担当作为。三是汇聚人大力量，扎实做好疫情防控工作。面对突如其来的新冠肺炎疫情，常委会领导主动下沉基层，不折不扣落实旗委指令、尽职尽责坚守防控一线、善始善终开展防控工作，动员全旗各级人大代表和机关全体干部开展值班值守、设卡堵点、督导检查、捐款捐物和志愿服务等工作，进一步保障了人民群众身体健康和生命安全，充分发挥了人大作用。

二、坚持问题导向、突出工作重点，不断增强监督实效

常委会注重把握人大监督的政治定位和法律定位，加大监督力度、强化监督刚性，真正形成加强和改进工作的合力。一是推动经济稳健运行。依托预算联网监督系统，逐步实现了人大对财政预算由事前、事后监督转变为实时在线全程监督，提高了预算审查监督的时效性和精准度；听取和审议了政府关于计划、财政预决算执行情况报告、审计工作报告和上海庙经济开发区预算执行情况报告，要求政府及相关部门不断优化支出结构、全面加强绩效管理，真正实现财政资金效益最大化；专题听取和审议了全旗企业国有资产管理情况工作报告，推动国有资产管理制度化、规范化。二是关切民生福祉改善。先后对矛盾纠纷化解机制、《中华人民共和国传染病防治法》贯彻实施情况等4项工作进行了专题调研，并配合上级人大调研了传承保护民族传统文化、城乡居民基本养老保险等11项民生工作，听取和审议了《殡葬管理条例》贯彻实施情况专项报告，进一步树立了以人民为中心的发展思想，积极回应了群众对美好生活的向往。三是保障法律贯彻实施。组织开展了《鄂尔多斯市农村牧区人居环境治理条例》执法检查，并结合深化改革，建立执法检查问题清单，及时反馈政府办理落实，配合上级人大对《中华人民共和国动物防疫法》等9部法律法规进行了执法检查和立法调研，始终做到深度与力度并举、结果与过程并重，有效促进了相关法律法规的贯彻实施。四是强化监察司法监督。主动加强与监察委的沟通联系，督促监察委依法履行调查、监察职责，对公职人员实行监察全覆盖，着力推动监察体制改革向纵深发展；持续关注扫黑除恶专项工作开展情况，适时组织部分人大代表旁听相关案件的庭审；首次对检察院3名员额检察官履职情况进行了评议，全面促进检察官依法办案、公正司法。五是认真做好信访工作。进一步健全完善了双向联通、共同发力的信访工作联动机制，全年共接待来信来访17人次，着力推动信访案件精准交办、及时转办和督办，有效化解了矛盾纠纷、切实维护了群众权益。

三、坚持创新发展、优化服务保障，充分发挥代表作用

常委会始终尊重代表主体地位，积极探索新时代代表工作的新方法、新举措，进一步提升了代表工作整体水平。一是代表履职基础全面夯实。不断创新完善代表学习培训形式，逐步实现代表由初任培训、事前培训向专业化、常态化培训转变，通过外出考察学习、赴城川民族干部学院等集中培训的方式，先后培训区、市、旗三级人大代表150余人，切实增强了代表的履职素质和能力。二是建议办理质量显著提升。始终坚持分工督办、联合办理、全程答复等制度，首次听取和审议了旗住建局、农牧局代表建议办理情况报告，并进行了满意度测评，以更加有力的措施不断提高代表建议办成率。关于群众反映比较集中的加快推进产业结构调整、培育壮大农牧业龙头企业等25件建议全部办结，代表的认可度和满意度进一步提升。三是代表活动形式更加丰富。积极组织开展代表小组活动、述职评测和种植“人大代表林”等活动，主动邀请代表更全面、更深入参与常委会工作，累计列席常委会会议的代表30余人次，适时调研指导“五星级”代表之家创建评比工作，认真落实“双联系”制度，加大联系频次、广泛汇集民意、及时提出建议，推动解决群众实际问题10余件。四是民生实事项目稳步推进。按照“党委领导、人大主导、政府实施、代表票决、群众参与”的原则，扎实开展项目征集初定、审议票决等工作，积极组织代表集中视察旗级票决确定的8个和各镇票决确定的11个民生实事项目建设情况，多次深入实地进行调研督导，并加强日常联系与监督检查，着力强化资金落实、全面加快项目进度，始终做到全程跟进、动态监督，切实推动票决的民生实事项目落地见效。

四、坚持强基固本、注重素质提升，全面加强自身建设

常委会坚持以提高履职能力为重点，持续改进工作作风、不断提升整体效能，有效激发和释放了人大工作活力。一是强作风，激励干事创业。持续深化拓展党组中心组和周二学习活动，全面加强党建和党风廉政建设，积极创建“党建赋能、与民同行”党建品牌，以“12356”为品牌载体，着力促进各项工作实现新提升，扎实做好意识形态工作，认真组织开展脱贫攻坚、包扶联系、文明城市复查测评和旗委巡察等工作，切实让机关干部的履职能力在实践中得到充分展示。二是重联系，凝聚工作合力。认真贯彻落实习近平总书记关于密切上下级人大之间的联系，增强人大工作整体实效的重要指示精神，全面推动旗镇人大工作联动和整体协同，适时调研各镇人大建设，依法指导规范履职，真正形成齐心协力、互促共进的良好局面。三是抓宣传，展现人大形象。扎实做好建旗40周年各项工作，积极配合相关部门收集整理人大宣传资料，及时编印了《为民之路》纪实画册，让社会各界走进人大、了解人大，着力推动人大官方网站、微信公众平台建设，主动加强与兄弟旗区、友邻地区人大交流互鉴，全年在各类媒体发布信息130余期，部分被自治区和市人大采用，全面宣传了人大工作、展现了人大成果，切实提升了鄂托克前旗整体形象。

回顾过去一年，虽然做了一些卓有成效的工作，但也要清醒地认识到，常委会工作与旗委的要求、人民群众的期盼相比还有一些差距和不足。主要是监督问效的力度还需加大、服务代表的广度还需拓展、自身建设的水平还需不断提高。对此，我们将高度重视、直面问题，以改革创新的精神、奋发有为的担当，在今后的工作中切实加以改进和解决。

2021年的主要任务

2021年，是“十四五”规划的开局之年，也是旗镇人大换届选举之年，旗人大常委会将以习近平新时代中国特色社会主义思想为指导，紧紧围绕旗委九届二十次全会暨全旗经济工作会议精神，全面担负起宪法和法律赋予的各项职责，准确把握改革发展新要求，积极顺应人民群众新期待，圆满完成旗人大及其常委会年初确定的各项工作任务，全力服务和推动我旗经济社会高质量发展。

一、坚定政治站位，在发挥职能作用上体现人大担当

常委会将始终坚持党的领导，自觉把人大工作置于“四个意识”和“四个自信”的政治定位中去谋划和把握。要紧紧围绕旗委决策部署的有效贯彻落实，主动对接、扎实推进，把事关全旗改革发展稳定和人民群众切身利益的重大问题、重点工作适时列入常委会会议题，在深入调研、认真审议的基础上，依法作出决议决定。要切实做好请示报告、人事任免等工作，确保始终与旗委在思想上同心、政治上同向、行动上同步。要在旗委的领导下认真做好换届选举工作，注重统筹协调，加强程序指导，依法选出综合素质高、履职能力强的人大代表，选出德才兼备、勤政廉洁的国家机关工作人员。要深入贯彻落实自治区党委、市委人大工作会议精神和关于做好新时代人大工作的实施意见等文件要求，努力在创造性开展人大工作上有新亮点，为坚持党的领导、人民当家作主、依法治国有机统一提供新实践。

二、丰富监督内容，在促进经济发展上贡献人大力量

常委会将监督与支持有机结合，在监督中体现支持，在支持中强化监督，全力助推民生福祉改善、经济社会发展。要持续深化计划、预算、审计等法定监督，重点推动预算审查向支出预算和政策拓展，强化审计查出问题的整改落实，加快预算联网监督系统建设，注重软件配套，全面实现联网运行、动态监督。要适时听取和审议政府关于自然资源国有资产管理、贯彻执行《中华人民共和国土地管理法》和监察委工作、法院执行工作情况等报告，并对部分员额法官进行履职评议。要对全旗民族宗教工作、贯彻执行《中华人民共和国政府采购法》《内蒙古自治区城镇供热条例》和安全生产“一法一条例”情况进行专题调研，着力推动问题解决、积极回应社会关切。要全面推行“首次监督问题清单制”和“问题清单跟踪监督销号制”，切实提高监督的刚性和实效。要进一步加强规范性文件备案审查制度和能力建设，健全完善备案审查信息平台，做到有件必备、有备必审。要全面实施国有资产管理情况报告制度，加强对国有资产管理情况的日常监督和跟踪监督，找准突出问题，督促整改落实。

三、拓宽履职渠道，在发挥代表作用上彰显人大优势

常委会始终将代表工作作为人大工作的基础，密切同代表联系，健全服务保障机制，全力支持和促进代表依法履职。要继续加强和改进代表学习培训工作，始终坚持线上自学与线下集中培训相结合，创新开展代表履职知识竞赛等活动，全面提高学习成果的转化运用水平。要进一步完善代表议案建议交办、督办和评价等制度，强化重点建议重点督办、复杂建议联动督办，不断扩大代表建议办理情况向社会公开的范围，切实提高办理质量和问题解决率。要扎实做好民生实事项目人大代表票决制工作，着力推动政府的民生实事成为群众的民心实事。要积极组织代表集中视察美丽乡村建设和重大工业项目建设等工作，更好地发挥代表在参政议政和服务发展方面的作用。要继续开展好“人大代表林”种植活动，进一步推动生态文明建设常态化。要加快网上代表联络站、代表履职APP等平台的建设和推广应用，不断畅通代表与群众“全天候”联系渠道。要建立健全代表履职评议机制，对代表履职考评赋分、动态排名，充分调动代表履职的积极性和主动性。

四、夯实工作基础，在提升履职水平上展现人大形象

常委会坚持内强素质、外树形象，不断推动人大工作与时俱进、创新发展。要注重学习型机关建设，着力强化全面从严治党，扎实做好意识形态和宣传思想工作，继续健全完善组织和运行机制，进一步增强调查研究、狠抓落实、服务大局的能力和水平。要全面优化人大常委会组成人员年龄、知识和专业结构，保证人大工作的法定性和权威性，逐步畅通人大常委会机关干部与党委机关、“一府一委两院”机关干部间的双向交流渠道，有效激发干部履职活力。要加强对镇人大工作的指导，推动抓好制度建设、规范履职管理、鼓励工作创新，密切上下级人大之间的联系，真正实现信息联通、经验联学、工作联动。要稳步推进人大信息化和智库建设，为人大工作提供科学决策和有效保障，切实形成人大制度、人大工作和人大建设一起抓的良好局面。

各位代表，初心凝聚力量，使命催人奋进。让我们更加紧密地团结在以习近平同志为核心的党中央周围，在旗委的坚强领导下，以只争朝夕的工作热情、时不我待的担当精神，奋力谱写人大工作新篇章，为全旗经济社会发展和民主法治建设作出新的更大贡献！

鄂托克前旗政协第十届委员会常务委员会工作报告

——在鄂托克前旗政协十届委员会五次全会上的讲话

政协主席　高荣堂

（2021年2月23日）

各位委员、同志们：

我代表政协鄂托克前旗第十届委员会常务委员会，向大会作工作报告，请予审议，并请列席会议的同志提出意见。

一、2020年工作回顾

2020年，在旗委的坚强领导下，在旗人民政府和社会各界的大力支持下，旗政协团结带领全体政协委员，以习近平新时代中国特色社会主义思想为指引，紧紧围绕中心，务实协商议政，广泛凝心聚力，履职取得了新成效。

（一）坚持政治引领，思想政治根基更加牢固

旗政协常委会始终把加强思想政治建设、增强政治定力摆在首位，不断淬炼政治能力、提高履职本领。

坚持党的全面领导，政协党建迈出新步伐。坚持发挥政协党组把方向、管大局、保落实的领导核心作用，制定出台了《政协鄂托克前旗委员会加强党的建设工作实施办法》，压实政协党组全面从严治党主体责任，严明政治纪律和政治规矩，全年政协党组召开4次党建暨党风廉政工作部署会和2次专题民主生活会。政协党组定期听取机关党组工作汇报，形成衔接紧密、各尽其责的党建工作机制。全面落实党风廉政建设责任，支持派驻纪检监察组执纪监督，着力营造风清气正的政治生态。

旗帜鲜明讲政治，共同体意识达到新高度。坚持以习近平新时代中国特色社会主义思想为指引，引导广大委员和各族各界人士提高政治站位，增强“四个意识”、坚定“四个自信”、做到“两个维护”。充分发挥党员委员先锋模范作用，宣传党的主张、加强团结联谊，推动党的工作对政协委员全覆盖。坚持把凝聚人心作为政协意识形态工作的重点，定期召开部署会和分析研判会，引导广大政协委员在政治上时刻保持清醒。

深学笃用新思想，理论武装得到新加强。以建设“书香政协”为抓手，坚持把理论学习作为重大政治任务，以党组理论学习中心组为引领，以主席会议带动学、专题研讨交流学、平台推送线上学、机关干部集中学相结合的学习模式，深入学习贯彻党的十九大及十九届历次全会精神和习近平总书记最新重要讲话、重要论述和重要指示批示精神，切实做到学深悟透、入脑入心，全年共组织开展理论学习和各类培训60多次，实现了政协委员和机关干部理论学习全覆盖。

（二）坚持服务大局，助推经济社会发展更加有效

旗政协常委会始终聚焦聚力发挥专门协商机构作用，紧扣中心工作，深入调研广泛协商，积极资政建言。

不断探索协商议政的新途径。按照旗委九届十八次全会暨全旗经济工作会议提出的目标，认真制定年度协商计划，围绕新能源制氢产业发展、优化营商环境、城镇化补短板强弱项建设工作、推进我旗现代农牧业高质量发展、提升我旗社区管理服务水平等课题开展了2次专题议政性常委会和3次专题协商会；围绕敖银线出口环境整治、推进农牧业机械化等方面开展对口协商3次；围绕农村电商、嘎查村集体经济发展等课题开展界别协商5次，围绕智慧城市建设、公共交通等事项开展提案办理协商4次，报送了协商报告6篇、意见建议80余条，使党政决策更加符合实际、顺应民意。

不断拓宽民主监督的新渠道。组织全体委员围绕乡村振兴工作开展集中视察，委员们就发挥农畜产品品牌效应、开拓农畜产品市场等方面提出了23条意见建议。旗政协班子成员围绕重点项目复工复产、农牧业生产情况先后多次深入企业和农村牧区进行督导检查，切实推动旗委决策部署落到实处。重视发挥政协委员在行政执法、案件审理、党风廉政建设中的监督作用，选派委员和机关干部积极参与旗人民法院听证会、庭审等活动10余次，民主监督的主动性得以增强。充分发挥提案监督作用，旗政协十届四次会议以来，共收到提案63件，经审查立案53件，围绕提案办理，专委会多次组织委员与承办单位面对面沟通协商，开展提案办理“回头看”，使每一项涉及民生的提案落到了实处。

不断书写履职为民的新篇章。旗政协班子成员深入基层一线走访群众280多次，与群众面对面交流，倾听群众呼声，了解群众所需，各专委会组织界别委员深入田间地头、厂矿企业走访和座谈，收集事关全旗经济社会发展和人民群众关注的问题，通过政协信息专报“直通车”向旗委、政府报送社情民意信息12期60多条，向市政协、自治区政协报送意见建议10多条。

不断彰显脱贫攻坚的新作为。班子成员分别深入包联嘎查和贫困户，认真落实包联帮扶责任。政协委员积极投身脱贫攻坚乡村振兴主战场，为农牧民提供技术指导、捐助帮扶资金，让社会各界和干部群众深切感受到，脱贫攻坚政协在参与，委员就在身边。旗政协机关立足包联嘎查实际，通过推进产业帮扶、拓宽就业渠道、强化兜底保障等措施，切实筑牢了脱贫户返贫防线。

（三）坚持守正创新，政协事业发展内生动力更加强劲

旗政协常委会紧跟时代步伐，探索创新协商形式，健全完善工作机制，努力开创政协事业发展的新局面。

打造“在政协协商”新平台。发挥委员主体作用，搭建“在政协协商”平台，由委员召集相关部门围绕解决公交车载客率低、提升敖镇零公里到敖东高速入口沿线综合服务功能、“六胡州”古城群保护等主题，召开了5次“在政协协商”专题会议，让委员与相关部门在面对面的协商中形成了共识，相关问题得到了重视。

建立“政协委员之家”新纽带。积极推动政协工作和协商民主向基层延伸。相继在四个镇建立并运行“政协委员之家”，为拓宽政协工作领域，畅通基层社情民意反映渠道提供了便利，全年在各镇“政协委员之家”召开协商座谈会10次，切实使委员“零距离”接触群众，把协商平台搭建到群众家门口。

健全“履职服务”新机制。不断推进政协工作的创新与实践，注重在完善机制、改进工作方法、督促转化落实上下功夫。坚持班子成员联系、走访看望委员制度，将全体政协委员按界别划分到各专委会，实现联络服务全覆盖。制定完善了党建、专委会工作、委员管理等12个方面的规章制度，为政协工作提质增效奠定了基础。

（四）坚持凝心聚力，大团结大联合的氛围更加浓厚

旗政协常委会注重发挥统一战线组织功能，着力做好凝心聚力这篇文章，不断扩大团结面，营造同心同德、携手共进的履职氛围。

广泛凝聚共识。一年来，我们在学习培训、委员走访和团结联谊等履职活动中，认真宣传习近平总书记最新重要讲话精神，阐释中央大政方针，在旗帜、道路、制度等重大问题上，引导各族各界人士实现思想上的共同进步，班子成员走访界别委员和各阶层、各领域、各方面代表人士60余次，按照旗委部署，班子成员积极承担化解信访矛盾纠纷，做到了把矛盾化解在早、化解在小、化解在基层。

扩大联谊交流。召开了市、旗两级政协工作联动座谈会，探索促进工作联动的有效途径，形成了信息互通、联动履职的良好局面。配合自治区、市政协开展了“优化营商环境民主监督专题协商”和“脱贫攻坚”等课题的调研协商工作，接待了各地政协考察调研20多次，组织有关政协委员赴发达地区学习考察，拓宽了委员视野，提高了履职能力。

发挥存史资政作用。筹建了政协文史研究会，吸纳我旗历史文化、民俗研究等领域的专家学者46人为成员。组织编撰了《鄂托克前旗简史》《鄂托克前旗文史资料第三辑》和《鄂托克前旗政协志》，积极向市政协和自治区政协报送生态环境保护、脱贫攻坚纪实等专辑文稿12篇，撰写了《遗落在鄂托克前旗草原上的千年故城——敖勒召其故城》《寻找西夏在鄂托克前旗的足迹》《鄂托克前旗宥州三迁》等10多篇文史文稿。圆满举办了庆祝建旗四十周年系列书画展。在新华网、人民网、自治区政协等媒体刊登旗政协创新举措和履职实践的相关报道50多篇。

（五）坚持强基固本，担当干事的基础更加扎实

旗政协常委会始终把加强自身建设作为基础性工作来抓，把落实提质增效和提高履职能力作为重要环节，努力使政协工作更具时代特色。

强化担当主动作为。面对突如其来的新冠肺炎疫情，机关干部以高度的行动自觉、强烈的职责使命，全力投身抗疫一线，圆满完成了包联督导、责任区防控等各项任务。广大政协委员积极参加疫情防控，复工复产作示范，文艺创作鼓士气，捐款捐物献爱心，志愿服务不间断。全体委员和政协机关干部累计捐款捐物44.38万元，凝聚起了同舟共济、共克时艰的强大合力，展现了政协人在新时代的担当和作为。

强化“两支队伍”建设。认真落实“懂政协、会协商、善议政，守纪律、讲规矩、重品行”的要求，通过邀请专家学者专题授课和印发学习资料等方式，让委员先学一步、学深一层，不断提高委员履职能力。加强委员服务管理，创新履职方式，开展了政协常委向常委会述职和委员履职自评工作，建立委员履职档案，进一步激发了广大委员履职尽责的积极性。努力在提素质、加压力、搭平台上下功夫，打造一支遵章守纪、团结协作、勇于创新、有所作为的机关干部队伍。

强化服务能力建设。建立了政协文史资料室，积极开展机关特色文化活动，提高了机关综合协调和服务保障能力。成立了政协理论研究会，吸纳相关理论学者和部分委员54人为成员，为政协理论创新和工作创新提供智力支撑。重视专委会建设，各专委会在完成常委会会议、主席会议部署工作任务的同时，结合实际开展特色活动，丰富履职形式。

各位委员，过去的一年我们齐心协力，接续奋斗，工作取得了新成效，这是旗委坚强领导的结果，是旗人大常委会、旗人民政府以及旗直各部门鼎力支持的结果，是全体委员和社会各界人士通力合作、共同努力的结果。在此，我代表政协鄂托克前旗第十届委员会常务委员会，向大家表示衷心的感谢和崇高的敬意！

在总结成绩的同时，我们也看到，面对新时期新起点的要求，政协工作还存在一些不足和短板：协商议政的质量还需提高；民主监督方式还需不断丰富；反映社情民意还需进一步加强等等。这些问题需要我们切实加以改进。

二、2021年工作建议

2021年是“十四五”规划开篇之年，全国上下将开启全面建设社会主义现代化国家新征程。站在新的历史起点，人民政协舞台更加广阔、任务更加艰巨、使命更加光荣。今年旗政协工作的总体思路是：以习近平新时代中国特色社会主义思想为指导，全面贯彻落实党的十九大和十九届二中、三中、四中、五中全会精神，认真贯彻落实中央、自治区、市、旗经济工作会议精神，在旗委的正确领导下，牢牢把握团结和民主两大主题，充分发挥协商民主重要渠道和专门协商机构的作用，坚持建言资政和凝聚共识双向发力，动员组织政协各参加单位和广大政协委员，自觉维护核心，倾力服务中心，恪守为民初心，共筑政治同心，提振干事信心，为建设“草原文明城、品质鄂托克前旗”贡献智慧和力量。

（一）自觉维护核心，在加强党的建设中履行新使命

以庆祝中国共产党成立100周年为契机，加强思想政治引领，抓好党的建设，确保政协工作始终沿着正确的政治方向笃定前行。

持之以恒抓好党的建设。充分发挥政协党组领导核心作用，严

格执行重大事项请示报告制度，压紧压实全面从严治党主体责任，确保党的方针政策和决策部署在政协落到实处，政协工作与大局工作同轴运转、同向推进，强化对党员委员的教育管理，密切与党外委员联系，以党建工作引领政协事业新发展。

持之以恒抓好理论武装。深入学习贯彻党的十九届五中全会精神和习近平总书记最新重要讲话精神，认真开展党史学习教育，做到学史明理、学史增信、学史崇德、学史力行，不断提高政治判断力、政治领悟力、政治执行力，引导广大政协委员和社会各界人士不断增进对中国共产党领导和中国特色社会主义的政治认同、思想认同、理论认同、情感认同，时刻与党中央同心同德、同心同向。

（二）倾力服务中心，在发挥职能作用中续写新篇章

把握我旗经济社会发展的关键点，为实现高质量发展凝心聚力。

着力提升协商议政实效。深入推进“在政协协商”，围绕工业高质低碳发展、农牧业优质高效发展、服务业创新融合发展等方面选择课题，按照“数量适度、质量为要”的原则改进调研工作，广泛协商议政，形成一批有深度、有分量的议政成果。坚持和完善全体会议协商、专题协商、对口协商、界别协商和提案办理协商等工作机制。

着力提升民主监督水平。将重点监督议题纳入年度政协协商工作计划，开展监督性视察。探索建立议政式民主监督机制，通过组织召开重点关切问题情况通报会，切实为旗委、政府提出建设性的意见建议。注重提高提案质量，抓好监督性提案专项督办等工作，推动提案从数量型向质量型转变。

（三）恪守为民初心，在服务社会发展中奏响新乐章

牢牢把握“协商于民、协商为民”的工作方向，努力使履职过程成为顺应人民日益增长的美好生活需要的生动实践。

在反映社情民意上履职尽责。紧盯民生短板，聚焦群众关心的热点难点，以各镇“政协委员之家”为载体，组织委员开展社情民意调研，坚持问需于民、求智于民，通过政协社情民意“直通车”渠道，促进问题有效解决。

在助推民生改善上精诚出力。继续组织委员开展“送科技、送法律、送文化、送医疗、送农资”等为民服务活动，引导委员积极参与扶贫济困、捐资助学、帮助就业等社会公益事业，在实践中体现担当作为。

（四）共筑政治同心，在凝聚思想共识中汇聚新合力

积极探索新时代人民政协团结联谊工作的方法途径，在推进建言资政和凝聚共识中双向发力。

加强团结联谊合作。密切与各族各界人士的联系交流，促进同心同向，进一步筑牢共同思想政治基础，实现思想上的共同进步。坚持求同存异、聚同化异，着力做好经常性思想政治工作，组织委员深入群众释疑解惑、排忧解难，协助旗委、政府做好协调关系、理顺情绪、化解矛盾工作。

深化存史育人工作。加强文史资料征集编纂，深入挖掘鄂托克前旗历史文化资源，通过史料的征集和撰写，增强各方面人士的共识和凝聚力。积极向上级政协和各类媒体推荐我旗发展成就和政协履职风采，通过政协组织扩大对外宣传。

（五）提振干事信心，在提高履职能力中树立新形象

以务实举措持续提高政协工作的质量和水平，全面增强履职本领。

进一步发挥委员主体作用。加强委员学习培训和服务管理，多种形式开展学习培训，引导委员充分认识新时代人民政协的新方位新使命，进一步提升政治把握能力、调查研究能力、联系群众能力、合作共事能力。继续开展政协常委年终述职工作，认真执行《委员履职考评办法（试行）》，完善委员履职档案，通过制度约束，切实增强委员履职意识，不断提高履职水平。

进一步提高机关服务能力。切实抓好机关干部队伍建设，努力造就一支政治坚定、作风优良、学识丰富、业务熟练的干部队伍，为政协工作提质增效提供保障。加强专委会建设，强化在组织提案、反映社情民意、服务委员等方面的作用，进一步加强同党政部门的沟通协调，提高议政建言的专业化水平。

各位委员，站在新的历史起点，让我们更加紧密地团结在以习近平同志为核心的党中央周围，在旗委的领导下，聚焦新目标，落实新部署，不断开创政协事业新局面，为建设“草原文明城、品质鄂托克前旗”作出新的更大的贡献。

鄂托克前旗人民检察院工作报告

——在鄂托克前旗十届人大五次会议上的讲话

检察长　折　峰

（2021年2月24日）

各位代表：

现在，我代表鄂托克前旗人民检察院向大会报告工作，请予审议，并请政协委员和其他列席会议的同志提出意见。

2020年主要工作

2020年，鄂托克前旗人民检察院坚持以习近平新时代中国特色社会主义思想为指导，深入贯彻党的十九大和十九届二中、三中、四中、五中全会精神，践行“讲政治、顾大局、谋发展、重自强”的新时代检察工作总要求，聚焦法律监督主责主业，全面履行刑事、民事、行政、公益诉讼“四大检察”职能，努力为鄂托克前旗高质量发展提供坚实的法治保障，各项检察工作取得新的进展。

一、主动融入中心工作，在服务发展大局中展现新作为。牢记新时代检察机关的职责使命，坚持讲政治与讲法治相统一，立足法律监督职能，服务保障地方经济社会发展。

全力维护社会平安稳定。全年受理审查逮捕各类刑事犯罪案件45件77人，批准或决定逮捕28件56人。受理审查起诉297件359人，提起公诉227件267人。坚决打赢扫黑除恶专项斗争收官之战，累计依法批捕各类涉恶犯罪3件9人，提起公诉3件34人，法院判决3件34人。5名干警被评为全市、全旗扫黑除恶专项斗争先进个人。

坚决打赢疫情防控阻击战。认真贯彻落实习近平总书记提出的坚定信心、同舟共济、科学防治、精准施策的要求，深入动员全体检察干警，及时成立疫情工作领导小组，制定印发《鄂托克前旗人民检察院疫情防控应急工作预案》，做实、做细、做好检察干警个人、家庭及人员往来等情况排查、登记、上报等工作。主动融入全旗工作大局，通过网络、12309热线等接待好人民群众，周到细致做好诉求解答等工作。加强法治宣传和舆论引导工作，营造积极向上的社会氛围。

积极投身社会治理实践。积极运用法治方式参与行业治理，针对环境保护、民生保障等领域，依法提出社会治理类检察建议7件，采纳率为85.71%。重点惩治涉及虚报冒领、套取侵吞、截留私分的“蝇贪”“鼠窃”，全年受理监察委移送案件2件2人。以更优检察履职扎实做好“六稳”工作，全面落实“六保”任务，坚持依法保障企业权益与促进守法合规经营并重，精准提供企业需求，把严惩妨害企业生产经营犯罪与精准服务企业发展统一起来，切实做到慎捕、慎诉。组织开展“服务‘六稳’‘六保’护航民企发展”检察开放日等活动。切实履行公益诉讼职能，建立鄂托克前旗、盐池县、定边县生态环境协同保护机制，筑牢三地边界生态防线。

二、坚持以人民为中心，在回应百姓期盼中彰显新担当。把群众的关注点作为检察工作的着力点，推动民生检察工作往深里做、往心里做，坚定做人民群众美好生活的法律守护者。

严厉打击侵害民生民利犯罪。聚焦提升群众安全获得感，全年依法批捕故意杀人、故意伤害等严重暴力犯罪12人，起诉16人，办理“黄赌毒”案件2件4人。依法批捕“两抢一盗”、电信网络诈骗、非法吸收公众存款等犯罪10人，起诉30人，及时建议侦查机关查封、扣押、冻结涉案财物，最大限度帮助被害人挽回经济损失。积极开展生态环境保护专项整治工作，依法起诉破坏环境资源类犯罪16人，全力回应群众对生态环境的保护期待。

倾心呵护青少年健康成长。深入贯彻落实最高检“一号检察建议”精神，依法严惩侵害未成年人犯罪2件2人。建立保护未成年人“马兰花”工作室，推出“开学第一课”“校园普法竞赛”等法治教育套餐，相关活动覆盖24所中小学校、幼儿园，选派13名检察官担任中小学校法治副校长，吸引5000余名青少年参加。

着力解决群众烦心事、揪心事。用心用情做好检察环节群众信访办理工作，全年受理群众来信8件，除无联系方式等原因无法回复的情形外，均在7日内程序性回复，3个月内实体性答复，努力做到群众信访件件有回复。举办检察公开听证1次。妥善办理中央巡视组交办信访案件6件，全年妥善调处各类纠纷106件。加大对因案致贫、因案返贫的群众司法救助力度，发放救助金10.3万余元。

三、深耕法律监督主业，在维护公平正义中传播新价值。积极践行“双赢多赢共赢”理念，坚持在办案中监督、在监督中办案，努力让人民群众在每一个司法案件中感受到公平正义。

深化刑事检察监督。深入贯彻宽严相济刑事司法政策，坚持可捕可不捕的不捕、可诉可不诉的不诉，对无社会危险性的依法决定不批捕20人，对犯罪情节轻微的依法决定不起诉58人。加强对侦查活动的监督，对侦查取证不规范等情形提出纠正意见20件次，监督立案7人，依法追诉漏犯1人，追诉漏罪3人。进一步加强刑事执行监督，对9名无羁押必要性的犯罪嫌疑人建议变更强制措施，采纳率为100%，依法查办职务犯罪案件1件2人。

深化民事、行政检察监督。做强民事检察，围绕最高人民检察院二号检察建议，深入推进审判活动监督和执行监督，通过列席审委会、召开联席会议等形式加强与人民法院良性沟通，全年共办理审判程序中的违法行为监督案件14件，提出检察建议14件，采纳11件；办理执行监督案件79件，提出检察建议52件，采纳52件。积极开展虚假诉讼、行政非诉执行专项监督等活动。做实行政检察，加强对行政机关不当履行职责情形的监督，向行政机关提出检察建议7件，均被采纳。与旗司法局召开共同推进行政争议实质性化解联席会议并形成协作机制，进一步推进行政争议实质性化解工作有效开展。

深化公共利益检察保护。积极推动城镇基础设施安全建设，督促公安、住建部门更换镇区窨井盖10余处。紧扣群众关注度高的食品药品、特种设备、消防通道和盲道、共享单车、“飞线充电”、高层建筑物破损等领域开展公益诉讼专项检察监督，摸排公益诉讼线索73件，依法向行政机关提出检察建议52件，行政机关全部采纳并已整改到位。针对生态环境领域违法犯罪行为，提起刑事附带民事公益诉讼4件，督促13名违法行为人交纳植被恢复保证金共计11万余元，推动公益诉讼检察扩面提效。

四、激发改革创新势能，在做强做优监督中实现新发展。树牢客观公正的办案理念，纵深推进司法体制改革，推动检察办案质量和效率双提升。

推进人才交流实现互学互鉴互长。树立双赢多赢共赢的理念，建立新时代监督与被监督良性互动关系，与行政机关建立干部交流、线索发现、信息共享等工作机制，合力促进公正司法、依法行政、严格执法。2020年，与旗市场监督管理局互派挂职干部1批次，通过打造正规化、专业化、职业化检察队伍，进一步增强检察工作实效，有效维护国家和社会公共利益。

深入落实认罪认罚从宽制度。强化检察机关在审前程序中的主导作用，根据案件性质、犯罪情节和危害程度，实行区别对待，全年对284名符合条件的犯罪嫌疑人适用认罪认罚从宽，适用率达87.12%，量刑建议采纳率达98.73%。依法保障当事人诉讼权利，派驻公安机关检察工作室成立，全年安排值班律师提供法律咨询266件次。

扎实推进全类型犯罪预防。主动融入国家治理体系和治理能力现代化进程，以预防犯罪为切入点开展工作，力求遏制和减少犯罪发生。突出预防重点开展“大调研”，在前科人员犯罪、落实从业禁止制度等领域开展专题调研，形成调研6项。注重保护特殊群体，联合教育等部门及全旗24所学校启动法治宣传教育全覆盖活动，扎实开展侵害老年人、妇女儿童、农民工合法权益专项预防宣传。

五、立足事业长远发展，在强化自身建设中积蓄新动力。坚持以党建带队建，以队建促发展，努力建设具有铁一般信仰、铁一般信念、铁一般纪律、铁一般担当的检察队伍。

旗帜鲜明强化政治引领。深入学习贯彻习近平新时代中国特色社会主义思想，引导党员干警在坚守初心上永葆本色，在为民服务上勇担使命，在司法办案中追求极致。严格贯彻落实《中国共产党政法工作条例》，向旗委和上级检察机关报告重大情况、重要事项6次。积极提升党支部工作活力，促进党建工作与检察业务深度融合，严格落实意识形态责任制，坚持党管意识形态的鲜明导向。

持之以恒做实内外监督。坚持全面从严治党、全面从严治检不动摇，力戒形式主义、官僚主义。严格执行“三个规定”，常态化开展检务督察。主动接受人大、政协监督，积极向旗人大及其常委会报告工作，自觉接受民主监督，邀请人大代表、政协委员视察检察工作、观摩司法活动5批次，组织开展“检察开放日”活动5场次，3名检察官接受人大履职评议。公开生效法律文书253份、案件程序性信息419条，不断提高检察工作开放度和透明度。

争先创优激发队伍活力。发挥班子带头示范作用，检察长、副检察长一线直接办案常态化，全年共办理案件205件。大兴调查研究之风，发表各级调研论文36篇，全年发表市级以上检察调研、宣传信息41篇，检察专网发表市级以上检察调研、宣传信息38篇。持续打造“周五小课堂”等培训载体，提升检察官专业化办案能力。承办全市检察机关第三届体能集训暨职工运动会，激发队伍活力，增强检察文化建设。

各位代表，2020年是检察工作深刻变革的一年，在全院干警的共同努力下，我院荣获旗级、市级荣誉6项，21人次受到旗级、市级表彰。这些成绩的取得，是旗委和上级检察机关正确领导，旗人大及其常委会有力监督，旗政府、政协和社会各界关心支持的结果。特别是各位人大代表和政协委员认真履职，积极提出意见建议，有力促进了检察工作的健康发展。在此，我谨代表鄂托克前旗人民检察院表示崇高的敬意和衷心的感谢！

各位代表，在看到成绩的同时，我们清醒地认识到工作中还存在一些问题和不足：一是司法办案质效与经济社会发展需要和人民群众期盼还不尽匹配；二是刑事、民事、行政、公益诉讼“四大检察”发展还不够平衡不够充分；三是检察队伍结构有待进一步优化，全面型、带头型检察人才紧缺；四是基础设施建设不足，运用信息化手段破解工作难题的能力还有待提高。对此，我们将认真加以研究，积极争取各方支持，下大力气解决。

2021年工作安排

2021年，鄂托克前旗人民检察院将深入贯彻党的十九大和十九届二中、三中、四中、五中全会及中央政法工作会议、全国检察工作会议精神，牢牢坚持党对检察工作的绝对领导，推动检察工作稳进、落实、提升。重点做好以下几方面工作。

一是强化使命担当，紧扣发展大局忠诚履职尽责。坚持维护稳定与促进发展并重，继续助力打好“三大攻坚战”，持续推进扫黑除恶专项斗争常态化。开好“十四五”规划检察开局工作，服务“六稳”“六保”，深化服务民营经济发展，努力想企业之所想、急企业之所急、解企业之所难。加大对污染环境等犯罪打击力度，保护创新发展、绿色发展。

二是强化主责主业，聚焦公平正义增强监督质效。统筹做好刑事检察、民事检察、行政检察和公益诉讼检察工作，促进各项工作全面平衡充分发展。知行合一学好用好《中华人民共和国民法典》，坚持“双赢多赢共赢”理念，与行政机关共同维护国家法律的统一正确实施。严厉打击各类侵害群众切身利益的犯罪，在保障和改善民生中体现检察担当。

**三是强化改革驱动，促进内涵

发展提升检察品质。认真落实党的十九届四中、五中全会决定及中央政法工作会议、全国检察工作会议部署，以习近平法治思想指导检察实践，积极稳妥推进新领域公益诉讼探索，全面深入落实认罪认罚从宽制度，继续深化“捕诉一体”办案模式，进一步提升办案质效。

四是强化全面从严，注重素能培养锻造过硬队伍。旗帜鲜明讲政治，一以贯之抓好队伍政治建设，加强党风廉政建设，深入推进政法队伍教育整顿工作，深化队伍专业素能培训，深化检察官专业素能培训，加快综合型人才培养。更加主动接受人大、政协和社会各界监督，强化内部监督，以公开促公信、以严管促规范。

各位代表，在新的一年里，鄂托克前旗人民检察院将在旗委和上级检察机关的正确领导下，认真落实本次大会决议要求，坚持理念先行、坚持为大局服务为人民司法、坚持立足办案谋发展、坚持向改革要动力、坚持政治建设与业务建设融合推进，全力确保“十四五”发展开好局，以优异的成绩庆祝建党100周年！

鄂托克前旗人民法院工作报告

——在鄂托克前旗十届人大五次会议上的讲话

人民法院院长　乌阳戈

（2021年2月24日）

各位代表：

现在，我代表鄂托克前旗人民法院向大会报告工作，请予审议，并请各位政协委员和其他列席会议的同志提出意见。

2020年主要工作回顾

2020年，鄂托克前旗人民法院始终以习近平新时代中国特色社会主义思想为指导，深入学习贯彻习近平法治思想，全面贯彻落实党的十九大和十九届二中、三中、四中、五中全会精神，在旗委的坚强领导下，在旗人大及其常委会的有力监督和上级法院的有效指导下，在社会各界的大力支持下，忠实履行宪法法律赋予的职责，沉着应对疫情防控、服务经济社会发展、维护人民权益，全面从严管党治院，取得了较好的成绩。全年，共受理各类案件4352件，审执结4030件，结案率92.6%。

一、聚焦服务大局职责使命，切实提升保障服务质效

全力做好新冠疫情防控。认真贯彻落实“疫情就是命令，防控就是责任”的工作要求，积极参与联防联控，组建党员先锋队、青年志愿者队，派出450余人次干警参与疫情防控。积极推行“非接触式”诉讼服务，依托人民法院调解、中国移动微法院等平台，实现12个部门线上“集结”、51件案件“线上”办理、18件案件“隔空”执行，暂缓执行涉企案件82件，有效满足疫情期间群众司法需求，全力保障企业复工复产。

奋力服务保障三大攻坚战。坚持责任落实，配强脱贫攻坚帮扶力量，完善包扶嘎查软硬件建设，全面完成包扶嘎查、包联贫困户对口扶贫任务，6户贫困户稳定脱贫，150吨地磅落户包扶嘎查，15公里的砂石路打通脱贫攻坚“最后一公里”，真正让脱贫成果惠及农牧民。防范化解重大风险，建立金融审判联动会议机制，审执结信用卡、借贷等金融案件103件。引导规范民间融资行为，审结民间借贷案件643件，结案标的额4358万余元。聚焦污染防治，审结非法占用农用地犯罪案件43件，有效保护了生态安全。

努力优化法治化营商环境。采取以案释法、上门办案、实地调处等措施，主动为辖区企业提供司法服务，扎实做好“六稳”“六保”工作。全年，受理民商事案件2206件，审结2110件，结案率95.65%，结案标的额5.18亿元，其中调撤结案1232件，调撤率74.67%。深入开展“送法进企业”活动，全年走访辖区18家代表性企业，广泛征求意见建议，支持政府依法行政，以司法裁判引导企业诚信守法。开通企业维权立案、诉讼、执行绿色渠道，审执结涉企案件514件，结案标的额4.6亿元，依法保护辖区企业合法权益，谨慎使用查封、扣押等强制措施，防止因“死扣”“死封”影响企业正常运营。

着力助推美丽乡村建设。拓展司法服务半径，积极参与示范嘎查村建设、品质城镇建设，参与基层人居环境整治11次270余人次。稳妥办理涉乡村振兴、城乡发展等项目关联案件，妥善化解草牧场、相邻权等纠纷67件，全力守护乡村安宁。深入践行“两山”理念，审

结环境资源公益诉讼案件1件，筑牢了基层法治生态屏障。加强人民法庭建设，构建以法庭为中心、以嘎查村“两委”阵地为依托、以法官入户走访为补充的司法生态。全年，基层法庭审结案件464件，开展法治宣传6次90余人次，指导嘎查村“两委”化解各类纠纷37件。

二、围绕建设法治鄂托克前旗目标，坚实履行司法维稳职责

全力维护社会安全稳定。依法惩处各类刑事犯罪，受理刑事案件271件，审结259件，判处罪犯313人，结案率95.57%。严惩职务犯罪，依法审结王永丰、刘洪涛等一批社会关注度高的职务犯罪案件。严惩危害群众生命财产安全犯罪，审结危险驾驶、交通肇事等多发性案件176件。依法公开审判王洪飞非法吸收公众存款罪一案、毕方贵等15人妨害公务罪一案，切实维护了法律权威。

扎实推进重点专项工作。依法审结恶势力犯罪案件2件31人，判处五年以上有期徒刑11人，判处财产1103.3万元。其中刘正军等28人恶势力集团犯罪案件庭审工作受到市、旗两级政法部门的肯定，经验在全市法院推广。推进涉煤领域违规违法问题专项整治，排查案件3.5万件，梳理出115件涉煤案件，并逐案研判。阶段性完成减刑、假释和暂予监外执行违规违法问题专项整治。

依法化解行政争议纠纷。立足法治鄂托克前旗建设，加强与行政机关良性互动，促进依法行政。全年，审查办结行政非诉案件3件，向有关单位、部门发出司法建议65件，并收到回复62件，其中4篇司法建议被自治区高院采纳，有效促进了依法行政。

深入推进基层诉源治理。学习借鉴新时代“枫桥经验”，健全“一站式”多元解纷机制，从源头上减少了诉讼增量。全年，诉调对接中心分流案件1549件，调解成功926件，调解率59.78%，其中司法确认413件，当场履行513件，新收案件回落5.12%，诉源治理成效获市中院肯定。加强法治宣传教育，开展“模拟法庭进校园”“未成年维权进学校”“物业纠纷化解进社区”“民法典宣传走基层”等活动12次，有效提升了社会法治意识。

稳妥推进涉诉信访化解。恪守信访工作全旗“一盘棋”理念，强化组织领导，落实包案责任，圆满完成了十九届五中全会、全国两会、建旗40周年大庆、统编教材改革等重要节点期间信访维稳任务。深入开展“解决信访问题年”专项行动，凝聚社会合力减少信访存量，中央第八巡视组交办的6批60件信访案件全部化解、办结。

三、坚持以人民为中心服务理念，务实回应群众司法需求

全力兑现胜诉权益。巩固深化“基本解决执行难”成果，着力构建执行长效机制，共受理执行案件1831件，执结1617件，同比上升2.4%，结案率88.31%，执行到位8211.5万余元。加大执行惩戒力度，纳入失信名单141人次，限制高消费722人次，司法拘留7人次，移送拒执罪1人。完善执行联动机制，联合公安机关布控被执行人101人次，联合旗发改委信用惩戒140人次。完善网络司法拍卖流程，网上拍卖成交21件，盘活被执行企业存量资产900.8万元，拍卖成交房产建筑面积2124.46平方米。

最大限度方便群众诉讼。扎实推进“一站式”建设，建成集立案登记、诉讼指导、执行接待、投诉信访等功能为一体的诉讼服务中心。全年服务接待群众4000多人次。全面推行网上立案、跨域立案，有效解决异地诉讼难问题。全年，网上立案483件，跨域立案41件。整合送达资源，10月份建成集约送达中心，共送达法律文书74件，送达65件，送达率87.83%，平均耗时4.48天，有效提高了工作效率。

全力以赴保障民生司法。积极回应人民群众对物业服务、家事纠纷、侵权损害等问题的关切，依法审结物业纠纷案件84件，追索劳动报酬、社会保险等劳动争议案件59件，妥善化解婚姻家庭、遗产继承等家事纠纷案件112件，审结损害赔偿类案件86件，切实保障了民生福祉。加强司法人文关怀，为困难当事人缓交诉讼费33.5万元，发放司法救助金9.2万元，让人民群众感受到了司法温暖。

不遗余力推进司法公开。保障公民依法参加审判活动，新聘任87名人民陪审员，有效充实了审判力量。全年人民陪审员参审案件178件，陪审率达90.4%。保障公民司法知情权，完善了审判流程、

裁判文书、执行信息、庭审直播等司法公开平台建设，发布裁判文书3805份，网上直播案件41件，回访案件80余件。

四、深化司法改革和智慧法院建设，扎实提升审判执行质效

深刻落实诉讼制度改革。推进案件繁简分流、轻重分离、快慢分道，实行简案快审、繁案精审，对事实清楚、案情简单的案件实行速裁。全年，审结民事速裁案件917件，办案周期平均缩短了18天。推进以审判为中心的刑事诉讼制度改革，全面落实认罪认罚从宽制度和刑事速裁程序改革，全年适用认罪认罚程序速裁案件218件，约占刑事结案的84.17%，平均审理周期3.8天。

深化推进司法责任制改革。扎实开展“创新管理年”专项活动，强化院、庭长监管职责，探索建立以制度建设为基础、以案件评查为保障、以流程管理为支撑、以绩效考核为依据的管理模式，有效提升了案件质效。全年，一审服判息诉率达95.24%，一审判决案件改发率1.69%，两项指标居全市法院前列。完善院、庭长办案机制，全年，院、庭长办案3122件，占全部案件的71.7%。

深度落实改革配套措施。完善错案责任追究制和瑕疵案件责任追究制，支持保障干警依法履职。与旗司法局共同推进“援助律师人才库”和“法律援助绿色通道”工作，确保刑事案件审判阶段律师辩护全覆盖，全年，法律援助机构指派律师提供辩护5件20人次。强化合议庭、专业法官会议、审判委员会职能作用，促进类案裁判和法律适用标准统一。

深入推进智慧法院建设。进驻新法庭办公区域后，全力推进新审判法庭信息化建设工作，数字审委会、智慧法庭等一批信息化建设成果有效保障了审执质效的提升。以信息化服务法官办案、方便群众诉讼，扎实做好类案智能推送、简易文书智能生成、综合管理平台和档案信息化应用工作，完善了电子卷宗随案同步生成，审执智能化水平显著提升。扎实推进“六专四室”建设，建成运行“远程开庭系统”，实现刑事案件远程审判，有效提升了工作效率。

五、聚焦党的建设从严治院，打造过硬人民法院队伍

突出抓好思想政治建设。准确把握人民法院政治属性，认真贯彻《中国共产党政法工作条例》《中国共产党党组工作条例》，加强意识形态工作，落实重大事项请示报告制度，教育干警牢固增强“四个意识”、坚定“四个自信”、做到“两个维护”。坚持“抓党建带队建促审判”工作思路，高标准推进“两个坚持”专题教育，实施“最强党支部”工程，全面落实“三会一课”制度。全年，开展书记讲党课9次，党员活动日21次，党课、晨读等活动取得了良好的效果。

不断优化履职能力建设。注重干警培养和审判人才梯队建设，通过以会代训、基层锻炼、庭审观摩等形式，激发了队伍生机与活力。全年组织开展各类培训35期561人次，6个集体15名干警获旗级以上表彰。落实宪法宣誓制度，通过开展任职入额宣誓和重温入党、入警誓词等活动，增强干警宪法意识和职业使命感。加强理论研究和新闻宣传，全年，6篇精品调研论文和50余篇信息在市级以上媒体刊发，编印《鄂前旗审判》内刊2期，1篇调研论文荣获“全区法律文化成果”三等奖。

持续开展党风廉政建设。组织开展“三个以案”警示教育和纪律作风教育整顿专项活动，先行先试开展队伍教育整顿工作。全年，开展警示教育活动4次，审务督察、专项检查11次，开展明察暗访15次。落实“一把手”约谈和领导干部述职述廉机制，开展“清风课堂”学习，全力支持派驻纪检组履行监督职责，查处违纪违法干警4名，全院政治生态不断向好。

主动接受人大及社会各界监督。始终把接受人大监督作为做好法院工作的重要遵循，认真落实旗十届人大四次会议和代表提出的意见建议。全年，办结人大代表提案1件，办理全国人大代表关注案件1件，邀请人大代表视察法院、参加会议、旁听庭审等活动6次93人次，走访、接待人大代表、政协委员11人次。广泛接受社会监督，通过聘任廉政监督员、检察长列席审委会、媒体监督等形式，主动回应社会关切。

各位代表，旗人民法院过去一年的成绩，是在旗委的坚强领导，旗人大及其常委会的有力监督，旗政府、政协的监督支持，上级法院的有效指导，社会各界和各位代表的关心、支持、帮助下取得的。在此，我谨代表旗人民法院向大家表示崇高的敬意和衷心的感谢！

在总结回顾成绩的同时，我们也清醒认识到还存在一些问题和不足：一是司法理念和司法能力还不能完全适应人民群众的司法需求，有的干警统筹处理法律问题与社会问题的能力还不足，服务大局意识不强；二是推进诉源治理工作的成效尚未充分显现，解决纠纷和服务群众的能力水平还有待提升；三是适应审判权运行新机制的监督管理体系还不健全，审执质效与人民群众期待仍有差距；四是法院信息化建设、精细化管理、诉讼服务品质化还需要不断提升；五是个别干警司法作风不实损害司法形象，队伍建设还存在薄弱环节。对于这些问题和困难，我们将切实采取措施，努力加以解决。

各位代表，2021年是实施“十四五”规划、开启全面建设社会主义现代化国家新征程的第一年，是中国共产党成立100周年，做好人民法院工作，使命光荣，责任重大。旗人民法院工作的基本思路是：坚持以习近平新时代中国特色社会主义思想为指导，深入学习贯彻习近平法治思想，全面贯彻落实党的十九大和十九届二中、三中、四中、五中全会精神，增强“四个意识”、坚定“四个自信”、做到“两个维护”，紧紧围绕“努力让人民群众在每一个司法案件中感受到公平正义”的目标，牢牢把握司法为民公正司法主线，奋力为鄂托克前旗各项事业高质量发展营造公正规范的法治环境和优质高效的服务环境。为此，重点抓好以下八个方面的工作。

第一，坚持党的绝对领导，进一步增强保障实效性。坚持党对法院工作的绝对领导，认真贯彻新发展理念，服务保障大局，积极营造稳定公平透明、可预期的法治化营商环境，服务保障全旗“十四五”规划和2035年远景目标等重大决策部署落地落实。

第二，深挖社会治理潜能，进一步推动依法治旗。坚定维护国家政治安全，巩固深化扫黑除恶专项斗争成果，推动完善党委主抓的诉源治理格局，有效推进诉源治理，助力城乡基层治理制度创新和能力建设、县域社会治理现代化。

第三，深植司法为民理念，进一步提升服务满意度。忠诚践行以人民为中心的司法服务理念，全面推进“一站式”诉讼服务中心建设，打造“智慧服务”新模式，优化人民法庭布局，妥善审理涉民生案件，不断满足人民群众日益增长的司法需求。

第四，深化执行长效机制，进一步提高社会诚信度。紧盯切实解决执行难目标，强化执行指挥中心功能，充分发挥综合治理执行难工作大格局作用，深化执行工作机制创新，精准实施失信联合惩戒，持续开展专项行动，以执行工作实效推动社会诚信建设。

第五，深推综合配套改革，进一步彰显司法公信力。立足审判体系和审判能力现代化建设，规范庭审程序，切实发挥人民陪审员作用，扎实开展民事诉讼程序繁简分流改革工作，进一步从诉讼制度和机制层面提升司法效能，促进司法公正高效权威。

第六，狠抓党的建设，进一步推动从严治院。始终把党的政治建设摆在首位，坚定不移全面从严治党、从严治院、从严管理，全力开展队伍教育整顿工作，使法院政治生态、司法生态、院风院貌持续向好发展，以廉洁司法促进公正司法。

第七，深耕法院文化土壤，进一步强化队伍战斗力。加强法院文化建设，教育引导干警坚定理想信念，坚守法治信仰，培育职业良知，增强干警为民情怀、履职本领和拒腐防变能力，建设党和人民信得过、靠得住、能放心的法院队伍。

第八，主动接受人大监督，进一步夯实发展持久性。强化主动接受人大及其常委会监督意识，丰富代表、委员联络形式，认真办理代表建议、政协提案及代表、委员关注的案件，支持代表、委员依法履职。主动接受社会各界和舆论媒体监督，不断改进法院工作。

各位代表，新的一年，旗人民法院将紧密团结在以习近平同志为核心的党中央周围，在旗委的坚强领导下，在旗人大及其常委会的有力监督下，在社会各界的监督支持下，牢记职责使命，敢于担当作为，奋力为鄂托克前旗全面开启现代化建设新征程提供更务实、更可靠的司法保障，以优异成绩献礼中国共产党成立100周年！

鄂托克前旗2020年国民经济和社会发展计划执行情况与2021年国民经济和社会发展计划草案的报告

——在鄂托克前旗第十届人大五次会议上的讲话

发展和改革委员会

（2021年2月23日）

各位代表：

受旗人民政府委托，向大会提交鄂托克前旗2020年国民经济和社会发展计划执行情况与2021年国民经济和社会发展计划草案的报告，请予审议，并请各位政协委员和列席人员提出意见。

一、2020年国民经济和社会发展计划执行情况

今年以来，面对新冠肺炎疫情严峻考验，全旗上下在旗委、政府坚强领导下，在人大、政协监督支持下，坚持以习近平新时代中国特色社会主义思想为指导，按照全旗经济工作会议精神和人民代表大会目标任务要求，统筹推进疫情防控和经济社会发展工作，扎实做好“六稳”工作、落实“六保”任务，全旗经济经受住了疫情的冲击并呈现向好趋势。

（一）经济发展稳步恢复。2020年，地区生产总值完成140.5亿元；公共财政预算收入增长0.2%；固定资产投资完成增长10%；规模以上工业增加值增长5.2%，规上工业用电量达到8.7亿度，增长21.6%；城乡居民人均可支配收入增长1.1%和8.3%。

（二）疫情防控取得积极成效。第一时间启动重大突发公共卫生时间I级响应，调动志愿者、党员、公安干警2800名在省际道路、居民区入口蹲点值守，构建起联防联治、群防群治的防控体系。组建医疗队，全市首例治愈的确诊患者健康出院。强化重点场所的人员防控措施，组织抽调全旗各机关工作人员共72人分8批次，赴鄂尔多斯市机场、火车站等4个卡点开展为期4个月的疫情防控堵卡工作，切实保障人民群众生命安全和身体健康。

（三）产业发展加速恢复。农牧业。全旗农作物播种面积79.72万亩，其中，粮食作物55.42万亩，经济作物5.92万亩，饲料作物18.38万亩；牧业年度牲畜存栏量197.17万头（只），农牧业产业结构日趋合理。工业。实现第二产业增加值84.04亿元。主要工业产品产量保持平稳，全旗原煤产量1432.3万吨，液化天然气产量52万吨，工业产品销售率101.9%，同比增长3%。规上工业增加值同比增长46.7%。服务业。突出红色文化内涵、创新红色研学形式，全年接待培训学员14.4万人次；水洞沟、大沙头等景区功能日益完善，全年接待游客突破70万人次，实现旅游综合收入21亿元。

（四）重大项目稳步推进。以“重大项目三年攻坚行动”为抓手，全力以赴抓重点项目、抓运行调度。2020年全旗拟实施各类项目77项，完成投资70亿元，开复工项目76项，开复工率98.7%。坚持“抓项目储备就是抓发展，抓项目招引就是抓发展”理念，抓紧抓实2021年重点项目盘子征集工作，2021年各类项目97项，总投资795.1亿元。工业项目扎实推进。长城1号煤矿升级改造、长城3、5、6号和巴愣等5个煤矿进展顺利，正在办理采矿证，长城2号改扩建项目正在进行前期建设方案设计工作。盛鲁电厂1号机组、2号机组投产，向山东输电22亿千瓦时；国电双维电厂正在进行冷却塔、锅炉及烟囱主体施工；长城电厂、国能上海庙电厂正在进行基础浇筑施工。华星40亿立方米煤制气项目核准申请已报至国家能源局。全力推进农牧业项目。实施高标准农田、产业惠农惠牧等项目27项，启动百万亩柠条种植行动，推荐申报乡村产业振兴资金扶持项目143个，涉及资金2.62亿元。全市最大单体育苗基地建成投用，年育果蔬穴盘基质苗能力达8000万穴以上。新建农产品深加工基地1处、辣椒烘干厂1家、农畜产品包装箱厂2家，农畜产品加工销售能力得到明显提升。旅游服务业稳步推进。持续扩大红色旅游影响力，打造了60多个红色研学实践点，建成投用城川红色教育集训中心，启动红色场馆改造升级和维护整修工程，场景式教学馆建设项目已完成主体施工，正在进行装饰装修。挂牌自治区红十字会人道文化传播与生命健康安全教育基地。加快“沿路旅游带”建设，昂素至城川红色旅游公路项目、城川至三段地红色旅游公路项目已具备通车条件。

（五）坚决打赢三大攻坚战。防范化解重大风险。在做好“三保”工作的基础上，严格控制债务规模，积极化解债务风险。严格执行《鄂托克前旗政府投资项目管理办法》，从严控制隐性债务增量；通过预算安排、资产处置、核销核减等方式，累计化解债务5.6亿元，隐性债务余额降至27.3亿元；拖欠民营企业中小企业账款已全部清偿，企业无分歧欠款年底前“清零”，金融秩序可防可控。扎实推进脱贫攻坚。深入推进“百企帮百村”行动，实施产业扶贫项目51个，扶持43个嘎查村发展集体经济，全旗嘎查集体经济收入全部达到5万元以上；安排产业发展资金1511万元，实施5个重点产业扶贫项目，覆盖贫困户607户1607人、普通农牧户830户2241人；深入开展产业扶贫，全旗662户1731名建档立卡贫困人口全部实现脱贫；争取到中央、自治区预算内资金559万元，用于易地扶贫搬迁基础设施配套建设和公共服务设施补短板项目建设，敖勒召其镇马场井安置点获得国家级“十三五”美丽搬迁安置点荣誉称号。全力推进污染防治。成功创建“国家生态文明建设示范县”。全面开展大气污染综合整治工作，全旗空气质量优良以上天数达到340天以上，PM2.5平均浓度为22微克/米³，较上年同期下降6微克/米³；强化常态化水质监测工作，3个集中式饮用水源地水质达标率均为100%；完成了5个煤矿的煤矸石充填系统和城川镇无害化垃圾填埋场项目建设，实现了渣场固体废物分区分类贮存。

（六）深化改革取得新成果。营商环境持续优化。持续推进重点改革任务，统筹抓好供给侧结构性改革、工业园区高质量发展、审批服务便民化等重点改革任务。编制完成旗镇两级26个领域政务公开事项标准目录，落实基层政务公开标准化、规范化。着力推进“最多跑一次”向基层延伸，全面梳理公布“马上办”“网上办”“就近办”“一次办”事项223项，打造镇级和嘎查村便民服务代办点79个，推进“放管服”改革向各镇、各嘎查村（社区）延伸，将便民服务送到农牧民群众家门口；深入推进智慧鄂托克前旗建设，推进城乡一体化建设，按照“敖镇聚焦商贸物流、上海庙聚焦加工制造、城川聚焦红色旅游、昂素聚焦民族文化”的定位，着力打造新型品质城镇，全面改善城镇面貌。全力维护社会安全稳定，持续扩大扫黑除恶专项斗争战果，收集问题线索53条，全部核查处置。深入推进信访矛盾排查化解工作，“解决信访问题年”专项行动、各级巡视督导交办信访案件全部办结。持续开展安全生产大检查大整治行动，排查整改各类安全隐患1055条。

（七）城市品质日益提升。一是提升城镇配套功能。顺利通过全国文明城市复查，蝉联“全国文明城市”荣誉称号。重点实施了一批硬化绿化亮化及立面改造工程，建成投用了植物园，城镇绿化率、绿化覆盖率分别达到38%、42%，主干道亮灯率达100%，完成敖镇其巴嘎图西街停车场及附属设施建设项目、敖镇苏力迪街油面改造工程、敖镇污水处理厂双回路电源建设项目。二是推进重大基础设施建设。着力补齐交通基础设施短板，方便群众出行。鄂托克前旗通用机场完成飞行594架次，旅客吞吐量3800多人次。成功开通鄂托克前旗至呼和浩特市的航线，1月22日完成首飞。稳步推进鄂托克前旗通用机场改扩建项目，项目设计方案已完成。构建以旗、镇、村三级客运网络，2020年，全旗共完成社会客运量19367人次，完成旅客周转量693.3万人/公里。

（八）民生保障全面提升。教育教学均衡发展。大力推进教育强旗战略，深入推进双语教学改革；第三完全小学建成投用，迎来首批学生；深化旗职业中学产教融合、校企合作的职业教育模式，提升职业教育水平；全面强化高素质师资队伍建设，全年招考（引进）教师127名；深化与北京衡越公司的办学合作，2020年，高考一本上线19人，本科上线169人，上线率超过56%。医疗卫生服务持续改善。深入推进健康鄂托克前旗建设，开工新建妇幼保健医院、疾控中心，建成投用蒙医综合医院和上海庙中心卫生院，全面启动旗医院标准化发热门诊建设，旗医院PCR实验室、旗蒙医院与疾控中心联建PCR实验室顺利通过专家组审核，具备独立开展核酸检测的能力，全旗重大疾病和突发性传染病应急处置能力得到全面提升。文化事业日益繁荣。丰富拓展文化下乡服务形式和内涵，开展鄂托克前旗那达慕大会开幕式文艺演出、第四届圣火文化节系列惠民文化旅游活动及“奋进四十年·礼赞新时代”建旗40周年等导向性群众文化活动188场次，惠及群众近30万人次；打造“新时代草原红色书屋”，成立“马兰英才”书苑，改造提升乌兰牧骑办公、训练场所，推动文化阵地提档升级，不断满足群众日益增长的精神文化需求；社会保障扩面提标。招录安置各类工作人员336人，城镇新增就业949人。企业职工养老保险扩面任务、工伤保险扩面任务均超额完成，新开工工程建设项目工伤保险参保率达到100%。适度提高城乡低保标准和优抚补助标准，最大限度地保障困难群众的基本生活。

各位代表，在全旗上下共同努力下，今年国民经济和社会发展取得的成绩来之不易。但也要清醒地认识到，经济运行中依然存在一些困难和问题，主要表现为：一是经济下行压力持续加大，受国际国内大环境和新冠肺炎疫情影响，实体经济尤其是工业、服务业困难较多，企业经营压力增大；二是大项目储备明显不足，落地开工亿元以上项目偏少，项目开工后形成实物量不足，项目招商还未达到预期效果；三是要素制约依然存在，企业融资难、征地拆迁难、建设用地规模空间与指标紧缺等瓶颈受各种现实条件影响，尚未得到有效缓解。

二、2021年国民经济和社会发展的主要措施

战“疫”行动仍在继续，2021年我们必须坚定不移贯彻落实习近平总书记重要指示，准确把握国内外疫情防控和经济形势的阶段性变化，因时因势调整工作着力点和应对举措，加快建立同疫情防控相适应的经济社会运行秩序。

2021年，全旗经济社会发展的主要预期目标是：实现地区生产总值增长6%左右，固定资产投资增长13%左右，公共财政预算收入增长3%左右，城乡常住居民人均可支配收入分别增长6%和8%左右，社会消费品零售总额增长3%左右。围绕上述目标，重点抓好以下五个方面的工作。

（一）聚焦高质量发展，持续优化经济结构。一要推动工业经济提质增效。主动顺应国家能源革命大趋势，全力推动煤电油气风光氢储并举，延链补链强链并进，建设国家级清洁能源输出基地。加大煤炭保供力度，加快新上海一号、巴楞等6座煤矿采矿证办理，启动鹰骏三号煤矿手续办理，持续推进绿色矿山、智慧矿山建设。加快推进鄂西煤炭物流园扩建工程，细化落实煤炭供应战略协议。加快国能上海庙电厂、国电双维电厂、长城电厂项目建设，争取年内取得突破性进展，按期实现“双投”，争取再规划建设一条输电通道，扩大清洁能源、新能源装机和外送规模。着力推动现代煤化工向高端产业延伸，重点推进恒坤焦化多联产二期项目、兴源12万吨碳化硅材料及2万吨碳化硅陶瓷制品项目。培育壮大新能源、新材料等新兴产业，推动能源经济从单一化向现代化、集群化发展。二要加快农牧业转型升级。紧密结合自治区建设“全国绿色农畜产品生产基地”的契机，立足我旗天然优势，着力增品种、提品质、创品牌，建设自治区西部优质农畜产品集散中心。加快规模化、标准化进程，建设肉牛养殖、

果蔬生产、超细型绒山羊种畜生产、肉羊短期育肥等规模化种养基地，年内蔬菜种植面积达到4万亩、羔羊短期育肥30万只、种植经济林2万亩。持续深化“鄂托克前旗羊肉”等区域品牌，强化农畜产品追溯体系建设，创建自治区农畜产品质量安全旗。加大龙头企业、新型经营主体以及生产性服务组织的培育力度，打造自治区级农牧业产业化联合体2家，新培育产业化龙头企业4家。制定出台数字乡村试点建设三年行动方案，确保高质量、高标准完成国家试点建设任务。三要推动服务业融合发展。放大红色产业效益，建设全国红色培训教育基地和全区红色旅游样板旗。依托我旗原生态优势和多元文化优势，打造精品特色旅游线路，提供高质量文旅产品，形成全域旅游格局。建成投用城川红色拓展训练基地、场景式教学馆等红色研学项目，吸纳融合周边地区红色资源，延伸拓展研学线路和课程体系，提升培训研学档次。继续放大“红色+”效应，加快水洞沟北区景区建设进度，探索将我旗红色研学产业与银川、延安等周边地区5A级景区融合共进，实现“景区互联、客源共享”，补齐旗域旅游产业短板。

（二）聚焦实体经济，持续优化营商环境。一是精准对接全力争取项目。牢固树立“人人都是营商环境、事事关系营商环境”的思想意识，按照“签约项目抓落地、前期项目抓开工、在建项目抓进度、竣工项目抓投产”的要求，建立项目从发起、签约到开工、建设、投产全过程的“保姆式”服务机制，按月组织“企业问需座谈会”，及时解决项目推进中存在的困难和问题，形成工作合力，确保项目快落地、快建设、快见效。二是优化服务加快推进项目。进一步深化“放管服”改革，强化在准入、税费、融资、基础设施等方面综合施策，加强政府带头守底线、讲诚信、践承诺的法治化营商环境建设。继续推行集中联动审批机制，推动政务服务网上办、掌上办、就近办，实现网上网下一体化，打造审批最少、流程最优、效率最高、服务最好的营商环境。对重大项目建设实施清单化精细管理，努力实现投资量、实物量、工作量“三量齐增”。三是持续谋划招引一批项目。紧扣国家政策导向、产业方向和投资热点，及时、精准对接政策，抓紧抓实重点项目前期储备，重点围绕产业转型、社会民生、基础设施、市政建设等领域，谋划一批延链、补链、强链项目，最大限度发挥项目投资拉动作用。对招商引资未开工项目，强化沟通衔接，统筹做好服务保障，确保项目早签约、早落地。

（三）聚焦改革开放，激发市场主体新活力。一要以重点改革增强动力。坚持顶层设计与自主创新相结合，承接好中央、自治区、市改革任务，巩固和深化在解决体制性障碍、政策性创新方面取得的改革成果，在助力产业转型、乡村振兴、生态文明建设等方面再落实一批重点改革，推动各方面改革更加成熟。二要以区域合作激发活力。主动把自身放到区域协同发展中去研究谋划，进一步发挥地处呼包鄂银榆城市群重要节点的区位优势，继续推进与宁东能源化工基地及银川市，在产业布局、能源供应、基础建设、生态环保、教育卫生、文化旅游等方面的合作交流，构建资源集聚集散、要素融会贯通的区域发展新格局。三要以科技创新催生竞争力。积极投身“科技兴蒙”行动，强化科技成果转移转化。加大在能源资源、生态环境保护、特色优势产业等领域的科技投入，要全面优化创新创业环境，建立健全创新创业服务和政策支撑体系，创新人才引进培养机制，培育一批农牧民身边的“土专家”与技术能手，推动科技创新与经济社会发展有机衔接。

（四）聚焦民生福祉，持续提升群众幸福感。大力推进教育强旗战略。推动区域、城乡和中小幼、职业等各类教育优质均衡发展，深化校企办学合作，加快蒙古族中学建设，努力办好人民满意的教育。全面贯彻党的民族政策，深入开展民族团结进步教育，确保高质量完成两科国家统编教材推行任务。持续推进“健康鄂托克前旗”工程。常态化做好疫情防控工作，深化医药卫生体制改革，加强旗镇村三级医共体建设，持续推进与银川各大医院互通互联的医联体建设，年内建成投用旗人民医院传染病楼、旗妇幼保健院、疾控中心和蒙医院发热门诊，为群众提供全方位、全周期、优质便利的卫生健康服务。强化现代公共文化服务体系建设。加强新时代文明实践中心建设，支持乌兰牧骑事业发展，强化精品剧目创作，持续推进群众性精神文明创建，全年开展各类群众文化活动300场次以上，满足群众日益增长的精神文化需求。织密织牢基本民生保障网。全面落实更加积极的就业政策，鼓励创业带动就业，实现零就业家庭动态清零。妥善解决房屋权属登记难的问题。构建广覆盖、保基本、多层次、可持续的社会保障体系。深化“平安鄂托克前旗”建设。全面推进依法治旗工作，继续深化“自治、德治、法治”基层治理方式，扎实推进扫黑除恶专项斗争，全力维护社会安全稳定。落实安全生产工作责任制，抓好安全生产和食品药品工作，提高全民的安全感。

（五）聚焦精准发力，建设宜居宜业家园。加强生态保护。强化生态保护意识，突出抓好矿区、园区及建筑工地扬尘监管，推进大气污染领域专项治理，全年空气质量优良天数比率达到85%以上。坚决落实河湖长责任制，强化重点流域、河道综合治理，确保水源地水质持续100%达标。实施好京津风沙源治理、国家水土保持治理等重点生态项目，年内完成国土绿化13万亩以上，实施草原保护建设50万亩，着力提升生态系统碳汇能力。强化基础设施配套。全力推动两条旅游公路建成通车，推进通用机场改扩建工程，加快推进西部矿区铁路专用线和鄂托克前旗至上海庙铁路建设，提高支撑发展的基础保障能力。加快老旧小区提质改造，完善市政基础建设。深入推进垃圾分类，在敖镇建设小型垃圾中转站和污水收集口。加快农牧区4G、城镇5G等新基建布局，不断提升群众生活品质。落实农村牧区人居环境整治提升五年行动，深入推进农村牧区产权制度改革，创建自治区“四好农村路”示范旗。统筹推进教育、医疗、科技等服务资源双向流通，促进城乡一体化、均等化发展。

各位代表，我们将继续主动接受旗人大及其常委会的指导和监督，提高自身水平，转换思维模式，以逢山开路、遇水架桥的改革精神，在新时代勇创新业绩，用优异的经济建设成果和社会发展水平确保“十四五”规划良好开局。

关于鄂托克前旗2020年财政预算执行情况和2021年财政预算草案的报告

——在鄂托克前旗第十届人民代表大会第五次会议上的讲话

财政局

（2021年2月24日）

各位代表：

受旗人民政府委托，现将鄂托克前旗2020年财政预算执行情况和2021年财政预算草案的报告提请本次人民代表大会审议，并请政协委员和列席人员提出意见。

一、2020年财政预算执行情况

2020年，在旗委、政府的坚强领导下，在旗人大、政协的监督支持下，旗财政局坚持以习近平新时代中国特色社会主义思想为指导，深入贯彻习近平总书记系列重要讲话重要批示指示精神，全面落实旗委、政府决策部署要求，全力以赴抓收支、助发展、保民生、促改革、强管理，扎实做好财政各项工作，支持保障全旗经济社会高质量发展、确保“十三五”各项任务圆满完成。

（一）公共财政预算收支情况。2020年全旗各项收入完成33.68亿元，其中：本级公共财政预算收入11.9亿元（含上海庙经济开发区1亿元），同比增长0.3%，上级财政补助收入13.86亿元，上年结余收入0.28亿元（包括调入预算稳定调节资金10万元），地方政府一般债券转贷收入7.64亿元（包括新增债券3.77亿元，再融资债券3.87亿元）。全旗各项支出完成33.32亿元，其中：一般公共预算支出29.36亿元，上解支出0.09亿元，一般债券还本支出3.87亿元。年终滚存结余0.36亿元。

——分税种看，公共财政预算收入中，四大主体税种完成3.57亿元，占公共财政预算收入的30.03%，同比增加0.87亿元，增长32%。其中：增值税完成1.86亿元，同比增长24.53%；企业所得税完成0.26亿元，同比增长232.09%；个人所得税完成0.19亿元，同比增长74.93%；资源税完成1.26亿元，同比增长23.2%。

——分征收部门看，税务部门完成6.64亿元，完成年度预算的76.53%，同比减少2.43亿元，降低26.78%；财政部门完成5.26亿元，完成年度预算的158.38%，同比增加2.46亿元，增长87.86%。

——分行业看，采矿业完成4.28亿元，同比降低39.96%（其中煤炭行业完成2.72亿元，同比降低19.6%；天然气行业完成1.47亿元，同比降低42.99%）；制造业完成0.37亿元，同比增长108.93%；电力行业完成0.4亿元，同比增长22.84%；建筑行业完成0.27亿元，同比降低35.63%；交通运输业完成0.15亿元，同比增长145.18%；房地产行业完成0.14亿元，同比增长50.6%；批发和零售业完成0.17亿元，同比增长105.85%；服务业完成0.11亿元，同比增长236.64%；金融业完成0.21亿元，同比增长3.34%；其他行业完成5.8亿元（主要包括非税收入和其他行业税收收入等），同比增长73.96%。

2020年，全旗一般公共预算支出完成29.36亿元，同比降低10%，其中：旗级支出28.49亿元，上海庙经济开发区支出0.87亿元。

（二）政府性基金收支情况。2020年，全旗政府性基金收入完成5.58亿元，同比增长112.88%，其中：旗本级收入1.92亿元，上年结余收入0.45亿元，专项收入3.21亿元（包括新增专项债券2.18亿元，再融资专项债券0.06亿元，抗疫特别国债0.9亿元）；全旗政府性基金支出完成5.22亿元，同比增长140.51%，其中：旗本级支出5.16亿元，专项债券还本支出0.06亿元。政府性基金结余0.36亿元。

（三）社会保险基金收支情况。2020年，全旗社会保险基金收入完成3.09亿元，同比降低8.55%；全旗社会保险基金支出3.09亿元，同比降低8.55%。

二、2020年财政工作和预算执行的主要特点

（一）抓征管，促增收，地方财政收入迈上新台阶。面对疫情的严峻挑战，着力强化财源培植，全面落实支持企业复工复产和各项减税降费政策，严格依法征缴，全面堵塞税费征管漏洞，做到应收尽收。同时，积极组织旗税务、能源、自然资源等部门，加大欠缴税费征缴力度，累计收缴塌陷区耕地占用税0.2亿元、矿权获得价款与整合成本之间差价2.9亿元。

（二）抓发展，育财源，服务经济发展取得新成效。一是持续优化营商环境，抓好上级关于支持实体经济发展的各项政策稳步实施，并以财税贡献为核心指标，精选有发展后劲的中小微企业，建立财源企业库，提升服务中小微企业能力。二是积极落实“重大项目三年攻坚行动”各项措施，全力推进我旗重大项目立项争资工作，有效支持重大项目建设。三是加大对中央预算内投资、重大项目安排、地方债券发行规模等政策研究力度，建立财政项目库，充分调动各镇、各部门争取项目资金的积极性和主动性，破解发展瓶颈，2020年累计争取上级各类资金20.78亿元。

（三）抓保障，惠民生，和谐社会建设取得新进展。在收支矛盾突出的情况下，牢固树立过紧日子的思想，严格执行中央八项规定和自治区、市、旗有关文件精神，日常公用经费、非重点、非刚性等一般性支出同比降低5.3%，“三公”经费同比降低22.76%。同时，千方百计筹措资金，创新实施“严管体系”，集中财力兜牢“三保”底线，优先支持教育等社会事业发展，助推产业结构调整升级，落实各项惠民补贴政策，加强城乡低保及特困人员生活保障，落实优抚安置、临时救助、城乡医疗救助、临时价格补贴、残疾人补助、退役士兵补助、住房保障等政策，推进公共卫生与医疗保障体系建设，支持旗域经济发展，积极推进供给侧结构性改革，保障重大政策、重点项目的实施。2020年民生支出15.37亿元，占总支出的52.36%。累计拨付疫情防控资金0.6亿元（包括专项资金0.1亿元），确保防疫资金及时足额到位。

（四）防风险，补短板，三大攻坚收官赢得新成果。

1.打赢防范化解重大风险攻坚战。认真贯彻落实上级债务化解会议精神和决策部署，在做好“三保”工作的基础上，加大债务化解力度。2020年，通过预算安排、资产处置、核销核减等方式，累计化解政府隐性债务5.64亿元，超额完成年度化债任务，隐性债务余额降至27.26亿元；2020年累计清偿政府部门拖欠民营企业中小企业账款5.73亿元，其中无分歧账款已于8月底全部清偿完成，存在分歧账款已化解0.52亿元，剩余0.14亿元将通过调解、协商、司法等途径加快解决。

2.打赢精准脱贫攻坚战。健全脱贫攻坚投入保障机制，严格执行扶贫资金使用管理定期报告、通报机制，瞄准建档立卡对象，区分轻重缓急安排扶贫项目和资金，确保贫困人口受益。2020年累计拨付各类精准脱贫资金2998.4万元，其中旗本级预算资金446.4万元，上级精准脱贫专项资金2552万元。

3.打赢污染防治攻坚战。树牢“生态优先、绿色发展”理念，全面落实退耕还林还草、天然林和草原生态保护补助奖励等政策措施，全力支持打好“蓝天、碧水、净土”保卫战。2020年累计拨付各类污染防治资金6270.51万元，其中旗本级预算资金4428万元，上级污染防治专项资金1842.51万元。

（五）抓监管，强资本，为高质量发展注入新动能。一是印发实施《深化旗属国有企业经营管理体制改革方案》，构建由正腾建投集团、鄂西能源集团、文旅集团牵头的“3+N”国有企业新格局，落实国企党组议事前置程序，助推国有企业在全域旅游、能源领域、城市服务等方面不断提升创新发展能力，累计向国有企业完成注资1.5亿元。制定完善《鄂托克前旗国有企业退休人员社会化管理实施方案》，完成中石油等9家驻地国有企业103名退休人员移交工作。二是印发实施《鄂托克前旗本级国有资产处置规程》，对我旗部分闲置国有资产进行公开拍卖处置，化解政府债务近1亿元。三是全力开展煤炭资源领域专项整治工作，依法依规开展追溯评估及评审工作，追缴清理剩余矿权获得价款与整合成本之间的差价2.9亿元。

（六）抓改革，求创新，财政管理水平实现新突破。一是深化财政管理效能。全面落实国家、自治区、市级关于扶贫项目资金绩效管理工作各项安排部署，按时将扶贫项目资金录入动态监控平台。通过聘请第三方机构对PPP项目、政府采购、新增债券等56个重点项目进行绩效评价，涉及资金19.5亿元，下发整改通知书45份，制度建设意见建议书1份，确保财政资金安全、高效运行。综合利用绩效目标审核、事前评估、事中监控、事后评价，形成了财政资金全过程绩效管理“闭环”，真正将绩效评价结果与下一年项目预算安排挂钩，对绩效评价结果不高的项目减少预算安排或不予安排，提升资金使用效益。二是加强政府采购管控。全面运用政府采购备案制规定和云平台，通过政府采购“全区一张网”，实现政府采购业务的全流程电子化，审批、核准、备案事项“不见面、网上办、一次办”。2020年，依托采购云平台累计办理采购业务797笔，涉及采购资金3.7亿元。同时，疫情期间通过政府采购绿色通道的资金达1500多万元，全面落实疫情防控采购便利化，全力保障疫情防控物资需求。三是提高财政资金支付效能。按照财政科学化、精细化的管理要求，不断深化国库集中支付制度改革，财政直接支付比例占总支出的90%以上。

各位代表，在看到成绩的同时，我们也清醒地认识到当前财政运行还面临一些困难和问题，主要是：受疫情和减税降费政策等因素的影响，财政增收困难，对民生、化债等保障力度还需加大，地方财政收支矛盾异常突出；对上级政策、资金的争取力度仍需加强；部分财政资金使用效益不高，绩效结果运用还需强化等。对此，我们将坚持问题导向、树牢底线思维，研究制定积极有效的措施，努力加以解决。

三、2021年财政预算草案

（一）2021年财政预算编制的指导思想

深入贯彻习近平总书记系列重要讲话精神和治国理政新理念新思想新战略紧紧围绕深化财税体制改革和建立现代财政制度的总要求，全面落实稳增长、促改革、调结构、惠民生、防风险的各项财税政策措施，促进经济创新驱动和转型升级。从严从紧编制预算，牢固树立长期过紧日子的思想，厉行勤俭节约，大幅压缩一般性支出，优先保障工资、运转和基本民生，突出保障化解政府性债务和重点工作需要。加强全口径预算管理，全面推进预算绩效管理工作，加大历年结转专项等存量资金的盘活统筹力度，依法推进预算信息公开，着力构建全面规范、公开透明的预算管理制度。

（二）具体编制遵循以下原则

1.依法理财，公开透明。注重依法理财，严格按照《中华人民共和国预算法》要求，强化预算约束；打破基数概念和支出固化格局，按照零基预算的原则编制预算；注重依法管理，加强财政资金日常管理、绩效评价和预算监督，充分利用审计、绩效评价等结果。注重依法公开，全面推行预决算公开，主动接受社会各界监督。

2.优化结构，突出重点。提高财政资金配置效率，认真贯彻落实厉行节约反对浪费有关精神，从严控制一般性支出和“三公”经费预算。在做好“三保”工作的基础上，加大对重大改革、重要政策和重点项目支持力度。

3.全面规范，深化改革。加强部门预算编制的完整性，部门所有收入和支出全部纳入预算管理。全面实施预算绩效管理，强化绩效目标评审，完善绩效评价机制，加强评价结果应用，推进绩效结果公开。

4.严肃纪律，硬化约束。除旗委、政府制定的重大决策外，未编入年初预算的项目，年中不安排预算追加。凡因特殊情况必须调整或追加的事项，按照“一事一议”原则，依据《中华人民共和国预算法》相关规定，按程序办理。

（三）一般公共预算

1.一般公共预算收入

2021年，我旗一般公共预算

收入建议安排31.31亿元，其中：本级公共财政预算收入预计完成12.26亿元（含上海庙经济开发区收入0.85亿元），较上年实际收入增长3%；上级转移支付收入预计完成18.69亿元，较上年实际收入增长34.9%；上年结余收入0.36亿元。

2.一般公共预算支出

依照《中华人民共和国预算法》相关规定，结合我旗实际需要，2021年一般公共预算支出建议安排31.31亿元（含上海庙经济开发区支出0.75亿元），较上年实际支出增长6.6%。

（1）按照经济科目分类，人员支出预算建议安排7.81亿元，占一般公共预算支出的24.94%；公用经费支出预算建议安排1.28亿元，占一般公共预算支出的4.09%；项目支出预算建议安排22.22亿元，占一般公共预算支出的70.97%。

（2）按照功能科目分类，各功能科目支出如下。

1）一般公共服务支出3.32亿元，占一般公共预算支出的10.6%；

2）公共安全支出0.87亿元，占一般公共预算支出的2.78%；

3）教育支出3.36亿元，占一般公共预算支出的10.73%；

4）科学技术支出0.12亿元，占一般公共预算支出的0.38%；

5）文化旅游体育与传媒支出0.44亿元，占一般公共预算支出的1.41%；

6）社会保障和就业支出1.82亿元，占一般公共预算支出的5.81%；

7）卫生健康支出0.97亿元，占一般公共预算支出的3.1%；

8）节能环保支出0.06亿元，占一般公共预算支出的0.19%；

9）城乡社区支出0.39亿元，占一般公共预算支出的1.25%；

10）农林水支出1.07亿元，占一般公共预算支出的3.42%；

11）交通运输支出0.13亿元，占一般公共预算支出的0.42%；

12）资源勘探信息等支出0.06亿元，占一般公共预算支出的0.19%；

13）商业服务业等支出0.01亿元，占一般公共预算支出的0.03%；

14）自然资源海洋气象等支出0.09亿元，占一般公共预算支出的0.29%；

15）住房保障支出0.1亿元，占一般公共预算支出的0.32%；

16）粮油物资储备支出0.01亿元，占一般公共预算支出的0.03%；

17）灾害防治及应急管理支出0.1亿元，占一般公共预算支出的0.32%；

18）预备费0.32亿元，占一般公共预算支出的1.02%；

19）其他支出16.35亿元，占一般公共预算支出的52.22%，包括：上海庙经济开发区支出0.75亿元；注册资本金2.81亿元；发改委确定的政府投资重点项目配套资金0.3亿元；公车改革0.06亿元；房改补助0.2亿元；网格员工资0.06亿元；全国文明旗创建0.03亿元；精准扶贫0.06亿元；智慧党建0.01亿元；上级专项支出7.5亿元；惠民工程0.3亿元；会议费、培训费、维修费、慰问金等0.15亿元；非税弥补事业费0.2亿元；政府采购0.4亿元；政府购买公共服务0.3亿元；项目前期费用及地方配套0.5亿元；化债支出1.26亿元；PPP项目运营支出1.04亿元；重大疫情防控支出0.15亿元；休假补贴及教育绩效工资0.27亿元。

20）债务付息支出1.72亿元，占一般公共预算支出的5.49%。

（四）政府性基金预算

2021年，政府性基金收入预算建议安排3.83亿元，同比增长28.8%。其中：旗本级政府性基金收入3.47亿元，上年结余收入0.36亿元。政府性基金支出预算建议安排3.83亿元，同比增长28.8%。

（五）社会保险基金预算

2021年，社会保险基金收支预算建议安排3.61亿元，同比增长8.9%。其中：养老保险基金收支预算1.3亿元，同比增长4.84%；失业保险基金收支预算0.06亿元，同上年预算持平；医疗保险基金收支预算0.75亿元，同比降低9.64%；工伤保险基金收支预算0.04亿元，同上年预算持平；机关事业单位基本养老保险基金收支预算0.86亿元，同比降低7.53%；职业年金收支预算0.24亿元，同比增长50%；城乡居民养老保险基金收支预算0.17亿元，城乡居民基本医疗保险基金收支预算0.19亿元。

（六）国有资本经营预算

2021年，国有资本经营收入预算建议安排0.01亿元；国有资本经营支出预算建议安排0.01亿元。

截至2021年2月22日，一般

公共预算支出3.11亿元。

按照功能科目分类，各功能科目支出如下：

1）一般公共服务支出0.35亿元；

2）公共安全支出0.11亿元；

3）教育支出0.29亿元；

4）科学技术支出0.01亿元；

5）文化旅游体育与传媒支出0.04亿元；

6）社会保障和就业支出0.34亿元；

7）卫生健康支出0.09亿元；

8）节能环保支出0.02亿元；

9）城乡社区支出0.21亿元；

10）农林水支出0.98亿元；

11）交通运输支出0.27亿元；

12）资源勘探信息等支出0.01亿元；

13）商业服务业等支出0.04亿元；

14）自然资源海洋气象等支出0.01亿元；

15）住房保障支出0.08亿元；

16）灾害防治及应急管理支出0.01亿元；

17）其他支出0.25亿元。

截至2021年2月22日，政府性基金预算支出0.12亿元。

按照功能科目分类，各功能科目支出如下：

1）城乡社区支出0.11亿元；

2）其他支出0.01亿元。

截至2021年2月22日，社会保险基金预算支出0.14亿元。

按照功能科目分类，各功能科目支出如下：

1）职工基本养老保险基金支出0.08亿元；

2）职工基本医疗保险基金支出0.03亿元；

3）城乡居民基本养老保险基金支出0.01亿元；

4）事业保险基金、工伤保险基金、机关事业单位基本养老保险基金、城乡居民基本医疗保险基金支出0.02亿元。

四、2021年财政工作的主要任务

（一）进一步落实政策，着力培育旺盛财源。一是抓政策落地。按照“积极的财政政策要更加积极有为”的要求，做好财源建设和收入管理工作。用足用好疫情期间出台的各项援企稳岗、金融支持政策，继续加大减税降费力度，保护好市场主体，促进全旗经济平稳运行。二是抓财源培育。充分发挥财政职能作用，强化税源培育举措，大力开展招商引资工作，优化营商环境，挖掘潜在税源、开发增量税源。三是抓争资争项。围绕上级财政支持投资的重点领域，紧扣中央预算内投资项目、地方政府新增债券项目，积极配合各部门全力做好项目争取工作。

（二）进一步加强管控，全面优化支出结构。一是从“紧”预算。进一步强化零基预算理念。坚持“资金跟着项目走”的思路，预算安排做到同项目要素完整性、预算执行进度、审计问题整改、绩效评价结果挂钩机制，从严从紧编制部门预算。二是强化统筹。加大部门结转资金与年度预算的统筹力度，对于预计结转资金规模较大的项目，不再安排或减少预算安排。清理整合专项资金，及时调整无法完成目标、执行严重滞后等绩效低下的专项，统筹用于社会事业发展急需的领域。三是着力压减。进一步树牢过“紧日子”思想，严把支出关，非重点、非刚性项目支出应压尽压；可干可不干的项目，一律不得安排预算。对于重点支出，也要按照从严从紧、能省则省的原则审核安排。集中财力投向教育、就业、医疗、疫情防控等与民生密切相关领域，让改革发展成果更多更公平惠及全旗人民。

（三）进一步做好防控，有效化解债务风险。进一步强化政府隐性债务监督管理，对政府投资类项目，严格进行条件审核，对没有明确资金来源和制定资金平衡方案的，一律不予审批、实施；严禁未批先建、先开工后立项行为，严禁企业带资承包政府工程项目，坚决遏制政府隐性债务增量。同时，全面梳理隐性债务中信贷融资类债务的到期本息，提前制定偿还计划和方案，积极对接商业银行进行展期、降息，对无法展期降息的贷款，通过协调争取其他银行低息贷款置换高息贷款，确保按期还本付息，不发生违约风险事件。

（四）进一步抓好监管，做大做强国有资本。一是增强盈利能力，推进高质量发展。密切跟踪形势变化，加大市场开拓力度，加快推进项目建设，大幅度提高基础管理水平，注重量化指标的对标，全面提升依法治企能力。二是实施国企改革，提升综合成效。充分发挥企业党组的领导决策作用，推动建立旗属企业监事库，充分发挥监事会监督作用。加快完善市场化经营机制，实行市场化、差异化薪酬管理。三是持续放活管好，完善监管体制。继续深化“放管服”改革，进一步加大放权授权力度，全面实行权力和责任清单管理，动态调整授权放权清单，赋予企业更多自主权。全面强化产权、财务、投资规划、考核分配、改革等各类职能监督，梳理优化监管流程，建立科学有效的监管标准和制度体系，不断提高国资监管工作针对性、有效性。四是提高配置效率，优化布局结构。明确企业的发展目标和战略定位，清晰主业发展方向和重点，严禁盲目铺摊子上项目，不断增强核心业务的资源配置效率、盈利能力和市场竞争力。

（五）进一步深化改革，稳步提升治理能力。一是落实事权与支出责任划分改革。认真贯彻《中华人民共和国预算法》，落实好新修订的《预算法实施条例》，深入推进财政体制改革工作，落实好财政事权和支出责任划分改革部署，不断提升财政管理的质量水平。二是推进绩效管理改革。深入推进预算绩效管理工作，拓展预算绩效管理深度和广度，加快构建全方位、全过程、全覆盖的预算绩效管理体系，按照勤俭办事的原则，科学设置绩效目标，进一步树立“花钱必问效、无效必问责”的绩效意识，提升预算管理水平。深入推动预算和绩效管理一体化，促进预算绩效管理与财政核心业务的互联互通，更好地运用绩效管理手段提升财政资金的使用效益。三是深化政府采购改革。以电子采购为重点，调整政府采购管理重心，从事前审批转向事中事后监督，除进口产品核准、非招标政府采购方式审批外，其他事项全部实行备案制，强化采购人主体责任。完善电子化政府采购平台建设，实现“人跑到数据跑”的转变。

各位代表，2021年是“十四五”规划和全面建设社会主义现代化国家新征程的开局之年，也是建党100周年。新的一年，我们将更加紧密地团结在以习近平同志为核心的党中央周围，以习近平新时代中国特色社会主义思想为指导，在旗委和政府的领导下，自觉接受人大的监督指导，虚心听取政协的意见建议，坚定信心、奋力拼搏、勇于担当，充分发挥财政部门职能作用，为全旗经济持续健康发展和社会大局和谐稳定提供坚实财力保障。

特 辑

2021—2025年度第一批全国科普示范县鄂托克前旗工作情况

一、鄂托克前旗基本情况。

鄂托克前旗位于鄂尔多斯市西南部，地处蒙陕宁三省区交界处，土地总面积1.218万平方公里，辖4个镇、1个自治区重点工业园区、68个嘎查村、16个社区，户籍总人口8.15万人，是一个以蒙古族为主体，汉族占大多数的民族地区。2016年以来，相继荣获国家园林县城、国家卫生旗、全国科普示范旗、全国县级文明城市等荣誉称号。2018中国西部百强县市榜公布，鄂托克前旗以竞争力指数64.97分，排名第77位。

二、科普工作情况。

（一）党委和政府重视公民科学素质建设

1.党委和政府重视、制度健全。深入贯彻落实党的十九大、十九届二中、三中、四中全会精神和习近平总书记“把科学普及放在与科技创新同等重要的位置”等关于科普的重要指示精神。旗委、旗政府对科普工作极为重视，将全民科学素质提升纳入《鄂托克前旗国民经济和社会发展“十三五”规划》，制定出台了《鄂托克前旗2016—2020年全民科学素质行动计划实施方案》，领导小组结合地区和年度实际，制定年度计划。在每年度的旗委全委会和经济工作会议上，都对创新驱动，提升全民科学素质进行安排部署，旗委常委会、旗长办公会就全旗科协系统全面深化改革实施方案、“全国科普日”主场启动及表彰先进等事宜进行了研究。党政领导定期听取工作汇报，解决工作中存在的问题和困难，广泛开展了“三下乡”“全国科普日”等大型科普活动，全力推进全民科学素质提升工作顺利实施。成立了以政府分管副旗长为组长，科协主席、政府办副主任为副组长、27个成员单位主要领导为成员的全民科学素质提升工作领导小组，将牵头部门、责任单位、工作任务等进行了细化分解。每年度定期召开领导小组成员单位协调会，通报上年度工作情况，并对本年度工作进行全面的安排部署。积极争取市委、市政府的重视和支持，2019年鄂尔多斯市“全国科普日”主场活动在鄂托克前旗启动，同时，在政策和项目等方面每年予以支持倾斜。2020年9月，青海省科协到鄂尔多斯市考察学习，市人民政府将鄂托克前旗作为两个调研点其中的一个，我旗科普信息化建设和全国科普示范基地北极神绒研究所得到了调研组的一致好评。

2.建立考核管理与表彰奖励制度。2016年以来，旗委、政府将全面贯彻落实《中华人民共和国科普法》《全民科学素质行动计划纲要》列入针对各镇、旗直机关年度实绩考核、表彰、奖励范围，并占有一定的分值，确保科普工作落地见效。为提高各级组织和个人学习科学、传播科学、运用科学的积极性和主动性，旗委、政府和全民科学素质领导小组每两年对科普工作中涌现出的先进组织和个人进行表彰奖励，2016年以来，共表彰12个组织、12名个人。

3.建立应急科普工作机制，加强应急科普工作。建立了由科技、气象、农林牧水、医疗、司法等领域的35名专家组成的7支科技服务团，深入农牧区田间地头实地指导，举办培训实行线下服务，同时在大数据“i前旗”智慧APP上进行线上指导，为老百姓解疑释惑2000余次。结合新时代文明实践中心、实践站的建设，各镇、嘎查村组建以科普信息员为引领的科普志愿者队伍，利用集市、交流会、丰收节等契机经常性地开展科普活动。全旗4个镇68个嘎查村均有1名科技示范户、科技带头人、科普信息员，科普网络体系基本建立。2020年初，推出了具有民族特色的“乌兰为你讲科普”卡通人物动漫、微信表情包，为新冠疫情防控作出了积极的贡献，被新华网等媒体竞相报道。

（二）科普条件和能力不断增强

4.组织机构健全。鄂托克前旗科学技术协会成立于1981年，与旗科技局合署办公，2002年3月份设，核定人员编制6个，2019年增至7个，内设办公室，现有干部职工12人，其中正式干部7人，雇佣工3人，三支一扶1人，就业见习生1人；现任旗科协主席是鄂尔多斯市人大代表，同时，为鄂托克前旗人大常委会组成人员。在全旗4个镇均成立了全民科学素质领导小组，组长由镇分管农牧业副镇长兼任，农牧业服务中心主任专职负责科普工作，68个嘎查（村）均成立了科普工作领导小组，嘎查（村）科普工作由科普信息员专职负责。鄂托克前旗科学技术协会第三次代表大会选举产生了13名委员，8名副主席，其中3名副主席由“三长”兼任。全旗4个镇共建有15个农村专业技术协会，如：敖勒召其镇成立了绿源养殖协会、白绒山羊协会、肉牛协会、肉羊协会4个农技协，城川镇成立了辣椒经纪人协会，昂素镇成立了布日都良种繁育养殖协会，上海庙镇成立了熏里骆驼产业协会。全旗9所中小学均配备了5名科学教师专兼职科技辅导员。

5. 科普经费保障充分。旗人民政府不断加大对科普经费的投入，从2016年以来，科普专项经费财政预算达到37.5万元，人均5元（2016年户籍人口7.5万人），同时对重大科普活动均给予专项经费支持，有效地保障了科普工作的顺利开展。旗人民政府在旗职教园区改建科技馆，占地面积4500平方米，从2018年开始，将上级拨付的免费开放经费专款专用。结合地方特色，建成了气象科技馆、民族手工艺创新创业基地、现代农牧业创新创业基地等科普场馆，昂素镇“科普蒙古包”正在筹建当中。

6. 基层科普阵地建设具有一定规模且服务效果良好。我旗建有综合性科技馆1处，国家级科普示范基地2个、自治区级3个、市级3个；国家级农村专业技术协会1个、自治区级2个、市级3个；自治区级科普示范教育基地1个、市级科普示范社区2个，全旗4个镇、68个嘎查村、16个社区、9所中小学校均建有科技活动室。结合“1+6”红色研学线、“15公里”文明实践圈，打造科普站所23个。

7.科技志愿服务扎实推进。成立了鄂托克前旗科学技术协会科技志愿服务队并在科技志愿服务信息平台注册。依托旗新时代文明实践中心不断引导各类科技人才加入科技志愿者队伍，注册志愿者人数1000余人。每年开展形式多样、丰富多彩、贴近群众生产生活实际、围绕地方产业发展和企业需求的科技志愿服务活动60余场，助力新时代文明实践中心建设效果明显，形成常态化志愿服务品牌。制定出台了《鄂托克前旗科技志愿者服务考核管理办法》。

（三）科普工作成效显著

8.科普渠道多样化。紧扣“能力培训、孵化创业和带动增收”三大环节，以提升公民科学素质为目标，“三管齐下”创新科普宣传方式，延伸科普工作触角，创建了电视、网络“科普鄂托克前旗”、广播“科普908”，向广大农牧民群众精准推送种养殖业科普实用技术。目前，电视科普鄂托克前旗已录制播出74期，大数据“i前旗”智慧APP科普鄂托克前旗在线专家累计服务2000余人次，广播科普908播出46期。发挥大数据、新媒体灵活多样、受众广泛的优势，打造网上科普课堂，邀请本土专家制作“同心同向同小康”，《杨飞教你种地》《杨飞教你种辣椒》《杨飞教你玉米苗期管理》等系列“微课堂”，打通服务群众、科普宣讲的“最后一公里”。

9.广泛动员社会资源开展科普活动。成功打造北极神绒牧业研究所试验示范基地，主试验草场面积6000亩，附带区2万多亩，配套主试验草场、试验棚圈及附属设施设备，实验动物为绒山羊、肉羊、肉牛，为2011年、2012年全国绒山羊增绒技术推广与培训现场会主要参观点，共接待国内外参观考察的各地区领导、专家、媒体记者及本领域专业技术人员、农牧民已超过5000人次。被中国科协、财政部命名为“科普示范基地”、鄂尔多斯市“试验特色科技产业化基地”、鄂托克前旗“高层次人才创新创业基地”。2020年，筹资建设红十字人道文化传播与生命安全体验馆，通过开展救护与自救的培训及体验活动，提高全民防范技巧和救护技能，预防和减少事故的发生。同时，利用鄂托克前旗民族职业中学产研学销综合实训基地每年开展培训、展览等120余场次，参与人数达5万余人次。加强与旗委宣传部、政法委的沟通协作，发挥科普阵地的作用，传播科学知识，破除封建迷信，引导广大人民群众崇尚科学、学习科学、运用科学，近年来未发生恶劣影响的迷信、伪科学行为。

10. 形成科普示范体系。结合全旗气候条件、自然资源等情况，引进推广新品种，建设了北斗晚熟桃、文冠果、绒山羊增绒、高原冷菜、中科羊草等种养殖业示范基地，通过示范引领，让更多的农牧民增收致富。以北斗晚熟桃示范基地、高钙富硒羊肉养殖基地为依托，将城川镇创建为科普示范镇，以本土农牧民发明创造为载体，将珠和社区打造为科普精品社区，培育农村科技示范户68个，城市社区科普示范家庭16户，充分发挥了典型示范带动作用。

11.推动科普中国等平台的资源落地应用。融合科技志愿服务，建立健全科普中国信息员队伍，吸纳更多公众成为科学知识的倡导者、传播者、践行者，通过微信、微博等社交渠道，将科普中国APP优质科普资源传递给周边群众，目前，我旗注册4898人，传播量居全市第2名，充分利用各类基层科普渠道，分享科普中国等平台的资源，将科技志愿服务与科普信息传播结合，加大科普传播力度。

12.充分发挥现代科技馆体系独特作用。充分利用科技馆和科普大篷车进行科技实践活动，组织开展全旗中小学生及幼儿园小朋友进行科技实践活动100余期。每年邀请科技专家分别在旗中学、职业中学、海军希望小学等9所学校举办专题科普讲座，参加人数5000余次。科普大篷车深入学校、嘎查村、社区开展科普活动，年平均行程10000公里，开展活动50余场次。利用同方知网优势资源，在“i前旗”大数据平台，乡村e站，打造数字科技馆，精准推送科普知识。

13.科普工作具有特色并形成品牌。致力于科普品牌的创建，蒙古高原绒山羊高效生态养殖研究院士专家工作站荣获中国科技国家级优秀院士工作站，结合我旗实际推行了“科普示范基地+科普工作队+科普带头人”农牧区科普工作新模式。突出信息化传播优势，创办了电视、广播、网络“科普鄂托克前旗”，扩大了科普宣传的覆盖面，让科普知识更易于走进千家万户，走进人民群众心中，科普信息化工作得到了自治区、市科协的高度评价和认可。

三、2021—2025年县域科普工作计划及重点任务。

以习近平新时代中国特色社会主义思想为指导，深入贯彻党的十九大和十九届二中、三中、四中全会精神和习近平总书记“把科学普及放在与科技创新同等重要的位置”等关于科普的重要指示精神，把自觉接受党的领导、团结服务科技工作者、依法依章程开展工作有机统一起来，切实履行科协组织服务科技工作者、服务创新驱动发展战略、服务公民科学素质提升、服务党和政府科学决策的工作职责，团结带领广大科技工作者为推进我旗科技发展、建设美丽鄂托克前旗汇智聚力、贡献力量。

（一）实施青少年科学素质行动

1.任务。推进义务教育、高中教育阶段科技教育，针对各年龄段青少年的生理和心理特点，开展校内外结合的科技教育活动。以校内科学教育为基础，建立完善的校外科技活动与校内科学课程的衔接机制，激发青少年科学兴趣，培养青少年科学思想和科学精神，增强中小学生的创新意识、学习能力和实践能力，全面提升青少年科学核心素养。

2. 措施。（1）推进学校教育阶段的科学教育。全面推进义务教育阶段科技教育。实施中小学生科学实验教学，加强对中小学生探究性学习的指导。推进高中阶段科技教育，鼓励普通高中探索开展科学创新与技术实践的跨学科探究活动，加强职业高中化专业技能、企业文化和职业道德教育，注重培养学生动手实践和技术创新能力，以适应企业和社会发展进步的需要。广泛组织开展青少年科技创新大赛等竞赛活动，推动创新创造。（2）大力开展校内外结合的科技教育。推动建立校内与校外、正规与非正规相结合的科技教育体系。在中小学建立多学科、多形式、广覆盖的科学兴趣（科技创新）小组，发挥青少年科学工作室、科技活动室，开展探究性、启发性、创新性教育，结合科普示范学校、平安校园等创建工作，营造校园科普文化氛围，开展校园科技节、科技周、全国科普日、科普志愿者进校园等活动，普及节约资源、保护环境、防灾应急、身心健康等知识，加强珍爱生命、远离毒品和崇尚科学文明、反对愚昧迷信的宣传教育。利用青少年科技活动中心、博物馆等科技场馆及科普教育基地资源，广泛开展各类科学体验、科技学习和实践活动。深入开展科普大篷车进校园、“流动科技馆”巡展等活动，探索科学教育校内外有效衔接的模式，推动实现青少年科学教育全覆盖。(3) 充分利用信息技术手段，均衡配置科学教育资源。推进信息技术与科学教育、科普活动融合发展。建设科普中国校园e站，推进优质科学教育信息资源共建共享。大力开展线上线下相结合的青少年科普活动，满足青少年个性化科普需求，帮助青少年正确合理使用互联网。面向农村牧区学生，特别是农村留守儿童开展科技辅导、心理疏导、安全健康等方面的志愿服务，帮助他们提高科学素质、丰富生活阅历、增长见识。

3.分工。由旗教体局、团委牵头，旗委宣传部、工信和科技局、新闻中心、科协、妇联等有关单位配合。

（二）实施农牧民科学素质行动

1.任务。紧紧围绕实施乡村振兴战略，结合现代农牧业发展，深入开展教育培训和农村牧区科普活动，大力培育新型职业农牧民，提高农牧民依靠科技增收致富能力。加强农村牧区科普公共服务建设，完善社会化服务体系，加大农村牧区信息化科技普及力度，推动“互联网+农牧业”的发展和嘎查村科普 e 站建设，提升农牧区信息化水平。

2.措施。(1) 大力开展农牧业科技教育培训。实施新型职业农牧民和青年农牧场主培育工程，建立教育培训、认定管理、政策扶持“三位一体”的职业农牧民培育机制。依托农业广播电视学校、大中专院校、农牧区党员干部现代远程教育网络等，深入开展基层党员干部、科技示范户、农牧区合作组织负责人、农牧民技术员专项技术培训，全方位、多层次培养农村牧区实用人才。“十四五”期间，培训农牧民15000人次，培育新型职业农牧民1000人。(2) 广泛开展形式多样的农村牧区科普活动。深入开展文化科技卫生“三下乡”、科技周、全国科普日、科普之冬（春）、世界粮食日等各类科普活动。发挥科技特派员、大学生村官、科技服务团、科普志愿者的作用，宣传创新、协调、绿色、开放、共享的新发展理念，围绕农牧业现代化、农牧民科学生产生活等，重点开展保护生态环境、节约水资源和能源、保护耕地草原、粮食安全、发展循环农牧业、建设生态家园，应对突发事件，倡导健康卫生、移风易俗和反对愚昧迷信、陈规陋习等内容的科普宣教活动，推动农牧民形成讲科学、爱科学、学科学、用科学的良好风尚，帮助农牧民养成科学健康文明的生产生活方式，提高农牧民健康素养，建设美丽乡村和宜居村庄。(3) 加强农村牧区科普公共服务体系建设。将科普设施纳入农村牧区综合服务设施、基层综合性文化中心等建设中，建立和完善由各镇推广机构、专业技术协会、农牧民专业合作组织、涉农企业、家庭农牧场主、职业农牧民等组成的农牧区综合科技服务体系。大力培养和发展科技特派员、科普宣传员、农牧民技术员、职业农牧民和科普志愿者等科普人员，发挥他们在农牧区普及科学知识、传播科学思想的辐射带动作用。(4) 加强农村牧区科普体系建设。深入开展科普示范镇、嘎查村和科普示范户等创建活动，发挥其在发展现代农牧业和新技术新品种引进、示范、推广中的引领作用。发挥科技特派员、大学生村官、科普志愿者等科技传播人员的作用，逐步建立科技人员服务“三农三牧”的长效机制。“十四五”期间，创建自治区和市级科普示范镇、嘎查村 5 个，培育科普（科技）示范户50户，建设科普示范基地2个；建科普服务站68个，发展镇和嘎查村科普宣传员 80 名，实现镇、嘎查村“站、栏、员”（科普宣传站、科普宣传栏、科普宣传员）全覆盖。(5) 加强农村牧区科普信息化建设，提升科技服务信息化水平，推进农村牧区智慧党建。积极开展信息技术培训，加大对循环农业、创意农业、精准农业和智慧农业的宣传推广力度，实施农村牧区青年电商培育工程，鼓励和支持农村牧区青年利用电子商务创新创业。推动“互联网+农牧业”发展，利用“i前旗”智慧APP、农牧业网站、12316服务平台、农牧业微信公众号和移动客户端等农牧业综合信息服务平台，实现信息技术服务农牧业全覆盖。在68个嘎查村建设科普e站，积极用好中国智慧农民云、科普中国服务云、中国环保科普资源网、中国兴农网、农村科技网络书屋等网络服务平台，帮助农牧民提高科学素质。

3.分工。旗农牧业局牵头，旗委组织部、旗委宣传部、教体局、人社局、环保局、卫健委、妇联、科协等有关单位配合。

（三）实施城镇劳动者科学素质行动

1.任务。围绕新型工业化、信息化、城镇化和产业结构转型升级的需求，以专业技术人才、高技能人才、进城务工人员及失业人员为重点，大规模开展职业培训，提高城镇劳动者科学素养和健康生活能力，促进城镇劳动者科学素质整体水平提升。

2.措施。(1) 加强专业技术人员继续教育。完善专业技术人员继续教育制度，深入实施专业技术人员知识更新工程，开展少数民族专业技术人才培养工作，构建分层分类的专业技术人员继续教育体系。发挥科技社团作用，助力专业技术人员开展技术攻关、解决技术难题，参加跨行业、跨学科的学术研讨和技术交流活动。(2) 开展城镇劳动者职业培训。构建以企业为主体、技工院校为基础，各类培训机构积极参与、公办与民办共举的职业培训和技能人才培养体系。大力开展订单式、定岗、定向等多种形式的就业技能培训、岗位技能提升培训、安全生产培训和创业培训。开展针对城镇失学、向非农产业转移或进城务工的初、高中毕业生的劳动预备培训。广泛开展妇女和少数民族城镇劳动者岗位培训和创业技能培训。到2025年基本实现有培训愿望的劳动者都有机会参加一次相应的职业培训，基本消除劳动者无技能从业现象。(3) 开展进城务工人员培训教育。实施农牧民工职业技能提升计划，大力开展农牧民工求学圆梦行动、农民工职业技能提升计划、家政培训、城乡妇女岗位建功评选等活动。开展绿色发展、心理疏导、防灾减灾等培训，提高进城务工人员在城镇的安全生产、稳定就业和科学生活能力。(4) 营造崇尚创新创造社会氛围。弘扬创新创业精神，引导更多劳动者积极投身“双创”活动。通过开展“创建学习型组织、争做知识型职工”“大国工匠”和企业“讲理想、比贡献”“最美青工”、智慧蓝领、巾帼建功等活动，激发职工创新创造活力，推动大众创业、万众创新，营造人人崇尚创新、人人渴望创新、人人皆可创新的社会氛围。

3.分工。旗人社局牵头，旗委宣传部、工会、应急管理局、教体局、工信和科技局、团委、卫健委、妇联、科协等有关单位配合。

（四）实施领导干部和公务员科学素质行动。

1.任务。围绕建设学习型机关，充分调动公务员提高自身科学素质的积极性和主动性，着力增强领导干部和公务员科学决策、科学管理、科学执政、科学发展和科学治理能力，促进领导干部和公务员科学素质的整体提高。

2.措施。(1) 在领导干部和公务员考核中体现科学素质的要求。在选拔、考核评价领导干部和公务员时，科学素质的内容要占一定的比例。在对领导干部和领导班子综合考评体系中，增加对科学素养考察的内容。(2) 把提高科学素质作为领导干部和公务员教育培训的重要内容。将科学素质教育贯彻落实到干部教育培训机构的教学计划中。充分利用现代信息技术手段，加强科技知识、科学方法的培训和科学思想、科学精神的培养，推动领导干部和公务员更好地贯彻实施创新驱动发展战略，推进国家治理体系和治理能力现代化。(3) 以创建学习型党组织和机关为载体，强化领导干部和公务员的科学素质教育。建立和完善提高领导干部和公务员科学素质的学习培训制度。在组织培训、自主选学和在职自学中，强化科学知识、科学方法、科学思想、科学精神的学习。在创建学习型党组织和机关建设中将科学素质教育落实到各个环节，列为考核指标。(4) 广泛开展针对领导干部和公务员的各类科普活动。动员和组织领导干部及公务员带头参与文化科技卫生“三下乡”、科技周、全国科普日等主题科普活动，鼓励引导领导干部和公务员成为《纲要》实施的主动参与者，科学知识的传播者，科学思想的倡导者，科学方法的实践者，科学精神的弘扬者。采取专题研修、举办高端科技报告会、现代科技知识讲座，组织领导干部到科普场馆、科研院所考察等方式，向领导干部和公务员普及现代科技知识，拓宽领导干部和公务员的视野。组织开展科技专家咨询服务活动，着力提升干部和公务员的科学素质。

3.分工。旗委组织部牵头，旗委宣传部、人社局、工信和科技局、环保局、团委、妇联、科协等有关单位配合。

（五）实施科技教育与培训基础工程

1.任务。整合科学教育资源，提升科学教育师资的科学素质和保障水平，加强科学教育培训体系建设，完善课程教材，优化教学方法，加强教学基础设施建设，提高为公民开展科学教育与培训的服务能力。

2. 措施。（1）加强科技教育与培训师资队伍建设。提高全旗中小学科技教师学历层次，引进科技教育相关专业的专门师资，加强在职科技教师培训。将科学教育纳入“十四五”教师培训规划，重点培训中小学科技教育教师，到 2025 年实现对全旗一线科技教师和骨干科技辅导员培训全覆盖，科技教师学历合格率小学初中达到100%，高中达到98%以上。围绕结构调整、乡村振兴战略、现代农牧业、设施农牧业、低碳经济、科学生活等，广泛吸纳高等院校、科研院所的农牧业专家和科技人员，依托农牧民科普培训讲师团、科技顾问团、农牧业推广机构、科普志愿者等组织和机构，组建结构合理的旗、镇专兼职农牧民培训师资队伍；有针对性地组建城镇劳动者和社区居民科学教育与培训教师队伍；加强党校等师资科学素质和科技知识更新培训，组建一支高素质的领导干部和公务员科学教育师资队伍。（2）完善科技教育培训教材，改进科技教育教学方法。结合不同人群的特点和需求，将青少年科学素质教育、现代农牧业技术、创业就业技能、科学决策和管理能力提升、社区居民科学生活等科普内容纳入各级各类教育培训教材和教学计划，努力提高不同人群科学教育培训成效。将创新、协调、绿色、开放、共享的发展理念以及环境保护、节约资源、防灾减灾、安全健康、应急避险等相关科普内容，纳入各级各类科技教育培训教材和教学计划。发挥现代信息技术作用，不断丰富网络教育内容，促进优质教学资源广泛共享。增强党校、职业学校等科学教育和培训功能，鼓励和支持博物馆、青少年科学工作室、青少年科技活动中心等科普场馆和社区科普学校开展科技教育培训，为提高公民科学素质服务。（3）加强科学教育培训基础设施和社会资源建设。加强中小学校青少年科学工作室、科学实验室、科普图书室和青少年科普教育基地、科普示范学校建设，创建校外青少年科普教育基地。

建设校园科普e站，推动中小学科学教育网络建设。加大镇、嘎查村科普活动室、科技培训室和“草原书屋”及远程教育、农广校培训场地设施建设，开展对农牧民的科学教育。加大众创空间、大学生创业园等各类孵化机构建设，大力开展城镇劳动力职业技能培训。加强社区科普活动室、社区科普e站等社区居民科学教育设施建设和培训功能建设。强化博物馆、青少年科技活动中心等科普场馆内部设施的科学教育功能。充分利用科技、教育、文化、卫生、旅游等行业资源，建立科普宣传窗口。发挥老科技工作者协会的作用，动员组织离退休科技工作者、教育工作者、公务员和企事业单位管理者参与科学教育与培训。

3.分工。旗教体局牵头，旗委宣传部、旗人社局、农牧业局、工信和科技局、工会、团委、妇联和科协等单位配合。

（六）实施科普信息化建设工程

1.任务。整合科普资源，丰富科普内容，繁荣科普创作，创新科普手段，推动科普信息化建设，把全旗的科技、人才优势转化为科普优势，充分发挥科普资源的社会效益，大幅提升科普能力，实现科普理念和科普内容、表达方式、传播方式、组织动员、运行和运营机制等服务模式的全面创新，满足公众日益增长的个性化科普需求，提升科普资源的共享水平。

2.措施。（1）实施“互联网+科普”行动。与市、自治区和国家数字科技馆联网，实现更大范围的科普资源共建共享。城镇公共电子屏幕、公交车移动电视等视频增加科普时段，面向公众提供丰富多彩的科普宣传。充分发挥大众媒体覆盖面广、影响力大的新媒体传播作用，向公众传播科普知识。积极发展科普信息化新媒体，加强与移动服务运营商、移动设备制造商等专业机构的合作，将科普影视作品、科普游戏等作为公益性的增值服务提供给公众，拓宽网络特别是移动互联网科学传播渠道，运用微博、微信、社交网络等开展科学传播，促进科普活动线上线下结合，让科学知识在网上流行。（2）繁荣科普创作。积极动员科研、教育机构、全民科学素质工作领导小组成员单位和社会力量，围绕公众关注的热点问题，借助先进的互联网信息技术手段，加大新媒体优质科普影视作品、科普微电影、科普歌曲、网络科普游戏等科普原创产品的研发，编译一批以蒙古族语言文字为主的“双语”科普作品，积极开发具有本地区域特点、民族特色的科普资源。（3）构建实体科普展教资源平台。将科研机构、职业学校、经济开发区（园区）、现代农牧业科普示范园等相关方面的教育资源开发、转化为科普展教品，开展特色科普展教活动。推动具有地方特色和民族特点的科普展教资源建设，形成全社会参与科普展教品开发的局面。（4）建立科普资源共建共享机制。在城镇社区、学校、车站、广场、电影院、购物中心等人流量密集的公共场所，以科普大屏为载体，面向公众提供科普信息服务和科普宣传。农村牧区以镇、嘎查村科普活动室、科普e站、图书室、党员中心户为依托，将科学理念、科技知识及时送到广大农村牧区，实现共建共享。鼓励科研机构通过微信、微博等新媒体平台建设和运行有影响力的科普公众号，促进科普活动线上线下结合。

3.分工。旗工信和科技局牵头，旗委宣传部、教育局、农牧业局、环保局、民宗局、团委、妇联、科协等有关单位配合。

（七）实施科普产业助力工程

1.任务。发挥市场机制作用，积极培育和发展科普产业，丰富科普产品和服务内容，提高科普产品品质和服务效能。

2.措施。（1）培育发展壮大科普产业。以公众科普需求为导向，鼓励企业、民营资本与政府合作，参与科普公共基础设施建设，推动公益性科普事业与经营性科普产业发展并举。加大政府购买科普产品（服务）的力度，搭建科普产品和服务展示、推介和交易平台，推动科普资源开发和产业发展。（2）推动科普产品创作、研发和创新。充分发挥全民科学素质工作领导小组成员单位的主体作用，动员广大科技工作者积极参与科普作品创作，积极支持引导有条件的社会组织、科普场馆从事科普产品研发、设计与创新，推动科技成果加快转化为科普资源，切实提高科普产品质量，不断丰富科普产品。深入开展青少年科技创新大赛和科技创意大赛，发挥青少年的聪明才智，创作出形式多样、内容丰富的科普产品，挖掘本地科普原创作品，保护知识产权。

3.分工。旗工信和科技局牵头，旗教体局、民宗局、财政局、人社局、气象局、工会、团委、妇联等单位配合。

（八）实施社区科普益民工程

1.任务。广泛开展社区科普活动，大力改善社区科普场所和基础设施建设。普及绿色低碳、安全健康、应急避险等知识和观念，提升社区居民运用科学知识解决实际问题、参与公共事务的能力，促进和谐社区、文明社区建设。

2.措施。(1) 广泛开展科技教育传播与普及活动。发挥社区活动室、宣传栏等设施的作用，开展科普日、科技周以及科技、文化、卫生、应急安全、健康、环保进社区等活动。强化社区信息化建设，充分发挥互联网、移动通信、微信微博、智能终端等新媒体科普宣传功能，加快社区科普e站建设，为社区居民提供便捷的科普服务。（2）大力改善社区科普基础设施条件。加大社区科普场所建设投入力度，推动社区综合文化服务中心发展，拓展科普功能，实现资源共享。进一步加强社区科普组织和人员建设。发挥科普基础设施作用，开展各类科普活动。（3）壮大社区科普工作队伍。推动社区科普志愿者、科普宣传员队伍发展壮大，建立覆盖各类人群各年龄层次的多渠道、多形式的社区科普服务体系。(4)努力构建社会化科普工作新格局。有效整合开放社区及周边科普资源，支持和参与社区科普活动，为社区提供多样化的科普产品和服务。充分发挥社区科普志愿者的作用，组织和引导社区居民参与科普活动。

3.分工。旗文旅广局牵头，旗委宣传部、教育局、民政局、科技局、环保局、应急管理局、市场监督管理局、工信和科技局、气象局、卫健委、民宗局、工会、团委、妇联、科协等有关单位参与配合。

(九)实施科普人才建设工程。

1.任务。提升科普人才队伍的整体素质，培养和造就一支规模适度、结构优化、素质优良的科普人才队伍。优化科普人才队伍结构，稳定专职科普人才队伍，壮大兼职科普人才队伍，发展科普志愿者队伍，大力培养面向农牧区的科普人才。

2.措施。(1)加强农牧区实用人才培养。积极组织农牧区科技人员参与科技教育、传播与普及活动。采取培训、指导、示范相结合的方式，培养农牧区实用科普人才。(2)建立社区科普人才队伍。鼓励学校、卫生专业人才参与社区科普活动，建立社区科普人才队伍共享机制。(3)发展企业科普人才队伍。充分发挥企业科协、研发中心的作用，开展职工技能培训、职业技能培训等，培养和造就企业科普人才。(4)积极发展青少年科技辅导员队伍。重点在中小学、科普场馆等建立专职青少年科技辅导员队伍。(5)大力发展科普志愿者队伍。结合新时代文明实践中心、站、所的建设建立科普志愿者协会、科普志愿者服务站等组织，为科普志愿者施展才能提供服务平台。

吸纳老科技工作者、在职科研人员、传媒从业者参加科普志愿者队伍。

3.分工。旗工信和科技局牵头，旗委组织部、宣传部、教育局、农牧业局、人社局，卫健委、气象局、林业局、工会、团委、妇联、科协等有关单位配合。

鄂托克前旗建设国家级“数字乡村”试点

鄂托克前旗地处蒙陕宁三省区交界，位于鄂尔多斯市西南端，是自治区33个牧业旗之一，辖4个镇、68个嘎查村，总面积1.218万平方公里，常住人口9.3万人，从事农牧业人口3.5万人，基本草牧场、牲畜、水浇地人均拥有量居鄂尔多斯市首位，农牧民人均收入连续15年居全市首位，科技贡献率达70%以上，分别获评2016—2020年度和2021—2025年度全国科普示范旗。近年来，鄂托克前旗牢牢把握发展的有利条件，以解放和发展数字化生产力、激发乡村振兴内生动力为导向，全面推进大数据、物联网、人工智能技术在农牧业各领域的深度融合和广泛应用，实现农牧业数字化、数字农牧业产业化互动发展，走出一条以数字赋能撬动乡村振兴发展的新路子。

坚持规划先行，高站位推进。作为首批国家数字乡村试点建设地区，旗委、政府高度重视，精心组织谋划，高站位、高水准编制印发了《鄂托克前旗“数字乡村”试点建设（2021—2023）三年行动方案》，立足鄂托克前旗农牧业资源禀赋和产业化优势，以创建一所数字乡村研究院，建设一个现代农牧业产业园，打造一个数字乡村产业示范村、一条数字乡村示范街、一批家庭农牧户，实施提升农村牧区网络设施水平工程、推广应用“一张图”管理服务工程等13项数字化提升工程为抓手，搭建起“1+1+3+N”数字乡村建设体系；建立起“数字乡村”试点建设领导小组全面领导、行业部门联动建设、大数据中心提供技术支持的统筹推进机制，确保高质量、高标准完成国家数字乡村试点建设任务，为实现乡村全面振兴奠定坚实基础。

强化人才保障，高标准建设。正在积极对接华中农业大学合作组建成立“数字乡村研究院”，重点在更好发挥智慧农牧业促进农牧民增收作用、促进数字智能实现农牧民便利化和提高政府的农牧业发展规划科学化水平三个方面进行探索，实现新一代信息技术应用研究的产学研一体化；柔性引进现代农牧产业关键领域高端人才4名，吸纳本土农牧业领域专家13名，组建成立“数字乡村”试点建设人才团队，联合4支全旗农牧业专业技术服务队和57名乡土人才，线上结合“i前旗”暨乡村振兴战略指挥平台开展技术培训，线下联合宏野、金润源等农牧业龙头企业提供“全程化、保姆式”技术指导服务；同时，依托华中农业大学高校科研资源，正在建设“农业系统建模实验室”，开展智慧农业种植决策的基础模型开发和基础采集，切实破解数字乡村人才缺乏困境。

创新“五化联动”，高效率落实。一是基础设施功能化布局。坚持城乡统筹，整合数据资源，加快农村牧区宽带通信网、移动互联网、数字电视网和下一代互联网发展，共建成4G宏站654个、5G基站44个，实现了全旗乡镇城区宽带热点全覆盖，行政村光纤通达率100%，信息通信基础设施支撑能力稳步增强。二是生产经营信息化改造。把信息化引入农业生产全过程，打造智慧农场和智能温室大棚，实时采集监控土壤温度、水分、pH值等参数，自动控制温控、灌溉等系统；建设数字乡村平台，开设益农信息、科普e站、市场交易信息等13个功能服务，实现农畜产品从生产、加工到销售全过程的线上统筹、指导、调控；建设玉米、辣椒等6类作物生长预测模型，进行作物全生育期长势和品质的三维实时监测、产量评估和管控，全面提升农业生产效率；率先在全市启动建设了“数字草原信息中心”，应用“3S”技术（遥感技术RS、地理信息系统GIS、全球定位系统GPS），采集农牧户基本情况、草原类型等级、草牧场面积等信息，建立起以乡镇、嘎查村、农牧户为单位的基本信息数据库，对牧草长势、草原多样性以及人工草地、草原生物灾害、自然灾害等方面进行动态监测，为以草定畜、草原生态奖补等工作提供了科学依据。三是经营主体专业化培育。积极培育农牧业产业化龙头企业、合作组织、农村牧区经纪人队伍等新型经营主体，通过建立“龙头企业+合作社+基地+农户”产业模式，辐射带动农牧户9000多户，户均增收近1万元。启动建设北纬37度经济林、农产品育苗产业园、鄂尔多斯高原冷菜产业示范基地、温室育苗基地、畜产品加工园等项目，形成优势特色产业集群。四是便民服务精准化落实。注重用信息化手段把治理和服务连接起来，深化智慧党建助力乡村振兴，成立旗级党务政务服务中心，构建旗镇村三级党群服务运行体系，41个部门636项党务政务服务事项集中下沉，把综治维稳、基层党建、审批服务等整合成“一张网”，实现网格一呼、服务即到；以“i前旗”智慧APP为载体，开通农牧民补贴、气象预警、农技科普、农畜产品交易信息等一手农情资讯查询便民服务模块,为广大农牧民提供功能齐全、信息丰富、专业权威的气象、农业一体化综合服务；此外，通过完善远程医疗服务平台建设，发展“互联网+教育”，实现民生保障不断便民化。五是产业发展集约化管理。依托旗大数据中心，率先搭建全区首个乡村振兴战略四级指挥平台，汇集全旗90%以上农牧民生产要素、生态环境和市场资源等信息数据，整合户厕改造、林草确权、基本农田、粮食功能生产区等专题地图，搭建了“社采集、村审核、镇管理、旗调度”的纵向指挥模式，实现乡村振兴战略实施“一张图”管理。

鄂托克前旗数字乡村试点建设取得了阶段性进展，但受制于农村牧区产业规模化程度不高、地方财政支撑能力有限、专业技术人才匮乏等因素影响，距离国家试点建设要求还存在一定差距。下一步，我旗将严格按照中央、自治区、市关于实施乡村振兴战略部署要求，以落实此次推进会议精神为契机，继续组织实施好数字经济、数字乡村建设，坚决完成好国家数字乡村试点建设任务，进一步发挥试点的示范带动作用，奋力谱写农村牧区现代化发展新篇章。

红色引领 绿色托底 推进鄂托克前旗新型城镇化建设迈上新台阶

在全区新型城镇化建设现场会上的交流发言

鄂托克前旗于1980年建旗，位于内蒙古自治区和鄂尔多斯市西南端，毗邻蒙陕宁三省区交界，素有“雄鸡一唱三省白”的美誉。全旗土地面积1.218万平方公里，下辖4个镇、42个嘎查村、16个社区，常住人口9.27万人。近年来，我们坚持以习近平新时代中国特色社会主义思想为指引，紧紧围绕自治区、市推进新型城镇化建设工作部署，持续加大投入、突出功能支撑，近三年，实施城镇更新、公共服务项目43个，完成投资2.27亿元，成功获评并蝉联全国县级文明城市、全国科普示范旗、全国园林县城、国家卫生旗、国家生态文明建设示范旗。具体实践中，我们主要做了以下四个方面工作。

一是坚持“红色引领”，转变发展模式。鄂托克前旗在革命战争年代就是陕甘宁边区的重要组成部分，也是党在内蒙古最早开辟的革命根据地之一，每一处红色遗迹、每一个革命故事都蕴含着“民族团结一家亲”“革命理想高于天”的崇高精神。如何深度挖掘释放，是时代赋予我们的重要实践课题，更是重大政治责任。近年来，我旗始终遵循习近平总书记“把红色资源利用好，把红色传统发扬好，把红色基因传承好”的重要指示要求，在自治区党委、政府和市委、市政府的高度重视和大力支持下，先后修复建设了延安民族学院城川纪念馆、三段地革命历史纪念馆等7个革命纪念场馆，规划建设了城川红色拓展基地和红色教育培训中心，打造了综合性拓展训练基地。红色教育培训基地2017年7月建成以来，已累计承接各类主体班1947期，研学团队491个，接待学员及游客68万人次，衍生出实践教学点、红色研学户，红军餐、大锅饭、农耕体验户180余家，相关经营企业10余家，带动600多户近两千人由农牧民身份转变为产业工人，年均增收超过3万元。

二是坚持“绿色托底”，改变发展方式。我们牢记习近平总书记“绿水青山就是金山银山”的嘱托，坚定不移走好以生态优先、绿色发展为导向的高质量发展新路子。一方面，在发展中更加注重保护，构建生态空间新格局。把生态环保作为新型城镇化建设的先决条件，坚持因地制宜、适地适树，完成公园绿地建设103公顷，利用了城镇中水，建成乡土植物园、圣火公园等一批城镇公园，增加城镇环境湿度、调节温度、有效防尘，赢得景观和功能双成效。实施智能化控制项目，对镇区路灯进行节能改造，全面提高照明质量，节约照明耗能。加速推动绿色循环经济发展，大力开展绿色矿山建设，推进煤炭煤电企业绿色采掘与清洁燃烧，实现低碳循环发展。另一方面，在保护中更加主动发展，探索绿色发展新路径。面对环境要素指标收紧与农牧民增收愿景的矛盾，我们致力于变革农牧业生产方式，提高集约化水平，通过广建平台，引导农牧民发展生态经济，建成大型农畜产品交易市场2处，蔬菜集中收购点、交易中心24处，蔬菜冷链库、日光温室、拱棚2500余栋。建成吉万、苏力迪等6个电商平台，发展农牧业专业合作社425家，联结带动农牧户9000多户，户均增收近万元，让生态成为农牧民可依靠的富民产业。

三是坚持“小而精、小而美”，建设宜居城镇。我旗早在2011年6月就启动了城乡统筹试点工作，作为自治区城乡统筹综合配套改革试验区的“点中点”，建设“小而精、小而美”的宜居城镇是我们一直以来的目标和追求。中心镇区，我们围绕“健全城镇功能、补齐基础短板”，落实城市更新政策要求、完善市政基础设施配套、打造品质园林县城。近三年累计投入1.82亿元，建成垃圾中转站及配套污水收集口40座，改造管网12.3公里，完成6个老旧小区改造任务，镇区绿地率达到37.5%，绿化覆盖率达到42.1%、人均公园绿地面积超过23平方米。区域集镇，我们围绕“体现地域元素、融合特色风格”，带动了人口的有序转移和劳动力要素的重新整合，生产力和生产关系发生了显著变化。其中，上海庙镇，作为我旗重大工业项目的承载地，立足服务基地、服务企业、服务城乡统筹等工作重点，先后建成投用医院、学校、市场及酒店等一批市政设施和配套生产生活性服务设施；城川镇和昂素镇，借助红色带动起的强劲旅游业发展势头，依托自然资源优势，围绕乡村振兴需求，持续发展特色养殖加工、观光休闲产业等新业态，努力构建产业联动发展平台，推动农（牧）企联合、携手创收。同时，我们积极构建立体交通网络，三年累计投入1.28亿元，建成投用敖镇通用机场，建成3条全长160公里的旅游公路，形成了东接包茂、南连青银、西衔京藏、北通荣乌的公路运输网络。

四是坚持“人民城市为人民”，提升民生福祉。我们坚持以人民为中心的发展思想不动摇，把习近平总书记关于“人民对美好生活的向往，就是我们的奋斗目标”重要指示，作为一切工作的出发点和落脚点，把有限的财政资金用在刀刃上，不断以新型城镇化建设提升群众的获得感、幸福感、安全感。坚持教育惠民。三年累计投入3.32亿元，新建小学、幼儿园3所，实施校园校舍、体育场地等工程37项，全旗教育教学基础设施短板全面补齐。坚持卫计康民。建成投用蒙医综合医院，新建旗人民医院传染病区、蒙医综合医院发热门诊、标准化疾控中心和妇幼保健院，每千人医疗卫生床位数由2018年的4.5张增加到7.4张。坚持文体育民。建成投用全民健身中心，乒羽馆、游泳馆，年接待人数超过6万人次，完成健身步道和绿道改造22公里，居民人均年运动时长提升56小时。坚持保障利民。建成投用中心敬老院、互助养老院，全面开展老年人日间照料和智慧居家服务，养老床位数突破每千人70张。同时，引进3亿元企业投资，建成集养生、养老、旅游为一体的阿吉泰医养结合体，年服务12万人次，获评国家第一批中医药健康旅游示范基地。坚持服务便民。建成中心镇社区党群服务中心7个，总面积超过1.5万平方米，下沉帮办代办、审核等四大类服务事项44项，居民在家门口就能享受到高效便捷的政务服务。

鄂托克前旗的新型城镇化建设，取得了一些成绩，但也存在诸多不足，比如，城镇防灾减灾功能设施还有所滞后；智慧城市建设和管理水平还不高；融入区域中心城市深度还不够等。下一步，我们将以学习落实此次全区住建领域以县域为主的新型城镇化建设现场会精神为契机，统筹城镇规划建设管理，推进品质城镇建设，让城镇更有品位、更有温度、更有内涵。

特别报道

同心同向谋发展　聚焦聚力抓落实
全面开启新时代鄂托克前旗新征程

《鄂尔多斯日报》2021年10月24日

市第五次党代会，描绘了鄂尔多斯未来发展的宏伟蓝图，提出了“走好新路子、建设先行区，奋力开创现代化鄂尔多斯建设美好未来”的目标要求，为在新的历史起点上做好未来五年工作指明了前进方向、确定了实践路径、提供了重要遵循。贯彻落实好市第五次党代会精神，鄂托克前旗将紧密结合旗情实际，进一步明确目标任务、细化工作措施、转变工作作风、推动工作落实，全力打造乡村振兴样板区、“双碳”实践先行区、红色文化传承区、区域合作示范区，全面开启新时代鄂托克前旗新征程。

一是放大基础优势、注重提档升级，打造乡村振兴样板区。市第五次党代会提出，“要高标准推进全面乡村振兴，促进农牧业更强、农村牧区更美、农牧民更富。”鄂托克前旗将充分发挥农牧区自然资源丰富、生态环境良好等优势，加快推进农牧业和农村牧区现代化，强化优质农畜产品供给，鼓励发展产业联盟，培育壮大新型经营主体，推进农畜产品精深加工，大力培育发展有市场竞争力的优质品牌，加强农畜产品流通体系和市场体系建设，提升现代农牧业发展质量。不断健全完善防止返贫动态监测和帮扶机制，持续深化产业扶贫、就业扶贫，加强农村牧区低收入人口常态化帮扶，继续做大做强嘎查村集体经济，推进巩固拓展脱贫攻坚成果同乡村振兴有效衔接。大力推进乡村建设行动，深化“数字乡村”试点建设，统筹抓好水电路讯气暖等基础配套设施建设，深入开展人居环境综合整治工作，分类有序推进农村牧区户改厕、生活垃圾和污水处理，打造美丽宜居乡村。

二是把准政策导向、加强生态保护，打造“双碳”实践先行区。市第五次党代会提出，“要着力培育新的经济增长点，加快探索碳达峰碳中和鄂尔多斯路径，建设国家现代能源经济示范城市。”鄂托克前旗将坚持生态优先、绿色发展导向，积极落实“3060”“双碳”目标要求，加快重点行业和重点领域绿色化改造，积极推动煤炭产业绿色化发展，扩大煤炭产能，推进煤电联营一体化，改造提升传统煤化工产业，加强常规天然气采气能力和LNG项目建设，重点发展光伏绿电等新能源产业，建设总规模2076万千瓦新能源产业集群，带动形成集光伏发电、制氢、氢能应用、装备制造的完整产业链，全力打造零碳产业示范基地。持续强化生态文明建设保护，积极推行河湖林长制，落实最严格的水资源管理制度，加大生态环境、森林草原执法力度，高标准实施重点生态工程，让良好的生态环境成为鄂托克前旗新的亮丽名片。

三是坚持文化赋能，增进民生福祉，打造红色文化传承区。市第五次党代会提出，“要坚持把为民造福作为最重要的政绩，加快文化旅游融合发展”。鄂托克前旗将最大程度发挥红色文化资源的经济价值、社会价值，持续放大红色品牌效益，以红色培训教育基地为载体，坚持修复保护与开发建设同步推进、品牌培育与规范管理有机结合、研学培训与文化旅游融合发展，大力发展“红色+”产业，积极推进农畜产品、民族传统手工艺品的商品化进程，配套发展吃、住、行、游、购、娱等业态，构筑“产学研销”一体的红色全产业链。始终把增进民生福祉作为一切工作的出发点和落脚点，全力推进品质城镇建设，深化全国文明县城创建，不断完善铁路、公路、机场等基础设施建设，繁荣发展社会事业，兜牢基本民生保障底线，加强和创新社会治理，真正让群众的获得感成色更足、幸福感更可持续、安全感更有保障。

四是对外聚焦开放、对内深化改革，打造区域合作示范区。市第五次党代会提出，“要深化改革创新、开放合作，打造西部对外开放新高地。”鄂托克前旗将坚持以改革推动、开放带动为抓手，深度融入呼包鄂榆城市群、呼包鄂乌协同发展，积极发展跨区域“飞地经济”，持续推进与银川、宁东能源化工基地、苏银产业园区在产业布局、基础建设、生态环保、公共服务等方面的合作交流，共建优势产业链，协同发展产业集群，形成休戚与共的发展格局，打造“开放型鄂托克前旗”。

突出改革在现代化建设全局中的核心地位，深入实施优化营商环境攻坚行动，持续深化“放管服”改革，开展“精准招商、全民招商、全员引资”行动，加强对企业的全生命周期服务，实施高标准市场体系建设行动，优化资源配置，破除无效供给，提升地区发展质量和效益。

五是全面从严治党、凝聚奋进力量，为“四区”建设保驾护航。市第五次党代会提出，“要大力弘扬伟大建党精神，不断推动新时代党的建设高质量发展。”鄂托克前旗将全面加强新时代党的建设，增强全面从严治党永远在路上的政治自觉，以党的政治建设为统领，增强“四个意识”、坚定“四个自信”、做到“两个维护”，严格落实党建工作责任制，实施“强基提能”行动，延伸拓展智慧党建服务功能，持续整顿软弱涣散基层党组织，统筹推进基层、机关、国企、学校、非公经济组织和社会组织等各领域基层党建，实现“全领域建强、全区域提升”。全面落实新时代好干部标准，健全完善干部选拔任用机制，实施年轻干部“优培优选”工程，健全完善容错纠错机制，推动干部放心放手干事创业。深入推进党风廉政建设和反腐败斗争，严格落实中央八项规定及其实施细则精神，持续开展形式主义、官僚主义和不作为不担当问题整治，坚持和完善监督体系，一体推进不敢腐、不能腐、不想腐，坚决维护风清气正的政治生态。

征程万里风正劲，重任千钧再奋蹄。新征程上，鄂托克前旗将更加紧密地团结在以习近平同志为核心的党中央周围，全面贯彻落实市第五次党代会精神，以奋斗者的姿态、奋斗者的雄心、奋斗者的毅力，勠力同心、扬帆起航，为全面开启新时代鄂托克前旗新征程不懈奋斗！

（鄂托克前旗委书记、二级巡视员　王羽强）

把城市的“文明指数”转变为群众的“幸福指数”

内蒙古日报2021年9月9日

鄂尔多斯市鄂托克前旗委政府高度重视全国文明城市创建工作，将其作为解决民生问题、提升城市品位、增强城市竞争力的重要手段，对此记者采访了鄂托克前旗委副书记、代旗长杨颖新。

记者：鄂托克前旗在第五届全国文明城市测评中获评“全国文明县城”称号，成功经验有哪些？

杨颖新：我们鄂托克前旗地处蒙、陕、宁三省区交界，是内蒙古自治区的“西南大门”，素有“雄鸡一唱三省白”的美誉，是中国共产党在内蒙古自治区开辟最早的革命根据地之一。从2011年开始，顺应全旗百姓的期待，旗委、政府作出了创建全国县级文明城市的重大决策，通过三年的不懈努力，2013年我旗被评为自治区文明旗，又通过几年的持续发力、全民共建，先后于2015年、2017年分别获评全国县级文明城市提名城市和第五届全国文明县城，并在2020年顺利通过复检验收。

总结10年来的创建历程，我认为，关键在于我们坚持以人民为中心的思想，牢牢把握创建为民、创建靠民、创建惠民的工作方向，努力做好富民、惠民、安民、乐民之事。在创建过程中既不断夯实创建基础，又不断实现重点转移，由关注硬件建设转向更多地着力于内涵的提升，由关注形象改善转向人文素质提升和观念转变，由比照发达地区转向重点挖掘自身潜力、打造自身特色，由单纯的文明城市创建转向同步推进国家卫生旗、全国科普示范旗、全国园林县城、第四批国家生态文明建设示范旗等创建，由部门创建、达标创建转向全民创建、为民创建，全力以赴以文明城市创建工作的高质量保障人民生活水平的高质量。

记者：通过文明城市创建工作，鄂托克前旗的城市面貌和百姓精神面貌发生了哪些变化?

杨颖新：通过10年的文明城市创建，鄂托克前旗城镇品质显著提升，城乡面貌明显改善，营商环境不断优化，群众获得感、幸福感、安全感不断增强。所以说，创建全国文明城市是推进鄂托克前旗经济、政治、文化、社会、生态文明协调发展的综合载体，抓文明创建就是抓发展、抓民生。

在基础设施建设方面，近年来，我旗持续完善城镇绿化、美化、亮化等功能，羽乒馆、游泳馆、植物园、人防应急疏散综合训练基地等一大批公共服务设施建成投用，全区首家旗县级大数据中心投入运营，开通了覆盖镇区主要街路和城乡结合部的4条公交线路，4个镇镇区实现免费Wi-Fi全覆盖，敖镇镇区7个社区功能、硬件设施配套不断健全完善。

在营商环境优化方面，制定出台了《鄂托克前旗优化营商环境攻坚行动方案》和19个专项行动方案，从市场主体最关心的事情做起，从人民群众最不满意的地方改起，力争用两年时间将我旗打造成自治区营商环境最优旗。率先在全市上线旗区级“蒙企通”民营企业综合服务平台，企业诉求实现掌上申诉、及时办理；涉及项目审批的15个职能部门29名工作人员组建“蒙速办·帮您办”工作队，为符合条件的项目提供免费帮办、代办服务。创新开展“电视问政”“新媒体暗访”“营商专栏”“局长进大厅零距离服务”“企业问需座谈”等活动，服务效能不断提升；“办不成事窗口”“效能监督员”等举措相继推出，为企业和群众办事提供了便利，全旗营商环境水平实现整体性跃升。

在提升群众获得感、幸福感、安全感方面，近年来，我旗始终坚持以人民为中心的发展思想，累计完成民生投入75.5亿元，倾力办成一批群众关心关注的实事好事。旗蒙医综合医院新院建成投用，旗人民医院传染病楼、妇幼保健院、疾控中心等新建工程有序推进，阿吉泰健康养生园获评“国家第一批中医药健康旅游示范基地”，医疗卫生服务环境和救治水平不断提升。持续把教育作为最大的民生工程来抓，集中人力、财力、物力，不断加大教育投入力度，一批学校新建工程加快建设，城乡办学条件、师资力量、教学质量显著提升，真正实现了每个适龄孩子在家门口就能享受到教育优质均衡发展带来的实实在在的“红利”。旗图书馆获评“国家县级一级公共图书馆”，大型音乐剧《石榴红了》走进人民大会堂，公共文化服务供给能力不断提高，群众生活品质持续提升。

深入实施“泰稳和德”社会治理工程，深化平安鄂前旗建设，全力推进政法队伍教育整顿，扎实开展扫黑除恶专项斗争，群众安全感和满意度连续三年保持在95%以上，荣膺首批全国社会治理创新优秀地区。

在文明程度提升方面，始终践行榜样力量让新时代文明实践全域覆盖，让志愿服务精神代代相传的理念，全覆盖建成新时代文明实践所4个、新时代文明实践站85个，围绕理论宣讲、疫情防控、生态文明建设、产业发展等重点工作，组建志愿服务总队1支、志愿服务队伍10类18支，全年累计开展各类志愿服务活动1500余场次，参与志愿服务1.8万余人，文明实践队伍不断发展壮大，志愿服务载体愈加丰富多彩，居民文明素养显著提升，精神风貌焕然一新，陈规陋习得到有效遏制，群众主人翁意识明显增强，全民支持创建、参与创建的良好氛围全面形成。

记者：对于接受中央文明办的复检测评，鄂托克前旗在常态化推进文明城市创建中要做好哪些工作?

杨颖新：文明创建只有起点没有终点，只有逗号没有句号，文明城市创建也不是一成不变的，必须在常态化创建实践中自我革新、自我迭代，适应人民对更加美好生活的需求，这也是鄂托克前旗文明城市创建的初心和使命。

下一步，鄂托克前旗将从细微之处入手提升城镇品质，做实“里子”，扮靓“面子”，用“绣花功”打造宜居宜业之城。进一步把弘扬和践行社会主义核心价值观贯穿文明城市常态化创建全过程，突出抓好居民素质提升和软环境建设、城市文化和未成年人思想道德建设、志愿服务和先进典型选树宣传等工作，着力培育向上向善、诚信互助的社会风尚。

此外，将在完善城市常态化管理体制机制上下功夫，研究制定镇区控制性详细规划，加强市容市貌审批监管，不断提高城镇规划建设和管理水平；多方筹措项目资金，持续加大对公共场所、集贸市场、背街小巷等薄弱区域基础设施配套，加快城市管理综合服务平台建设，全面提升城市智慧化精细化管理水平，为鄂尔多斯市创建全国文明典范城市做出鄂前旗贡献，真正把城市的“文明指数”转变为群众的“幸福指数”。

（王玉琢）

鄂托克前旗获评第一批全国科普示范县（市、区）

人民网 2021 年 9 月 6 日

9 月 1 日，中国科协正式公布了第一批全国科普示范县（市、区）名单，鄂托克前旗作为内蒙古自治区唯一入选的旗县荣登榜单。

据了解，为显著提升基层科普工作能力，推动《全民科学素质行动规划纲要（2021—2035 年）》的贯彻落实，促进县域经济社会全面协调可持续发展，中国科协启动了 2021—2025 年度第一批全国科普示范县（市、区）认定工作。通过对获选地区材料复核、实地抽查，全国共有 53 个县（市、区）全部符合有关要求，入选第一批全国科普示范县（市、区），示范期为5年。

近年来，鄂托克前旗以“科普先锋、星耀草原”品牌为引领，先后培育国家级科普示范基地 2 个、自治区级 3 个、市级 3 个；国家级农村专业技术协会 1 个、自治区级 2 个、市级 3 个；市级科普示范社区 2 个、国家级科普带头人 2 名、市级 2 名，建立“科普中国”e 站 87 个，注册“科普中国”APP 信息员 1480 人，成立企业科协 5 家，注册农技协 31 个，科技志愿者发展壮大至 1300 多名；建立了沙地桃树高产栽培科普示范园、绒山羊增绒等示范基地 12 处，创建钙硒羊肉新品牌，推广无公害种植新技术 10 多项。同时，结合全旗红色研学、牧家乐建设、全域旅游，积极打造科普阵地，被誉为草原上的“移动科技馆”科普蒙古包建成投运。

（孙永芳）

鄂托克前旗让绿色成为发展最亮的底色

人民网 2021 年 3 月 31 日

鄂托克前旗位于内蒙古自治区鄂尔多斯市西南部，地处毛乌素沙漠腹地。近年来，鄂托克前旗全面统筹推进“五位一体”总体布局，协调推进“四个全面”战略布局，拧好机制体制保障“一股绳”，大力推进生态文明建设，坚定不移走生态优先、绿色发展新路子，让绿水青山得以持久保护、永续利用。成功创建为第四批国家生态文明建设示范旗，彰显了鄂托克前旗的绿色发展底色。

推进建设生态之城，鄂托克前旗不断完善生态保护屏障，严格执行生态红线制度，重点将自然保护区、禁止开发区、生态功能区、生态敏感区等划入生态保护红线，着力构建生态安全格局。同时，实施严格的生态、草原保护与建设制度，开展生态系统重大修复工程。加强廊带脉络建设，持续实施京津风沙源治理二期、“三北”防护林、退耕还林等重点生态工程。全面开展大沙头沙漠公园、查干陶勒盖森林公园建设，创新实施湿地保护与修复工程和退化防护林改造工程，将重要生态功能保护区进行有机连接，打通动植物迁育通道，推行林地、草原资源数字化管理，加大“三化”草原封育治理力度，草原植被覆盖度达80%以上,全面确保了区域生态安全。

打造生态经济之城，鄂托克前旗科学确立全旗4个镇功能定位、发展规模、开发强度和保护性空间，坚持从实际出发，按照科学规划、完善配套、协调发展的原则，构建和优化旗域“一主一副，两心多点”的城乡空间结构，并加快第三产业的发展，带动农村牧区剩余劳动力的转移与再就业。加速推动绿色循环经济发展，大力开展绿色矿山建设工作，推进煤炭企业绿色采掘与清洁燃烧。建立了地方绿色矿山建设标准和绿色矿山建设的有效途径，科学利用矿井水、煤矸石、煤泥、粉煤灰等副产品，综合开发利用煤系共伴生资源，构建煤基循环经济产业链，鼓励用煤矸石、灰渣等对沉陷区进行立体生态整治和土地复垦，发展生态农业和旅游业等适宜产业。

打造生态宜居之城，鄂托克前旗大力推进人居环境建设，城镇绿化面积超过300万平方米。城乡基础配套日益完善，构建了立体交通网络，通用机场、旅游公路、“四好农村路”四通八达。推进美丽乡村建设，为乡村振兴蓄力，启动实施农村牧区人居环境整治三年行动，建成市级示范嘎查村2个、自治区级示范嘎查村1个。有效落实“河长制”“林长制”，环境治理跳出了污染——治理——再污染——再治理的怪圈。

打造生态旅游之城，鄂托克前旗开发了独具特色的草原民族文化和生态旅游，重点开发建设生态旅游区、生态草原、文化草原。大力发展全域生态旅游，探索全员参与、全境布点、全产业构筑、全时段开放的旅游业新路，构建“突出一个极核、打造一条廊道、建设三条环线，联动四大片区、带动乡村发展，落实主客共享、实现全域发展”的动态发展格局。全面打造特色红色文化旅游和教育基地，围绕文化和旅游做探索性尝试和实践，对城川镇整体风格进行改造提升，发展红色文化旅游，努力构建红色基因传承高地，打造自治区红色教育基地。推进农家乐、牧家乐、渔家乐改造提升，以重点景区与乡村景点相互补链，实现景点全境覆。同步建设文化产业园、大沙头生态文化旅游区、圣火公园、职教园区、阿吉泰养生园五位一体的文化旅游综合体，争创国家5A级旅游景区。按照“精品化、差异化、规范化”要求，扎实推进美丽乡村游，将特布德、大沟湾等10个新型村庄建成乡村旅游示范村和自驾房车营地。

2018年，鄂托克前旗开始着手开展国家生态文明示范旗创建工作。系列措施的实施，鄂托克前旗生态制度基本建立，生态指标持续向优发展，生态生活水平实现新提升，城乡人居环境不断优化，集中式饮用水源地水质优良比达到100%，村镇饮用水卫生合格率达到100%。2000年以来，鄂托克前旗累计完成造林任务268万亩，森林覆盖率由7%提高至23.9%。“十三五”期间，毛乌素沙地重度和极重度沙化土地面积减少了628.2万亩，建设完成防护林体系438万亩，打造生态恢复区654万亩。以新发展理念谋划绿色发展，鄂托克前旗让绿色成为发展最亮的底色。

（杨爱群　李俊伟）

鄂托克前旗：把实事好事办到群众心坎上

学习强国2021年9月3日

党史学习教育开展以来，鄂尔多斯市鄂托克前旗深入推进“我为群众办实事”实践活动，围绕落实联系服务群众“六个一”（即党员干部每周与所联系服务的群众联系1次；每月见面1次，了解群众所急所盼；嘎查村社区每半月研究1次社情民意；苏木乡镇街道每月研究1次为群众办实事重点问题；旗区每季度研究解决1次服务群众中的难点要点问题；嘎查村社区党组织每年对党员联系服务群众情况进行1次评议考核）工作机制，聚焦群众的“急难愁盼”问题，制出“惠民大餐”，着力解决群众生产生活中遇到的痛点难点问题，真正把为民的好事实事办到了群众的心坎上，绘就出了群众安居乐业的民生美景。

高位推进聚合力 吹响服务“集结号”

鄂托克前旗始终把增进民生福祉作为一切工作的出发点和落脚点，深入推进联系服务群众“六个一”工作机制，实现服务群众“零距离”。

以令率人，不若身先。7月29日，在鄂托克前旗第十次党代会闭幕的第一天，党委、政府、人大、政协领导同志带头深入农牧民生产生活一线、项目建设现场、联合接访大厅，深入调查研究，广泛听取意见，对群众反映的烦心事、揪心事，承诺做到接手“不推脱”、攻坚“不绕道”、化解“不延期”，深入开展问计于民、问需于民、问政于民“三问”活动，为全旗各级党组织和党员干部作出了示范。

各级党员领导干部闻令而动，紧密结合部门职能和工作实际，深入共建社区、包联嘎查村，来到田间地头，坐在老百姓炕头，与农牧民群众拉家常，交朋友，了解基层群众的生产生活状况和愿望诉求。县处级领导认领为民办实事任务清单33项，建立联系点85个，与82个单位确定了联系服务关系，实现了联系服务全覆盖、无死角。

广征民意摸实情 紧盯群众“愁盼事”

政之所兴，在得民心、顺民意。在推进联系群众服务“六个一”机制中，全旗各级领导干部率先垂范，带领机关干部、党员、专业技术人才直接联系服务群众，紧盯群众“急难愁盼”问题，主动“问”，耐心“听”，常态“访”，用心“记”，切实打通了联系服务群众“最后一公里”。

上海庙镇创新开展百名干部全员下沉“践初心、访民情、解难题、办实事”行动，全镇干部通过“4个100”（即100名干部，全年下乡不少于100天，为群众办实事不少于100件，记民情日记不少于100本）行动，构建密切联系群众的长效机制，收集形成“我为群众办实事清单”4张，涵盖设施农业用地审批、养老保险、社会救助等6大类52项具体任务。

城川镇把“联系群众、兴办实事、促进振兴”实践活动确定为2021年“书记项目”，积极开展线上线下联动的“三问”活动，共征集到5大类问题29项163条，列出问题清单，明确责任部门和整改措施。同时，按照科级领导包5—10户、环节干部（党支部书记）包3—5户、普通党员（嘎查村社区“两委”委员、监委会成员、网格员）包1—3户，无职党员划分片区包户的包联要求，全镇717名党员结对联系农牧民2305户，联系结对户2411次，解决问题52个，办实事301件。

排忧解难暖民心 润泽干群“鱼水情”

开展“我为群众办实事”实践活动，重点在办实事上。在推进

“六个一”工作机制过程中，鄂托克前旗委定期调度，旗纪委、“两办”督查室实时跟进，将立说立行、精益求精的工作作风落到实处。

在老旧小区升级改造中，鄂托克前旗住建局瞄准“痛点”，精准“开方”，对全旗68个老旧小区供暖、道路、管网、照明、绿化等设施进行逐项改造，解决了基础设施老化、功能不足问题。鄂托克前旗文旅局在全市率先设立“家庭图书馆”，将公共文化资源送到了居民群众家中。鄂托克前旗交通运输局坚持不断“建好、管好、护好、运营好”农村牧区公路，一条条“党员示范路”成为了农牧民的致富路、幸福路，全旗公路通车里程达到3825公里，实现了农村公路网互联互通。在优化营商环境中，鄂托克前旗政务服务中心通过整合窗口提高效能、精减环节优化流程、集中审批集成服务，实现了由“分散受理”向“全科受理”转变，“多个环节”向“一个环节”转变，“多枚印章”向“一枚印章”转变。目前，44个部门1258项审批事项进驻服务大厅，实现了进一扇门办成一揽子事。

党史学习教育开展以来，鄂托克前旗各级党组织累计开展“我为群众办实事”实践活动2671次，“我帮你”志愿服务活动1701次，认领“微心愿”497个，收集群众意见建议2136条，已办结1800余条。

一项项民生工程，得到群众的认可与支持，一件件实事好事，如一缕缕灿烂的阳光，温暖着千家万户，循着“民生为本”的发展路径，鄂托克前旗为民办好事、办实事的故事仍在继续。

（张永瑞）

鄂前旗：“立体课堂”为党史学习教育赋能

《鄂尔多斯日报》2021年10月22日

党史学习教育开展以来，鄂托克前旗立足实际，在守正创新上下功夫，打造党史学习教育“立体课堂”，推动党史学习教育走深走实、入脑入心。

打造实践课堂。结合党史学习教育，该旗在全旗范围内开展“大宣传、大调研、大落实”行动，通过边学、边实践、边落实的方式，35名县处级领导干部带头下沉一线，走进4个镇85个嘎查、社区，倾听群众心声，调研嘎查、社区党支部发展规划、嘎查集体经济发展情况以及农牧民生产生活情况，谋划推进“示范镇”建设之路。

打造移动课堂。把讲台搬到生产一线、田间地头，通过“会场+现场”的宣讲形式，将党课从会场向现场延伸，通过田园党课的灵活方式，将党史知识送到百姓身边，2000余名党员干部主动来到嘎查村社区，帮助困难群众解决生产生活实际困难。为了让活动更加丰富有意义，党员干部利用小喇叭播放党史学习音频，在生产劳动中学习，打通了学习教育的“最后一公里”。

打造红色课堂。聆听老党员讲党课，分享他们的故事。各单位到包扶嘎查、社区组织开展穿一次红军服、重温一次入党誓词、缅怀一次革命先烈、听一段英烈故事、参观一次革命历史纪念馆、唱一首红歌、上一堂党课、开展一次拓展训练等体验项目，让党员干部在“看中感、听中悟、议中得”。

打造指尖课堂。依托微信工作群，推送党史学习教育课程及纪录片，引导党员干部群众“掌上学习”并做好笔记。运用“智慧党建”“i前旗”等APP平台开设“党史学习教育”专栏，用群众喜闻乐见的方式学习“红色书籍”，讲好党史故事。主动策划，突出重点，营造氛围，采写刊播了一批生动感人、贴近群众、故事性强的报道。同时，充分调动党员干部学习党史的积极性和自觉性，不断提升党课的亲和力、感染力、针对性和实效性。

（记者 郝瑞芳 通讯员 吕飞勋）

鄂前旗与内蒙古农业大学签订长期合作框架协议

《鄂尔多斯日报》2021年10月9日

近日，鄂托克前旗与内蒙古农业大学签订了长期合作框架协议，意向性合作项目主要为农林牧水、科教文卫、农牧业专业技术人才教育培训、文化旅游、招商引资等。

按照市委“建设现代化鄂尔多斯”的总体思路和要求，鄂托克前旗结合旗第十次党代会提出的乡村振兴样板区、红色文化传承区、区域合作示范区、“双碳”实践先行区“四区”建设目标，借着“人才新政30条”的强劲“东风”，持续加强与区内外高校的沟通对接，全力推进校地融合、发展联动、成果共享，为乡村产业振兴、人才振兴引进智力支持。

鄂托克前旗将以此次校地合作为契机，聚焦乡村振兴样板区建设，依托农大雄厚的人才资源、丰硕的科研成果和过硬的技术力量，搭建产业研究、实习实训基地，深化校地融合、推动联合攻关，优化合作模式、推进资源共享，不断拓展合作的深度和广度，把农大的重大研究课题、重点优势项目落地在鄂托克前旗，实现研发在农大、成果转化在前旗，真正把论文写在鄂托克前旗大地上。

（郭东昕　闫飞）

鄂托克前旗敖勒召其镇：“和社区”有温度的城市基层党建

鄂托克前旗人民政府网2021年8月17日

敖勒召其镇作为内蒙古鄂托克前旗政治、文化、交通和商贸中心，现有7个社区，服务面积25.93平方公里，服务居民1.7万户4.5万人，占全镇总人口74.4%。

“人民对美好生活的向往，就是我们的奋斗目标”，社区作为城镇居民共同的家园，是提升居民获得感、归属感、幸福感的着力点所在，随着城镇化进程不断加快，城镇居民数量持续增加，新兴业态不断涌现，对基层治理能力和水平提出了新要求、明确了新目标。

近年来，敖勒召其镇党委深入践行以人民为中心的发展思想，创新完善工作和服务载体，强化基层党组织政治功能，主动适应新时代党的建设和党的组织路线发展要求，聚焦中华传统“和”文化，打造形成以“康和赛罕、欣和育才、智和巴音、敬和春苑、家和乌兰、韵和满都拉、聚和三段地”为代表的“美好敖镇‘和’社区”公用党建品牌，为民服务资源有效整合、力量多方凝聚、效能全面提升。

延伸触角织密“组织网”，引领治“和”

“在这里，老年人可享受日间托管、助餐、午间休息等服务。同时，老年人也可通过电话订餐，由工作人员送餐并进行上门服务。”

赛罕社区老年人日间照料中心于2017年建设，随后几年中继续增加服务内容、拓宽服务面、提升服务质量，为赛罕社区、巴音社区、育才社区等6个社区60周岁以上失独、失能、空巢、残疾老年人提供居家养老服务。在“康和赛罕”党建品牌引领下，敖勒召其镇社区老年人走上了一条康养之路。

“康和赛罕”的成功经验，也发生在敖勒召其镇各个社区中。在敖勒召其镇，城市基层党建引领社会治理、服务百姓生活的探索实践从未停止。

敖勒召其镇深入贯彻《关于加强和改进城市基层党的建设工作的意见》和自治区党委组织部“五化协同，大抓基层”创建“最强党支部”精神，印发《“美好敖镇‘和’社区”党建品牌创建实施方案》，7个社区联合122个驻区单位成立7个联合党委，推行“联合党委书记+专职副书记+轮值副书记+兼职委员”工作机制，签订《共建协议》，定期召开联席会议，形成社区与共建单位资源共享、共驻共建、共同发展的联动体系。围绕社区党群服务中心标准化建设，推行“三项统一”目标管理工作机制，建设社区“一站式服务大厅”，构建开放式、集约化、共享性的党建工作和服务平台，成为具有政治功能、服务功能、融合功能的“红色家园”。

不断完善的机制保障，织密了“组织网”，形成了有人管事儿、有钱办事儿、有场所议事儿的良性循环，绘出了全镇城市基层党建路线图。

整合资源织密“自治网”，赋能调“和”

小到由一个烤红薯引发的房客与房东间的争执，大到几十万元的婚姻财产纠纷，她们总是不求回报，义无反顾地将各类矛盾化整为零，“好大姐”调解委员会的“金字招牌”越擦越亮，调解室和流动调解服务站遍布全镇，访客络绎不绝。目前，“好大姐”调解委员会的调解员超过40人，调解内容由成立之初的婚姻家庭矛盾扩展到抚育赡养、邻里、赔偿、草牧场等纠纷，调解范围也由一个社区延伸至全旗乃至周边省区。

把好事办好，关键是自己带头、发动群众。除“好大姐”调解委员会外，敖勒召其镇在乌兰社区还组建成立“老书记工作室”。

乌兰社区下辖6个平房居民小区，这里居住着来自全国8个省、市、自治区的群众，是一个典型的农牧民转移安置的城郊结合社区。社区群众来源广、文化差异大导致服务管理难度相对比较大。乌兰社区党支部针对这一特殊情况，以支部引领、党员牵头、群众参与，组建成立“老书记工作室”。把政府大包大揽的事务交由居民处理，逐步实现各类事务由“社区管”向“大家管”的转变。

住宅小区是居民群众生活的基本场所，是社会治理的重要领域，更是城市精细化管理的神经末梢。各类自治组织在推动基层组织、在社区层面纵向到底互联互通互动、横向到边共建共享共用中，发挥出了“缓冲带”“连心桥”作用，进一步密切了党组织和居民之间的联系，使社区党组织的服务半径从距离群众“一公里”扩大到居民“身旁一米”，自治组织逐渐成为“和社区”治理的“关键一环”。

深化服务织密“连心网”，联动助“和”

正值夏日，来到赛马场小区，干净的环境卫生、整齐的停车位、清爽的墙体文化颇为吸睛，老人围坐在阴凉处拉着家常……谁能想到，几年前这里一直处于“失管状态”，违章建筑、占道经营等情况频出。

为解决老旧小区无人管的问题，赛罕社区不断深化“党建引领+组织建设”，发挥社区党组织对社会治理的领导核心作用，加强对社区社会治理的组织领导，组建“红色业委议事厅”，建立社区党支部领导下的“社区居委会+小区业委会+小区物业公司+党员楼栋长”四方协商议事机制，协商解决矛盾问题，集聚共治合力。同时，将“党建+物业、支部进小区”的理念植入到物业服务当中，使小区业委会和物业公司都成为党支部和居民的桥梁和纽带，将党的工作延伸到千家万户，不断促进党建业务“双推进”。

城市基层党建工作面广量大，工作纷繁交织，许多“卡脖子”问题不仅关系到群众居民的切身利益，还有碍于提升群众的幸福感和获得感。

为此，敖勒召其镇开辟出以

镇党委、社区党组织为核心、以“区域联合党组织”为抓手、以为民服务为目标的城市基层党建工作新路径，通过组织动员党员、共建单位、社会组织等力量，通过入户走访、问卷调查、网络征集、座谈交流四种渠道，广泛征集居民群众需求和意见建议，列出“需求清单”，围绕公益事业、社区建设、文明创建、便民服务、基层治理五项服务满足民需，形成“资源清单”。结合“需求清单”“资源清单”，拟定“项目清单”，通过政府、社会力量落实民愿，以满足不同居民群体的差异需求，实现服务更加持久化、集群化、多元化。

敲开联系群众最后“一道门”，打通服务群众最后“一公分”，提升了市民美好生活的“加速度”，增强了广大群众的获得感，让群众感受到党员服务在身边，“和社区”党建品牌让城市基层党建有了温度。（李鹏飞）

鄂托克前旗上海庙镇：“3+3”持续优化营商环境 以管理“力度”展示服务“温度”

鄂托克前旗人民政府网 2021年3月9日

为深入贯彻落实全区优化营商环境大会精神，上海庙镇坚持推行微笑服务、阳光服务、高效服务，在不断优化提升办事效率的同时，进一步创新举措，提高服务的针对性和实效性，在思想认识、服务模式、服务理念上探索创新，因地制宜，坚持以“3个遵循实现3个服务再优化”全面优化营商环境，让办事的群众感到更舒心更贴心更暖心。

一是遵循“部署+引导+行动”的思想认识，实现服务效率再优化。第一时间召开优化营商环境工作专题部署会，做到先学一步、学懂弄通，学以致用、做好服务。切实加强思想宣传引导，通过电子屏、微信公众号等多种方式深入宣传国家、自治区、市、旗关于优化营商环境部署要求，进一步增强优化营商环境的思想自觉和行动自觉。继续深化“放管服”，借助春耕备耕有利契机，开展物资打假专项行动及安全生产专项检查行动，维护市场秩序和安全稳定。

二是遵循“升级+整合+探索”的服务模式，实现服务环境再优化。“上海庙作为鄂托克前旗经济发展的引擎，也是鄂前旗招商引资的主阵地，必须全力以赴做好优化营商环境工作。要将党群服务和政务服务进行有机结合，打造集党务、政务一体的便民服务大厅，建设服务企业、服务群众、服务党员、服务基层党组织的综合党群服务阵地，切实提升效率、优化服务。”上海庙镇党委书记尤建兵调研镇党群服务中心时强调。

上海庙镇坚持以加速升级便民服务中心为切点，积极作为，有效服务，实现政府行政行为“少快好”。开展便民服务中心改造升级工作，压紧压实工作职责，明确专人专管，不断推动各类管理、服务、制度上墙标准规范，服务态度周到热情。印发《上海庙镇党群服务中心建设方案》，重新整合服务窗口，计划在各嘎查村社区设立代办点15个，普遍建立“一次性告知单”制度，全面提升政务服务水平。积极探索“综合受理”服务模式，加快业务办理速度，缩短群众等待时间，避免群众因申报材料不全重复排队、耽误时间等问题，全面提升群众的满意度。目前，上海庙镇便民服务中心目前设有9个窗口，可以办理包括低保补贴办理、养老保险参保登记变更、准生证办理、三项制度办理、惠农惠牧补贴录入查询等43项服务。

三是遵循“走访+宣传+选树”的服务理念，实现服务质量再优化。充分发挥资源优势，集中力量做好产业发展和生态文明建设，打造一流产业发展环境。印发《上海庙镇草原资源保护发展问题的整改方案》，紧盯春耕备耕时间段，成立专项工作组，严厉查处非法复垦、变相整改等问题，保护生态可持续发展。镇党政领导深入各嘎查村社区调研集体经济项目建设、农牧业产业发展等工作，通过实地查看等方式对集体经济发展、市场建设、肉牛羊短期育肥、工矿区的三产服务产业项目建设等相关工作进展情况进行全面了解，并对各项工作开展过程中存在的问题进行了共同研究，全面推进各项工作落地落实。通过微信群、“大喇叭”“小喇叭”以及宣传车队，大力宣传《2021年推进农牧业高质量发展扶持政策》，引导农牧民科学规划种养殖项目，拓宽增收渠道。利用节日节点，选树在服务群众中表现突出的先进典型，发挥带动示范效应，全力构筑上海庙镇良好营商环境。

营商环境是一个城市最好的“梧桐树”、最大的“吸铁石”、最重要的竞争力。上海庙镇将继续以营造优良的营商环境为主线，以高质高效服务群众为己任，为群众排忧解难，助推上海庙镇各项事业高质量发展。

（周爱）

“牧企联合”共筑乡村振兴梦

——鄂托克前旗昂素镇产业强镇纪实

鄂尔多斯新闻网 2021年9月13日

两个月前，鄂尔多斯市鄂托克前旗昂素镇新型牧业经营主体——“现代畜牧业百户示范联建”项目启动，不少示范户成员就立即感受到了“抱团”的温暖。昂素嘎查牧民、示范户苏叶图说：“与家门口的恒科公司（鄂尔多斯市恒科农牧业公司）捆绑在一起就是好，牛羊只要达到收购标准就可以随时出售，基本没有运输费用。百户示范联建项目让我们攥成了一个拳头，闯市场的力量更加强大，共同将‘天骄情’这个品牌叫得更响亮。”苏叶图家今年能出售200只羔羊，平均每只羔羊收入1500元，仅此一项收入30万元。

“‘现代畜牧业百户示范联建’项目是一个新型牧业经营联合体，把昂素镇养羊顶尖的牧户和低收入边缘户凝聚在一起，通过与鄂尔多斯市恒科农牧业公司联姻，共享资源，互利互惠，解决经营主体单打独斗解决不了的难题。”昂素镇昂素嘎查党支部纪检委员格日勒图娅说。

农牧民的烦恼没了

几年前，对昂素镇昂素嘎查牧民王军元来说，最大的烦心事莫过于养出的好牛羊卖不出好价钱。

“要么牛羊能出栏时卖给二道贩子，价格低不说，还挑三拣四不好卖；要么自己雇车拉到宁夏盐池、陕西榆林卖，货到地头死，奔波100多公里，也是人家说了算。”58岁的王军元指着膘肥体壮的羊群说，“现在只要羊群符合标准，恒科农牧业公司会全部收购，我们只需要养好羊，其他的不用操心了。非常感谢党委、政府，能把实事办在咱老百姓的心窝里。他们不光把企业引到牧民的家门口，而且将牧民组织在一起，与企业共同闯市场。”

还让牧户烦恼的另一件事便是冬季遇到大雪天气，饲草料短缺问题。奔着“不能让牧户的一只羊受到损失”的目标，2020年以来，昂素镇启动了“百万亩柠条种植”工程，那一株株，一丛丛的绿色精灵，不仅使昂素镇的硬梁地、沙化地又披上绿色盛装，而且解决了养殖户的部分饲草料。

“并蒂花儿香草原。”与鄂尔多斯市恒科农牧业公司一样，另一个“农字号”企业伴随着“百万亩柠条种植”工程诞生了，沙日胡舒、巴彦乌珠日、乌兰胡舒三个嘎查联合新建了一处饲料加工厂。在改善生态环境的同时，服务牧民发展养殖业，绿富同源。昂素镇正逐步建起集柠条、沙柳种植、饲料加工利用于一体的产业链惠及当地农牧民。

好牛羊“出圈”“天骄情”

鄂托克前旗昂素镇是一个坐落在草原深处的绿色小镇，那560万亩可利用草牧场上，各种优质牧草竞相生长，31万只羊、2万头牛，宛如珍珠般滚动在繁花似锦的绿海中，年出栏40万头（只）以上的“好牛羊”，让这里“名”播远方。

“好牛羊，还要有一个好品牌。”“我们牧民的牛羊也有了自己的品牌。”与不少农产品产业化一样，链条短、“小弱散”，以及缺乏商业化品牌等问题制约着昂素镇优质草原牛羊肉的发展。如何让牛羊肉销售和品牌塑造齐头并进呢？昂素镇从引进鄂尔多斯市恒科农牧业公司那天起，就注重品牌的塑造，特别是“现代畜牧业百户示范联建”项目，开启了“天骄情”品牌新征程。在鄂尔多斯市恒科农牧业公司总经理白玉文看来，好牛羊是“天骄情”品牌的灵魂，始终如一把好从收购、屠宰、包装、销售的每一道关卡，就是推动草原牛羊肉走向更广阔的市场重中之重。

“好肉来自好草场，这也是鄂尔多斯草原牛羊肉远近闻名的先决条件。利用560万亩有机草牧场做好绿色产业大文章。”白玉文说。企业在有了优质肉源的基础上，如何让好肉更优质呢？我们来到了鄂尔多斯市恒科农牧业公司生产车间。“羊身上有4块肉不能吃。肩胛2块，后腿部2块，这4处是淋巴，对人体有害。”生产车间负责人告诉我们。我们一边看着工人熟练地分割牛羊肉，一边看着他们将淋巴、血污、羊油剔除出来，放到一个大容器里。白玉文指着大容器说：“必须剔除得干干净净，让消费者吃上健康肉、放心肉。”

“就从畜产品的市场营销而言，一个牧户或者几个牧户打一个品牌是很困难的，这就需要牧户与牧户联合发展，牧户与企业实现从联合到融合，有助于加快培育高质量新型牧业经营主体和服务主体。‘现代畜牧业百户示范联建项目’就是一个好模式，对实现乡村全面振兴和农牧业现代化有重要的支撑作用。”对此昂素镇党委书记热希充满信心。

一碗“天骄情”品享草原味道

2020年11月10日，财中金控团队到访鄂尔多斯，在恒科农牧业公司总部，他们一边与公司董事秦声交谈，一边品尝着“天骄情”。“从来没有吃到这样味道鲜美的羊肉”“鄂尔多斯草原的羊肉名不虚传”“我真正品尝到了草原的味道”……这种发自肺腑的赞扬声不绝于耳。

据介绍，财中金控是国内领先的专注为企业提供一站式资本价值服务的国际精品产业投资银行。财中金控团队在鄂尔多斯对恒科农牧业展开走访及调研，参观其相关产业、牧场、工厂、办公大厦、文旅基地、酒店和近800家商超中的代表性商场。

此次财中金控团队，感受了平均海拔约1500米的内蒙古草原的风土人情，领略了中国西部海拔千米以上的草原风光。“我们亲自感受了一代天骄成吉思汗曾深深眷恋的这片净土，我们也感受到了天赐牧场、万亩草原、天然泉水、千余种植物汇集于此的恢宏壮观，也聆听了来自原生好牛羊的动人牧歌。”财中集团智放营销副总裁王敏逸感触颇深地说。“我们财中金控携手‘天骄情’，共同打造健康高端牛羊肉品牌。”

随着经济的发展和转型，越来越多的企业走出内蒙古草原，走向全国市场，将内蒙古的优质产品、服务、理念市场化。财中金控与“天骄情”进行了针对性深入交流沟通，并结合当前企业的现状与问题，规划了未来的发展，双方签订了战略合作协议，共同打造未来新农牧业、新商业模式，创领平台生态品牌。

“财中金控将用全新的视野，创新的模式，完善的体系，携手恒科农牧业‘天骄情’品牌，在致力于打造高端牛羊肉产业品牌化道路上共同前行。恒科农牧业将与牧户探求更高质量和水平的合作，共同推动‘天骄情’助力乡村振兴。”秦声的话道出了企业的心声。

（乔鹏　白洁）

大事记

1月

13日　内蒙古自治区政府副主席李秉荣到鄂托克前旗开展春节慰问活动，并调研指导动物疫病防控、草原生态环境保护和羊绒产业发展等工作。

20日　中共鄂托克前旗委九届二十次全会暨全旗经济工作会议第一次、第二次全体会议在旗涛龙宫召开。

26日　鄂尔多斯市委常委、市军分区政委部德全，市人大常委会副主任何涛，市政府副市长于仁杰，市政协副主席乌兰，市退役军人事务局局长马保荣，分别深入医疗领域专业技术人才、自治区级劳模朱旭丽，荣获“二等功”现役军人布和哈达，老党员常永祥家中和阿吉泰养生园进行春节前走访慰问。

2月

23日至24日　中国人民政治协商会议鄂托克前旗第十届委员会第五次会议召开。

23日至25日　鄂托克前旗十届人民代表大会第五次会议召开。

25日　鄂尔多斯市人民政府副市长石艳杰，市政协副主席吉日嘎拉图，市总工会副主席苏雅拉等市包联督导调研组领导到鄂托克前旗，就开学准备、农牧业产业发展等情况开展督导调研。

3月

8日　鄂尔多斯市委党校、市行政学院、市社会主义学院、城川民族干部学院举行2021年春季学期开学典礼。开学典礼以视频会议的形式在城川民族干部学院举行。

12日　鄂托克前旗委农村牧区工作会议召开。

12日　全旗党史学习教育动员部署会议召开，解读了《鄂托克前旗委关于开展党史学习教育的工作方案》。

14日　鄂尔多斯市委常委、纪委书记、监委主任甄华到城川民族干部学院调研指导工作。

15日至16日　鄂尔多斯市委副书记、市长李理到鄂托克前旗调研红色研学、数字乡村、职业教育、乡村振兴和春耕备耕等工作。

17日　鄂托克前旗政协党组书记、主席高荣堂前往南京市，与南京知青、南京市内蒙古商会会长吴家铎进行座谈交流。

31日　内蒙古自治区党委组织部部务委员张义贤到鄂托克前旗调研指导干部教育培训工作。

4月

1日　全旗优化营商环境攻坚行动动员大会召开。

6日　鄂尔多斯市政协副主席李梅荣一行到鄂托克前旗调研。

20日　内蒙古自治区原林草厅厅长呼群到鄂托克前旗调研。

22日　鄂托克前旗举行“阅百年历程 传精神力量——4·23世界读书日”全民阅读活动启动仪式。

5月

13日　鄂尔多斯四季赏花·夏季赏花度假暨“马兰花开锦·醉美鄂托克前旗”花季系列文旅活动开幕式在上海庙镇芒哈图嘎查举办。

14日至15日　全国政协委员、自治区政协副主席、民进内蒙古区委主委郑福田，自治区政协常委、文化文史和学习委员会主任魏军等一行到城川民族干部学院考察调研。

27日至28日　鄂尔多斯市人大常委会秘书长樊俊平一行来鄂托克前旗调研民生实事项目人大代表票决制及代表工作。

6月

6日　中国农机院原党委书记李维民到城川民族干部学院考察调研。

13日　鄂尔多斯市委副书记、市政府党组书记杜汇良到鄂托克前旗调研乡村振兴、大数据产业发展和文化旅游等工作。

13日　鄂托克前旗档案史志馆利用馆藏档案建设的“南京知青纪念馆”“档案见证历史——庆祝中国共产党成立100周年党史史料陈列展”“记录小康工程图片展”

三个展厅开展。

18日　内蒙古自治区社会科学普及基地揭牌仪式在城川民族干部学院举行。

21日　中国石油长庆油田分公司革命传统教育基地揭牌仪式在城川民族干部学院举行。

23日　鄂托克前旗十届人大常委会第二十八次会议召开。会议听取和审议了人事任命事项，决定任命杨颖新为鄂托克前旗人民政府副旗长，同时决定杨颖新代理鄂托克前旗人民政府旗长职务，并为新任命人员颁发了任命书，举行了向宪法宣誓仪式。会议还表决通过了《鄂托克前旗第十届人民代表大会常务委员会关于同意接受吴云同志辞职请求的决定》。

24日至25日　鄂尔多斯市政协文化文史和学习工作现场会暨业务培训班在鄂托克前旗召开。

27日　鄂托克前旗在旗会议中心大会议室召开干部大会，宣布自治区党委、市委关于鄂托克前旗党委主要领导任免职的决定：王羽强同志任鄂托克前旗旗委委员、常委、书记、二级巡视员，布仁其木格同志不再担任鄂托克前旗旗委书记、常委、委员职务，另有任用。

7月

6日　鄂尔多斯市人大常委会副主任王评带领调研组一行到鄂托克前旗开展《鄂尔多斯市政务服务条例（草案）》立法调研。

19日　内蒙古老区建设促进会、鄂尔多斯市老区建设促进会教育培训基地揭牌暨“红色文献陈列室”开展仪式在城川民族干部学院文体活动中心举行。

29日　中国民用航空华北地区管理局党委书记刘锋一行到鄂托克前旗通用机场进行调研。

8月

14日至15日　鄂尔多斯市委副书记、政府代市长杜汇良到鄂托克前旗调研城川民族干部学院、重大项目建设、文旅融合发展以及疫情防控和超采区治理等。

9日　鄂尔多斯市税务局党委书记、局长李庆年到鄂托克前旗调研税务工作。

19日　内蒙古自治区党委宣传部王晓平副部长一行到鄂托克前旗调研创城工作。

23日至24日　鄂尔多斯市政协党组书记、主席高占胜一行到鄂托克前旗调研国家统编教材推行使用工作，农牧业产业发展情况、重大项目建设进度、乡村振兴工作和重点工作开展情况。

26日　国家卫生健康委应急办一级巡视员王文杰调研鄂托克前旗鼠疫疫情防控工作。

30日　鄂尔多斯市委老干部局组织部分市直地级退休干部调研上海庙经济开发区。

9月

1日　鄂尔多斯市政协副主席乌兰到鄂托克前旗围绕“开展推动沙产业集约化发展、助推黄河流域生态治理”课题展开实地调研。

2日　鄂尔多斯市委副书记、政府代市长杜汇良先后赴昂素镇恒科农牧业开发有限责任公司、百万亩柠条种植基地调研种养殖产业发展和利益联结机制等情况。

10日　鄂托克前旗召开庆祝第37个教师节暨表彰奖励大会，表彰奖励全旗教育战线上涌现出来的先进集体、先进个人。

13日至14日　锡林郭勒盟正蓝旗政协党组书记、主席钢布和，党组成员、副主席毕力格图一行到鄂托克前旗考察学习文化旅游产业发展和非物质文化遗产保护与传承方面的成功经验和典型做法。

14日至15日　赤峰市巴林右旗政协副主席萨如拉、文史学习与社会发展委员会主任奥琪一行到鄂托克前旗考察学习。

23日至24日　通辽市检查组对上海庙园区内蒙古恒坤化工有限公司、新矿内蒙古能源有限责任公司、鄂托克前旗时达绿能天然气有限责任公司3家危化企业开展危险化学品重大危险源企业2021年第二次专项检查。

29日　鄂托克前旗与内蒙古农业大学长期战略合作座谈会暨签约仪式在呼和浩特市举行。

10月

10日　中国共产党鄂托克前旗第十届委员会第二次全体会议召开。

10日　中国老促会常务副会长、原解放军中部战区政工部副主任、少将曾广超，中国老促会振兴发展部部长张芝元，中国老促会办公室副主任王长利一行到城川民族干部学院考察教育培训基地相关事宜。

11日至12日　鄂尔多斯市人民政府副市长额尔登毕力格到鄂托克前旗调研农牧业产业发展、乡村振兴等工作。

18日　鄂尔多斯市政协副主席乔明一行到鄂托克前旗围绕“加强非遗保护传承，促进文化旅游高质量发展”课题进行调研。

21日　全旗招商引资动员大会在旗涛龙宫召开。

23日　鄂尔多斯市人民政府副市长王心宇一行到鄂托克前旗调研督导疫情防控工作。

11月

2日至3日　鄂尔多斯市政协副主席李梅荣一行到鄂托克前旗巴音社区、赛罕社区、旗敬老院和医疗保障局，围绕政协协商民主向基层延伸和养老事业高质量发展课题进行调研。

4日　鄂尔多斯市委书记李理到上海庙经济开发区调研产业发展。

11日至13日　鄂尔多斯市委组织部折喜文部长到鄂托克前旗调研指导乡村振兴、基层党建等重点工作。

26日　鄂托克前旗2021年度光伏制氢一体化项目开工仪式在上海庙经济开发区能源化工基地举行。

12月

7日　鄂尔多斯市第一中学与鄂托克前旗第一中学结对共建办学签约仪式在鄂托克前旗会议中心举行。

9日　鄂尔多斯市政协副主席高志华一行到鄂托克前旗就现代农牧业、教育事业、工业发展情况进行调研。

17日至22日　内蒙古自治区第40期中青年干部培训班在城川民族干部学院开班，70名学员参加。

29日　内蒙古雅海能源开发有限责任公司年产60万吨液化天然气（LNG）项目联动试车启动典礼在鄂托克前旗敖勒召其镇综合产业园举行。

是年，鄂托克前旗交通运输局全面摸底全旗68个嘎查村、317个自然村的道路数据，编制完成《鄂托克前旗“十四五”综合交通运输发展规划》。

旗情概况

区划建制

【行政区划与人口】 鄂托克前旗隶属内蒙古自治区鄂尔多斯市管辖，旗府驻地敖勒召其镇。至2021年，旗辖鄂尔多斯市上海庙经济开发区1个自治区级重点开发区和敖勒召其镇、上海庙镇、城川镇、昂素镇4个镇，镇辖68个嘎查村和17个社区。土地总面积1.222万平方千米。户籍总人口81709人，其中城镇人口24136人，占29.5%，农村人口57573人，占70.5%；男性占50.2%、女性占49.8%；少数民族人口占29.9%；城镇化率60.3%。

表1　　全旗行政区划面积情况表

全旗地区	辖区面积(平方千米)	社区(个)	嘎查村(个)	嘎查村、社区名称
总计	12220.94	17	68	
敖勒召其镇	1601.82	7	12	嘎查村：敖勒召其嘎查、塔班陶勒盖嘎查、乌兰道崩嘎查、伊克乌素嘎查、查干巴拉嘎苏嘎查、巴郎庙村、大沙头村、洪山塘村、马场井村、漫水塘村、三道泉子村、三段地村 社区：乌兰社区、春苑社区、育才社区、巴音社区、赛罕社区、满都拉社区、三段地社区
城川镇	2430.08	3	29	嘎查村：城川嘎查、阿日勒嘎查、巴彦希里嘎查、敦达图嘎查、哈日色日嘎查、呼和陶勒盖嘎查、克泊日嘎查、克珠日嘎查、糜地梁嘎查、乌定希泊日嘎查、希里嘎查、新寨子嘎查、伊克柴达木嘎查、珠拉图嘎查、巴彦希泊日嘎查、呼芦素淖日村、马鞍桥村、大场子村、大池村、大发村、大沟湾村、二道川村、高潮畔村、黄海子村、克珠日村、麻黄套村、苏坝海子村、羊场壕村、章昂希里村 社区：城川社区、珠和社区、二道川社区
上海庙镇	3891.46	4	11	嘎查村：拜图嘎查、哈沙图嘎查、陶利嘎查、乌提嘎查、芒哈图嘎查、公乌素嘎查、特布德嘎查、阿勒台嘎查、八一村、沙章图村、水泉子村 社区：布拉格社区、上海庙社区、长城花园社区、马兰花社区
昂素镇	4297.58	3	16	嘎查村：阿日赖嘎查、昂素嘎查、巴彦柴达木嘎查、巴彦呼日呼嘎查、巴彦乌素嘎查、巴彦乌珠日嘎查、巴彦希里嘎查、哈日根图嘎查、克仁格图嘎查、圐圙嘎查、玛拉迪嘎查、毛盖图嘎查、明盖嘎查、沙日胡舒嘎查、苏力迪嘎查、乌兰胡舒嘎查 社区：昂素社区、毛盖图社区、玛拉迪社区

【建制沿革】 “鄂托克”系蒙古语，汉意“营”或“部”，是元、明两代蒙古“万户”下设的行政建制，称千户。17世纪中叶，清朝政府以拥有军事权力的“和硕”（旗）取代了“鄂托克”，称鄂尔多斯右翼中旗，但“鄂托克”的俗称被保留下来。中华人民共和国成立后正式成为行政区划名称。鄂托克前旗属鄂托克旗南境，于1980年8月12日经国务院（国发〔1980〕208号文件）批准，从鄂托克旗分设成立，旗府所在地为敖勒召其镇。

据考古考证及文献记载，鄂托克前旗地区早在旧石器时代就有人类活动，旗南境城川镇的莎拉乌苏河流域就是古“河套人”的发祥地，并在这里繁衍生息。新石器时代，旗境内古人类活动遗址分布较广，各镇均有发现，主要有布拉格巴彦查干遗址、二道川林场南沙遗址、二道川敖包梁遗址、珠和巴音希里保日陶勒亥遗址等。

夏商时期，旗地多数时期为戎狄部落居地，其间先后有荤粥、鬼方、羌方、熏育、猃狁等匈奴先祖在此游牧。旗境内四大盐湖出产的食盐时称“戎盐”。

西周时期，中原为防止北方猃狁部族入侵，在河套设立朔方，周宣王曾派南仲驻兵朔方，旗地属朔方境。东周至春秋时期昫衍戎族依托旗境南部盐湖游牧于此。

战国时期，林胡、楼烦等部族移居此地并融入新崛起的匈奴。此后在很长的历史时期内，旗地成为匈奴民族重要的活动地区。

秦置北地郡，昫衍戎之地（旗地大部）为北地郡“昫衍县”辖制。

汉袭秦制。旗地西南部属北地郡“昫衍县”；东南部为上郡“奢延县”辖区，城川镇的萨拉乌苏河时称“奢延水”、东西向滩地是汉代古“奢延泽”；北部为朔方郡管辖。东汉建武二十六年（公元50年）后，南匈奴等部众入居河套，旗地逐渐成为匈奴、鲜卑的领地。

五胡十六国旗地先后被纳入后赵、前秦和后秦国的范围。

东晋时南匈奴贵族赫连勃勃建立大夏国（国都为夏州统万城，今陕西靖边县城北白城子），旗地隶属大夏国夏州。南北朝时期北魏灭大夏国，旗地分属西安州大兴郡和夏州阐熙郡（城川）辖区，在阐熙郡置长泽县。

隋炀帝大业元年至三年（公元605－607年）改郡为州，原设在长泽县的阐熙郡和下辖的山鹿、新囧二县全部并入长泽县（城川）归夏州管辖，其他区域地区分属灵州、盐州管辖。并在旗南境修筑隋长城。

唐初旗地分属灵州、夏州和盐州管辖，均属关内道。唐调露元年（公元679年）为安置内附突厥人在旗境内设鲁、丽、含、塞、依、契六州安置突厥部落中的昭武九姓粟特人，时称“六胡州”，后并为匡、长二州。唐中宗神龙三年（公元707年）在盐州白池县（今二道川北大池古城）北八十里的灵州辖境内置兰池都护府（今敖勒召其镇辖区古城之一）。唐开元九年（公元721年），兰池都督康待宾反叛，史称“康待宾之乱”。昭武九姓粟特人的三州（匡、长、兰池）复分为鲁、丽、契、塞四州。

唐开元二十六年（公元738年）置宥州（今敖勒召其镇查干巴拉嘎苏城址），辖延恩、归仁、怀德三县。唐天宝元年（公元742年），将宥州寄置于经略军（今鄂托克旗境内），原宥州改名宁朔郡。唐至德二载（公元757年），宁朔郡改为怀德郡都督府，唐乾元元年（公元758年）又改回宥州之名。宝应后（公元762—763年）宥州废。

唐元和十五年（公元820年），为管理党项游牧部落建置新“宥州”，并将在经略军复置的新宥州移置夏州的长泽县（今城川城址），下辖延恩、长泽二县。唐末黄巢起义攻克长安，至半年，宥州（一说夏州，治所统万城）刺史党项首领拓跋思恭（李思恭，姓为唐赐）带领党项人兵临城下击败起义军，党项人用生命报答大唐，唐僖宗赐拓跋思恭为“定难军节度使”，统辖北疆四州（宥州、夏州、银州、绥州），旗地属之。五代十国时期，党项族拓跋思恭后裔历任定难军节度使，旗地分属定难节度使和灵盐节度使。

北宋宝元元年（公元1038年），党项族李元昊（改姓嵬名）建立大白高国，史称西夏，在旗境城川城设宥州嘉宁监军司，成为西夏时期丝绸之路进入西夏的“国信驿路”终点站。西夏建22州，旗地分属夏州、宥州、盐州、怀州、定州所辖。

公元1227年，蒙古灭西夏（蒙古人时称“唐古特”），党项族灭亡，西夏国宥州嘉宁司城川城址被焚毁，旗地成为蒙古汗国领地。元代，除旗境西部划属甘肃行省宁夏府路外，余为察罕脑尔皇室封地。

明洪武六年（公元1373年）旗地分属宁夏卫和东胜卫，隶属陕西行都司。明天顺六年（公元1462年）蒙古部落入居鄂尔多斯，明弘治十三年（公元1500年）巴图孟克达延汗恢复万户组织，旗地属右翼三万户济农巴尔斯博罗特所辖鄂尔多斯万户之地，后直属巴尔斯博罗特之孙拜桑固尔及其后裔的领地。

清顺治六年（公元1649年）清廷蒙古鄂尔多斯万户分为6个札

萨克旗，置伊克昭盟。原拜桑固尔诺延及后裔所据克扣特、锡布沁、乌拉特、唐古特等部落组成鄂尔多斯右翼中旗（今鄂托克旗和鄂托克前旗），下设15哈喇（参领区）83个苏木（佐领）。

民国仍实行盟旗制度，称鄂尔多斯右翼中旗。

1949年8月23日，鄂托克旗和平解放，9月7日成立临时自治政府，1950年2月成立鄂托克旗人民政府。

1980年8月12日，经国务院批准，鄂托克前旗从鄂托克旗分设。

（于国强　史卫东）

自然地理

【地理】　鄂托克前旗位于内蒙古自治区西南部，北纬37°44′～38°44′、东经106°26′～108°26′之间，地处鄂尔多斯盆地西缘、毛乌素沙地腹地。位于内蒙古、陕西、宁夏三省区交界，北与鄂托克旗相依，东与乌审旗相邻，南与陕西定边、靖边两县及宁夏盐池县毗连，西与宁夏灵武、陶乐县接壤。东西长156千米，南北宽80千米，面积12,220.94平方千米。

旗全境属荒漠草原地带，主要由毛乌素沙地和鄂尔多斯梁地两大地貌构成。地势从布拉格到三段地呈南北脊形，分别沿东南—西北倾斜，海拔最高点在布拉格与三段地交界处达1564米，最低点在与宁夏平罗县陶乐镇交界处为1160米，境内海拔一般在1300～1400米。地貌类型分梁、滩、沙3种，梁地占全旗总面积的31.64%，主要分布在西北部，地下水埋藏较深，多数地区在50米以下，个别地区超过70米；滩地、沙地分别占全旗总面积的7.94%和60.42%，主要分布在东南部毛乌素沙地腹地，地下水位2～3米。东南流沙呈西北—东南条带状并与滩地相间分布。

（自然资源局）

【水文】　鄂托克前旗平均水资源总量24732万立方米（地表水与地下水之间重复计算量553万立方米），其中地下水资源量21607万立方米，地表水资源量3125万立方米。水资源可利用总量14302万立方米（可利用量重复计算35万立方米），其中地下水资源可利用量13579万立方米，地表水资源可利用量723万立方米。

地下水　鄂托克前旗境内地下水主要为第四系上更新统冲积湖积层萨拉乌苏组孔隙潜水、第三系渐新统砂岩裂隙孔隙潜水和白垩系下统志丹群碎屑岩裂隙孔隙潜水。

第四系上更新统冲积湖积层萨拉乌苏组潜水含水层（Q3Sal+1）分布于城川、珠和、二道川等地。岩性下部为黄褐色沙砾石层及细至粗砂层，上部为土黄灰褐灰绿色中细砂、粉细砂。厚度40～60米，ZK141号钻孔揭露该层最厚为125.85米。水位埋深小于10米，一般为2～5米，矿化度0.5g/L左右，降深5米的单井涌水量为20～1400m^3/d，一般为600m^3/d。

第三系渐新统砂岩裂隙孔隙潜水承压水含水岩组（E3）分布在上海庙、陶利、公乌素等地。岩性下部为棕红色、土黄色沙砾岩，上部为棕红色砂岩、粉砂岩及泥岩。厚度60～300米，由北往南、由东往西逐渐增厚。潜水不连续，水位埋深9～17米，单井涌水量为160～630m^3/d，矿化度1.48～3.0g/L。承压水水位埋深32～+19.85米，单井涌水量50～760m^3/d，矿化度为1.65～4.61g/L。

白垩系下统志丹群碎屑岩裂隙孔隙潜水承压水含水岩组第六岩段（k1zh6）分布在陶利、公乌素等地。岩性下部为黄灰色、青灰色、棕紫红色细砂岩与泥岩，上部为棕红色、灰绿色钙质细砂岩、粉砂岩、泥岩组成的韵律层。厚度150～300米，由北往南逐渐变薄。表层潜水水量微弱，单井涌水量10～20m^3/d。承压水水位埋深88.62～+26.32米，矿化度1～2g/L，单井涌水量一般为360～600m^3/d。

第五岩段（k1zh^5）分布在毛盖图、伊克乌素、乌堤、大池等地。岩性下部为紫红、砖红色细至中砂岩、砂质泥岩、粉砂岩组成的韵律层，上部为灰绿色、黄褐色含砾砂岩、粗中砂岩、粉砂岩组成的韵律层，多为钙质胶结，特别坚硬，地表风化后形成岛状山及假喀斯特地形。潜水水量贫弱，水位埋深4～50米，单井涌水量3～25.6m^3/d，矿化度小于1g/L。承压水水位埋深109.16～+3.19米，单井涌水量242.6m^3/d，矿化度小于1g/L。由北往南粒度变细，厚度减小，富水性相应减弱。

第三、四岩段（$k1zh^{3+4}$）含水岩组是区内最重要的承压水含水岩组，分布面积大，水量丰富，水质良好。岩性下部以棕红色、浅红色钙质长石砂岩为主，上部为青灰色、黄绿色长石砂岩、长石石英砂岩组成的粒度韵律层。普遍含潜水，水位埋深1.28～40米，单井涌水量一般为20～400m^3/d，个别可达1104m^3/d，矿化度小于1g/L。承压水水位埋深157.68～+14.62米，一般多为1.5～40米，单位涌水量为8.6～500m^3/d，降深25m8″口径的单井涌水量为261.3～14280 m^3/d，矿化度小于1g/L。

地表水 鄂托克前旗境内共有河流13条，总长度342.87千米，流域面积34755平方千米，其中黄河流域6条，一级支流5条，二级支流1条，鄂尔多斯闭流区主沟7条；常年有水的河流2条，分别是西部的水洞沟和东部的无定河（萨拉乌素河），其余全部是季节性河流。水域面积在0.5平方千米以上湖泊6个，水面面积约8.74平方千米。东部的无定河（萨拉乌素河）发源于陕西省定边县白于山北麓，迂回流经鄂托克前旗城川镇大沟湾村后进入乌审旗境内，鄂托克前旗境内河段长12.15千米，流域面积1634 平方千米，多年平均径流量1602.5万立方米。正常流量0.4立方米/秒，为清水河流，河道深切弯曲，切深40—60米。河段内建有小（一）型水库（大沟湾水库）1座，总库容784万立方米，有效库容481.2万立方米，最大泄洪流量21.3立方米/秒。西部的水洞沟发源于宁夏回族自治区灵武市与盐池县的交界处（宝塔），流经上海庙镇沙章图村，鄂托克前旗境内河段长69千米，流域面积970平方千米，多年平均径流量62.94万立方米。正常流量0.017立方米/秒，常有断流出现。

（水利局）

【气候】 鄂托克前旗属于中温带半干旱荒漠化草原气候，其主要特点是干旱、风多、沙大、日照长、辐射强、冬寒长、春暖快、夏热短、秋凉早。2021年全旗气温异常偏高，降水偏少，春季大风沙尘日数为近10年最多，日照时数偏多。

气温 2021年平均气温9.8℃，较历年偏高1.4℃，突破历史极值，为有气象记录以来极端最高值。年极端最高气温为38.4℃，出现在7月9日；年极端最低气温-27.6℃，出现在1月7日。7月8日至15日，全旗先后出现2轮高温天气过程。敖勒召其镇出现5天35℃及以

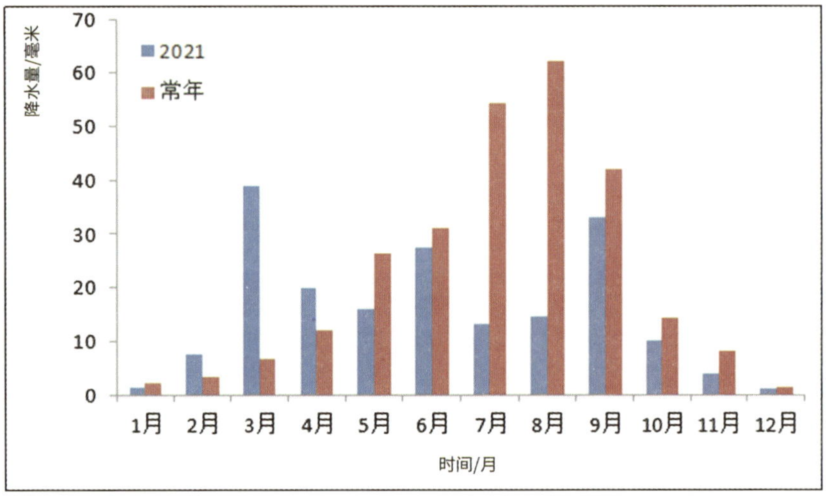

表2 2021年全旗气象情况

指标名称	单位	数量	指标名称	单位	数量
年平均气温	℃	9.8	全年极大风速	m/s	22.6
全年最高气温	℃	38.4	全年大风日数	天	11
全年最低气温	℃	-27.6	全年浮尘日数	天	8
相对湿度	%	45	全年扬沙日数	天	25
全年日照时数	小时	3608.3	全年沙尘暴日数	天	1
全年下雨日数	天	81	雾日数	天	10
全年下雪日数	天	8	轻雾日数	天	78
全年下冰雹日数	天	1	霾日数	天	1
最大积雪深度	厘米	3	敖镇降水量	毫米	187.6
最大冻土深度	厘米	122	上海庙降水量	毫米	153.8
年平均风速	m/s	2.3	城川镇降水量	毫米	278.1
全年最大风速	m/s	12.2	昂素镇降水量	毫米	212.9

（气象局）

上高温天气，极端最高气温38.4℃，为有气象记录以来第二高值；昂素镇最高气温为38℃，上海庙镇和城川镇最高气温均为37.8℃。2021年终霜冻出现在4月18日，较常年相比提早约9天，初霜冻出现在10月11日，较常年偏晚约13天，年无霜期197天。

全旗年日照时数为3608.3小时，较历年同期日照时数3009.9小时偏多598.4小时。

降水 全旗各地年降水量偏少且分布不均，呈东多西少，其中敖勒召其镇降水量为187.6毫米，与历年同期相比偏少近三成。3月中下旬累计降水量为38.9毫米，较常年同期异常偏多32.3毫米，为有气象记录以来最大值。5月至8月降水偏少，阶段性干旱较为严重。

风霾 全旗全年春季大风沙尘日数偏多，短时风力之强为近10年来少有。敖勒召其镇全年出现大风11次，沙尘暴1次，为近10年来最强沙尘天气过程；出现扬沙25次、浮尘8次、雾10次、霾1次。

生态环境

【概况】 至2021年，全旗土地总面积为1222094.36公顷，其中耕地、园地、林地、草地等生态植被面积109.3万公顷，占土地总面积的89.45%；全旗植树造林8533.33公顷，森林总面积29.5181万公顷，森林覆盖率24.15%。城镇建成区绿地率37.53%、绿化覆盖率42.1%，人均公园绿地面积23.89平方米。

【自然保护区】 自治区级自然保护区西鄂尔多斯毛盖图藏锦鸡儿自然保护区位于鄂托克前旗上海庙镇布拉格和昂素镇毛盖图境内，设立于2003年，总面积832.46平方千米。保护区保护对象主要是西鄂尔多斯藏锦鸡儿半灌木草原化荒漠植被类群、旱生禾草草原化荒漠植被类群、草原化荒漠环境中栖息的野生动物类群。2019年，安装高空视频探头两处，实现自然保护区实时监控。2021年，持续维护自然保护区重点区域高清视频监控正常运行。

【环境质量】

地表水质量 在大沟湾水库库区设置1个地表水监测断面，全年取样分析12次，每次分析常规指标24项。按《地表水环境质量标准》GB3838-2002评价标准，大沟湾流域水质达到Ⅲ类水质标准。大沟湾水库位于城川镇东南，由发源于陕西省定边县白于山北麓的黄河一级支流无定河流经毛乌素沙漠南缘注入。

饮用水质量 全旗有集中式饮用水水源地3处，分布在敖勒召其镇、上海庙镇和城川镇。全年采样分析8次，每次分析常规指标24项。全旗集中式饮用水源地水质达标率100%。

环境空气质量 鄂托克前旗环境空气自动监测站分别在敖勒召其镇和上海庙镇各设立1个监测点，于2016年1月投入运行，实时监测全旗大气环境中的二氧化硫（SO_2）、二氧化氮（NO_2）、臭氧（O_3）、一氧化碳（CO）、PM10、PM2.5等6个参数。2021年,鄂托克前旗空气质量共监测365天，有效天数为351天。其中空气质量评价为优的有91天，评价为良的有232天，评价为轻度污染的有11天，评价为中度污染的有7天，评价为重度污染的有1天，优良以上天数比例为92.0%，较上年同期上升2.1个百分点；PM2.5平均浓度为25微克/米^3，较上年同期下降2.1个百分点。（环保局）

自然资源

【土地资源】 鄂托克前旗土地总面积为122.21万公顷。其中耕地7.05万公顷，占比5.76%；种植园用地0.11万公顷，占比0.09%；湿地0.07万公顷，占比0.06%；水域0.21万公顷，占比0.17%；水工建筑用地0.01万公顷；林地16.89万公顷，占比13.83%，草地85.19万公顷，占比69.72%；城镇村及工矿用地0.68万公顷，占比0.56%，交通运输用地0.43万公顷，占比0.35%；其他土地11.57万公顷，占比9.46%。

按照第三次全国国土调查数据库统计，鄂托克前旗境内的地类性质划分为：1.湿地（包括沼泽草地、内陆滩涂、沼泽地）；2.种植园用地（包括果园、其他园地）；3.耕地（包括水浇地、旱地）；4.林地（包括乔木林地、灌木林地、其他林地）；5.草地（包括天然牧草地、人工牧草地、其他草地）；6.城镇村及工矿用地（包括城市、建制镇、村庄、采矿用地、风景名胜及特殊用地）；7.交通运输用地（包括铁路用地、公路用地、机场用地、管道运输用地）；8.水工建筑用地；9.水域（包括河流水面、湖泊水面、水库水面、坑塘水面、沟渠）；10.其他土地（包括农村道路、设施农用地、盐碱地、沙地、裸土地）。（自然资源局）

【煤炭资源】 鄂托克前旗煤田集中分布于上海庙镇境内，与宁夏宁东煤田属同一煤系，煤种以肥煤、长焰煤、不黏煤为主，石碳—二叠纪和侏罗纪两种含煤地层同处一地，分布面积4000余平方千米，已探明储量142亿吨，远景储量500亿吨以上。上海庙井田面积1154平方千米，探明地质储量143亿吨。2010年完成上海庙矿区14家企业24个矿业权的整合，确立中国烟草、神华集团、山东能源集团和山西晋煤集团四大开发主体，划分为14个井田，规划总生产能力6130万吨/年（长城1号煤矿按照300万吨/年建设，长城2号煤矿按照400万吨/年建设，榆树井煤矿按照300万吨/年建设）。整块煤田划分为西部和东部两部分，西部共划分成5个井田（长城1、2、3、5、6矿），总规模1530万吨/年。东部共划分成9个井田，总规模4600万吨/年。煤田建成煤矿7座，分别是上海庙矿业公司榆树井煤矿300万吨/年、新上海1号煤矿400万吨/年和山东能源新矿内蒙古能源公司长城1号煤矿300万吨/年（一期60万吨/年，技改180万吨/年）、长城2号煤矿400万吨/年（一期120万吨/年）、长城3号煤矿500万吨/年、长城5号煤矿180万吨/年、长城6号煤矿150万吨/年；在建煤矿1座；开展前期工作的煤矿3座，分别是恒源投资实业有限责任公司巴愣矿井800万吨/年、维华矿业公司鹰骏1号煤矿600万吨/年、内蒙古鲁蒙能源开发有限公司鹰骏3号煤矿600万吨/年。（能源局）

【油气资源】 鄂托克前旗是苏里格气田的重要产区之一，占苏里格气田产量的22%，总储量约8508.81亿立方米，其中探明地质储量6447.81亿立方米，基本探明地质储量2061亿立方米。长庆油田分公司在鄂托克前旗天然气矿区面积1.16万平方千米（其中采气三厂9854平方千米，苏南公司1746平方千米）。全旗各镇共有9个开发主体和13个气田开发区块，现从事生产活动的有11个气田开发区块，分别为：长庆油田分公司第三采气厂苏14、苏48、苏47三个区块，长庆油田苏里格南作业分公司苏南国际合作区块，川庆钻探苏里格项目经理部苏59区块、苏119区块，渤海钻探苏里格分公司苏20区块、苏49区块，长城钻探苏39区块，西部钻探苏19区块，华北油田苏里格勘探开发分公司苏43区块；另外，长庆油田分公司第四采气厂苏36区块、中石化华北油气分公司定北区块在旗境内有少量气探井勘探面积，现不从事生产活动。

全旗石油资源主要分布在城川镇羊场壕村、章昂希里村、巴彦希里嘎查等地，属于胡尖山油田区块外围，由长庆油田分公司第四采油厂天赐湾作业区生产开发。全旗累计钻打石油井98眼，目前运行的采油井7眼，旗境内现有采油中心站1个，拉油注水站2个，石油年均产量1500吨，历年产量累计74600吨。2021年石油产量1500吨。（能源局）

【其他矿产资源】 石盐、芒硝、石膏、方沸石、优质紫砂陶土等储量丰富，石盐、芒硝主要分布在二道川乡北大池村，两种矿产为共生组合。石盐保有储量11.44万吨，品位为62%-94%，年产清浪盐5万吨；芒硝保有储量为245.73万吨，矿床面积约28平方千米，品位为24%-64%；石膏集中分布于旗北部上海庙布拉格境内，总资源量达1.29亿吨。至2021年底，全旗有非煤矿山企业7个，矿区面积27.8747平方千米，.均办理采矿权许可证，其中石盐生产企业1家，石膏生产企业6家。

（自然资源局）

旅游景观

【概况】 鄂托克前旗地处蒙、陕、宁三省区交界，西邻宁夏，南接陕西，地理位置独特、区位优势明显、立体交通便捷，是内蒙古重要的西南门户。

鄂托克前旗历史悠久，民族

文化深厚，旅游资源丰富，已形成从旧石器时代文化遗址水洞沟经马兰花草原大舞台、大汗行宫、大沙头国家沙漠公园到鄂尔多斯沙漠大峡谷之古人类遗址大沟湾的鄂尔多斯旅游风景道，从三段地中央红军革命根据地经红色国际交通站、杨旱寒春三边牧场到延安民族学院城川旧址的红色文化旅游长廊。

鄂托克前旗是旧石器时代晚期“河套人发祥地”，是“中国绿色名旗”“中国最佳休闲旅游目的地”，也是“中国鄂尔多斯婚礼文化传承基地”“中国马文化保护基地”，还是“中国西部摄影家创作基地”“中国微电影拍摄基地”。这里有风景如画的世界奇观“鄂尔多斯沙漠大峡谷”，位于蒙陕交界处无定河（萨拉乌素河）流域，素有“塞外小江南”的美誉，既是古“河套人”的发祥地，又是国家水利风景名胜区。唐宥州古城遗址内含丰富的“古钱币”文化，列入国家级历史文物重点保护区。西控朔方大漠咽喉要道之险的明长城“河东边墙”始建于明朝成化八年（公元1472年），高三丈、宽两丈，墙顶五马并驱，历经数百年风雨沧桑雄风犹在。国家沙漠公园大沙头是著名的毛乌素沙漠源头，沙海浩瀚，绵延起伏，主峰突兀，地貌奇特，配以朝阳落日更显漠海奇观。成吉思汗的旗帜阿拉格苏勒德民间祭祀，是蒙古族三大纛毛之第二大纛“花纛”祭祀活动，已有300多年历史。这里还有鄂尔多斯民族风情旅游区大汗行宫和民族民俗“牧家乐”，有马兰花草原和巴音希泊日草原风景区，古老的鄂尔多斯民歌《六十棵榆树》把“榆树壕”的神奇传唱至今。

表3　　2021年鄂托克前旗旅游景区名录

序	等级	景区名称	地址	隶属单位
1	国家	鄂尔多斯沙漠大峡谷（水利风景名胜区）	城川镇大沟湾村	鄂前旗文旅集团
2	AAAA	大沙头生态文旅旅游区	敖勒召其镇大沙头村	内蒙古兴宇旅游文化投资公司
3	AAAA	马兰花草原旅游区	上海庙镇区	内蒙古上海庙旅游开发公司
4	AAAA	城川红色文化旅游区	城川镇	鄂前旗文旅集团
5	AAA	大汗行宫生态旅游区	上海庙镇上海庙社区	上海庙生态旅游公司
6	AAA	三段地革命历史纪念馆	三段地社区	鄂前旗文旅集团

表4　　2021年鄂托克前旗民族传统特色景观名镇村名录

序	等级	冠名	名称	颁授部门
1	国家	全国特色景观旅游名镇村	上海庙镇	住建部、国家旅游局
2	国家	全国特色景观旅游名镇村	城川镇	住建部、国家旅游局
3	国家	中国传统村落	城川大沟湾村	住建部、文化和旅游部等七部
4	国家	中国少数民族特色村寨	昂素阿日赖嘎查	国家民委
5	省级	内蒙古特色景观旅游名镇村	上海庙镇	内蒙古自治区住建厅、旅游局
6	省级	内蒙古特色景观旅游名镇村	城川镇	内蒙古自治区住建厅、旅游局
7	省级	内蒙古特色景观旅游名镇村	城川大沟湾村	内蒙古自治区住建厅、旅游局
8	市级	鄂尔多斯市乡村旅游示范村	城川巴音希泊日嘎查	鄂尔多斯市旅游发展委员会
9	市级	鄂尔多斯市乡村旅游示范村	城川大沟湾村	鄂尔多斯市旅游发展委员会
10	市级	鄂尔多斯市乡村旅游示范村	城川呼和陶勒盖嘎查	鄂尔多斯市旅游发展委员会
11	市级	鄂尔多斯市乡村旅游示范村	敖勒召其三道泉子村	鄂尔多斯市旅游发展委员会
12	市级	鄂尔多斯市乡村旅游示范村	昂素玛拉迪嘎查	鄂尔多斯市旅游发展委员会
13	市级	鄂尔多斯市乡村旅游示范村	城川苏坝海子村	鄂尔多斯市旅游发展委员会

表5 2021年鄂托克前旗省市级“农牧家乐”名录

序	等级	冠名	名称	地址
1	省级	内蒙古星级农牧家乐	佳日湾婚礼文化城	敖靖线16.8千米南1千米
2	省级	内蒙古星级农牧家乐	塞上行生态园	城川镇新寨子
3	省级	内蒙古星级农牧家乐	温都尔塔拉风情园	昂敖线42千米
4	省级	内蒙古星级农牧家乐	草原情歌牧家乐	敖昂线8千米
5	省级	内蒙古星级农牧家乐	鑫汗牧家乐	敖银线50千米南7千米
6	省级	内蒙古星级农牧家乐	尚氏天骄生态园	敖镇大沙头村四社
7	省级	内蒙古星级农牧家乐	新蒙古牧家乐	昂素镇玛拉迪嘎查
8	省级	内蒙古星级农牧家乐	全氏绿源蒙古风情园	城川呼和陶勒盖嘎查
9	省级	内蒙古星级农牧家乐	温暖的毡包	距离敖镇32千米
10	省级	内蒙古星级农牧家乐	龙赢牧家乐	上海庙镇开发区
11	省级	内蒙古星级农牧家乐	希拉登牧家乐	城川阿日勒嘎查4社
12	省级	内蒙古星级农牧家乐	呼舒努图格饮食文化俱乐部	上海庙镇阿勒台嘎查
13	市级	农牧家乐典型示范户	阿都亥希里牧人斋	敖镇伊克乌素嘎查
14	市级	农牧家乐典型示范户	欢乐牧人传统文化园	敖昂线0.5千米
15	市级	农牧家乐典型示范户	绿色呼德旅游度假村	敖镇至毛盖图22千米
16	市级	农牧家乐典型示范户	斯庆图雅蒙餐营	昂素嘎查新农村
17	市级	农牧家乐典型示范户	哈日色日革命牧家乐	察靖线15千米南
18	市级	农牧家乐典型示范户	吴日德萨矗立牧家乐	距离昂素镇5千米
19	市级	农牧家乐典型示范户	伊盟人家生态休闲采摘园	城川镇城川嘎查
20	市级	农牧家乐典型示范户	吉祥草原文华苑	昂素镇
21	市级	农牧家乐典型示范户	牧人之家牧家乐	距离城川30千米
22	市级	农牧家乐典型示范户	野性草原牧家乐	上海庙镇水洞沟内
23	市级	农牧家乐典型示范户	巴伊古德牧家乐	敖勒召其镇
24	市级	农牧家乐典型示范户	宏江苑生态农庄	敖勒召其镇大沙头村
25	市级	农牧家乐典型示范户	绿草滩牧家乐生态园	昂素镇
26	市级	农牧家乐典型示范户	温德思牧家乐	距离敖镇42千米
27	市级	农牧家乐典型示范户	大沟湾生态鱼馆	距离城川27千米
28	市级	农牧家乐典型示范户	聚秀星村农家宴	距离城川20千米
29	市级	农牧家乐典型示范户	草原红色驿站牧家乐	距离城川15千米
30	市级	农牧家乐典型示范户	智迎休闲度假美食园	距离城川10千米
31	市级	农牧家乐典型示范户	绿野牧家乐	昂素镇阿日赖嘎查
32	市级	农牧家乐典型示范户	八骏牧家生活体验园	距离敖镇30千米

【景观名录】 鄂托克前旗有国家AAAA级景区3家，AAA级景区2家；国家水利风景名胜区1处；其他景区景点10余处；中国传统村落1个，中国少数民族特色村寨1个，全国特色景观旅游名镇村2个，自治区级特色景观旅游名镇村3个，市级乡村旅游示范村9个；自治区星级农牧家乐接待户13户，市级农家乐典型示范户26户，旗级农牧家乐近200家；旅行社3家。

历史文化

【历史文化遗存】 鄂托克前旗历史悠久，民族文化底蕴深厚，数千年来北方各民族交汇融合，多种文化交相辉映，共同创造了独具特色的地域文化。距今大约14万至7万年的旧石器时代晚期，古“河套人”就在鄂托克前旗城川的萨拉乌素河（无定河）流域（大沟湾）繁衍生息，创造的文化被称为“河套文化”或“萨拉乌素文化”。萨拉乌素遗址不仅发现有珍贵的古人类化石，还发现有更新世晚期偏早时期的一个哺乳动物群化石遗迹。新石器时代仰韶、龙山文化时期的遗迹在上海庙、城川等地区被大量发现。昂素镇玛拉迪境存有新石器时代其巴嘎图砖窑梁遗址；敖勒召其镇三段地境早在1986年就发现一处汉代墓群；始建于唐元和十五年（公元820年）的宥州古城至今仍兀立于城川镇东草原之上，并以历史悠久、内涵丰富的“古钱币文化”而受到海内外收藏爱好者的青睐。

鄂托克前旗历史文化遗存丰富，有重点文物保护单位国家级1处、自治区级10处、市级9处、旗级27处，文物遗址113处，馆藏文物4982件（套）。

【红色文化传承】 鄂托克前旗是中央西征红军在内蒙古创建的最早的革命老区，是陕甘宁革命根据地的北方门户和重要屏障，也是中国共产党开展蒙古民族统一战线工作的桥头堡。城川地区是延安民族学院的最后落脚点，也是中国共产党在延安时期实践民族区域自治的试验区和培养民族干部的实践地。鄂托克前旗作为陕甘宁革命老区的重要组成部分，留存的红色文化革命旧址遗址20多处，有着特殊的红色记忆和光荣的革命传统，传承着由中国共产党人宏伟的“红色基因”孕育出的民族革命精神和独特的红色文化。

1936年7月，中央西征红军进入内蒙古西南边区，在鄂托克前旗三段地开辟了内蒙古唯一的一块革命根据地，之后建立的三段地、二道川苏维埃政府也是中国共产党在内蒙古创建的最早的人民政权，这对党的民族政策的探索实践和民族地区统一战线的形成都发挥了重要作用，为内蒙古自治区的建立和发展作出了卓越贡献，是中国革命史上不可或缺的重要组成部分。

1941年9月，中国共产党在延安创办了第一所专门培养少数民族干部、研究党的民族理论、制定和实践民族政策的机构——延安民族学院（中央民族大学前身）。1945年3月，为适应内蒙古民族工作和革命形势蓬勃发展的需要，迎接抗战的全面胜利，培养更多的少数民族革命干部，中共中央西北局决定将延安民族学院再次从陕西定边迁徙到内蒙古城川地区。在城川办学期间，习仲勋、乌兰夫等老一辈无产阶级革命家开展了一系列民族理论研究和民族统战工作，为党的民族政策的形成、实践、完善作出了重要贡献，为国家解放事业输送了大批民族干部，成为中国共产党培养民族干部的摇篮，被誉为党的民族政策的“试验田”。

红色延安时期，美国国际友人阳早寒春更是把一生义无反顾追随中国共产党的红色精神信仰，撒播在这片热烈而深情的蒙古草原，世代生根发芽。

2017年，为更好地继承和发扬习仲勋、乌兰夫等老一辈无产阶级革命家的革命精神和民族情怀，充分利用好珍贵的革命历史资源，不忘初心、牢记使命，努力建设“面向全国的民族干部培训教育基地”和“西部一流的党性培训教育基地”，鄂托克前旗在自治区党委政府和市委、市政府的主持下，布局建设“1+6”红色培训教育基地，即延安民族学院城川纪念馆和城川民族干部学院1个中心，三段地革命历史纪念馆、城川红色国际秘密交通站陈列馆、阳早寒春三边牧场陈列馆、王震井纪念园、马良诚顾寿山烈士纪念陵园和滴哨沟战场纪念园6个现场教学参观点。

至2021年底，修复建设以延

安民族学院城川纪念馆为核心，以三段地革命历史纪念馆、阳旱寒春三边牧场陈列馆、城川红色国际秘密交通站陈列馆、王震井纪念园、滴哨沟战场纪念园、马良诚顾寿山烈士陵园、鄂尔多斯国防教育展馆等7个现场教学点为补充的“一核引领、多点联动”的红色教育基地布局。建成投用了城川红色教育集训中心、城川红色拓展基地、红十字人道文化传播与生命健康安全教育基地、青少年研学基地、民兵预备役训练基地，搭建起了集理论教学、红色研学、军事训练、野外拉练、现场教学、拓展训练等功能于一体的红色培训格局，红色教育培训的承载能力不断提升。全旗共有现场教学场馆8个、体验教学场所8处、精品教学点12个。

【非物质文化遗产】 依傍在明长城脚下、黄河边的鄂托克前旗，是鄂尔多斯传统民族文化的重要组成部分。在漫长的历史长河中，鄂托克前旗不仅孕育出灿烂的“河套文化”“萨拉乌素文化”，更创造了鄂尔多斯婚礼文化、马文化、阿拉格苏勒德祭祀文化、鄂尔多斯搏克文化和鄂尔多斯民间歌舞文化等一系列光彩夺目的民族文化。这些独具特色的文化与西夏文化、朱开沟文化、鄂尔多斯青铜文化、河套匈奴文化相互辉映、共同交织，它们在鄂尔多斯文化的生成、发展与繁荣中都发挥着不可替代的作用，被誉为“中国鄂尔多斯文化之乡”“中国蒙古族筷子舞艺术之乡”“中国蒙古族三弦文化之乡”“中国鄂尔多斯搏克（摔跤）文化之乡”“鄂尔多斯婚礼文化之乡”“鄂尔多斯民间马文化之乡”“圣火祭祀民间文化之乡”。

非物质文化遗产是鄂托克前旗历史传统文化的重要组成部分。至2021年，拥有旗级非物质文化遗产项目76项，其中自治区级8项、市级30项，包含民间文学4项、传统音乐2项、传统美术4项、传统舞蹈4项、传统体育游艺杂技5项、传统手工技艺14项、传统医药1项、民俗等多个类别42项；全旗共有非物质文化遗产代表性传承人125 人，其中国家级1人、自治区级15人、市级33 人。

表6　　2021年鄂托克前旗非物质文化遗产保护项目名录

序号	级别	数量	名称
1	区级	8	《阿拉格苏勒德祭祀》《六十棵榆树祭》《祭火》《鄂尔多斯秀斯》《蒙古族刺绣（鄂尔多斯刺绣）》《蒙古族马具制作技艺（鄂尔多斯马具制作技艺）》《成吉思汗阿拉腾嘎达苏（金马桩）祭祀》《祝赞词》
2	市级	30	《阿拉格苏勒德祭祀》《六十棵榆树祭》《鄂托克前旗蒙古族民歌》《鄂尔多斯马文化》《鄂尔多斯西部蒙古族服饰及制作工艺》《鄂尔多斯西部头饰及制作工艺》《查玛舞》《酪蛋子制作工艺》《鄂托克前旗筷子舞》《鄂尔多斯蒙古族刺绣》《鄂尔多斯蒙古族马具制作技艺》《鄂尔多斯蒙古族炒米制作技艺》《鄂尔多斯秀斯》《风干牛肉沙葱包子制作技艺》《成吉思汗阿拉腾嘎达苏（金马桩）祭祀》《祝赞词》《鄂尔多斯搏克》《祭敖包》《传统医药嘎拉塔尔尼治疗法》《鄂尔多斯蒙古族（沙嘎）游戏》《鄂尔多斯民间布艺》《骨雕》《鄂尔多斯毡绣》《绳索传统制作技艺》《珐琅工艺》《鄂尔多斯驼具制作技艺》《羊尾与天然盐外敷疗法》《达日素疗法》《额勒苏疗法》《连羊挤奶习俗》
3	旗级	90	民间文学（共计4项）：《鄂尔多斯民间故事》《鄂尔多斯蒙古族对联》《祝赞词》《阿尔扎波尔扎罕》 民间音乐（共计2项）：《鄂托克前旗短调民歌》《鄂托克前旗长调民歌》 民间舞蹈（共计3项）：《筷子舞》《顶碗舞》《盅子舞》 传统医药 （共计4项）：《嘎拉塔尔尼治疗法 》《额勒素疗法》《达日素疗法》《羊尾和天然盐外敷疗法》 传统戏剧（共计1项）：《查玛舞》 杂技与竞技（共计5项）：《鄂尔多斯式蒙古族搏克（摔跤）》《跑马竞技》《走马赛》《蒙古鹿棋》《鄂尔多斯蒙古族（沙嘎）游戏 》 民间美术（共计2项）：《鄂尔多斯蒙古族刺绣》《剪纸》 传统美术（共计3项）：《蒙古文书法》《蒙古族传统绘画技艺》《布贴画》 传统技艺（共计9项）：《乌兰伊德》《大庙辣子菜》《陶器烧制技艺》《驼具制作技艺》《毡绣技艺》

续表6

序号	级别	数量	名称
			《鼻烟壶制作技艺》《绳艺》《珐琅工艺》《骨雕》 传统手工技艺(共计14项):《鄂托克前旗奶酪制作技艺》《鄂尔多斯马靴(马海)制作技艺》《鄂尔多斯西部头饰(达如拉嘎)制作技艺》《鄂尔多斯西部服饰制作技艺》《鄂尔多斯马具制作技艺》《鄂尔多斯熟皮制作技艺》《鄂托克前旗炒米技艺》《鄂尔多斯制奶酒技艺》《沙蒿围子技艺》《编芨芨草技艺》《编沙柳技艺》《蒙古族木雕技艺》《马头琴制作》《鄂托克前旗刺绣技艺》 民俗(共计43项):《阿拉格苏勒德祭祀》《鄂托克祭灶》《鄂尔多斯全羊宴》《蒙古族祭树(六十棵榆树)》《鄂尔多斯婚礼》《"那达慕"大会》《风马祭祀》《祭敖包》《蒙古族春节(白节)》《鄂尔多斯马文化》《鄂尔多斯乃日》《达拉根巴亚尔(蒙古族招财文化)》《博热沁唐古特祭祀》《鄂尔多斯蒙古族天灯祭祀》《鄂托克德吉》《庙会》《祭祀北斗七星》《拴马金桩祭祀》《哈布图合撒儿祭祀》《蒙古族生活习俗》《沙日阿木文化》《蒙古族妇女坐月子》《蒙古族满月礼节》《蒙古族周岁剃头礼节》《蒙古族老人过寿礼节》《蒙古族接客礼节》《蒙古族送礼礼节》《蒙古族穿戴习俗》《蒙古族禁忌文化》《蒙古族敬老爱幼文化》《蒙古族奶茶文化》《蒙古族游牧(敖特尔)文化》《蒙古族詈语文化》《蒙古族放牧文化》《蒙古族正月初四祭灶》《农历二月二祭驼节》《蒙古族葬礼》《蒙古族居住文化》《牲畜阉睾(去势)习俗》《小儿招魂术》《比吉塔塔胡(治小儿腹泻病)》《剪秋季羊毛(绵羊)》《连羊挤奶习俗》

表7　　2021年鄂托克前旗非物质文化遗产代表性传承人名录

序号	级别	数量	名称
1	国级	1	哈拉珍——《鄂尔多斯短调民歌》
2	省级	15	哈拉珍——鄂尔多斯短调民歌;曹纳木——鄂尔多斯婚礼;赛音吉日嘎拉——祝赞词;青锁——鄂尔多斯蒙古族传说故事;宝音乌乐吉——鄂尔多斯蒙古族马具制作技艺;热西脑日布(已故)——阿拉格苏勒德祭祀;孟根陶古斯——鄂尔多斯西部蒙古族头饰及制作工艺;姚凤琴——鄂尔多斯蒙古族刺绣;张嘎——筷子舞巴图——阿拉格苏勒德祭祀;布日尼亚——六十棵榆树祭祀;道日布——阿拉格苏勒德祭祀;朝格吉勒——成吉思汗阿拉腾嘎达苏(金马桩)祭祀;额仁其其格——鄂尔多斯蒙古族刺绣苏木亚——六十棵榆树祭。
3	市级	33	哈拉珍、乌东花——鄂尔多斯短调民歌;曹纳木——鄂尔多斯婚礼;青锁、郝比斯哈拉图——鄂尔多斯蒙古族传说故事;阿·赛音吉日嘎拉——祝赞词;苏那木道尔吉、葛巴图、满都毕力格——鄂尔多斯马文化;杨道劳、布音达来——鄂尔多斯搏克;苏雅拉其劳——走马驯养技艺;孟根花——鄂尔多斯西部蒙古族服饰制作技艺;孟根陶古斯——鄂尔多斯西部蒙古族头饰及制作工艺;宝音乌乐吉——鄂尔多斯蒙古族马具制作技艺;热西脑日布(已故)、巴图、道日布——阿拉格苏勒德祭祀;布日尼——六十棵榆树祭;张嘎——《筷子舞》;姚凤琴、额仁其其格、德庆茹鲁玛——鄂尔多斯蒙古族刺绣;苏龙嘎——鄂尔多斯蒙古族炒米制作技艺;明庆苏都——酪蛋子制作工艺;巴德玛——马海制作技艺;乌东巴乐——风干牛肉沙葱包子制作技艺;吉仁其其格(达旗)——鄂尔多斯蒙古族刺绣;苏木亚——六十棵榆树祭祀;达楞太、达仁巴拉——阿拉格苏勒德祭祀;朝格吉勒——成吉思汗阿拉腾嘎达苏(金马桩)祭祀;阿日并巴雅尔——鄂尔多斯蒙古族沙嘎游戏。
4	县级	125	第一批:2010年6月12日鄂托克前旗籍非物质文化遗产项目代表性传承人65名给予公布(鄂前政发〔2010〕14号),名单如下。 民间文学 1.民间故事传承人(2人):张青锁(上海庙镇)、郝比斯哈拉图(昂素镇); 2.鄂尔多斯蒙古对联传承人(1人):奇龙巴图(敖勒召其镇); 3.传统祝颂传承人(3人):阿·赛音吉日嘎拉(敖勒召其镇)、乌日图那顺(敖勒召其镇)、阿尔查(敖勒召其镇); 4.民间书法传承人(1人):傲特根其尔(昂素镇)。

续表7

序号	级别	数量	名　　称
			民间音乐 1.鄂尔多斯短调民歌传承人(6人):哈拉珍(昂素镇)、唐·朝格图(敖勒召其镇)、乌东花(昂素镇)、旺楚格(昂素镇)、巴音吉日嘎拉(上海庙镇)、阿拉腾其劳(敖勒召其镇); 2.鄂尔多斯长调民歌传承人(2人):莲花(上海庙镇)、那音吉日嘎拉(上海庙镇)。 传统戏剧 1.查玛舞传承人(3人):扎木苏(上海庙镇)、康傲斯尔(上海庙镇)(已故)、朝音森(昂素镇)。 杂技与竞技 1.鄂尔多斯式搏克传承人(3人):杨道劳(昂素镇)、达楞太(昂素镇)(已故)、宝音达来(敖勒召其镇); 2.跑马竞技传承人(2人):满都毕力格(城川镇)、巴图吉亚(敖勒召其镇); 3.走马竞技传承人(1人):苏亚拉其劳(上海庙镇)。 民间美术 1.鄂尔多斯蒙古族刺绣传承人(1人):查嘎岱(上海庙镇); 2.剪纸传承人(1人):冬季(城川镇)。 传统手工技艺 1.鄂托克前旗奶酪制作技艺传承人(3人):苏龙嘎(敖勒召其镇)、巴达玛(城川镇)、林花(敖勒召其镇); 2.鄂尔多斯马靴(马海)制作技艺传承人(2人):宝锁尔(昂素镇)、斯庆格日乐(昂素镇); 3.鄂尔多斯西部头饰制作技艺传承人(1人):娜仁其木格(敖勒召其镇); 4.鄂尔多斯西部蒙古族服饰制作技艺传承人(2人):孟根花(敖勒召其镇)、东吉玛(敖勒召其镇); 5.鄂尔多斯马具制作技艺传承人(2人):宝音乌勒吉(上海庙镇)、苏瓦迪(昂素镇); 6.鄂托克前旗炒米技艺传承人(2人):宝音伊布格勒(城川镇)、巴拉木(昂素镇); 7.鄂托克前旗刺绣技艺传承人(4人):龙腾稍(敖勒召其镇)、娜仁花(上海庙镇)、巴音高娃(上海庙镇)、巴图珠拉(敖勒召其镇); 8.蒙古族木雕技艺传承人(1人):达来巴雅尔(敖勒召其镇); 9.民间乐器制作传承人(1人):阿拉达尔都仁(敖勒召其镇); 10.金匠手工制作传承人(1人):阿拉腾巴日斯(敖勒召其镇)。 传统医药 1.蒙医药传承人(3人):巴音格西格(敖勒召其镇)、阿尔斯楞(敖勒召其镇)、巴德玛吉雅(敖勒召其镇)。 民俗 1.阿拉格苏勒德祭祀传承人(7人):热西脑日布(上海庙镇)(已故)、巴音道格道胡(上海庙镇)、斯仁道日布(上海庙镇)、阿南达(昂素镇)、达楞太(昂素镇)、巴图(上海庙镇)、巴德玛傲其尔(昂素镇); 2.六十棵榆树祭传承人(3人):布日尼(城川镇)、苏木亚(城川镇)、金龙(城川镇); 3.鄂尔多斯婚礼传承人(4人):曹纳木(敖勒召其镇)、达来(敖勒召其镇)、张嘎(敖勒召其镇)、傲特根其劳(敖勒召其镇); 4.鄂尔多斯马文化传承人(2人):曹纳木道尔吉(昂素镇)、葛·巴图(敖勒召其镇); 5.鄂尔多斯蒙古族天灯祭祀传承人(1人):虹·宝音(敖勒召其镇)(已故)。 第二批:2016年3月9日鄂托克前旗籍非物质文化遗产项目代表性传承人48名给予公布(鄂前政发〔2016〕3号),名单如下。 民间文学 1.祝赞词传承人(1人):达日玛扎布(昂素镇)。 民间音乐 1.鄂尔多斯民歌传承人(5人):阿拉腾其木格(敖勒召其镇)、乌日娜斯庆(昂素镇)、苏都格日乐(昂素镇)、玛·+3萨日娜(敖勒召其镇)、钢花(敖勒召其镇)。 游艺与竞技 1.鄂尔多斯式蒙古族搏克传承人(3人):莫日根布和(昂素镇)、敖特根毕力格(敖勒召其镇)、乌力吉巴达日呼(昂素镇)。 民间美术 1.蒙古绘画传承人(1人):阿拉腾巴嘎那(昂素镇)。 传统手工技艺

续表7

序号	级别	数量	名　　　称
			1.鄂托克前旗炒米手工技艺传承人(3人):娜仁高娃(昂素镇)、达楞陶古斯(上海庙镇)、呼毕斯哈拉图(昂素镇); 2.蒙古族木雕技艺传承人(1人):巴图巴根(敖勒召其镇); 3.鄂尔多斯西部头饰(达如拉嘎)制作技艺传承人(2人):娜布其(上海庙镇)、乌仁陶格素(城川镇); 4.鄂尔多斯马靴(马海)制作技艺传承人(1人):巴德玛(昂素镇); 5.鄂托克前旗奶酪制作技艺传承人(4人):斯庆高娃(上海庙镇)、希吉日图雅(上海庙镇)、明庆苏都(城川镇)、青克乐苏都(敖勒召其镇); 6.鄂尔多斯蒙古族刺绣技艺传承人(7人):举林花(昂素镇)、苏都(敖勒召其镇)、阿拉腾花(上海庙镇)、道格陶(上海庙镇)、阿木日斯庆(上海庙镇)、陶日嘎(上海庙镇)(已故)、道格同其木格(城川镇); 7.鄂尔多斯熟皮制作技艺传承人(2人):斯仁那木扎拉(上海庙镇)、那顺乌力吉(上海庙镇); 8.毛毡制作技艺传承人(1人):赛新宝(昂素镇); 9.鄂尔多斯蒙古族马具制作技艺传承人(1人):查汉东(城川镇); 10.风干牛肉沙葱包子制作技艺传承人(1人):乌东巴拉(昂素镇)。 传统医药 1.蒙医药传承人(1人):额尔登傲其尔(昂素镇)。 民俗 1.成吉思汗阿拉腾嘎达苏(金马桩)祭祀传承人(6人):阿拉腾达来(昂素镇)、朝格吉勒(昂素镇)、都玺(昂素镇)、额尔德尼(昂素镇)、呼木吉勒(昂素镇)、金巴图(昂素镇); 2.阿拉格苏勒德祭祀传承人(3人):巴音特古斯(昂素镇)、达仁巴拉(昂素镇)、苏娃迪(昂素镇); 3.禄马祭祀传承人(1人):那仁满都胡(昂素镇); 4.鄂托克祭灶传承人(2人):查干娜(敖勒召其镇)、斯旺道尔吉(敖勒召其镇); 5.蒙古族萨满传承人(1人):热西(上海庙镇); 6.鄂尔多斯马文化传承人(1人):乌宁嘎日迪(昂素镇)。 第三批:2018年12月6日 鄂托克前旗籍非物质文化遗产项目代表性传承人4名给予公布(鄂前政发〔2018〕38号),名单如下。 民俗 1.蒙古族居住文化传承人(1人):召日格图(昂素镇); 传统舞蹈 1.顶碗舞传承人(1人):金花(敖镇); 传统美术 1.剪纸传承人(1人):娜仁图嘎拉(城川镇); 传统体育 1.鄂尔多斯蒙古族沙嘎游戏传承人(1人):阿日宾巴雅尔(敖镇)。 第四批:2020年9月3日 鄂托克前旗籍非物质文化遗产项目代表性传承人8名给予公布(鄂前政发〔2020〕17号),名单如下。 民俗 1.鄂尔多斯秀斯传承人(2人):格、德格吉日夫、阿拉腾巴嘎那(敖镇); 2.鄂尔多斯婚礼传承人(1人):娜布其玛(昂素镇); 3.沙日阿木传承人(1人):孟克巴雅尔(昂素镇); 4.博热沁唐古特祭祀传承人(1人):阿拉腾桑(上海庙镇); 传统舞蹈 1.筷子舞传承人(1人):图门吉雅(敖镇); 传统美术 1.蒙古文书法传承人(1人):查汉生布尔(昂素镇)。 传统医药 1.嘎拉塔尔尼治疗法传承人(1人):巴图毕力格(城川镇)。

经济社会发展

【综述】 初步核算，全年地区生产总值完成198.55亿元，按可比价计算，同比增长11.5%。其中，第一产业增加值16.69亿元，增长3.5%；第二产业增加值139.22亿元，增长15.3%；第三产业增加值42.64亿元，增长6.4%。三次产业比例为8.4∶70.1∶21.5。第一、二、三产业对生产总值增长的贡献率分别为3.3%、80.5%和16.2%。人均生产总值212236元，同比增长9.9%。

年末户籍人口为81709人，城镇人口24136人，乡村人口57573人。其中：男性人口41021人，占总人口的比重50.2%；女性人口40688人，占总人口的比重49.8%。汉族人口为57294人，占总人口的比重70.1%；蒙古族人口24264人，占总人口的比重29.7%；其他少数民族151人，占总人口的比重0.2%。

全旗城镇新增就业808人，失业人员再就业477人，年末全旗城镇实有登记失业人员1162人，城镇登记失业率3.39%。

【农牧业】 全年现价农林牧渔及服务业总产值283612.9万元，其中农业产值159307.66万元，林业总产值10657.82万元；牧业总产值107605.65万元；渔业总值666.15万元；农林牧渔服务业总产值5375.62万元。

全旗农作物总播面积56397.62公顷，其中，粮食作物播种面积25277.8公顷，同比增长0.17%。经济作物播种面积29673.33公顷，油料播种面积61.81公顷。蔬菜及食用菌播种面积2130.63公顷。全年粮食产量118268.5吨，同比增长0.95%。油料产量209.8吨，蔬菜产量77444.2吨，瓜果产量137820.3吨。

全年肉类总产量达20145.9吨，同比下降28.5%。其中，猪肉

表8　　2021年年末户籍人口及其构成表

指标	年末数(人)	比重(%)
全旗总人口	81709	
其中:乡村人口	57573	70.5
城镇人口	24136	29.5
其中:汉族	57294	70.1
蒙古族	24264	29.7
其他少数民族	151	0.2
0—17岁	16802	20.6
18—34岁	17134	21
35—59岁	34195	41.8
60岁以上	13578	16.6

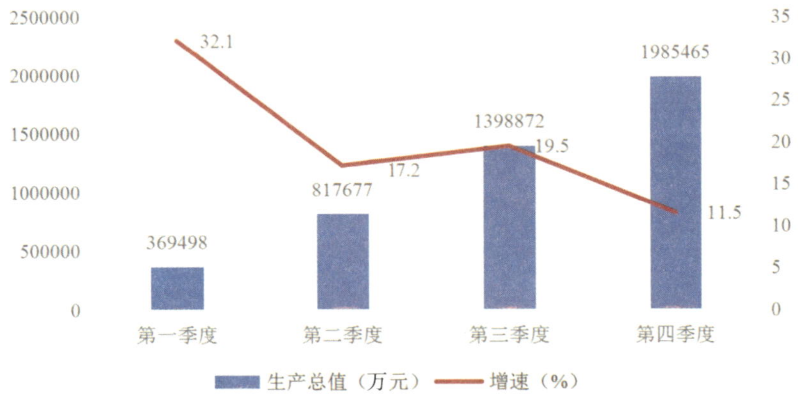

2021年全年地区生产总值总量及增速图

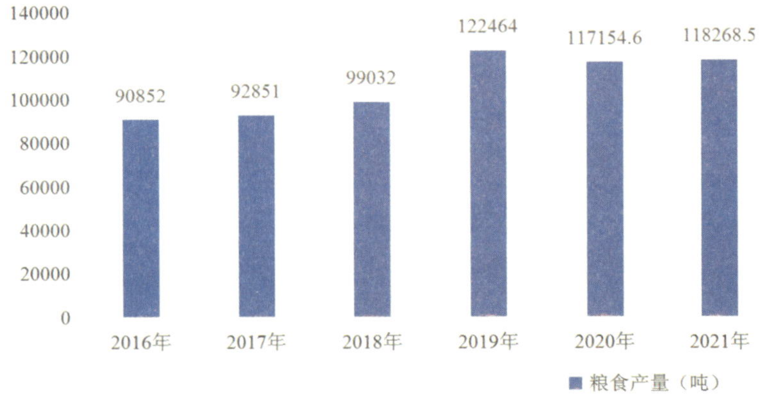

2016—2021年粮食产量

表9　　2021年主要农畜产品产量和牲畜存栏数及其增长速度

指标	2021年	比上年增长（%）
粮食产量（吨）	118268.5	0.95
小麦（吨）	23.9	-57.3
玉米（吨）	110802.3	0.6
大豆（吨）	141.4	179.5
薯类（吨）	7275.8	5.3
年末牲畜存栏（万头、万只）	145.63	16
猪（万头）	1.9	69.6
牛（万头）	6.67	47.6
羊（万只）	136.89	14.3
肉类总产量（吨）	20145.9	-28.5
猪肉（吨）	1950	-14.2
牛肉（吨）	4330	-2.5
羊肉（吨）	13783	-35.3
牛奶（吨）	8500	-76.1

表10　　主要工业产品产量及增速

指标	2021年	同比增长（%）
原煤（万吨）	1572	9.8
焦炭（万吨）	105.3	7.8
液化天然气（万吨）	53.6	3.1
发电量（亿千瓦时）	99.9	317.7
化学试剂（吨）	32217	14.9
鲜、冷藏肉（吨）	124.64	-53.8
冷冻肉（吨）	418.03	208.5

产量1950吨，下降14.2%；牛肉产量4330吨，下降2.5%；羊肉产量13783吨，下降35.3%；牛奶产量8500吨，下降76.1%。年末牲畜存栏145.63万（头、只），较上年增加20.09万（头、只），同比增长16%。其中，生猪存栏1.9万头，增长69.6%；牛存栏6.67万头，增长47.6%；羊存栏136.89万只，增长14.3%。

初步统计，2021年末全旗农牧业机械总动力288310.4千瓦，比上年同口径增长5.6%。拥有大中型拖拉机2534台。机耕面积40767公顷，机播面积37240公顷，机电灌溉面积53627公顷。

【工业和建筑业】 年末有规模以上工业企业16家，较去年持平，全年全部工业增加值比上年增长17.8%，其中，规模以上工业增加值增长18.3%。在规模以上工业中，按经济类型分，国有控股企业增长51.1%，股份制企业增长47.2%。按三大门类分，采矿业增长7.9%，制造业下降0.8%，电力、热力、燃气及水生产和供应业增长2.05倍，三大门类比重分别为63%、10.4%、26.6%。

从主要工业产品产量看，全旗原煤产量1572万吨，同比增长9.8%；焦炭产量105.3万吨，同比增长7.8%；液化天然气产量53.6万吨，同比增长3.1%；发电量99.9亿千瓦时，同比增长3.18倍。

全年规模以上工业企业实现营业收入160.9亿元，同比增长94.6%；利润总额18.9亿元，增长119.8%；亏损企业亏损额7亿元，亏损面25%。规模以上工业企业产品销售率为103.4%。

全年建筑业增加值增长4.9%，全旗具有资质等级的总承包或专业承包建筑企业8家，与上年持平。资质以上建筑业总产值同比下降25.6%。

建筑业企业房屋施工面积70878平方米，与去年同期相比下降4.7%。

【服务业】 全年服务业增加值为42.64亿元，同比增长6.4%。批发和零售业增加值6.18亿元，同比增长7.4%；住宿和餐饮业增加值2.93亿元，同比增长5.1%；交通运输、仓储和邮政业增加值3.47亿元，同比增长6.2%；金融业增加值2.11亿元，同比增长5%；房地产业增加值3.17亿元，同比下降1%。全年7户规模以上服务业企业实现营业收入4.8亿元，同比增长23%。

【国内贸易】 全年社会消费品零

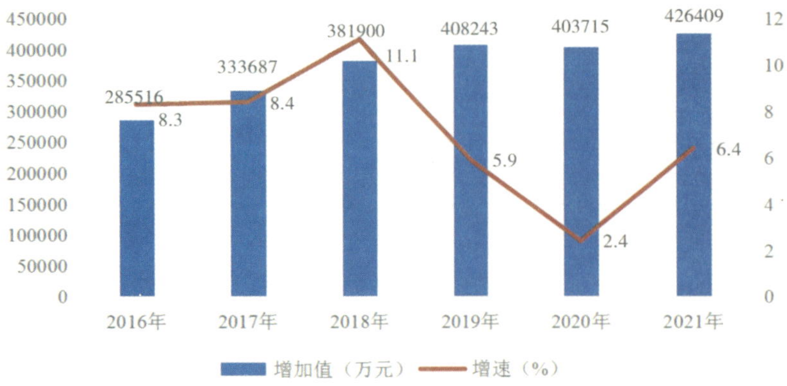

2016—2021年服务业增加值及其增速

2016—2021年社会消费品零售总额及其增长速度

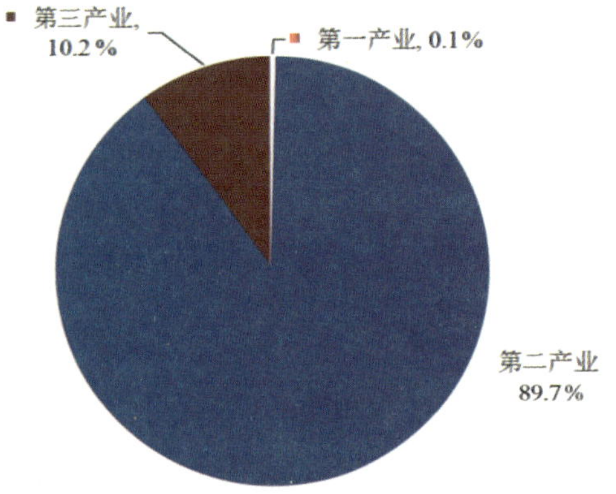

2021年固定资产投资一、二、三产比重

售总额25.26亿元，同比增长5.2%。按经营地统计，城镇消费品零售额19.47亿元，增长5.3%；乡村消费品零售额5.79亿元，增长4.9%。按消费类型统计，商品零售额22.72亿元，增长4.6%；餐饮收入额2.54亿元，增长11.3%。

在限额以上单位商品零售额中，粮油、食品类零售额同比增长39.3%；日用品类同比增长59.6%；服装、鞋帽、针织品类同比增长78.6%；中西药品类同比下降0.8%；化妆品类同比增长41%；金银珠宝类同比增长39%；汽车类同比增长24.7%。

【固定资产投资】 全旗500万元以上固定资产投资同比增长25.1%，其中，民间投资同比降低46.7%，民间投资占总投资比重5.4%，全旗亿元以上项目33个，亿元以上项目投资额比上年增长3.9%。从三次产业看，第一产业投资同比下降68.5%；第二产业投资同比增长37.5%；第三产业投资同比下降29.3%。主要工业行业投资中，采矿业投资同比增长4.37倍；制造业投资同比增长6.3倍；电力、热力、燃气及水的生产和供应业投资同比增长5.5%。第三产业投资中，水利、环境和公共设施管理业投资同比增长33.4%，教育投资同比增长1.1%。

【交通、邮电】 全旗铁路通车里程140.834公里，公路通车里程3250.66公里，其中，高速通车里程86.485公里，一级公路通车里程120.54公里，二级公路通车里程430.598公里，三级公路通车里程413.858公里，四级公路通车里程2199.179公里，全年货物运输总量2596.97万吨，同比增长19.2%。货物运输周转量436204.08万吨公里，同比增长16.3%。全年旅客运输总量2.05万人，同比下降18%。旅客运输周转量777.3万人公里，同比下降14.4%。

表11　　2021年各种运输方式完成客货运输量及其增长速度

指标	单位	绝对数	比上年增长（%）
旅客运输总量	万人	2.05	-18
货物运输总量	万吨	2596.97	19.2
铁路	万吨	1526.5	37.1
公路	万吨	1070.47	0.5
客运周转量	万人公里	777.3	-14.4
货物运输周转量	万吨公里	436204.08	16.3
铁路	万吨公里	153600	53.3
公路	万吨公里	282604.08	7.1

全旗营运普通货车692辆（主车519辆，挂车173辆）；危险货车245辆（主车88辆，挂车157辆）；营运客车45辆；出租车173辆。

全年实现邮电业务收入8718.1万元，同比增长8.7%。其中，邮政业务收入完成670.1万元，增长9%；电信业务收入8048万元，增长8.1%。年末本地网固定电话用户8924户，移动电话用户103456户，宽带用户达到23231户。

【财政、金融、保险】　全旗一般公共预算收入完成123020万元，同比增长3.4%。其中，税收收入完成91430万元，同比增长44.1%；非税收收入完成31590万元，同比下降43.1%。一般公共预算支出348297万元，同比增长18.6%。其中，公共安全、教育、科学技术、文化体育与传媒、社会保障与就业、卫生健康、节能环保、城乡社区、农林水、住房保障等民生类支出共计171822万元，占一般公共预算支出49.3%。

全旗现有各类银行业金融机构6家，国有商业银行3家（中国农业银行、中国银行、中国邮政储蓄银行），地方法人金融机构3家（鄂托克前旗农村商业银行、鄂尔多斯银行、蒙银村镇银行）。设立营业服务网点26个，ATM机48台，银行业从业人员330人。年末金融机构各项存款余额为676235.2万元，同比增长7.9%。其中，非金融企业存款余额122950.8万元，同比增长8.1%；住户存款余额535561.8万元，同比增长8.6%。年末金融机构各项贷款余额485244.1万元，同比增长17.2%。其中，非金融企业及机关团体贷款138331万元，同比增长22.5%；住户贷款346913.1万元，同比增长15.2%。

全旗保险公司11家，保险业实现保费收入18007.27万元。其中，财产险收入4466.5万元；人寿险收入10136.71万元；农业保险收入3404.06万元。各项保险赔付支出6683.87万元。其中，财产险赔付支出2764.79万元；人寿险赔付支出1992万元；农业险赔付支出1927.08万元。

【人民生活和社会保障】　抽样调查资料显示，全体居民人均可支配收入40093元，同比增长8%。全体居民人均消费性支出25773元，同比增长15.8%。按常住地分，城镇常住居民人均可支配收入51549元，同比增长6.5%。从主要收入构成看，工资性收入为24560元，增长5.3%；经营净收入23001元，增长8.4%；财产净收入1208元，增长5.3%；转移净收入2780元，增长2.2%。城镇居民人均消费支出 31532元，同比增长14.2%。农村牧区常住居民人均可支配收入24380元，同比增长9.7%。从主要收入构成看，工资性收入3646元，增长2.5%；经营净收入17950元，增长11.8%；转移净收入2171元，增长7.9%；财产净收入613元，增长2%。农村牧区常住居民人均消费性支出17718元，同比增长17.8%。城镇居民家庭食品烟酒支出占家庭消费总支出的比重为25.2 %，农村为24.8%。

城镇居民人均住房建筑面积40平方米，农牧民人均住房面积50.8平方米。每百户城镇居民拥有家用汽车102辆，较上年增长17 %；每百户农牧民拥有家用汽车105辆，较上年下降2.4 %。

全旗城镇职工参加基本养老保险参保人数13958人。其中，执行企业养老制度参保人数9657人，执行机关事业养老保险制度参保人数4301人。参加基本医疗保险参保人数74062人，其中，职工医疗保险参保人数15947人，城乡居民医疗保险参保人数58115人；

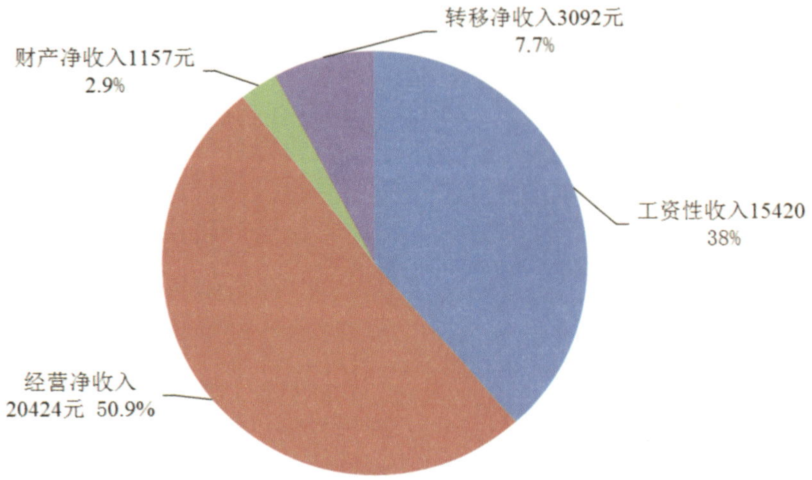

2021居民人均可支配收入及占比

工伤保险参保职工10113人。

全旗享受最低生活保障户数1255户，2032人。其中，全旗享受城市最低生活保障户数为247户，378人；全旗享受农村最低生活保障1008户，1654人。全旗公建民营（恒康养护院）1所,床位190张。

【教育和科技】 全旗拥有各类学校10所（不含学前和幼儿教育），在校学生人数10441人。其中，普通中学2所，在校学生3018人；职业中学1所，在校学生1083人；完全小学6所，在校学生5411人；九年一贯制学校一所，在校学生929人，其中，初中生214人，小学生715人。公办幼儿园10所、民办幼儿园5所，在园幼儿 3300人。

经内蒙古专利大数据综合服务平台查询，全旗共有专利769个，其中，有效的457个，无效的209个，在审的103个。有效专利数中，其中，发明专利19个，占比4.16%；发明授权23个，占比5.03%；实用新型专利353个，占比77.2%；外观设计专利62个，占比13.57%。2021年公开专利数180个，比2020年公开数增加55个，增长47.5%。

【文化旅游、卫生健康】 全旗拥有文化馆（群众艺术馆）、图书馆各1个，综合文化站4个，嘎查村文化室68个；规模性民间文艺组织40个，示范文化户184户，草原书屋72个；国家级文物保护单位1个，文物遗址113处。

全旗共有卫生机构102家。医院4个，基层医疗卫生机构95个（社区卫生服务中心（站）6个，乡镇卫生院7个，村卫生室43个，综合门诊部1个，诊所、卫生所、医务室38个），专业公共卫生机构3个（疾病预防控制中心1个、妇幼保健院1个、卫生监督所（中心）1个）。医疗卫生机构实有床位508张，其中，医院实有床位410张，基层医疗卫生机构实有床位76张，专业公共卫生机构实有床位22张。卫生技术人员达727人，执业（助理）医师265人、注册护士224人、药师（士）44人、技师（士）62人、其他120人。

【城镇建设和环境保护】 全旗建城区面积8.34平方公里，道路面积252.55万平方米，全旗集中供热面积达311.9万平方米。全旗燃气普及率达99.5%，污水处理率达99.8%，生活垃圾无害化处理率100%。全旗建成区绿地面积313万平方米，建成区绿地率37.35%，建成区绿化覆盖率达42.1%。

全年完成营造林面积10620公顷。其中，人工造林面积4620公顷，退化林修复面积4667公顷；森林抚育面积1333公顷。2021年森林总面积295181公顷。森林覆盖率24.15%。

注：

1.本公报为初步统计数据。部分数据因四舍五入的原因，存在总计与分项合计不等的情况。

2.地区生产总值、各产业增加值绝对数均按现价计算，增长速度按不变价格计算。

3.规模以上工业企业是指年主营业务收入2000万元及以上的全部法人工业企业。

4.限额以上批发零售企业是指年末从业人员20人以上，年主营业务收入2000万元及以上的批发企业和年末从业人员60人以上，年主营业务收入500万元及以上的零售企业。

5.规模以上服务业统计范围包括：年营业收入2000万元及以上

的交通、仓储和邮政业，信息传输、软件和信息技术服务业，水利、环境和公共设施管理业，卫生行业法人单位；年营业收入1000万元及以上的房地产业（不含房地开发经营），租赁和商务服务业，科学研究和技术服务业，教育行业法人单位；以及年营业收入500万元及以上的居民服务、修理和其他服务业，文化、体育和娱乐业，社会工作行业法人单位。

6.主要工业产品产量为规模以上工业企业口径。

7.粮食作物播种面积及粮食产量为反馈数据，经济作物数据均为统计上报数。

（统计局）

组织机构及负责人名录

【县级机构】

中国共产党鄂托克前旗委员会

领导机构

书　记　王羽强　布仁其木格

副书记　杨颖新　吴云

谢永锋　崔景翔

常　委　（其他）都日斯哈拉（蒙古族）、白同、陶迪（女，蒙古族）、张铭、白永峰、罗建勋、乔智平、马家鑫、孙军、孙有君、赵栓、张红军、赵瑞东、敖日格勒（蒙古族）、莫日根吉雅（蒙古族）、付科、李佳官

委　员　（其他）刘渊、高荣堂、刘树禄、尤俊宝、白旭升、王琳、孙有君、布仁巴雅尔（蒙古族）张布仁、边杰、哈达、尤建庆、热希（蒙古族）、阿拉腾乌拉（蒙古族）、冯春花、张世富、贺永东、乌阳戈（蒙古族）、陶迪（女，蒙古族）、魏振选、施慧、杨继强、折峰、关平、尤建兵、王伟、柳鹏、白兰英（女，蒙古族）、阿有希（蒙古族）、额尔登毕力格（蒙古族）、冯春花（女）、奇阿日并（蒙古族）、柳天才

候补委员　乌云娜（女，蒙古族）、阿有希（蒙古族）、柳天才、柳天云、边子文、娜亚（女，蒙古族）、巴音孟克（蒙古族）、热德那（蒙古族）、赵永智、顾云午、薛照森。

中共鄂托克前旗委员会办公室

简介　旗委办公室是旗委的综合办事机构，内设秘书翻译室、常委办、综合室、信息室、督查室、法规文电室、档案行政室、绩效考核室8个股室，下设2个所属事业单位，分别为旗委改革研究中心、旗委政策研究中心。核定编制40名，其中行政编16名、事业编24名；实有职工52人（中共党员33名），其中在编在岗34人，雇佣工11人，辅助性岗位6人，临时工1人。

领导机构

行　政

主　任　罗建勋　付　科

副主任　何富云　黄　彬　莫日根苏都（女，蒙古族）

马学良

党支部

书　记　何富云

鄂托克前旗人民代表大会常务委员会

领导名录

常委会

主　任　刘　渊

副主任　阿拉腾宝（蒙古族）　张永清　白旭升

王　琳

委　员　（20人）

王丽霞（女）、乌拉（蒙古族）、叶锋雄、边杰、边晓亮、刘占荣、祁金鹏、李海云、张布仁（蒙古族）、张志卿、张　剑、张海钢、其米斯仁（蒙古族）、敖特根斯仁（蒙古族）、特日格乐（女，蒙古族）、盛良玉（女）、缪飞云、孟克毕力格（蒙古族）、马旭耀、布仁巴特尔（蒙古族）

党　组

书　记　刘　渊

副书记　高荣堂

成　员　阿拉腾宝（蒙古族）、图娅（女，蒙古族）、白旭升、胡毕斯哈拉图（蒙古族）、王琳（女）、谢志亮、王虎栓

机关党组

书　记　谢志亮　王虎栓

成　员　崔淑栋　罗　浩　于迎春

庞晓敏　鱼克奇

工作委员会

民族宗教选举代表联络工作委员会

主　任　崔淑栋

副主任　王小燕

监察和司法民族宗教工作委员会

主　任　庞晓敏　鱼克奇

副主任　陈发明

科教文卫工作委员会

主　任　张　剑　李海峰

副主任　额尔登格日乐

财政经济工作委员会

主　任　缪飞云

副主任　通格拉

农牧业工作委员会

主　任　慕斌武

副主任　阿拉腾托娅

鄂托克前旗人民代表大会常务委员会办公室

简介　2021年，旗人民代表大会常务委员会办公室内设1个股室：鄂托克前旗人大政策研究中心。2021年，经《中共鄂托克前旗委员会机构编制委员会关于鄂托克前旗人大代表联络服务中心变更名称及调整机构规格的通知》（鄂前党编发〔2021〕68号）变更名称为鄂托克前旗人大综合服务中心，核定编制14名，其中事业编12名；办公室实有职工26人（中共党员10名）。

领导机构

党支部

书　记　谢志亮　王虎栓

行　政

主　任　谢志亮　王虎栓

副主任　罗　浩　武　秀
　　　　高家兴

鄂托克前旗人民政府

领导机构

党　组

书　记　吴　云　杨颖新（蒙古族）

成　员　都日斯哈拉（蒙古族）
　　　　赵　栓　白　同
　　　　张　铭　孙　军
　　　　马家鑫　贺永东（蒙古族）
　　　　孙有君
　　　　尤建庆　魏振选
　　　　施　慧　杨继强

行　政

旗　长　吴　云
　　　　杨颖新（蒙古族）

副旗长　都日斯哈拉（蒙古族）
　　　　赵栓　白　同
　　　　张铭　孙　军
　　　　马家鑫　贺永东（蒙古族）
　　　　孙有君　尤建庆
　　　　魏振选　宋晓磊
　　　　施　慧　杨继强

鄂托克前旗人民政府办公室

简介　旗人民政府办公室内设行政室、政务室（金融管理股）、常务室、督查室、文电室（翻译室）、机关党建和信息宣传室、改革和考核室、机关事务和财务室、外事管理股。核定编制54名，其中行政编22名，事业编32名；实有职工61人（中共党员30名）。

领导机构

党　组

书　记　尤建兵　柳天云
　　　　柳天才

成　员　王双喜　阿希达（蒙古族）
　　　　冯玉庭　吕占鹏

行　政

主　任　尤建兵　柳天云
　　　　柳天才

副主任　阿希达（蒙古族）　冯玉庭　吕占鹏
　　　　王双喜

中国人民政治协商会议鄂托克前旗委员会

简介　旗政协委员会内设一办三委一中心，分别是办公室，提案及经济委员会、社会事业委员会、文化文史和学习委员会，政协综合服务中心。核定编制28名，其中行政编14名，事业编14名；实有职工44人。

领导机构

委员会

主　席　高荣堂

副主席　图　娅（女，蒙古族）　石吉日木图（蒙古族）　蔡　成　于国强（蒙古族）

副主席提名人选　秦岭峰　张世富　奇　军

副县级　张艳阳（女）

常　委　高荣堂、图娅（女，蒙古族）、石吉日木图（蒙古族）、蔡成、于国强（蒙古族）、左生荣、盛子荣、马海、韦雪飞、水晶花（女，蒙古族）、白呼吉图（蒙古族）、白浩军、达来（蒙古族）、李海燕（女）、杨伊拉图（蒙古族）、吴振祥、阿拉腾托娅（女，蒙古族）、金达楞太（蒙古族）、郭娜（女）、菅文祥、斯仁旺吉拉（蒙古族）

党　组

书　记　陶　迪（女，蒙古族）

副书记　莫日根吉雅（蒙古族）

成　员　秦岭峰　张世富　高治国

内设科级机构

提案及经济委员会

主　任　李海燕（女）

副主任　李永峰

文化文史和学习委员会

主　任　白浩军

副主任　娜仁图雅（女，蒙古族）

社会事业委员会

主　任　额尔登图（蒙古族）

政协鄂托克前旗委员会办公室

简介　2021年，旗政协办公室核定编制28名，其中行政编14名，事业编14名；实有职工21人（中共党员14名）。

领导机构

党支部

书　记　高治国

行　政

主　任　高治国

副主任　李　清　巴音布拉（蒙古族）

中共鄂托克前旗纪律检查委员会
鄂托克前旗监察委员会

简介　旗纪律检查委员会与旗监察委员会合署办公。内设办公室、组织部、宣传部、党风政风监督室、信访室、案件监督管理室、第一纪检监察室、第二纪检监察室、第三纪检监察室、第四纪检监察室、第五纪检监察室、第六纪检监察室、案件审理室13个部室。旗监察委员会下设一个副科级事业单位：鄂托克前旗廉政教育中心。共派出19个派驻纪检监察组，其中单独派驻5个，综合派驻14个。核定编制90名，其中行政编45名，事业编45名；实有职工91人（中共党员75人），其中机关干部职工72人、派驻纪检监察组干部职工19人。

领导机构

纪检委

书　记　赵瑞东　乔智平

副书记　张雪瑛（女）　陈晓东（蒙古族）　曹建成

常　委　（其他）昭日格图（蒙古族）　高雨龙　张光明　查　那（女，蒙古族）

委　员　（其他）王娟（女）、通嘎拉格（女，蒙古族）、罗鹏彦、哈斯巴嘎那（蒙古族）、呼吉乐图（蒙古族）、张蕾、张继宁、张永瑞、布音都仁（蒙古族）、郜伟、马智超、张永军

监察委

主　任　赵瑞东　乔智平

副主任　张雪瑛（女）　陈晓东（蒙古族）

委　员　（其他）昭日格图（蒙古族）　曹建成　脑明其劳（蒙古族）　那森德力格尔（蒙古族）

内设机构

办公室

主　任　张光明

组织部

部　长　查　那(女,蒙古族)

宣传部

部　长　焦鸿艳(女)

党风政风监督室

主　任　李瑞亭

信访室

主　任　刘紫翔

案件监督管理室

主　任　王俊虎

第一纪检监察室

主　任　梁　勇

第二纪检监察室

主　任　杨　凯

第三纪检监察室

主　任　李　靖

第四纪检监察室

主　任　阿木吉拉图(蒙古族)

第五纪检监察室

主　任　张巧燕(女)

第六纪检监察室

主　任　敖特根高娃(女,蒙古族)

案件审理室

主　任　王　娟(女)

派驻纪检监察组

上海庙经济开发区纪检监察组

组　长　通嘎拉格(女,蒙古族)

旗公安局纪检监察

组　长　曹浩亮

旗人民检察院纪检监察组

组　长　阿拉塔(蒙古族)

旗人民法院纪检监察组

组　长　郑　忠

旗教体局纪检监察组

组　长　浪　腾(女,蒙古族)

旗卫健委纪检监察组

组　长　乌苏花(女,蒙古族)

旗委办纪检监察组

组　长　特古斯(蒙古族)

旗人大常委会机关纪检监察组

组　长　于迎春(女)

旗政府办纪检监察组

组　长　毕力格达来(蒙古族)

旗政协机关纪检监察组

组　长　李秋人

旗委组织部纪检监察组

组　长　赵英杰

旗委宣传部纪检监察组

组　长　杨　萌(女)

旗发改委纪检监察组

组　长　乌云花(女,蒙古族)

旗民政局纪检监察组

组　长　万文英(女)

旗市场监督管理局纪检监察组

组　长　罗鹏彦

旗农牧局纪检监察组

组　长　纪　念(蒙古族)

旗林草局纪检监察组

组　长　塔　娜(蒙古族)

旗财政局纪检监察组

组　长　袁飞雄

旗住建局纪检监察组

组　长　巴图张嘎(蒙古族)

鄂托克前旗人民法院

简介　旗人民法院是国家审判机关,依法行使审判权,对鄂托克前旗人民代表大会及其常务委员会负责并报告工作,审判工作受鄂尔多斯市中级人民法院的监督和指导。内设立案庭(诉讼服务中心)、刑事审判庭、民事审判庭、行政审判庭、政治部、执行局、综合办公室、审判管理办公室(研究室)8个部门,下设司法警察大队、上海庙法庭、城川法庭、昂素法庭3个基层人民法庭。全年全面完成员额法官增补工作，严格把握法官入额标准，新增1名员额法官，2名递补，1名差额；新增2名法官助理，聘用书记员5名。实有干警147人（共中党员51名）。

领导机构

党　组

书　记　乌阳戈（蒙古族）

副书记　刘海荣（女）

党组成员　宝音达来（蒙古族）　敖日格乐（蒙古族）
郝　渊　朝　宝（蒙古族）
郑　忠（旗派驻纪检组长）

行　政

院　长　乌阳戈（蒙古族）

副院长　刘海荣（女）　宝音达来（蒙古族）
敖日格乐（蒙古族）　郝　渊
朝　宝（蒙古族）

内设机构

政治部

副主任　毛　丹（女）

审判管理办公室

主　任　潘美玲（女）

综合办公室

负责人　樊　静（女）

立案庭

庭　长　马图雅（女）

刑事审判庭

庭　长　边子仙（女）

民事审判庭

庭　长　李勇忠

行政审判庭

庭　长　沙如拉

执行局

负责人　代志勇

司法警察大队

队　长　达来巴雅尔（蒙古族）

上海庙法庭

庭　长　哈斯牧仁（蒙古族）

城川法庭

庭　长　纠凌云（女）

昂素法庭

庭　长　水晶花（女，蒙古族）

鄂托克前旗人民检察院

简介　旗人民检察院内设第一检察部、第二检察部、第三检察部、办公室、政治部（下设司法警察大队）5个部门。实有干警58人（中共党员28人），其中专项编人员24人、工勤编8人、财政供养11人、书记员12人、见习生3人。

领导机构

党　组

书　记　折　峰

成　员　马智超　其格勒乐（蒙古族）　郭鹏翔
高社国　阿拉腾布拉格

行　政

检察长　折　峰

副检察长　马智超　其格勒乐（蒙古族）

纪检书记　阿拉腾布拉格（蒙古族）

鄂托克前旗公安局

简介　旗公安局属旗人民政府组成部门，内设政治安全保卫大队、政治工作办公室、情报指挥中心、刑事侦查大队、督察大队、法制大队、治安管理大队、警务支援大队、警务保障室、生态环境食品药品犯罪侦查大队、反恐怖和特巡警大队、交管大队（按厅市指导意见，交管大队为旗局内设机构）12个机构；下设看守所、行政拘留所2个监管机构；派出敖勒召其、上海庙、城川、昂素、机场5个派出所。

领导机构

党　委

书　记　魏振选

副书记　张世忠

纪检组长　曹浩亮

委　员　贾拥军　赵永军　杨　栋　李　敏

行　政

局　长　魏振选

政　委　张世忠

副局长　贾拥军　赵永军　杨　栋　李　敏

各所队室

政治安全保卫大队

大队长　杜飞龙

教导员　张永霞

政治工作办公室

教导员　刘建姝

情报指挥中心

主　任　高士刚

教导员　强旺文

刑事侦查大队

大队长　陈　林

督察大队

大队长　王永平

教导员　热西脑日布

法制大队

大队长　杨永生

教导员　张　星

治安管理大队

大队长　高　平

教导员　李志先

警务支援大队

大队长　王慧平

教导员　申喜平

警务保障室

主　任　石晓燕

教导员　李　文

生态环境食品药品犯罪侦查大队

大队长　慕彦斌

教导员　李瑞峰

看守所

所　长　刘志宏

教导员　吉日木图

反恐怖和特巡警大队

大队长　明干巴雅尔

教导员　高建文

敖镇派出所

所　长　刘世富

教导员　段世成

上海庙派出所

所　长　刘国涛

教导员　徐永斌

城川派出所

所　长　高锦文

教导员　耐日拉图

昂素派出所

所　长　叶阿拉腾乌拉

教导员　张叶军

中共内蒙古鄂尔多斯上海庙经济开发区工作委员会
内蒙古鄂尔多斯上海庙经济开发区管委会

简介　2021年，按照《中共鄂尔多斯市委员会机构编制委员会关于印发〈内蒙古鄂尔多斯上海庙经济开发区管理机构职能配置、内设机构和人员编制规定〉的通知》（鄂党编发〔2021〕60号）精神，上海庙经济开发区设党政办公室（党群工作部）、发展和招商局、人才和科技局、财政金融局、建设管理局（生态环境管理办公室）、应急管理办公室6个内设机构，招商和科技人才服务中心、企业发展服务中心2个正科级建制事业单位。设纪检监察工委副书记1名（正科级）。实有职工76人（中共党员34名）。

领导机构

党工委

书　记　孙有君　刘树禄

副书记　尤俊宝　左生荣　尤建兵

委　员　石　君　巴音孟克（蒙古族）　闫树成

通嘎拉格（女，蒙古族）　李林茂

王双喜

管委会

主　任　尤俊宝

副主任　何钧业　石　君　巴音孟克（蒙古族）

内设机构

党政办公室

主　任　闫树成

副主任　赵　帅

党群工作部

部　长　李林茂　王双喜

副部长　郝莫仁(蒙古族)　鲁淑娟(女,满族)

经济发展局

副局长　刘晓燕(女)　格西格尼木胡(蒙古族)

财政局

局　长　毛宝林

副局长　旭荣花(女,蒙古族)

建设局

局　长　李红保

副局长　曹二军

应急管理局

局　长　刘占军

副局长　宋万生　白晓宏

环境保护局

局　长　阿日贡高娃(女,蒙古族)

副局长　朝木尔乐格(女,蒙古族)　蒋世国

人力资源和社会保障局

局　长　陈希杰(蒙古族)

副局长　罗慧娟(女)

城镇公共事业管理局

局　长　刘鸿博

中共鄂托克前旗委员会组织部

简介　旗委组织部挂中共鄂托克前旗直属机关工作委员会、中共鄂托克前旗非公有制经济组织、社会组织工作委员会、中共鄂托克前旗委老干部局、鄂托克前旗公务员局牌子。内设办公室、研究室、党建办秘书室、组织一室、组织二室、干部一室、干部二室、教育培训室、干部监督室、考评工作室、人才工作室等11个股室。核定编制28名,其中行政编15名,事业编13名。下设人才研究中心核定事业编制13名,智慧党建研究中心核定事业编制6名;实有职工31人(中共党员27名),其中在编在岗人员29人,雇佣工2人。

领导机构

党支部

书　记　张永瑞

行　政

部　长　白永峰

副部长　万志刚　贺希格吉雅(蒙古族)　张永瑞
　　　　樊　波

鄂托克前旗老干部服务中心

简介　旗老干部服务中心成立于2019年10月,为中共鄂托克前旗委员会组织部所属相当于正科级建制,公益一类事业单位。内设综合办公室、离退休干部党建服务股、离退休干部综合服务股、老年大学教务股。下设离退休干部党工委、老年大学和老干部活动中心3个机构,设关心下一代工作委员会、老年人文化体育工作委员会、老科学技术工作者委员会3个涉老干部团体组织。核定事业编制8名,实有职工18人(中共党员8名),其中在编在岗人员6人,雇佣工9人。

领导机构

党支部

书　记　李树平

行　政

主　任　李树平

副主任　那仁满都呼(蒙古族)　贾文林

离退休干部党工委

书　记　万志刚

副书记　李树平

老年大学

名誉校长　李佳官

校　长　李树平

教务股股长　斯庆图娅(女,蒙古族)

涉老干部团体组织

关心下一代工作委员会

主　任　赵　栓(旗委常委、政府常务副旗长)

名誉主任　李佳官(旗委常委、组织部部长)

常务副主任　马树旺、万志刚(旗委组织部副部长、老干部局局长、离退休干部党工委书记)

副主任　达愣好雅尔(蒙古族)

副主任兼秘书长　朱广清

办公室主任　贾文林

老年人文化体育工作委员会

名誉主任　赵　栓（旗委常委、政府常务副旗长）

名誉主任　李佳官（旗委常委、组织部部长）

主　任　郝永红（蒙古族）

副主任　阿拉塔斯迪（蒙古族）

办公室主任　贡格尔（蒙古族）

老科学技术工作者委员会

名誉主任　赵　栓（旗委常委、政府常务副旗长）

名誉主任　李佳官（旗委常委、组织部部长）

主　任　郝巴雅斯胡良（蒙古族）

副主任　秦世国

副主任兼秘书长　魏世军

办公室主任　斯庆图娅（女，蒙古族）

中共鄂托克前旗直属机关工作委员会

简介　旗直属机关工作委员会属旗委派出机构，同旗委组织部合署办公。实有职工2人（中共党员2名）。

领导机构

书　记　张永瑞

中共鄂托克前旗委员会宣传部

简介　旗委宣传部是旗委主管宣传思想文化和意识形态工作的综合职能部门。下设网络安全应急指挥中心、新时代文明实践服务中心、旗委讲师团3个二级单位，内设办公室、财务室、文化文艺出版广电室、宣传教育室、理论室、新闻外宣室、精神文明建设综合室、文明实践室、网络安全和信息化建设室9个股室。2021年，核定编制31名，其中行政编制10名、事业编制21名；实有职工38人（中共党员25名），其中在编在岗21人、人才引进人员5人、雇佣工11人（同工同酬7名）。

领导机构

行　政

部　长　张　铭

敖日格勒（蒙古族）

副部长　布音都仁（蒙古族）　康世平　焦玉柱

党支部

书　记　布音都仁（蒙古族）

成　员　王　伟（女）　乌日娜（女，蒙古族）　吴　俊　张红艳

二级单位

鄂托克前旗新时代文明实践服务中心

主　任　冬　季

副主任　边兆有　王　伟

鄂托克前旗网络安全应急指挥中心

主　任　吴　俊

旗委讲师团

团　长　张桂福

鄂托克前旗精神文明建设委员会办公室

简介　旗文明办隶属旗委宣传部管理，主要职责是开展文明城市、文明单位、文明村镇、文明家庭、文明社区创建，身边好人、道德模范、文明家庭、文明农牧民评选表彰，未成年人思想道德建设和志愿服务工作。实有职工12人（中共党员8名）。

领导机构

文明办主任　焦玉柱

鄂托克前旗融媒体中心

简介　旗融媒体中心属旗委直属正科级事业单位，归口旗委宣传部管理，挂牌鄂托克前旗广播电视台。内设综合室、策划外联调度室、全媒体室、党建室、监审播出室、技术维护室、广播电视发射站7个股室共计72人，核定编制36名，其中，科级领导职数4名（2正2副）。有在编在岗28人，具有副高职称的专业技术人员3人，中级职称的专业技术人员13人。

领导机构

党支部

书　记　柳天才

行　政

主　任　柳天才

总　编　苏　媛（女）

张红艳（女）

副主任　张有林　呼日乐珠拉（女，蒙古族）

娜日素（女，蒙古族）

中共鄂托克前旗委政法委员会

简介 旗政法委内设办公室、队伍建设和执法督查室、政治安全和维稳指导室和综治督导室4个股室，合署办公有旗社会治安综合治理信息中心1个所属事业单位。核定编制20名，其中行政编7名、工勤编3名、事业编10名；实有职工17人（中共党员10名），其中在编在岗15人，同工同酬2人，。

领导机构

行　政

常务副书记　梁四杰

副书记　杨占军　周世财

党支部

书　记　周世财

合署办公机构

社会治安综合治理中心

主　任　秦冬梅

副主任　杨志海　乌亚罕

中共鄂托克前旗委员会统一战线工作部

简介 旗委统战部，是旗委主管统一战线工作的工作机关，为正科级，列旗委工作机关序列，统一领导旗民族事务委员会，对外加挂鄂托克前旗宗教事务局、鄂托克前旗人民政府侨务办公室牌子。内设综合业务室、民族宗教股2个股室，下设党外代表人士联络服务中心副科级事业单位1个。核定编制12名，其中行政编6名、事业编6名；实有职工17人（中共党员9名），其中行政占编6人、事业占编4人、辅助性岗位2人、雇佣工4人、不占编1人。

领导机构

行　政

部　长　莫日根吉雅（蒙古族）

副部长　海　英（蒙古族）　马西巴雅尔（蒙古族）
　　　　苏　媛（女）

党支部

书　记　海　英（蒙古族）

党外代表人士联络服务中心

主　任　辛海娥（女）

【旗委部门】

鄂托克前旗党委巡察工作领导小组

简介 旗委巡察工作领导小组办公室成立于2017年6月，设"一办两组"，旗委工作部门，正科级建制，下设鄂托克前旗巡察数据信息中心，副科级事业单位。内设秘书室、综合室和督查室3个机构。核定编制15名，其中行政编8名，事业编7名，实有职工18人（中共党员16名），其中在编在岗12人、辅助性岗位3人、人才引进1人、雇佣工1人、三支一扶1人。

领导机构

党支部

书　记　郜　伟

行　政

主　任　郜　伟

副主任　薛海军　萨如拉（女，蒙古族）

第一巡察组

组　长　郭　飞

副组长　巴图格西格（蒙古族）

第二巡察组

组　长　乌东格日乐（女，蒙古族）

副组长　曹　哲

鄂托克前旗改革研究中心

简介 鄂托克前旗改革研究中心成立于2020年3月，为中共鄂托克前旗委员会办公室所属正科级建制事业单位，是鄂托克前旗委全面深化改革工作政策研究、统筹谋划、组织协调、推动落实的协调机构。中心设办公室、业务一室、业务二室3个内设机构，核定事业编10名，设主任1名（正科级）、副主任2名（副科级）。在编在岗7人。

领导机构

行　政

主　任　马学良

副主任　王小平　肖勃阳

鄂托克前旗档案史志馆

简介　旗档案史志馆于2021年完成机构三定工作，为旗委直属公益一类事业单位，机构规格正科级，内设档案综合业务室、史志研究室、档案技术保护中心、办公室4个股室。核定事业编制8名；设馆长1名（正科级），副馆长2名（副科级）。核定编制8名。实有职工15人（中共党员3名），其中在编在岗人员7人，雇佣工8人。

领导机构

党支部

书　记　杨永晨（蒙古族）
　　　　达布希拉图（蒙古族）

行　政

馆　长　杨永晨（蒙古族）
　　　　达布希拉图（蒙古族）

副馆长　李玉奇　娜日素（女，蒙古族）

鄂托克前旗机构编制委员会办公室

简介　旗委机构编制委员会办公室是旗委编委会的常设办事机构，承担旗委机构编制委员会日常工作，列旗委工作机关序列，挂牌鄂托克前旗事业单位登记管理局。内设股室3个，下设旗综合保障中心1个副科级事业单位。核定编制15名，其中行政7名、事业7名、工勤1名，实有职工13人（中共党员11名），辅助性岗位及雇佣工4人。

领导机构

党支部

书　记　吴宝泉（蒙古族）
　　　　卢建飞

行　政

主　任　吴宝泉（蒙古族）　卢建飞

副主任　冯彦军　冬　梅（女，蒙古族）

二级单位

鄂托克前旗政务和公益机构域名注册中心

主　任　张　薇（女）

挂牌单位

事业单位登记管理局

局　长　吴宝泉（蒙古族）

城川红色教育培训中心

简介　2018年12月20日鄂托克前旗红色教育基地管理中心更名为鄂托克前旗红色教育培训中心；2019年8月1日鄂托克前旗红色教育培训中心更名为城川红色教育培训中心。城川红色教育培训中心属旗委组织部直属正科级事业单位，下设综合协调室、培训室、外联宣传室、研究室，核定事业编制10名，实有职工33人（中共党员9名），其中在编在岗8人、辅助性岗位14人、雇佣工11人。

领导机构

党支部

书　记　王鹏程

行　政

主　任　王鹏程

副主任　那仁满都胡　李思佳（女，蒙古族）

中共鄂托克前旗委员会党校

简介　旗委党校为中共鄂托克前旗委员会直属事业单位。始建于1982年4月，校园总占地面积6000平方米，建筑面积1100平方米。内设办公室、党史党建室、教务处、教研科研室、红色教育培训部5个股室。核定事业编制27名；实有职工33人（中共党员16名），在编在岗14人、雇佣工8人、同工同酬10人、公安文职人员1人，其中科级实职3人。

领导机构

党支部

书　记　顾云午

行　政

副校长　顾云午（常务）　梅　刚　希　妮（女，蒙古族）

【群团组织】

鄂托克前旗总工会

简介　旗总工会内设办公室和综合业务室2个股室，下设职工服务中心1个二级事业单位。核定编制7名，其中行政编5名、事业编2名；实有职工22人（中共党员6名），其中在编在岗人员7人、雇佣工2人、同工同酬1人、社会化工会工作者9人、专职集体协商指导员3人。

领导机构

党　组

书　记　柳　鹏

成　员　王永良　阿明布和（蒙古族）

行　政

主　席　白旭升

常务副主席　柳　鹏

副主席　王永良　阿明布和（蒙古族）

二级单位

职工服务中心

主　任　呼吉勒图

共青团鄂托克前旗委员会

简介　共青团鄂托克前旗委员会隶属中共鄂托克前旗委员会。内设办公室、组织部、宣传部、学少部、青年发展部、志工部6个部室。核定行政编制5名，工勤编1名，实有职工15人（中共党员4名），其中在编在岗6人、辅助性岗位1人、人才引进1人、雇佣工1人、西部计划6人。

领导机构

党　组

书　记　王　伟

行　政

书　记　王　伟

副书记　孙　赫　于晶晶

白琛越　白　雨（女 兼职）

鄂托克前旗妇女联合会

简介　旗妇联是旗委领导的全旗妇女群众组织。内设办公室、组宣部（网络信息传播中心）、妇女发展联络部、权益部、家庭和儿童工作部、妇女儿童工作委员会办公室、妇女儿童培训中心（党建办公室）等7个部室。核定行政编制5名、事业编制2名；实有职工14人（中共党员8名），其中在编7人、挂职副主席1人、辅助性岗位1人、雇佣工5人。

领导机构

党支部

书　记　白英兰（女，蒙古族）

行　政

主　席　白英兰（女，蒙古族）

副主席　折　睿（女）　高　睿（女）

巴音吉德（挂职，女，蒙古族）

萨如拉（兼，女，蒙古族）

陈　霞（兼，女）

苏雅拉其木格（兼，女，蒙古族）

协　会

鄂托克前旗“草原额吉”志愿服务协会

会　长　陈亚丽（女）

鄂托克前旗女企业家协会

会　长　叶俊梅（女）

鄂托克前旗妇女民族手工艺协会

会　长　韦林花（女，蒙古族）

鄂托克前旗残疾人联合会

简介　旗残疾人联合会隶属旗委管理的残疾人事业团体。内设办公室、残疾人综合服务中心。核定编制10名，其中行政编8名、事业编2名；实有职工16人（中共党员9名），其中在编在岗9人、雇佣工7人。

领导机构

党　组

书　记　呼吉图（蒙古族）

成　员　阿拉腾巴格那（蒙古族）　花　尔（女，蒙古族）

党支部

书　记　呼吉图(蒙古族)

行　政

理事长　呼吉图(蒙古族)

副理事长　阿拉腾巴格那(蒙古族)

花　尔(女,蒙古族)

鄂托克前旗工商业联合会

简介　旗工商联属旗委统战部管理的工商界组成的人民团体和民间商会。内设办公室1个股室。核定事业编制7名;实有职工12人(中共党员3名),其中在编在岗7人、辅助性岗位1人、同工同酬1人、雇佣工3人。

领导机构

党　组

书　记　马西巴雅尔(蒙古族)

委　员　王云山　刘　捷

行　政

主　席　王云山

副主席　刘　捷　高玉梅

鄂托克前旗科学技术协会

简介　旗科协内设办公室。核定事业编制7名;实有职工8人(中共党员6名)。

领导机构

党支部

书　记　叶锋雄

行　政

主　席　叶锋雄

副主席　贺东旭　乌松花(女,蒙古族)

鄂托克前旗文学艺术界联合会

简介　旗文联是全旗文学艺术工作者的群众组织,下辖作家协会、摄影家协会、民间文艺家协会、书法家协会、音乐家协会、舞蹈家协会、美术家协会等7个协会。内设综合办公室、综合业务室2个股室。核定行政编制5名;实有职工12人(中共党员8名),其中在编在岗5人、雇佣工5人、公安文职人员1人、见习生1人。

领导机构

党支部

书　记　达布希拉图(蒙古族,2021.4—)

行　政

主　席　达布希拉图(蒙古族,2021.4—)

副主席　崔海青　阿日古娜(女,蒙古族)

协　会

作家协会

会　长　扎·哈达

摄影家协会

会　长　张布仁

民间文艺家协会

会　长　金　花

书法家协会

会　长　阿拉腾斯迪

舞蹈家协会

会　长　祁金鹏

音乐家协会

会　长　宝音满达

美术家协会

会　长　杨智彬

鄂托克前旗红十字会

简介　旗红十字会为正科级群团参公事业单位。内设办公室1个,核定事业编制7人,实有职工15人(中共党员7名)。

领导机构

党　组

书　记　莫日根苏都(女,蒙古族)

成　员　莫日根苏都(女,蒙古族)

党支部

书　记　李建勋　莫日根苏都

行　政

副会长　李建勋(常务)

莫日根苏都(常务)(女,蒙古族)

额尔登其其格(女,蒙古族)
副监事长　曹志刚

【政府部门】

鄂托克前旗发展和改革委员会

简介　鄂托克前旗发展和改革委员会是鄂托克前旗人民政府综合职能部门。内设综合办公室、国民经济规划股、农村牧区经济工作股、固定资产投资与产业股、价格收费管理与监审认证股、社会事业股、基础产业与铁路民航股、粮食与物资储备股、行政审批股等9个股室,下设社会信用管理中心、铁路民航中心、营商环境促进中心3个二级单位。核定编制33名,其中行政编13名,事业编20名,实有职工43人(中共党员23名),其中在编在岗27人、辅助性岗位2人、人才引进1人、雇佣工13人。

领导机构

党　组
书　记　薛照幸
　　　　布仁巴雅尔(蒙古族)
成　员　赵治军　王仁成
　　　　王治玺　吕俊祥
　　　　薛彩虹(女)　乌云花(女,蒙古族)

行　政
副主任　吕俊祥　薛彩虹(女)　乌云花(女,蒙古族)
　　　　赵治军　王仁成
　　　　王治玺

二级单位

社会信用管理中心
负责人　额尔登图

铁路民航中心
负责人　柳海飞

营商环境促进中心
负责人　薛照幸

鄂托克前旗营商环境促进中心

简介　旗营商环境促进中心为旗发展和改革委员会所属的事业单位,机构规格相当于正科级。承担承担优化营商环境政策研究、协调服务和重点项目投资建设协调服务相关工作。内设办公室、营商环境建设室、项目协调服务室、投诉受理室。核定事业编制8名,实有职工13人(中共党员6名),其中在编在岗5人、退伍军人1人、同工同酬1人、雇佣工4人、三支一扶2人。

领导机构

党支部
书　记　薛照幸

行　政
主　任　薛照幸
副主任　王秀梅(女)　布　和

鄂托克前旗财政局

简介　旗财政局属旗人民政府组成部门。下设旗财政综合服务中心、旗财政国库支付中心2个二级单位;内设办公室、行政政法教科文股、经济贸易自然资源股、预算股、国库股、农财股、社会保障及金融股、综合股、政府采购管理股等9个股室。财政系统核定编制58名,其中行政编14名、事业编44名;实有职工82人(中共党员32名),其中在编在岗56人、辅助性岗位3人、雇佣工22人、三支一扶1人。

领导机构

党　组
书　记　阿有希(蒙古族)
成　员　孟金良　叶志强(蒙古族)　高　丽　戴艳龙
　　　　袁飞雄

行　政
局　长　阿有希(蒙古族)
副局长　孟金良　叶志强(蒙古族)　高　丽　戴艳龙

二级单位

财政综合服务中心
主　任　高兆伟

财政国库支付中心

主　任　马兰花(蒙古族)

鄂托克前旗农牧局

简介　旗农牧局是旗人民政府组成部门。内设办公室、种植业股、养殖业股、产业发展与经济合作股、人居环境工作股、兽医股、法规股(行政审批股)、农畜产品质量安全监管股、现代农牧业建设管理股、农牧信息管理股10个股室。下设鄂托克前旗乡村振兴事业发展中心、鄂托克前旗农牧业技术推广中心、鄂托克前旗农牧业综合行政执法大队、鄂托克前旗农牧局综合保障中心、鄂托克前旗动物疫病预防控制中心、鄂托克前旗农机服务中心、鄂托克前旗农村牧区经营服务中心、鄂托克前旗农畜产品质量安全中心、鄂托克前旗农牧业生态与资源保护中心9个二级单位。全局核定编制116名,其中行政编14名、工勤编制4名、事业编98名;实有职工145人(中共党员40名),其中在编在岗94人、辅助性岗位10人、雇佣工39人、公安文职2人,具有中级以上职称56人,占总人数的38%。

领导机构

党总支

书　记　额尔登毕力格(蒙古族)

副书记　冒万胜　李　明

委　员　冒万胜　李　明　斯　旺(蒙古族)　路　奇　冯　宇　王俊英

农牧局党支部

书　记　冒万胜

农牧业综合行政执法大队党支部

书　记　崔淑栋　斯　旺(蒙古族)

乡村振兴事业发展中心党支部

书　记　冯　宇

农牧业技术推广中心党支部

书　记　路　奇

党　组

书　记　奇阿日并(蒙古族)
　　　　额尔登毕力格(蒙古族)

成　员　白俊峰　冒万胜　李　明　纪　念(旗纪委监委派驻旗农牧局纪检监察组组长)

行　政

局　长　奇阿日并(蒙古族)
　　　　额尔登毕力格(蒙古族)

副局长　白俊峰　冒万胜　李　明　阿古拉

二级单位

乡村振兴事业发展中心

主　任　冯　宇

农牧业综合行政执法大队

主　任　斯旺脑日布

农牧业技术推广中心

主　任　路　奇

农牧局保障中心

主　任　陈晓慧

动物疫病预防控制中心

主　任　娜顺其木格

农机服务中心

主　任　蒋白梅

农畜产品质量安全中心

主　任　刘向东

农村牧区合作经济和产业发展站

主　任　布拉格

农牧业生态与资源保护中心

主　任　袁海强

鄂托克前旗乡村振兴事业发展中心

简介　鄂托克前旗乡村振兴事业发展中心成立于2021年10月9日,由原旗扶贫开发中心变更旗乡村振兴事业发展中心,为鄂托克前旗农牧局所属公益一类事业单位,规格为正科级事业单位。核定事业编制数10名;实有职工17人(中共党员5名),其中在编在岗5人、辅助性岗位1人、雇佣工9人、三支一扶1人、公安文职1人。

领导机构

主　任　空

鄂托克前旗农牧业综合行政执法大队

简介 旗农牧和水务综合行政执法大队为旗农牧业局所属相当副级公益一类事业单位，2021年3月30日，由农牧和水务综合行政执法大队更名为农牧业综合行政执法大队。核定编制15名，其中行政编1名、事业编14名；实有职工11人（中共党员3名），其中在编在岗9人、雇佣工2人。

领导机构

党支部

书　记　斯旺脑日布

行　政

大队长　斯旺脑日布

鄂托克前旗民政局

简介 旗民政局属旗人民政府组成部门。机关内设综合办公室、综合业务一股、综合业务二股3个股室，下设民政综合服务中心（副科建制）、殡葬服务中心2个二级事业单位，协管慈善总会办公室1个单位。核定编制19名，其中行政编6名、工勤编1名、事业编12名（民政综合服务中心6名、殡葬服务中心6名）；实有职工30人（中共党员15名），其中在编在岗19人、雇佣工9人、辅助性岗位工作人员2人。

领导机构

党　组

书　记　杨生俊

成　员　高　娃（女，蒙古族）　张全喜
　　　　万文英（派驻纪检员）

行　政

局　长　思宝东

副局长　高　娃（女，蒙古族）　张全喜

二级单位

民政综合服务中心

主　任　侯　艳

殡葬服务中心

馆　长　张世荣

协管单位

鄂托克前旗慈善总会

会　长　孙有君

鄂托克前旗退役军人事务局

简介 鄂托克前旗退役军人事务局组建于2019年1月31日，为旗人民政府组成部门，内设办公室、综合业务室2个职能股室，下辖退役军人服务中心1个事业单位。核定编制13名，其中行政编制5名、事业编制8名；实有职工17人（中共党员11名），其中在编在岗人员11人、辅助性岗位1人、雇佣工5人。

领导机构

党　组

书　记　赵建刚

成　员　杨文峰　贺晓宇

行　政

局　长　赵建刚

副局长　杨文峰　贺晓宇

鄂托克前旗水利局

简介 鄂托克前旗水利局是鄂托克前旗人民政府工作部门，为正科级。内设办公室、水利建管股、水资源管理、河湖管理股（行政审批股）、水土保持股。下辖副科级建制二级单位1个：鄂托克前旗水利事业发展中心；下辖股级建制二级单位2个：鄂托克前旗水利局综合保障中心、鄂托克前旗河湖水库保护中心。核定编制34名，其中行政编制7名、事业编制26名、机关工勤编制1名；实有职工39人（中共党员18名），其中在编在岗人员28人、辅助性岗位1人、雇佣工10人。

领导机构

党　组

书　记　任　鹏

成　员　赛音毕力格（蒙古族）
　　　　阿拉腾都希（蒙古族）　王新芳（女）
　　　　杨　波

行　政

局　长　任　鹏

副局长　赛音毕力格（蒙古族）
　　　　阿拉腾都希（蒙古族）　王新芳（女）

二级单位

鄂托克前旗水利事业发展中心

主　任　杨　波

鄂托克前旗水利局综合保障中心

主　任　贾晓慧

鄂托克前旗河湖水库保护中心

主　任　奇子明

鄂托克前旗教育体育局

简介　旗教育体育局属旗人民政府组成部门。内设综合一股、综合二股、教育股、安全股、招生办5个股室，下设24个直属事业单位(事业单位3个、中小学10所、公办幼儿园11所)。核定行政编制10名；实有职工17人(中共党员10名)，其中在编在岗人员10人、辅助性岗位1人、雇佣工6人。

领导机构

党　组

书　记　奇阿日并(蒙古族)

成　员　吉雅图(蒙古族)　浪　腾(女，蒙古族)
　　　　李星宇　朱毅宁　徐艳芬　那顺吉日嘎

行　政

局　长　奇阿日并(蒙古族)

副局长　吉雅图(蒙古族)　李星宇　朱毅宁　徐艳芬
　　　　那顺吉日嘎(教育体育事业发展中心主任)

二级单位

教育体育事业发展中心

主　任　那顺吉日嘎

教研中心

主　任　敖特根斯仁

教育督导评估中心

负责人　路广林

第一中学

校　长　罗世林

民族职业高中

校　长　郝牧仁

第二中学

校　长　朝格图

第一小学

校　长　敖特根巴雅尔

第二小学

校　长　高保平

第三小学

校　长　刘永梅

第四小学

校　长　张彦东

上海庙学校

校　长　刘振兴

城川完全小学

校　长　邵雪波

昂素完全小学

校　长　杨伊拉图

第一幼儿园

园　长　张向红

第二幼儿园

园　长　阿拉腾达来

第三幼儿园

园　长　徐生梅

第四幼儿园

园　长　哈斯图雅

第五幼儿园

主任(园长)　常　静

第六幼儿园

主　任　娜布庆花

上海庙幼儿园

园　长　娜图亚

城川幼儿园

园　长　姬晓燕

昂素幼儿园

园　长　温都娜

三段地幼儿园

园　长　赵奋梅

二道川幼儿园

园　长　胡玲贤

鄂托克前旗交通运输局

简介　旗交通运输局属旗人民政府组成部门。内设办公室、规划建设股、行政审批股、安全生产监督管理办公室4个股室。下设交通运输综合行政执法大队、交通运输工程质量检测鉴定服务中心、农村牧区公路养护中心3个二级单位。机关核定编制7名，其中行政编在编5人，空编2人；工勤编在编2人。单位实有职工27人（中共党员13名），退休2人，其中在编在岗职工15人、雇佣工12人。

领导机构

党　组

书　记　薛照森

成　员　阿荣娜（女，蒙古族）

行　政

副局长　薛照森　阿荣娜（女，蒙古族）　边对成

二级单位

鄂托克前旗交通运输工程质量检测鉴定服务中心

主　任　刘建军

鄂托克前旗交通运输综合行政执法大队

队　长　梁建军

鄂托克前旗农村牧区公路养护中心

主　任　赵占荣

鄂托克前旗交通运输综合行政执法大队

简介　旗交通运输综合行政执法大队隶属旗交通运输局，新增水上船舶、在建公路工程监督管理职能，保持原有编制人数。核定事业编制19名，实有职工26人（中共党员8名），其中在编15人，雇佣工11人。

领导机构

党支部

书　记　梁建军

行　政

队　长　梁建军

副队长　尚生强　胡章来

鄂托克前旗文化和旅游局

简介　旗文化和旅游局为旗人民政府组成部门。内设办公室、事业股、产业股、信息宣传中心、计财股、文化遗产保护管理股6个股室，下设乌兰牧骑、文化馆、图书馆、文博院、文化和旅游服务中心、文化市场综合行政执法局6个二级单位。核定编制92名，其中行政编8名，事业编84名，实有职工164人（中共党员39名），其中在编在岗83人、辅助性岗位4人、人才引进1人、雇佣工76人。

领导机构

党　组

书　记　李云龙

成　员　宋俊宝　郭逸文（女）

行　政

局　长　李云龙

副局长　宋俊宝　查　干（蒙古族）　郭逸文（女）

二级单位

乌兰牧骑

队　长　祁金鹏

文化馆

馆　长　斯日布

图书馆

馆　长　贺希格图

文博研究院

院　长　张旭梅

文化市场综合行政执法局

局　长　辛红霞

文化和旅游服务中心

主　任　张　茹

鄂托克前旗文化市场综合行政执法局

简介　旗文化市场综合行政执法局隶属鄂托克前旗文化和旅游局，内设办公室、执法队、法制室3个队室。核定事业编制16名，实有职工13人（中共党员6名），其中在编在岗10人，雇佣工3人。

领导机构

党支部

副书记　辛红霞(女)

行　政

局　长　辛红霞(女)

副局长　鲁有明

鄂托克前旗工信和科技局

简介　旗工信和科技局是旗人民政府综合经济部门，挂鄂托克前旗商务局牌子。内设办公室、工业经济运行管理股、中小企业管理股、信息化股、科学技术股、商务股等6个股室。核定编制25名，其中行政编10名、事业编(工业和科技发展促进中心)12名、工勤编3名。实有职工34人(中共党员17名)，其中在编在岗24人、雇佣工10人。

领导机构

党　组

书　记　贾向兵

成　员　王仁成　王仙丽(女)

王　庆(蒙古族)

行　政

局　长　贾向兵

副局长　王仁成　王仙丽(女)

王　庆(蒙古族)　那仁森格尔(蒙古族)

鄂托克前旗能源局

简介　旗能源局于2019年1月31日正式挂牌成立。内设综合办公室、煤炭股、石油天然气股、电力和新能源股、综合管理股5个股室，设能源管理综合行政执法大队(副科级建制事业单位)、能源风险防控中心(股级建制事业单位)2个事业单位。核定机关行政编制9名、事业编制21名，实有职工45人，其中在编在岗26人，中共党员18名。

领导机构

党　组

书　记　阿拉腾乌拉(蒙古族)

成　员　胡彬山　阿日宾朝克图(蒙古族)　王润祥

党支部

书　记　王润祥

行　政

局　长　阿拉腾乌拉(蒙古族)

副局长　胡彬山　阿日宾朝克图(蒙古族)　王润祥

二级单位

能源管理综合行政执法大队

队　长　纪彦虎

能源风险防控中心

主　任　刘树刚

鄂托克前旗能源管理综合行政执法大队

简介　旗能源管理综合行政执法大队为旗能源局二级事业单位，根据五定方案要求未设置内设股室。核定事业编制 8名，其中乡科级副职领导职数1名(事业管理岗)，实有职工6人(中共党员3名)，其中在职在编6人。

领导机构

局　长　纪彦虎

鄂托克前旗应急管理局

简介　旗应急管理局属旗人民政府组成部门。下设应急管理综合行政执法大队、矿山救护中队2个副科级事业单位，内设办公室、综合业务股、应急指挥办公室、宣教考务股4个股室。核定编制41名，其中行政编8名、事业编33名，实有职工55人(中共党员16名)，其中行政编7人、事业编28人、雇佣工19人、志愿者1人。

领导机构

党　组

书　记　孙树元

成　员　杨增德　图格莫(蒙古族)

行　政

局　长　孙树元

副局长　吴振祥　杨增德　图格莫(蒙古族)

下属事业单位

应急管理综合行政执法大队

大队长　邵文雷

应急救援中队

队　长　刘振东

鄂托克前旗应急管理综合行政执法大队

简介　旗应急管理综合行政执法大队按照《鄂托克前旗机构编制委员会关于印发鄂托克前旗应急管理综合行政执法大队机构职能编制规定》(鄂前党编发〔2021〕39号)要求,核定事业编制24名,设队长1名(副科级)、副队长2名(股级),实有职工22人(中共党员6名),其中在编在岗22人。

领导机构

行　政

大队长　邵文雷

鄂托克前旗司法局

简介　旗司法局属旗人民政府组成部门。内设办公室、政治警务室、依法治旗和普法室、公共法律服务管理室、行政执法协调管理室、行政复议应诉室、社区矫正室、人民参与和促进法治室8个内设机构;有敖勒召其司法所、上海庙司法所、昂素司法所、城川司法所4个派出机构;有旗公证处、旗法律服务中心2个二级单位。2021年,旗司法局核定编制30名,其中政法专项编24名,工勤编6名。实有职工46人(中共党员26名),其中占司法专项编制24人、工勤编制5人、雇佣工5人、辅助性岗位7人、退伍军人安置3人、社区民生志愿者2人。二级单位公证处有工作人员2名,其中公证员1名、内勤1名;旗法律服务中心核定事业编8名,实有职工13人,其中事业编在职在岗7人,空编1人,同工同酬6人。旗律师事务所有律师8名。

领导机构

党　组

书　记　米海云

成　员　邵海金　张雁凌(女)　阿木尔格西格(蒙古族)

行　政

局　长　米海云

副局长　邵海金　张雁凌(女)　阿木尔格西格(蒙古族)

派出机构

敖勒召其司法所

所　长　刘　军

上海庙司法所

所　长　哈斯朝鲁门

城川司法所

所　长　刘　刚

昂素司法所

所　长　图孟巴雅尔

二级单位

鄂托克前旗公证处

主　任　杨建平

鄂托克前旗法律服务中心

主　任　燕世荣

律师事务所

内蒙古大略律师事务所

主　任　陈培林

内蒙古赛吉荣律师事务所

主　任　张春玉

鄂托克前旗人力资源和社会保障局

简介　旗人力资源和社会保障局属旗人民政府组成部门。下设鄂托克前旗就业服务中心、社会保险事业服务中心、劳动保障综合执法局3个二级单位;内设办公室、事业单位管理股、劳动和社会保障综合办公室、组宣室等4个股室(院)。核定编制24名,其中行政编8名、事业编11名、工勤编2名。实有职工44人(中共党员24名)。

领导机构

党　组

书　记　卢建飞

　　　　胡毕斯哈拉图(蒙古族)

成　员　杨文世　薛金娜(女,蒙古族)　马学忠

行　政

局　长　卢建飞

　　　　胡毕斯哈拉图(蒙古族)

副局长　杨文世　薛金娜(女,蒙古族)　马学忠

鄂托克前旗就业服务中心

简介 旗就业服务中心隶属旗人力资源和社会保障局，属参公事业单位，内设办公室、失业保险（财务）股、职业培训股、职业介绍所4个股室。核定行政编7名、事业编5名；实有职工21人（中共党员14名）。

领导机构

行　政

主　任　毛建富

副主任　曹长青　苏雅拉其其格(女，蒙古族)

党支部

书　记　毛建富

鄂托克前旗社会保险事业服务中心

简介 根据鄂尔多斯市委编委批准的《鄂托克前旗深化事业单位改革试点实施方案》和鄂托克前旗委办公室、旗人民政府办公室印发的《关于深化事业单位改革试点工作的实施意见》要求，鄂托克前旗社会保险事业管理局更名为鄂托克前旗社会保险事业服务中心，为鄂托克前旗人力资源和社会保障局所属公益一类事业单位，机构规格相当于副科级。设5个内设机构，分别为办公室、财务股、城乡居民基本养老保险股、机关事业单位养老保险股、综合业务股。核定编制16名，其中事业管理岗1名，专业技术岗15名；实有职工27人（中共党员9名）。

领导机构

党支部

书　记　乌力吉木仁(蒙古族)

行　政

主　任　乌力吉木仁(蒙古族)

鄂托克前旗劳动保障监察综合执法局

简介 旗劳动保障监察综合执法局隶属旗人力资源和社会保障局，为相当副科级公益一类事业单位。核定事业编制9名；实有职工12人（中共党员5名），其中在编在岗9人。

领导机构

局　长　马革命(蒙古族)

鄂托克前旗医疗保障局

简介 旗医疗保障局于2019年1月组建成立，正科级建制。内设综合办公室、综合业务室2个股室，医疗保障服务中心1个二级单位。核定编制21名，其中行政编5名、事业编16名；实有职工27人（中共党员10名），其中在编在岗20人、同工同酬4人、雇佣工1人、见习生2人。

领导机构

党支部

书　记　敖特根稍(女，蒙古族)

行　政

局　长　辛永泉　陈　昭

副局长　敖特根稍(女，蒙古族)　关　林

二级单位

医疗保障服务中心

主　任　格日乐其其格

鄂托克前旗住房和城乡建设局

简介 旗住房和城乡建设局是旗人民政府工作部门，为正科级建制。挂旗人民防空办公室牌子。内设综合办公室、建筑工程管理股（行政审批股）、安全质量和住房保障监督管理股、城乡建设管理股和人防股5个职能股室，下设住房保障综合服务中心、公用事业服务中心、建设工程质量安全技术服务中心、城乡建设和人民防空服务中心4个事业单位。核定行政编制9名；实有职工46人（中共党员12名），其中在编在岗19人（局机关行政编制人员8人、建设工程质量安全技术服务中心事业编制人员6人、城乡建设和人民防空服务中心事业编制人员5人）、辅助性岗位6人、公安文职1人、雇佣工20人。

党　组

书　记　秦友国

成　员　召日格图(蒙古族)　巴图张嘎(蒙古族)
　　　　闫保智　许广亮

行　政

局　长　秦友国

副局长　召日格图(蒙古族)　闫保智

　　　　许广亮　张海东

人防办

主　任　秦友国

鄂托克前旗城市管理综合行政执法局

简介　旗城市管理综合行政执法局于2011年10月成立,2021年鄂托克前旗城市管理综合执法局更名为鄂托克前旗城市管理综合行政执法局。为政府直属正科级事业单位,受鄂托克前旗住建局委托执法,行使城市管理相对集中处罚权、住房建设领域行政处罚权,内设办公室、政策法规室、数据信息室、综合执法大队。核定事业编制19名;实有执法人员36人(中共党员13名),其中在编在岗17人、雇佣工19人。

领导机构

党支部

书　记　石　斌

行　政

局　长　石　斌

副局长　孙建平　郭小军

鄂托克前旗公用事业服务中心

简介　旗公用事业服务中心由旗园林绿化管理局和旗环境卫生管理局2个事业单位组建,并划入市政维修相关职能,主要承担全旗园林绿化、环境卫生建设与服务、市政基础设施及附属设施维护工作。核定事业编制28名。中心内设6个股室,共有干部职工50人,其中在编在岗24人(中共党员16名)、雇佣工24人、辅助性岗位2人。一线作业人员470余人,其中环卫清扫保洁人员291人、园林养护工人180余人。

领导机构

党支部

书　记　许广亮

行　政

主　任　许广亮

副主任　郭　娜(女)　康占锋

鄂托克前旗市场监督管理局

简介　旗市场监督管理局属旗人民政府组成部门。内设办公室、行政审批股、企业股、信用监督管理股、市场广告监督管理股、价格监督检查和公平交易股、药械保化监督管理股、餐饮服务监督管理股、食品生产流通监督管理股、质量计量标准化监督管理股、特种设备安全监察股、知识产权发展和保护股11个股室。下设敖勒召其市场监督管理所、上海庙市场监督管理所、昂素市场监督管理所、城川市场监督管理所4个基层市场监督管理所。分设鄂托克前旗市场监督管理综合执法局1个直属副科级事业单位。产品质量计量检测所、食品药品检验检测中心2个股级直属事业机构。核定编制59名,其中行政编18名、事业编41名,实有职工108人(中共党员39名),其中在编在岗59人、财政供养人员41人。

领导机构

党支部

书　记　苏占前

行　政

局　长　刘树国

副局长　史伟彬　杨晓琴(女)　罗志军　巴音达来

纪检监察组组长　罗鹏彦

派出机构

敖勒召其市场监督管理所

所　长　张银富(兼任)

上海庙市场监督管理所

所　长　王素梅

昂素市场监督管理所

所　长　乌日斯哈乐

城川市场监督管理所

所　长　沈　千

鄂托克前旗市场监督管理综合行政执法大队

简介　旗市场监管综合行政执法大队为旗市场监督管理局所属事业单位,机构规格相当于副科级。内设综合办公室、政策法规室和综合执法一中队、二中队、三中队、四中队6个机构。核定事业编制30名；实有职工24人（中共党员10名），在职在编人员23人。

领导机构

行　政

副队长　格日乐图（蒙古族）　赵永强

鄂托克前旗林业和草原局

简介　旗林业和草原局是主管全旗林业和草原工作的政府职能部门。3月31日，经中共鄂托克前旗委员会机构编制委员会办公室批准成立鄂托克前旗林业生态保护中心、林业工作站、草原工作站、森林和草原防火工作站、林业和草原调查监测队、林草产业工作站，更名森林病虫害防治检疫站为森林和草原病虫害防治检疫站，撤销旗资源林政管理站、林业和草原工作站。6月9日，经中共鄂托克前旗委员会机构编制委员会办公室批准，撤销原内设机构自然保护地管理股并将其职能划入林草行政管理股。内设综合业务股、行政管理股、行政审批股、办公室；下设公益一类事业单位林业生态保护中心、林业工作站、草原工作站、森林和草原病虫害防治检疫站、森林和草原防火工作站、林业和草原调查监测队、林草产业工作站。核定编制60名，其中行政编8名、事业编52名；实有职工73人（中共党员42名），其中在岗在编54人、雇佣工9人、辅助性岗位9人、同工同酬1人。

领导机构

党　组

书　记　梁建军　秦岭峰

成　员　王治玺　党瑞军　伊拉图　娜仁（女，蒙古族）　张彦东　塔　娜（女，蒙古族）　马啸林

行　政

局　长　梁建军　秦岭峰

副局长　王治玺　党瑞军　伊拉图（蒙古族）　娜　仁（女，蒙古族）

二级单位及主要负责人

林业生态保护中心

主　任　张彦东

林业工作站

站　长　赵福洲

草原工作站

站　长　那顺吉日嘎拉

森林和草原病虫害防治检疫站

站　长　朝乐孟图雅（女，蒙古族）

森林和草原防火工作站

站　长　伊拉图

林业和草原调查监测队

站　长　赛富勒

林草产业工作站

站　长　特木其乐

内设股室及主要负责人

综合业务股

负责人　格日乐其其格（女，蒙古族）

行政管理股

负责人　王伊拉图

行政审批股

负责人　斯　仁

办公室

负责人　王　雷

鄂托克前旗统计局

简介　旗统计局是旗人民政府组成部门，下设副科级事业单位鄂托克前旗统计调查中心和5个内设机构（办公室、国民经济综合核算股、综合业务统计股、固定资产投资统计股、统计设计管理与执法监督股）。核定编制19名，其中行政编8名、事业编11名；实有职工25人（中共党员7名），其中在编在岗14人、辅助性岗位5人、雇佣工6人。

领导机构

党　组

书　记　郝树明

成　员　乌荣花（女，蒙古族）

行　政

局　长　高　彦（女）

副局长　乌荣花(女,蒙古族)

直属单位

统计调查中心

主　任　红　梅

鄂托克前旗信访局

简介　旗信访局为旗人民政府一级局。核定编制12名,其中行政编5名、事业编7名;实有职工17人(中共党员6名)。

领导机构

局　长　谢志亮

副局长　许颖杰　达布希拉图(蒙古族)

鄂托克前旗审计局

简介　旗审计局直属旗人民政府。内设办公室、经济责任审计办、财政金融外资审计办、固定资产投资审计办、行政事业及专项审计办5个股室,所属二级事业单位审计服务中心1个,副科级建制。核定编制19名,其中行政编制8名、工勤编制1名、事业编制10名;实有职工73人(中共党员22名),其中在编在岗17人、辅助性岗位1人、雇佣工34人、三支一扶1人、临聘专业技术人员20人。

领导机构

党　组

书　记　冯春花(女)

成　员　伊哈达(蒙古族)　张永军　陈树林

行　政

局　长　冯春花(女)

总审计师　伊哈达(蒙古族)

副局长　张永军　陈树林　敖日格乐(蒙古族)

鄂托克前旗卫生健康委员会

简介　旗卫生健康委员会为旗人民政府组成部门,挂鄂托克前旗蒙中医药管理局、鄂托克前旗爱国卫生运动委员会办公室牌子。内设计划生育协会,办公室、医政医管和行政审批股、疾病预防控制和法监股、人口和妇幼老龄健康股、基层卫生股5个股室。下设爱卫和健康促进中心、卫生健康综合保障中心2个股级事业单位。核定编制28名,其中行政编制10名、事业编17名、工勤编1名。

领导机构

党　组

书　记　陈　昭

成　员　苗生刚　乌仁花儿　乌松花(女,蒙古族)
　　　　阿拉腾达来(蒙古族)

行　政

主　任　陈　昭

副主任　苗生刚　乌仁花儿(女,蒙古族)
　　　　阿拉腾达来(蒙古族)

二级单位主要负责人

旗人民医院

院　长　朱旭丽

旗蒙医综合医院

院　长　巴图毕力格

旗疾病预防控制中心

主　任　高胜东

旗妇幼保健计划生育服务中心

主　任　王　权

旗卫生健康综合行政执法大队

队　长　呼毕斯哈拉图(蒙古族)

基层医疗卫生机构

敖镇社区卫生服务中心

主　任　白　忠

上海庙镇社区卫生服务中心

主　任　曹东鹏

城川镇中心卫生院

院　长　呼柏德

昂素镇中心卫生院

院　长　巴嘎那

三段地卫生院

院　长　田步芳

布拉格卫生院

院　长　阿日雅扎布

珠和卫生院

院　长　布音乌力吉

二道川卫生院

院　长　祁金云

毛盖图卫生院

院　长　乌云格日乐

鄂托克前旗卫生健康综合行政执法大队

简介　旗卫生计生综合监督执法局成立于2017年8月，机构改革更名为旗卫生健康综合行政执法大队，是鄂托克前旗卫生健康委员会所属副科建制公益一类事业单位。核定事业编制15名；实有职工14人（中共党员5名），其中在编在岗13人，雇佣工1人。

领导机构

党支部

书　记　呼毕斯哈拉图（蒙古族）

行　政

局　长　呼毕斯哈拉图（蒙古族）

鄂托克前旗自然资源局

简介　旗国土资源局2019年1月因机构改革组建旗自然资源局，将旗国土资源局的职责，以及旗发展和改革局的组织编制主体功能区规划职责、旗住房和城乡规划建设局的城乡规划管理职责、旗水务和水土保持局的水资源调查和确权登记管理职责、旗农牧业局的草原资源调查和确权登记管理职责、旗林业局的森林、湿地等资源调查和确权登记管理职责，相关机构的测绘管理职责等整合，为旗政府工作部门。内设办公室、调查监测确权登记股、规划股、开发利用管理股4个机构，下属二级事业单位不动产登记中心、规划审验中心、自然资源所、土地收储整理中心、矿产资源管理所5个。核定编制51名，其中行政编制8名，事业编制42名，工勤编制1名；实有职工69人（中共党员30名）。

领导机构

党　组

书　记　王建平

成　员　苏雅拉（女，蒙古族）　冯青雨　米新文

行　政

局　长　王建平

副局长　苏雅拉（女，蒙古族）

二级事业单位

不动产登记中心

主　任　牛玉林

自然资源综合服务中心

主　任　孙勇洲

自然资源综合行政执法大队

队　长　马玉福

自然资源所

所　长　布　和

鄂托克前旗民族事务委员会

简介　旗民族事务委员会是主管全旗民族工作、蒙古语文工作的政府部门。内设综合办公室、民族股、蒙古语文工作办公室3个股室。核定编制8名，其中行政编制6名、工勤编制2名；实有职工23人（中共党员11名），其中在编在岗8人，辅助性岗位3人，同工同酬3人，雇佣工9人。

领导机构

党　组

书　记　郝比斯哈拉图（蒙古族）

成　员　巴德玛（蒙古族）　阿登嘎（蒙古族）

行　政

主　任　郝比斯哈拉图（蒙古族）

副主任　巴德玛（蒙古族）　阿登嘎（蒙古族）

鄂托克前旗政务服务局

简介　2019年1月31日正式挂牌成立鄂托克前旗政务服务局，为正科级建制。内设综合办公室、综合业务室2个股室。核定编制13名，其中行政编制5名，事业编制8名；实有职工17人（中共党员12名），其中在编在岗9人，辅助性岗位2人，雇佣工6人。

领导机构

党　组

书　记　韦世海

党支部

书　记　韦世海

行　政

局　长　韦世海

副局长　罗彦鹏　韩　帅

鄂托克前旗党务政务服务中心

简介　2013年7月成立旗人民政府政务服务中心，2017年4月更名为鄂托克前旗政务服务中心，2018年7月25日成立鄂托克前旗党务政务服务中心。2020年5月13日降格为副科级建制（1副），隶属为旗政务服务局一类事业单位。核定事业编8名；实有职工5人（中共党员共21人）。

领导机构

党工委

书　记　李海云

副书记　余　佳（女）

行　政

主　任　李海云

副主任　余　佳（女）

鄂托克前旗大数据中心

简介　旗大数据中心为鄂托克前旗人民政府直属相当正科级事业单位。内设办公室、技术服务股、基础设施股、数据资源股、产业发展股5个股室。核定事业编制18名；实有职工32人（中共党员8名），其中科级领导3名（1正2副），其余工作人员29人（在编在岗6人、雇佣工20人、同工同酬1人、辅助性岗位1人、借调1人）。

领导机构

党支部

书　记　马银河

行　政

主　任　马银河

副主任　曹国栋　李　刚

鄂托克前旗住房保障综合服务中心

简介　旗住房保障综合服务中心为正科级事业单位。内设综合办公室、住房保障室、房产开发与征收补偿服务室、物业服务室、供热服务室5个职能股室和鄂托克前旗住房保障综合服务中心上海庙服务站1个分支机构。核定事业编制13名；实有职工38人（中共党员13名），其中在编在岗13人，雇佣工12人，劳务派遣11人，就业见习2人。

领导机构

党支部

书　记　格日乐图（蒙古族）

行　政

主　任　张海东

副主任　格日乐图

鄂托克前旗供销合作社

简介　旗供销合作社联合社是全额拨款事业单位，为公益一类、参照公务员法管理的事业单位。核定事业编制8名，其中管理岗位4名、专业技术岗2名；实有职工10人（中共党员6名）。设有敖镇基层供销社、昂素基层供销社、玛拉迪基层供销社、二道川基层供销社等4个基层供销社。

领导机构

党支部

书　记　张海钢

行　政

主　任　张海钢

副主任　布仁吉日嘎（蒙古族）　姜国强

【镇村机构】

鄂托克前旗敖勒召其镇

简介　敖勒召其镇下设党政综合办公室、基层党的建设办公室、乡村振兴办公室、社会事务办公室、平安建设办公室、城市管理办公室6个党政机构,党群服务中心、综合行政执法局、综合保障和技术推广服务中心3个相当于副科级公益一类事业单位,纪检监察室、财政所、自然资源所、司法所4个旗直派出机构。下辖塔班陶勒盖嘎查、查干巴拉嘎苏嘎查、乌兰道崩嘎查、敖勒召其嘎查、伊克乌素嘎查、大沙头村、三道泉子村、三段地村、马场井村、漫水塘村、洪山塘村、巴郎庙村等12个嘎查村,三段地社区、乌兰社区、满都拉社区、春苑社区、育才社区、赛罕社区、巴音社区等7个社区。核定编制105名,其中行政编40名、事业编65名,实有职工158名(中共党员54名)。

领导机构

中共敖勒召其镇委员会

书　记　关　平
副书记　额尔登毕力格(蒙古族)
　　　　娜　亚(女,蒙古族)
　　　　王金前
　　　　乌宁奇(蒙古族)
政法委员　王金前
　　　　　乌宁奇(蒙古族)
人武部长　张永军　高学亮
纪委书记　哈斯巴嘎那(蒙古族)
组织委员　盛良玉(女)
　　　　　乔继虎
宣传委员　刘　芳(女)
党委委员　关　平　额尔登毕力格(蒙古族)
　　　　　娜　亚(女,蒙古族)
　　　　　张海钢　王金前
　　　　　张永军　乌宁奇(蒙古族)
　　　　　哈斯巴嘎那(蒙古族)　盛良玉(女)
　　　　　刘　芳(女)　高学亮
　　　　　乔继虎

敖勒召其镇人民代表大会

主　席　张海钢　王金前

敖勒召其镇人民政府

镇　长　额尔登毕力格(蒙古族)
　　　　娜　亚(女,蒙古族)
副镇长　张永军　乌宁奇(蒙古族)
　　　　盛良玉(女)　高学亮
　　　　张广斌　冯玉宏

二级单位

敖勒召其镇党群服务中心

主　任　关　平
副主任　苏　慧

敖勒召其镇综合执法局

局　长　罗鹏怀
指导员　梁　庚

敖勒召其镇综合保障和技术推广服务中心

主　任　余培智

“两委”和监督委员会负责人

塔班陶勒盖嘎查

党支部书记　德力格尔
　　　　　　额尔德木
委员会主任　彭振空
　　　　　　额尔德木
监委会主任　朝乐门　德力格尔

查干巴拉嘎苏嘎查

党支部书记　赛乌力吉
　　　　　　那顺吉日嘎
委员会主任　那顺吉日嘎拉
监委会主任　吴生祥
　　　　　　赛乌力吉

乌兰道崩嘎查

党支部书记　那仁满都呼
委员会主任　张锦东
　　　　　　那仁满都呼
监委会主任　张　权　杨海军

敖勒召其嘎查

党支部书记　李建功
委员会主任　巴　图　李建功
监委会主任　王道芳　王海鹏

伊克乌素嘎查

党支部书记　苏治兵
委员会主任　苏治兵
监委会主任　杨敖特根

大沙头村

党支部书记　李　瑛　杨文清

委员会主任　杨文清

监委会主任　吴占江

三道泉子村

党支部书记　乔存富

委员会主任　乔存富

监委会主任　许彦成　郝宁宁

三段地村

党支部书记　徐志强

委员会主任　王晓明　徐志强

监委会主任　张锦虎

马场井村

党支部书记　王彦豹　李云普

委员会主任　王彦豹　李云普

监委会主任　陈　岗　苏　虎

漫水塘村

党支部书记　陈　云　曹彦平

委员会主任　曹彦平

监委会主任　杨培军

洪山塘村

党支部书记　官峰山

委员会主任　官峰山

监委会主任　占　银

巴郎庙村

党支部书记　庞振乾

委员会主任　庞振乾

监委会主任　马树江

三段地社区

党支部书记　李耀杰

委员会主任　李耀杰

监委会主任　官清云　李怀清

乌兰社区

党支部书记　刘　军

委员会主任　刘　军

监委会主任　樊富田　罗　群

满都拉社区

党支部书记　邬　琼

委员会主任　邬　琼

监委会主任　年振奎　刘　辉

春苑社区

党支部书记　苏占霞

委员会主任　苏占霞

监委会主任　武刚刚

育才社区

党支部书记　付晓婷

委员会主任　赵　霞　付晓婷

监委会主任　王红霞

赛罕社区

党支部书记　李　娜

委员会主任　李　娜

监委会主任　王艳军

巴音社区

党支部书记　王丽霞

委员会主任　王图娅

监委会主任　刘治龙　慕美英

塔班陶勒盖嘎查

党支部书记　德力格尔
　　　　　　额尔德木

委员会主任　彭振空
　　　　　　额尔德木

监委会主任　朝乐门　德力格尔

查干巴拉嘎苏嘎查

党支部书记　赛乌力吉
　　　　　　那顺吉日嘎

委员会主任　那顺吉日嘎拉

监委会主任　吴生祥
　　　　　　赛乌力吉

乌兰道崩嘎查

党支部书记　那仁满都呼

委员会主任　张锦东
　　　　　　那仁满都呼

监委会主任　张　权　杨海军

敖勒召其嘎查

党支部书记　李建功

委员会主任　巴　图　李建功

监委会主任　王道芳　王海鹏

伊克乌素嘎查

党支部书记　苏治兵

委员会主任　苏治兵

监委会主任　杨敖特根

大沙头村

党支部书记　李　瑛　杨文清

委员会主任　杨文清

监委会主任　吴占江

三道泉子村

党支部书记　乔存富

委员会主任　乔存富

监委会主任　许彦成　郝宁宁

三段地村

党支部书记　徐志强

委员会主任　王晓明　徐志强

监委会主任　张锦虎

马场井村

党支部书记　王彦豹　李云普

委员会主任　王彦豹　李云普

监委会主任　陈　岗　苏　虎

漫水塘村

党支部书记　陈　云　曹彦平

委员会主任　曹彦平

监委会主任　杨培军

洪山塘村

党支部书记　官峰山

委员会主任　官峰山

监委会主任　吕占银

巴郎庙村

党支部书记　庞振乾

委员会主任　庞振乾

监委会主任　马树江

三段地社区

党支部书记　李耀杰

委员会主任　李耀杰

监委会主任　官清云　李怀清

乌兰社区

党支部书记　刘　军

委员会主任　刘　军

监委会主任　樊富田　罗　群

满都拉社区

党支部书记　邬　琼

委员会主任　邬　琼

监委会主任　年振奎　刘　辉

春苑社区

党支部书记　苏占霞

委员会主任　苏占霞

监委会主任　武刚刚

育才社区

党支部书记　付晓婷

委员会主任　赵　霞　付晓婷

监委会主任　王红霞

赛罕社区

党支部书记　李　娜

委员会主任　李　娜

监委会主任　王艳军

巴音社区

党支部书记　王丽霞

委员会主任　王图娅

监委会主任　刘治龙　慕美英

鄂托克前旗敖勒召其镇综合执法局

简介　敖勒召其镇综合执法局于2017年4月10日经旗人民政府批准成立。承担禁牧、休牧、城乡建设、土地开垦、人居环境整治等综合执法任务。内设综合办公室、法制宣教股和执法一中队、二中队、三中队5个股室(队)。核定事业编制16人;实有职工15人(中共党员7名)。

领导机构

局　长　罗鹏怀

指导员　梁　庚

鄂托克前旗上海庙镇

简介　上海庙镇党委、政府设置党政综合办公室、基层党的建设办公室、乡村振兴办公室、社会事务办公室、平安建设办公室、城市管理办公室6个党政机构；党群服务中心、综合保障和技术推广中心、综合行政执法局3个事业单位，财政所、纪检监察室、矿区搬迁补偿安置办公室3个镇直部门。下辖八一村、水泉子村、沙章图村、阿勒台嘎查、哈沙图嘎查、公乌素嘎查、芒哈图嘎查、陶利嘎查、拜图嘎查、特布德嘎查、乌提嘎查11个嘎查村和长城花园社区、布拉格社区、上海庙社区、马兰花社区4个社区。核定行政编制34名，在编在岗29人；核定事业编制60名，在编在岗49人。实有职工132人（中共党员35名），其中雇佣工54人。

领导机构

中共上海庙镇委员会

书　记　尤建兵

副书记　巴音孟克（蒙古族）　王建林

纪检书记　呼吉乐图（蒙古族）

组织委员　李　军

宣传委员　薛　英（女）

党委委员　（其他）布仁巴特尔（蒙古族）　邱　虎　武　秀　嘎尔迪（蒙古族）　闫丽娟

人　大

主　席　布仁巴特尔（蒙古族）

上海庙镇人民政府

镇　长　巴音孟克（蒙古族）

副镇长　邱　虎　武　秀　孙世峰　嘎尔迪（蒙古族）　闫丽娟

二级单位

上海庙镇综合执法局

局　长　曹　永

指导员　黄向阳

上海庙镇党群服务中心

负责人　李　昕

上海庙镇综合保障和技术推广中心

主　任　巴雅尔图

嘎查村

八一村

党支部书记、委员会主任　王　平

党支部副书记　曹玉昆

监委会主任　赵文存

水泉子村

党支部书记、委员会主任　谢志军

党支部副书记　黄志富

监委会主任　段云飞

沙章图村

党支部书记、委员会主任　刘占山

党支部副书记　史春清

监委会主任　王　新

阿勒台嘎查

党支部书记、委员会主任　阿拉腾乌都

党支部副书记　孟根乌拉

监委会主任　乌墩格日勒

哈沙图嘎查

党支部书记、委员会主任　苏米雅

党支部副书记、村委会副主任　热希那木扎拉

公乌素嘎查

党支部书记、委员会主任　乌宁吉日嘎

党支部副书记　哈斯那顺

监委会主任　娜仁花

芒哈图嘎查

党支部书记、委员会主任　乌日根达来

党支部副书记　格日乐

监委会主任　贡达来

陶利嘎查

党支部书记、委员会主任　康　波

党支部副书记　王　宁

监委会主任　王永维

拜图嘎查

党支部书记、委员会主任　赛希雅拉图

党支部副书记　布和其劳

监委会主任　斯仁旺扎拉

特布德嘎查

党支部书记、委员会主任　赵　伟

党支部副书记　其其格稍

监委会主任　特木尔

乌提嘎查

党支部书记、委员会主任　希尼毕力格

党支部副书记　宝　锁

监委会主任　阿拉腾宝锁

社区

长城花园社区

党支部书记、委员会主任　苏丽荣

党支部副书记　谢　勇

监委会主任　蔡成佳

布拉格社区

党支部书记、委员会主任　那沁夫

党支部副书记　康玉清

监委会主任　郝忠林

上海庙社区

党支部书记、委员会主任　施治忠

党支部副书记　张永堂

监委会主任　方圆圆

马兰花社区

党支部书记、委员会主任　包亚会

监委会主任　杜　刚

鄂托克前旗上海庙镇综合执法局

简介　上海庙镇综合执法局于2017年8月14日经旗人民政府批准成立。受上海庙镇人民政府委托和鄂托克前旗有关部门委托，行使自治区人民政府赋予苏木乡镇行使的行政执法权和旗区有关部门委托苏木乡镇行使的行政执法权。核定事业编制22名，实有职工20人(中共党员7名)。

领导机构

局　长　曹　永

指导员　黄向阳

鄂托克前旗城川镇

简介　城川镇内设党政综合办公室、基层党的建设办公室、社会事务办公室、平安建设办公室、城市管理办公室、乡村振兴办公室、纪检监察室等7个内设部门；有党群服务中心、综合行政执法局、综合保障和技术推广中心3个单位。下辖大沟湾村、大场子村、苏坝海子村、大发村、城川嘎查、糜地梁嘎查、希里嘎查、新寨子嘎查、敦达图嘎查、黄海子村、高潮畔村、章昂希里村、羊场壕村、巴彦希里嘎查、巴彦希泊日嘎查、克珠日嘎查、乌定希泊日嘎查、阿日勒嘎查、克泊日嘎查、伊克柴达木嘎查、呼和陶勒盖嘎查、哈日色日嘎查、珠拉图嘎查、麻黄套村、大池村、二道川村、克珠日村、呼芦素淖日村、马鞍桥村29个嘎查村，二道川社区、城川社区、珠和社区3个社区。核定编制90名，其中行政编制34名、事业编制56名；实有职工124人(中共党员51名)。

领导机构

中共城川镇委员会

书　记　边　杰

副书记　热德那(蒙古族)　巴音吉日嘎拉(蒙古族)

政法书记　巴音吉日嘎拉

纪委书记　张　蕾

人武部长　刘燕飞

组织委员　特日格勒(女，蒙古族)

宣传委员　李　茜(女)

党委委员　(其他)马旭耀　娜木恒

城川镇人民代表大会

主　席　马旭耀

城川镇人民政府

镇　长　热德那(蒙古族)

副镇长　思军宇　王　震

事业单位

城川镇综合行政执法局

局　长　李锦贤

指导员　裴彦强

城川镇党群服务中心

主　任　边　杰

城川镇综合保障和技术推广服务中心

主　任　哈斯吉日嘎拉

嘎查村民委员会

呼和陶勒盖嘎查

党支部书记、嘎查村主任　呼和牧仁

监委会主任　斯　庆

呼芦素淖日村

党支部书记、嘎查村主任　张海飞

监委会主任　戴继刚

伊克柴达木嘎查

党支部书记、嘎查村主任　哈斯巴雅尔

监委会主任　杜仁其其格

大池村

党支部书记、嘎查村主任　王春艳

监委会主任　曹春斌

黄海子村

党支部书记、嘎查村主任　刘建伟

监委会主任　张树国

新寨子嘎查

党支部书记、嘎查村主任　马言山

监委会主任　张有兴

二道川村

党支部书记、嘎查村主任　孙树兵

监委会主任　项小飞

章昂希里村

党支部书记、嘎查村主任　马飞盛

监委会主任　高志英

克泊日嘎查

党支部书记、嘎查村主任　巴音达来

监委会主任　玉　花

巴彦希泊日嘎查

党支部书记、嘎查村主任　苏云峰

监委会主任　斯庆玛

苏坝海子村

党支部书记、嘎查村主任　白　杨

监委会主任　李　莉

阿日勒嘎查

党支部书记、嘎查村主任　斯庆扎布

监委会主任　赛音其木格

城川嘎查

党支部书记、嘎查村主任　崔庆晓

监委会主任　张树春

哈日色日嘎查

党支部书记、嘎查村主任　达楞巴雅尔

监委会主任　巴音吉日嘎拉

克珠日村

党支部书记、嘎查村主任　刘小刚

监委会主任　胡生秀

敦达图嘎查

党支部书记、嘎查村主任　郭建平

监委会主任　边晓燕

珠拉图嘎查

党支部书记、嘎查村主任　斯仁道尔计

监委会主任　哈斯布克

大场子村

党支部书记、嘎查村主任　石锦平

监委会主任　冯占美

马鞍桥村

党支部书记、嘎查村主任　白志明

监委会主任　高士巧

糜地梁嘎查

党支部书记、嘎查村主任　贺文涛

监委会主任　巴音呼日瓦

大发村

党支部书记、嘎查村主任　宋占祥

监委会主任　曹俊花

克珠日嘎查

党支部书记、嘎查村主任　曹玉魁

监委会主任　巴日斯

乌定希泊日嘎查

党支部书记、嘎查村主任　乌宁其

监委会主任　伊布格尔达来

高潮畔村

党支部书记、嘎查村主任　张永霞

监委会主任　王子兴

大沟湾村

党支部书记、嘎查村主任　刘志军

监委会主任　刘占红

羊场壕村

党支部书记、嘎查村主任　李文成

监委会主任　李海薪

巴彦希里嘎查

党支部书记、嘎查村主任　达布西图

监委会主任　张凤材

麻黄套村

党支部书记、嘎查村主任　韦　元

监委会主任　高　伟

希里嘎查

党支部书记、嘎查村主任　关有岐

监委会主任　李金山

社区居民委员会

珠和社区

党支部书记、嘎查村主任　宝鲁德

监委会主任　高晓瑞

二道川社区

党支部书记、嘎查村主任　苏锦涛

监委会主任　李有平

城川社区

党支部书记、嘎查村主任　曹春宏

监委会主任　陈占智

鄂托克前旗城川镇综合行政执法局

简介　城川镇综合行政执法局于2017年4月10日经旗人民政府批准成立。承担城川镇全部行政执法职能，将全镇(29)个嘎查村3个社区行政区域划分为4个综合行政执法范围，分别由4个执法中队行使禁牧、休牧、城乡建设、土地开垦、安全生产等77项权力。内设综合办公室、法制室和执法一中队、二中队、三中队、四中队6个股室(队)。核定事业编制22名，实有职工11人(中共党员3名)。

领导机构

局　长　李锦贤

指导员　裴彦强

鄂托克前旗昂素镇

简介　昂素镇下设党政综合办公室、基层党的建设办公室、乡村振兴办公室、社会事务办公室、平安建设办公室、城市管理办公室。下辖昂素社区、毛盖图社区、玛拉迪社区3个社区，巴彦乌素嘎查、昂素嘎查、哈日根图嘎查、玛拉迪嘎查、巴彦呼日呼嘎查、克仁格图嘎查、巴彦柴达木嘎查、毛盖图嘎查、苏力迪嘎查、巴彦乌珠日嘎查、巴彦希里嘎查、囫圇嘎查、乌兰胡舒嘎查、明盖嘎查、沙日胡舒嘎查、阿日赖嘎查16个嘎查。核定行政编制32名、事业编制56名；实有职工134人(中共党员56名)。

领导机构

中共昂素镇委员会

书　记　热　希(蒙古族)

副书记　赵永智　乌云娜(女，蒙古族)

政法委员　乌云娜(女，蒙古族)

纪委书记　张继宁

人武部长　达楞塔布(蒙古族)

组织委员　布拉格(蒙古族)

宣传委员　萨出日(女，蒙古族)

党委委员　其他、孟克毕力格(蒙古族)、苏荣

昂素镇人民代表大会

主　席　孟克毕力格(蒙古族)

昂素镇人民政府

主　席　孟克毕力格(蒙古族)

昂素镇人民政府

镇　长　赵永智

副镇长　达楞塔布(蒙古族)　苏　荣　谢建宾
　　　　卢　磊

二级单位

昂素镇综合行政执法局

局　长　哈斯巴图

指导员　哈斯木仁

昂素镇党群服务中心

副主任　敖日格勒图

昂素镇综合保障和技术推广中心

主　任　宝斯尔

旗直机关派驻单位

司法所

所　长　那日素

国土所

所　长　塔苏荣

动检站

站　长　额力毕格木仁

市场监督管理所

所　长　乌日斯哈拉

嘎查村民委员会

昂素嘎查
党支部书记　呼格吉拉图
村委会主任　呼格吉拉图
监委会主任　格日勒图娅

巴彦柴达木嘎查
党支部书记　塞熙雅拉图
村委会主任　塞熙雅拉图
监委会主任　召日格图

巴彦呼日呼嘎查
党支部书记　苏日塔拉图
村委会主任　苏日塔拉图
监委会主任　赛希雅拉图

哈日根图嘎查
党支部书记　敖特根孟克
村委会主任　敖特根孟克
监委会主任　额德尼满都呼

巴彦乌素嘎查
党支部书记　张　嘎
村委会主任　张　嘎
监委会主任　哈斯其劳

苏力迪嘎查
党支部书记　苏雅乐图
村委会主任　苏雅乐图
监委会主任　巴　图

玛拉迪嘎查
党支部书记　阿拉腾乌拉
村委会主任　阿拉腾乌拉
监委会主任　萨仁花

毛盖图嘎查
党支部书记　巴图扎布
村委会主任　巴图扎布
监委会主任　斯　庆

克仁格图嘎查
党支部书记　图门吉日嘎
村委会主任　图门吉日嘎
监委会主任　吉日格勒图

巴彦希里嘎查
党支部书记　道格图其木格
村委会主任　道格图其木格
村监委主任　额力毕格吉日嘎

乌兰胡舒嘎查
党支部书记　巴音特古斯
村委会主任　巴音特古斯
监委会主任　都力格日玛

圐圙嘎查
党支部书记　达楞塔布
村委会主任　达楞塔布
监委会主任　达古拉

巴彦乌珠日嘎查
党支部书记　杜世强
村委会主任　杜世强
监委会主任　杜世国

沙日胡舒嘎查
党支部书记　吉日木图
村委会主任　吉日木图
监委会主任　图　娅

明盖嘎查
党支部书记　牧　仁
村委会主任　牧　仁
监委会主任　孟克其劳

阿日赖嘎查
党支部书记　巴图那顺
村委会主任　孟克吉仁嘎
监委会主任　雪　冬

社区居民委员会

昂素社区
党支部书记　宝勒德
居委会主任　宝勒德
监委会主任　呼木吉勒

玛拉迪社区
党支部书记　阿日斯浪
居委会主任　阿日斯浪
监委会主任　查汗森布尔

毛盖图社区
党支部书记　苏雅拉格日乐
居委会主任　苏雅拉格日乐

监委会主任　伊拉图

昂素镇综合执法局

简介　昂素镇综合行政执法局于2018年1月组建，主要对镇禁牧禁垦、私搭乱建、违法用地等进行综合行政执法检查。由2个执法中队和办公室组成。核定事业编制22名；实有职工18人（中共党员3名）。

领导机构

局　长　哈斯巴图

指导员　哈斯木仁

【垂直管理单位】

城川民族干部学院

简介　城川民族干部学院于2017年6月22日经内蒙古自治区机构编制委员会《关于设立城川民族干部学院的批复》（内机编发〔2017〕44号）批准设立。学院内设办公室、组织人事科、财务科、教务科、总务科、培训科、党史党建教研室、民族理论与政策教研室、信息网络中心、现场教学联络中心、图书资料中心等11个科室，核定事业编制80名，其中，处级领导职数3名（1正2副），内设科级领导职数24名（13正11副）。2021年面向社会公开招聘专职教师、讲解员20名。学院在编人员共73人，其中中共党员35人，全日制硕士研究生18人、大学本科生49人。

领导机构

行　政

院　长　高　鹏

副院长　刘树泉

市纪委监委派驻学院纪检组组长　周永宏

机关党委

书　记　（空缺）

副书记　慕晓君（专职）　纪　雄

成　员　李长霖　其格勒

国家税务总局鄂托克前旗税务局

简介　国家税务总局鄂托克前旗税务局内设办公室（党委办公室）、法制股、税政一股、税政二股、社会保险费和非税收入股、收入核算股、纳税服务股、征收管理股、风险管理股、财务管理股、组织人事股、机关党委（党建工作股）、党委纪检组13个股室；派出机构4个，其中第一税务分局（办税服务厅）、第二税务分局为副科级建制，城川镇税务所、昂素镇税务所为股级建制；设信息中心事业单位1个。核定编制71名，其中行政编制70名、事业编制1名；实有职工96人（中共党员39名），其中行政编65人、事业编1人、工勤编1人、学员6人、协税员10人、旗局临时工8人、市局临时工5人。

领导机构

党　委

书　记　段建军

行　政

局　长　段建军

副局长　韦世强　闫保安　孙向阳　郝智文

纪检组长　郝文天

派出机构

第一税务分局（办税服务厅）

副局长　庄雅洁　思海霞

第二税务分局

副局长　张德荣

城川镇税务所

负责人　高彦君

昂素镇税务所

所　长　刘　鹏

鄂托克前旗气象局

简介　旗气象局属科技型、基础公益型事业单位，属国家气象观测站。内设综合管理科、防灾减灾科2个管理科室，下设气象台和气象灾害防御中心2个直属事业单位。核定编制12名，其中参照公务员法管理编制4名、事业编制8名。实有职工12人（中共党员6名），在编在岗12人;专业技术人员12人,其中高级职称1人、中级职称6人。

领导机构

党支部

书　记　冯日升

行　政

局　长　冯日升

副局长　聂松花(女)

二级单位

气象台

台　长　崔　彩(女)

鄂尔多斯市生态环境局鄂托克前旗分局

简介　鄂尔多斯市生态环境局鄂托克前旗分局是鄂尔多斯市生态环境局派出机构,内设办公室(宣教、党建)、水环境管理室、大气环境管理室(应对气候变化与国际科)、固体废物与天然气开采环境管理室、行政审批室、土壤环境管理(辐射安全、自然生态保护)室、综合(规划监测、科技财务)室、政策法规(生态保护督察、生态执法督察)室和污染物在线监控中心9个股室,鄂尔多斯市生态环境监测监控中心站鄂托克前旗站、鄂尔多斯市生态环境综合行政执法支队鄂托克前旗大队2个事业单位。核定编制11名,其中行政(参公)编制6名、事业编制5名。实有职工57人(中共党员16名),其中在编在岗11人,同工同酬、辅助性岗位7人,雇佣工38人,三支一扶1人。按照鄂尔多斯市生态环境机构监测监察执法垂直管理制度改革划转在编在岗人员11人,退休人员4人。

领导机构

党　组

书　记　吕勋映

成　员　斯日古楞(蒙古族)　钱达来(蒙古族)

阿拉腾达来(蒙古族)

卢治忠

行　政

局　长　吕勋映

副局长　斯日古楞(蒙古族)　闫丽(女)

纪检组长　钱达来(蒙古族)

二级单位

生态环境综合行政执法大队

队　长　卢治忠

生态环境监测站

站　长　李润煊

鄂尔多斯市公共资源交易中心鄂托克前旗分中心

简介　鄂尔多斯市公共资源交易中心鄂托克前旗分中心初称鄂托克前旗公共资源交易中心,于2012年8月10日成立。2021年2月26日,根据鄂尔多斯市委办公室、市人民政府办公室关于印发《鄂尔多斯市公共资源交易中心职能配置、内设机构和人员编制规定》,鄂尔多斯市公共资源交易中心鄂托克前旗分中心为鄂尔多斯市公共资源交易中心所属正科级分支机构。内设办公室、交易运行部、交易保障部3个部室。核定事业编制9名;实有职工11人(中共党员8名),其中雇佣工2人。

领导机构

党支部

书　记　薛承河

行　政

主　任　薛承河

副主任　王胜军　关晓龙

鄂尔多斯市公安局交通管理支队鄂托克前旗大队

简介　旗交管大队隶属鄂尔多斯市公安局交通管理支队,正科级建制。实有警力161人(中共党员32名)。

领导机构

党支部

书　记　马恩厚

行　政

大队长　马恩厚

教导员　巴特尔

副队长　王　升　张宇宏

鄂尔多斯市消防救援支队 鄂托克前旗消防救援大队

简介　旗消防救援大队隶属鄂尔多斯市消防救援支队，下辖鄂托克前旗涛龙路消防救援站1个，实有消防指战员44人（中共党员15名）。

领导机构

党　委

书　记　姬晨光

副书记　穆力根

委　员　孟济东　万　毅　牛　磊

行　政

教导员　姬晨光

大队长　穆力根

鄂尔多斯市住房公积金管理中心 鄂托克前旗管理部

简介　旗住房公积金管理部直属鄂尔多斯市住房公积金管理中心。内设办公室和业务大厅。核定编制4名；实有职工9人（中共党员2名）。

领导机构

党小组

小组长　赵海乐

行　政

主　任　赵海乐

副主任　杨浩东

鄂尔多斯市公路管理局 鄂托克前旗公路管理工区

简介　旗公路管理工区直属鄂尔多斯市道路养护服务中心。内设综合办公室、财务室、养护生产安全室、党建室、人事法规室，下设布拉格、敖镇、珠和、城川、巴音乌珠、敖勒召其6个公路养护站。核定事业编制23名；实有职工24人（中共党员7名），其中在编在岗人员23人、辅助性岗位1人。

领导机构

党支部

书　记　杨世林

行　政

主　任　杨世林

副主任　呼子义　王宁宇

鄂尔多斯市交通运输服务中心 鄂托克前旗分中心

简介　旗运管分局因机构改革，2021年4月更名为“鄂尔多斯市交通运输服务中心鄂托克前旗分中心”。内设法规安全科、党群纪检办公室、综合办公室、科技信息办公室、客运出租科、货运机修驾培科6个科室。实有职工2人（中共党员2名），协管员16人。

领导机构

党支部

书　记　杜凌云（蒙古族）

行　政

主　任　杜凌云（蒙古族）

副主任　刘家维

中国人民银行鄂托克前旗支行

简介　中国人民银行鄂托克前旗支行内设综合办公室、纪检监察审计室、综合业务部、金融管理部、保卫部5个部门，实有职工18人（中共党员10名）。

领导机构

党　组

书　记　巴雅尔（蒙古族）

行　政

行　长　巴雅尔（蒙古族）

副行长　彭　英　乌云（女，蒙古族）

纪检组　李树洋　代保劳

鄂托克前旗邮政分公司

简介 鄂托克前旗邮政分公司内设综合办、市场部、寄递事业部3个部室，下设6个基层网点（城区3个），实有职工33人（中共党员10名），承担全旗行政区划的邮政普遍服务。

领导机构

党支部

书 记 曹红梅

行 政

总经理 曹红梅

鄂尔多斯电业局鄂托克前旗供电分局

简介 旗供电公司下设7个职能室、13个专业班组、10个供电所。实有职工353人，其中正式工177人（中共党员51名）、劳务派遣工116人、外包劳务工14人、和效急修工46人。

领导机构

党支部

书 记 史培峰

行 政

局 长 何 平

副局长 史培峰 高耀平 朱 璐 刘 晨 杨兴宇

鄂托克前旗烟草专卖局（营销部）

简介 旗烟草专卖局（营销部）承担全旗行政区划的卷烟专卖、营销工作，内设客户服务部、专卖管理股、内部专卖管理监督股、综合办公室4个部室。实有职工20人（中共党员11名），其中在编在岗10人、劳务派遣人员6人、勤杂人员4人。

领导机构

党支部

书 记 赵 军

行 政

总经理 赵 军

中共地方委员会

综述

【概况】 鄂托克前旗以习近平新时代中国特色社会主义思想为指导，全面贯彻落实党的十九届六中全会和中央经济工作会议精神，深入贯彻落实习近平总书记关于内蒙古工作的重要讲话、重要指示批示精神，认真贯彻落实自治区党委十一届二次全会暨全区经济工作会议和市委五届二次全会暨全市经济工作会议精神，综合考虑疫情不确定性等变化因素，兼顾与“十四五”发展目标的有机衔接，全力做好“六稳”“六保”工作，主要经济指标稳中有进、持续向好。2021年，全旗地区生产总值完成198.55亿元，同比增长11.5%；公共预算收入完成1.23亿元、同比增长3.4%，公共预算支出3.48亿元、同比增长18.6%；全旗500万元以上固定资产投资同比增长25.1%，全旗固定资产投资累计完成248.2亿元；城乡居民收入分别达51549元、24380元，分别增长6.5%、9.7%；市场主体从4785户增加到9277户。

【政治学习】 始终把政治建设摆在首位，坚持抓好习近平新时代中国特色社会主义思想教育，推动党史学习教育走深走实，推动党的十九届六中全会精神落地见效，引领各级党组织和广大党员干部增强“四个意识”、坚定“四个自信”、拥护“两个确立”、做到“两个维护”。立足旗独特红色文化资源优势，创新开展“六个一”红色主题活动，组织开展县处级党史集中学习会8次，县处级以上领导领学党史167次，“一把手讲党课”376次，学习研讨1948次，“晨读学堂”“学习夜校”1.5万场次，开展“我为群众办实事”主题实践活动3622次，服务农牧民群众4.3万人次，推进党史学习教育走深走实。

【党的建设】

宣传思想文化　深入开展铸牢中华民族共同体意识教育，21所公立学校全部建成国家通用语言文字规范化达标校，全旗各级党员干部培训教育实现全覆盖。常态化推进民族团结进步创建工作，第一小学入选全国中小学中华优秀传统文化传承学校，旗政协、妇联、敖勒召其镇等6个单位评为全市民族团结进步示范单位，切实以先进引领促进各族群众和睦相处、和谐发展。

基层党组织建设　持续推行旗、镇、村党建“书记项目”，一体推进基层治理、乡村振兴、企地共建、包联驻村、集体经济发展等重点任务落实，帮助嘎查村确定产业扶持项目78个，97家企业与嘎查村结对帮扶，基层党组织战斗堡垒作用切实增强。严格落实意识形态责任制，专题研究意识形态工作

4次，分析研判5大类42个舆情风险点，牢牢守住意识形态防线。严格落实干部正向激励各项措施，建立健全容错纠错机制，35岁以下科级干部比例提高到25%，干部的活力、动力明显提升。

党风廉政 中央巡视反馈问题全部整改完成，九届旗委巡察全覆盖任务全面完成，各重点领域专项治理工作扎实推进，共处置问题线索280件，立案审查调查85件92人。扎实推进脱贫攻坚、营商环境、扫黑除恶、人防系统、基层“微腐败”大清扫行动等重点专项治理工作，并先后在16个涉案单位宣布处分决定，以案促改的震慑力充分释放。政法队伍教育整顿有序推进，深度对标“七大顽瘴痼疾”开展自查自纠，10类91项具体任务全部完成，政法队伍更加忠诚可靠。煤炭资源领域市巡察反馈问题全部完成整改，自治区巡视反馈、核查反馈问题整改率分别为84%、88%，启动十届旗委新一轮巡察工作，巡视巡察工作有效落实，全旗政治生态持续向好。

【科学民主】 旗委常委会始终坚持不懈加强自身建设，旗帜鲜明讲政治、顾大局、促发展，坚守为民初心，履行使命任务，认真贯彻民主集中制，带头严于律己、清正廉洁，主动联系群众、改进作风，不断强化学习、调查研究，更加注重从全局和战略层面谋划全旗各领域工作，观大势、定大局、谋大事，不断增强领导发展、驾驭改革、把握全局能力，努力履行好领导责任和示范责任。

【经济发展】 坚持发展第一要务不动摇，加快转型、创新发展，不断赢得新的发展机遇。

农牧业 农作物播种总面积56397.62公顷，年牲畜存栏量145.63万（头只），农产品首次获得国家绿色食品认证，“鄂托克前旗羊肉”入选国家地理标志运用促进重点联系指导名录，西瓜列为第三批全国名特优新农产品，荣获自治区农产品质量安全县。

工业 国内最大在建火电项目国电电厂1号机组投产发电，生产规模全国领先的雅海60万吨LNG项目实现试生产，全年煤炭、煤化工、天然气产量分别达1572万吨、65万吨、49亿立方米，上海庙能源化工基地完成销售收入135亿元。

现代服务业 承办鄂尔多斯“四季赏花·夏季赏花”度假文旅活动，建成投用鄂尔多斯市国防教育展厅，全旗红色培训教育基地累计培训各类学员3.6万人次，累计接待游客145万人次，实现旅游收入43亿元。

【深化改革】 累计完成改革任务681项，形成改革成果368项。持续推进“放管服”改革，建成旗镇村三级政务服务“一张网”，全旗44个部门1258项行政审批和公共服务事项全部进驻政务服务大厅，向各镇授权下放事项99项，共发布网上政务服务事项1800余项，网上办占比达99%，标准化便民服务代办点实现全覆盖。深化农村牧区产权制度改革，清产核资、身份确认、折股量化、登记赋码等工作全面完成。深化社会治理改革，智慧“芯”喇叭云广播获评全国“智慧警务”创新案例，基层法治政府建设荣获第五届“中国法治政府奖”。

【发展环境】 鄂托克前旗委始终坚持把增进地区发展活力、动力、竞争力作为重要抓手，支撑地区发展的环境更优、氛围更浓。

城乡建设 始终坚持以城带乡、城乡联动，不断提升城乡人居品质，成功蝉联全国文明县城。新建改建市政道路、地下管网34千米，改造旱厕107座，建成人防应急疏散综合训练基地和乡土植物园，建设绿地119万平方米，城镇绿地率、绿化覆盖率分别达到37.5%和42.1%，城镇生活垃圾收集率达100%，无害化处理率达到98%以上。首条高等级公路和3条红色旅游公路建成通车，农村公路通村率100%，建成鄂托克前旗通用机场，开通至鄂尔多斯和呼和浩特航线。持续巩固国家生态文明建设示范旗建设成果，严格落实黄河流域生态保护各项要求，从严推进河湖林长制从“有名”向“有效”转变，巩固和扩大污染防治攻坚战成果，积极推进绿色矿山建设，重点强化地下水超采区治理，强力推进滴灌覆盖工程，实施林草生态文明建设项目54867公顷，完成水土保持综合治理163.48平方千米。严厉打击破坏林草资源行为，扎实开展林草专项整治，170个问题图斑、149件问题案件全部完成整改，整治工作成效显著。

乡村振兴　实施城乡人居环境综合治理，建成上海庙镇、城川镇、昂素镇生活污水处理厂，出水水质均达到一级A类标准，建成“水冲式”公共厕所43个，完成户厕改造10226户，农村牧区卫生厕所普及率达90%。继续巩固“两不愁三保障”基础，印发《实施巩固拓展脱贫攻坚成果同乡村振兴有效衔接的实施意见》，加快推进脱贫攻坚与乡村振兴在规划、政策、投入、产业上的有效衔接，积极促进产业、就业、创业“三业”并举，累计实施产业扶贫项目11个，稳岗就业282人，探索推进农村牧区光伏产业项目，并全面加强“两类人群”动态监测，全旗无新增脱贫不稳定户和边缘易致贫户，巩固拓展脱贫攻坚成果同乡村振兴得到有效衔接。

【民生福祉】　紧盯社会民生领域突出问题，全面落实各项惠民政策，民生领域支出占财政总支出的52.7%，改革发展成果更多、更公平地惠及全民。

社会事业　累计投入近2亿元用于教育事业发展，制定教师绩效工资和人才队伍建设改革实施方案，旗第一小学春季投用，全旗初高中升学率逐年提高。旗医院传染病楼、旗妇幼保健楼建成投用，并持续加强新冠疫情常态化防控，全旗疫苗总接种率为94.1%。精心组织开展建党100周年等群众性庆祝活动404场次、惠及群众30多万人次，旗文化馆获评国家一级文化馆，图书馆荣获自治区“十佳图书馆”，社会事业的“普惠网”持续扩大。

社会保障　全面落实创业就业政策，城镇登记失业率为3.4%，低于市定目标任务。深入实施全民参保登记计划，城乡居民健康档案实现全覆盖，城乡低保、社保实现应保尽保，城乡特困、临时困难人员实现应救尽救，累计发放各类社会救助资金1400多万元。整合医疗康复和养老服务资源打造“蒙韵医养康养”园区，持续深化社区养老和智慧居家养老，75周岁以上老年人得到充分照料，人民群众基本生活保障全方面兜牢。

文化事业　“六十棵榆树祭”入选第五批国家级非物质文化遗产名录，旗图书馆获评国家县级一级公共图书馆，音乐剧《石榴红了》走进人民大会堂。

社会治理　深入实施“泰稳和德”社会治理工程，常态化开展扫黑除恶斗争，持续深化法治政府和平安鄂前旗建设，重点加强建党100周年庆祝活动等重大活动、重要会议期间的安保维稳工作，筑牢社会和谐稳定的铜墙铁壁。全力防范化解债务风险，完成年度化债任务的151.7%，中小企业分歧账款全部清偿。深入开展安全生产专项整治三年行动，累计排查的5291项安全隐患全部完成整改，以实际行动保障社会大局和谐稳定。

【民主政治建设】　坚持党的领导、人民当家做主、依法治旗有机统一。

人大、政协工作　高质量完成旗镇党委和人大、政府、政协换届工作，高标准创建“最强党支部”57个，动态评定一类党组织52个，嘎查村集体经济年收入全部超过10万元，20万元以上嘎查村9个。

武装工作　坚持党管武装原则，深入开展全民国防教育，国防动员建设水平不断提高。

法治工作　年初确定的58项工作任务全部完成，政法队伍教育整顿查摆出的9类30条问题全部整改，收集的97条问题线索全部办结，群众安全感和满意度连续三年保持95%以上。

统战、群团工作　全力推进统战工作上水平、出成效，扎实开展民族团结进步教育，有效治理民族宗教领域存在的问题。推进基层工会建设。系列“巾帼行动”增强妇女群众幸福感。“青年爱里”建设激发基层团组织活力。群团组织的桥梁纽带作用得到充分发挥，大统战工作格局巩固。

重要会议

【旗委九届二十次全会暨全旗经济工作会议】　2021年1月20日，中国共产党鄂托克前旗第九届委员会第二十次全体会议暨全旗经济工作会议在敖勒召其镇召开。

出席全会的有旗委委员28人、候补委员4人。全旗副县以上实职领导干部，旗纪委常委、监委委员，各镇党政主要负责人，旗直各部门、各人民团体主要负责人，旗内重点企业负责人，部分市、旗党代表参加会议。

全会由旗委常委会主持，旗委书记布仁其木格，旗委副书记、政府代旗长吴云分别作了讲话。

会议以习近平经济思想为指导，全面贯彻党的十九届五中全会精神、中央经济工作会议精神、自治区党委十届十三次全会暨全区经济工作会议精神、市委四届十二次全会精神，听取旗委常委会2020年工作报告，审议《中共鄂托克前旗委员会关于制定国民经济和社会发展第十四个五年规划和二〇三五年远景目标的建议（草案）》，总结2020年经济工作，分析当前形势，部署2021年经济工作。

【鄂托克前旗第十次代表大会】 2021年7月26日至7月28日，在敖勒召其镇，召开中国共产党鄂托克前旗第十次代表大会，会期3天。

参加会议的党代表共169人，列席人员112人。

大会主题是：高举中国特色社会主义伟大旗帜，全面落实习近平总书记对内蒙古工作重要讲话重要指示批示精神，动员全旗广大党员和各族干部群众，勇担新使命、实现新跨越，为全面开启新时代鄂托克前旗新征程而努力奋斗。

今后五年全旗工作的总体要求是：以马克思列宁主义、毛泽东思想、邓小平理论、“三个代表”重要思想、科学发展观、习近平新时代中国特色社会主义思想为指导，认真贯彻执行党中央、自治区党委、市委各项决策部署，坚持党的全面领导，统筹推进“五位一体”总体布局，协调推进“四个全面”战略布局，坚持稳中求进工作总基调，完整准确全面理解和贯彻新发展理念，以推动高质量发展为主题，以改革创新为根本，以增强人民福祉为目标，统筹发展和安全两件大事，强化科技战略支撑，扩大高水平开放，推进“四区”建设，站高谋远，接力奋斗，开创新局，全面开启新时代鄂托克前旗新征程。

主要奋斗目标是：地区生产总值年均增长12%，固定资产投资年均增长8%，公共财政预算收入年均增长6%，社会消费品零售总额年均增长6%，城镇居民和农牧民人均可支配收入年均分别增长7%和8%。打造乡村振兴样板区、红色文化传承区、区域合作示范区、“双碳”实践先行区。会议选举产生十届旗委委员、纪委委员、候补委员当选人名单和出席市第五次党代会代表。会议通过旗委工作报告决议、纪委工作报告决议。

【旗委十届一次全会】 7月28日，中国共产党鄂托克前旗第十届委员会第一次全体会议在敖勒召其镇召开，会期半天。

参加会议的有十届旗委委员33人、候补委员6人。

大会选举产生中国共产党鄂托克前旗第十届委员会常务委员会委员和书记、副书记，审议《中国共产党鄂托克前旗第十届纪律检查委员会第一次全体会议选举结果的报告》，审议《中国共产党鄂托克前旗第十届委员会第一次全体会议决议（草案）》。新当选的中国共产党鄂托克前旗第十届委员会书记王羽强作讲话。

【旗委九届常委会会议】 2021年，共召开九届常委会会议33次。

第132次常委会会议 1月4日召开，会议由旗委书记布仁其木格主持，研究嘎查村（社区）“两委”换届工作有关事宜。

第133次常委会会议 1月7日召开，会议由旗委书记布仁其木格主持，研究副处级领导职务拟推荐建议人选。

第134次常委会会议 1月8日召开，会议由旗委书记布仁其木格主持，审议煤炭资源领域核查反馈问题整治事宜。

第135次常委会会议 1月10日召开，会议由旗委书记布仁其木格主持，审议煤炭资源领域核查反馈问题整治事宜。

第136次常委会会议 1月19日召开，会议由旗委书记布仁其木格主持，传达学习全区、全市经济工作会议精神并研究全旗经济工作会议筹备工作、2021年主要经济指标预测情况，听取法院、检察院、巡察办工作。

第137次常委会会议 1月27日召开，会议由旗委副书记、政府代旗长吴云主持，研究自治区党委第四巡视组巡视反馈意见整改工作和干部人事有关事宜。

第138次常委会会议暨旗委编委2021年第1次会议 2月1日召开，会议由旗委书记布仁其木格主持，会议传达学习上级有关讲话精神、文件精神，研究全旗事业单位机构改革、干部人事调整有关事宜。

第139次常委会会议 2月9日召开，会议由旗委书记布仁其木格主持，会议传达学习上级有关会议精神，研究干部人事调整有关事宜。

第140次常委会会议 2月19日召开，会议由旗委书记布仁其木格主持，会议传达学习上级有关会议精神、文件精神，研究优化营商环境工作、意识形态工作、2021年财政预算安排，旗纪委全会、旗两会筹备有关事宜，敖镇污水处理厂支付委托建设费和资产移交有关事宜。

第141次常委会会议 2月26日召开，会议由旗委书记布仁其木格主持，会议传达学习上级有关会议精神，研究意识形态工作、常委会工作要点、其他有关事宜。

第142次常委会会议暨旗委党建工作领导小组2021年第一次会议 3月9日召开，会议由旗委书记布仁其木格主持，会议传达学习上级有关会议精神，听取全旗政法、统战、组织工作汇报，研究破坏草原林地违规违法行为专项整治工作、全旗领导班子换届工作等有关事宜。

第143次常委会会议 3月11日召开，会议由旗委书记布仁其木格主持，传达学习上级有关会议精神，研究政法队伍整顿教育工作、开展党史学习教育工作和案件有关事宜。

第144次常委会会议 3月30日召开，会议由旗委书记布仁其木格主持，传达学习上级有关讲话精神、会议精神，研究优化营商环境工作、落实中央第八巡视组对内蒙古开展常规巡视反馈意见整改工作、党建工作、干部人事调整有关事宜。

第145次常委会会议暨旗生态环境保护委员会2021年第1次会议 4月15日召开，会议由旗委书记布仁其木格主持，传达学习上级有关文件精神，通报污染防治攻坚工作、生态环境工作和相关信访问题，调度近期重点工作，研究召开中国共产党鄂托克前旗第十次代表大会相关工作。

第146次常委会会议 4月22日召开，会议由旗委书记布仁其木格主持，研究确定晋升四级调研员人选。

第147次常委会会议暨旗委全面深化改革委员会第5次会议 4月25日召开，会议由旗委书记布仁其木格主持，会议传达学习上级有关会议精神，研究全面深化改革、深化旗属国有企业改革、国有企业负责人经营业绩考核、换届工作、干部人事调整事宜。

第148次常委会会议暨旗政法队伍教育整顿领导小组会议 5月18日召开，会议由旗委书记布仁其木格主持，传达学习上级有关文件精神，研究党建工作、政法队伍教育整顿工作、换届工作，并听取全旗执行党内法规工作开展情况。

第149次常委会会议暨旗政法队伍教育整顿领导小组会议 5月21日召开，会议由旗委书记布仁其木格主持，传达学习上级有关会议精神，研究政法队伍教育整顿工作，并作安排部署。

第150次常委会会议暨旗委民族工作会议 5月27日召开，会议由旗委书记布仁其木格主持，传达学习上级有关会议和指示批示精神，研究民族工作、换届工作、发展村集体经济相关工作。

第151次常委会会议 6月20日召开，会议由旗委副书记、政府旗长吴云主持，研究推荐拟提任正处级、副处级领导职务考察对象人选和拟晋升一级调研员、三级调研员考察对象人选。

第152次常委会会议暨旗委党史学习教育领导小组会议、旗政法队伍教育整顿领导小组会议 6月27日召开，会议由旗委书记、二级巡视员王羽强主持，传达学习上级有关讲话精神、指示精神、文件精神和会议精神，听取经济运行、重大项目推进、煤炭资源领域专项整治工作、党史学习教育工作、信访工作、中央第八巡视组对内蒙古开展常规巡视反馈意见整改落实工作、政法队伍教育整顿工作、安全生产工作开展情况汇报，并研究安保维稳工作和“两优一先”拟表彰对象。

第153次常委会会议 7月5日召开，会议由旗委书记、二级巡视员王羽强主持，传达学习上级有关讲话精神，研究旗委常委班子成员工作分工及干部人事任免职有关事宜。

第154次常委会（扩大）会议 7月9日召开，会议由旗委书记、二级巡视员王羽强主持，会议研究部署换届工作相关事宜。

第155次常委会会议 7月12日召开，会议由旗委书记、二级巡视员王羽强主持，会议研究考察对象初步人选名单。

第156次常委会会议 7月12日召开，会议由旗委书记、二级巡视员王羽强主持，传达学习上级有关会议精神和文件精神；研究义务教育优质均衡发展、财政预算支出、以案促改工作等相关事宜，并听取换届工作、能耗双控工作、户厕改造工作、重大项目建设及全旗主要经济指标分析汇报。

第157次常委会会议 7月16日召开，会议由旗委书记、二级巡视员王羽强主持，会议研究出席中国共产党鄂尔多斯市第五次代表大会代表选举相关事宜。

第158次常委会会议 7月17日召开，会议由旗委书记、二级巡视员王羽强主持，会议研究提出鄂托克前旗出席中国共产党鄂尔多斯市第五次代表大会代表候选人推荐人选名单。

第159次常委会会议 7月17日召开，会议由旗委书记、二级巡视员王羽强主持，会议研究提出鄂托克前旗出席中国共产党鄂尔多斯市第五次代表大会代表候选人初步人选考察对象名单。

第160次常委会会议 7月18日召开，会议由旗委书记、二级巡视员王羽强主持，会议研究鄂托克前旗出席中国共产党鄂尔多斯市第五次代表大会代表候选人初步人选名单。

第161次常委会会议 7月20日召开，会议由旗委书记、二级巡视员王羽强主持，会议研究确定新一届旗委委员、候补委员、纪委委员候选人初步人选会议推荐参考人选名单。

第162次常委会会议 7月20日召开，会议由旗委书记、二级巡视员王羽强主持，会议研究确定新一届旗委委员、候补委员、纪委委员候选人初步人选考察对象名单，听取并审议通过旗委组织部关于旗直机关工委出席中国共产党鄂托克前旗第十次代表大会代表候选人预备人选资格审查的意见。

第163次常委会会议 7月22日召开，会议由旗委书记、二级巡视员王羽强主持，会议研究讨论中国共产党鄂托克前旗第十次代表大会和第十届委员会有关事宜。

第164次常委会会议 7月23日召开，会议由旗委书记、二级巡视员王羽强主持，会议研究讨论中国共产党鄂托克前旗第十次代表大会筹备有关事宜。

【旗委十届常委会会议】 2021年，共召开十届常委会会议15次。

第1次常委会会议暨旗委统一战线工作领导小组会议 8月6日召开，会议由旗委书记王羽强主持，会议传达学习上级有关会议、讲话、文章、文件精神，听取河湖长制工作、安全生产、煤炭保供增供的汇报，研究统战工作，并作安排部署。

第2次常委会会议 8月14日召开，会议由旗委书记、二级巡视员王羽强主持，研究干部人事有关事宜。

第3次常委会会议 8月18日召开，会议由旗委书记、二级巡视员王羽强主持，传达学习上级有关批示、讲话精神，研究意识形态、党代会、党的建设、地下水超采区治理、教育教学等相关事宜，并听取鼠疫防控情况汇报。

第4次常委会会议 8月20日召开，会议由旗委书记、二级巡视员王羽强主持，会议研究鄂托克前旗出席中国共产党内蒙古自治区第十一次代表大会代表候选人推荐人选事宜。

第5次常委会会议暨旗委国安委第一次会议 9月9日召开，会议由旗委书记、二级巡视员王羽强主持，传达学习上级有关文件、会议及讲话精神，研究关于建立教师激励机制、专职社区工作者岗位职级和薪酬待遇以及关于清理规范旗委议事协调机构等相关事宜，并听取乡村振兴工作开展情况汇报。

第6次常委会会议暨旗委全面依法治旗委员会第3次会议、旗委全面深化改革委员会第6次会议 9月27日召开，会议由旗委书记、二级巡视员王羽强主持，会议传达学习上级有关会议、文件、批示、讲话精神，研究部署全面依法治旗、安全生产、信访维稳、档案工作、全面深化改革、草原林地违规违法专项整治工作和案件有关事宜。

第7次常委会会议 10月10日召开，会议由旗委书记王羽强主持，会议研究干部人事任免职有关事宜。

第8次常委会会议暨旗委网信委第3次会议 10月21日召开，会议由旗委书记、二级巡视员王羽强主持，会议传达学习上级有关会议、文件、讲话精神，听取意识形态领域工作汇报，研究意识形态领域、国企改革、上海庙矿区塌陷区搬迁补偿、新能源公司平台化运营、调整鄂托克前旗综合产业园管理主体、招商引资相关事宜。

第9次常委会会议暨平安鄂前旗建设领导小组会议、鄂托克前旗扫黑除恶专项斗争领导小组会议 10月29日召开，会议由旗委书记、二级巡视员王羽强主持，会议传达学习上级有关会议、文件、讲话精神，听取市域社会治理现代化试点创建工作、政府债务化解工作、信访案件办理情况汇报，研究扫黑除恶、人大换届工作相关事宜。

第10次常委会会议暨旗委党的建设工作领导小组第4次会议 11月15日召开，会议由旗委书记、二级巡视员王羽强主持，会议传达学习专题、会议、文件精神；听取全旗鼠疫防控、党建、污染防治攻坚战推进、全旗煤炭资源领域违规违法问题专项整治、全旗破坏草原林地违规违法行为专项整治行动、全旗政法队伍教育整顿、供销合作社系统腐败问题重点整治、敖镇食品加工园整治、矿区移民搬迁等工作情况汇报；研究全旗生态环境保护责任清单、《关于当前我旗意识形态领域形势的通报》《各镇新一届人大、政府领导班子换届人事安排方案》、城川民族干部学院资产划转、全旗债务风险降级工作相关事宜。

第11次常委会会议暨旗委退役军人事务工作领导小组第2次会议 11月22日召开，会议由旗委书记、二级巡视员王羽强主持，会议传达学习习近平总书记关于退役军人工作重要论述指示精神，听取全旗退役军人工作开展情况汇报；研究《政协鄂托克前旗委员会换届委员人事安排工作方案》；安排部署近期重点工作。

第12次常委会会议 12月2日召开，会议由旗委书记、二级巡视员王羽强主持，会议传达学习有关专题会议、文件、讲话精神；研究全旗乡村振兴战略实施方案及产业、人才、文化、生态、组织专项方案，煤炭专项整治无证建井、无证开采问题补充评估事宜，《旗人民政府与鄂尔多斯市第一中学结对共建办学协议》有关事宜；研究向旗老干部服务中心划转资产有关事宜；研究鄂尔多斯市正腾建设投资集团有限公司续贷到期贷款有关事宜；研究2021年度旗级“马兰英才”及产业创新创业人才团队、高层次人才创新创业基地评选结果有关事宜；研究创建“最强党支部”示范点（基地）建议名单；研究案件其他有关事宜。

第13次常委会会议 12月16日召开，会议由旗委书记、二级巡视员王羽强主持，会议传达学习有关专题会议、文件、领导批示精神；研究旗第二中学建设项目，向旗文旅集团注资、敖勒召其镇涛海路南延伸（公园街—敖昂快速通道）、吉拉西街（鹰骏南路—西环路）市政道路及附属设施工程、乌兰新区至工业园区公路工程、旗党校、红色教育研学实践基地项目等事宜；研究审议全旗第九批“清风干部”拟公示名单、《政协鄂托克前旗第十一届委员会委员人选建议名单》《鄂托克前旗拟推荐政协鄂尔多斯市第五届委员会委员人选建议名单》。

第14次常委会会议 12月22日召开，会议由旗委书记、二级巡视员王羽强主持，会议研究审议旗人大十一届一次会议、旗政协十一届一次会议日程、议程、文件。

第15次常委会会议 12月31日召开，会议由旗委书记、二级巡视员王羽强主持，会议听取鄂托克前旗第十一届人民代表大会第一次会议、政协鄂托克前旗第十一届一次会议筹备情况，研究审议2022年财政预算安排情况、全旗2022年经济指标预测、全旗2022年重点项目、全旗2022年民生实事项目有关事宜，听取全旗第三次国土调查主要数据成果公布有关事宜，研究上海庙经济开发区能源化工园基础设施建设、案件有关事宜。

机关事务

【概况】 2021年，旗委办公室围绕旗委中心工作，以习近平新时代中国特色社会主义思想为指导，紧跟旗委决策部署谋大事，紧贴党办职能抓落实，进一步解放思想、打开思路，改革创新抓整改、实干实政促落实，各项工作稳步推进。

【党建工作】 严格按照旗委关于全面从严治党的部署要求，坚持严字当头、标本兼治，思想建党与政治治党同步发力，为各项工作开展提供政治保证。制定办公室2021年党建工作要点，全年召开党员大会4次、支委会13次、集体学习18次。制定办公室2021年主题党日活动计划，围绕重要节日节点，组织办公室党员干部开展“学党史、践初心、担使命”庆祝建党100周年主题党日、“学党史、强信念、跟党走”现场教学、“档案话百年”“6.9国际档案日”等系列宣传活动，营造团结协作的良好氛围。发展年轻入党积极分子6名，预备党员4名。安排入党积极分子参加入党培训和党支部的集中学习，不断增强党性修养。严格落实党员组织关系转接工作。认真贯彻落实意识形态工作有关要求，召开意识形态工作部署和学习会13次，研讨会4次，配备网络评论员2名，网络文明传播志愿者5名，通过参加全旗宣传思想文化工作会、意识形态与新闻发言人能力提升专题培训等，推动意识形态工作深入贯彻落实。加强意识形态领域情况分析研判。

【信息工作】 重点围绕中央、自治区、市和旗委决策部署，聚焦全旗红色产业发展、乡村振兴、深化改革、项目建设等重点领域工作，及时总结提炼好经验、好做法，跟进新进展、发现新问题，累计向市、自治区报送信息863条，采用124条，编印刊物《工作交流》《信息通报》24期，制作《报刊剪影》16期，下发《约稿通知单》48份。严格加强应急信息报送处置工作，实行24小时值班和领导带班制度，建立与公安、应急管理、卫健、宣传、信访等部门的应急信息报送处置协调联动机制，处置应急类信息68条，及时向全旗各单位传递信息报送要点，健全完善信息约稿和培训调训制度，开展党政信息写作培训4批次，参加自治区信息调训2人次。

【办文办会】 2021年，在办文上提质效。提高拟办意见、文件管理、公文办理水平，严格按照《自治区〈关于公文接受办理和信息报送工作有关情况的通报〉的通知》文件要求，及时分发中央、自治区、市文件2231份，第一时间传阅办理上级文件817件，旗内文件490件。加强文件制发管理，严格控制发文数量，对各类文件分类存放、及时归档，全旗共制发2类文件612件，同比精简16.2%。在办会上优服务。累计服务保障各类会议240次，起草整理会议方案通知、记录纪要等90份，均做到严谨细致。高效安排组织了中国共产党鄂托克前旗第十次代表大会、鄂尔多斯市2021年重大项目春季集中开工建设动员会、鄂尔多斯四季赏花暨“马兰花开锦·醉美鄂前旗”花季系列文旅活动启动仪式等全旗性大型会议活动，得到了与会领导的充分肯定。

【督促检查】 制定《鄂托克前旗2021年重点工作督查方案》《全旗重点工作督查任务清单》《旗委主要领导指示事项督办清单》，全面实行“一周一调度、半月一督查、一月一通报”的工作机制，重点督办落实旗委主要领导指示事项256项，围绕全旗重大项目建设、安全生产、乡村振兴、创城工作、信访维稳、营商环境、疫情防控等工作开展实地督查30多批次，编发督查报告55期，辅助领导决策、助推决策落实，确保精准督办到位、决策落地落实。积极开展人民网网民留言回复清零销号工作，实行专人负责制，共督办回复自治区、市、旗三级网民留言16条，留言答复率达100%，切实促进网民反映问题的解决，推进一批民生实事落地见效，为全旗各项工作的顺利实施提供有力保障。

党委巡察

【概况】 2021年，旗委巡察机构全面贯彻中央巡视工作方针和习近平总书记关于巡视巡察工作的重要论述，聚焦“两个维护”根本任务，把“三个聚焦”作为监督重点，顺利完成九届旗委第九轮巡察，启动十届旗委第一轮常规巡察。九届旗委巡察共开展9轮巡察，完成扶贫、嘎查村、优化营商环境3个领域专项巡察4次，常规巡察4个镇、58个单位、5个国有企业，发现各类问题941个，完成68个嘎查村、16个社区的巡察全覆盖任务，共发现各类问题396个。

【巡察工作】 对4个旗直部门进行常规巡察，对2个旗直部门进行巡察“回头看”。对供销领域、涉粮问题开展交叉专项巡察，发现问题72个，向纪委监委、派驻纪检监察组、被巡察单位移交问题线索9件。

【整改评估】 全面压实整改日常监督责任，推动巡察整改工作做实做细做深。在九届旗委第八轮、第九轮集中整改结束后，成立由纪委监委领导任组长，巡察办副主任为副组长，纪委监委、组织部门、宣传部门、巡察办工作人员为成员的专项督查评估工作组。集中督查评估第八轮被巡察的7个单位、5个国有企业党组织、优化营商环境专项巡察的7个单位、第九轮被巡察的5个单位巡察整改情况。督查发现没有彻底完成整改的重点问题，旗委巡察办以督办单的形式反馈整改责任部门，要求限期认真完成整改，并纳入派驻纪检监察组日常监督内容，印发督查评估通报2份。在督查评估工作中，督促整改各类问题209个，问题整改率达92%，推动修订完善制度171项，追责问责78人，追缴资金66.5517万元。

【完善机构设置】 所属股级事业单位“鄂托克前旗巡察数据管理中心”升为副科级建制，更名“鄂托克前旗巡察数据信息中心”，配备中心主任、副主任。

【巡察队伍建设】 按照单位推荐、领导审核、巡察办筛选、领导小组研究的程序，将政治素养、业务能力、专业水平等作为基本考察内容，更新产生由66名科级领导干部组成的巡察组长库、95名工作人员组成的人才库。九届旗委第九轮及十届旗委第一轮巡察在巡察组长库及人才库中抽调20人编入巡察组，为高质量开展巡察工作提供人才保障。

开展“岗位大练兵”，提升干部履职能力。复盘总结九届旗委巡察工作，开展素质提升业务大练兵，以“全员授课”“专题测试”“模拟训练”等方式对干部政治理论和业务知识进行辅导培训，为规范开展巡察工作打下良好基础。

改革创新

【概况】 2021年，鄂托克前旗全力推动192项改革任务落地见效。从破解发展难题和群众“身边的关键小事”着手，确定并公布首批22项“微改革”事项助推“大民生”改善；建立改革观察员“专家库”，入库专家77名，首批选聘12名改革观察员。

【政治领域改革创新】 鄂托克前旗工商联被中华全国工商业联合会评为全国“五好”县级工商联。鄂托克前旗公安局“情报、指挥、勤务、舆情”一体化实战化运行机制创新案例被法制日报社、法治周末报社、中国人民公安大学治安学院、中国人民大学公共政策研究院《社会治理创新案例库》联合收录。

【经济领域改革创新】 启动优化营商环境两年攻坚行动，创新推出新办企业免费刻章、“局长进大厅”“金融地图”“政务服务效能监督员”等举措，推动营商环境优化升级。全市首个旗区级“蒙企通”民营企业综合服务平台上线运行。国家级“数字乡村”试点建设经验做法在全市复制推广，于2021年9月24日，作为全市唯一代表在全区数字乡村工作现场推进会上作交流发言。围绕打造乡村振兴样板区目标，与农商银行签订乡村振兴战略协议，发出全区首张“乡村振兴卡”。鄂托克前旗西瓜、羊肉入选全国名特优新农产品名录，被内蒙古自治区农牧厅命名为“自治区农产品质量安全县”。积极落实“科技兴蒙”行动，作为全区唯一旗县荣登2021—2025年度第一批全国科普示范县榜单。积极实施城市更新行动，被评为全区新型城镇化建设示范旗，并于2021年9月24日在全区现场会上作交流发言。

【社会服务领域改革创新】 率先启用全市首家集体经济实体化运营的兽医院。围绕打造区域合作示范区目标，鄂托克前旗第一中学与鄂尔多斯市第一中学建立结对共建办学机制。深化鄂托克前旗民族职业高中“1+X”证书（学历证书+若干职业技能等级证书）制度试点院校建设，打造全区“文化素质+职业技能”融合发展新样板。

【文化领域改革创新】 红色资源+党史学习教育融会贯通，依托红色资源，实施“六项红色教育”，累计承接各类培训班及学习团队2.9万人次，推动党史学习教育入脑入心。鄂托克前旗文化馆被文化和旅游部评为国家一级文化馆。

【生态文明领域改革创新】 围绕打造“双碳”实践先行区目标，2021年度光伏制氢一体化示范项目开工建设。

组织工作与党建

【干部管理】 从严推进干部选拔任用、教育培训、监督管理、考核评价各项工作，着力打造忠诚干净担当的高素质干部队伍，集聚推动高质量发展的强大合力。

干部教育培训 围绕“组织工作提升年”总体部署，按照“紧跟时代前沿、紧跟群众需要、紧跟中心工作”要求，“教学培训分层次、培训载体讲融合、实效检验求精准”，着力让党员干部学习教育“实”起来、“活”起来、“严”起来，使基层党组织凝聚力、战斗力不断提升，党员干部干事创业工作热情有效激发。研究制定《鄂托克前旗2021年度干部教育培训主体班次计划》，明确教育培训工作的任务书、时间表、路线图，实现教育培训工作精准、落实到位。组织、推广应用“中国干部网络学院”“内蒙古干部培训网络学院”“鄂尔多斯干部培训网络学院”，实现国家级优质教学资源向乡镇延伸。2021年新推出“中国干部网络学院”平台，全旗各镇注册学员达148人。

干部选拔任用 2021年共研究人事任免6批次189人。对照换届政策要求，综合分析各镇领导班子运行和干部配备及储备情况，统筹进行人事安排，在换届前分3批次对各镇领导班子进行提前配备，确保领导班子合理配备。换届后镇领导班子中“86后”干部占比近37%，“90后”干部占比近20%，平均年龄37岁，较上届降低1岁；全日制大学以上学历干部占比近46%；7名“五方面人员”进入镇领导班子。以多岗位锻炼、重点工作磨练、急难险重任务考验相结合的形式，将71名年轻干部选派到脱贫攻坚、乡村振兴、疫情防控等主战场、放到重大项目建设的第一线，练就过硬本领，提升综合能力。着眼未来5—10年班子建设需要，制定领导班子发展规划，统筹考虑专业、年龄和民族等结构，了解掌握一批有培养潜力的优秀年轻干部。准确把握优秀年轻干部成长规律，抢抓年轻干部选拔任用“黄金期”，根据梯队建设需要，在岗位空缺时优先选配优秀年轻干部，2021年，全旗36个党政部门中35周岁左右的班子成员已配备16个，其中，正职2人。2021年提拔任用35周岁以下年轻干部占提拔总人数的51%。

公务员管理 加强公务员队伍管理，规范公务员考录、调任工作，2021年共考录48名公务员（含选调生），调任企事业单位干部22人。推进公务员职务与职级并行工作，2021年共晋升37人。抓严抓实公务员考核、奖励和惩戒，注重平时考核监督，加强结果运用。2021年共嘉奖121人，记三等功10人。

干部考核评价 全面推行差异化考核。利用数字化考评系统，实时监控各单位任务完成情况。开展“三化一星”满意度调查，随机抽取20名服务对象进行测评，让群众直接参与到对领导班子、领导干部的考核评价中，更好地掌握科级领导班子、领导干部工作实绩。贯彻落实《鄂尔多斯市领导班子、领导干部年度考核结果评定及运用办法（试行）》相关规定，结合鄂托克前旗实际，进一步修订《鄂托克前旗领导班子和领导干部考核工作办法（试行）》。在考核结果确定、运用上，将领导干部评优与所在领导班子年度考核结果挂钩，领导班子主要负责人等次，原则上与领导班子等次相对应。明确领导班子、领导干部具体奖励金额，加大对各镇的奖惩力度。将考核结果与奖励资金、评先选优、干部能上能下“三挂钩”，做到正向激励与反向倒逼相结合，达到奖励先进、鞭策后进的目的。

干部监督管理 2021年，创新实施“三化三账”工作法，进一步完善监督机制、拓宽监督层面，织密干部监督管理网。建立涵盖巡视巡察、违法违纪、考察考核、信访举报、经济责任审计等各方面信息的“干部监督信息库”。立体化记账，分发挥联席会议制度作用，采取书面沟通、个别沟通的方式进行信息交流共享，现信息库里涵盖干部200余人。常态化对账，把好选用关口，对筛查发现的负面信息，及时召开部务会进行“会诊”。精细化盘账，把监督信息库中涉及的干部作为日常监督管理的重点关注对象，结合干部考察、年度考核、谈心谈话、督导调研等工作，及时掌握干部重要情况，切实提高干部监督工作的针对性、实效性。

【人才建设】 2021年，以“人才工作创优行动”为抓手，下大气力全方位培养、引进、用好人才，抓住“鄂尔多斯人才新政30条”出台的有利契机，制定《鄂托克前旗审查调查人才库管理办法》《鄂托克前旗教师绩效工资方案（试行）》《组建智囊团助推鄂托克前旗经济高质量发展的实施方案》等人才工作制度机制3项，不断创新人才政策环境。

分领域分阶段制定人才引进计划，通过公开招募的方式招聘教师、嘎查村（社区）基层人员、公安辅警、财务审计等各类人才343人，刚柔相济引进中学教师、医疗卫生、农牧业等领域人才97名，储备全日制研究生、985重点高校毕业生及获得执业医师资格证、法律职业资格证的专业技术人才48人。

2021年获评市级高层次人才3人，产业创新人才团队1支，鄂尔多斯市乡村振兴优秀人才2人，评选马兰英才10人，产业创新人才团队2支，高层次人才创新创业基地1个。申报自治区级教育科研课题20项，获评全国优秀名师工作室主持人2人，建立运行4个镇乡村振兴人才工作站，4家企业入选内蒙古自治区高新技术企业报备名单。

围绕产业发展集聚人才。先后与内蒙古农业大学、华中农业大学等多所高校签订合作框架协议，围绕主要作物种植全程无人化、数字化绿色循环种养等项目签订合作协议，旗人民医院与银川市第一人民医院举办“核心专家团队健康助力行”活动。

优化人才服务保障体系。完善鄂托克前旗专家公寓配套设施设备，深入开展联系服务活动80余批次，走访慰问专家18人，组织体检40人，着力营造良好人才发展环境。

【基层党建】 2021年，鄂托克前旗聚焦“三年打基础、五年争优先”的总体目标，紧紧围绕鄂尔多斯市基层党建巩固提升专项行动任务要求，扎实推进农村牧区党建“增效”年创建，以提升组织力为牵引，以“最强党支部”创建为抓手，不断优化提升基本组织、基本队伍、基本活动、基本制度、基本保障要素建设，强化农村牧区党组织政治功能，持续提升标准化、规范化建设水平，推动全面从严治党向基层延伸、向纵深发展。

农村牧区党建 紧扣“百日集中推进”任务目标，将工作任务细化、量化为9项40条具体任务，列出责任清单、督查清单、问责清单，有序推进任务落实。持续推行嘎查村星级化管理办法，建立动态评星定级机制，提升服务群众星在十星级管理中的权重，健全完善嘎查村“两委”普遍联系服务群众、无职党员责任区划分两项制度。全年获评一类党组织62个，二类党组织8个，经排查未发现软弱涣散党组织。以“最强党支部”创建为抓手，深化实化“两横三纵”（以旗域内交通干道为主，以敖银线、城二线为“两横”，以三二线、S216线、城昂线为“三纵”）示范带创建实效，紧扣“五强”创建标准，构建旗、镇、嘎查村三级党建品牌体系，创新培育农村牧区党建品牌72个，实现“一村一品”。申报创建农村牧区“最强党支部”38个，占比55.8%，打造党建示范点21个，培育党员中心户84户，形成“最强党支部”引领、党建示范点带动、党员中心户联系服务群众的新格局，面对面解决农牧民生产生活困难453个。同步建立镇村两级乡土人才孵化站（点），健全乡土人才挖掘、培育、推荐工作机制，规范化建立乡土人才库，吸纳乡土人才7231人。抓好常态化整改。主动对标全市划分的100个相对后进嘎查村整改任务，对全旗18个相对后进嘎查村，逐村进行原因剖析。组织实施相对后进晋位升级行动，按照星级化管理不达标、产业发展有短板、阵地建设不

规范、集体经济相对薄弱等，划分为4类，逐村建立整改方案，细化整改举措，跟进问题整改，综合研判各嘎查村整改进度和整改质量，对工作进度滞后、质量不高、敷衍了事的嘎查村党组织及时进行约谈提醒，逐级传导整改压力。全年累计组织召开任务调度会4次，专题调研督查9次，问题整改率100%。全面清查嘎查村集体资金、资产、资源“三资”情况，建立“三资”清单，“村账镇管”基础上，设置嘎查村集体经济专项账户，健全集体经济收益管理、资产审核、负债清单三本台账，规范建立年度会计凭证、账簿、报表、收益分配方案、基本情况统计、经济合同、产权等资料档案，实现“专人专管”。累计争取上级重点扶持项目4个、资金837.5万元。实施集体经济项目60余个，投入各类资金7000余万元，打造集体经济联合体9个、村企共建项目7个。100%实现嘎查村集体经济突破10万元，培育超过20万元的示范嘎查村8个。按照党群服务中心“五个三”建设标准，充分发挥党群服务中心联系服务农牧民“主阵地”作用，统筹推进镇、嘎查村两级党群服务中心体系功能建设，建成投用镇村两级党群服务中心72个。制定印发嘎查村党组织运转经费管理办法，建立负面清单，明确嘎查村级组织18万元运转经费中，联系服务群众工作专项经费不得少于8万元。梳理下沉各类党群服务资源项目、便民服务事项189项，组织开展农牧民党员志愿服务398次，联系服务群众12687人次。

旗直机关党建 2021年，在机关突出融合发展，推动机关党建、业务“双促进双提升”。结合建设“最强党支部”，以创建“三个表率”模范机关为抓手，开展优秀机关党建品牌评选活动，从品牌标识、品牌内涵、创建措施、活动载体等方面，在机关事业单位党组织创建党建品牌84个，采取“五个一”举措，推动党建工作与业务工作融合发展，同步组织本领域其他党组织交流学习、寻找差距、互促互进。实行党务工作者备案制度，搭建“1小时夜校”“圆桌沙龙”“微信小课堂”等学习平台，着力打造“党性观念强、能力素质强、创新意识强、工作作风强”的党务工作者队伍。配齐旗直机关工委班子成员，结合事业单位改革，进一步理顺党组织关系，新成立13个党组织，完成42个机关单位党组织的换届、改选、补选工作。成立教育工委，将22个教育系统党组织整建制转入教育工委，切实加强党对教育事业和教育工作的全面领导。

城镇社区党建 2021年，坚持严格选人标准，高质量完成社区“两委”换届，全旗17个社区全部实现“一肩挑”，实现社区“两委”班子进一步建强、结构进一步优化、功能进一步巩固。进一步优化薪酬体系，大力推动社区工作者职业体系建设，全力打造一支专业化、职业化的专职社区工作者队伍。优化社区联合党委设置，以党建项目促进工作落实，实现需求互补、资源共享、机制衔接、功能优化。全旗17个社区、共建单位签署共建协议157份，认领“微心愿”项目635个。持续开展“在职党员进社区”志愿服务活动。全旗115个旗直部门的2300余名在职党员干部进社区报到率100%。不断优化网格化服务管理体系，将原有的121个基础网格调整优化为107个，建立社区党组织、网格党小组、楼栋长（网格员）为主体的服务体系，实现党建主导、多网合一、多元合力、多岗合作。

非公经济、社会组织、园区和国有企业党建 2021年，突出核心引领，抓实抓强园区、国企、非公经济、社会组织党建。园区党建工作方面，全面推行园区县处级党员领导干部联系驻园区企业党组织工作机制，优化园区标准化党群服务中心服务功能，设立党建工作指导站，设立开发区企业综合党委，切实将党建工作融入区域协调发展。国企党建工作方面。强化旗属国有企业党建领导核心作用发挥，把党的建设写入公司章程，以实施“四强四优”党组织创建工作抓手，积极履行国有企业在脱贫攻坚、乡村振兴以及企地共建等工作中的社会责任。非公经济和社会组织党建工作方面，按照“便于管理、示范带动、上下结合”的原则，配齐鄂托克前旗非公有制经济组织和社会组织党工委班子成员，统筹运行工商联、市场监督、民政等3个党建办，“拉网式”排查，建立非公企业党组织17个，社会组织党组织10个，选派15名熟悉党务工作的党员干部到非公经济组织和社会组织担任党建工作指导员，进一步加强非公经济组织和社会组织党建工作。

党员教育管理 丰富教学载体，多样化开展教育培训工作。始终把旗委党校、实践基地、网络课堂作为新时期干部教育培训的“三位一体”主阵地，深入实施“三大提升”工程。邀请内蒙古自治区、市及宁夏周边行业领域专家学者专题授课，录制16个现场教学课件，在相同领域学员中循环播放。以“两横三纵”嘎查村示范点为基础，建立乡村振兴实践点23个；在上海庙经济开发区构建起工业发展概况、国企运行、煤炭、电力、清洁能源等5个研学点。探索建立“1+N+4”现场教学模式，不断实现教育培训理论与实践的有机结合。推出“中国干部网络学院”平台，鄂托克前旗各镇注册学员达148人。不断强化“小鱼易连”视频系统应用，2021年旗、镇两级应用系统开展在线培训达18次，达到“一堂培训受益千人”效果。融合学习强国、法宣在线等主流媒体和智慧党建微信等自媒体平台，以图文并茂的形式，每日推送最新党建咨询、上级政策精神解读、新思想学习动态等内容，让党员干部随时随地共享优质学习资源。现已累计推送各类学习信息700余条。

深化智慧党建工程 2021年，智慧党建研究中心以运用信息化手段、大数据技术推进基层党组织建设为根本点，抓规范、出思路、创特色，助力智慧党建在全领域推进。全面分析“智慧党建e家”使用过程中反馈问题，在原有系统框架的基础上，进一步精简内容后研发智慧党建“红e通”平台，使智慧党建真正发挥实效，在全旗范围有效推广，提高智慧党建综合业务水平。此次改进，新增五大模块：“现场直播”模块，可实时分享旗内重点产业的成功案例；“视频会议”模块，实现远程实时工作调度，也是响应疫情防控常态化的手段措施；“会议打卡”模块，利用定位功能签到签退，让会议规范化、严格化；“外出报备”模块，按照线上流程审批，做到“及时报备，即报即知，急速处理”。为保证后台主数据的口径统一，精简后台数据框架结构，解决数据查询时杂乱慢情况。优化数据库，按照合理归类将全旗178个部门单位，分为13个类别，按照单位职能顺序，提升查询响应速度。

全年开展业务培训和指导3次，制作智慧党建宣传片一部、智慧党建工作纪实一本、宣传册两份。利用现场直播，开展“乡村振兴——饲草料加工颗粒”“乡村振兴——推进水资源集约安全利用”的两期直播，观看次数600余次。

直属机关党建

【概况】 鄂托克前旗直属机关党建工作紧紧围绕贯彻落实组织部长会议精神，聚焦“三年打基础、五年争优先”目标要求，以建设“最强党支部”为抓手，以“组织工作提升年”为牵引，以打造“三个表率”模范机关、建设过硬队伍为目标，着力抓重点、补短板、创亮点、争优先，机关党建工作质量和效能不断提升。

2021年年初配齐旗直机关工委班子成员，推动机关工委实体化运行。结合事业单位改革，进一步理顺党组织关系，新成立13个党组织，完成42个机关单位党组织的换届、改选、补选工作。组建卫生健康系统党工委，配齐班子成员组员，进一步抓实全旗卫生健康行业党建工作。鄂托克前旗财政局党支部、旗妇联联合党支部被评为全市“三个表率”模范机关党组织。至年底，全旗共有机关党组织180个，其中党委2个、党工委4个、党总支9个、党支部165个，共有党员2236名。

【党员队伍建设】 选优配强党组织书记，配齐专兼职党务工作人员，加强党务工作人员与行政、业务人员之间的双向交流。进一步规范发展党员程序，保障发展党员质量，编制《发展党员工作图解汇编》，以思维导图和材料手册的形式详细分解发展党员工作步骤，解决基层党组织发展党员工作要求不明、流程不细的问题，举办全旗入党积极分子和党务干部培训班，认真执行“两推一考一票决”发展党员工作机制。注重发展党员质量，进一步规范入党程序，2021年共发展机关党员145名。

全力做实“主题党日+”活动，引导各级党组织着力建设模范机关，结合庆祝建党100周年、中华人民共和国成立72周年，开展红色教育，涵盖困难帮扶、红色教育、政治生日等内容，拓展主题党日的影响面和渗透力，进一步彰显党员的党性意识、身份意识、宗旨意识，增强党建活力，以此塑造出一支创新力、战斗力、凝聚力强的先锋党员队伍。

2021年，对党组织书记、党务工作者培训全覆盖，使他们成为抓党建的行家里手。组织开展党务工作者党建业务、入党积极分子等各类专题培训21期1980人次。开设新时代年轻干部讲堂，让旗直部门“一把手”常态化登台授课，储备优质课题52个，开展专题讲座9期1257人次。加强党务工作者队伍建设，实行党务工作者备案制度，举办1期党务工作者培训班，搭建“1小时夜校”“圆桌沙龙”“微信小课堂”等学习平台，丰富授课内容，着力打造一支“党性观念强、能力素质强、创新意识强、工作作风强”的党务工作者队伍。

【基层组织建设】 制定印发《旗委落实全面从严治党主体责任清单》《旗委政治建设责任清单》，细化量化目标责任。召开涉及党建工作的常委会会议33次、全会5次、书记专题会8次，党建领导小组会议4次，全面压实工作责任。

扎实开展“灯下黑”专项整治，推动机关党建工作质量整体提升。结合建设“最强党支部”，以创建“三个表率”模范机关为抓手，实施机关党建示范点创建行动，围绕行业示范、质量示范、基础示范、特色示范，在机关事业单位党组织打造示范点11个，同步组织本领域其他党组织交流学习、寻找差距、互促互进。采取“五个一”（开展一次党建与业务融合推进的工作调研、参加一次所在党支部的组织生活会、上好一堂党课、开展一次述职述学述廉评议、每季度开展一次党建工作检查）举措，推动党建工作与业务工作融合发展、共同进步。

【党建引领服务】 持续开展“在职党员进社区”志愿服务活动。聚焦群众的“急难愁盼”，深入推进联系服务群众“六个一”工作机制，将组织下沉在一线，全旗149个居民小区建立党总支1个、党支部18个、楼栋党小组24个、党员中心户78个，确保组织全覆盖，全面构建“社区党组织+小区综合党组织+楼栋党小组+党员中心户”服务架构，实现社区党组织、机关企事业单位党组织、在职党员干部进驻社区“三个全覆盖”，全旗115个旗直部门的2300余名在职党员干部进社区报到率100%；将资源集中在一线，激发服务新活力，社区与驻区部门全面梳理双向《资源和需求清单》，发放《在职党员进社区联系服务群众工作手册》，2021年在职党员共认领服务岗位2600多个，认领民生实事项目1500余个，开展志愿服务900余次，解决群众急难愁盼问题2300多条；将机制优化在一线，实现服务常态化，赋予社区党组织对机关企事业单位党组织、在职党员的履职评判权，将报到党员联系服务群众情况反馈至党员所在党组织，作为在职党员干部考察、年度考核结果、评先选优的重要参考依据。

【党建品牌建设】 开展优秀机关党建品牌评选活动，84个党组织分别从品牌标识、品牌内涵、创建措施、活动载体等方面，提出科普先锋·星耀草原、水泽民生等名称，形式多样地展示各单位（部门）党建品牌创建工作的特色，旗直机关工委根据最终评选结果给予一定表彰奖励，并作为年度实绩考核的主要依据，切实解决机关党建“灯下黑”“两张皮”问题，推动机关党建工作高质量发展。扎实推进“最强党支部”建设。分行业、分领域制定“五强”创建标准，统筹推进各领域党建工作整体提升，评定旗级“最强党支部”118个，其中机关“最强党支部”57个。

【党史学习教育】 组织党员干部开展党史学习教育统筹用力、抓主抓重，明理增信、崇德力行；全面对标党中央决策部署和自治区党委、市委工作要求，紧扣“学党史、悟思想、办实事、开新局”目标要求，狠抓“规定动作”落地，创新“自选动作”；通过党委（党组）理论学习中心组学习、党支部学习，“三会一课”、主题党日、红色夜校等平台开展集中学习7000余次。深入学习贯彻习近平总书记在党史学习教育动员大会上的重要讲话精神，聚焦学习宣传贯彻习近平总书记“七一”重要讲话精神和党的十九届六中全会精神。做到党员干部全部参与、学习教育全面铺开、思想感悟全面提升，推动党史学习教育在各党支部走深走实，以党史学习教育成果推动全旗各项事业取得长足发展。

老干部服务

【概况】 鄂托克前旗离退休干部工作围绕离退休干部党的建设、服务管理、发挥作用三大任务，以“夕阳金辉 银龄先锋”党建品牌为引领，持续聚焦“五个精准”服务，全面提升“五好”老干部之家建设水平，充分发挥“银龄先锋”作用，推动全旗离退休干部工作。

至2021年，旗离退休干部党工委下设14个离退休干部党支部、党员464名、临时党支部9个；老干部服务中心直接服务管理离休干部5人，县级以上退休干部35人；涉老干部团体（协会）5个。所属老干部活动中心占地面积9000多平方米，建筑面积4398平方米。

【老干部服务】 2021年，为老干部活动室铺设防滑塑胶地板160多平方米，为28户困难退休干部、遗属家庭落实帮扶资金5万元，为3名离退休干部遗属协调缴纳养老保险金16000元。协调爱心企业为老年大学捐赠电子琴、手风琴、古筝、扬琴、二胡等3万余元的教学乐器。

为40多名离休、县处级退休干部开展“三个一”（定制一份精美生日蛋糕、制作一张生日贺卡、送上一句温馨祝福语）生日送祝福活动36次；经常性走访、探望卧病在床和住院的离退休干部19人次；在重要节点和重大节日走访慰问离休和县处级退休干部及其遗属、生活困难退休干部、老党员149人次，重阳节通过制作小视频、开展“线上庆重阳·云端送祝福”活动、集中走访、上门慰问等形式为老干部送去节日问候；七一走访慰问老党员，举办“红歌赞党献深情 银龄抒怀感党恩”庆祝建党100周年老干部专场文艺汇演；累计开展去世慰问服务11人次。为230余名离休和县处级退休干部及老党员开展健康体检；联合旗卫健委开展知识讲座2次；建立“老年人消费教育基地”，开展老年消费教育知识讲座3次；邀请专家就鄂托克前旗12349智慧居家便民为老服务项目内容、高龄津贴申领程序及发放标准、老干部医疗报销程序和标准进行现场介绍。

思想政治建设 组织集中学习活动5场次1530人次、印发各类学习资料1000余册、购置学习书籍30余套、集体收看全国离退休干部网上专题报告会4场次、送学上门160余人次，切实保证老干部学习教育的全覆盖。先后举办党史学习教育主题活动暨新任党支部委员任前培训、“鄂前旗老干部铸牢中华民族共同体意识”专题培训班、旗第十次党代会、党的十九届六中全会专题宣讲，观看专题纪录片《统编教材》1-5集、参观三段地革命历史纪念馆、三段地工委旧址。

打造“夕阳金辉 银龄先锋”党建文化墙，全面规范老党员学习活动档案资料，配置档案柜、触控教学一体机，建成“学习图书角”，切实提升老党员学习、活动保障水平。为“光荣在党50年”党员颁授纪念章57枚；举办老党员“学党史 感党恩 跟党走”党史知识竞赛及老干部征文、书画大赛，组织老干部讲师团成员深入小学开展红色革命专题宣讲，提升离退休干部党建工作水平，加强老干部宣传思想意识形态工作。起草并推动出台《鄂托克前旗到龄干部荣誉退休工作制度》，编印《离退休干部服务手册》等文件。

倡导发挥余热 组织开展“我看建党百年新成就”考察调研活动、老干部座谈会等，让老干部对党的建设、经济社会发展等积极建言献策，提出“金点子”。依托老年大学、涉老团体开展群众性文化体育活动。依托关工委、老科委、老体委、老年大学等涉老组织和团体，通过开展“最美老干部”评选活动，在社区建立“银龄志愿服务驿站”“银龄志愿服务队”等“银”字号组织，积极鼓励、引导有专业优势、经验的老同志，主动担任社区调解员、业主委员，广泛开展退休干部志愿服务创建活动，为建设文明城市添彩出力。全旗14支老年志愿服务队活跃在各个社区，为群众提供11大类志愿服务，特别是在社区网格化管理中老干部发挥作用，在社区两委担任职务的有2人，业主委员的有43人，楼栋长有38人，网格员有11人。搭建平台引导关心下一代教育的老同志开展关爱困难儿童，捐资助学等活动。旗关工委拍摄传承红色基因教育片、青少年党史问答视频，为海军希望小学捐助足球、排球22颗，协调爱心企业为城川10名小学生及幼儿捐资3万元，为蒙古族实验小学10名家庭困难学生赠送学习用品、书。

注重典型选树 召开庆祝建党100周年暨2021年度“两优一先”表彰大会，表彰23名优秀共产党员、9名优秀党务工作者、6个先进基层党组织、23名“2020—2021年度退休党员干部做好表率发挥作用积分优秀个人”。表彰2021年度工作实绩突出单位8个、先进个人8人。

【老年大学建设】 2021年3月，鄂托克前旗老干部服务中心加挂“鄂托克前旗老年大学”牌子，5月，成为鄂尔多斯市老年大学分校，12月，旗老年大学首个分校在上海庙镇马兰花社区挂牌成立。明确老年大学办学宗旨为“增长知识、丰富生活、陶冶情操、促进健康、服务社会”，健全教学管理制度，建立师资库，从制度上规范教师聘用程序和待遇。成立敖镇巴音社区、赛罕社区、上海庙镇马兰花社区老年大学分校，开设3个系6个专业16个班，聘用教师12人，400余名退休干部、老年人参加学习。

统一战线

【概况】 鄂托克前旗委统一战线工作围绕大团结大联合主题，充分发挥党的统一战线重要法宝作用，广泛凝聚人心、汇聚力量，围绕中心、服务大局，全力维护社会和谐稳定，推动全旗经济发展、民族团结和宗教和顺稳定。

【思想政治引领】 2021年，全旗推动构建党委统一领导、统战部牵头协调、有关方面各负其责的大统战工作格局，制定印发《鄂托克前旗委统一战线工作领导小组工作规则》《鄂托克前旗委统一战线工作领导小组成员单位职责分工》等4个文件，制定印发《学习宣传贯彻〈中国共产党统一战线工作条例〉重点任务分工方案》，将《中国共产党统一战线工作条例》纳入旗委理论学习中心组学习计划、全旗干部教育培训主体班次，明确具体任务，加强日常督促检查，以实际行动推动《条例》落实。全年旗委理论学习中心组专题学习《条例》1次、常委会会议专题研究《条例》有关贯彻落实情况2次、专题学习《条例》培训班9期，受训人数550余人次，向社会各界发放《条例》300余册。紧扣学习贯彻习近平新时代中国特色社会主义思想这条主线，全年举办铸牢中华民族共同体意识培训、党外干部培训、宗教干部培训、统战干部能力提升培训、三级宗教干部培训、宗教联络员培训、非公经济大讲堂、教职人员培训等各类培训班10余期，积极选派干部参加各级各类培训班，通过专题讲座、座谈交流、考察学习等形式，累计培训800余人次，引导党员干部、统战成员不断巩固共同思想政治基础。组织开展统一战线庆祝中国共产党成立100周年和庆祝中华人民共和国成立72周年系列活动，组织全旗各界统战服务对象100余人开展“我和国旗合个影”主题宣传活动，不断激发爱国情怀。

【民族团结进步】 2021年，旗委常委会会议听取民族工作汇报2次、召开旗委民族工作会议1次，定期研究部署民族工作各项任务，确保民族工作主体责任落到实处。按照旗委统一安排部署，切实抓好中央第八巡视组巡视内蒙古反馈意见整改工作，全旗涉民族工作整改任务23项，已按要求全部完成整改。深入开展铸牢中华民族共同体意识学习教育，旗委理论学习中心组、统一战线领导小组及有关单位共举办专题培训40余期，实现全旗党员干部、教育系统和农牧民代表培训全覆盖。及时召开统战系统专题学习会，传达学习中央民族工作会议精神、习近平总书记关于民族团结进步重要论述和自治区党委、市委、旗委民族工作会议精神，进一步深化全体党员干部铸牢中华民族共同体意识。深入开展民族法治宣传周活动，对《中国共产党统一战线工作条例》《内蒙古自治区促进民族团结进步条例》等内容进行宣传，发放宣传资料、宣传品400余份，引领广大干部群众深入学习宣传党的民族政策和法律法规，自觉维护民族团结、社会和谐的良好局面。以铸牢中华民族共同体意识为主线，常态化推进民族团结进步创建工作，旗蒙医综合医院、第二幼儿园推荐为第八批全区民族团结进步示范单位；旗政协机关、敖勒召其镇等6个单位申报为全市民族团结进步示范单位；旗档案史志馆申报第四批全市民族团结进步教育基地，命名为全旗第一批民族团结进步教育基地。扎实推行使用国家统编教材，深入各学校调研，组织全旗各校党支部书记、校（园）长召开铸牢中华民族共同体意识座谈会，听取参会人员意见建议；做好高考加分改革有关工作，及时召集各镇及相关部门负责人召开专题部署会，做好高考改革的政策解读和舆论引导工作，为顺利推进改革营造了良好氛围。建立完善少数民族代表人士数据库，并进行动态更新调整，不定期组织开展培训教育；建立健全鄂托克前旗少数民族代表人士和知识分子联谊交友制度，开展谈心谈话12人次，进一步加强思想政治引领。

【宗教事务管理】 2021年，加强组织领导和统筹协调工作，落实宗教联席会议制度和分析研判制度，全年召开宗教工作联席会议15次、分析研判会2次，及时对当前全旗宗教工作面临的形势、存在的问题进行讨论和分析研判，并对下一步工作进行安排部署。开展全旗境内非法宗教活动专项排查治理2次，坚决遏制违法违规宗教活动。提高依法管理宗教事务水平，通过理论讲座、外出观摩等形式，组织宗教干部、宗教界人士学习党的十九届六中全会精神和自治区、市党代会精神及《宗教事务条例》《内蒙古自治区宗教事务条例》等法律法规，进一步提高宗教干部政策理论水平和工作能力，教育宗教界人士弘扬爱国爱教优良传统、积极引导信教群众依法依规开展宗教活动。推动宗教界加强自身建设，开展“弘扬新时代爱国爱教精神，铸牢中华民族共同体意识”学习会及宗教界代表人士党史学习教育会12次，开展谈心谈话28人次，教育引导宗教教职人员和广大信教群众坚持我国宗教中国化方向。全力做好宗教活动场所安全工作，为全旗8所宗教活动场所建设微型消防站和远程监控设备；针对马兴布日都庙主殿房屋存在安全隐患问题，协调上级统战部门筹集专项资金30万元、自筹10万余元，原址修建主殿140余平方米和相关附属建筑。

【非公经济统战】 2021年，召开优化营商环境工作座谈会，开展“优环境，助发展”政策宣讲活动，对优化营商环境工作进行部署，听取企业意见和建议，对惠企政策进行宣传解读，助推全旗优化营商环境工作。组织开展全旗民营企业统战工作调研活动，深入企业开展调研6次，与企业负责人座谈交流，全面掌握民营经济人士思想状况、民营企业困难诉求，帮助解决实际问题，了解常态化疫情防控下企业经营状况、惠企政策享受情况以及面临的突出问题。开展“万企兴万村”助力乡村振兴行动，召开推进会，从行动宗旨、目标任务、共建方式和工作进度等方面进行了安排部署，98家企业结对帮扶68个嘎查村，巩固拓展脱贫攻坚成果同乡村振兴有效衔接。加强非公经济人士理想信念教育，组织外出观摩学习4次，学习先进企业的管理经验和企业文化，助推企业转型升级；举办各类银企、惠企讲座3场、260余人参加培训。牵头协调全旗民营企业家举办2021年“金秋助学”活动，24家爱心企业为65名贫困学生捐助资金16.76万元，帮助部分贫困学生解决了实际困难；11家民营企业被评选为鄂尔多斯市“百企帮百村”精准扶贫行动爱心企业，推荐内蒙古优秀中国特色社会主义建设者2名。指导旗工商联开展工作，举办全旗第三届非公经济运动会，激发企业团结协作精神，促进相互交流；推荐旗工商联评选全区“万企帮万村”精准扶贫行动组织工作先进集体。

【党外及新的社会阶层人士统战】 2021年，召开鄂托克前旗统一战线庆祝中国共产党成立100周年座谈会，部分无党派人士、新的社会阶层人士等围绕习近平总书记“七一”重要讲话精神分别作了生动精彩的发言，回顾光辉历程、重温合作初心、展望光明前景。举办鄂托克前旗无党派人士认定仪式，对全旗首批36名无党派人士进行认定并颁发《无党派人士证书》，进一步增强无党派人士的政治意识和使命意识。围绕旗十一届政协换届人事安排工作，扎实做好委员后备人选库的建立和协商筛选工作、留任委员的评定提名工作，新一届委员建议人选的组织考察工作、印发《鄂托克前旗新的社会阶层人士统战工作联席会议成员单位工作职责》和《鄂托克前旗2021—2025年推动新的社会阶层人士统战工作发展实施方案》，召开联席会议，明确牵头单位、责任单位和任务分工，进一步统一思想、明确职责、加强协作，推动工作形成合力。

【侨务和海外统战】 2021年，关注侨情，扎实做好为侨服务和维护侨眷工作，对华侨华人疫苗接种情况进行电话对接，并积极组织符合接种条件的侨胞侨眷进行新冠疫苗的接种，通过常态化的联系联络、信息交流，凝聚侨心、汇聚侨力。

机构编制

【概况】 2021年，鄂托克前旗委编办以《中国共产党机构编制工作条例》为基本遵循，紧紧围绕全旗重点工作、中心任务，坚持优化、协同、高效的原则和“整体重塑、功能再造”的主导思维，深入推进事业单位、园区改革等工作，按期高质量完成各项改革任务。至年底，全旗共有行政事业机构209个。其中，行政机构57个（纪检监察机关1个、党的工作机关8个、政府工作部门27个、群团9个、人大常委会机关6个、政协机关1个、镇4个、管委会1个，事业单位152个（相当正科级事业单位21个、相当副科级事业单位42个），股级事业单位89个（包括中小学、幼儿园、医院及卫生院）。

【深化事业单位改革】 改革前全旗共设置事业单位165个（含相当于正科级事业单位20个、相当于副科级事业单位40个），其中，涉改事业单位114个。

2021年，通过撤销、撤并、重新组建的方式，共撤销、撤并事业单位39个，重新组建事业单位26个。

2021年，全旗新设立旗干部人事档案中心、旗委讲师团、旗铁路民航中心、旗城乡建设和人民防空服务中心、旗水利局综合保障中心、旗市场监管综合保障中心、旗民族事务服务中心。旗消费者协会、旗个体劳动者私营企业管理协会转为社团管理；旗计划生育协会退出事业单位序列，按照群团管

表12 鄂托前旗撤销撤并重新组建事业单位一览表

序号	改革前	改革方式	序号	改革后	改革方式
1	鄂托克前旗精神文明建设服务中心	撤销	1	鄂托克前旗新时代文明实践服务中心	组建
			2	鄂托克前旗网络安全应急指挥中心	
2	鄂托克前旗体育活动中心	撤并	3	鄂托克前旗教育体育事业发展中心	组建
3	鄂托克前旗学生资助管理中心				
4	鄂托克前旗教育教学研究中心	撤并	4	鄂托克前旗教育教学研究中心	组建
5	鄂托克前旗电化教育中心				
6	鄂托克前旗节能监察中心	撤销	5	鄂托克前旗工业和科技发展促进中心	组建
7	鄂托克前旗殡葬管理所	撤并	6	鄂托克前旗殡仪馆	组建
8	鄂托克前旗综合福利院				
9	鄂托克前旗非税收入管理局	撤销	7	鄂托克前旗财政综合服务中心	组建
10	鄂托克前旗劳动人事争议仲裁院	撤销	8	鄂托克前旗劳动保障综合服务中心	组建
11	鄂托克前旗规划审验中心	撤并	9	鄂托克前旗自然资源综合服务中心	组建
12	鄂托克前旗地质矿产资源管理所				
13	鄂托克前旗人民政府土地收购储备中心				

续表12

序号	改革前	改革方式	序号	改革后	改革方式
14	鄂托克前旗水土保持工作站	撤并	10	鄂托克前旗水利事业发展中心	组建
15	鄂托克前旗防汛抗旱服务站				
16	鄂托克前旗水利工程质量监督站				
17	鄂托克前旗扶贫开发中心	撤并	11	鄂托克前旗乡村振兴事业发展中心	组建
18	鄂托克前旗农村牧区人居环境工作站				
19	鄂托克前旗经济作物工作站	撤并	12	鄂托克前旗农牧业技术推广中心	组建
20	鄂托克前旗现代农牧业新技术推广办公室				
21	鄂托克前旗农牧业综合开发中心	撤并	13	鄂托克前旗农牧业生态与资源保护中心	组建
22	鄂托克前旗农业农机技术推广站				
23	鄂托克前旗农业种子管理站		14	鄂托克前旗农村牧区经营服务中心	
24	鄂托克前旗畜牧和水产工作站		15	鄂托克前旗农牧局综合保障中心	
25	鄂托克前旗农村牧区合作经济和产业发展站				
26	鄂托克前旗卫生局财务集中核算中心	撤并	16	鄂托克前旗卫生健康委员会政务保障中心	组建
27	鄂托克前旗卫生局医管办				
28	鄂托克前旗产品质量计量检测所	撤并	17	鄂托克前旗检验检测中心	组建
29	鄂托克前旗食品药品检验检测中心				
30	鄂托克前旗农村社会经济调查队	撤并	18	鄂托克前旗统计调查中心	组建
31	鄂托克前旗城市社会经济调查队				
32	鄂托克前旗企业经济调查队				
33	鄂托克前旗电子计算机站				
34	鄂托克前旗林业和草原工作站	撤并	19	鄂托克前旗草原工作站	组建
			20	鄂托克前旗林业工作站	
35	鄂托克前旗资源林政管理站		21	鄂托克前旗森林和草原病虫害防治检疫站	
			22	鄂托克前旗森林和草原防火工作站	
36	鄂托克前旗森林病虫害防治检疫站		23	鄂托克前旗林业和草原调查监测队	
			24	鄂托克前旗林草产业工作站	
37	鄂托克前旗环境卫生管理局	撤并	25	鄂托克前旗公用事业服务中心	组建
38	鄂托克前旗园林绿化管理局				
39	鄂托克前旗劳动保障监察综合执法局	撤销	26	鄂托克前旗自然资源综合行政执法大队	组建

35个事业单位名称变更。

表13　　鄂托克前旗事业单位名称变更一览表

序号	更名前	更名后
1	鄂托克前旗投资促进中心	鄂托克前旗营商环境促进中心
2	鄂托克前旗房屋征收与政府工程项目建设管理中心	鄂托克前旗政府投资项目代建中心
3	鄂托克前旗供销合作社	鄂托克前旗供销合作社联合社
4	鄂托克前旗廉政教育管理中心	鄂托克前旗廉政教育中心
5	鄂托克前旗人才研究中心	鄂托克前旗人才促进中心
6	鄂托克前旗社会治安综合治理信息中心	鄂托克前旗社会治安综合治理中心
7	鄂托克前旗委编办综合保障中心	鄂托克前旗政务和公益机构域名注册中心
8	鄂托克前旗保密技术和专用通信服务中心	鄂托克前旗保密技术服务和涉密载体销毁中心
9	鄂托克前旗巡察数据管理中心	鄂托克前旗巡察数据信息中心
10	鄂托克前旗人大政策研究中心	鄂托克前旗人大综合服务中心
11	鄂托克前旗金融服务中心	鄂托克前旗金融发展研究中心
12	鄂托克前旗翻译局	鄂托克前旗翻译中心
13	鄂托克前旗体育活动中心	鄂托克前旗教育体育事业发展中心
14	鄂托克前旗教育督导室	鄂托克前旗教育督导评估中心
15	鄂托克前旗公安局科技信息服务中心	鄂托克前旗公安局综合保障中心
16	鄂托克前旗城乡居民最低生活保障办公室	鄂托克前旗民政综合服务中心
17	鄂托克前旗法务中心	鄂托克前旗法律服务中心
18	鄂托克前旗社会保险事业管理局	鄂托克前旗社会保险事业服务中心
19	鄂托克前旗就业服务局	鄂托克前旗就业服务中心
20	鄂托克前旗自然资源管理所	鄂托克前旗自然资源所
21	鄂托克前旗住房保障和物业管理中心	鄂托克前旗住房保障综合服务中心
22	鄂托克前旗建设工程安全质量监督站	鄂托克前旗建设工程质量安全技术服务中心
23	鄂托克前旗城市管理综合执法局	鄂托克前旗城市管理综合行政执法局
24	鄂托克前旗公路工程管理站	鄂托克前旗交通运输工程质量监测鉴定服务中心
25	鄂托克前旗公路管理段	鄂托克前旗农村牧区公路养护中心
26	鄂托克前旗大沟湾水库管理所	鄂托克前旗河湖水库保护中心
27	鄂托克前旗农畜产品质量安全监测站	鄂托克前旗农畜产品质量安全中心
28	鄂托克前旗文物保护管理所	鄂托克前旗文博研究院
29	鄂托克前旗卫生计生综合监督执法局	鄂托克前旗卫生健康综合行政执法大队
30	鄂托克前旗健康教育所	鄂托克前旗卫生健康委员会健康促进中心
31	鄂托克前旗安全生产监管综合执法局	鄂托克前旗应急管理综合行政执法大队
32	鄂托克前旗应急救援中队	鄂托克前旗矿山救护中队
33	鄂托克前旗数据审计信息中心	鄂托克前旗审计服务中心
34	鄂托克前旗煤炭安全生产监管综合执法局	鄂托克前旗能源管理综合行政执法大队
35	鄂托克前旗政协政策研究中心	鄂托克前旗政协综合服务中心

理；旗妇幼保健计划生育服务中心调整到公立医院序列（仍占用事业单位机构限额）。5月，撤销4个镇财政所，并入镇党群服务中心。全旗全年共减少事业单位13个。

【经济开发区改革】 内蒙古鄂尔多斯上海庙经济开发区党工委、管委会设内设机构由8个精简为6个，分别为党政办公室（党群工作部）、发展和招商局、人才和科技局、财政金融局、建设管理局（生态环境管理办公室）、应急管理办公室。

【机构编制管理】 重新修订《旗委编委会工作规则》《旗委编办工作细则》，在机构编制事项动议、论证、审议决定、组织实施等环节严格遵守管理权限，切实规范审批流程，坚决维护机构编制的严肃性和权威性。

【事业单位登记管理】 全旗有事业单位152家（新设立20家、变更79家、注销27家），事业单位法人登记107家。监督检查核准登记的事业单位法人登记事项、年度报告等内容进行，向社会公示。

党性教育

城川民族干部学院

【概况】 城川民族干部学院于2016年6月22日经内蒙古自治区编委批准建立，于2017年7月10日正式挂牌成立并开班办学。学院依托鄂尔多斯市和鄂托克前旗厚重的红色革命历史及新时代民族团结进步创建的生动实践，确立建设“面向全国的民族干部教育培训基地”和“西北一流的党性教育基地”的发展定位，是一所以红色教育为特色、民族团结进步教育为重点，集党性教育、国情教育和党员干部能力提升培训为一体的综合院校。

2021年，学院共举办各类培训班140期7048人，其中主体班27期1535人次，对外培训113期5513人次。加上在各现场教学点参观学习的团体和个人，教育培训总量突破8.2万人次。

【基础设施建设】 城川民族干部学院地处内蒙古自治区鄂尔多斯市鄂托克前旗城川镇，是在原延安民族学院辗转城川办学的原址上建立的，总占地面积43万平方米，建筑面积16万平方米。其中民族团结广场面积12万平方米、纪念馆面积3900平方米、行政办公楼2300平方米、培训楼2400平方米、食宿楼12200平方米。可容纳500多人在院培训。

城川民族干部学院文体活动中心总建筑面积10078.5平方米。城川民族干部学院教师周转房及专家公寓于9月14日举行奠基仪式，总用地面积6082平方米，建设教师周转房及专家公寓两栋7088平方米，于2022年6月底建成投用。

【师资队伍建设】 面向社会公开招聘硕士研究生学历专职教师8名，大学本科学历讲解员12名。动员符合条件的人才申报职称，指导优秀专业人才争取享受相关人才政策、各类评选人才荣誉称号。2021年，学院有中级职称9人、初级职称37人；青年教师雷云《铸牢中华民族共同体意识，扎实推进民族团结与边疆稳固》专题课程，获评为全区党校（行政学院）系统第三届精品课程；青年教师马燕妮和赵煜盛在内蒙古自治区首届红色故事讲解员大赛中分别获得专业组第一名及志愿组优秀讲解员；青年教师萨如拉在全市党史广播比赛中斩获佳绩。

学院参照鄂尔多斯市高等院校绩效工资标准，执行2.5倍绩效工资，提高人才队伍工资待遇。

【课程体系设置】

推进专题课程开发 新开发《以史为鉴·开创未来——学习贯彻习近平总书记在庆祝中国共产党成立100周年大会上重要讲话精神》《中央民族工作会议精神解读》等10节专题课；优化提升《牢记嘱托坚持人民立场，砥砺奋进建设亮丽北疆——深入学习贯彻习近平总书记考察内蒙古重要讲话精神》《新时代中国统一战线理论创新与发展——学习贯彻习近平总书记关于加强和改进统一战线工作重要论述》等14节专题课。

推进现场教学开发与提升 结合阳早寒春三边牧场陈列馆、城川红色国际秘密交通站两个教学点，围绕“信仰”“忠诚”两个主题拍摄两节网络微课；完善滴哨沟战场纪念园、城川红色国际秘密交通站两个教学点的缅怀仪式，提升仪式的庄重感；在滴哨沟战场纪念园开发“微党章”课程，引导学员增强党章意识、纪律意识和规矩意识；捕捉时政要点和时政热点，挖掘鲜活的时事资源，充实和拓展各教学点的讲解词内容；打磨提升“爱我中华”民族团结进步教育音乐舞蹈史诗课。

创新教学形式 联合内蒙古党校共同开发《铸牢中华民族共同体意识案例教学——以苏联解体中的民族问题为例》《心怀“国之大者”，淬炼“政治三力”——祁连山木里矿区非法采煤问题的教训与启示》两节案例教学；创设互动式教学课程《党的知识大会》，并面向学员讲授18场次。

【教育培训】 学习贯彻中央、自治区、市级《干部教育培训规划（2018—2022）》《中国共产党党校（行政学院）工作条例》有关要求，加强党的基本理论和党性教育，深入开展习近平新时代中国特色社会主义思想，党的十九届四中、五中全会精神专题教育，党史学习教育，结合院本课程开发情况，丰富课程安排形式，新增加情项教学《“爱我中华”民族团结进步教育音乐舞蹈史诗课》、互动教学《民族团结进步知识大会》《党的知识大会》等3节翻转课堂等新颖独特的教学课程。突显特色课程，强化铸牢中华民族共同体意识教育，增加《中华民族一家亲，同心共筑中国梦》现场教学课程，适时安排“三同”实践教学。在课程安排上优化完善三天、五天、七天、九天、十五天等《2021年课程方案》，编写完成《城川民族干部学院教培工作手册》，便于培训对象选择。对6492份学员调查数据分析满意度，创新的教学形式、丰富的教培内容受到参训学员的广泛赞誉和认可。学员满意率达99.82%。创新开发校域外社会实践教学点线路开发，与鄂尔多斯市少数民族文化交流中心、鄂尔多斯市成陵、深圳经理进修学院等初步建立联合办学的意向，确立主题培训线路和课程安排。

【服务保障】 按照内蒙古自治区、鄂尔多斯市委疫情防控工作要求，在学院设置疫情防控检查站2处，全天24小时坚守岗位，对过往车辆及人员严格执行测量体温、查看健康码、登记等流程，全方位、无死角开展疫情防控工作，继续落实落细疫情防控措施，在常态化疫情防控中呵护学员和教职员工生命安全、身体健康。重点规范学院卫生管理制度、询价制度，做到用制度来管理、考核后勤工作人员、物业服务公司，健全岗位职责、明确工作任务，提高工作效率。结合学院文化特色制定独具特色的主题文化餐，固定五大主题文化餐的具体菜单，突出学院餐饮文化特色。

【信息宣传】 在微信平台开设《习近平新时代中国特色社会主义思想学习问答》《内蒙古自治区促进民族团结进步条例》《中国共产党党内法规制定条例》《中华人民共和国民族区域自治法》《党史故事100讲》《党史知识每日一题》《百炼成钢：中国共产党的100年》《红色故事 世代传承》《红色鄂尔多斯》《延安民族学院的成立与变迁》等栏目；在各新媒体平台和网站发布129期培训班的学习培训动态以及宣传新教学法应用情况。围绕学院教培工作、党史学习教育等开展特色亮点宣传；在各类媒体积极发稿1000多篇；加强市级及以上主流媒体的沟通对接。

【党建工作】 坚持“党建+教培”融合发展思路，以打造“红色引擎 团结熔炉”党建工作品牌为目标，以党史学习教育为具体抓手，扎实推动党建工作与教培工作同频共振、共同提升。深入推进“我为群众办实事”实践活动，重点聚焦教员、学员、包联村民们急难愁盼的5个方面29项问题，建档立诺，全力推进解决。2021年，组织开展理论学习中心组学习15次，党员大会4次，支委会12次，全院党员集中学习14次，举办读书班2期，专题学习7次，专题研讨8次，开展相关主题党日活动12次。

党校教育

【干部培训】 2021年，中共鄂托克前旗委员会党校根据旗委组织部印发的《2021年全旗干部教育培训主体班次计划》通知，制定《旗委党校2021年教学工作计划》，同多部门联合共同举办中国共产党第十九届五中全会精神专题轮训班、新任职科级干部履职能力提升班等主体培训班次16期，参训学员1595名。

【巡回宣讲】 2021年，中共鄂托克前旗委员会党校继续扩展理论宣讲范围，以各镇、旗直部门培训需求为基础，在各镇推行党校授课点，围绕经济、政治、文化、社会、生态等领域30个课题内容宣讲，全年完成理论宣讲92场，参训人数6382人次。

【调研资政】 2021年，中共鄂托克前旗委员会党校围绕旗委政府总体部署和干部群众普遍关注的热点问题，制定调研方案，定时间、定任务、定标准，确保高质量完成自治区、市、旗相关课题，实现"教学出题目，科研做文章，成果进课堂，咨询进决策"的良性循环，形成一批有质量、有依据、有参考价值的调研成果。按照旗党代会提出的"四区建设"打造"红色文化传承区"的功能定位、现实需求，积极开展调研，形成3篇高质量调研报告，为全旗决策提供参考依据。

【师资建设】 2021年，中共鄂托克前旗委员会党校始终坚持学术讲政治，把政治标准放在首位，充分发挥党校教师优势，聚焦学懂弄通做实习近平新时代中国特色社会主义思想，切实提高教师政治站位。组织政治素质高、业务能力强、理论功底深厚的骨干教师赴上海市、内蒙古自治区、鄂尔多斯市委党校学习，围绕新思想、中国共产党第十九届五中全会、历年各级党代会精神等内容精心备课，要求每名教师全年至少有一堂"理论过得硬、学员听得进、全旗叫得响"精品课程，打造一批具有地方特色的精品课程。注重培养青年教师，通过主题申报、试讲遴选、反复打磨、匿名评审等环节，实行"集体备课、课前试讲、说课评课"模式，融集体智慧于一课，在备中思、讲中学、评中改，全年开展党史学习教育，市、旗党代会精神等相关课题集体备课会5次，全面提升授课水平与技巧。

人民代表大会

综述

【概况】 鄂托克前旗第十届人民代表大会常务委员会于2017年12月7日经旗第十届人民代表大会一次会议选举产生。至2021年底，旗十届人民代表大会代表共有136人，其中少数民族代表40人，妇女代表33人，市代表14人。2021年，听取和审议"一府一委两院"专项工作报告5次，作出决议、决定12项，专题调研《中华人民共和国安全生产法》《内蒙古自治区安全生产条例》《中华人民共和国政府采购法》等6部法律贯彻实施情况。配合上级人大开展国有资产管理情况调研、视察2次，配合上级人大调研公立医院综合改革和分级诊疗制度建设、推行使用国家统编教材、文化和旅游消费示范城市建设、"2020年"市级专项资金使用和绩效、法院发挥审判职能优化营商环境等20项工作开展情况，配合上级人大执法检查贯彻实施《中华人民共和国固体废物污染环境防治法》《鄂尔多斯市绿色矿山建设管理条例》情况，立法调研《内蒙古自治区草畜平衡和禁牧休牧条例（初稿）》《鄂尔多斯市政务服务条例（草案）》。对旗人民法院3名法官、检察院2名检察官开展履职评议，实地调研旗级票决确定的10个和各镇票决确定的12个民生实事项目建设情况。依法任免国家机关工作人员40人，接受3名常委会委员辞职。

重要会议

【旗十届人大五次会议】 2021年2月23—25日，鄂托克前旗第十届人民代表大会第五次会议在敖勒召其镇涛龙宫召开。

会议由大会主席团主持，旗人大代表136人出席会议，法定列席人员、旗人大常委会决定列席人员118人列席会议。

会议听取和审议旗人民政府旗长吴云作的《政府工作报告》、旗人大常委会主任刘渊作的《人大常委会工作报告》、旗人民法院院长乌阳戈作的《人民法院工作报告》、旗人民检察院检察长折峰作的《人民检察院工作报告》；审议通过《关于鄂托克前旗2020年国民经济和社会发展计划执行情况与2021年国民经济和社会发展计划的决议》《关于鄂托克前旗2020年财政预算执行情况和2021年财政预算的决议》。

【旗人大常委会会议】 2021年，旗十届人大常委会共召开常委会会议12次。

第23次常委会 1月26日召开。会议听取和审议旗人大常委会主任会议；旗人民政府关于人事任免的议案。

第24次常委会 2月9日召开。会议听取和审议旗人大常委会主任会议；旗人民政府、旗人民法院、旗人民检察院关于人事任免的议案。

第25次常委会 2月20日召开。会议听取和审议旗人民政府、上海庙经济开发区关于调整财政预算的议案；听取和审议上海庙经济开发区关于2020年财政预算执行情况和2021年预算草案的议案；听取和审议关于旗十届人大五次会议的有关事项；听取和审议旗人大常委会、旗人民政府关于旗十届人大四次会议代表议案、建议办理情况的报告；听取和审议鄂托克前旗2020年人大代表票决确定的民生实事项目完成情况和2021年民生实事候选项目形成情况的报告，并进行满意度测评；听取和审议旗人大常委会工作报告（讨论稿）。

第26次常委会 3月16日召开。会议听取和审议旗人大常委会主任会议、旗人民政府关于人事任免的议案。

第27次常委会 6月8日召开。会议听取鄂尔多斯市第四届、鄂托克前旗第十届人大代表述职报告；审议旗十届人大常委会委员辞职的有关事宜；听取和审议旗人民政府关于人事任免的议案。

第28次常委会 6月23日召开。会议听取和审议旗人民政府、旗人大常委会主任会议关于人事任免的议案。

第29次常委会 7月5日召开。会议听取和审议旗人民政府、旗监察委员会、旗人大常委会主任会议关于人事任免的议案。

第30次常委会 8月23日召开。会议听取和审议旗人民政府关于调整财政预算、变更专项债券资金使用用途及新增2021年地方政府一般债券的议案；听取和审议旗人民政府相关工作情况报告；审议市四届人大代表辞职有关事宜；审议重新确定镇人民代表大会代表名额有关事宜。

第31次常委会 9月18日召开。会议听取和审议旗人民政府关于2021年上半年国民经济和社会发展计划执行情况与下半年国民经济和社会发展计划草案的报告、关于2020年财政决算草案和2021年上半年财政预算执行情况的报告、关于2020年旗本级财政预算执行情况和其他财政收支的审计工作报告，批准2020年财政决算；听取和审议旗人民政府相关工作情况报告；听取和审议旗人民法院相关工作情况报告；听取和审议拟提交常委会会议审议的有关调研报告；听取和审议旗镇两级人民代表大会换届选举工作有关事项。

第32次常委会 10月26日召开。会议听取和审议旗人民法院、旗人民检察院被评议法官、检察官履职情况报告，并进行满意度测评（5名）；听取和审议旗人民政府、旗人民法院、旗人大常委会主任会议关于人事任免的议案。

第33次常委会 11月19日召开。会议听取和审议代表资格审查委员会关于旗第十一届人民代表大会代表资格的审查报告。

第34次常委会 12月31日召开。会议听取和审议关于旗十一届人大一次会议的有关事项；听取和审议旗人大常委会工作报告（讨论稿）；听取和审议旗人大常委会有关调研报告；听取和审议旗人民政府、上海庙经济开发区关于调整财政预算的议案；听取和审议上海庙经济开发区关于2021年财政预算执行情况和2022年预算草案的议案；听取和审议旗人大常委会、旗人民政府关于旗十届人大五次会议代表议案、建议办理情况的报告；听取和审议鄂托克前旗2021年人大代表票决确定的民生实事项目完成情况和2022年民生实事候选项目形成情况的报告，并进行满意度测评；听取和审议旗监察委员会相关工作情况报告；听取和审议旗监察委员会、旗人民法院和旗人民检察院关于人事任免的议案。

【审议决定重大事项】 旗人大常委会认真审议涉及全旗改革发展稳定的重大事项。2021年，共作出决议、决定12项。

2月20日，旗十届人大常委会第25次会议审议通过《鄂托克前旗第十届人民代表大会常务委员会关于批准旗人民政府2020年8—12月份财政预算调整的决议》《鄂托克前旗第十届人民代表大会常务委员会关于批准旗人民政府关于上海庙经济开发区调整2020年财政预算收支的决议》《鄂托克前旗第十届人民代表大会常务委员会关于批准旗人民政府关于上海庙经济开发区2020年财政预算执行情况和2021年预算草案的决议》。

8月23日，旗十届人大常委会第30次会议审议通过《鄂托克前旗第十届人民代表大会常务委员会关于批准旗人民政府2021年1—5月份调整财政预算支出的决议》《鄂托克前旗第十届人民代表大会常务委员会关于重新确定镇人民代表大会代表名额的决定》。

9月18日，旗十届人大常委会第31次会议审议通过《鄂托克前旗第十届人民代表大会常务委员会关于任命旗人民代表大会选举委员会组成人员的决定》《鄂托克前旗第十届人民代表大会常务委员会关于任命各镇人民代表大会选举委员会组成人员的决定》《鄂托克前旗第十届人民代表大会常务委员会关于批准2020年财政决算的决议》。

12月31日，旗十届人大常委会第34次会议审议通过《鄂托克前旗第十届人民代表大会常务委员会关于批准旗人民政府2021年6—12月份财政预算调整的决议》《鄂托克前旗第十届人民代表大会常务委员会关于批准上海庙经济开发区调整2021年财政预算收支的决议》《鄂托克前旗第十届人民代表大会常务委员会关于批准上海庙经济开发区2021年财政预算执行情况和2022年预算草案的决议》《鄂托克前旗人大常委会关于召开第十一届人民代表大会第一次会议的决定》。

【人事任免】 旗人大常委会坚持党管干部和依法任免相统一的原则，严格执行集体审议、供职发言、投票表决、向宪法宣誓等制度。2021年，共依法任命国家机关工作人员40人，接受3名常委会委员辞职。

1月26日，旗十届人大常委会第23次会议审议通过《鄂托克前旗人民政府关于提请任命尤建庆同志职务的议案》《鄂托克前旗第十届人大常委会主任会议关于提请任免李海峰等同志职务的议案》。

3月16日，旗十届人大常委会第26次会议审议通过《鄂托克前旗第十届人大常委会主任会议关于提请任免王虎栓等同志职务的议案》《鄂托克前旗人民政府关于提请任免柳鹏等同志职务的议案》。

6月8日，旗十届人大常委会第27次会议审议通过《鄂托克前旗人民政府关于提请任免冯春花等同志职务的议案》；接受思宝东、谢志亮、薛承河等同志辞去鄂托克前旗第十届人民代表大会常务委员会委员职务的请求。

6月23日，鄂托克前旗第十届人民代表大会常务委员会第28次会议决定杨颖新同志代理旗人民政府旗长；同意接受吴云同志辞去鄂托克前旗人民政府旗长职务的请求；决定任命杨颖新为旗人民政府副旗长。

7月5日，鄂托克前旗第十届人民代表大会常务委员会第29次会议同意接受都日斯哈拉、白同、孙有君、吕耀峰辞去鄂托克前旗人民政府副旗长职务的请求，同意接受乔智平同志辞去鄂托克前旗监察委员会主任职务的请求；审议通过《鄂托克前旗人民政府关于提请任命赵栓等同志职务的议案》《鄂托克前旗监察委员会关于提请任命赵瑞东同志职务的议案》，决定由赵瑞东同志代理旗监察委员会主任。

8月23日，鄂托克前旗第十届人民代表大会常务委员会第30次会议审议通过《鄂托克前旗第十届人民代表大会常务委员会主任会议关于提请接受祁毕西勒图辞去鄂尔多斯市第四届人民代表大会代表职务的议案》。

10月26日，鄂托克前旗第十届人民代表大会常务委员会第32次会议审议通过《鄂托克前旗人民政府关于提请任免柳天才等同志职务的议案》《鄂托克前旗第十届人大常委会主任会议关于提请任免鱼克奇等同志职务的议案》《鄂托克前旗人民法院关于提请任命石佳加同志职务的议案》。

12月31日，鄂托克前旗第十届人民代表大会常务委员会第34次会议决定高峰同志代理旗人民法院院长，杨丽梅同志代理旗人民检察院检察长。

人大监督

【概况】 鄂托克前旗人大常委会认真履行宪法和法律赋予的监督权，突出监督重点、改进监督方式、加大监督力度，努力使人大监督工作更加贴近民生、更加富有成效。2021年，听取专项工作报告5次，共组织开展执法检查3次、专题调研6次，评议2个单位的工作，配合上级人大执法检查贯彻实施《中华人民共和国固体废物污染环境防治法》《鄂尔多斯市绿色矿山建设管理条例》情况，立法调研《内蒙古自治区草畜平衡和禁牧休牧条例（初稿）》《鄂尔多斯市政务服务条例（草案）》，接待群众来访15人次。

【法律监督】 2021年以来，鄂托克前旗十届人大常委会采取旗、镇两级人大联动、点面结合、部门自查与人大执法检查、听取汇报、实地查看相结合的方式执法检查全旗贯彻实施《内蒙古安全生产条例》《中华人民共和国政府采购法》《中华人民共和国政府采购法》。专题调研全旗教育系统贯彻执行《中小学幼儿园安全管理办法》和《中小学幼儿园安全防范工作规范》情况，听取和审议《鄂托克前旗国有自然资源资产管理情况工作报告》《鄂托克前旗人民法院执行工作情况报告》。

【经济监督】 鄂托克前旗第十届人大常委会第二十五次会议听取审议旗人民政府《关于提请审议2020年8—12月份拟调整财政预算收支的议案》《关于提请审议上海庙经济开发区拟调整2020年财政预算收支的议案》《关于提请审议上海庙经济开发区2020年预算执行情况和2021年预算草案的议案》。

鄂托克前旗第十届人大常委会第三十次会议听取和审议旗人民政府《关于提请审议2021年1—5月份拟调整财政预算支出的议案》《关于提请审议变更专项债券资金使用用途及2021年地方政府新增一般债券的议案》。

鄂托克前旗第十届人大常委会第三十一次会议听取和审议旗人民政府《关于鄂托克前旗2021年上半年国民经济和社会发展计划执行情况与下半年国民经济和社会发展计划草案的报告》《关于鄂托克前旗2020年财政决算和2021年上半年财政预算执行情况的报告》《关于2020年度旗本级财政预算执行和其他财政收支情况的审计工作报告》，听取旗人大常委会财政经济工作委员会《关于2020年财政决算的审查报告》。

鄂托克前旗第十届人大常委会第三十四次会议听取和审议《旗人民政府、上海庙经济开发区关于调整财政预算的议案》《关于提请审议上海庙经济开发区拟调整2021年财政预算收支的议案》《上海庙经济开发区关于2021年财政预算执行情况和2022年预算草案的议案》。

【民生监督】 鄂托克前旗人大常委会于7月19日至23日专题调研全旗地下水超采情况。

2月10日，旗十届人大常委会第25次会议听取和审议旗人大常委会、旗人民政府关于旗十届人大四次会议代表议案、建议办理情况的报告；鄂托克前旗2020年人大代表票决确定的民生实事项目完成情况和2021年民生实事候选项目形成情况的报告，并进行满意度测评。

12月专题调研全旗贯彻实施《内蒙古自治区城镇供热条例》情况。

12月31日，鄂托克前旗十届人大常委会第34次会议听取和审议旗人民政府《关于旗十届人大五次会议代表议案、建议办理情况的报告》、旗人大常委会《关于旗十届人大五次会议代表议案、建议办理情况的报告》、鄂托克前旗2021年人大代表票决确定的民生实事项目完成情况和2022年民生实事候选项目形成情况的报告、《鄂托克前旗监察委员会关于整治群众反映强烈问题工作情况报告》。

【工作评议】 2021年，鄂托克前旗十届人大常委会把工作评议作为拓宽人大监督渠道、促进部门改进工作的有效途径，对旗人民法院3名法官、检察院2名检察官开展履职评议，针对工作中存在的不足，提出相应的整改意见和建议，并对办理落实情况进行跟踪检查，确保评议取得实效。

【群众信访】 鄂托克前旗十届人大常委会不断健全完善人大信访工作机制，积极畅通信访渠道。全年共接待来信来访15人次，及时交办、转办、跟踪督办，确保群众诉求一线表达、群众问题一线化解。

代表工作

【代表学习培训】 2021年，鄂托克前旗人大组织自治区、市、旗三级人大代表开展“铸牢中华民族共同体意识”专题培训，引导代表全面理解党的民族政策，树立正确的国家观、历史观、民族观、文化观、宗教观。扎实开展项目征集初定、审议票决等工作，多次实地调研旗级票决确定的10个、各镇票决确定的12个民生实事项目建设情况。

【代表议案建议办理】 2021年，鄂托克前旗人大进一步完善代表议案建议交办、督办和评价等制度，将旗十届人大五次会议期间确定的22件建议、批评和意见及时转办旗人民政府，并将《关于加强基层医疗卫生人才队伍建设的建议》《关于病死牲畜无害化处理和改进屠宰检疫手续的建议》《关于加强乡村振兴人才队伍建设的建议》3件建议作为重点建议进行交办和督办，持续提升建议“面商率”、问题“解决率”和代表“满意率”。

【代表活动】 2021年，鄂托克前旗积极搭建人大代表履职平台。积极组织开展代表小组活动、人大代表述职评测等活动，主动邀请代表更全面、更深入参与旗人大常委会工作，更好地发挥代表在参政议政、服务发展方面的作用，充分调动代表履职的积极性和主动性。旗级人大代表票决确定的10项民生事实项目，各镇票决确定的12项民生实事项目已全部完工。积极组织开展代表小组活动、人大代表述职评测等活动，主动邀请代表更全面、更深入参与旗人大常委会工作，更好地发挥代表在参政议政和服务发展方面的作用，充分调动代表履职的积极性和主动性。

【走访联系】 2021年，鄂托克前旗通过定期联系与会后走访相结合的方式，深入开展走访联系人大代表活动，共征集到“一府一委两院”工作意见、建议22条，充分发挥人大代表倾听群众呼声、了解群众意愿、解决群众难题的示范带动和桥梁纽带作用。

自身建设

【思想政治建设】 2021年，鄂托克前旗人大常委会以党史学习教育为契机，坚持学深学细习近平新时代中国特色社会主义思想，把学习习近平总书记重要讲话重要指示批示精神和党中央重大决策部署作为党组学习的首要任务，进一步提高政治站位，全面加强党建和党风廉政建设，扎实推进学习教育常态化制度化，认真学习党章党规、习近平新时代中国特色社会主义思想和党的十九大精神、十九届六中全会精神，牵头制定党史学习教育方案，机关科级干部带头讲专题党课3次、开展理论研讨5次。

【党风廉政建设】 2021年，鄂托克前旗人大常委会通过“三课”促学、“三感”悟学、以“三验”检学的方式，全面打造党史学习教育阵地、着力营造浓厚的学习氛围，深入学习领会中央、自治区、市、旗各级纪委全会和《中国共产党廉洁自律准则》《中国共产党问责条例》等会议文件精神，认真履行“一岗双责”，制定党风廉政建设工作方案、制度，全面落实主体责任和监督责任。全年召开专题研究部署党风廉政建设工作会议4次；机关党组书记与党组成员之间每季度进行1次廉政谈话和主体责任落实情况汇报；旗人大常委会主要领导为机关全体干部职工讲党风廉政专题党课2次。深入开展反腐倡廉教育，组织机关干部职工参观警示教育基地，观看《国家监察》《迷失的坐标》等系列教育影片，时刻教育、警示和规范党员干部廉洁从政行为，推动机关崇廉尚廉的氛围持续向好。

【履职能力建设】 鄂托克前旗人大始终坚持每周二上午集体学习和“一月一法”学习活动，全年共组织集中学习43次。在机关内部组织“世界读书日”专题活动、“3×3”模式扎实推进党史学习教育、“庆五一 迎五四”暨党史学习教育主题党日活动、“三心”推动党史学习教育入心铸魂活动、“永远跟党走”庆祝建党100周年系列主题活动、烟头不落地小区更美丽“捡烟头主题党日活动、“传承红色基因 赓续红色血脉”主题党日活动，召开警示教育大会、2021年党建工作部署会、强化作风建设提升履职能力会议、“七一”重要讲话精神读书班暨专题研讨会、办公室常用礼仪专题培训会、机关文化建设座谈会等，从全方面对人大工作抓好落实，提升工作质效。

人民政府

综述

【概况】 2021年，全旗地区生产总值198.55亿元，同比增长11.5%；三次产业结构比例8.4∶70.1∶21.5；固定资产投资增长25.1%；公共财政预算收入12.3亿元，增长3.4%；公共财政预算支出34.8亿元，增长18.6%；全社会消费品零售总额25.3亿元，同比增长5.2%；城镇和农村牧区居民收入分别从48403元、22223元增长到51549元、24380元，分别增长6.5%、9.7%；市场主体从917户增加到1133户。

【第一产业】 鄂托克前旗以实施乡村振兴战略为总抓手，深入推进农牧业供给侧结构性改革，全力以赴稳政策、夯基础、提品质、优服务，农牧领域生产安全稳定有序，依法治农水平不断提升，全旗农牧业稳步增效，农牧民持续增收，农村牧区经济稳中向好。2021年，鄂托克前旗第一产业增加值16.69亿元，增长3.5%。

农牧民年人均可支配收入达24380元，同比增长9.7%。全旗农作物播种面积56397.62公顷，粮食作物总播种面积25277.8公顷，经济作物播种面积29673.33公顷，油料播种面积61.81公顷。蔬菜及食用菌播种面积2130.63公顷。粮食产量118268.5吨，同比增长0.95%；油料产量209.8吨，蔬菜产量77444.2吨，瓜果产量137820.3吨。年末牲畜存栏145.63万（头、只），同比增长16%。其中，生猪存栏1.9万头，牛存栏6.67万头，羊存栏136.89万只。

项目建设 积极争取上级惠农惠牧项目，并抓好招商引资，共争取各类项目补贴16项、9699万元。出台《鄂托克前旗推进农牧业高质量发展扶持政策》，旗财政投资5000万元，重点用于果蔬、肉羊、肉牛产业发展及品牌建设等方面，通过项目拉动，农牧业产业逐步做大做强。

产业化 成功申报市级龙头企业1家、自治区级示范产业化联合体1家，新培育合作社40家、家庭农牧场51家，建立肉羊产业联盟1个。3家定点屠宰企业屠宰牛羊猪2.6万头只，销售额达7004万元。“龙头企业+合作社+基地+农户”产业模式日趋完善，带动农牧户9000多户，户均增收1万多元，实现农牧户和现代农牧业发展的有效衔接。

示范嘎查村创建 全面巩固提升示范嘎查村创建成果，嘎查村集体经济收入全部超过10万元，苏力迪嘎查、漫水塘村分别被授予市级乡村振兴“四星”和“三星”示范嘎查村，昂素镇获评第一批自治区“一村一品”示范镇，三道泉子村、特布德等10个嘎查村获评自治区“一村一品”示范村。示范嘎查村引领能力不断提升，乡村振兴样板区打造有序推进。

农牧业绿色转型 完成绿色防控18667公顷，统防统治2万公顷，农膜回收率达81%，秸秆综合利用率达86%，农药和化肥使用量持续负增长。畜禽粪污资源化利用率达95%，农牧业绿色转型加快推进。

深化改革 智慧农牧业战略指挥平台、智能运营中心等一期工程已基本完成，二期建设项目完成招投标。产权制度改革不断深入，旗级农村产权流转交易信息综合服务平台建成。农村牧区宅基地管理逐步推开。以城川镇现代农牧业物流园区、麻黄套村物流园区为代表的一二三产业融合示范园，联农带农作用逐渐显现。

农牧机械 2021年末，全旗机耕面积40767公顷、机播面积37240公顷、机电灌溉面积56397公顷。全年全旗农牧业机械总动力28.82万千瓦时、增长5%，拥有拖拉机4171台、增长4%。农牧业综合机械化水平达88.8%，农牧业机械作业收入占农牧民总收入的比重达37%。全年争取到中央财政农机购置补贴资金1050万元，自治区财政农机购置补贴资金65万元，受益农牧民255户，补贴各类机具446台套，其中动力机械22台、耕整地机械23台、种植施肥机械30台、排灌机械2台、植保机械27台、收获机械206台、收获处理机械7台、畜牧业机械116台、农用北斗终端13套。至2021年底，全旗累计拖拉机及配套机械拥有量4171/6675台套；农机化作业服务组织28个，农机维修厂及维修点14个，农机经销企业12家；农机户9367户，获得农机职业技能鉴定证书28人，乡村农机技术人员2915人。

品牌打造 种质资源普查全面铺开，收集报送古老、珍稀农作物地方品种植物种质资源30份，普查畜禽品种55个、水产养殖品种6个，肉羊新品种培育工作有序推进。食用农产品合格证制度全面推开，绿色优质农产品供给持续增加，农畜产品抽检合格率达100%。9类农产品首次获得国家绿色食品认证，“鄂托克前旗羊肉”品牌入选国家地理标志运用促进重点联系指导名录，成功创建自治区农产品质量安全县。

科技服务 外聘专家4名，遴选40名农牧业技术人员、科技特派员、乡土人才组建“农牧之友”志愿服务队，通过“包镇、联村、带户”模式，实现技术服务全覆盖。与内蒙古农业大学签订长期合作框架协议，全旗首个兽医院暨社会化服务中心挂牌成立，并有序开展服务。建立实验示范基地9处、100.3公顷，示范玉米品种202个，为品种选择、病虫害防治和科学施肥提供依据。持续做好农作物病虫害和动物疫病防控工作。农作物投保面积达100%，科技对农牧业的贡献率不断提升。

森林草原生态文明建设 鄂托克前旗生态文明建设按照“生态优先，绿色发展”的总体要求，深入推进林业和草原重点项目、重点区域绿化工作，强化生态保护修复，发展绿色富民产业，全旗基本形成“乔灌草、带网片相结合的东南部防护林体系”和“以原生植被恢复为主的西北部生态屏障”，生态环境日益优化。

2021年，全旗森林总面积29.5181万公顷，森林覆盖率24.15%。森林管护面积39.531333万公顷，其中国有林面积7626.6667公顷，集体（个体）所有林面积38.768667万公顷。

全旗林业用地面积59.8255万公顷，其中有林地1.7881万公顷，灌木林地27.73万公顷，未成林造林地1.4569万公顷，宜林荒山荒地23.8611万公顷，其他林业用地4.9894万公顷。全旗累计造林8533.33公顷，其中人工造林4666.67公顷、退化林分改造3666.66公顷、森林抚育200公顷、森林保险29.247万公顷。

森林草原防护 林草资源保护发展问题整改初步完成。完成2021年国家林草局关于森林资源督查现地图斑核实786个，2020年林地督查现地图斑核实4277个，2020年草原督查现地图斑核实4634个，并已全面完成整改。

完成全旗境内783.75公顷苗木产地检疫检验自查，产地检疫率100%；调运检疫苗木8902.26万株，复检苗木50.85万株，引导中标单位自行退回处理苗木3500株。全年共挂设各类诱捕器及虫情测报灯473余套，发布虫情预测预报13期，测报率达95.5%，实施无公害防治作业面积5466.67公顷。全年草原有害生物防控面积4.354147万公顷，其中草原保护灭鼠2.340813万公顷。

加强全旗森林草原防火巡护巡查，全旗未发生大的森林草原火灾，全年森林和草原火灾受灾率分别控制在了0.5‰和2‰以内。野外隐患排查出动35次，出动人员数量110人次，开设隔离带清理可燃物90余公里。

森林保险 2021年，森林保险项目理赔面积966.67公顷，理赔金额284.2万元。

占用林地草原审批 2021年，共办理征占用林地审批57件，面积759.2878公顷，其中临时占用林地32件，面积428.078公顷，永久占用林地25件，面积331.2098公顷；审批临时占用草原申请事项29件，草原面积46.1158公顷，永久占用草原申请事项11件，涉及草原面积44.9384公顷。

草原监测 2021年全旗天然草原平均覆盖度19.59%，草群平均高度8.83厘米，平均产草量350.41万千克/公顷，总产草量9457.16万千克。

草原确权 至2021年底，全旗应确权草原面积114.67万公顷，颁发农牧民草原承包权证、草原经营权证书5835个，68个嘎查村1.3852万户，涉及草原面积97.67万公顷，颁证率为98%。

草原生态奖补 2021年全旗落实新一轮草原生态保护补助奖励机制总面积97.67万公顷，其中禁牧面积18.99万公顷、草畜平衡面积78.67万公顷，草原生态补奖资金由旗农牧局发放。

水利水保工程项目 2021年，全旗共计完成水利水保建设投资5656万元。

实施供水保障储水窖工程，新建10立方米预制钢筋混凝土储水窖335座、畜用自动蓄水槽335个，改善4个镇15个嘎查村335户1157人和64544只（头）牲畜的饮水问题。实施五湖都格淖尔河道治理工程，完成河道疏浚2.245千米、河道护砌2.55千米，重建涵洞2座，维修伊克乌素涵洞翼墙1处。实施国家水土保持重点工程和京津风沙源水利水保工程，完成水土保持综合治理面积1.6346万公顷。

水资源管理 2021年，全旗取用水总量为11477.1127万立方米，其中按照水源类型分类，地下水10431.7592万立方米、地表水852.2841万立方米、其他水源193.0694万立方米；按照取水用途分类，农业用水量9486.65万立方米、工业用水量897.6071万立方米、生活用水量523.0356万立方米、生态环境补水量320万立方米。农田灌溉水有效利用系数为0.628。全年核发取水许可证25家，批复生产建设项目水土保持方案16个、水资源论证报告35个、防洪评价报告3个，置换机电井330眼；征收水资源税1881.8149万元、水土保持补偿费1665.055万元。

河湖长制 全面推行旗、镇、村三级河湖长制管理体系。2021年，调整了全旗15条河、6个湖泊的旗、镇、嘎查村级河湖长，分别由旗委、政府9名县级领导，26名镇级领导，27名村级领导担任河湖长，实现旗、镇、嘎查村三级河湖长体系"全覆盖"。建立"河长湖长+检察长+警长"联动协作长效机制，形成河长湖长、检察长、警长"三长"联手、部门联动、打防结合、处置高效、共护河湖的铁腕护水新格局。开展河湖管理保护"春季""秋季"行动以及日常监督检查工作，累计出动排查人员224人次，发现涉及河湖有关问题11个，年内已全部整改完成，出动机械60台次，清理河湖垃圾3万余吨，清理淤泥860立方米。

【第二产业】 2021年，鄂托克前旗第二产业增加值139.22亿元，增长15.3%；全部工业增加值完成119.81亿元，增速17.8%。其中规模以上工业企业16家，实现营业收入160.9亿元，增长94.6%；规模以上工业增加值增速18.3%。规上工业用电量完成13亿千瓦时，增长49.9%。全旗原煤产量达1572万吨，增长9.8%；焦炭产量105.3万吨，增长7.8%。液化天然气产量53.6万吨，增长3.1%。

重点项目 2021年，鄂托克前旗调度市、旗两级重点工业项目10项，总投资266.67亿元，年内计划完成投资31.95亿元，已完成投资36.12亿元，完成计划投资130.5%。

主要行业指标 全旗煤炭行业可比价增加值增速26.3%，占全旗规上工业增加值比重34.4%；焦化行业可比价增加值增速16.2%，占全旗规上工业增加值比重4.4%；天然气供应业可比价增加值增速47.6%，占全旗规上工业增加值比重3.0%。

工业企业效益 2021年1—12月份，全旗规模以上工业企业资产总额329.67亿元、资产负债率60.6%，营业收入160.9亿元、同比增长94.6%，利润总额18.9亿元、同比增长119.2%，每百元主营业务收入成本71.7元、较同期增长0.9元。

上海庙经济开发区面积由5.42平方千米调增至20.86平方千米，承载能力大幅提升。累计实施重大工业项目28项，完成投资283亿元，开工建设的4座2×100万千瓦火电厂，盛鲁电厂已投入运营，累计发电量117亿度，国电双维电厂一台机组并网发电，国能上海庙电厂、长城电厂正在加快建设；雅海60万吨LNG、义川业碳化硅陶瓷、海川石英砂深加工等项目即将全面投入运营；已建成煤矿7座，累计生产原煤6700万吨；新增天然气井1261眼，新建集气站2个，输气管线716千米，天然气产量累计完成190亿立方米。工业对经济增长的贡献率81.6%。

【第三产业】 2021年，鄂托克前旗第三产业增加值42.64亿元，增长6.4%。城川民族干部学院发展壮大，红色教育基地基础设施、研学功能更加完善，60多个各具特色的红色研学点遍布全域，建成5条跨省区红色旅游精品线路，红色旅游入选全国典型案例，城川红色文化旅游景区获评国家4A级旅游景区，红色资源焕发出蓬勃的产业活力。水洞沟景区（北区）与宁夏水洞沟旅游区实现跨区联建、一票通游，建成市级乡村旅游示范村6个，餐饮商贸、房地产业健康发展，物流快递、电子商务等业态快速发展。

全旗新增非公有市场主体1297户，其中新增私营企业300户、农民专业合作社51户、个体工商户946户。至年底，全旗非公有市场主体总数达8854户，其中第一产业835户、占比9.43%，第二产业926户、占比10.46%，第三产业7093户、占比80.11%。

私营企业 2021年，全旗新注册私营企业300户，注册资本958395万元。至2021年底，全旗共有私营企业2009户（其中分支机构92户）、同比增长4.5%，注册资本958395万元、同比增长10.63%。

农民专业合作社 2021年，全旗新登记农民专业合作社51户，出资总额8083.92万元，成员总数314人。至2021年底，全旗共有农民专业合作社492户、同比增长4.68%，出资总额80378.42万元、同比增长8.71%，成员总数3618人、同比增长4.02%。

个体工商户 2021年，全旗新开业个体工商户共946户，注册资金10688.6万元，主要集中在批发零售业、住宿餐饮业、居民服务和其他服务业、制造业等行业；本期注销个体工商户546户。至2021年底，全旗共有个体工商户6351户、同比增长6.92%，注册资金48726.65万元、同比增长16.1%。

红色培训教育 2021年，鄂托克前旗充分挖掘和利用鄂托克前旗特有的红色文化教学资源，打造具有鄂托克前旗特色的红色教育品牌，把鄂托克前旗红色教育基地建设成为面向全国的红色教育培训基地。城川红色教育培训中心承载主体培训班次达216期7819人次；城川民族干部学院举办各类培训班140期7048人，其中承接主体培训班27期1535人次。全年鄂托克前旗红色培训教育基地累计接待游客2.46万人次，实现教育培训和红色旅游收入450万元。

红色培训教育基础设施建设 修复建设以延安民族学院城川纪念馆为核心，以三段地革命历史纪念馆、阳早寒春三边牧场陈列馆、城川红色国际秘密交通站陈列馆、王震井纪念园、滴哨沟战场纪念园、马良诚顾寿山烈士陵园、鄂尔多斯国防教育展馆等7个现场教学点为补充的“一核引领、多点联动”的红色教育基地布局。建成投用了城川红色教育集训中心、城川红色拓展基地、红十字人道文化传播与生命健康安全教育基地、青少年研学基地、民兵预备役训练基地，搭建起了集理论教学、红色研学、军事训练、野外拉练、现场教学、拓展训练等功能于一体的红色培训格局，红色教育培训的承载能力不断提升。全旗共有现场教学场馆8个、体验教学场所8处、精品教学点12个。

创新红色教学模式 统筹协调党的基本理论教育、党性教育、爱国主义教育等红色教育培训工作，研究形成优质储备新课程17节，2021年推出了“革命精神在老区·军民共话鱼水情”互动体验剧场课程和《红色家书》经典诵读课程，带动学员参与互动，寓教于乐。推出“有声有色讲党史”“红色故事声音馆”活动，全体讲解员用真实故事宣传学习党的光辉历史，把党史学习教育和业务工作高效结合起来。选派优秀讲解员深入到校园中开展“红色故事进校园”义务宣讲。编印《传承—鄂托克前旗红色教育培训基地建设纪实》画册，全面记录鄂托克前旗红色教育培训基地建设和运营过程。拍摄电视政论片《传承》在市级以上相关媒体进行推广播送。创作长篇报告文学《融江入海》，展现鄂托克前旗革命斗争史及红色教育培训基地建设过程中涌现的感人事例。与鄂托克前旗延安精神研究会合编刊发《摇篮》杂志，挖掘红色故事、理论文章、学术专著。突出红色教育培训的创新性、实训性、实践性，围绕基层党建、脱贫攻坚、乡村振兴、生态保护、民族团结等主题，在各镇打造实践教学点、红色研学户8家，引导学员贴近群众，了解基层，学用结合。

金融 鄂托克前旗有各类银行业金融机构6家，至年底，各项人民币存款余额为79.24亿元（其中个人储蓄存款62.30亿元，企业存款16.94亿元），同比增加5.24亿元、较年初增加5.24亿元、增长7.08%；各项人民币贷款余额为59.84亿元，同比增加2.83亿元、较年初增加2.83亿元、增长4.97%；本年度新增贷款55.90亿元；支农支小再贷款2.71亿元；不良贷款余额0.52亿元，不良贷款率0.86%，较年初相比下降0.12个百分点。

保险 鄂托克前旗有保险市场主体11家。至年底，各项保费收入共计18007.27万元，同比减少145.07万元、下降0.80%；保险赔付支出共6683.07万元，同比增加879.76万元、增长15.16%；赔付率为37.12%，较去年同期上升8.11个百分点。

【人民生活】 鄂托克前旗始终坚持在发展中保障和改善民生。2021年，全旗一般公共预算支出完成34.83亿元，其中用于教育、医疗卫生、社会保障、乡村振兴、交通运输等重点民生支出达17.47亿元，占总支出的50.16%。城乡常住居民人均可支配收入分别达到51549元和24380元，分别增长6.5%和9.7%。

实施供水保障储水窖工程，新建10立方米预制钢筋混凝土储水窖335座、畜用自动蓄水槽335个，改善4个镇15个嘎查村335户1157人和64544只（头）牲畜的饮水问题。实施五湖都格淖尔河道治理工程，完成河道疏浚2.245千米、河道护砌2.55千米，重建涵洞2座，维修伊克乌素涵洞翼墙1处。实施国家水土保持重点工程和京津风沙源水利水保工程，完成水土保持综合治理面积1.6346万公顷。

就业创业 2021年，发放稳就业、保就业惠民资金4755.67万元、惠及22758人次。城镇登记失业人员1151人，登记失业率3.4%；城镇新增就业776人；发放创业担保贷款2037万元，扶持98人成功创业，创业带动就业249人。免费开展农牧民就业技能培训280人、城镇就业技能培训280人、创业培训131人发放培训补贴40.27万元；为13476人次发放“以工代训”补贴808.56万元。全旗失业保险参保人数7832人，失业保险基金收入527.12万元。发放失业保险金和医疗补助金113人138.96万元；发放失业补助金139人55.24万元，发放技能提升补贴1.5万元，发放临时价格补贴、取暖补贴515人次3.06万元；为90家中小微企业返还失业保险稳岗补贴600.45万元，涉及企业职工4323人。全年共开展5场线上线下招聘会，272家用人单位提供岗位3899个，达成用工意向439人次。就近就地安置脱贫人口公益性岗位222人，共发放补贴442.21万元，同时开发公益性岗位244个发放补贴540.7万元。开发青年见习岗位120个发放补贴175.95万元。大学生创业（孵化）园总面积1000平方米，总投资260万元，已正式启动运营并先期入驻4家企业。

教育体育 全旗有各类学校、幼儿园共24所，其中完全中学2所、民族职业高中1所、九年一贯制学校1所、完全小学6所、公办幼儿园10所、注册民办幼儿园4所。全旗有在校学生及幼儿13704名（蒙授2535名），其中幼儿3300名（蒙授699名）、小学生6126名（蒙授1010名）、初中生2305名（蒙授381名）、普通高中生890名（蒙授129名）、职业高中生1083名（蒙授316名）。全年学前适龄儿童入园率达98.14%，小学、初中适龄人口入学率和巩固率均为100%，高中适龄人口入学率达97.32%。中小学、幼儿园在岗教职工1780名，其中专任教师1526名，专任教师学历合格率幼儿园、小学、初中均为100%，普通高中99.09%，职业高中96.95%。

建有全民健身乒羽馆、游泳馆大型体育场所2个，全民健身中心1个，全民健身活动场1个，健身设施覆盖到嘎查村（社区），全年参与健身活动人数达6.1万人次，体育彩票销售额948.51万元。全旗成立单项体育协会14个，累计建成体育场地321处，青少年后备人才训练基地4处，业余体校1所。

群众文化 鄂托克前旗形成旗、镇、村、户四级公共文化服务网络。公共文化设施建有国家一级图书馆1座，国家一级文化馆1座，民间博物馆3座；综合文化站4个，嘎查村文化室68个；规模性民间文艺组织47个，示范文化户184户，图书馆分馆72个。全旗共有不可移动文物113处，其中国家级重点文物保护单位1处、自治区级重点文物保护单位10处、市级重点文物保护单位9处、旗级重点文物保护单位27处，馆藏文物4982件（套）。全旗有非物质文化遗产项目国家级1项、自治区级8项、市级20项、旗级90项；非物质文化遗产代表性传承人国家级1人，自治区级15人，市级33人，旗级125人；国家级文化之乡（中国鄂尔多斯文化之乡、中国鄂尔多斯搏克文化之乡、中国筷子舞艺术之乡、中国蒙古族三弦文化之乡）4个，自治区级文化艺术之乡（鄂尔多斯婚礼文化之乡、圣火祭祀文化之乡、民间筷子舞之乡）3个，市级文化艺术之乡（民间筷子舞之乡、民间马文化之乡、圣火祭祀文化之乡、鄂尔多斯搏克之乡）4个，国家级非遗保护基地（中国鄂尔多斯马文化保护基地、中国鄂尔多斯婚礼文化传承基地）2个。非遗综合展示厅1个，鄂尔多斯原生态短调民歌微信教学基地1个。

医疗卫生 鄂托克前旗有各类医疗卫生机构102所，其中公立医院2所（二级乙等综合医院和二级甲等蒙医综合医院各1所），专业公共卫生机构3个（旗疾控中心、妇幼保健计划生育服务中心、卫生健康综合执法大队），企业医院1所，民营医院1所，乡镇卫生院7所，社区卫生服务中心（站）6个，嘎查村卫生室43个，门诊部1个，学校、企业医务室9个，个体诊所28个，卫生所1个。全旗卫生系统在岗职工总数873人，每千人口拥有执业（助理）医师2.85人、注册护士2.41人，每万人口拥有公共卫生人员11.54人；共有床位508张，每千人口床位数5.47张。

健康扶贫 2021年，全旗贫困人口门诊、住院就医947人次，医药总费用194.89万元，基本医保报销126.67万元，大病保险报销6.03万元，医疗救助22.51万元，商业健康补充保险报销0.47万元，兜底保障10.01万元，个人自付28.2万元。门诊、住院统筹报销比例达到医疗总费用的85.17%。

社会保障 2021年，鄂托克前旗全民社会养老保险和城乡居民最低生活保障实现全覆盖，医疗保险、职工工伤保险、生育保险、失业保险基本覆盖。参加城镇职工基本养老保险12809人；参加机关事业单位养老保险5951人；参加城乡居民养老保险29968人；参加工伤保险10113人。累计办理跨省转入146人资金1449万元，转出242人资金1319万元，其中涉及机关事业单位人员转出71人，转入68人。全旗参加城镇职工基本医疗保险12989人；城乡居民基本医疗保险58115人；生育保险参保人数11077人。

累计为1233户1999人发放城乡低保资金1034万元，其中城镇低保户242户370人，累计发放281万元；农村低保户991户1629人，累计发放753万元。全年为全旗140名特困供养人员发放特困供养金165.5万元；临时救助困难群众1012人，累计发放救助资金206.66万元；为大病困难人员63人发放救助金46万元；发放残疾人两项补贴370.32万元惠及1721人，其中为建档立卡贫困户发放残疾人两项补贴182人28.95万元；为157名“三民”定补人员发放补助资金246.62万元；为74名60年代精简人员和社救人员发放全年补助金2.5万元；为24名困难儿童发放基本生活保障金47.13万元；为全旗75周岁以上2808名老年人发放全年高龄津贴414.95万元；救助外来生活困难打工人员及流浪无着人员81人次，护送返乡5人，共支出救助资金7056.5元。

文化体育 2021年，设立图书馆1级分馆4个、2级分馆68个、3级分馆230个，为其配备图书3.5万余册；开设“马兰书社”5个；成功举办全区“4·23世界读书日”启动仪式和全区“文化和自然遗产日”启动仪式、“爱我中华圆梦百年”“体彩杯”围棋大赛，鄂尔多斯市四季赏花暨“马兰花开锦·醉美鄂前旗”花季系列文旅活动，“永远跟党走”鄂托克前旗庆祝中国共产党成立100周年系列活动，“庆祝建党100周年”“悦达雅海杯”大沙头沙漠汽车、摩托车挑战赛，鄂尔多斯乌兰牧骑联盟电声音乐那达慕，首届国际烟花秀系列文旅活动等大型活动9场次52项系列活动；开展文化惠民活动404场次，服务辅导培训112场次，流动博物馆活动7场次，引导各镇自行开展文体活动72场次，惠及群众30万人次。

电商物流 积极申报国家级电子商务进农村综合示范县，乐惠多超市成功申报2021年国家级服务业标准化试点项目，争取内贸流通资金17万元。整合现有资源，筛选12家便民连锁超市打造农村牧区电子商务服务站，带动电商、快递和物流企业拓展基层市场。2021年，全旗共有货运公司28家，快递公司10家。全旗在嘎查村（社区）共规划建设基层电商物流服务站28个，汇集特色产品400多种，通过线上线下销售、代购代销模式运营。全旗营运客运班线15条、客运班车38辆、出租车178辆、其中新能源公交车30辆，机动车维修企业136家，城乡客运一体化运营达到3A级水平。运营旗级物流集散中心1处、镇物流中心站4个、村级物流网点42个。

【改革创新】 2021年，始终坚持改革引领、创新带动。扎实推进关键领域和关键环节改革，累计完成改革任务681项，形成改革成果368项。持续推进“放管服”改革，建成旗镇村三级政务服务“一张网”，全旗44个部门1258项行政审批、公共服务事项全部进驻政务服务大厅，向各镇授权下放事项99项，共发布网上政务服务事项1800余项，网上办占比达99%，标准化便民服务代办点实现全覆盖。深化农村牧区产权制度改革，清产核资、身份确认、折股量化、登记赋码等工作全面完成。

【城乡建设】 始终坚持以城带乡、城乡联动，不断提升城乡人居品质，成功蝉联全国文明城市。2021年，鄂托克前旗敖勒召其镇道路黑色化率100%；污水和生活垃圾处理率分别为99.8%、100%；供水用水、集中供暖、燃气供应普及率分别为99.5%、95%、99.5%；建成区绿地率、绿化覆盖率分别为38.01%、42.57%，人均公园绿地面积22.64平方米。2021年鄂托克前旗被列入自治区精细化管理试点地区。鄂托克前旗住建局荣获2021年度全市住房和城乡建设（人防）工作实绩突出单位。鄂托克前旗住建局荣获2021年度鄂尔多斯市人防工作实绩突出单位。

全年实施市政道路整修、路灯节能改造、雨污合流改造、完善农村牧区人居环境整治体系、解决学校周边停车难问题等14项惠民工程，均已完工，其中续建项目2项分别为涛龙路整修项目、人防应急疏散综合训练基地项目；新建项目8项投资4948.4万元，分别为第二幼儿园和第三小学周边停车场及绿化工程项目、乌兰新区管网工程、敖勒召其镇毛盖图街和原吉拉街污水管网及道路改造工程、敖勒召其镇路灯节能改造EMC合同能源管理项目、敖勒召其镇污水处理厂12吨污泥处置工程、人防工程编制和人防机动指挥平台信息系统建设、农村牧区人居环境垃圾整治项目、城川镇金元街西延伸市政道路及管网工程；实施创城市政零星维修工程投资975.35万元；实施民生实事项目3项投资3325.02万元，分别为敖勒召其镇住宅小区提质改造项目、上海庙镇转移农牧民住宅小区和保障性住房屋面防水改造项目、敖勒召其镇2021年集中供热老旧管网改造项目。

公共设施 2021年，为农村牧区配备大型垃圾箱（5立方）110个、垃圾箱（2.5立方）20个、垃圾桶（120L）1780组、垃圾箱（4分类）45组。

敖勒召其镇城区改造人行道6246平方米；改造供热管网9.355千米。新建敖勒召其镇镇区污水管网12.08千米、雨水管网2.3千米，完成公共厕所改造16处。

园林绿化 敖勒召其镇人防疏散基地项目已完成，人防疏散基地项目占地面积22.0529公顷，建筑占地面积5858平方米，总建筑面积11803平方米。2021年绿化总面积1.5万平方米，硬化铺装花岗岩面积672平方米，铺装路岩石71米。种植香花槐、中接金叶榆、山桃、榆叶梅、垂柳、樟子松、云杉、丁香共计948株；种植沙地柏、太阳李篱、德国景田、侧柏篱、金叶榆篱、天人菊共计7330平方米，配套实施90PE管、软水管500米用于绿地浇灌作业。

建筑工程 全旗具有资质等级的建筑企业14个，建筑业总产值同比增长9.3%。全年实施在建工程项目81项（房建工程50项、市政工程31项），总投资8.8761亿元，完成投资5.0832亿元。其中2021年新建工程项目61项（房建工程37项、市政工程24项），建筑面积25.5412万平方米。

【鼠疫防控】 2021年，落实鼠疫防控经费155.4万元，其中国家级专项资金10万元、旗配套资金145.4万元。

2021年，制定印发《鄂托克前旗2021年鼠疫防控工作方案》等指导性文件，建立鼠疫防控“三道防线”。加强监测力度。全年完成踏查面积6726平方千米、打样方数55公顷，捕获长爪沙鼠346只、鼠密度6.29只/公顷，检验各种动物1071只、检出阳性动物4只，检验各种蚤880匹/607组，用间接血凝试验检验长爪沙鼠血清103份，结果均为阴性。在镇区周边人群较集中地区、主要公路两侧100米范围内以及鼠密度较高的疫源地等重点区域进行保护性灭鼠，累计灭鼠面积达22000公顷，投放烟雾炮21.99吨。举办鼠疫防控知识培训班，不断加大对医务人员、干部职工和农牧民等人群的宣传培训，全旗农牧民家庭基本实现鼠疫防控知识宣传教育全覆盖。在鼠疫疫区、公共场所、公路旁边设立鼠疫防治警示牌56块。在历史鼠疫疫区，以嘎查为单位成立鼠疫防治哨点户，及时发现和报告有关鼠疫的相关信息。印发鼠疫宣传资料、宣传品总量达2500余份。

【新冠肺炎疫情防控】 加强防控队伍人员培训。常态化开展《中华人民共和国传染病防治法》、防控措施的宣传培训工作，全年共组织新冠肺炎疫情防控培训91次，应急演练51次，培训医务人员3217人次，医务人员传染病防控知识培训覆盖面达到100%。

医疗硬件储备。全旗共储备有创呼吸机2台、无创呼吸机15台、心电监护仪55台、ICU多功能床4张、救护车14辆（其中，负压救护车3辆）、负压担架3张。

应急物资储备。鄂托克前旗卫生应急储备库共储备医用口罩37808个、医用N95口罩3462个、医用防护服3876套、医用隔离面罩1330个、医用隔离衣9090套、一次性帽子23430个、医用手套5963双、84消毒液1200斤、75%医用酒精500斤、次氯酸钠1250斤、α-干扰素330支、利巴韦林7215支、磷酸氯喹200支。

把牢监测预警防线。全力推进核酸检测实验室改造建设，鄂托克前旗人民医院PCR实验室、蒙医院与疾控中心联建的PCR实验室于2020年通过验收。

提升核酸检测能力，购入便携式核酸检测仪3台、荧光定量PCR仪8台，日检测总量达4万份。2021年，全旗共开展新冠肺炎核酸检测235165人次，抗体检测4651人次，结果均为阴性；加强医疗机构预检分诊，落实预检分诊制度，全年累计预检分诊排查29.32万人次，其中发热病人3223人次，均排除新冠肺炎病例。

检测冷链食品样品561份、从业人员774人份、环境样品460份，结果均为阴性。对医务人员、快递外卖、交通运输服务人员等重点领域从业人员开展核酸检测1.55万人次，医疗机构环境样品8658人份，结果均为阴性。全力推进新冠病毒疫苗接种。设立固定新冠疫苗接种点2个，临时新冠疫苗接种点8个，疫苗接种点设置规范，医务人员配备充足，应急处置设备全部齐全。

全旗累计接种新冠病毒疫苗17.0172万剂，其中完成第一针接种8.5465万人、接种率107.35%，完成了第二针接种8.1640万人、接种率112.33%，基本实现应接尽接，完成第三剂接种3067人，总接种任务完成率为91.75%。3—11岁儿童新冠病毒疫苗接种任务总数8604人。

重要会议

【鄂尔多斯四季赏花暨“马兰花开锦·醉美鄂前旗”花季系列文旅活动】 5月13日在鄂托克前旗上海庙镇芒哈图嘎查举行。市人民政府副市长刘建勋出席启动仪式并宣布本次活动开幕。旗委书记布仁其木格致欢迎辞，市文化和旅游局党组书记、局长赵子义致辞。旗委副书记、政法委书记崔景翔主持启动仪式。旗四大班子在家领导和各有关部门负责同志，市部分重点文旅企业负责人，以及社会各界人士和新华社、经济日报等各大主流媒体参加启动仪式。

【鄂尔多斯市第一中学与鄂托克前旗第一中学结对共建办学签约仪式】 12月7日在鄂托克前旗会议中心举行。鄂尔多斯市第一中学校长白玉亮，副校长、南校区校长陈峥等校领导、教师出席签约仪式。旗四大班子领导出席签约仪式，仪式由旗委副书记、政法委书记谢永锋主持。

【全旗招商引资动员大会】 10月22日在涛龙宫召开。旗委书记、二级巡视员王羽强出席会议并讲话，旗委副书记、政府代旗长杨颖新主持会议并讲话。旗委、人大、政府、政协班子成员，旗法院院长、检察院检察长，上海庙经济开发区班子成员，各镇党政主要负责同志，旗直各部门、各人民团体主要负责同志及各旗属国有企业主要负责同志参加会议。

政府常务工作

【概况】 2021年，旗人民政府常务工作坚持民主议事决策的原则，全年共召开常务会议19次。

【第一次常务会议】 1月7日召开。会议由旗委副书记、政府代旗长吴云主持，会议研究2021年鄂托克前旗人大代表票决的民生实事候选项目、煤炭资源领域违规违法问题专项整治事宜。

【第二次常务会议】 1月10日召开。会议由旗委副书记、政府代旗长吴云主持，会议研究煤炭资源领域违规违法问题专项整治2项事宜。

【第三次常务会议】 1月18日召开。会议由旗委副书记、政府代旗长吴云主持，会议研究全旗2021年重点项目实施计划情况、2021年主要经济指标预测情况，讨论旗政府主要领导在旗委九届二十次全会暨全旗经济工作会议第一次全体会议上的讲话事宜。

【第四次常务会议】 1月26日召开。会议由旗委副书记、政府代旗长吴云主持，传达斯琴市长在全市疫情防控部署会和今冬明春保暖保供、安全生产暨自然资源例行督察反馈问题整改工作推进会上的讲话精神，金武副市长在全市重大项目、优化营商环境、能耗双控、园林绿化（碳汇林）和安全生产工作专题会议上的讲话精神，讨论《鄂托克前旗落实自治区党委第四巡视组对鄂尔多斯市优化营商环境专项巡视反馈意见整改方案》《鄂托克前旗2021年推进农牧业高质量发展扶持政策》，研究为全旗警务辅助人员核拨绩效工资、敖勒召其镇污水处理厂支付委托建设费及资产移交、鄂前旗建设工程安全质量监督站材料试验室脱钩改制、关于协议出让国有土地、旗人民政府领导分工8项事宜。

【第五次常务会议】 2月2日召开。会议由旗委副书记、政府代旗长吴云主持，传达石泰峰书记在全区领导干部加强和改进民族工作专题研讨班上的讲话精神，石泰峰书记、布小林主席有关批示精神，自治区纪委副书记、监委副主任包波同志在自治区党委第四巡视组对鄂尔多斯市优化营商环境开展专项巡视情况反馈会议上的讲话精神，解读《内蒙古自治区党委（党组）意识形态工作责任追究办法（试行）》，研究2021年鄂托克前旗公开招聘民族语言授课中小学国家统编教材专任教师5项事宜。

【第六次常务会议】 2月19日召开。会议由旗委副书记、政府代旗长吴云主持，讨论《政府工作报告》《鄂托克前旗国民经济和社会发展第十四个五年规划和二〇三五年远景规划纲要草案》，研究征收鄂托克前旗农畜产品深加工建设项目储备用地、办理中智豪邸3-1-502回迁安置房固定资产手续、2020年拟调整财政预算收支议案、2021年财政预算编制及2020年财政预算执行情况和2021年财政预算草案6项事宜。

【第七次常务会议】 3月29日召开。会议由旗委副书记、政府旗长吴云主持，会议讨论《鄂托克前旗优化营商环境攻坚行动方案》《鄂托克前旗国有粮食企业改革方案》，研究划拨供应和公开出让国有土地3项事宜。

【第八次常务会议】 4月21日召开。会议由旗委副书记、政府旗长吴云主持，会议讨论《鄂托克前旗“数字乡村”试点建设（2021—2023）三年行动方案》《鄂托克前旗直属国有企业负责人经营业绩考核办法》（试行），研究上海庙经济开发区建筑垃圾消纳场建设项目、补办2015—2022年已建成人工草地相关手续、鄂托克前旗高级中学建设项目、鄂托克前旗城川红色教育集训中心设施设备采购、国有资产处置、鄂托克前旗上海庙镇2021年老旧小区改造项目、敖勒召其镇毛盖图街和原吉拉街污水管网及道路改造工程、人事人才10

项事宜。

【第九次常务会议】 4月23日召开。会议由旗委副书记、政府旗长吴云主持，会议研究以管资本为主进一步深化旗属国有企业改革、采购鄂托克前旗本级党政机关集中办公区物业管理服务，讨论《鄂托克前旗直属国有企业负责人经营业绩考核办法》（试行）、修订《鄂托克前旗本级党政机关公务接待管理办法》4项事宜。

【第十次常务会议】 7月1日召开。会议由旗委副书记、政府代旗长杨颖新主持，会议传达学习习近平总书记关于统计工作的重要指示批示精神以及《关于深化统计管理体制改革提高统计数据真实性的意见》《统计违纪违法责任人处分处理建议办法》《防范和惩治统计造假、弄虚作假督察工作规定》精神，研究规范性文件清理、公开出让国有土地、鄂尔多斯市正腾建设投资集团有限公司入股鄂尔多斯银行4项事宜。

【第十一次常务会议】 7月6日召开。会议由旗委副书记、政府代旗长杨颖新主持，会议传达学习《习近平总书记在“七一勋章”颁授仪式上的重要讲话和在庆祝中国共产党成立100周年大会上的重要讲话精神》《李克强总理在国务院第四次廉政工作会议上的讲话精神》《习近平在中央政治局第二十九次集体学习时的讲话精神》，研究义务教育优质均衡发展、旗中小学幼儿园校舍维修、2021年1—5月份拟调整财政预算支出议案、正腾建设投资集团有限公司入股鄂尔多斯银行、内蒙古上海庙鄂西物流有限责任公司申请贷款、政府领导工作分工7项事宜。

【第十二次常务会议】 8月9日召开。会议由旗委副书记、政府代旗长杨颖新主持，会议传达学习7月30日中共中央政治局会议精神、习近平总书记在西藏考察时的重要讲话精神、习近平总书记对当前疫情防控工作的重要批示精神、自治区党委书记石泰峰有关批示精神、《三个规定》，听取全旗国有企业改革三年行动、鼠疫防控工作情况汇报，讨论《鄂托克前旗地下水超采区治理方案》《鄂托克前旗推进敖镇镇区精细化管理两年行动方案》及调整推进敖镇镇区精细化管理领导小组、《鄂托克前旗蒙古族希望实验小学新校区建设房屋征收决定》，研究实施鄂托克前旗城川镇金元街西延伸段道路及配套市政管网工程、鄂托克前旗城镇Wi-Fi全覆盖服务、开展敖勒召其镇非正规垃圾填埋场环境修复项目场地详调、实施敖勒召其镇环卫基础设施配套项目（污水收集口）、实施敖勒召其镇垃圾中转站项目、实施市政公用设施维修项目、环卫清运设备采购、采购鄂托克前旗民族实验小学教学设备13项事宜。

【第十三次常务会议】 8月26日召开。会议由旗委副书记、政府代旗长杨颖新主持，会议传达学习自治区领导有关批示精神，研究推进教育优质发展，讨论《鄂托克前旗行政复议体制改革实施工作方案》《全面推行证明事项告知承诺制实施方案》《鄂托克前旗75周岁以上老年人高龄津贴发放管理办法》《鄂托克前旗社区工作者管理暂行办法》《鄂托克前旗专职社区工作者岗位职级和薪酬待遇管理办法（试行）》6项事宜。

【第十四次常务会议】 9月27日召开。会议由旗委副书记、政府代旗长杨颖新主持，会议传达学习习近平总书记在陕西榆林考察调研时的重要指示精神、《内蒙古自治区关于进一步深化高考加分改革工作的实施方案》的通知及配套的《政策解读》文件精神、全区实施乡村振兴暨推进农村牧区人居环境整治工作现场会议精神、全区数字乡村工作现场推进会精神、全区住建领域推进以县域为主的新型城镇化建设现场会精神、全区绿色矿山建设推进会议精神，听取全旗党务政务服务热线办理、安全生产、执法部门移交非法财物、生态环境保护等工作情况，研究《上海庙矿区塌陷区搬迁补偿安置办法》及成立上海庙矿区塌陷区搬迁补偿安置工作领导小组、新能源公司平台化运营、调整鄂托克前旗综合产业园管理主体、划拨供应和公开出让国有土地、申报第二批地方政府新增一般债券资金、国有资产处置、实施鄂托克前旗人武部防化训练基地建设项目、鄂托克前旗妇幼保健院深化改造工程（鄂托克前旗人民医院提升改造工程）、鄂托克前旗蒙医综合医院旧址维修改造项目、上海庙镇中心卫生院附属设施建设、补充招聘留置看护警务辅助人员13项事宜。

【第十五次常务会议】 10月20日召开。会议由旗委副书记、政府代旗长杨颖新主持，会议传达学习习近平总书记在中央人才工作会议上的重要讲话精神、鄂尔多斯市2021年重点项目建设观摩会精神和中央、自治区党委、市委民族工作会议精神，解读中国共产党鄂尔多斯市第五次代表大会报告，讨论《鄂托克前旗“全民招商、全员引资”工作方案》《鄂托克前旗文化旅游融合发展扶持奖励办法》《鄂托克前旗国企改革方案》，研究了鄂托克前旗农村牧区垃圾、污水收集处理设施运行管理、新寨子至苏坝海子（C024线）和昂素至巴彦希里（Y007线）公路部分路段路面加宽工程、开展国土空间基础信息平台及国土空间规划“一张图”实施监督系统建设7项事宜。

【第十六次常务会议】 8月26日召开。会议由旗委副书记、政府代旗长杨颖新主持，会议传达学习习近平总书记在深入推动黄河流域生态保护和高质量发展座谈会上发表的重要讲话精神、自治区推动黄河流域生态保护和高质量发展领导小组会议精神，《中共中央 国务院关于完整准确全面贯彻新发展理念做好碳达峰碳中和工作的意见》文件精神、《内蒙古自治区重大行政决策程序规定》《内蒙古自治区重大行政决策执行责任制规定》、习近平总书记关于禁毒工作的指示批示精神及相关内容，听取全旗经济运行情况汇报，讨论《鄂托克前旗委和政府及各有关部门生态环境保护责任清单》《鄂托克前旗债务风险降级工作方案》《鄂托克前旗2021年农牧民冬季取暖用煤供应实施方案》，研究部门和镇共同承担事项责任清单、鄂托克前旗公安局人脸识别项目、国有资产处置、城川民族干部学院资产划转、变更上海庙学校业务范围及部分幼儿园名称、增加上海庙镇易地扶贫搬迁集中安置区温室大棚建设项目资金、公开招聘事业编制工作人员12项事宜。

【第十七次常务会议】 11月26日召开。会议由旗委副书记、政府代旗长杨颖新主持，会议传达学习党的十九届六中全会精神、《自治区党委、政府关于以铸牢中华民族共同体意识为主线推进新时代党的民族工作高质量发展的实施意见》和张炜在全市秘书长办公室主任工作会议上的讲话内容，听取全旗根治欠薪“百日攻坚”行动、“能耗双控”、固定资产投资完成、林草专项整治、绿色矿山等工作情况汇报，研究公开招聘留置看护警务辅助人员，煤炭专项整治无证建井、无证开采问题评估，拨付第一次全国自然灾害综合风险普查经费、向旗老干部服务中心划转资产、鄂尔多斯市正腾建设投资集团有限公司续贷到期贷款、加强全旗中小学幼儿园安全防范建设、建筑垃圾消纳场土地征收补偿安置及地上附着物补偿资金，讨论《数字鄂托克前旗发展“十四五”规划》《鄂托克前旗乡村振兴战略实施方案》及生态、产业、文化、人才、组织专项方案、《旗人民政府与鄂尔多斯市第一中学结对共建办学协议》等16项事项。

【第十八次常务会议】 12月15日召开。会议由旗委副书记、政府代旗长杨颖新主持，会议传达学习中央经济工作会议精神、中国共产党内蒙古自治区第十一次代表大会会议精神、《国务院办公厅关于部分债务沉重地区违规兴建楼堂馆所问题的通报》、李理同志在市委全面依法治市工作会议上的讲话精神，讨论《政府工作报告》《鄂托克前旗“十四五”消防救援事业发展规划》，研究鄂托克前旗党校建设项目、红色教育研学实践基地建设项目、鄂托克前旗第二中学建设项目、上海庙经济开发区能源化工园基础设施建设项目、敖勒召其镇涛海路南延伸（公园街—敖昂快速通道）和吉拉西街（鹰骏南路—西环路）市政道路及附属设施、向旗文旅集团注资、乌兰新区至工业园区公路建设工程、加强全旗中小学幼儿园安全防范建设、解决全民健身乒羽馆运营费用、核定辅警员额、实施纪检监察内网国产化替代工程、嘎查村运转经费及嘎查村“两委”成员报酬资金16项事宜。

【第十九次常务会议】 12月31日召开。会议由旗委副书记、政府代旗长杨颖新主持，会议研究“两节”期间疫情防控、安全生产、信访维稳等工作和2021年6—12月份拟调整财政预算收支议案及2022年财政预算安排情况、全旗2022年经济指标预测、全旗2022年重点项目、全旗2022年民生实事项目、新增建设用地有偿使用费缴纳，听取全旗第三次国土调查工作汇报，讨论《鄂托克前旗敖勒召其镇、三段地地下水超采区治理巩固实施方案》《鄂托克前旗计划生育协会改革方案》9项事宜。

专项改革落实

【概况】 2021年，鄂托克前旗全力推动192项改革任务落地见效。从破解发展难题和群众“身边的关键小事”着手，确定并公布首批22项“微改革”事项助推“大民生”改善；建立改革观察员“专家库”，入库专家77名，首批选聘12名改革观察员。

启动优化营商环境两年攻坚行动，创新推出新办企业免费刻章、“局长进大厅”“金融地图”“政务服务效能监督员”等举措，推动营商环境优化升级。全市首个旗区级“蒙企通”民营企业综合服务平台上线运行。国家级“数字乡村”试点建设经验做法在全市复制推广，作为全市唯一代表在全区数字乡村工作现场推进会上作交流发言。围绕打造乡村振兴样板区目标，与农商银行签订乡村振兴战略协议，发出全区首张“乡村振兴卡”。率先启用全市首家集体经济实体化运营的兽医院。鄂托克前旗西瓜、羊肉入选全国名特优新农产品名录，被内蒙古自治区农牧厅命名为“自治区农产品质量安全县”。围绕打造区域合作示范区目标，鄂托克前旗第一中学与鄂尔多斯市第一中学建立结对共建办学机制。深化鄂托克前旗民族职业高中“1+X”证书（学历证书+若干职业技能等级证书）制度试点院校建设，打造全区“文化素质+职业技能”融合发展新样板。积极落实“科技兴蒙”行动，作为全区唯一旗县荣登2021—2025年度第一批全国科普示范县榜单。围绕打造“双碳”实践先行区目标，2021年度光伏制氢一体化示范项目开工建设，绿色低碳发展迈出坚定步伐。积极实施城市更新行动，被推荐为全区新型城镇化建设示范旗，并在全区现场会上作交流发言。

【重大疫情防控体制机制】 健全公共卫生应急防控物资保障体系，建立卫生应急储备库，每年财政列入预算资金10万元，按内蒙古自治区卫健委卫生应急储备目录集中储备应急物资，在各医疗单位储备应急药品。成立鄂托克前旗疾控中心，专门负责全旗疾病预防控制工作。在二级及以上医院设立疾控科，各基层卫生院均安排防疫人员，完善疾控预防体系。完善重大疫情防控规范和应急救治管理办法，制定印发《鄂托克前旗人民政府办公室关于印发鄂托克前旗突发公共卫生事件应急预案的通知》《鄂托克前旗卫生健康委员会关于印发鄂托克前旗新型冠状病毒感染的肺炎防控应急预案（试行）的通知》，建立《鄂托克前旗鼠疫防控应急领导小组关于印发鼠疫疫情防控联合研判会商制度》，确定鄂托克前旗人民医院为重大疫情救治定点医院。

机关事务

【政务事务服务】 围绕旗政府经济工作思路和各项重点项目，深入一线了解产业转型、项目建设、基层治理等重点问题，累计起草报告、讲话、汇报等各类文稿70余万字，翻译与农牧民切身利益相关的政策性文件、各类大型会议和活动材料共26份、30万余字，整理编发旗政府大事记12期，发布政策解读12期，上报政务信息300余条，完善鄂前旗蒙古文政务网站建设，上传信息240条、约21万字。严格按照收文运转流程，高效做好来文的整理、登记、送批和转办、承办、催办工作，承办各级文件3200余份、涉密机要文件610余份，制发公文880余份，做到各级来文及时办结、限时反馈。

鄂托克前旗人民政府办公室先后组织承办鄂尔多斯市2021年重大项目春季集中开工建设动员会鄂托克前旗分会场、鄂尔多斯市四季赏花夏季赏花度假暨“马兰花开锦。醉美鄂前旗”花季系列文旅活动等多次重大活动启动仪式，高质量承办旗人民政府各类会议120余次，统筹安排上级领导和旗政府主要领导调研活动70余次，清单式管理会议和活动中的所有环节，全力保障各环节顺畅衔接。

【督查督办】 2021年，旗人民政府督查室全面加强旗政府常务会议、旗长办公会议、领导批示指示以及优化营商环境、新能源产业发展、能耗“双控”等重点工作重点项目落实情况的督办，实行“一月一通报、月月抓落实”，共组织开展督查活动40余次，编发督查通报、快报等72期，办理旗领导批转重要文件45件，跟踪督办旗政府常务会议、旗长办公会议重要决策事项46件，进一步助推提高政府系统执行力。加强人大代表建议、政协提案的办理工作，旗政府系统承办旗人代会和旗政协会议建议、提案41件，均已提交并完成答复，反馈满意率为100%。

【机关效能建设】 注重激励干部，创新实施《关于进一步激励干部担当作为的10条措施》，完善相关配套办法，调动干部职工积极性、主动性、创造性。注重关爱干部，充分发挥工青妇组织的作用，积极开展各类文体活动，丰富干部职工业余生活；积极协调解决干部和离退休老干部实际困难，增强干部获得感、归属感。坚持以制度管人、管钱、管事，完善办公室党组工作机制、“五个不直接分管”等制度，严格执行财经、考勤、请销假等制度机制，特别是从严落实清单管理制度，对旗政府明确要求贯彻落实的重大事项和中心工作，及时细化分解到分管领导、到部门、到人，确保每件事都有人抓、有人管、有人落实。紧扣重难点工作开展协调，加强纵向、横向联络沟通，重点做好与旗委、人大、政协办公室和市政府、各旗区政府办公室的沟通协调，争取工作上的指导和支持，提前做好工作摆布，确保心中有数，避免工作被动。全力做好创建全国文明城市、重大项目建设、疫情防控等服务保障工作，协助旗委宣传部审核上报创城综合报告、软件资料1000余份，为疫情防控指挥部抽调精干力量12人，配备专门的办公场所，配齐打印机、电脑等办公设备，有效保障指挥部常态化高效运转。

政治协商

综述

【概况】 政协鄂托克前旗委员会牢牢把握团结和民主两大主题，围绕中心，服务大局。充分发挥政协委员的主体作用和政协专委会的基础作用，组织政协委员和各族各界人士，围绕经济社会发展中的重要问题和人民群众关注的热点、难点问题，深入调查研究，积极建言献策，把促进经济社会又好又快发展和维护民族团结、促进社会和谐贯穿于履行职能的各个环节，各项工作取得显著成绩，为推动全旗经济和社会各项事业发展、维护地区安定团结的政治局面竭诚尽智，贡献重要力量。

政协鄂托克前旗第十届委员会由16个界别组成，有政协委员126名，其中，中共党员52人，少数民族委员57人。常务委员会组成人员21名，设政协主席1名，副主席4名。

2021年，政协鄂托克前旗第十届委员会共召开1次全体会议、5次常委会议、8次主席会议。

【旗政协十届五次会议】 2021年2月23—24日政协鄂托克前旗第十届委员会第五次会议在旗涛龙宫召开，会期2天。会议应到委员116人，实到委员101人。会议由旗政协副主席石吉日木图主持。中共鄂托克前旗委书记布仁其木格在开幕会上讲话。会议听取和审议旗政协主席高荣堂所作《政协鄂托克前旗第十届委员会常务委员会工作报告》和副主席图娅所作《关于提案工作情况的报告》。会上5名委员围绕“建立嘎查村集体经济管理体制和激励保障体系，改进上海庙经济开发区营商环境，完善自然灾害防治体系，提高防灾、减灾、救灾能力，推进农牧业高质量发展，加快我旗数字医疗发展”等作专题发言，提出很好的意见建议。会议审议通过政协鄂托克前旗第十届委员会第五次会议政治决议（草案）、常务委员会工作报告决议（草案）、十届五次会议提案审查情况的报告（草案）。

常委会工作

【第十三次常委会议】 2月20日召开。会议审议通过政协鄂托克前旗第十届委员会第五次会议时间、地点，《中国人民政治协商会议鄂托克前旗第十届委员会常务委员会工作报告（草案）》《中国人民政治协商会议鄂托克前旗第十届委员会常务委员会关于提案工作情况的报告（草案）》《政协鄂托克前旗第十届员会第五次会议议程（草案）》《政协鄂托克前旗第十届委员会第五次会议日程，各次大会主持人、报告人建议名单，工作机构和负责人建议名单，列席部门、企业和人员建议名单，会议编组办法，讨论组召集人建议名单。

【第十四次常委会议】 2月24日召开。会议审议《政协鄂托克前旗第十届委员会第五次会议政治决议（草案）》《政协鄂托克前旗第十届委员会第五次会议关于常务委员会工作报告的决议（草案）》《政协鄂托克前旗第十届委员会提案审查委员会关于十届五次会议提案审查情况的报告（草案）》。

【第十五次常委会议】 10月20日召开。会议审议通过《关于挖掘利用红色资源提高文化旅游发展质量的调研报告》《关于“加强古城保护与文化旅游融合发展”的调研报告》并进行专题协商。

【第十六次常委会议】 12月8日召开。会议听取旗人民政府关于政协十届一次会议以来提案办理情况的通报，办公室、各专委会五年工作报告。审议通过《政协鄂托克前旗第十届委员会常务委员会工作报告（草案）》《政协鄂托克前旗第十届委员会常务委员会关于提案工作情况的报告（草案）》和有关人事事项。审议政协鄂托克前旗第十一届委员会第一次会议议程（草案）、政协鄂托克前旗第十一届委员会第一次会议日程（草案）等有关事宜。

【第十七次常委会议】 12月30日召开。会议审议通过《关于召开政协鄂托克前旗第十一届委员会第一次会议的决定（草案）》《政协鄂托克前旗第十届委员会常务委员会工作报告（草案）》《政协鄂托克前旗第十届委员会常务委员会关于提案工作情况的报告（草案）》；审议政协鄂托克前旗第十一届委员会第一次会议议程（草案），日程（草案），选举办法（草案），各次大会主持人、报告人名单（草案），工作机构和负责人名单（草案），列席部门、企业和人员名单（草案），会议编组办法、讨论组召集人名单（草案）等事宜。

参政议政

【提案立案】 旗政协十届五次会议以来，提案委员会共征集提案62件，经审查立案57件，占提案总数的92%。其中委员联名提案18件，委员个人提案38件，集体提案1件。立案提案中，经济建设方面的提案10件，占立案总数的17.5%。内容包括推进农牧业高质量发展、优化营商环境等。政治建设方面的提案11件，占立案总数的19.3%，内容包括加强民营企业人才队伍建设、充实干部队伍后备力量、建设旗属国有企业监事人才库等。文化建设方面的提案1件，占立案总数的1.8%。内容为规划建设鄂前旗博物馆。社会建设方面的提案30件，占立案总数的52.6%。内容包括加强城市精细化管理、“智慧农牧业”建设、规范居民小区物业管理等。生态文明建设方面的提案5件，占立案总数的8.8%，内容包括加强草牧场建设、提高城镇绿化率、提升公路沿线环境卫生等。旗委、政府对提案办理高度重视，各承办单位认真落实，提案交由43家承办单位办理，办复率100%。提案议题广泛、内容丰富、针对性强，提案中的许多意见建议被采纳吸收，有效促进全旗经济社会高质量发展。

【民主协商】 2021年，鄂托克前旗政协始终把促进发展作为第一要务，根据旗委2021年总体工作部署，结合旗政协工作实际，认真制定2021年度政协协商计划。围绕“推进数字乡村建设 助力乡村全面振兴、巩固脱贫攻坚成果、农牧业社会化服务体系建设、加强古城保护与文化旅游融合发展”开展1次专题议政性常委会、6次专题协商会，报送协商成果8篇、意见建议39条，为旗委、政府科学决策提供重要参考。各部门对旗政协十届五次会议以来立案的57件提案高质高效办理，办复率100%。

2021年，旗政协不断探索政协协商向基层延伸的新途径，着眼于“小阵地”促履职“大提升”，探索“政协主导、委办主抓、委员主角”的履职方式，建立各镇“政协委员之家”和嘎查村协商议事室，邀请部门负责人、基层干部、委员开展面对面协商，有效推动基层协商民主创新发展。

【视察监督】 组织旗十届政协委员围绕全旗经济社会高质量发展，通过实地视察、协商座谈等形式深入基层、深入厂矿企业，全年深入基层走访调研30多次，整理报送4期18条意见建议，为贯彻旗委、政府决策部署，推动落实相关工作发挥积极作用。

委员活动

【委员履职考评】 2021年，鄂托克前旗政协不断探索政协协商向基层延伸的新途径，着眼于“小阵地”促履职“大提升”，探索“政协主导、委办主抓、委员主角”的履职方式，建立各镇“政协委员之家”、嘎查村协商议事室，邀请部门负责人、基层干部、委员开展面对面协商，有效推动基层协商民主创新发展。以各镇“委员之家”平台为依托，经常性组织委员深入基层，了解群众所需所盼，坚持问需于民、求智于民，收集反映具有全局性、建设性的社情民意信息。全年深入基层走访调研30多次，整理报送4期18条意见建议。积极引导政协委员投身疫情防控、乡村振兴主战场，为农牧民提供技术指导、捐助帮扶资金，以实际行动奏响助力乡村全面振兴最强音。

充分发挥委员主体作用，坚持常委会议、主席会议和各种调研活动邀请相关委员参加，各界别委员参加旗政协专委会组织各类活动70余次，提高委员参政议政的积极性、履职责任意识。加强和规范委员履职工作，注重委员的绩效考核、动态联动管理，制定政协常委提交年度履职报告制度，完善委员履职档案，引导委员强化责任担当、更好履职尽责。

【团结联谊】 鄂托克前旗政协全年注重加强与自治区、市政协和周边地区政协的交流，配合自治区、市政协开展脱贫攻坚、乡村振兴、“优化营商环境民主监督专题协商”等多项课题的调研协商工作，接待各地政协考察调研20余次，组织委员开展考察学习4次，通过搭建平台、相互交流，开阔视野，增进友谊，激发广大委员的履职热情。6月，承办鄂尔多斯市政协文化文史和学习工作现场会暨业务培训班，宣传展示鄂托克前旗历史文化底蕴，周密安排和高质量服务得到全体政协同仁的一致好评。

机关建设

【学习教育】 2021年，鄂托克前旗政协把开展党史学习教育作为一项重大政治任务，高度重视、精心组织、扎实推进，取得实效。把开展党史学习教育同推进“两学一做”学习教育常态化制度化结合起来，同巩固深化“不忘初心、牢记使命”主题教育成果结合起来，将党章党规、习近平总书记系列重要讲话精神，党中央治国理政新理念新思想新战略，以及自治区第十一次党代会、市第五次党代会、旗第十次党代会确立的发展思路及重要部署融入日常思想教育，引导党员干部牢固树立“四个意识”，坚定“四个自信”，铸牢中华民族共同体意识。在开展党史学习教育期间，探索“十学”模式，即集中交流学、个人自主学、线上灵活学、观影辅助学、党课深入学、理论测试学、故事分享学、专题辅导学、现场推进学、办实事督促学，开展专题学习5次，观看专题片10次，专题培训4次，理论测试10次，“晨读课堂”30期，推送党史天天读50期，切实推动党史学习教育走深走心。充分利用红色培训教育基地、城川场景式教学馆、发展成就展等党性教育资源地，学习党的光荣传统和优良作风，感受中华民族优秀文化，激发党员干部奋发有为、敢于担当的精气神。

充分发挥政协办公室、各专门委员会在政协履职中的基础性作用，加强与对口部门、界别委员的密切联系，探索建立并高效运行各镇“政协委员之家”，组织政协委员和部分群众召开座谈会20多次，宣传各级党委决策部署，面对面收集社情民意、解疑释惑、化解矛盾。

【机关事务】 2021年，鄂托克前旗政协办细心服务各类会议，及早研究，及早安排，明确职责，圆满地完成常委会议、各类专题协商会议与活动的后勤保障工作。在预算编制、资产管理、固定资产采购等各项工作中，坚持依法循规，按章办事。规范执行“三重一大”集体决策、公务接待、办公用房管理等制度，制定《政协鄂托克前旗委员会办公室内控工作手册》《政协鄂托克前旗委员会办公室内部控制管理制度》，进一步强化大额资金管理、细化支出预算，明确开支重点。完善办公区基础设施建设，对监控、音视频等设备进行调试检修和升级改造，提高机关后勤保障工作水平。主动适应新形势新任务，把构建更加科学完备的制度体系作为重点来抓，制定完善《专门委员会通则》《进一步提高协商议政质量实施办法》《反映社情民意信息工作办法》《加强和改进调研工作实施办法》《委员履职考评办法（试行）》等12项规章制度，为政协工作提质增效奠定扎实的基础。

纪检监察审计

纪律检查与国家监察

【概况】 2021年，鄂托克前旗纪委监委深入贯彻落实中国共产党的十九届五中、六中全会精神，围绕旗委、政府中心工作，扎实履行政治监督主责主业，认真抓好日常监督，高标准推进审查调查，集中攻坚专项整治，大力提升干部队伍素质，一体推进不敢腐、不能腐、不想腐机制建设，推动全旗纪检监察工作高质量发展。

【政治监督】 围绕部门职能职责、年度重点工作任务、巡视巡察反馈问题整改、廉政风险防控等内容，建立主体责任和监督责任“两张清单”，实行月检查、季调度、半年总结对账销号工作机制，拧紧各级党组织的政治责任。建立《鄂托克前旗委常委会班子、成员党风廉政建设责任清单》，列出旗委常委会5大项17小项责任清单以及旗委书记、纪委书记和旗委常委会其他班子成员责任清单；“一把手”负面清单，细化完善“三重一大”事项清单，制定了《关于建立完善政治责任清单进一步强化政治监督的通知》，建立70项监督清单，明确具体监督方式，精准开展监督。2021年，向旗委书记专题汇报党风廉政建设工作3次，营商环境监督专报2份，林草领域监督专报1份，疫情防控监督专报1份，工作纪律监督专报1份。

【专项整治】 2021年，鄂托克前旗清单式、项目化统筹推进专项治理，定期研判调度，“点线面”精准监督确保专项治理效果。加强政法专项治理，处置问题线索48件，了结27件，立案21件24人。加强供销专项治理，处置问题线索12件，了结9件，立案3件3人。加强林草专项治理，对涉及专项整治工作的1个开发区4个镇10个部门，进行9轮的督查督导，累计督查督导相关部门29批次，提出工作建议21条，跟进督导完成市纪委督办函1件。优化营商环境，先后开展营商环境专项督查15批次，下发督办函（单）12份，提醒函14份，编发通报6期；受理处置问题线索19件，已办结14件，立案查处办理5件，给予党纪政务处分8人。加强民生领域专项治理，处置问题线索10件，给予党纪政务处分6人，组织处理1人。加强基层“微腐败”专项治理，办理基层“微腐败”问题线索三轮49件，立案查处9件，给予党纪处分、组织处理13人，化解信访问题34件；持续开展领导班子上访变下访活动，排查信访举报问题10件，已解决8件，正在办理2件。加强“三务”公开，强化“民生监督平台”运用监管，共受理问题线索52件，办结50件，正在办理2件，实地开展“三务”公开专项督查9批次，通报2期。

【审查调查】 2021年，鄂托克前旗纪委监委树牢成绩单意识，开展“以案促改治理年”活动，聚焦关键“领域”，坚持“严”的主基调不放松。及时召开执纪监督会议，分析研判、处置问题线索，全年受理问题线索280件，立案85件92人，结案52件，给予党政纪处分56人。组织召开反腐败协调会议4次，研究讨论案件3件。各成员单位向旗纪检监察机关移送问题线索56件，纪检监察机关向成员单位移送问题线索2件，出具廉政复函48份，查询党员干部廉政情况5990人次。

【作风建设】 2021年，鄂托克前旗纪委监委精准量化监督指标，将形式主义、官僚主义、"四风""四官"问题、中央八项规定及其实施细则精神等问题指标化，责任清单化，定期不定期调度推进工作进度。2021年，统筹调度4个镇纪委、19个派驻纪检监察组力量，累计开展"四风"问题、中央八项规定、三务公开、工作纪律等监督检查246批次，发现问题698个、整改问题691个，向职能部门下发廉政提醒函97份、监督检查建议书77份、督办单29份，提醒谈话209人次。坚持查改并重，及时分析研判审查调查、巡视巡察中发现的体制机制问题、制度漏洞，通过纪律检查建议、监察建议、整改督办单等形式，督促党组织在立行立改、建章立制上下功夫。

【廉政教育】 2021年，鄂托克前旗纪委监委强化警示教育，把宣读处分决定升级为"一案四讲"套餐式警示教育，处分决定宣布的"小现场"变成警示教育的"大课堂"，在政法队伍教育整顿成员单位及人防、教体系统召开警示教育会16场次，组织全旗科级干部警示教育大会1次，拍摄优化营商环境微电影《办不成事》。持续推进以案促改，印发《鄂托克前旗纪委监委"以案促改"工作规程（试行）》，建立剖析问题、整改措施、监督销号和调度对账清单，先后在旗住建系统、旗国资系统开展以案促改活动，在全旗6个直属国有企业及23个子公司系统查找廉政风险点211个，修订完善制度78项。

【纪检体制改革】 创新推出"室组地企"联系指导、协作办案模式，建立公检法、审计、财政、住建、各镇等重点部门184名业务骨干审查调查"人才库"，解决审查调查人员不足问题。模块化组建5支专案队伍，承接自治区、市纪委监委指定专案18件，加强案件查办工作。

【队伍建设】 2021年，鄂托克前旗纪委监委坚持练兵练将练队伍，制定《鄂托克前旗纪委监委开展"苦练内功百日攻坚行动"工作方案》《鄂托克前旗纪委监委执纪监察"能手小分队"培养工作方案》，依托12名业务骨干，组建3支"能手"小分队，创新教育载体和方式，通过理论教学、研讨互学、实战突击、案件复盘等方式，轮训全体干部。全旗全年累计组织纪检监察干部参与各类培训69期，提升纪检监察干部的业务能力水平。

审计

【概况】 2021年，鄂托克前旗审计局共审结项目47个，审计资金63.37亿元，揭示各类问题177个（非金额计量问题44个）；审计作出处理处罚资金17424.67万元，其中查出违规资金89.59万元，管理不规范资金17335.07万元；移送处理资金2232.35万元；节约资金23.90万元；出具审计文书141份，提出审计建议107条，向旗纪委监委、旗财政局、住建局等有关部门移送问题线索及疑似问题线索35件（移送旗纪委监委疑似问题8件），提出问责建议9条，作出警告处罚43次

【财政审计】 2021年，鄂托克前旗审计局实施旗本级及部门预算执行审计项目5个，审计资金486631.02万元，发现违规资金25.20万元，管理不规范资金13302.39万元，非金额计量问题5个，移送问题线索2件。

【经济责任审计】 2021，鄂托克前旗审计局实施经济责任审计项目20个，涉及科级领导干部21位，审计资金111238.07万元，累计调查项目237个，调查资金9191.09万元，发现违规资金14.91万元，管理不规范资金2723.15万元，非金额计量问题8个；移送问题线索13件。

【固定资产投资审计】 2021年，鄂托克前旗审计局实施政府性投资建设项目竣工决算审计3个，报审价2225.12万元，审定价2201.22万元，核减资金23.90万元，审计发现违规资金40.78万元，非金额计量问题6个；移送问题线索5件。针对全旗固定资产管理方面存在的账账、账实不符、在建工程未及时转固等共性问题，鄂托克前旗审计局下达风险预警提醒函1份，提出意见建议3条。

【专项资金审计】 2021年，鄂托克前旗审计局组织实施专项资金审

计项目4个，审计资金11566.57万元，累计调查项目36个，发现违规资金4.2万元，管理不规范资金242.39万元，非金额计量问题7个。

【财政收支审计】 2021年，鄂托克前旗审计局实施行政事业单位财政收支审计项目7个，审计资金14122.14万元，发现违规资金0.13万元，管理不规范资金1008.37万元。

【自然资源资产审计】 2021年，鄂托克前旗审计局对上海庙镇原党委书记任职期间草原资源资产责任履行情况审计，审计资金1779.48万元，发现非金额计量问题4个。

【创新工作】 在党的建设和领导班子建设上，创新推进“固基提质”工程，形成“1466”党建工作格局，全面建成涵盖“党建文化、精神文化、制度文化、廉政文化”的学习教育实践基地，2021年被评为市级“最强党支部”。在提升审计人员综合能力上，创新开展“全员大学习素质大提升”专项行动，建立“以老带新，新老结合”“传帮带”机制，深入推动以审代训，结成新老组团对子12对、24人，开展审计业务专题培训17次，业务骨干大讲堂6期，精品审计课堂4期。专题测试2次，优秀审计项目评比1次。在强化审计质量、审计效率上，创新谋划融合式、嵌入式、“1+N”审计项目实施举措，科学布局“一审多项”，多措并举力促“两统筹”，推行“3467”工作法，实现审人、审单位、审资金、审项目的有机融合，推动审计工作提质增效、降压减负。

【乡村振兴】 运用为民服务“345”工作法，采取党员领导干部与普通党员结对帮扶的形式，建立《鄂前旗审计局我为群众办实事“一本账”》，全年共组织开展在职党员进社区志愿服务活动13次，点亮居民微心愿12个，深入嘎查走访慰问嘎查困难农牧民、老党员30户，处理矛盾纠纷18件，为群众解决实事、难事8件，协调驻地企业为嘎查投入产业扶持发展资金10万元，在帮扶互助机制的推动落实下，集中解决一批农牧民关心的“小事、急事、难事”，密切党群、干群关系。

国防军事

人民武装

【政治思想建设】 2021年，鄂托克前旗持续深化开展“不忘初心、牢记使命”和“传承红色基因、担当强军重任”主题教育，深入学习习近平新时代中国特色社会主义思想和习近平强军思想，跟进学习习主席系列重要讲话精神，特别是“七一”重要讲话和党的十九届五中、六中全会精神，全面深入贯彻军委主席负责制。深入贯彻执行军地党委、领导指示，扎实开展党史学习教育，牢牢把握部队建设方向。

2021年，鄂托克前旗人武部被评为全国第八批民族团结示范单位。

【国防动员教育】 2021年，统筹推进国防动员和后备力量建设工作，认真推进国防动员潜力调查工作，及时更新潜力数据。严格落实征兵各项工作，抓好征兵宣传和兵役登记工作，及时调整鄂托克前旗国防教育领导小组，开展全民国防教育日、国家公祭日和九一八事变等纪念日活动。建成全国唯一一家市级国防教育展厅，对接军地，联系办理国防教育展厅开馆相关工作。

【应急力量建设】 2021年，落实战备工作要求，首次独立承担全市无人机集训任务，参加4期全市民兵基地化轮训。修订完善作战、指挥、动员、非战争军事行动等方案预案25套；完成保障力量摸底协调、分队专业训练、集结出动演练。完成规定科目训练任务，先后组织2次拉动点验，培养教练员骨干，选派教练员参加集训，较好地掌握所集训科目的内容、程序、方法及步骤，达到预期的受训效果，为民兵分队组训奠定基础。

【党管武装工作】 2021年，鄂托克前旗坚决贯彻落实双向兼职、党委议军、书记述职等党管武装制度。认真落实第一书记述职制度、办公制度，召开旗委议军会议、国防动员委员会会议，为推进年度武装工作落地落实奠定坚实基础。在“七一”“八一”节日期间，广泛开展走访慰问、军事日、征兵和优抚优待政策宣传、双拥文艺晚会、拥军“五送”“送温暖、献爱心”等活动。

人民防空

【人防疏散基地项目】 2021年，鄂托克前旗人防疏散基地项目已建成竣验交付使用。

【宣传教育】 “9·18”进行防空警报试鸣，联合鄂托克前旗人武部、教体局、旗融媒体中心在鄂托克前旗民族职业高中开展宣传活动。通过发放宣传手册、宣传品、设置展板、悬挂横幅、现场讲解、媒体宣传等多种形式，对现代人民防空的职能任务、如何识别防空警报信号、公民享有的人防保护的权利和应承担的人防义务、自救互救等知识进行宣传，发放人防宣传册300余本，人防宣传品300余份，受教人员达600余人。

重点项目建设

综述

2021年，鄂托克前旗列入市级亿元以上重点项目共23项，其中新建项目11项、续建项目12项，总投资362.98亿元。2021年计划投资38.4亿元，实际完成投资42.68亿元，完成计划投资的111%。

工业项目

【概况】 2021年，鄂托克前旗实施亿元以上重大项目共10项，其中新建项目3项、续建项目7项，总投资302.04亿元。2021年计划投资28.75亿元，实际完成投资36.03亿元，完成计划投资的125.32%。

【鄂托克前旗国电双维内蒙古上海庙能源有限公司国电双维电厂工程】 总投资 69.2亿元。2021年计划投资10亿元，实际完成投资16.7亿元。#1#2机组主厂房、锅炉、烟囱已到顶，#1机组间冷塔到顶，#2间冷塔吊装完成90%，烟囱内筒壁提升完成13节，正在开展升压站安装，#1#2锅炉受热面安装、#1电气厂用电设备安装等工作。

【鄂托克前旗华能内蒙古长城发电有限责任公司上海庙煤电项目】 总投资64亿元。2021年计划投资 7亿元，实际完成投资9亿元。办公区生活区已投入使用，1#2#主厂房正在进行17米层柱、框架混凝土浇筑，2#锅炉钢架2层吊装完成5%，1#2#间冷塔环基浇筑完成60%。

【鄂托克前旗国家能源集团内蒙古上海庙电厂2×1000MW机组新建工程】 总投资64.71亿元。2021年计划投资4亿元，实际完成投资5.8亿元。#3主厂房17m层正在浇筑，锅炉三层钢架开始吊装，间冷塔一层三脚架吊装完成20%；#4主厂房23m层正在浇筑，锅炉一层钢架吊装完成，间冷塔基础环基浇筑完成，烟囱外筒壁浇筑完成第38节（共155节）。

【鄂托克前旗内蒙古恒坤化工有限公司年产260万吨捣固焦及综合利用项目】 总投资32.3亿元。2021年计划投资3亿元，实际完成投资1.8亿元。炼焦系统、备煤及筛焦系统主体已完成，煤气净化系统土建完成55%，熄焦塔浇筑完成35%，捣固站浇筑完成45%，焦炉部分设备开始安装。

【鄂托克前旗长城煤矿有限责任公司长城一号矿及选煤厂井改扩建工程】 总投资19.84亿元。2021年计划投资0.6亿元，实际完成投资

0.3亿元。已完成勘探报告备案。

【鄂托克前旗内蒙古巨丰油气管道运输有限公司昂敖长输管道项目】 总投资1.79亿元。2021年计划投资0.95亿元，实际完成投资0.9亿元。长输管道主线已完成焊接施工、管沟回填及吹扫、试压工作，管道内部干燥。配套首站、分输站已完成设备基础浇筑，正在进行首站分输站设备安装。

【鄂托克前旗250兆瓦光伏电站及氢能综合利用示范项目】 总投资14亿元。2021年计划投资0.05亿元，暂未开工。

【鄂托克前旗上海庙经济开发区制氢项目】 总投资16.2亿元。2021年计划投资0.05亿元，暂未开工。

【鄂托克前旗内蒙古兴源碳材科技有限公司高性能无压烧结碳化硅材料及高性能无压烧结碳化硅陶瓷制品循环经济项目】 总投资10亿元。2021年计划投资1.5亿元，实际完成投资0.33亿元。2条碳化硅生产线建成试产，第一条陶瓷生产线厂房主体已建成。

【鄂托克前旗内蒙古雅海能源开发有限责任公司年产60万吨液化天然气项目】 总投资10亿元。2021年计划投资1.6亿元，实际完成投资1.2亿元。主体工程已完工，正在进行零星收尾工作，等待竣工验收。

社会事业项目

【概况】 2021年，鄂托克前旗实施亿元以上重大社会事业项目共9项，其中新建项目4项、续建项目5项，总投资54.99亿元。2021年计划投资7.7亿元，实际完成投资5.86亿元，完成计划投资的76.1%。

【鄂托克前旗国电双维内蒙古上海庙能源有限公司国电双维电厂铁路专用线项目】 总投资3.3亿元。2021年计划投资1亿元，实际完成投资1.11亿元。线下工程路基、桥涵已全部完工，完成正线铺轨3.1公里，房建主体框架已完工，线上“四电”招投标工作已完成，施工单位已进场。

【鄂托克前旗交通运输局昂素至城川红色旅游公路】 总投资3.47亿元。2021年计划投资0.67亿元，实际完成投资0.67亿元。全线主体已贯穿。

【鄂托克前旗交通运输局城川至三段地红色旅游公路】 总投资6.71亿元。2021年计划投资1.21亿元，实际完成投资1.21亿元。主体工程已贯通（八标段因拆迁问题未解决，有3公里未完工，整体不影响通车）。

【鄂托克前旗新矿内蒙古能源有限责任公司上海庙能源化工园区西部铁路专用线项目】 总投资6.43亿元。2021年计划投资1亿元，实际完成投资0.07亿元。正在进行清表作业（目前正在办理水保、压覆矿、土地报批等手续）。

【鄂托克前旗鄂尔多斯南部铁路有限公司鄂托克前旗至上海庙铁路项目】 总投资29.5亿元。2021年计划投资0.8亿元，实际完成投资0.5亿元。正在进行清表作业（目前，正在重新办理压覆矿、地质灾害等支撑性文件）。

【鄂托克前旗通用机场改扩建项目】 总投资0.8亿元。2021年计划投资0.03亿元，实际完成投资0.07亿元。19万平方米的地面清表作业已完成，正在进行第一层砂垫层水坠碾压。

【鄂托克前旗城川场景式教学馆】 总投资1.32亿元。2021年计划投资1.23亿元，实际完成投资0.74亿元。一层布展施工中、二层布展完成，设备安装完成。

【鄂托克前旗教育和体育局蒙古族希望实验小学项目】 总投资1.7亿元。2021年计划投资1.48亿元。教学楼、宿舍楼、餐厅、风雨操场进入外墙涂料及室内水电暖安装、铺装地板、玻璃幕门、室内刮白吊顶等装修阶段，附属工程正在铺装塑胶跑道及校园围墙、硬化、道路、地下管网等施工。已完成工程量85%。

【鄂托克前旗教育和体育局高级中

学】　总投资1.76亿元。2021年计划投资0.28亿元，实际完成投资0.01亿元。暂未开工。

农牧林业项目

【概况】　2021年，鄂托克前旗实施500万元以上重点农牧事业项目共4项，均为新建项目，总投资5.94亿元。2021年计划投资2.04亿元，实际完成投资1.61亿元。

【鄂托克前旗生态保护与修复工程（9项）】　已完工5项，项目总投资7000万元，已完成6238万元。黄土高原水土流失综合治理工程荒漠化治理项目（原天然林保护工程）完成人工造林1000公顷，完成投资525万元，已完工；黄土高原水土流失综合治理工程荒漠化治理项目（原京津风沙源治理二期工程）总投资3565万元，其中，林业种植667公顷已完成，完成投资510万元；草原任务围栏封育83.2万米、饲料机械100台，投资1855万元，未开工；水利任务小流域治理30平方千米，投资1200万元、完成投资300万元；造林补贴试点项目投资480万元，总任务1333公顷，已完工；低质低效林改造项目投资1000万元，总任务量1333公顷灌木平茬，完成投资250万元，预计12月30日前完工；2020年第二批三北退化林分改造项目投资240万元，修复林分667公顷，已完工；草原生态修复治理项目投资706万元，总任务5.1万亩，已完成4.3万亩，完成投资600万元，剩余任务于2022年3月底开工；规模化防沙治沙项目投资1260万元，完成3.4万亩，已完工；鄂托克前旗2021年国家水土保持重点工程到位资金1200万元，已完成投资1128万元；2020年高标准农田建设项目总投资945万元，已完工。

【鄂托克前旗推进农牧业高质量发展扶持项目】　总投资0.64亿元。2021年计划投资0.64亿元，实际完成投资0.22亿元。已制定印发《2021年推进农牧业高质量发展扶持政策》和《2021年推进农牧业高质量发展扶持政策实施细则》，旗财政已预算5000多万元用于重点扶持各类经营主体改良畜种、优化种养，各项目正在按时间节点有序推进。养殖业方面，组织开展1万头肉牛人工授精项目，2021年完成肉牛冷配9000余头，肉羊羔羊短期舍饲育肥项目，2021年组织合作社54家，育肥羔羊8.72万只，发放种公羊554只。种植业方面，集约化穴盘育苗6430万穴，累计建成冷藏保鲜库1.5万立方米，育苗中心0.5公顷，塑料拱棚35栋。正在建设智能运营中心、4家智慧农牧户、1家智能温室、1个无人农场。

【鄂托克前旗土地托管及耕地质量提升项目】　总投资3亿元。2021年计划投资0.5亿元，实际完成投资0.25亿元。春耕期组织鄂托克前旗希泊尔草原农牧民种养殖专业合作社联合社，按照“龙头企业+合作社+农牧户”生产经营方式，以每亩330元的价格，在全旗范围内与500余户农牧户签订玉米地托管合同，托管面积3667公顷（城川镇1467公顷，昂素镇1400公顷，上海庙镇533公顷，敖镇267公顷），3667公顷玉米中，收储裹包青贮玉米133公顷、7000吨，收储普通（籽粒）玉米3533公顷、5万吨。

【鄂托克前旗内蒙古劲牛现代农牧业开发有限公司天牧绒毛制品分公司新建梳绒厂项目】　总投资1.6亿元。2021年计划投资0.2亿元，实际完成投资0.52亿元。正在进行基础浇筑作业。

经济开发

综述

【概况】　内蒙古鄂尔多斯上海庙经济开发区是2001年经自治区人民政府批准设立的开发区，正处级建制。2011年，国家发改委批复《上海庙能源化工基地开发总体规划》。上海庙能源化工基地位于蒙、宁两区交界，地处呼、包、鄂、银、榆经济带；与全国14个亿吨级煤炭生产基地之一的宁夏宁东煤田、宁东能源化工基地和苏银产业园毗邻；是自治区沿黄经济带中3个重点煤化工基地之一，是全市第5个、全自治区第32个双百亿元工业园区。

【产业规划】 上海庙能源化工基地规划总面积1800平方千米，包括上海庙矿区、能源化工园、精细化工园、综合利用园、上海庙镇区和生态恢复区等功能区。上海庙能源化工基地规划到2025年，争取煤炭产量达到3000万吨以上，煤电装机800万千瓦，煤化工产量突破500万吨，新能源装机500万千瓦，工业总产值达到350亿元，力争将上海庙能源化工基地建成技术一流、环保一流、节能一流的具有国际先进水平、环保型的大型现代化能源化工基地。

经济建设

【项目投资】 至2021年，上海庙能源化工基地累计完成投资818.5亿元，其中工业项目完成投资约618.5亿元，基础设施完成投资约210亿元，累计贡献税收105.72亿元。

【经济运行】 至2021年，园区有工业企业35家，从业人员2.6万余人。全年销售煤炭产品2454万吨；焦炭产品155万吨。全年完成工业总产值145.23亿元，同比增长41%；工业增加值60亿元，同比增长46%；完成固定资产投资58.175亿元，同比增长13.6%；完成营业收入146.1亿元，同比增长44%；完成税收24.03亿元，同比增长81.6%。上缴税金24.03亿元。

园区建设

【规划编制】 至2021年，上海庙经济开发区编制完成涉及镇区、园区、矿区、基础设施、产业等共31个规划。《上海庙经济开发区产业发展规划》已完成初步编制。

【基础设施建设】

绿化工程 2020年，园区累计完成绿化面积约1600万平方米，其中镇区绿化完成464.67万平方米，城镇绿化覆盖率达到60.18%。

市政设施 2021年，上海庙经济开发区争取出租车运营指标25辆。检修路灯及交通信号灯315盏，更换太阳能路灯灯头268盏，路灯亮灯率95%以上。上海庙镇区道路标识标线施划12000平方米，更换井盖33个，维修人行道环保砖1744平方米。

生活用水 上海庙经济开发区建有居民饮用水供水厂1家，4000立方米供水站1处，日供水能力9500吨；划设上海庙镇水泉则村、八一村、上海庙牧场为安全供水水源保护地8.64公顷。2021年，供水用户5763户；饮用水水质检测5次，均符合国家安全饮用水GB/T5 750-2006标准。

工业供水 2021年，上海庙经济开发区工业用水6户，年供水367万吨。跨宁蒙两区建成引黄供水工程，日供水能力20万吨，工业用水得到保障。

电力供应 2021年，上海庙经济开发区建成220千伏、110千伏、35千伏等不同等级的输变电站17座，其中输变电供电站220千伏1座、110千伏6座、35千伏10座。

集中供热 2021年，上海庙经济开发区建成集中换热站16处、供热锅炉3台，供热面积约70万平方米。完成供热公司储煤棚建设，并投用。

燃气供应 2021年，上海庙镇区天然气用户约2678户，年供气总量50万立方米。

道路交通 公交项目于2013年开工建设。2021年，投入公交运营资金190.65万元，公交运营里程110.87万千米，运量约18万人次。建成园区内部连接道路115千米，三新铁路、敖银公路、电厂区重载公路、敖东高速、盛鲁电厂铁路专运线等交通干道正常运行，与宁夏宁东基地、银川滨河新区的跨区连接道路全部打通，国电、长城电厂铁路专运线、园区西部铁路、鄂尔多斯南部铁路加快建设，四通八达的园区路网体系正在形成。

城镇建设 上海庙镇区11平方千米已建成。建成市政道路53千米，供水、污水、雨水、强电等9种管网一次性下地；基地配套渣场项目一期工程、煤炭物流园一期、西部矸石场项目建成投用。

环境卫生 2021年，上海庙经济开发区清理长城大道、上榆线道路两侧煤渣积土18.7千米，疏通能源化工园与精细化工园积水路面60余处；配备分类垃圾桶100个，普通垃圾桶200个；雇用45名环卫工人维护园区环境卫生，其中道路清扫工36人，公厕与体育馆保洁工5人、污水管网管理工1人、司机2人、监控服务工1人。

【国家生态工业示范园区创建】 加强与清华大学环境学院合作，继续推进上海庙能源化工基地创建国家生态工业示范园区工作。

环保基础设施建设 2021年，上海庙污水处理厂全年稳定达标运行，累计处理污水39万吨。

【招商引资】 上海庙经济开发区工业园区共储备各类项目16个，总投资约1050亿元，其中已立项4个，开展前期7个，正在洽谈5个。全年共新引进项目4个，即鄂托克前旗250兆瓦光伏电站及氢能综合利用示范项目、鄂托克前旗上海庙经济开发区制氢项目光伏电站项目、正维20万吨精细化工项目和润阳悦达光伏全产业链项目，总投资约117.2亿元，4个项目均在推进前期手续办理工作。

【招才引智】 上海庙经济开发区按照“全市人才新政30条”政策要求及相关配套措施，深入开展了园区人才工作调查研究，确立了“党工委统一领导，党群工作部牵头抓总，人社局、经济发展局等部门密切配合”的人才工作机制，制定《上海庙经济开发区2021年人才工作计划》，切实做好高技能（高层次）人才（团队）引进、人才项目申报、人才平台建设等工作；及时组织园区企业开展“自治区杰出人才”“突出贡献专家”选拔、“草原英才”、市级“高层次人才”“马兰英才”等人才选拔申报工作，2021年，上海庙经济开发区工业园区共有1人申报自治区杰出人才，10人申报马兰英才，1个团队申报旗级创新创业团队，2家企业通过网络自主申报市级高层次人才和团队，其中1人获评“天骄英才”，1人获评“鄂尔多斯英才”；依托各级各类线上线下人才招聘活动，帮助园区企业引进专业技术（能）人才220余人；柔性引进安监、环保、建设等领域专家50余人，满足企业的专家人才需求；采取政、企、校三方合作方式，开展技能人才培训1期。结合干部能力素质大提升活动，举办园区学习大讲堂4期，累计培训800余人次，不断提升各类人才服务园区工作的能力和水平。

园区治理

【安全生产监管】 2021年，园区未发生生产安全事故，安全生产形势持续稳定。印发《上海庙经济开发区承包商入园作业管理制度》，将承包商纳入安全管理；深入开展安全检查、隐患排查工作，全年共排查隐患558项，已整改507项，整改率90.8%；扎实推进安全生产专项整治三年行动，2021年共确定攻坚任务10项，建立任务清单，实行清单落实专项推进，目前各项攻坚任务已完成8项，剩余2项也在持续推进中；持续深化应急救援跨区域合作，完善各应急队伍联动机制，组织开展“第一届应急救援岗位练兵技能竞赛”活动。

加强上海庙经济开发区党工委、管委会对园区安全生产工作的领导，全年召开安全生产专题会4次、三年专项整治调度会、专班会4次，制定上海庙经济开发区安全生产责任清单、园区企业安全生产主体责任清单，印发安全生产责任书，实行清单化管理、一体化落实。推进安全日志监管，每季度对安委会成员单位开展1次以上综合督查。配合鄂尔多斯市应急管理局专家组开展化工园区评估工作，经评定，将能源化工园、精细化工园、敖镇综合产业园评定为C类园区，属于一般风险园区，通过本次评估查找出园区建设中存在的不足，为下一步更好地建设园区和完善各项制度、填补管理缺失提供基本依循。全面开展安全生产大检查、高危领域集中整治等行动，积极发挥专家的技术支撑作用，全年排查治理各类隐患640项。

【环境治理】 启动国家生态示范园区验收工作，已通过自治区级验收，下一步将向生态环境部提交国家生态示范园区验收申请。全年监督检查园区各企业120余次，聘请环保专家排查企业环境安全隐患9次，下达责令整改通知书60份；开展园区重点企业污染物监督性监测工作，出具监测报告24份；空气质量自动监测站运行稳定。聘请第三方技术公司实地调研园区11家企业碳排放情况，进行数据采集、碳排放量核算等，并编制园区企业碳排放报告，持续督促和监管园区企业做好降低碳排放工作。已完成园区水土保持区域评估报告编制工作，并报自治区水利厅启动报批程序。

【社会综合治理】 上海庙经济开发区推行“1123”工作法，与各相关部门联动深入园区企业检查农民工工资支付等情况20余次，对园区企业存在的各种不规范用工情况及时责令整改，切实维护园区农牧民工的合法权益。联合鄂托克前旗能源局、旗劳动监察局等部门处理国务院平台欠薪案件8起，涉及60余人约90万元工资；处理网络舆情2起，涉及7人约25万元工资；共接待农民工来访15次，涉及200人约310万元工资，均已妥善解决。开展矛盾纠纷隐患排查15次，受理群众来访反映问题9件、旗长热线3件、市长热线32件，均已办结。全年未发生影响较大的突发性事件、群体性事件。

自身建设

【党建工作】 上海庙经济开发区召开党建工作会议1次，研究部署2021年园区党的建设各项工作，印发《上海庙经济开发区2021年党的建设工作要点》，党工委书记与区域化大党建各成员单位签订区域化大党建共建协议书。

培训 2021年，上海庙经济开发区共开展党史晨读夜学活动40期，邀请市委党史学习教育宣讲团讲师开展巡回宣讲6期，县级领导围绕上级有关会议、讲话精神及党史学习教育学习内容开展讲学5期，开展党史学习教育专题中心组学习5次，结合党史感悟与岗位职责开展集中研讨5次，其他党员每季度撰写学习心得体会1篇，开展党史学习教育主题党日活动6次，组织全体党员开展理论知识测试5期，举办党史知识竞赛1期。

党支部规范化建设 印发《上海庙经济开发区机关党支部2021年工作计划》《上海庙经济开发区机关支部进一步加强党员日常管理工作方案》等制度，形成可操作性强，科学、完善的支部管理方案。2021年，共组织开展集中学习32次、党员大会7次、支委会12次、讲党课4次、开展主题党日活动12次，各党小组累计召开党小组会议108次，培育入党积极分子2人，预备党员2人。

意识形态工作 上海庙经济开发区把意识形态工作纳入开发区区域化大党建共建协议中，全年共召开意识形态工作会议1次，组织专题学习2次，开展日常督查1次。坚定不移铸牢中华民族共同体意识，结合理论大讲堂等活动，积极深入园区企业、嘎查村、学校向农牧民、职工、教师、学生开展各类政策宣讲2场次，有效提升园区职工群众对铸牢中华民族共同体意识、国家统编教材使用等内容和工作的认识，为推进园区经济社会持续稳定发展奠定思想基础。认真做好舆论引导和管控工作，运用上海庙经济开发区微信公众号发布微信图文消息86期，宣传稿件300余篇；向鄂尔多斯市党建网、鄂尔多斯在线、旗广播电视台、电台、报纸、今日鄂前旗网站等宣传平台上报园区各类信息共230余条。

【党风廉政建设】 上海庙经济开发区党工委坚持全面从严治党，狠抓党风廉政建设主体责任落实。2021年，召开各类党风廉政建设部署会、专题会等16次，印发《上海庙经济开发区2021年党风廉政建设和反腐败工作安排》《上海庙经济开发区党工委党风廉政建设主体责任清单》，明确各项工作责任、重点任务和目标要求等。深入开展专项整治活动，通过部门自查、发放征求意见函等方式，查出形式主义、官僚主义问题32条，“四官”方面问题13条，已全部完成整改。严格贯彻执行中央八项规定及自治区、市、旗配套规定，对关键节点进行作风问题专项监督检查6次。全力支持派驻纪检组开展工作，认真践行监督执纪“四种形态”，深化运用监督执纪“第一种形态”，坚持抓早抓小，班子成员间、班子成员与部门负责人间开展廉政谈话52次。注重源头防治，累计开展各类集中学习48次，观看反腐宣传片4次，开展专题讲座6次。

工业

经济运行

【概况】 2021年，鄂托克前旗第

二产业增加值139.22亿元，增长15.3%；全部工业增加值完成119.81亿元，增速17.8%。其中规模以上工业企业16家，实现营业收入160.9亿元，增长94.6%；规模以上工业增加值增速18.3%。规上工业用电量完成13亿千瓦时，增长49.9%。全旗原煤产量达1572万吨，增长9.8%；焦炭产量105.3万吨，增长7.8%。液化天然气产量53.6万吨，增长3.1%。

重点项目 2021年，鄂托克前旗调度市、旗两级重点工业项目10项，总投资266.67亿元，年内计划完成投资31.95亿元，已完成投资36.12亿元，完成计划投资130.5%。

主要行业指标 全旗煤炭行业可比价增加值增速26.3%，占全旗规上工业增加值比重34.4%；焦化行业可比价增加值增速16.2%，占全旗规上工业增加值比重4.4%；天然气供应业可比价增加值增速47.6%，占全旗规上工业增加值比重3.0%。

【工业企业效益】 2021年1—12月份，全旗规模以上工业企业资产总额329.67亿元、资产负债率60.6%，营业收入160.9亿元、同比增长94.6%，利润总额18.9亿元、同比增长119.2%，每百元主营业务收入成本71.7元、较同期增长0.9元。

（工信和科技局）

煤炭工业

【煤炭产量】 2021年，全旗完成煤炭产量1572万吨。

【煤炭项目推进】 2021年底，榆树井煤矿（300万吨/年）、长城1号（60万吨/年）煤矿、长城2号煤矿（120万吨/年）手续齐全合法生产。长城1号煤矿技改180万吨/年项目和长城3号煤矿正在办理储量核实报告评审、备案工作；长城5号、6号煤矿正在市自然资源局办理划定矿区范围审查工作；新上海1号煤矿因违法采矿原因，采矿证办理暂时停滞；巴愣煤矿正在办理储量核实报告评审工作；鹰骏1号、3号煤矿正在办理核准前期各项手续。

【煤机装备制造】 山东能源重装集团内蒙古装备制造厂位于上海庙西部矿区，占地面积0.34平方千米，建设总投资12.6亿元，其中设备投资1.8亿元。下设10个专业化公司，服务矿区规模60Mt/a，是西北地区最大的煤矿成套装备制造企业，年煤机装备制造能力达15亿元规模水平。2021年实现产值0.73亿元。

油气工业

【油气开采】 2021年，鄂托克前旗天然气开采项目累计完成投资21.46亿元，已完钻天然气井222眼，铺设管线156.8千米。至年底，全旗天然气产量49.1亿立方米，同比增长2.3%；轻烃产量3.47万吨，同比增长0.3%；LNG产量46.82万吨，同比增长4.7%。

【税费缴纳】 2021年，鄂托克前旗石油天然气地方税收入5.9亿元，非税收入4276万元，其中行政规费968万元、农牧民补偿2228万元。

【油气利用】 2021年，全旗在建LNG项目1家：内蒙古雅海能源开发有限责任公司液化天然气项目前期手续均已办理完结，土建完成99%，设备安装完成99%，正在准备单机试车，12月联动试车，年底试生产。拟建LNG项目2家：鄂托克前旗内蒙古天利丰燃气有限公司液化天然气项目已办理企业投资项目备案，通过重大项目社会稳定风险评估会，目前正在积极争取能耗指标；内蒙古科思油气化工有限公司40万吨LNG项目国土使用证的办理已进入挂摘牌阶段，双控指标正在进行能评编制，正在与四川空分公司洽谈收购合作事宜。待核准煤制气项目1个：华星新能源40亿立方米煤制天然气项目核准前置文件土地、节能、环评、水资源等均已取得，重新办理的用地预审与选址意见书于4月2日取得批复，第三次核准申请报告已于4月12日报至自治区能源局审查，国家能源局已受理项目核准申请报告，正在等待批复。待核准管道项目4个，其中鄂托克前旗内蒙古巨丰油气管道运输有限公司昂敖长输管道项目已通过重大项目社会稳定风险评估会，其他手续待内蒙古自治区“十四五”油气发展规划批复后方可办理；北敖长输管道项目已申请增（补）列入内蒙古自治区“十四五”油气发展规划；鄂托克前旗时鼎天然气经营有限责任公司玛上线天然气管道续建项目和玛上线至敖镇综合产业园连接线项目待内蒙古自治区“十四五”油气发展规划批复后办理相关手续。

【企地共建】 2021年，协调新矿内蒙古能源和上海庙矿业公司与旗人民政府完成企地扶贫项目签约资金160万元，协调为全旗4个镇9641户用煤取暖户和鄂托克前旗两家供热公司累计提供平价煤6.6万吨（价格430元/吨）；争取长庆油田采气三厂昂素至第四处理厂道路改造资金900万元，捐赠《苏里格努图克油气史》编纂资金23万元；争取川庆第五项目部为昂素镇嘎查捐赠道路维护资金40万元；争取润博园林新能源公司为鄂托克前旗第一小学捐赠足球协会发展资金3万元。（能源局）

敖勒召其综合产业园

【概况】 园区位于敖镇城区东7.5千米处，总规划面积20平方千米，北靠陶（利）上（海庙）铁路，南临敖勒召其至昂素快速通道，省道S216一级公路从园区西侧经过，交通条件便利。园区重点发展LNG生产加工及油气化工为主的高科技、高环保、低水耗的产业和项目，着力建设清洁能源示范基地。

【基础设施建设】

供水 由鄂前旗亿洋水务有限公司实施，将敖镇污水处理厂的中水输入园区，日供水能力120立方米。

供电 建成110kV输变电站一座。

道路 园区至敖昂快速通道铺设4千米连接线，园区内经三、纬三主干道建成投用。

输气管线 由鄂前旗亨利天输气管道有限公司实施，建成投用一期工程长庆苏里格第四处理厂至敖勒召其综合产业园段，长56千米。

【项目建设】 园区累计引进项目8个，其中森泰2×20万吨LNG项目（一期）、鑫祥40万吨天然气废弃物处理项目已经建成投产；8月，雅海60万吨液化天然气项目土建工程完成，正在进行单机调试；海川石英砂深加工项目已建成；科思40万吨LNG项目厂区平整、围墙、厂前区办公楼、宿舍楼、食堂、南北大门主体工程均已建设完成，部分设备基础土方开挖完成；创辉45万吨油污泥项目固体废弃物暂存池、压裂返排液池、厂区围墙及外围绿化已完成；天利丰60万吨液化天然气提氦项目已备案，天然气长输管道正在办理项目前期手续；森泰LNG提氦项目已建成。

（工信和科技局）

农牧业

农牧经济

【概况】 2021年，鄂托克前旗以实施乡村振兴战略为总抓手，深入推进农牧业供给侧结构性改革，全力以赴稳政策、夯基础、提品质、优服务，农牧领域生产安全稳定有序，依法治农水平不断提升，全旗农牧业稳步增效，农牧民持续增收，农村牧区经济稳中向好。

2021年，第一产业增加值16.69亿元，同比增长3.5%。农牧民年人均可支配收入达24380元，同比增长9.7%。全旗农作物播种面积56397.62公顷，粮食作物总播面积25277.8公顷，经济作物播种面积29673.33公顷，油料播种面积61.81公顷。蔬菜及食用菌播种面积2130.63公顷。粮食产量118268.5吨，同比增长0.95%；油料产量209.8吨，蔬菜产量77444.2吨，瓜果产量137820.3吨。年末牲畜存栏145.63万（头、只），同比增长16%。其中，生猪存栏1.9万头，牛存栏6.67万头，羊存栏136.89万只。

【产业结构调整】 积极争取上级惠农惠牧项目，并抓好招商引资，共争取各类项目补贴16项、9699万元。出台《鄂托克前旗推进农牧业高质量发展扶持政策》，旗财政投资5000万元，重点用于果蔬、肉羊、肉牛产业发展及品牌建设等方面，通过项目拉动，农牧业产业逐步做大做强。

【产业化发展】 成功申报市级龙头企业1家、自治区级示范产业化联合体1家，新培育合作社40家、家庭农牧场51家，建立肉羊产业联盟1个。3家定点屠宰企业屠宰牛羊猪2.6万头只，销售额达7004万元。“龙头企业+合作社+基地+农户”产业模式日趋完善，带动农牧户9000多户，户均增收1万多元，实现农牧户和现代农牧业发展的有效衔接。

【示范嘎查村创建】 全面巩固提升示范嘎查村创建成果，嘎查村集体经济收入全部超过10万元，苏力迪嘎查、漫水塘村分别授予市级乡村振兴“四星”和“三星”示范嘎查村，昂素镇获评第一批自治区“一村一品”示范镇，三道泉子村、特布德等10个嘎查村获评自治区“一村一品”示范村。示范嘎查村引领能力不断提升，乡村振兴样板区打造有序推进。

【品牌培育】 种质资源普查全面铺开，收集报送古老、珍稀农作物地方品种植物种质资源30份，普查畜禽品种55个、水产养殖品种6个，肉羊新品种培育工作有序推进。9类农产品首次获得国家绿色食品认证，“鄂托克前旗羊肉”品牌入选国家地理标志运用促进重点联系指导名录，成功创建自治区农产品质量安全县。

【科技服务】 外聘专家4名，遴选40名农牧业技术人员、科技特派员、乡土人才组建“农牧之友”志愿服务队，通过“包镇、联村、带户”模式，实现技术服务全覆盖。与内蒙古农业大学签订长期合作框架协议，全旗首个兽医院暨社会化服务中心挂牌成立，并有序开展服务。建立实验示范基地9处、100.3公顷，示范玉米品种202个，为品种选择、病虫害防治和科学施肥提供依据。持续做好农作物病虫害和动物疫病防控工作。农作物投保面积达100%，科技对农牧业的贡献率不断提升。

【安全生产】 出动执法检查人员2400人次，检查农资、兽药、饲料等经营主体1244家次，查处农资案件14起；全面推行食用农产品合格证制度，完成农畜产品抽检4450批次，检测检验合格率达98%以上。持续加大疫病防控力度，完成春秋两季重大动物疫病集中免疫牲畜376万头只羽，实现应免尽免。包虫病病原学监测犬1.4万只，流行病学调查畜禽114万头只羽次，布病监测血清2.7万份。活畜交易市场检疫动物52.5万头只，屠宰检疫动物3.3万头只，动物产品检疫167.6万吨。免疫标识和产地检疫证明索取率达到100%，屠宰检疫率和出证率达到100%。同时，全力抓好非洲猪瘟、炭疽、鼠疫、草地螟、红蜘蛛、蚜虫等重大动植物疫病防控，及时宣传指导，做到早发现，早报告，早防治，全年未发生农牧业安全生产事故。

【农牧业绿色发展】 完成绿色防控18667公顷，统防统治2万公顷，农膜回收率达81%，秸秆综合利用率达86%，农药和化肥使用量持续负增长。畜禽粪污资源化利用率达95%，农牧业绿色转型加快推进。

【深化改革】 智慧农牧业战略指挥平台、智能运营中心等一期工程已基本完成，二期建设项目完成招投标。产权制度改革不断深入，旗级农村产权流转交易信息综合服务平台建成。农村牧区宅基地管理逐步推开。以城川镇现代农牧业物流园区、麻黄套村物流园区为代表的一二三产业融合示范园，联农带农作用逐渐显现。

优化营商环境，认真履行法治建设第一责任人职责，以优化营商环境为主要抓手，全力推动依法治农。制定了优化营商环境和“双随机、一公开”监管工作实施方案，明确分管领导和各部门责任，27项常办事项全部进驻旗政务服务中心，编制发布了政务服务“一次性告知”清单，开展“局长进大厅”活动16次，办理行政许可证18件，“双随机、一公开”抽查16次、63家，办事效率和服务质量全面提升。

农牧机械

【概况】 2021年末，全旗机耕面积40767公顷、机播面积37240公顷、机电灌溉面积56397公顷。全年全旗农牧业机械总动力28.82万千瓦时、增长5%，拥有拖拉机4171台、增长4%。农牧业综合机械化水平达88.8%，农牧业机械作业收入占农牧民总收入的比重达37%。至年底，全旗累计拖拉机及配套机械拥有量4171/6675台套；农机化作业服务组织28个，农机维修厂及维修点14个，农机经销企业12家；农机户9367户，获得农机职业技能鉴定证书28人，乡村农机技术人员2915人。

【农机购置补贴】 全年争取到中央财政农机购置补贴资金1050万元，自治区财政农机购置补贴资金65万元，受益农牧民255户，补贴各类机具446台套，其中动力机械22台、耕整地机械23台、种植施肥机械30台、排灌机械2台、植保机械27台、收获机械206台、收获处理机械7台、畜牧业机械116台、农用北斗终端13套。

供销合作

【概况】 鄂托克前旗供销合作社联合社以服务“三农三牧”为宗旨，着力建设绿色农畜产品产地加工输出地、农畜产品集散地、农畜产品交易示范基地。2021年，全旗供销合作系统消费品零售额1.17亿元、三段地农畜产品市场交易额6亿元。

持续推进“新网工程”建设。成立“新网工程”项目工作组，建立专人负责、重点推进、定点联系工作机制，全面梳理排查2013年以来新网工程项目，采取切实可行的办法全面整改。呼日呼蒙古食品特色产业专业合作社已投入运营，兴川农牧业专业合作社闲置的化肥彩钢储存库已投入使用，二道川供销社与敖镇基层社签订合作协议。拓展服务阵地，改造基层供销合作社6个，新建基层社1个、农牧民专业合作社联合社2个，形成“覆盖全域”的综合性、规模化、可持续性为农服务体系。加强基层供销社及专业合作社监管力度，督促指导17家基层社及专业合作社建立健全财务账、资产账目。坚持有进有退原则，整顿清理基础薄弱、示范带动作用不明显的克珠日村、大场子村、巴彦乌素嘎查、特布德嘎查4家综合服务社。结合实际出资情况，与内蒙古汇特投资有限公司初步达成股权认定意向；协调旗市场监督管理局核准注销鄂托克前旗三段地活畜交易市场服务有限公司上海庙分公司。投资5万元，扶持基层社、专业合作社土特产品的包装设计，助力品牌创建和农畜产品外销。通过夯实基层组织基础，增强服务能力，促进各类合作经济组织规范发展。积极争取政府划拨闲置国有资产。通过向旗人民政府申请将城川镇原粮站、三段地活畜交易市场西侧已征收的4.2公顷土地、上海庙镇布拉格社区活畜交易市场、敖镇移民二期2号楼107房等4处闲置国有资产划拨使用，加强、完善基层供销合作社联合社建设，其中城川镇原粮站实施屋顶防水、彩钢库维修、老旧院落改造、监控设备安装等修缮工程已竣工，收储裹包青贮玉米7000吨，农资化肥储备和配肥机正在落实。实施三段地农畜产品交易市场升级改造工程，新建交易棚1处、围栏48个，增设智能消毒通道、智能停车系统；完善金融小屋基础金融业务，协调旗红十字会配备座椅40套，打造1处便民服务室，安装饮水机1台；协调旗大数据中心，定期发布农畜产品市场价格信息，不断满足农牧民群众需求。统筹做好疫情防控、市场关停及开集复市工作。协助承办鄂托克前旗第一届白绒山羊选美大赛，推进白绒山羊品牌培育，推动白绒山羊产业高质量发展。

【“供销e家”】 持续推动电子商务线上线下融合发展。积极培育“互联网+农畜产品”电商企业，依托市社物流园区推动农商对接及产销衔接，完善农畜产品产业链、供应链，构建线上线下流通服务体系，推进旗重点农牧业产业化企业入驻市物流园区。初步筛选意向入驻园区企业5家。

【项目申报】 财政支持供销合作社联合社专项资金82万元、综合改革专项资金35万元，其他各类专项资金47万元。

【“三农”服务】 全年供销系统调运销售基本农业生产资料化肥8410吨、农膜90吨、种子400吨、农药25吨，全旗农牧业生产得到基本保障。

【土地托管】 2021年，持续提高全旗农业社会化服务水平。创新以土地托管为主要内容的农业社会化服务方式，通过“龙头企业+合作社+农牧户”生产经营方式，联合陕西太乙和中化集团投资2800万元，实施农田（水浇地）托管服务面积3733公顷，为农牧户提供精选优种、配方施肥、作物植保、病虫害防治、农技指导、收储等服务，促进农牧业规模化种植、规模化经营，助推了530户、1855名农牧民群众增收。

服务业

综述

【概况】 2021年，鄂托克前旗服务业增加值为42.64亿元，同比增长6.4%，全年规模以上服务业企业实现营业收入4.8亿元，同比增长23%。

【优化营商环境】 加强领导，统筹推进。4月1日，全面启动优化营商环境两年攻坚行动，出台《鄂托克前旗优化营商环境攻坚行动方案》。成立以旗委书记为组长，旗长为第一副组长的全旗优化营商环境攻坚行动工作领导小组，定期组织召开联席调度会、专题研讨会、企业问需座谈会，全力推进工作任务落地落实。

强化考评，落实整改。坚持问题导向，通过开展问卷调查“寻策问计”、大会通报“亮剑问责”、联合督查“公开曝光”等行动，全方位征集问题、查摆问题、解决问题，对涉及的47项推进任务和整改问题清单式推进、结账式问效，专人盯办督办，按期跟进调度。建立2021年度优化营商环境专项考核评价体系，按季度考核评价89项考核任务，推动任务落实。

优化服务，加强监管。设立综合受理窗口10个，全面受理进驻大厅的农林牧水、文教卫生等36部门796个事项，“综窗受理”率达100%。税务、医保、公积金等6个专业区域457个事项实现无差别受理。全力推动“四办”工作，在政务服务大厅设立“蒙速办・一次办”窗口10个，共推出一次办事项144项。发布政务服务事项1556条，录入电子证照数据16类、1.9万条，签章率达93%，网办比例达98%。已为全旗18个政府重大项目提供“保姆式”帮办代办服务。《鄂托克前旗重点领域“政府承诺+社会监督+失信问责”工作方案》印发实施，进一步完善信用体系建设，打造公平完善法治环境。

部门协同，社会参与。聚焦群众关心的堵点、难点、痛点问题，采取明察暗访、媒体问政、“随手拍”等形式，定期、不定期跟踪督办全旗各部门在项目审批、服务便民等各环节存在的问题，形成跨领域、跨行业、跨部门齐抓共管的工作格局。率先在全市上线旗区级“蒙企通”民营企业综合服务平台，选聘“政务服务效能监督员”16名，开设“办不成事窗口”和“营商环境面对面”电视问政节目，设立“鄂托克前旗请您说两句”征求意见专栏，创新开展“局长进大厅零距离服务”等活动，倾听企业和群众心声，进一步畅通沟通渠道，动员全社会知晓营商环境、参与营商环境建设。

非公经济

非公有制经济

【概况】 2021年，全旗新增市场主体数1329户，注册资金总额16.64亿元，新增非公有市场主体1297户（其中新增私营企业300户、农民专业合作社51户、个体工商户946户），第一产业新增139户、第二产业新增142户、第三产业新增1048户。至年底，全旗非公有市场主体总数达8854户，其中第一产业835户、占总户数的9.43%，第二产业926户、占总户数的10.46%，第三产业7093户、占总户数的80.11%。

【私营企业】 2021年，全旗新注册私营企业300户，注册资本958395万元。至年底，全旗共有私营企业2009户（其中分支机构92户）、同比增长4.5%，注册资本958395万元、同比增长10.63%。

【农民专业合作社】 2021年，全旗新登记农民专业合作社51户，出资总额8083.92万元，成员总数314人。至年底，全旗共有农民专业合作社492户、同比增长4.68%，出资总额80378.42万元、同比增长8.71%，成员总数3618人、同比增长4.02%。

【个体工商户】 2021年，全旗新开业个体工商户共946户，注册资金10688.6万元，主要集中在批发零售业、住宿餐饮业、居民服务和其他服务业、制造业等行业；本期注销个体工商户546户。至年底，全旗共有个体工商户6351户、同比增长6.92%，注册资金48726.65万元、同比增长16.1%。

商业专营

粮食购销承储

【概况】 2021年，鄂托克前旗认真完成各级储备粮轮换任务，保障粮食出库、收购、烘干、入库、验收等环节有序进行。

【粮食购销】 鄂托克前旗丰农粮食储备有限公司全年共计出库自治区级、市级、旗级储备玉米13000吨；共计调入自治区级、市级小麦7000吨，收购市、旗两级储备玉米、伊品代收代储玉米和商品玉米20029.674吨，销售伊品代收代储玉米和商品粮玉米11379.08吨。

【粮食仓储】 鄂托克前旗丰农粮食储备有限公司全年共计承储自治区级小麦5000吨、市级玉米5500吨、旗级玉米2500吨。

烟草专营

【卷烟营销】 鄂托克前旗烟草专卖局（营销部）负责全旗4镇的卷烟专营工作。2021年全旗有卷烟零售户527户，实现销售卷烟26420.5万支，同比增长10.22%；含税销售额16921.39万元，同比增长11.78%；不含税毛利4440.01万元，同比增长11.51%。

【专卖管理】 2021年，鄂托克前旗烟草专卖局（营销部）履行行业专卖管理法定职责，打击卷烟非法流通。查获各类案件149起，较去年同期增长5.6%；涉案卷烟94.17万支，较去年同期增加66%，涉烟案值75.48万元，其中真烟案件56起，较去年同期增加37%，假私烟案件为93起，较去年同期增加23%。

盐业专营

【生产】 2021全年生产原盐6.02万吨，畜牧及其他用盐1.41万吨，食用盐0.61万吨。

【销售】 2021年，销售各类盐3.93万吨，食用盐0.39万吨。

金融

【概况】 鄂托克前旗有各类银行业金融机构6家，其中国有商业银行3家（中国农业银行、中国银行、中国邮政储蓄银行），地方法人金融机构3家（鄂尔多斯银行、鄂托克前旗农村商业银行、蒙银村镇银行）。设立营业服务网点26个，ATM机48台，银行业从业人员330人。至年底，各项人民币存款余额为79.24亿元（其中个人储蓄存款62.30亿元，企业存款16.94亿元），同比增加5.24亿元、较年初增加5.24亿元、增长7.08%；各项人民币贷款余额为59.84亿元，同比增加2.83亿元、较年初增加2.83亿元、增长4.97%；本年度新增贷款55.90亿元；支农支小再贷款2.71亿元；不良贷款余额0.52亿元，不良贷款率0.86%，较年初相比下降0.12个百分点。

鄂托克前旗地方金融组织共有2家小额贷款公司，正常开展业务的有1家，至年底，全旗小额贷款公司贷款余额为6581万元，涉农贷款余额为6305万元，占全旗小贷公司贷款余额的95.81%，其中本年度新增贷款667万元。

【人民银行】 中国人民银行鄂托克前旗支行监管全旗银行业金融机构6家。其中法人金融机构2家，为鄂托克前旗农村商业银行和鄂托克前旗蒙银村镇银行；非法人金融机构4家，为中国农业银行鄂托克前旗支行、中国银行鄂托克前旗支行、中国邮政储蓄银行鄂托克前旗苏力迪支行和鄂尔多斯银行上海庙支行。2021年，共办理国库收入12.3亿元，同比增加3.36%；国库支出45.17亿元，同比增加17.78%。

鄂托克前旗有中央银行派出机构1家，银行业金融机构6家，在4个镇区、68个行政村设置助农金融服务点51个，覆盖面100%。2021年，全旗6家银行业金融机构存款总量79.24亿元，其中单位存款16.94亿元、居民储蓄62.30亿元，同比存款总量增加5.24亿元，增长7.08%；贷款总量59.84亿元，其中单位贷款余额23.29亿元、个人贷款余额36.55亿元，同比贷款总量增加2.83亿元、增长4.97%。

金融服务 积极推进“普惠金融”发展，指导、督促地方法人金融机构落实普惠金融工作，引导辖区金融机构实现金融服务全覆盖。积极运用两项货币政策直达工具助企纾困，2021年，两家地方法人金融机构累计办理延期贷款0.39亿元，信用贷款0.24亿元。

征信管理 2021年，完成个人征信自助查询12694笔，其中人民银行查询点查询5783笔、4个镇代理查询点共查询6911笔。组织制定《鄂托克前旗创建信用户、信用（村）嘎查、信用镇工作方案》，评定乌兰道崩嘎查为全旗第一个信用村。

【农业银行】 中国农业银行股份有限公司鄂托克前旗支行辖3个营业网点，敖镇镇区2个、上海庙镇1个。2021年，资产总额202233万元，比年初增加79739万元，增幅9.76%；负债199233万元，比年初增加19485万元，增幅9.78%；存款总额194966万元，比年初增加18210万元，增幅9.34%，其中个人存款146350万元、对公存款48616万元。贷款总额104332万元，比年初增加29896万元，增幅28.65%，其中法人客户类贷款19153万元、个人类贷款71303万元；实现中间业务收入453万元。实现营业收入5039万元、营业支出1146万元；实现拨备前利润3759万元、拨备后利润3877万元。

2021年，农业银行鄂托克前旗支行全面落实农业银行总行《关于2021年全面做好乡村振兴金融服务，加快“三农”和县域业务发展意见》要求，持续推进服务“三农”工作。加大涉农贷款投放力度，不断拓展惠农贷款、惠农e贷的投放。2021年，为51个嘎查村3339户农户建档，为4283户农牧民授信75698万元，累计发放农户贷款87167万元，农户贷款净增23799万元。支持企业发展，累计为旗辖内企业发放贷款33028万元，较年初增加10842万元，其中为上海庙煤炭企业办理贴现贷款17733万元。发展网络金融业务，利用与政府签订的三资平台合作项目，开展智慧场景业务，8月，鄂托克前旗职中智慧食堂业务成功上线。

【中国银行】 2021年，中国银行鄂托克前旗支行设营业网点1个。全年全口径存款38013.18万元，同比增长23.06%，其中个人储蓄存款24872.67万元，对公存款13141.51万元。贷款余额60341.25万元，同比增长57.89%，其中法人客户类贷款52601.42万元、个人类贷款4337.08万元。

【邮政储蓄银行】 2021年，中国邮政储蓄银行股份有限公司鄂托克前旗支行ATM机存量为2台，自助柜员机1台，存款余额11392万元，较上年增加610万元、增幅5.66%，其中个人储蓄存款余额3456万元，对公存款余额7936万元；贷款余额8170.84万元，较上年增加1605万元、增幅24.4%；销售理财产品3800余万元、信用卡结余2198张。实现收入682万元，同比增长-7.8%。

【农商银行】 鄂托克前旗农商银行设营业网点16个，助农金融服务点36个，布设ATM机30台、POS机375台。2021年，全行资产总额48.32亿元，较上年增加4.46亿元、增幅10.16%；负债总额43.16亿元，较年初增加4.12亿元、增幅10.56%。各项存款余额39.42亿元，较年初增加2.32亿元、增长6.25%。各项贷款余额27.74亿元，较年初增加1.60亿元、增长6.13%，其中涉农贷款10564户26.69亿元、占比96.23%，较年初增加1.85亿元、增长7.44%；小微企业及个体工商户贷款2895户13.63亿元，占比49.15%，较年初增加28户0.21亿元、增长1.55%。存贷款总量分别占全旗市场份额49.75%、46.35%。不良贷款余额4250.16万元，较年初减少120.37万元，不良贷款率1.53%、较年初下降0.14个百分点，贷款拨备覆盖率464.34%。

2021年，提取资产减值损失1415.22万元，贷款损失准备金余额达1.97亿元，贷款拨备率7.11%；资本充足率15.47%，流动性比例率32.83%；实现收入2.72亿元，利润总额8619.27万元，上（代）缴各类税金2599.36万元，实现净利润7228.13万元，收入成本比50.28%，固定资产比例20.00%，资本利润率14.47%，资产利润率1.57%。

【蒙银村镇银行】 2021年，资产总额44394.87万元，较上年增加了4447.92万元，增幅11.13%；负债总额27591.43万元，较年初增加4061.22万元，增幅17.26%。各项存款余额25293.46万元 ，较上年增加2741.65万元。各项贷款余额35025.02万元，较上年增加1754.38万元。实现收入3014.32万元，利润总额1049.09万元，上缴各类税金219.58万元，实现净利润914.55万元。贷款损失准备金余额达3220万元，贷款拨备覆盖率为989.40%，资本充足率44.18%，流动性比例125.07%，收入成本比52.85%，资本利润率5.51%，资产利润率2.17%。

2021年末，各项贷款余额35025.02万元，较年初增加1754.38万元、增幅5.27%。其中涉农贷款余额35025.02万元，较年初增加3248.8万元、增幅10.22%；小微企业贷款余额5361.6万元，较年初增加298.18万元、增幅5.89%，户数194户、较年初增长20户。

【鄂尔多斯银行】 2021年，鄂尔多斯银行上海庙支行设营业网点3个，其中上海庙镇1个、敖勒召其镇2个（二级支行）。存款余额119955.5万元，同比增长-0.69%，其中个人储蓄存款87414.94万元，对公存款32540.56万元。贷款余额113183万元，同比增长-0.28%，其中法人客户类贷款0万元，个人类贷款772万元，对公类贷款112411万元。实现中间业务收入21.9万元。

保险

【概况】 鄂托克前旗现有保险市场主体11家。至年底，各项保费收入共计18007.27万元，同比减少145.07万元、下降0.80%；保险赔付支出共6683.07万元，同比增加879.76万元、增长15.16%；赔付率为37.12%，较去年同期上升8.11个百分点。

【中国人寿保险】 2021年，鄂托克前旗支公司保额收入5242.95万元，占当地市场份额2.96%；支付赔款925.45万元。

【中国人寿财险】 2021年，鄂托克前旗支公司累计收入3242.24万元，占当地市场份额0.49%；支付赔款558.25万元。

【中国平安人险】 2021年，鄂托克前旗支公司收入寿险保额12506.6379万元，占当地市场份额23%。支付赔款219.96万元。

【中国平安财险】 2021年，鄂托克前旗支公司累计收入742.69万元，占当地市场份额8.26%；支付赔款521.84万元。

【中国人民保险】 2021年，鄂托克前旗支公司财险收入2106万元，车险占当地市场份额27.32%；支付赔款1660万元。

【中华联合财险】 2021年，鄂托克前旗支公司累计收入1354.34万元，占当地市场份额15.07%；支付赔款598.87万元。

【太平洋财险】 2021年，鄂托克前旗支公司累计收入874.57万元，支付赔款443.87万元。

【中国大地财险】 2021年，鄂托克前旗支公司累计收入371.41万元，占当地市场份额4.13%；支付赔款109.05万元。

经济管理

发展改革与经济监测

【概况】 2021年，鄂托克前旗地区生产总值完成198.55亿元，增长11.5%；一般公共财政预算收入完成12.3亿元，增长3.4%。固定资产投资完成73.4亿元，增长25.1%。社会消费品零售总额完成25.3亿元，增长5.2%。城乡居民人均可支配收入达到51549元和24380元，分别增长6.5%和9.7%。

【项目审批】 2021年，鄂托克前旗积极应用内蒙古自治区项目在线审批监管平台，实行统一项目代码制，持续规范审批程序。共审批政府投资项目建议书35个、可行性研究报告47个、初步设计18个；企业投资项目备案61个；项目可研、初设咨询评估74次。

【项目储备】 牢固树立“抓项目储备就是抓发展”的理念，结合国家政策导向、中央投资方向和内蒙古自治区重大战略，紧扣全旗经济社会发展的关键领域和薄弱环节，抓紧抓实“2022年—2026年”项目储备工作，持续增强经济发展后劲。梳理汇总“2022年—2026年”储备项目302项，总投资5165.36亿元。

【项目资金争取】 2021年，鄂托克前旗共争取上级资金5557.56万元，其中，中央预算内资金4605.6万元，自治区预算内资金755万元，市级配套196.96万元。

财政

【概况】 2021年，鄂托克前旗财政局联合税务、自然资源、住建、林草、水利等部门，探索建立信息互通、数据共享的工作机制，及时掌握税费收入征缴动态，及时解决税费征管中存在的问题，实现税费收入“颗粒归仓”，全年旗本级公共财政预算收入完成12.3亿元。坚持政策惠民、节用裕民，集中财力办好事、办实事，树牢过紧日子的思想，进一步强化资金统筹，大力压减一般性支出，严控“三公”经费支出，真正把有限的资金用在“刀刃”上。全年全旗一般公共预算支出完成34.83亿元，其中用于教育、医疗卫生、社会保障、乡村振兴、交通运输等重点民生支出达17.47亿元，占总支出的50.16%。

【交通事业支出】 2021年，全旗新建、维修各类道路，总投资2700万元。发放城市公交补贴240万元，受益车辆160辆。

【文化事业支出】 2021年，全旗累计投入公共文化财政经费5181.96万元。圆满完成全区“4·23世界读书日”启动仪式、全区“文化和自然遗产日”启动仪式；成功举办“爱我中华 圆梦百年”“体彩杯”围棋大赛，鄂尔多斯市四季赏花暨“马兰花开锦·醉美鄂前旗”花季系列文旅活动，“永远跟党走”鄂托克前旗庆祝中国共产党成立100周年系列活动，“庆祝建党100周年”“悦达雅海杯”大沙头沙漠汽车、摩托车挑战赛、鄂尔多斯乌兰牧骑联盟电声音乐那达慕、首届国际烟花秀系列文旅活动等大型活动9场次52项系列活动。

【教育事业支出】 2021年，全旗累计投入教育事业经费40781.04万元。全年积极争取上级专项资金5200万元，推动教育项目总投入超1.7亿元。保障第一小学新建项目于年底完工，如期封顶城川小学扩建项目主体工程，完成18所中小学、幼儿园校园维修改造工程，校容校貌焕然一新。先后投入资金近70万元，完成全民健身活动场地的维修，为敖镇、上海庙镇部分嘎查、社区配备动感单车10辆、体育路径器材12件。主办、承办、参加旗级以上各类赛事活动12场次，参与人数1.1万余人次。受理生源地信用助学贷款562笔，贷款金额449.67万元。为全旗2.46万名学生发放政策补助资金1966万元，全旗适龄儿童、青少年无一辍学。加强校园安防能力建设，制定出台《中小学幼儿园安全防范建设三年行动计划》，投入资金近600万元，招聘专职校园保安31名，校园重点区域视频监控实现全覆盖。

【精准扶贫】 2021年，财政拨付扶贫项目资金2988万元，主要扶贫项目有：

产业扶贫 全旗共落实财政衔接推进乡村振兴补助资金2490万元，用于补齐扶贫项目短板，实施完工产业扶贫项目19个，辐射带动农牧户2852户，预计每户实现增收5000余元，基本保障每个适宜产业扶持的贫困户至少参与到1个产业扶贫项目中，实现稳定增收。敖勒召其镇马场井村安置区、敖勒召其镇雅什木都安置区和上海庙镇安置区累计争取、投入配套公共服务设施建设资金1126万元，其中敖勒召其镇马场井村安置区安装清洁区消毒配套设施，成品库、冷冻库及相关配套设施和环保砖硬化、绿化等工程580万元；敖勒召其镇雅什木都安置区改良现有盐碱地66.7公顷110万元；上海庙镇安置区新建钢结构日光温室2座3360平方米、钢结构连栋温室1座4640平方米，实施棚内通风、灌溉通水、设备通电等配套附属工程，共投资368万元。

金融扶贫 全年为281户发放贷款1344万元，支付贴息资金64.34万元；为贷款存在实质性风险的4户贫困户启用扶贫小额信贷风险补偿资金代偿。

教育扶贫 全年通过各类资助政策共资助建档立卡学生244人次，共计19.55万元。

【支农服务】 2021年，全旗通过“一卡通”发放8个领域51项补贴23449.14万元，发放165762人次，惠及全旗22814户，户均补贴1.03万元。其中农业类补贴8864.79万元、牧业类补贴4894.37万元、林业类补贴4077.87万元、商贸流通类补贴1.54万元、计划生育类补贴192.51万元、建设类补贴177.74万元、社会保障类补贴3063.99万元、工资类补贴2176.33万元。

组织实施23项嘎查村级公益事业建设“一事一议”项目，财政投入奖补资金1050万元，主要建设村级砂石路、文化活动室、绿化硬化等项目。组织实施3个扶持嘎查村集体经济建设项目，财政投入奖补资金375万元，主要建设肉牛养殖场、果蔬保鲜库、智能温室等项目。

【社会保障支出】 2021年，全旗累计发放城乡最低生活保障资金1051.25万元、高龄补贴和孤儿供养资金460.64万元、城乡特困人员救助资金218.68万元、残疾人事业资金401.10万元、城乡医疗救助资金203.14万元、公共卫生服务事业累计投入471.4万元、计划生育服务事业投入450.49万元、促进就业补助支出1262.43万元、红十字事业支出344.29万元。

【政府购买服务】 2021年，全旗实施政府购买服务项目16个，涉及资金3000万元，其中上年延续项目3个，主要包括污水治理、公益服务领域；当年项目13个，主要包括养老、教育、社会服务等公共服务领域。

国资管理

【国企改革】 鄂托克前旗积极稳妥、扎实有力推动国企改革三年行动各项工作，改革涉及8个方面67项细化任务，已完成63项，总体完成率94%，超额完成自治区核定的70%任务目标值，其中2021年任务已全部完成。聚焦企业规划投资、选人用人、薪酬激励、财务产权、党建等方面，出台出资人三大类、53项责任事项清单，简化监管程序，放宽企业自主权，调动和激发企业积极性，让“放管服”释放出更多的改革红利，确保监管不越位、缺位、错位。完善现代企业监管制度，新制定企业负责人经营业绩考核、进一步加强项目投资和设立分子公司监管工作、规范重大事项请示报告工作、企业用工管理及员工招聘工作等9项制度文件。压实监管主体责任，规范企业权力运行，对企业全面从严治党工作进行考核，促进企业党建与经营管理深度融合。

【资产管理】 2021年度全旗行政事业单位资产总额（账面净值，下同）205632.98万元，较上年减少9.27%；负债账面数24036.24万元，较上年增长15.17%；净资产账面数181596.74万元，较上年减少11.74%。平稳有序推进事业单位改革国有资产管理工作，按照分类施策、简化程序、把握重点、防止流失的原则，切实做好43个事业单位改革涉及的资产清查评估、接收划转、备案督查等工作，确保资产随改革及时有序调整到位。严格做好闲置国有资产处置工作，通过会议研究、市场评估、公开拍卖等“阳光操作”，有效盘活部分闲置资产，处置金额2119.16万元，实现国有资产保值增值，加强国有资产处置行为监管。

税务

经济管理

【税费收入】 2021年，共完成全口径税费收入34.73亿元，同比增收12.61亿元，增幅57%。其中税收收入累计完成28.91亿元，同比增收10.41亿元、增幅56%；社会保险费收入累计完成3.16亿元；非税收入累计完成2.23亿元；其他收入累计完成0.43亿元。

【减税降费】 不折不扣落实减税降费政策，完善减税降费政策直达快享机制，确保减免降缓抵退“六个到位”，全年累计为市场主体减免税费2.27亿元。

【依法治税】 深入推进税务行政执法“三项制度”，严把审核关。利用门户网站、办税服务厅等多种渠道，对基础信息、行政许可、行政处罚等内容公示，充分保障纳税人缴费人的知情权、参与权、监督权。全年累计公示行政许可360条、行政处罚32条、权责清单事项138条。

【税收改革】 优化办税缴费方式，提升缴纳便利度。全面推行财产、行为10税种合并申报，增值税、消费税分别与附加税费合并申报，简化税收优惠政策申报程序。

【纳税服务】 推广非接触式办税缴费，不断扩大发票领用和代开网上申请、邮寄配送覆盖面。落实“涉税事网上办，非必须不进厅”，实现全程网上办214项、线上线下融合办18项，线下预约办12项、线下延期办25项。

【队伍建设】 积极鼓励青年干部参与“头雁”人才选拔；组织召开“三师”考试经验交流分享会，用身边人身边事选树典型，示范带动；常态化开展办税服务厅里的“小课堂”，积极营造练兵比武、爱岗敬业的良好氛围。引导鼓励干部职工在“学习强国”“学习兴税”“法宣在线”等线上平台学习，丰富培训学习形式，完善自学考核机制。

经济商务

经济商务

【电商物流】 2021年，鄂托克前旗加强商贸流通体系建设。积极申报国家级电子商务进农村综合示范县，乐惠多超市成功申报2021年国家级服务业标准化试点项目，争取内贸流通资金17万元。整合现有资源，筛选12家便民连锁超市打造农村牧区电子商务服务站，带动电商、快递、物流企业拓展基层市场。全旗全年共有货运公司28家，快递公司10家。

【招商引资】 不断拓宽招商引资渠道和领域，全面推动建立“全民招商、全员引资”工作格局。进一步优化营商环境，制作《开放包容鄂托克前旗》宣传册，制定《鄂托克前旗“全民招商、全员引资”工作方案》，全面梳理招商引资项目情况，月调度、季分析，跟踪问效。

2021年，签约招商引资项目11项，签约项目计划总投资811.84亿元；自治区招商引资平台到位资金51.2亿元。

公共资源交易

【概况】 2021年，鄂托克前旗公共资源交易共组织完成项目107项。其中建设工程项目31项，进场交易总投资额19120.86万元，中标总金额18134.48万元，节约资金986.39万元，节约率5.16%；政府采购项目76项，预算资金为21576.49万元，成交金额20873.65万元，节约资金702.84万元，节约率3.26%。此外，还组织开展线下涉密采购2项；产权交易项目3项，起拍价2119.16万元，全额成交。

【电子卖场运营】 2021年，征集定点服务类供应商49家。上架商品4288件，成交462笔，成交金额979.4164万元。

【保证金及电子保函投保】 2021年，投标保证金共进账1133笔，总金额3798.1810万元，已全部退还。投标人办理保险保单数量140家，缴纳保费10.44万元，释放保证金金额1134万元。

【优化营商环境】 推行全流程电子化。包括线上发布招标采购公告、项目澄清、开评标、评标结果公示、中标通知书发放、签订（上传）合同等均在线上运行，可为投标人节约资金3000元。推行远程异地评标，解决专家资源地域限制，消除“老面孔”“熟人圈子”造成的负面影响。全面推行电子保函认证。采用保险保函、担保保函及银行保函认证投标保证金，拓宽投标保证金的缴纳认证渠道，为企业减轻压力；简化交易流程。进场交易只需提供相关行业主管部门的备案和在系统中上传相关行业主管部门出具的《工程建设项目进场交易审查意见表》即可完成项目受理。取消建设工程主体库在线核验环节。业务受理流程将原来的“项目注册”“分配项目”“招标项目”“委托代理合同”4个步骤简化为“项目登记”1个步骤。取消全流程电子化项目的招标文件工本费，投标人只需登录“鄂尔多斯公共资源交易网”在对应公告内即可免费获取招标文件，可为投标人节约资金1000元。政府采购400万元以下项目免收投标保证金，实现“零成本”投标。压缩受理时限。进场交易项目上网信息发布时限由3个工作日压减至1个工作日。结合事业单位改革，及时调整内设机构，将原有的5个部室整合为办公室、交易运行部、交易保障部3个部室，明确部室职责及人员岗位设置，暂时缓解人员短缺问题，提升服务效能；创新完成简化专家评审费用支付流程、压缩投标保证金退还时限工作，消除突击支付专家评审费、保证金长期滞留账户现象。

法治社会

政法综治

【概况】 2021年，鄂托克前旗委政法委深入贯彻落实《中国共产党政法工作条例》，重点开展政法队伍教育整顿、市域社会治理试点创建工作，加强政法队伍建设，提升社会治理能力水平，维护全旗社会大局和谐稳定。构建以防范化解重大风险隐患为着力点，以增强人民群众获得感、幸福感、安全感为落脚点，着力建设人人有责、人人尽责、人人享有的社会治理共同体，建设更高水平的平安鄂前旗，人民群众的安全感和满意度显著提升。

【市域社会治理现代化试点创建】 将市域社会治理现代化试点工作归入旗平安建设领导小组工作范畴，优化调整以旗委书记、政府旗长为“双组长”的旗平安建设领导小组，下设10个专项工作组，制定印发《市域社会治理现代化试点实施方案》《任务分解责任清单与工作指引》，明确48项重点任务、118项基本要求、细化700条测评任务，并将其作为领导干部年度述职、实绩考核的重要依据，与业绩评定、职务晋升、奖励惩处相挂钩，先后在旗委常委会、领导小组会、专题会上研究部署工作任务8次，实地开展监督检查20次。

【综治宣传】 组织召开贯彻《中国共产党政法工作条例》《内蒙古自治区党委贯彻〈中国共产党政法工作条例〉实施办法》专题学习5次、开展全旗规范执法业务能力提升专题培训班2期、反邪教转化培训班3期、市域社会治理现代化试点创建工作专题培训1次，累计培训500余人。建立健全反分裂、反颠覆、反渗透、反恐怖应急处置预案，稳步推进重点人员管控。认真组织开展“4·15”全民国家安全教育日宣传活动，定期梳理涉政治安全领域重大风险隐患排查，建立台账，未排查出涉政治安全领域重大风险隐患。强化涉邪信息管理，对涉邪人员进行谈话引导。组织政治安全宣讲活动1次、户外宣传活动8次，入户摸排1次44户，发放宣传资料6000余份、宣传品1500余份。

【常态化扫黑除恶斗争】 为深入贯彻落实中央、自治区、市委关于常态化、机制化开展扫黑除恶斗争的决策部署，持续保持对黑恶势力违法犯罪的高压态势，组织召开旗委常委会暨平安鄂前旗建设工作领导小组会议，成立常态化开展扫黑除恶斗争领导小组，结合实际制定印发《鄂托克前旗常态化开展扫黑除恶斗争实施方案》《鄂托克前旗推进六大行业领域整治工作方案》。行业监管部门召开专题部署17次，开展各类专项整治19次，深入各行业领域督导检查8次，组织发动宣传110余次，接收涉黑涉恶线索1条。

【智慧网格化服务】 鄂托克前旗以提升基层社会治理智能化、专业化、信息化的能力和水平为目标，立足工作实际，结合“网格化管理”理念，充分运用信息化技术，开发建设“社会治安综合治理信息平台”及“智慧网格”手机App并在全旗推广应用。全旗网格员有474名，活跃在基层一线，平均每天采集、上报的各类数据达百余条。

从原先的纸质户籍档案到如今的“智慧网格”手机终端，这一工作方式的巨大转变，皆源于鄂托克前旗在“互联网+”背景下的基层社会治理工作的创新实践。全旗所有网格员都已经安装“智慧网格”手机App并上线使用，数据采集量已达50余万条。这些数据经后台处理后，形成人口、房屋、事件统计分析图表，为各级职能部门决策提供科学依据。

鄂托克前旗把“网格化管理”作为化解牧区社会治理难题的主要抓手，构建全社会共同参与的牧区社会治理网。精细划分网格。全旗划分一级网格1个、二级网格4个、三级网格84个、四级网格401个，每个网格对应成立网格党小组、网格管理服务团队，把人、事、地、物、组织全部纳入网格管理，形成旗、镇、村、社“四级联动”网格化治理体系。选聘专职网格员。在全区率先实行专职网格员选拔聘用制，每年落实560万元专项资金进行保障。推行“全科”服务，有效整合公检法司、社会治理成员单位职责和便民服务功能，建设旗镇村三级标准化综治中心24个，延伸党建、综治、安全、民生等80多项网格服务事项，切实把社会治理资源进一步向网格、家庭下沉。实行闭环管理。制定网格员日走访、周排查、月总结工作制度，针对发现的问题，形成“网格员当天上报解决、嘎查村3天内解决网格员上报事项、镇5天内解决嘎查村上报事项、旗级7天内解决镇上报事项”的四级闭环管理模式。

网格化改变传统的服务模式，由“坐班式”服务转变为上门“宅急送式”服务，由“8小时”服务转变为“24小时”全天候服务。网格员采取入户走访、群内收集、接听电话等多种方式收集群众各类诉求，在城镇社区形成10分钟到达现场的“十分钟服务圈”，在农村牧区形成半小时到达现场的“半小时服务圈”。实现网格事项“全程跟踪”。根据职能定位和岗位特点，明确网格员处理事项程序，主要包括信息收集、现场处置、疑难上报、办结反馈等程序，每天巡查走访网格，每周排查分析，每月汇总研判，形成“日走访、周分析、月汇总、及时处置”工作制度。

网格化管理运行以来，共落实代办服务1.2万次，救助困难群众1500多户，化解矛盾纠纷6000多起。依托党务政务服务中心，将12个党群部门43类党务服务事项集中下沉，形成党务政务一个数据库、一张服务网、一条服务线的工作新格局，累计办理各类党务事项560多项，形成“小事不出格，大事不出网”。针对信息化手段触及不到的地方，通过提供红色领办、帮办、代办服务，形成规范的信息采集、问题上报、限时办结等闭环式工作运行流程，累计落实各类代办服务2180项，真正为群众办实事、解难题。全旗四级网格员共收集处理各类信息50多万条，70%的事项解决在网格内，切实将服务触角延伸到群众身边，基本将矛盾隐患化解在网格内。

【构建矛盾化解新模式】 鄂托克前旗立足旗情实际，探索实施“1433”矛盾化解新模式，将全旗绝大部分社会矛盾纠纷化解在镇村一级。一个平台指挥调度。在全旗统一成立以“人民调解”为核心的公共法律服务中心，整合司法行政20多项职能，设立农牧民草牧场纠纷、牧企调解、婚姻家庭矛盾等6个“专科门诊”，发挥统一受理、示范调处、协调调度的作用。

四级网络覆盖全域。在旗一级建立社会矛盾纠纷调处中心，镇一级成立警司联调工作室，嘎查村社区一级设立“老书记”调解室等10多个基层定点调解站，企业组建以“和文化”为手段的人民调解委员会，探索构建旗、镇、村、企四级调解网络，实现专案专调、多元化解。三支队伍调处化解。旗级层面成立人民调解员协会，并组建草牧场纠纷、婚姻、物业等10个行业调解委员会，镇级层面选聘40多名政法机关退休干部组成专家调解队，村级层面由474名网格员兼任人民调解员，构建起行业调解委员会专案专调、专家调解团队巡回服务、网格员一线调处工作格局。三项机制规范引领。优化专人受理调处、诉调无缝对接、司法调解确认三项机制，建立起集受理、分流、指派、处置、引导诉讼、调后回访于一体的规范化程序，打通人民调解服务群众的“最后一公里”。

鄂托克前旗探索推出信访工作“3594”工作法，即访前三抓源头化解矛盾纠纷促预防。抓排查，实行嘎查村（社区）、企事业单位日排查、周研判，镇周排查、半月研判，旗半月排查、月研判制度。抓调解，建立访前调解工作室、访前法律工作室，积极推进律师、法官、信访听证和评议等第三方参与信访工作模式。抓会商评估，对于重大信访案件进行会商研判、重点实施项目进行风险评估，强化源头上预防和减少矛盾隐患发生。形成访中五平台受理九途径化解促和谐，访后四常态提升群众满意保稳定的信访体系。

【智慧综治信息系统开发】 鄂托克前旗在网格化服务管理基础上，全面构建“一网融合、一图指挥、终端服务”的智慧综治信息化系统。搭建社会治理基础数据网，全面整合实有人口、行业场所、矛盾纠纷等九大类基础信息，并录入社会治安综合治理基础数据库。建立信息化综治辅助系统，搭建“智慧综治”平台，构建集指挥调度、数据分析、数据管理为一体的“9+X”社会治安综合治理信息系统和“智慧综治”App，涵盖实有人口、特殊人群、社会治安、校园周边安全等领域国标9项数据库，按照归口管理的原则，实时更新、及时交换，各部门共享系统数据，打破信息壁垒，实现信息资源共享、全面运用。

构筑立体化地图指挥中心，通过整合区域内的地理信息、网格信息、人员信息数据，构建起包含社会治安、处所联动、应急处突、民生服务、GPS定位等功能于一体的立体化组织指挥网络。研发集信息采集、查询统计、定位导航、网格管理、便民服务等功能于一体的“智慧综治”手机App，逐级录入网格员信息、管辖网格范围、全科服务事项等十二大类100余项数据，同步与社会治安综合治理基础数据库相链接，全程跟踪和记录办理和处置事项。

【维稳信访】 全力做好矛盾纠纷排查化解工作，构建“一支队伍”化积案模式，成立由旗委主要领导牵头的化积案工作专班，常态化推进矛盾纠纷排查化解，在全旗矛盾纠纷调解工作中取得了积极成效。已化解复杂信访案件20余件。认真做好重大节假日值班备勤工作，圆满完成两会、十九届六中全会、第五次党代会等重大节点安保维稳工作。严格落实社会稳定风险评估制度，分析研判重大项目的风险等级，完成4个公益类项目、20多个工程类项目的评估工作。推进全国心理服务体系试点城市建设工作，邀请鄂尔多斯市人民医院对严重精神障碍患者鉴定，新增风险等级三级及以上患者38人。严格落实重大不稳定问题清单制度。

【治安防控】 妥善处置统编教材推广使用过程中出现的新问题，对工作中发现的重点人员落实管控措施，同步做好教育转化工作。开展反邪教活动。开展反邪教宣传4次，发放宣传年画2000余份，选出优秀作品24幅奖励，鼓励引导群众参与反邪教宣传活动。认真贯彻落实网络意识形态工作责任制，严格按照《网络信息内容生态治理规定》《鄂尔多斯市网络综合治理工作方案》任务要求，对全旗14个政务网站、52个政务微博、117个微信公众号、3个移动客户端登记备案，依法筛查和清理网上不良信息、不规范信息、敏感信息300余条。建立健全反分裂、反颠覆、反渗透、反恐怖应急处置预案。稳步推进“123”专案工作对象联系的重点人员管控，无异常情况。

【推行“一线工作法”】 在推进基层社会治理工程中，始终坚持党委领导、政府负责、社会协同、公众参与、干部下沉、部门联动等综合施策，将“四治”社会治理任务落实到全旗401个基层网格中，用实践锤炼出以“民情在一线掌握、矛盾在一线排查、问题在一线解决、机制在一线创新、作风在一线检验、治安在一线防控、政权在一线巩固”为核心的7个“一线工作法”，建立4个引领服务团、84个引领服务队常年扎根基层一线，一线化解矛盾纠纷6000余起、落实便民服务及惠民实事10000多件，实现人往基层走、钱往基层花、事在基层办。

【创新“网格民主议事”模式】 创新将村级民主议事形式向下延伸到网格，探索形成了“七人议事小组”“老王工作室”“老书记调解室”“红色业委议事厅”等“网格民主议事小组”模式，主要承担政策宣教、理论学习、诉求听取、答疑解惑、事务商议、决策讨论、监督评议、文化营造等职责，使民主议事进一步下沉到最底层；创新推行网格重大事项“七步议事法”，加强网格民主议事规范化管理。通过“自己的事情自己提、自己议、自己决、自己管、自己评”，实现从“为民做主”到“由民做主”、农牧民从“被动接受”到“主动参与”的转变。

【政法队伍教育整顿】 政法队伍教育整顿开展以来，政法各单位在旗政法队伍教育整顿工作领导小组的统一指导下，紧扣目标任务，精心组织、周密安排，严格按照上级部署要求，把政法队伍教育整顿作为重大政治任务来抓。先后组织全旗700余名政法干警参加学习教育活动，开展谈心谈话，动员369名政法干警如实填报《个人自查事项报告表》，初审、复核了主动填表中说明问题的81人105项自查问题，经核查无违纪违法情况，自查问题由所在单位整改处置。对标“七大顽瘴痼疾”开展自查自纠，累计查摆问题9类27项30条，已全部完成整改销号。全年共收集各类问题线索96条（其中自治区第九指导组交办线索76条、市级转办线索6条、自收线索14条），已办结96条，办结率100%。

以政法队伍教育整顿为契机，组织全旗政法干警参加“习近平法治思想”“延安整风”等专题讲座4次。全面贯彻落实中央防止干预司法“三个规定”，加强学习教育、监督检查力度，确保政法部门公正廉洁执法，不断提高司法公信力，按要求向市委政法委报送贯彻落实情况4次。督促政法各单位执行重大事项请示报告制度，做到重大政法工作“事前请示、事后报告”。完善纪检监察机关、政法委对政法单位、政法工作的监督制度机制，加强政法干警纪律教育，结合政法队伍教育整顿工作，举办专题廉政教育课2期。派员列席政法各单位专题民主生活会，了解各单位重点工作开展情况、面临的形势、存在的问题，掌握各单位领导班子思想政治建设情况，对发现的问题及时指出并督促整改，不断巩固完善党委领导监督制度机制。

加强党风廉政建设，提高党员干部的廉洁自律、勤政廉政意识。认真落实旗委相关文件精神，坚持定期召开民主生活会和组织生活会，解决干部中存在的一些实际问题，已查找问题19条，整改19条。通过采取自学、集中学等方式开展学习教育61次，政治轮训2次，主题党课3次，应知应会测试4次，确保学习教育贯穿始终。深入开展警示教育活动。通过观看警示教育片和专题教育会议，教育党员干部牢固树立思想道德和党纪国法防线，增强自警意识和公仆意识，干部职工全年无违法乱纪事件发生。全年召开党风廉政工作专题部署会4次，安排警示教育学习16次，组织干部职工观看廉政教育影片8次，英模学习教育5次，围绕“八必谈”进行重点岗位二轮“点穴式”谈话，已全部完成。组织19名干部职工开展全面自查，填写个人自查事项报告表，逐项进行核查，核查率达到100%，未发现违纪违法情况。

法治政府建设

【概况】 建立完善旗本级专家库、智库，提供法律人才保障，主动与鄂尔多斯市政府专家库、智库、法律人才库建立共享机制。

为鄂托克前旗重大决策、重点工作、重大项目、信访案件等提供法律咨询和专家论证服务，开展旗人民政府及各部门制定规范性文件、签订合同协议的合法性审查，全年提供重大行政决策咨询234份。

建立法律顾问长效机制，双重保障决策合法，聘请律师事务所为政府重大决策提供法律意见。2021年法律顾问共向旗人民政府出具法律意见136件，出具咨询论证书110份。

【依法行政决策】 2021年，鄂托克前旗法务中心以全面防控行政工作中的法律风险为目标，全面开展合法性审查，充分发挥政府参谋和助手作用，并牵头对接鄂托克前旗人民政府法律顾问内蒙古爱德律师事务所，聘用鄂尔多斯市3家律所为决策咨询单位参与解决疑难复杂案件、提供法律意见，共同助力推进依法行政、建设法治政府各项工作。

2021年，出具合法性审查意见234份，其中各类文件189份、合同协议45份；协调联系法律顾问出具法律意见136件、出具咨询论证书110份。定期研究部署法治政府建设，推动合法性审查、决策咨询、矛盾纠纷化解等工作落实。协助鄂托克前旗依法治旗办完成法治政府建设目标任务。协助鄂托克前旗人民政府及鄂托克前旗自然资源局、鄂托克前旗国资委等部门审查煤炭资源专项审计报告20余份。为鄂托克前旗自然资源局、杭锦旗公安局确认土地性质提供法律意见。

【规范行政执法】 鄂托克前旗开展依法行政工作，先后举办行政执法专题培训10次，全旗领导干部法治教育培训1次，累计培训480余人次，发放《论坚持全面依法治国》《优化营商环境条例》教材400余册，提升全旗领导干部法治素养。

【化解社会矛盾】 开展农村土地仲裁工作，制作农村土地仲裁制度并上墙，组织9名仲裁员参加农村土地承包管理与改革培训班，落实“一把手”接访制度，接待来访群众230余人次，引入仲裁程序24件，裁决17件，终结2件，调解1起。开展信访案件调解，参加鄂托克前旗土地信访案件调解10余起。利用鄂尔多斯仲裁委员会在鄂托克前旗设立办事处这一平台，参与民商事纠纷案件10起，涉案金额2168万余元。参与行政裁决、行政诉讼、矛盾调处、突发事件处置、涉煤领域突出问题整治等重大涉法涉诉疑难事项近30次。强化社会心理服务体系建设，尝试运用“法律+信访+心理咨询”新模式化解矛盾纠纷，促进社会和谐稳定。

【法治宣传调研】 全年通过“3·15”国际消费者权益日、宪法宣传日等节日深入社区开展普法宣传活动3次，发放《中华人民共和国农村土地承包经营纠纷调解仲裁法》《中华人民共和国农村土地承包法》《中华人民共和国民法典》等宣传材料400余份，入户200余户。积极开展文明城市创建活动，完成文明交通劝导服务，新增宣传栏2个，入户宣传6次，全年发放宣传物品200余件、宣传资料200余份，填写问卷200余份。制定信息报送制度，确定新闻发言人及联络员，参加全旗新闻发言人培训，向各平台报送信息30余条。鄂托克前旗法律服务中心深入全旗98个部门、4个镇、6家国有企业开展法律人才调研，对全旗192名持证法律人才及各被调研单位现状、存在问题进行深入分析并撰写调研报告、提出具体方案。联合旗委组织部同方圆众合教育机构合作开展全国法律职业资格考试培训，培训人数达50余人，通过客观题考试15人，其中A线6人。

【法治化营商环境】 2021年，鄂托克前旗法务中心协调配合鄂尔多斯市司法局打造法治共建平台，落实上海庙开发区合作共建法治化营商环境试点工作。对接上海庙经济开发区所辖19家企业，开展矛盾纠纷调解、民商事仲裁及诉讼、法律人才资源共享、行政执法监督、法治宣传教育等10余项服务。

人民公安

【概况】 鄂托克前旗公安局始终坚持“政治第一、群众第一、基层第一、民警第一”，树立“大抓基层、大抓基础”导向意识，围绕“倾力打造品牌公安，奋勇争当改革先锋”主线，秉承“细致、精致、极致”理念，抢抓基层法治建设、公安改革新机遇。

【公安改革】 鄂托克前旗公安局坚持在深化机构改革、警务模式改革、情指勤舆一体化改革等方面稳步推进，接续推进内设机构改革，搭建起“6队+7所+2室+1中心”改革架构，调整并配齐配强18个部门班子，队伍战斗力有效提升，在全市率先成立生态环境食品药品犯罪侦查大队，机构运转实现“融合”再造和整体性变革。探索“3+N”打击口探组制改革模式。在刑侦大队、环食药大队、敖镇派出所建立9+个探组，建成直达一线的“主侦部门统一指挥、配侦部门同步上案”的合成作战体系，成功破获“2021.6.30”故意杀人案等一批有影响的案件。“情指勤舆一体化”改革赋能实战，构建起以实战为指引、以情指为纽带的“7+1+N”（“7”即情指、政保、治安、刑侦、警支、交管、督察；“1”即城区派出所指挥室；“N”即其他部门和武警、安全、信访、网信等协作单位）新型警务运行模式，在建党100周年安保维稳、炭疽杆菌突发事件处置和反诈预警、止付等工作中发挥重要作用。探索“1+3”两队一室改革模式。把兼具城区、农村牧区治安特点的核心镇区敖镇派出所作为试点，推行“一室两队”警务模式，在3个农村牧区派出所推行“一警多能”警务模式，4个派出所民辅警警力达到177人。敖镇派出所“两队一室”改革经验被中国警察网刊载。

打造“一流营商环境”，构建“放管服”改革新引擎，“一整合、三统一、五个百分百”物流寄递管控模式，“一站式同城通办、就近办、异地可办”户籍制度改革、“八小时外延时工作制”“午间预约服务”等一批符合工作实际的特色做法，全年，共办理全国异地身份证297人、办理区内异地证90人、办理本地居民身份证2443人次（其中办理辖区“同城异地”居民身份证1027人次）。依托鄂尔多斯市24小时警局受理回复问政28条，上门服务办理居住证50张，通过“绿色通道”办理居住证111张，推行“预约办”“加急办”“网上办”“延期办”“帮你办”等便民利企服务举措，梳理15条帮办代办清单，设置4名兼职为帮办代办人员，对孕妇、老年人、行动不便人士等特殊人群帮忙代办，通过延时办、加急办、帮你办等服务办理各类业务82人次，打造“开放型鄂托克前旗”。

【维护社会稳定】 坚持在维护政治安全、反恐维稳安保、统编教材使用等方面积极作为，持续组织实施“铸墙”“净土”“攻心”三大工程和9个政治安全专项行动，建立6项制度机制，搜集情报信息300余条，成功抓获“11·14”门徒会邪教组织专案最后1名网逃骨干成员。优化配强工作专班，全力做好涉国家统编教材维稳工作。强化反恐防暴、应急处突工作，完成“建党100周年”、十九届六中全会、换届选举和自治区、市、旗党代会等21批次重大活动安保任务，实现群体事件、非访等不稳定因素超前预警、有效处置。

【打击违法犯罪】 2021年，牢牢把握公安发展的主动权，坚持在打击违法犯罪、清理积案命案、追逃追赃等方面集中发力，开展“抓防范、控发案、保平安”专项行动，全年，共接派警情24710起，查处治安案件437起513人，办理刑事案件257起（侵财案件发235起，占全部刑事案件数的91.4%），破获97起84人，抓获网上在逃人员12名，现年逃犯抓获率100%，协助外地公安机关抓获逃犯7名，迅速侦破了“2021.6.30故意杀人案”和“2021.11.15抢劫杀人案”等一批社会影响较大的案件，8起八类暴力犯罪案件全部告破，破案率100%。坚持“打防并举”推进电信网络诈骗源头治理，“反诈十进”措施取得显著效果，预警劝阻47652万人次，全年，共破获电信诈骗案件24起26人，挽损51.3万元，冻结120万余元。聚焦“黄赌毒”“盗抢骗”传统犯罪，深入开展“昆仑2021”专项行动，全年共破获盗窃、诈骗、抢劫等侵财案件77起，办理涉黄行政案件10起18人；办理涉赌案件42起237人，涉赌刑事案件1起、起诉2人，收缴赌资15.5593万元；破获涉毒刑事案件2起5人，缴获安钠咖1790.81克、罂粟壳22.14克。

推进民生警务保障，成功破获1起生产、销售不符合安全标准的食品案，抓获犯罪嫌疑人7名，就地查封56头涉案牛，扣押违法所得47万余元，守护群众“舌尖上”的安全。破坏野生动物资源犯罪案件2起6人，有效回应群众期盼。

【社会治安防控体系建设】

坚持和发展新时代“枫桥经验”，深化一村一警一网格、警企联防、党员警务助理、金牌调解团队等工作法，推进以“平安社区”构筑“平安镇区”建设，全年走访入户29830户、74575人，进企业144家，累计滚动排查化解矛盾纠纷300余件，解决6起拖欠农民工工资问题，为78名农民工协调发放工资79.72万元，人民群众满意度显著提升。

深度推进智慧公安建设，人防、技防、物防一体社会治安防控体系初步形成。全年完成乡村道路补盲工程，建设微卡口153路，向市局推送车辆卡口469路，人脸卡口80路，整合社会视频3013路，实现实时共享，环旗和环镇区治安防控圈更加严密。

【公共安全监管】

消防安全管理　2021年，全旗消防工作继续保持“双稳定”，火灾形势持续稳定，社会面未发生较大以上大火灾事故，消防安全专项整治三年行动持续开展，火灾防控能力得到显著增强；消防队伍管理持续稳定，消防安全知识宣传稳步推进。全年共接警出动123起，其中火警78起，抢险救援35起，出动车辆246辆，出动警力1476人次，抢救被困人员20人。

危爆物品安全管理　2021年，全面加强枪支弹药、易燃易爆、危化品等重点物品、重点场所的日常管理和动态管控。全年，开展应急处突演练18次，开展集中清查行动12次、清查娱乐场所216家次、旅店宾馆411家次、涉枪涉爆等企业234家次，中小学幼儿园108家次、医院卫生院56家次，排查整改隐患38处，查处涉枪案件1件，收缴子弹771发、炸药5公斤、雷管1枚、各类枪支5支。

【交通管理】　2021年，全旗境内共发生道路交通事故1245起，死亡30人，受伤115人，直接经济损失693400元。与去年同期相比，事故236起、上升18.96%，死亡人数上升200%，受伤人数上升9.52%，直接经济损失232200元、上升50.35%。全年共查处各类交通违法行为77824起，其中饮酒驾驶165起、醉酒驾驶187起，无证驾驶72起，其他违法行为77400起。

智慧交管建设　创新推出“1141”智慧交通管理模式（即1个核心平台、1种创新模式、4个自主研发系统、1个宣传矩阵），实现交管服务、社会效能双提升。建设“鄂托克前旗智慧交管”品牌，该品牌模式被人民日报及新华社等20多家媒体、“学习强国”宣传报道，获得6项国家专利。

交通安全宣传　采取线上线下结合的方式，利用敖镇镇区设置的38处交通安全LOGO投影灯及分布嘎查社区、人员活动区等重点场所的150部“智慧芯喇叭”、168部“小喇叭”、入境“触发式”提醒、红外线防疲劳预警系统等媒介，加大交通安全宣传提示。组织开展“一盔一带”“鄂尔多斯我的家文明交通靠大家”交通安全宣讲、法律“七进”等宣传活动，向农牧民群众、干部职工、学生、环卫工人、外卖快递员等开展安全教育。全年共开展交通安全宣传870场次、主题宣讲131场次，发放宣传材料7万余份，发布提示信息15万条，受教育人数达6万人次。

两站两员建设　推进“两站两员+警保联动+警银合作”模式，“三个精准”为抓手，各镇交通事故发案情况按月汇总分析，量身定制宣传、劝导、事故预防指引信息，指导劝导员针对性开展劝导活动，预防、减少农牧区交通事故的发生。全年开展劝导活动4800余次，纠正劝阻各类违法行为6.7万余起，开展乡村道路隐患排查500余次。

车辆和驾驶人管理　抓好公安部10项公安交管“放管服”改革措施，以交管服务“网上捷办、就近能办、多点可办、少跑快办”为目标，推动车检、驾考、罚款缴纳、机动车号牌管理等改革措施落地，打造争先创优服务型窗口。累计办理机动车驾驶证业务6866起、机动车业务5836起。

重点车辆源头管理　按月督促提醒车辆、驾驶人检审验、违法事项清理；辖区29辆客运车辆、158辆出租车、16辆公交车、132辆危化品运输车及驾驶人逐车、逐人建立“户籍化”源头管理档案；与企业、驾驶人分别签订交通安全责任状，每月进行违法查询比对、抄告，每季度开展安全教育培训。

交通安全监管　党政牵头成立“道路交通安全监管工作委员会”，全国首创全旗117个单位设立“交通安全监管员”，依托专门监管系统完成干部职工的交通安全提醒和警示教育，此项工作纳入旗对镇、部门“五位一体”实绩考核指标、干部职工“十分制管理办法”，政府督查室定期开展督查并发布通报。初步形成“政府主导、部门协同、多元治理”的交通管理新格局。2021年，全旗各单位共召开专题会议440次、交通安全培训教育314场次、组织开展提醒谈话406人次、日常监督检查399次、交通安全宣传451场次、签订安全责任状155份。

【党史学习教育】 第一时间启动党史学习教育，成立领导小组，印发实施方案，落实任务分工，先后15次召开党委会、调度会部署推动。结合“晨训晚学”活动，各支部开展党史专题学习15次、交流研讨8次，班子成员带头讲党课8次，各支部组织开展主题党日活动36次，民辅警撰写学习笔记12000余份、心得体会8次3440份。以“庆祝中国共产党成立100周年”为契机，组织重温入党、入警誓词，歌唱《我和我的祖国》《人民警察之歌》“两重温两唱响”主题活动和“在职党员进社区”和“百万警进千万家”活动，有效提升党史学习教育成果。利用鄂托克前旗1+6红色教育资源，开展“参观红色教育基地重温红色历史记忆”党史学习教育，教育引导广大党员民辅警牢记入党、入警初心。

【政法队伍教育整顿】 2011年，鄂托克前旗公安局先后11次研究部署教育整顿工作，组织召开党委扩大会、动员部署会、工作推进会。先后共抽调31名精干力量，组建“综合协调组、线索工作组、线索核查组、顽瘴痼疾整治组”等5个工作专班，实行集中办公、实体化运作，聚焦“四大任务”，紧扣“三个环节”，坚持严管与厚爱相结合，高标准、高质量完成教育整顿各项任务。教育整顿中共筛查梳理各类顽瘴痼疾问题26条14人，整改完成26条，问题整改率100%，26人主动向组织说明问题，适用“自查从宽、被查从严”政策处理14人，建立健全、修改完善长效制度机制45项。

【疫情防控专项行动】 坚持在疫情防控、乡村振兴、优化营商环境等领域广泛参与，全局上下听令而行、闻警即动，全面启动疫情防控高等级勤务模式，大数据研判精准高效，社区管控严防死守。全年，400多名警力24小时轮值轮勤参与疫情防控，查验车辆28万辆次、34万人次，累计分析研判各类数据8726条，查处涉疫违法行为5起9人，30名民辅警代表鄂托克前旗逆行出征驰援额济纳旗并圆满完成抗疫任务。

【信访专项整治】 2021年，鄂托克前旗公安局坚持在信访案件化解、涉煤领域专项整治、林草专项整治等方面担当作为，持续化解信访案件，严格落实局领导抓信访、领导干部接访、约访、下访制度，全年领导累计接访45次56人次。落实信访维稳属地管理责任和源头稳控措施，实行局领导挂牌整治、专项督察，全力压减信访案件存量、遏制增量。全年，共受理中央第八巡视组、公安部、中联办移交信访案件16件，化解率为100%。

【林草专项整治】 持续加大林草专项整治，全年，核查公安厅交办线索两批次26条，立刑事案件2起。核查发现涉草原行政违法线索15条，已全部移交行业主管部门，追缴林业行政案件处罚未执行的罚没款6.4万元，林草线索全部销号清零。

【涉煤专项整治】 持续攻坚涉煤专项整治，全年，共核查异地涉煤领域线索74条，现已全部核查完毕，移交违规违纪违法线索52条，办理涉煤案件17起，抓获犯罪嫌疑人25人，已全部移送审查起诉，扣押非法采矿违法所得376万元，协助税务机关追缴税款4.4亿余元。

【公安队伍建设】 2021年，鄂托克前旗公安局坚持在抓班子带队伍、开展党史学习教育和政法队伍教育整顿、锻造公安铁军等方面下功夫，推动党史学习教育。第一时间启动党史学习教育，15次党委会、调度会部署推动。结合“晨训晚学”活动，各支部开展党史专题学习15次、交流研讨8次，班子成员带头讲党课8次，各支部组织开展主题党日活动36次，民辅警撰写学习笔记12000余份、心得体会8次3440份。以“庆祝中国共产党成立100周年”为契机，重温入党、入警誓词和“在职党员进社区”和“百万警进千万家”等活动有效提升党史学习教育成果。利用鄂托克前旗1+6红色教育资源，开展“参观红色教育基地重温红色历史记忆”党史学习教育，教育引导广大党员民辅警牢记入党、入警初心。

坚持在基层基础保障、落实从优待警暖警措施、激发民辅警干事创业等方面用心用力，全面改善基层基础环境。党委主动谋划，积极争取旗委、政府经费和政策支持，局机关和看守所、基层派出所内外部环境得到全面改善，执法办案环境得到全面改善。选用“1管N”建设模式，集中建设并实体运行案件管理区、案件办案区、涉案财物区等三区十室，建成鄂托克前旗公安局执法办案管理中心，并顺利通过公安厅验收。悉心落实爱警暖警措施。落实两个职级序列改革政策，全年职级晋升22人。“2+16”项待遇保障措施配套供给辅警正规化建设，396名辅警同步享受月均1000元绩效红利，辅警月均薪酬达5113.5元。全面落实“警营幼乐园”“因公负伤和重疾救助绿色通道”“从警荣誉纪念章颁授”、温馨食堂、健康公安等一系列暖警爱警措施，4个派出所被评授“职工小家”称号，鄂托克前旗公安局警察工会荣获先进基层工会组织和2021年市级“职工书屋”示范点，让广大民辅警找到了“家”的温暖。建立民辅警干事创业长效机制，全面推动领导干部和民辅警轮岗交流，完成18个部门85名民辅警轮转交流。探索推行优秀文职人员“内部聘任”路径，聘任35名文职人员担任内设机构领导职务。加强新闻宣传，全年在微信、微博发布信息653篇，市级以上媒体刊稿265条，抖音、快手播放量均突破180W+，新闻宣传大格局逐步形成。推行先进典型选树和干部培养“一线工作法”，全年鄂托克前旗公安局有1人荣获国家级表彰奖励，1个集体12人获自治区表彰，6个集体15人获市级表彰，3个集体6人获旗级表彰，涌现出一批先进典型。

人民检察

【概况】　依法精准打击各类刑事犯罪，依法履行批准逮捕、提起公诉等职责，维护社会稳定。全年共批准逮捕各类刑事犯罪案件24件33人，提起公诉175件216人。加大严重暴力犯罪打击力度，依法批捕故意杀人、抢劫、强奸等严重暴力犯罪4件4人。严厉打击“黄赌毒”犯罪，依法审查起诉此类犯罪7人。加大新型犯罪的打击力度，依法查办电信诈骗等刑事犯罪案件19件39人，有力提升人民群众安全感。

开展未成年人检察工作。坚持教育为主、惩罚为辅，对犯罪情节较轻的未成年人犯罪不予逮捕1人、不起诉2人。成立“马兰花”未检工作室，对未成年人案件办理、教育帮扶等实行一站式服务。举行“关爱祖国未来，擦亮未检品牌”法治进校园巡讲活动，赴辖区内7家学校上法治课13次，录制未成年人法治教育课程，进行线上互动式法治教育，着力提升青少年法治意识。

开展检察长接待日21场次、带案下访20件。办理国家司法救助案件4件，发放救助金3.5万余元，彰显司法人文关怀。全年累计开展检察听证4次，让公平正义可见可感。

强化监检衔接，深化法治反腐，受理监委移送案件1件1人，起诉1件1人。严把审查关，退回补充调查1件。

检察监督助力优化营商环境。秉持审慎谦抑等检察新理念，办理涉企案件注重加强办案影响评估，坚持少捕少押慎诉。2021年，共受理涉企人员及其管理人员涉嫌非法占用农用地、非法采矿等案件14件，经审查后决定不起诉6件，起诉含部分不起诉6件，移送单位撤回2件。

严守生态保护红线。开展林草资源保护专项监督，统筹推进林草治理，深化“专业化监督+恢复性司法+社会化治理”的生态检察模式构建，2021年，共办理涉林草案件17件，向相关行政单位发出检察建议8件，筑牢全旗林地草原资源保护的安全屏障。

强化刑事检察监督工作。全年监督立案3人、监督撤案6件、纠正漏捕1人、纠正漏诉3人，提出刑事抗诉3件、发出书面纠正违法29件、开展羁押必要性审查17件。加强民事行政检察监督力度。全年受理民事检察监督案件111件，提出再审检察建议1件，办理民事审判活动违法监督44件，办理民事执行监督65件，受理行政执行监督案件14件，发出检察建议12件。做好公益诉讼检察工作。共摸排公益诉讼案件线索55件，立案54件，发出行政公益诉讼诉前检察建议51件，履行刑事附带民事公益诉讼公告程序3件。

【检察队伍建设】

政治建设 常态化开展“不忘初心、牢记使命”主题教育，认真开展党史学习教育，加强党组织建设，通过党员进社区、座谈交流、主题党日活动等形式庆祝建党100周年。全年组织党组中心组理论学习11次，召开支委会12次、党员大会4次、党小组学习36次、专题党课6次，开展主题党日活动11次。全面落实党风廉政建设责任制，积极开展政法队伍教育整顿，全面查摆七大顽瘴痼疾方面存在的问题，逐项对照督导组的反馈意见，狠抓整改落实，认真梳理盘点教育整顿各项任务落实情况，及时组织开展“回头看”，狠抓督促问效，确保取得扎实成效。

意识形态 成立意识形态工作领导小组，结合实际制定《鄂托克前旗人民检察院2021年意识形态工作计划》，召开2次意识形态工作联席会议。切实抓好网络意识形态安全工作。成立以青年干警为主的30人网军队伍，针对相关舆情及宣传工作开展网络舆论引导。严肃检察新闻宣传纪律，通过门户网站、“两微一端”平台、新闻媒体等，积极做好意识形态工作宣传。

业务培训 积极鼓励支持检察官参加上级院组织的各类培训、竞赛，提升业务能力。在全区检察机关司法警察拟授予晋升警衔培训班中，2名干警荣获“优秀学员”称号；在全市检察机关司法警察第九期警务技能培训班中，1名干警荣获“优秀学员”称号、1名干警荣获“优秀教员”称号、1名干警荣获“体能标兵”称号；在全市检察机关行政检察业务竞赛中，1名干警荣获行政检察“业务能手”称号；在全市检察机关民事检察业务竞赛中，2名干警荣获民事检察“业务能手”称号。涌现出一批先进典型，1名干警荣获“全市政法系统先进典型”荣誉称号，1名干警荣获全旗“青年五四奖章”，1名干警荣获阅读包联活动“突出贡献奖”，1名干警荣获全旗“优秀党务工作者”“优秀妇女工作者”。

为民服务 始终把检察工作置于人大和社会各界的监督下，更加主动、自觉地接受人大监督，2名检察官接受履职评议，评议满意度均为100%。加强与人大代表的联系，通过邀请参加听证、检察开放日等活动，邀请人大代表、人民监督员走进检察机关。不断规范检务公开，公开案件程序性信息295条，公开法律文书299份，发布重要案件信息72条，法律文书公开率为100%。

人民法院

【概况】 2021年，鄂托克前旗人民法院认真贯彻落实上级法院各项决策部署，坚持稳中求进、守正创新，推动审执工作提质增效，司法为民服务质量稳步提升。深入开展“党史学习”“蒙马奔腾”“攻坚60天”等专项行动，结案率及各项审执质效指标稳步提升，各项工作取得新进展。全院共受理各类案件5195件，审执结4791件，结案率92.21%，结案标的额4.1亿余元。

【刑事审判】 依法惩治刑事犯罪。严格落实宽严相济刑事政策，2021年，共审结刑事案件210件，判处罪犯244人。规范量刑标准，依法适用缓刑86人，免予刑事处罚2人，宣告无罪1人。全力维护社会安定，把握打击重点，审结危险驾驶、交通肇事等多发型案件155件，审结强奸、“两抢一盗”等严重危害人民群众生命财产安全的犯罪案件12件，维护法律权威。

【民商事审判】 2021年，全年共受理民商事案件2605件，审结2506件，结案率92.78%，结案标的额7.74亿万，其中调撤结案1481件，结案率72.68%；审结借贷纠纷案件736件；审结买卖、租赁等合同纠纷案件228件；审结劳动争议、涉农民工劳务合同纠纷案件10件。保障地方经济高质量发展，优化营商环境。

【行政审判】 推行案件繁简分流、带案下乡等工作措施，将大量矛盾纠纷化解在基层。2021年，共审结民商事案件1665件，结案标的额2.9亿余元。坚持调判结合，调撤结案1220件，调撤率73.27%。审结买卖合同纠纷159件，维护了市场交易秩序。审结婚姻、抚养、继承等家事案件147

件，审结损害赔偿、劳动争议、农民工工资等案件254件，有力维护了社会稳定。依法化解行政争议，审查办结行政非诉案件5件。监督、支持行政机关依法行政，向有关单位、部门发出司法建议47件。

【案件执行】 2021年，鄂托克前旗人民法院全年共受理执行案件2185件，执结1996件，结案率91.35%，同比上升3.04%，执行到位15247.08万元，纳入失信96人次，限制高消费878人次，司法拘留11人次，已送拒执罪0人，联合公安机关布控26人次，联合旗发改委信用惩戒96人次，网上拍卖成交25件，盘活企业资产6586.7531万元，拍卖成交房产建筑面积6384.57平方米。

【涉诉信访】 2021年，鄂托克前旗人民法院领导累计接访82人次，排查化解涉诉信访矛盾纠纷106件。坚持和发展新时代“枫桥经验”，加强和改进信访业务工作，忠诚履行服务党和国家大局，圆满完成各级两会、建党100周年活动和十九届六中全会等重要节点期间信访维稳任务。深入开展“政法队伍教育整顿”专项行动，聚焦社会合力减少信访存量，中央第八巡视组和上级交办106件案件全部化解。

【司法公开】 2021年，鄂托克前旗人民法院为保障公民依法参加审判活动，新聘任87名人民陪审员，有效充实审判力量。人民陪审员共参审案件200件，陪审率达98.05%。人民陪审员参审案件251件，陪审率达95.08%。保障公民司法知情权，完善审判流程、裁判文书、执行信息、庭审直播等司法公开平台建设。发布裁判文书2087份，公开率为52.27%，通过互联网视频直播案件429件。

【队伍建设】 2021年，鄂托克前旗人民法院坚持以习近平新时代中国特色社会主义思想为指导，深入贯彻习近平法治思想，深化司法体制综合配套改革，教育干警牢固增强“四个意识”、坚定“四个自信”、做到“两个维护”。坚持“抓党建带队建促审判”工作思路，巩固“两个坚持”专题教育，实施“最强党支部”工程，全面落实“三会一课”制度。全年开展党组书记讲党课3次，支部书记讲党课5次，党组成员讲党课5次，党员活动日12次，党课、晨读等活动。组织干警参加市委政法委、旗委及上级法院召开的各类轮训班、专题培训、云课堂、报告会8次860余人次；组织干警参加全区法院培训13期16人次。

落实“一岗双责”责任，严格履行党风廉政建设“两个责任”。2021年，开展警示教育活动8次，开展审务督察、专项检查及明察暗访13次，干警纪律意识、规矩意识显著增强。深入开展政法队伍教育整顿，147名干警完成自查填报，36名干警主动说明问题，144条问题线索被及时处置，55名干警受到不同程度的组织处理。加强正面引导，开展“晨读夜学”加强学习教育，选树英模标杆，发挥示范引领作用，进一步筑牢政治忠诚。全力落实旗委巡察反馈意见整改工作，制定整改措施45项，顺利通过督查评估。

【监督制约】 2021年，鄂托克前旗人民法院自觉接受人大及社会各界监督，专题向人大常委会汇报执行工作、优化营商环境工作开展情况，邀请人大代表、政协委员视察法院、旁听庭审、见证执行等活动20次44人次。保障公民依法参加审判活动，努力让人民群众在每一个司法案件中都感受到公平正义，塑造一支人民信得过的政法铁军。

【教育整顿】 2021年，鄂托克前旗人民法院完成全院干警的自查自纠。抓好队伍教育整顿监督工作。积极营造宣传氛围，在微信、微博、官方网站等平台发布宣传信息90余条，设置宣传横幅、海报、展板30余个，印发宣传手册800余份。发挥“关键少数”的引领示范作用，认真开展“党组书记讲党课”活动，从严落实党组理论学习中心组学习制度，开展党组理论学习中心组学习11次，专题研讨4次。聚焦解决干警思想根子问题，全院146名干警全部参与学习教育环节，组织“晨读一刻”“每日夜读”“每周例会”等集中学习活动，认真开展集中学习，累计组织集中学习80余次。组织干警参加市委政法委、旗委及上级法院召开的各类轮训班、专题培训、云课堂、报告会8次860余人次，干警撰写心得体会450余份。开展“党员读书班”活动，组织党员干警集中学习党史。组织干警赴城川民族干部学院开展红色研学，接受红色革命教育。创新开展“老法官讲院史”活动，引导干警学习院史。组织全院干警观看红色影片《建党伟业》，铭刻红色基因。班子成员带头讲授党史学习教育专题党课3次。

【法庭建设】 2021年，鄂托克前旗人民法院加强智慧法院建设，新审判法庭投入使用，数字审委会、智慧法庭等一批信息化建设成果有效保障了审执质效的提升。以信息化服务协助法官办案、方便群众诉讼，扎实做好类案智能推送、简易文书智能生成、综合管理平台和档案信息化应用工作，完善了电子卷宗随案同步生成，提升审执智能化水平。扎实推进“六专四室”建设，建成运行“远程开庭系统”，实现刑事案件远程审判。2021年，使用科技法庭开庭审理案件922件，线上调解案件247件，远程开庭78件。加强人民法庭基础设施建设，上海庙法庭办公楼建设工程即将投入使用，保障上海庙法庭、办公楼配套基建。“一庭一警”。2021年，经党组研究，为3个人民法庭各派驻一名政治思想觉悟高、警务业务技能强的司法警察，加强人民法庭警务保障工作。强化警务装备配置，在加强技能训练的基础上，为3个人民法庭配备了新型警用装备，切实保障法庭安全。

【司法为民】 2021年，鄂托克前旗人民法院召开队伍教育整顿征求意见座谈会5次，邀请社会各界代表参加，收集意见建议27条，认真落实整改，实现请群众参与、让群众监督、由群众评价。坚持学思用贯通，开展“我为群众办实事”实践活动50余次，其中立案庭针对农行关于金融借款合同、信用卡纠纷等案件数量较多的问题开通“立案绿色通道”、审判庭室推行的“上门服务”“入户调解”工作方式、执行局结合优化营商环境开展的“涉企业案件专项执行行动”、行政管理部门开展的“普法宣传入社区、进商场、到集市”活动取得良好的效果。针对人民群众反映强烈的焦点、热点和急难愁盼问题，不断强化审执主业，完善便民服务举措，优化法治化营商环境，切实为群众办实事、办好事、解难题，开展“我为群众办实事”实践活动68件。开展问计于民、问需于民、问政于民“三问”活动，邀请社会各界人士召开座谈会3次，召开企业代表座谈会1次，了解掌握群众急难愁盼问题和对法院工作的意见建议，共收集整理意见建议29条。

司法行政

【概况】 全旗司法行政工作严格践行“一个统筹、四大职能”职责，充分发挥法治的规范、引领、推动、保障作用，聚焦主责主业，狠抓落实，推动司法行政工作。

【普法宣传】 出台“八五”普法落实举措，广泛开展法律“七进”，充分利用“i前旗”“4K智能机顶盒”、电视栏目、微信公众号等多元媒体，采取青少年模拟法庭、法治乌兰牧骑等多种方式，开展各类法治宣传50余场次，形成良好的普法社会氛围。

【人民调解】 坚持发展枫桥经验，充分发挥“1433”多元矛盾纠纷调解机制作用，调解员协会、各调解委员会、司法所、公共法律服务中心调解成功各类矛盾纠纷近1000件。

【党史学习教育】 2021年，制定《鄂托克前旗司法局党史学习教育方案》，推进党史学习教育，开展“今日我来讲党史”微党课14场次；坚持“转变作风，面向群众办实事”，推出“三支队伍下乡”“法律援助惠民”“法律六进”“公证便民”等4项具体便民措施；进村入社，解群众揪心之难、办群众上心之事，一线调处草牧场、邻里纠纷50多件；一线法治宣传28场次；办理公证事项164件；结合营造法治化营商环境，组织律师、法律志愿者等开展“我为董事长护航”送法进企业活动10余次。

【队伍教育整顿】 推进队伍教育整顿，同步开展了全期律师行业专项整治和公证行业专项整治。司法局机关、2个所属事业单位、4个司法所、2个律师事务所在编在岗37名干部职工和25名辅助人员参加学习教育。鄂托克前旗司法局党组充分发挥领导作用，先后召开15次党组会、10次领导小组调度会，把教育整顿工作抓紧抓实。先后制作22期微视频；公布举报电话和重点整治内容；党组召开专题民主生活会，对照6个方面问题清单，逐项予以整改。制定顽瘴痼疾整治方案，确定社区矫正审前评估不规范、社区矫正档案管理缺失等5个方面问题清单，均整改销号；制定《鄂托克前旗司法局常态化警示教育制度》等7个制度和流程。

【法律服务】 全旗加强公共法律服务体系建设，依托旗级公共法律服务中心，推出法律人才专业化、法律队伍正规化、法律宣传全民化、人民调解多元化、服务营商精细化、行政执法一体化、法律援助常态化的“八化”措施，深入推进公共法律服务工作。全年办理法律援助191件。

【依法治旗】 2021年，组织召开各类协调工作会议7场次，推动法治建设工作有序开展；按要求对全旗依法治旗工作开展“平时监控+年度考核”；落实党政主要负责人履行法治建设第一责任人职责整改任务；完成市对旗“全面依法治市”年度考核指标，连续两年荣获“优秀旗区”；开展全国法治政府示范旗创建活动；开展全旗首批民主法治示范村（社区）申报创建工作；督察评估全旗法治建设。

【社区矫正】 通过全旗政法队伍教育整顿，修订《社区矫正对象日常教育制度》《社区矫正对象外出请销假工作流程》等3个制度、4个流程，有效提升社区矫正工作规范化。充分发挥司法智能终端（JI-PAD）作用，准确掌握社区矫正对象的动态，做到情况清、底数明。2021年，共接收社区矫正对象87人，解除111人，指派调查评估22件，在矫77人。

【队伍建设】 鄂托克前旗司法局结合政法教育整顿，以“每日一学，每日一测，每日一警，每日一评”等方式，对干部职工开展了近两个月的政治教育、党史教育、警示教育、英模教育；加强习近平法治思想、铸牢中华民族共同体意识等专题学习教育研讨；开展建党100周年系列活动；集中研讨4次，集中学习92场次；选树清风干部、身边英模。

【行政执法】 2021年，建立随机抽查事项清单、执法人员名录库、检查对象名录库，规范执法程序；采购执法记录设备98套，全面执行行政执法全过程记录制度；积极搭建“两法”衔接信息平台，提升全旗行政执法与刑事司法衔接信息共享平台的应用能力；全面评查34个行政执法单位的1143件行政处罚案卷；加强重大行政处罚的监督，对149件重大行政处罚案件进行备案；行政执法监督平台录入56个部门、36个执法主体信息；印发《鄂托克前旗人民政府办公室关于印发全面推行证明事项告知承诺制实施方案》，确定17个领域105个事项推行证明事项一次性告知承诺制。

【行政复议】 2021年，制定全面推行行政机关负责人出庭应诉的相关制度，积极派员协助出庭应诉，提高应诉质量。全旗办理行政诉讼案件9件，出庭应诉率66.6%。印发《鄂托克前旗行政复议体制改革实施方案》，登记受理、办公场所、工作经费、办案人员等保障到位，积极通过调解实现行政争议实质性化解。2021年，共办理行政复议申请8件，均已办结，行政复议决定履行率100%。

【规范性文件清理】 对2019年以来共计61件规范性文件全面进行清理，废止6件，失效11件；组织开展涉及生态文明建设、煤矿监管、“放管服”改革、林草、统计等领域规范性文件专项清理工作，共清理规范性文件8件；审查鄂托克前旗涉及草原林地领域的16件文件。2021年，规范性文件备案审查2件。

【政务公开工作】 按照2021年全旗政务公开工作要点要求，及时公开党务、政务、财务信息，上报工作简报53篇；积极配合政务服务局做好委托事项办理手续，梳理14项委托事项一次性告知单，及时完善全区一体化在线政务服务平台办事指南，上传完善各项办事流程、申请表等；公开政策解读2篇。

【安置帮教工作】 刑释解教人员安置帮教组织机构健全，建立刑释解教人员安置帮教档案和电子台账，实行一人一档，及时开展走访活动，掌握刑释解教人员相关情况，落实帮扶解困措施。

【全面从严治党】 以“转变作风、面向群众办实事”为“党组书记项目”，推进全面从严治党治警向纵深发展，修订完善《党组议事规则》，进一步完善了“三重一大”事项集体决策制度，党组中心组开展意识形态等专题研讨学习22次，党组的决策议事能力和水平进一步提高。加强对党支部工作的领导，积极创建“最强党支部”，落实“三会一课”、主题党日等制度，先后开展了“学党史、知党恩、跟党走”“青春向党忆党史、不负韶华担使命”“庆祝建党100周年”等主题“党日活动”11次，党组书记、支部成员等讲党课7场次。积极培养年轻干部，发展党员4名，培养入党积极分子1名。

仲裁

【劳动维权及仲裁】 2021年，稳步推进全旗劳动保障监察“两网化”管理，健全劳动保障监察三级网格体系、三级网络管理机制，在劳动监察两网化管理系统中录入全旗辖区内的201户用人单位，从业人数5771人，信息录入95%以上。辖区201户用人单位均已在劳动保障监察“两网化”电子地图中进行标注。完成186家用人单位在网上劳动用工备案，劳动用工备案率100%。2020年，时泰天然气公司获评自治区级模范劳动关系单位称号，阿吉泰健康养生园被评为旗级和谐劳动关系单位称号。

2021年，开展全旗人力资源市场秩序、根治欠薪、“双随机”等专项联合执法行动4次，检查各类用人单位39户次，口头责令改正规范签订劳动合同4户；全面开展“三查两清零”“两金三制一公开”等制度落实检查，累计开展各项检查5次，形成强大工作合力。全旗20个在建项目共收缴农民工工资保障金2500万元，实名制管理、分账制管理、银行代发制度、施工现场维权公示100%。

2021年，开展《保障农民工工资支付条例》、劳动用工等法律法规宣传咨询活动3次，通过宣传活动日、入企业等形式，积极宣传《中华人民共和国劳动法》《中华人民共和国劳动合同法》《中华人民共和国社会保险法》《保障农民工工资支付条例》等法律法规，共计发放宣传材料5000余份、海报50张，现场解答各类咨询150余人次，为用人单位和劳动者提供劳动保障法律政策的支持。在劳动仲裁上共接待65人次咨询，其中有40起案件提交仲裁申请，经审查对6起案件决定不予受理，对34起案件决定予以受理，已全部结案，其中11起案件以裁决方式结案、22起案件以调解方式结案、1起案件以撤回方式结案，共涉及34人168.09万元。

（人社局）

【土地仲裁】 2021年，鄂托克前旗法务中心开展农村土地仲裁工作，组织9名仲裁员参加农村土地承包管理与改革培训班，接待来访群众230余人次，引入仲裁程序24件，裁决17件，终结2件，调解1起。开展信访案件调解，参加鄂托克前旗土地信访案件调解10余起。利用鄂尔多斯仲裁委员会在鄂托克前旗设立办事处这一平台，参与民商事纠纷案件10起，涉案金额2168万余元。参与行政裁决、行政诉讼、矛盾调处、突发事件处置、涉煤领域突出问题整治等重大涉法涉诉疑难事项近30次。强化社会心理服务体系建设，尝试运用“法律+信访+心理咨询”新模式化解矛盾纠纷，促进社会和谐稳定。

（法务中心）

综合行政执法

【文化市场综合执法】 2021年，鄂托克前旗文化市场综合行政执法局持续深化“智慧执法”理念，开发印刷企业后台监控系统，连接全旗互联网上网服务后台审计系统。被中共内蒙古自治区宣传部评为第五届全区服务农牧民、服务基层文化建设先进集体；“鲁叔叔”法治宣传小课堂分别评为自治区级、旗级青年志愿者优秀志愿服务项目；在全区第六届青年志愿服务项目大赛上获得铜奖；旗总工会将执法队评为“工人先锋号”荣誉称号。

2021年开展文化旅游、民宗体育场所检查1100家次，其中文化市场检查800家次、旅游市场检查200家次、宗教场所检查60家次、体育市场检查40家次；办理监管领域相关案件4起，共计没收违法所得4098元，罚款1.8万元；受理投诉举报3起，集中销毁收缴非法图书3467本、盗版光碟120盘；开展文化旅游、广播电影、教育等市场领域乱象摸排4次，清理整治违规经营“小影院”2家。

普法宣传 借助“世界读书日”、保护知识产权宣传周、“3·18”全国文化市场法制宣传日、“5·19中国旅游日”、集市贸易日等时间节点，全体干部职工组建“鲁叔叔”志愿服务队，开展法治宣传进农村牧区、进企业、进集市、进牧户、进学校等主题活动，现场提供法律咨询服务、设置法制主题展览。全年开展大型宣传活动12次，印制发放宣传材料2000余份，发放各类宣传品3000余份，参与群众2500余人次，接受咨询200余人次。现场实训形式联合鄂托克前旗文旅局、鄂托克前旗消防救援大队、鄂托克前旗敖镇派出所等部门开展全旗文化旅游场所经营业主培训1场次；利用微信群等平台开展线上培训12次。

疫情防控 建立场所疫情常态化防控机制，采取政策宣传、关停整治、从业人员去向报备等方式，对1家未达到疫情防控标准网吧作出封停整顿处理。

市场监管 利用“互联网+文化市场综合执法”平台、手机微信执法平台，对监管主体实施线上管理，采取常规检查、突击检查、联合检查相结合方式，全面压实市场监管责任。

“线上”实时监管。争取资金更新智慧执法设备，在“互联网+文化市场综合执法”平台对场所展开线上巡查。开发印刷企业后台监控系统，全面监控全旗印刷企业所有打印资料内容，打印内容出现的“敏感词”现象实时报警。

“线下”实地检查。采取一般场所周抽查，重点场所日巡查，错时检查、常规检查、突击检查、线上线下巡查相结合方式，抓好日常执法检查，加强元旦、清明节、“五一”等重点节假日的执法检查力度。建立联合检查机制，完善“双随机、一公开”制度，加强与鄂托克前旗公安、鄂托克前旗市场监督管理局等部门的沟通协调，形成市场监管合力。

队伍建设 2021年，组织学习全国文化市场技术监管、服务平台在线培训考试系统视频课件、练习题库模块内容，每周组织执法人员“线上”集中学习，每半年参加一次“线上”考试，每月研究讨论执法工作中遇到的难点问题；远程参加全市文化行政执法人员培训班、全市文化市场综合执法业务暨案卷评查培训班、全国“扫黄打非”线上培训班，以“执法实务+案例解读”学习形式，提升执法人员的学习效能；开展“十学双提升”（领导领学、实地研学、专家讲学等）学习法，每周集中学习、集中讨论，采取考学结合、讨论与实践结合方式，分类分步实施精准化教育培训。2021年，领导领学12次，轮流讲学10次，研讨互学10次，外出培训2次，个人自学40学时以上；组织召开全旗文化场所业主集中实训1次，线上培训12次。

【交通运输综合执法】

持续深化货车超限超载治理，严厉查处超限运输违法行为，全年共检测大型货运车辆28.96万台次，检测载重量1300余万吨，查处超限车辆38台次，分装转载超限货物1120余吨，处罚金额75.99万元整；下半年度将工作重心转移到农村公路巡查管理，合理安排时间、路线、人员上路巡查462人次，出动执法车辆146辆次，联合旗交管大队查获绕行农村公路超限车辆54辆，均由鄂托克前旗交管大队实施处罚、旗交通执法大队监督卸载后放行。联合相关部门赴上海庙煤矿加强对车辆装载行为的监督检查，督促装载单位严格执行货物装载规定。

专项整治 根据鄂尔多斯市交通运输局关于交通运输执法领域突出问题专项整治工作要求，组织召开部署会、推进会，传达相关会议精神，制定鄂托克前旗交通运输执法领域突出问题专项整治行动方案。聚焦宗旨不牢、作风不优、本领不强、担当不力、执法不廉等突出问题，开展执法隐患排查，制定问题清单、责任清单和整改清单，明确整改时限，规范行政执法。加强法规业务培训，邀请旗武装部教官、旗司法局行政法规专家开展为期3天的军事体能训练和业务理论培训，提升执法人员提升队伍素质。邀请法律专家对全体执法人员开展“说理式”执法教育专题培训，强化执法人员的语言表达、情绪自控和执法现场局面把控能力，以“讲法”规避执法风险，以“说理”提升执法效率；组织开展案卷自查、规范执法文书专题培训3次，分析大队行政处罚案卷中存在的问题，提出相应的改进建议。

污染防治 组织开展路域环境治理专项行动，严厉打击超限运输、非公路标志、增设平交路口等违法违规行为，执法人员上路巡查400余人次，出动执法车辆350余台次，巡查里程4.5万千米，排除整改各类安全隐患20余处，校正公路标牌40余处，清除障碍物及抛撒物8处，劝返中重型车辆绕行乡村公路300余台次，管控期间内未出现因货车超限超载而引发的道路交通安全事故，有效保障路产路权及公路安全畅通。

限高限宽设施排查整治 在上一年度限高限宽设施排查整治的基础上，组织执法人员200余人次对农村公路设置的限高限宽设施开展清理排查，完善保留项目标识标牌，逐一录入系统管理。工作开展以来，全旗农村公路共拆除不符合“一条路设一处”及规范标准要求限宽设施89处，共保留符合设置要求限高限宽设施39处，已全部完成信息采集、数据上传工作。

疫情防控 严格落实疫情防控主体责任，召开疫情防控工作推进会4次，常态安排值班人员对办公区域进行日常消毒、在岗职工和外来人员测温登记工作；安排100余人次在多条农村路开展货运车辆排查工作，防止高风险地区货运车辆流入；组织动员干部职工接种新冠疫苗，全体职工疫苗接种率达到100%；协助包联责任区开展常住居民疫情排查工作，对责任小区170余户380人逐一排查、登记留册。

【卫生健康综合执法】 监管全旗各类场所565家，其中医疗机构89家、学校27所、生活饮用水共103家、公共卫生场所229家、职业卫生场所117家，全部实现常态化监督检查。

培训宣传 加强卫生健康法律法规相关培训，组织培训3次630人次，保障人民群众身体健康、生命安全。以“卫生健康法律法规知识”“打击非法行医”“职业病宣传周”“爱国卫生月”“关爱学生健康 你我共参与”“安全生产活动月”为主要内容，开展形式多样的宣传活动，全年共宣传12次，发放宣传手册5760册、宣传品3650件。

监督检查 监管全旗各类场所565家，开展日常监督平均次数3次，组织开展专项检查12次；行政处罚警告责令限期整改3起；完成国家双随机抽检任务，按照规定完成监督并上报国家卫生监督平台，完成率100%；全年共监督各类场所1541次，下达卫生监督文书1541份，完成年度计划监督检查。

稽查工作 投诉举报方面做到第一时间受理、及时检查处理、及时回复投诉举报人。加强卫生监督协管的监督抽查，将卫生监督协管工作列入重点工作内容之一，每季度按时开展考核工作，全年组织培训1次，下达稽查意见书36份。

卫生监督监管 监管全旗卫生场所114家，其中煤矿企业7家、洗煤厂3家、恒坤化工1家、加油站35家、天然气公司17家、环保再生2家、物流公司1家、供热公司3家、商砼站15家、砖厂1家、电厂3家、滴灌厂15家、疾控中心1家。加强职业卫生场所监督检查、监督抽检。全年监督次数331次，开展2次专项检查，日常性监督3次。

医疗机构监督 监管全旗持有医疗机构执业许可证89家。其中公立医院2家、妇幼保健与计划生育服务中心1家、疾病预防控制中心1家、民营医院2家、个体诊所23家、卫生室（医务室）48家、社区卫生服务中心9家、社区服务站3家。与89家医疗机构签订医疗机构卫生责任状，加强辖区内医疗机构监督检查。全年监督89家医疗场所、传染病场所593次，下达卫生监督意见书1422份，及时发现问题要求限期整改；查处投诉举报3起；外出学习培训1次；组织乡村医生、卫生协管员培训1次。

学校卫生和餐饮具集中消毒监督 监管全旗学校、托幼机构27所，其中中学3所、小学6所、托幼机构17所、早期指导中心1所，集中餐饮具消毒配送中心2家。全年监督检查27所学校3次，重点检查学校传染病防控措施落实情况、环境卫生、饮用水卫生、学校卫生、食源性疾病管理等内容；

监督抽检餐饮具消毒配送中心，开展专项检查3次，专项监督112次，日常性监督3次。

生活饮用水监督 监管全旗城市集中式供水单位3家、小型集中式供水单位9家、二次供水单位11家、自备供水单位1家、农村饮水安全工程141处，已投入使用78处。其中设计日供水量在50吨以上57处，大型旅游景点自备水源3处。全年监督检查城市集中式供水、小型集中式供水、二次供水、自备供水单位3次。联合水利部门、住建部门、各镇摸底调查监督农村饮水工程32处，建立饮用水卫生档案。

公共场所监督 监管全旗公共场所229家，其中住宿场所73家、淋浴场所4家、美容美发场所129家、娱乐场所4家、足疗店4家、乒羽馆1家、游泳馆1家、新华书店1家、商场10家、候车室1家。按照《行政许可法》开展《公共场所卫生许可证》的许可工作，新办证场所40家、换证场所65家。全年监督检查非法医学美容，联合公安部门、市场监管部门开展2次专项活动。开展公共场所量化分级管理，在全旗创建全国文明县城期间积极开展公共卫生监督检查、专项整治活动。

【市场监管执法】 鄂托克前旗市场监管综合行政执法大队以食品、药品、保健品、化妆品、医疗器械、工业产品、质量计量、商标广告、商务粮食领域生产经营环节相关违法行为的查处为重点工作，组织开展执法检查，2021年累计检查市场主体10026户次，办结各类案件71起，罚没款8.25万元。

市场执法 2021年，就食品、药械保化、特种设备、工业产品质量、计量、商标、广告、商务等多领域开展专项整治行动，强化“双随机一公开”抽查机制结果应用，严厉打击违法生产经营行为。全年累计检查市场主体10026户次，办结各类案件71起，罚没款8.25万元，有效促进了各领域的安全生产工作。

“两节”专项整治 以大型酒店、小作坊、集贸市场、超市、餐馆为重点场所，以肉类、糕点、熟食、散装食品为重点品种，开展食品安全排查；以商场、超市、电器城为重点经营单位，以促销商品为重点，开展不正当竞争行为排查；以烟花爆竹经营场所为重点，开展危化品市场排查。专项整治期间共巡查市场主体170户次。

疫情防控常态化检查 配合市场监督管理局，重点针对餐饮服务单位、超市等重点经营场所，开展疫情防控知识的宣传引导、监督落实疫情防控举措，聚焦民生重点领域，加大价格巡查力度，严格落实冷链食品核查等工作。出动执法人员2万人次，检查各类市场主体5000余家，切实履行了防控职责。

校园及周边安全整治 针对辖区中小学校、托幼机构食堂及周边的商店、餐饮等食品经营业户、校园周边“小饭桌”开展集中专项整治。全年共出动检查人员500余人次，检查辖区中小学校、托幼机构食堂及食品经营户共计126家，下达责令改正通知书3份，检查校园周边“小饭桌”7家，立行立改问题10条，下达责令改正通知书4份，整改问题17项。

公路沿线美化行动 联合敖镇综合执法等相关单位，开展公路沿线环境秩序综合整治行动。重点整治敖银公路沿线环境卫生脏、乱、差现象，对公路沿线废旧轮胎占道堆放、废旧物品收购站占道经营、房前违章搭建、房前环境卫生等问题逐一整治。全年共检查公路沿线农户和商户110户，责令整改28户。

农资市场整治 联合旗农牧水务执法局、市场监管局就各镇开展农资经营户专项大检查。重点针对经营主体资格、产品合格证、检验报告、产品包装标识、计量器具、农资产品销售广告等有关事项进行监督检查。共出动执法人员225人次，检查农资经营户75户，检查农资生产企业7户。

市场监管执法月集中整治 围绕加强食品、药品、工业产品和特种设备“四大安全”领域安全隐患排查，在城乡结合部、农村牧区、学校及校园周边等重点区域，紧盯食品小作坊、商场超市、大型酒店、工矿企业等经营主体，切实整治“衣食住行”领域经营乱象，全面加强市场监管和价格监测，依法查处各类违法行为。检查各类经营场所1369家，发现安全隐患5条。

“双随机、一公开”抽查 旗市场监管综合行政执法大队利用协同监管平台在全旗范围内随机抽取

446户个体经营户，开展“双随机”执法检查，按照抽查结果“谁检查、谁录入、谁公开”原则，抽查结果100%公示。

安全生产检查 以五金建材经销、汽车维修养护、危化品经营等为重点领域，以水电暖材料、维修配件、烟花爆竹经营、气瓶罐充为重点对象，核查证照是否持有，检查购进渠道是否规范、质量是否合格。检查市场主体370户次，排查隐患30条，已全部落实整改。

文化领域联合检查 联合旗文化综合执法局针对网吧、出版物经营单位在全旗范围内开展文化市场专项检查。出动执法人员92人次，检查各类文化经营单位32家。

化妆品领域专项检查 对相关经营单位的化妆品进行检查，重点查看经营主体是否建立台账，所售产品资质、进货渠道、标签标识等内容是否合法合规，按要求建立并执行进货查验、贮存、运输管理制度，严格落实自查工作。检查经营单位30多户次，查处违法行为1起。

【农牧业综合执法】 累计联合及专项执法农牧业领域60余次，出动执法宣传车辆190余台次，出动执法人员1300余人次，农资经营店检查率达到100%；以拉网式排查检查农药、化肥、种子等农资门店438家次，抽检肥料样品55个，检出不合格样品2个，查处违法案件15件，处罚金额51435元，督促纠正轻微违法行为6起，调解农资质量纠纷5起，均得到圆满处理，为农牧民挽回经济损失300余万元；检查饲料门店332家次，兽医门店125家次。查处炭疽病相关案件10件，结案9起，移交公安机关1件，处罚金额106400元。

全年办理占用草原、林地违法案件17件，处罚金额323483.1元；协助旗林草局开展自然保护区执法检查，对阿日赖嘎查、伊克乌素嘎查、布拉格社区等全旗境内的国家级自然保护区进行监督检查，监督检查6次；配合旗林草局开展打击侵犯林草植物新品种权违法行为，打击制售假冒伪劣林草种苗违法行为工作，监督检查6次；配合旗林草局推进全旗170处问题林草图斑整改工作，全部整改完成，涉及34个案件已经全部结案。

按照《鄂托克前旗地下水超采区治理方案》对敖镇管网覆盖区非法水源井取水进行整治，共排查出20个企事业单位及居民涉及机电井18眼，已下达限期整改通知书8份，封井11眼。

派出职工参加内蒙古自治区、鄂尔多斯市组织的执法人员培训8次，切实提升执法规范化水平。加强执法指导工作，从执法检查、调查取证、案件办理、法律文书制作、案件移送等多个方面，对各镇综合执法局开展指导6余次，有效提升各镇综合执法局执法能力。

利用重要节日结合执法下乡等方式深入基层普法宣传，以现场解答、以案说法、发放宣传制品、加挂条幅等举措强化宣传工作的针对性，全年开展各类宣传活动20余场，发放各类宣传制品、材料2.1万余份。

【煤炭安全生产监管综合执法】 2021年，旗能源管理综合行政执法大队加强煤炭道路运输监管，持续强化煤炭道路运输监管管控措施和执法力度，采取一日一查、不定期抽查、突击检查等多种办法对运煤车辆超限超载、篷布苫盖、运输道路扬尘污染检查50余次，会同鄂尔多斯市能源局西部煤炭市场管理站、鄂托克前旗城市执法局、鄂托克前旗运管分局等部门开展联合检查3次，进一步规范煤矿企业的生产经营秩序。

【应急管理综合执法】 鄂托克前旗应急管理综合行政执法大队受鄂托克前旗应急管理局委托，在相对集中处罚权批准行使之前统一承担行政执法职能，并制定2021年度应急管理综合执法大队安全生产执法计划，全面实施直管行业领域监督检查和打非治违活动。

加强打非治违工作。认真贯彻落实《中华人民共和国安全生产法》《内蒙古自治区安全生产条例》和其他安全生产行政法律法规规定，坚持“从严执法、从重处罚”原则，依法依规查处非法违法行为，形成“打非治违”的高压态势。2021年，累计实施行政处罚21起，累计处罚金额54.355万元。

加强隐患排查治理。按照《鄂托克前旗应急管理局2021年安全生产行政执法计划》要求，量化执法频次，细化执法内容，避免在监督检查对象、内容和时间上重复或监督检查缺位，避免粗暴执法、执法扰企、破坏营商环境行为，在危险化学品、烟花爆竹、非煤矿山、工贸等行业领域切实开展安全生产隐患排查治理，强化问题导向，落实隐患整改，做到闭环式管理，在危险化学品领域全旗共有危险化学品企业64家，通过安全评估、标准化创建、延期换证现场核查、重大危险源专项检查等方式，累计检查危险化学品企业325家次，排查各类安全隐患440条，实施行政处罚5次，罚款16.6万元。受理“三同时”安全条件审查申请4家，已出具设立安全条件审查文件3份，安全设施的设计审查文件1份，办结率100%。在非煤矿山领域重点对天然气开采企业的非法违法分包、责任落实、重要安全设施设备维护保养和检测、特种作业人员持证、危险作业管理等内容进行监督检查。全年共组织检查38次，排查安全隐患223条，实施行政处罚13次，罚款37.215万元。针对无采矿许可证的6家黏土砖厂进行停产停业，并提请旗政府依法关闭。在工贸领域涉及轻工、建材、制造、冶金、纺织等八大领域。全旗工贸领域企业多为滴灌厂、酒厂等小型作坊类，直接监管36家，按照执法计划全年共排查隐患98条，下达整改指令书38份、复查意见书38份，隐患整改率为97%，实施行政处罚3家，罚款54000元。

开展安全生产大检查活动。结合元旦春节、岁末年初、五一国庆等重要节日时段，在危险化学品、非煤矿山、工贸等行业领域开展安全生产大排查整治等活动，通过日常安全执法检查、重点节点安全检查、聘请专家检查等方式，累计共检查企业465家次，共排查安全隐患703条，已全部整改到位。在危险化学品、非煤矿山等领域，按照《鄂尔多斯市应急管理局关于印发鄂尔多斯市安全评价机构执业行为专项整治方案的通知》，专项整治41家危险化学品安全现状评价报告、设计专篇、竣工验收报告等，排查出问题3家。

社会服务

党务政务服务

【概述】 鄂托克前旗政务服务局优化营商环境，提升服务质量，全力做好政务服务工作。针对企业和群众最关心的领域，围绕减时间、少跑腿，减材料、提效率，减环节、优流程探索创新，做好“放管服”改革工作。2021年，先后荣获全国节约型公共机构示范单位、“市级最多跑一次”改革先进单位、全旗先进基层党组织、全旗2020年度最强党支部、全旗2020年度工作实绩优秀单位、全旗2020年度工会工作先进集体等荣誉称号。

【“一件事一次办”服务模式】 全面推行“一件事一次办”改革，精简流程，创新服务模式，整合现有服务窗口，实施“前台综合受理、后台分类审批、统一窗口出件”服务模式，为企业和群众办好“一件事”为标准，推出141项“一件事一次办”便捷服务，办事群众可在政务大厅“一窗受理”窗口一次办结所需业务，实现“一件事一次办”。

“一件事一次办”改革工作，各项业务办理在规定办结时限基础上压缩近三分之二，实现不动产一般登记业务5个工作日内办结，查询、查解封、产权注销、抵押注销即时办结，办事效率提升98.6%。窗口已经受理相关事项4282件，颁发不动产权证书1340本、颁发不动产登记证明801本。

【“一站式贴心便民”服务模式】 鄂托克前旗政务服务局“放管服”改革，结合行政审批、政务服务实际，创新推出“一站贴心便民服务模式”，为企业群众提供精细化服务。

“一刻钟”缴费服务。水、电、气、暖等便民服务机构已入驻大厅便民服务区，群众进一次大厅，只需花费5分钟时间，办理完成所有涉及日常生活的缴费业务。

“一窗”受理服务。全面推行“综合窗口”受理模式，政府购买公共服务，群众办事面对一位工作人员，递交一份材料，就可以领取一个证件。

“一条龙”便民服务。从办事群众一进大厅的蒙汉双语领办服务，到办事中途的帮办、代办服务，整个办事过程实行一条龙无缝隙服务。在政务大厅设置免费复印打印等服务点，配备便民药箱、饮水机，设置手机充电站、便民书屋、母婴室等。

【“5432”模式】 鄂托克前旗推进减环节、优流程、压时限、降成本，通过厘清5张清单，运行4办模式，坚持3项原则，建立2个体系的“5432”模式，加快构建环境优、办事快、群众乐的优质营商环境高地。

梳理“五张清单”，政务精简高效。全面梳理全旗29个部门的权责清单，取消事项240项，执法重心下移1081项，确认旗本级权责清单6579项，及时向社会公布。及时梳理收费项目清单，涉及4个部门16个事项。规范公共服务事项清单。按照公共服务事项来源，全面梳理公共服务事项96项。全面梳理本级实施的行政许可涉及证明事项、审查确认形成旗本级行政许可证明事项清单40项。编制《群众和企业“最多跑一次”事项清单》，涉及五大类291个事项。

推广“四办模式”，全面优化政务服务环境。“等着办”变“马上办”。依托政务服务平台，推进不动产交易、纳税“一窗办理”改革，整合房管、税务和不动产登记部门，设立“一窗受理”窗口，当事人办理不动产交易登记只需到单一窗口即可完成全流程业务。将公安、交管、医保等事项纳入无差别办理范畴，实现每名工作人员从受理单个事项转为受理所有事项，完成由“专科”受理员向全科受理员的升级蜕变。全部审批事项承诺办结时限由15345小时压缩为7274小时，压缩率为52.6%，精简材料102件。

“窗口办”变“数据办”。全面清理和优化进驻事项的申报材料、办理流程、办结时限等要素，实现高龄老人津贴、大病医疗救助、合伙企业设立登记、取水许可审批等与群众生产生活息息相关的351项服务事项网上受理、办理、查询。其中35个事项实现“零跑腿”，网上政务服务平台累计受理各类办件2.7万件。

“往返办”变“免费办”。为办事群众和企业提供免费复印、免费邮寄两项免费服务，累计为办事群众和企业提供服务1.3万余次，减免费用10万余元。在大厅设置导办台，为群众提供蒙汉双语服务，设置手机充电站、便民书屋、母婴室、便民药箱、饮水机等设施。

“现场办”变“特色办”。围绕企业开办、工程建设项目审批、民生社会事务等领域，广泛开展帮办代办服务。从鄂托克前旗自然资源局、鄂托克前旗发改委等8个相关部门确定13名工作人员组建代办队伍，为企业开展“一对一”保姆式全程代办服务。为满足企业和群众多样化办事需求，积极推行“延时服务”“预约服务”。在户政、个体工商户登记等高频事项办理中为办事群众和企业提供延时服务；在办件量较小的事项办理中实行双休日、节假日预约办理。在天然气、水电费等居家生活的各类便民服务事项办理中无节假日全天候办理。解决群众“上班时间没空办事、休息时间没处办事”的困扰，为企业和群众提供便利。

坚持“三项原则”，激发市场活力。照后减证原则。按照能减尽减、能合尽合的原则，尽可能减少审批发证，有效区分“证”“照”功能，着力破解“准入不准营”难题。向各部门共推送“证照分离”583条，实行告知承诺247件，涉及市场主体数653户。

依法改革原则。开展“互联网+监管”系统监管事项清单编制，认领旗县级监督监管事项867条，编制检查实施清单846条。做到改革与法治相统一，确保改革在法治的轨道上进行。

建立“两个体系”，提升群众办事体验。规范化、标准化服务体系。所有审批事项编制业务手册、服务指南和查询二维码，进一步厘定审批事项的名称、法定依据、收费标准、办理时限、办理流程等内容，倒逼部门消除模糊语言和兜底条款，大幅度压减自由裁量空间。指导全旗建成85个嘎查村（社区）便民服务代办点，梳理便民服务代办点可办理事项，统一办理事项数量、名称、流程、材料，实现便民服务代办点标准化运行。

实施业务办理“评价体系”。畅通企业群众意见反馈渠道。在每个窗口放置满意度评价器，评价器产生的数据会在第一时间传送到纪检监察窗口。纪检窗口梳理汇总反馈信息，作为各个窗口及窗口工作人员年终评优选先的重要依据。

【政策衔接配套公开工作模式】 坚持"政策发布、解读、回应衔接配套公开"理念，探索推行政策衔接配套公开工作模式，着力健全政策制定、发布、解读、回应、公开、监督"全链条"机制，做好全旗政策解读配套工作。明确政策衔接配套公开工作的主体、内容、范围、流程、解读形式、公开渠道、保障体系。

【党群服务中心建设】 为提升服务群众质量，持续加强党的建设质量，鄂托克前旗委依托原旗党务政务服务中心设立鄂托克前旗党群服务中心，全面提升为民服务能力。

智慧党建 坚持政治功能与服务功能相统一，进一步发挥"智慧党建"在服务党员群众中的主阵地作用，依托现有的旗、镇、嘎查村党群服务中心和各党员驿站，建立四级服务平台，搭建全域化党务政务服务体系。

红色服务联盟 统一调度和分级服务相结合，建立红色服务联盟，促进"智慧党建"信息资源跨部门、跨层级互通和协同共享，线上线下功能互补、融合发展，推动服务力量下沉、工作重心下移。

创新服务型党组织设置 鄂托克前旗委组织部成立党群服务中心，全面加强党对党务政务服务工作的领导，窗口一线党员人数占工作人员总数的比例达80%以上。在党工委领导下，创新成立党务服务区党支部，以各级党群服务中心（站）为载体，不合格党员进行回炉教育、跟踪考核。

红色代办服务队组建 党群服务中心从下辖的区域选派人员组建4支红色代办服务队，配备流动服务车4辆，利用农贸日、党日活动等时间节点，深入嘎查村、社、农牧户家中，免费为孤寡老人、伤病（残）人员、老党员等特殊群体提供上门服务、帮办服务和预约服务，累计落实各类便民服务事项2180项。

红色先锋争创活动 坚持以"智慧党建"工作引领服务创新，严格执行"日查、月考、季评、年度考核"制度，围绕服务转作风、提效能、创品牌、树形象，以"比服务发展、比办事效率、比奉献精神，看执行能力、看工作业绩、看群众满意"为主要内容的"红色先锋岗""党员示范岗"创建活动，每季度评选出10个红色先锋岗、10个党员示范岗，以党员的带头示范助推服务质量提升。

"心服务"党建品牌 创新推行以"党建凝心、管理用心、便民贴心、服务真心、文化润心"为主要内容的"五心"服务党建品牌，以优质服务推动品牌创建，以品牌创建促进队伍建设，以队伍建设打造精品党建，以精品党建提升品牌战略。

建立"两代表一委员"工作室，设立党风政风监督窗口，创建党风政风监督示范点，全流程监控和督查督办党务政务服务事项，促进党务政务服务规范化、标准化、便捷化。鄂托克前旗纪委监委与鄂托克前旗党群服务中心、入驻单位派驻纪检组、"两代表一委员"工作室共同构筑"四位一体"效能监督管理平台，建立健全"会商、监督、考核、约谈、奖惩、召回"日常管理工作机制，窗口督查、现场评价、问卷调查、座谈交流、电话回访等方式，对党群服务中心的办事效率、服务水平、作风效能进行常态化监督检查，党员群众满意率达98.6%。

大数据应用

【大数据信息化平台建设】 2021年，鄂托克前旗大数据中心认真贯彻落实习近平新时代中国特色社会主义思想，积极践行新发展理念，夯实数字城市发展基础，强化数据共享应用能力，统筹推进数字乡村建设，为全旗"四区"建设提供强大助力。

数字乡村建设 鄂托克前旗大数据中心印发《鄂托克前旗"数字乡村"试点建设（2021—2023）三年行动方案》，建成数字乡村试点嘎查村、数字乡村示范一条街，实施"一村一码、一街一码、一户一码"工程。组建成立"数字乡村"试点建设人才团队，与华中农业大学共建"智慧农业实验室"，有效加强数字乡村人才支撑。

政务数据共享 鄂托克前旗大数据中心全面推动政务信息资源整合共享，制定印发全旗政务信息资源共享工作实施方案，与51个部门签订数据共享协议，指导各部门编制政务信息资源目录500余条，实现11个部门87项应用共享交换。

优化服务平台功能 鄂托克前旗大数据中心按照“全覆盖、多功能、高效用”的建设原则，推出“i前旗”2.0版本，新版本增加17项服务，为广大居民提供智能化、个性化、高质量的政务服务、公共服务、便民服务。同时接入OA办公服务模块，并依托平台开发建设“领导驾驶舱”，为领导分析决策提供“一站式”服务。2021年，“i前旗”App下载用户突破2.5万人次。

基础设施建设 将鄂托克前旗政务外网汇聚由中国移动鄂前旗分公司机房迁移至鄂托克前旗大数据中心标准化机房，建成覆盖全旗所有党政机关、事业单位及乡镇的网络集群。推动全旗各部门业务系统上云迁移整合，已承载18个部门、32个企业业务系统，105台服务器，构建形成“物理分散、逻辑互联、统一规范、动态扩展”的政务云体系，平台资源使用率80%以上。

数字鄂前旗建设 编制《数字鄂托克前旗发展“十四五”规划》，完成4个镇主城区和重点红色研学点航拍，通过三维影像建模，全方位立体化展示镇区景观面貌，叠加国土空间规划、林草、土地等部门数据，通过综合指挥调度中心分析决策，为政府决策、社会治理、优化营商环境等提供有力支撑。加快产业数字化、数字产业化发展，培育7家本地信息化试点企业，推动开展8个数字化产业融合项目。

气象服务

【概况】 鄂托克前旗气象局以服务全旗经济社会发展为中心，坚持“人民至上、生命至上”，对标监测精密、预报精准、服务精细目标要求，聚力创新，聚焦服务，不断推进公共气象服务体系。面向政府决策、农牧业生产、森林草原防火等气象服务需求，扎实开展气象保障服务工作，加快气象现代化建设步伐，充分发挥气象防灾减灾第一道防线作用。

全旗建有双套自动气象站、19个区域自动站、1个生态自动气象站、1个土壤水分观测站、1个大气电场仪、7个地面人工增雨移动作业点、6部移动式增雨作业设备等，基本实现气象观测业务自动化。定期开展气象观测数据传输网络应急保障演练，全年数据可用率、传输率、设备稳定运行率均高于考核指标。2021年安装2个称重降水传感器，实现4个乡镇称重降水传感器全覆盖。积极协调宁夏飞机开展跨区域增雨作业，主动开展地面火箭增雨作业，助力生态保护和防灾减灾。聚焦重要天气、重要时段开展春运、春耕春播、森林草原防灭火及各法定节日的专题服务，微信、微博等新媒体关注度较上年明显提升。气象灾害综合风险普查工作稳步推进，积极与地方普查办、市气象局普查办等部门沟通协作，完成10个灾种致灾过程调查2772条，调查进度100%。全年通过“图突”平台发布气象灾害预警信号116期，预警短信超过30000条。作为自治区级文明单位，精神文明创建和气象科普宣传工作亮点突出，气象科普公园项目立项已完成。综合气象工作继续纳入旗政府“五位一体”考核，防灾减灾应急联动体系进一步完善。

【决策气象服务】 2021年全旗气温偏高，降水量总体偏少且分布不均，东多西少。5月至8月累计降水量较历年同期偏少六成，阶段性干旱较为严重。5月下旬开始，全旗大部地区出现干旱，7月末全旗大部地区牧草全部枯死，牲畜无法正常放牧饱食，补饲增加，部分地区牲畜饮水困难。

针对严重的旱情，鄂托克前旗气象局切实履行气象监测、预警、服务的职责，积极主动、科学准确的气象服务产品，为政府决策发挥了重要作用。旗气象局主要负责人多次向政府分管领导汇报旱情和天气形势，主动开展决策气象服务，发布抗旱专题信息5期，生态监测信息3期，为应急、农牧等部门提供气象监测数据，协助争取抗旱经费。在抗旱气象服务中，旗气象局多次开展旱情调查、监测与分析，向旗应急管理局和旗抗旱指挥部办公室提供气象信息专报4期、旱情分析2次。7月中旬，全旗大部地区干土层在40厘米左右，牧草枯死严重，旗抗旱指挥部办公室根据旗气象局提供的旱情分析于7月20日启动抗旱Ⅲ级应急响应。有一篇气象信息专报被自治区气象局评为全区优秀决策气象服务材料。

【农业气象服务】 2021年，鄂托克前旗气象局继续完善气象为农服务方案，着力开展农业全程化气象服务。发布春耕春播、秋收、辣椒、紫花苜蓿专题共21期，与旗农牧局联合发布产品5期，组织农情调查8次。更新新型农业经营主体基础信息库，“直通式”气象服务覆盖率达90%以上。开展“一县一品”气象服务，建立辣椒生育期气象指标体系，制定气象服务工作日历，为种植大户开展全程化服务。深入气象服务示范点开展调研和服务回访，调查了解服务需求，不断提升为农服务产品质量。

作为防汛抗旱成员单位，在抗旱应急响应期间，鄂托克前旗气象局联合保险公司积极参与为农服务灾情调查与分析，定期发布专题服务产品，为广大农牧民开展抗旱保墒、牲畜补饲提供生产指导，为大旱之年丰产丰收提供坚实的气象保障。

【专项气象服务】 全旗全年基本完成基层防灾减灾“六个一”标准化建设，重大天气过程预警服务“叫应”制度、分级防御制度进一步完善。鄂托克前旗政府印发修订重大气象灾害应急预案，明确气象灾害应急响应流程，落实各相关单位的防灾减灾责任，积极与应急管理局合作，及时更新旗、镇、村三级气象灾害防御责任人和国土平台有关预警信息接收人信息；与旗农牧局联合开展两期气象信息员培训；与交通、水利、科协、森林草原防灭火等部门的合作沟通更加密切。

积极开展重大社会活动气象保障服务。发布“永远跟党走”庆祝中国共产党成立100周年大合唱比赛、全区文化和自然遗产日主会场活动、世界读书日启动仪式、马兰花节等专题天气预报共18期。参加旗招办组织的高考、中考考前动员会，主动对接气象服务需求，及时制作高考、中考专题预报信息。开展煤矿安全生产、政策性农业保险理赔等专业气象服务。

【人工影响天气】 2021年，鄂托克前旗气象局聚焦生态脆弱区，结合实际科学开展人工增雨作业。完成所有作业装备的年检、人员培训工作，进行作业前人影公告和安全检查。共开展地面火箭增雨作业3次，发射增雨火箭弹26枚。与宁夏人影办签订飞机增雨作业政府采购合同，其在境内累计实施12架次飞机增雨作业，总飞行626分钟，共燃烧碘化银烟条116根，增加降水量7501.66万吨，产生直接经济效益3750.83万元。

社会养老服务

【智慧居家养老】 重点突出对困难、高龄、失能老人的服务，通过12349服务热线及手机App智能设备终端等多种受理模式，融合线上呼叫派单+线下专业照护师团队，形成了互联网+智能、智能+养老模式，构建起了“政府、养老机构、养老者、照护师”四位一体的全方位智慧养老服务体系。2021年，为居家老年人开展实体服务1521人次，组织社区活动11次。

【社区日间照料养老】 在敖镇赛罕社区日间照料中心配备适老化活动器材，引入专业的社会组织寿康公司，为全旗老年人提供休闲娱乐、保健养生、健康监测等专业服务，开展免费服务6000余次。为老餐厅通过“中央厨房+助餐点+送餐”的模式为老人提供健康绿色、成本核算的饭菜，解决了失能、独居、残疾老年人就餐难的问题。开展助餐3739次，送餐3327次。

【医养结合养老】 构建“一园一院一中心”服务圈，打造“蒙韵医养康养”特色养老新模式。发挥传统蒙医优势，把草原英才纳贡毕力格的蒙医心身互动疗法与当地民族特色文化、红色旅游有机融合，协调整合旗蒙医院和残疾人康复中心丰富医疗康复资源，为入住阿吉泰的中老年人提供医疗诊治、大病康复、心理咨询、心理治疗等全天候、全流程服务，实现医养无缝对接，满足来自全国各地的养生养老的人员更加高端化新需求，让“银发族”医得放心、养得安心。截至2021年底，接待各类旅居养老养生人员7.5万人次。“养老+养身+医疗+旅居”的新型养老模式的效益主要体现在以下几个方面：一是对于康养人员、大病康复期、慢性病老年人，医养结合解决了“医院养不了老，养老院就不了医”的难题。二是提高了医养结合床位利用率。减轻患者的经济负担。医养结合服务根据患者具体情况确定了合适的康复治疗计划，达到了花钱少、疗效好的效果。蒙医心身医学互动疗法在医养结合中运用，对于推动民族医药事业发展，推动民族地区医养结合有重要意义和示范作用。通过旅居养老，引入全国各地的客流，提升鄂前旗知名度，提高养老机构入住率，有效带动全旗三产和服务业的发展，推动养老事业高质量发展。

物业服务

【概况】 2021年，全旗已建成各类住宅小区37个，业主13181户，成立业主委员会25个。有物业企业服务的住宅小区31个，服务小区总面积167.97万平方米，从事物业管理的企业共17家（其中管理住宅小区的企业10家），业务人员550余人。2021年物业费均价0.85元/米²，其中敖镇物业费均价0.8元/米²、上海庙镇物业费均价0.9元/米²。至年底，累计归集住宅专项维修资金3995万元，使用439.7万元。

【物业管理】 2021年，鄂托克前旗住房保障综合服务中心为认真贯彻鄂尔多斯市关于开展安全生产专项整治三年行动实施方案，组织全旗物业企业进行安全生产培训，联合鄂托克前旗消防救援大队、城市管理综合行政执法局、新闻中心等多部门联合检查组，对辖区居民住宅小区开展消防安全专项整治行动，全面落实小区安全生产工作。

【老旧小区改造】 为全面提升老旧小区的宜居环境，改善脏乱差问题，2021年鄂托克前旗总投资1980万元，组织实施住宅小区提质改造项目（敖镇巴音小区、鑫洲小区、乌兰牧骑小区），总投资1000万元；实施转移农牧民屋面防水修复项目（上海庙镇伊金霍洛花园、天骏家园、长城花园、新希望家园）。2021年底已完成项目竣工验收备案。

【加装电梯】 全旗2021年度组织实施既有住宅加装电梯项目6部，分别为和效家园5部、鑫洲小区1部，总投资265万元，2021年底已全部完工。

市政供热

【概况】 全旗集中供热达330万平方米，其中敖勒召其镇221万平方米、上海庙镇91万平方米，集中供热户达23106户，其中商业1680户、民用21426户，敖镇17396户、上海庙镇4930户，城川镇780户。

【基础设施建设】 2021年，全旗坚持依法监管，切实维护广大人民群众、供热企业合法权益，加强老旧小区供热管网改造及换热站的建设，其中敖勒召其镇新建换热站1座，改造老旧小区供热管网7处，改造长度9300米，累计投资345万元，切实提高城镇集中供热质量，有效促进散煤治理工作。

（住房保障综合服务中心）

市政供水

【概况】 主城区敖勒召其镇市政供水由鄂托克前旗自来水公司实施。2021年，实有供水水源井16眼，配备250QJ40-78型潜水泵，平均出水量38立方米/小时。建有1500立方米蓄水池1座、2000立方米蓄水池1座，日供水能力6500立方米。全年供水总量188.5万吨，总供水21046户。

【水质监测】 实行水源地水质季度监测，供水厂水、管网水、管网末梢水实行月检测，并委托鄂托克前旗疾控中心每季度对色度、浑浊度、pH值、总硬度、氯化物等34项指标进行检测，全年检测指标符合国家标准。同时，委托第三方东胜绿标水质检测中心每月进行1次化验检测，化验检测指标增加至36项，全年化验检测结果显示全面达到国家Ⅲ类水质标准。

市政排污

【污水处理】 主城区敖勒召其镇市政排污净化由鄂托克前旗正腾洁水有限公司实施。2021年，共处理污水134.19万立方米，处理后的中水全部用于园林绿化灌溉。至2021年底，污水管网长度84.92千米，雨污合流管网长度17.33千米，中水管网25.7千米。

【污泥处理】 2021年，污水处理厂共产生污泥711.27吨，经过晾晒使含水率控制在60%以下，运送至垃圾填埋场填埋，污泥处置率100%。实施12吨污泥干化设备项目，产生的污泥经高温干化可直接填埋。

燃气供应

【市政燃气供应】 主城区敖勒召其镇市政居民、商业天然气供应由鄂托克前旗时泰天然气公司实施。2021年，有天然气供应门站1座，管网86.73千米；天然气用户19597户。2021年供气总量4272万立方米，其中CNG用气量830万立方米。

加强燃气管网安全巡检。2021年，共计入户安检10044户（民用6289户、商业2069户、到访不遇1686户）；累计巡检管道200.3千米，其中巡检地埋管道86.7千米；巡检外挂管道113.6千米，对479台燃气调压箱进行安检，开展阀井安全检查30处。全年安检共发现安全隐患28处，全部整改完毕。

【农村燃气供应】 2021年，农村牧区建成液化天然气LNG供气点13处，管道总长度110.315千米，其中中压管道18.025千米。供气点为敖勒召其镇三段地社区、漫水塘村、雅什木都社、马场井村，昂素镇玛拉迪社区、大水利社，城川镇珠和社区、纳林社、大沟湾渔村，上海庙镇上海庙社区、布拉格社区、特布德嘎查、八一村，投入使用11处。天然气用户1308户，实际使用1031户，全年供气总量89.5万立方米。

2021年在农村牧区开展燃气管网安全巡检，共计入户安检753户；累计巡检管道76千米；安检100个燃气调压箱，检查阀井安全12处。全年安检发现安全隐患32处，已全部整改完毕。

动力油气供应

【压缩天然气供应】 2021年，全旗共有压缩天然气CNG加气站2个，其中时友公司CNG加气站共售气180万立方米，泰达清洁能源站由于CNG业务经营存在亏损已报停。

【加油站销售】 鄂托克前旗辖区内有成品油经营资格的加油站41家，其中中石油9家，中石化1家，社会加油站31家，2021年销售汽油1.6589万吨、柴油1.4656万吨。

电力供应

【概况】 鄂托克前旗初步形成以220千伏电源为骨干，110千伏电网为支撑，35千伏电网为辐射的基本网架结构；有220千伏变电站2座、开闭站1座，110千伏变电站14座，35千伏变电站19座，主变27台，容量257兆伏安。已建成220千伏输电线路7条、110千伏输电线路25条、35千伏输电线路25条，全长678千米；10千伏线路128条，总长5881千米；0.4千伏线路4754千米；装设配电变压器5623台，总容量49万千伏安。

旗供电公司管辖4个镇、2个工业园区、68个嘎查村、9.3万人的生产生活用电，各类用户74452户，最大负荷290兆瓦；全年计划售电量11.9亿千瓦时，全年完成售电量12.4亿千瓦时；公司客户中心管理大用户4家，年售电量约5.3亿千瓦时。

【电网建设】 2021年，鄂托克前旗实施电网项目4项，总投资1.1亿元，其中乌审旗—城川110千伏变电站2号主变扩建及Ⅱ电源新建工程为城川地区经济发展、红色教育基地提供电力保障；宝力德35千伏输变电工程为三道泉子村周边增加电源点，解决该地区常年电压偏低的问题；雅海能源项目110千伏供电工程、佳源新能源供电工程为旗政府重点能源发展项目。全年共计实施配网工程5项，总投资7295.2万元，其中城网工程全部完工，农网工程施工过半，剩余工程量按要求接转至2022年；电网整体结构更加稳固、完善，城乡电压质量、供电可靠性得到有效提升。

【为民服务】 2021年，鄂托克前旗供电公司持续加强“三零、三省”服务宣传力度，持续提升“获得电力”服务水平，有序推进电力市场改革。以电视台、融媒体、客户网格经理群、现场走访等方式开展对外宣传，以线上线下等方式，开展政策培训。电价改革后，完成

10千伏用户供用电补充协议的签订；全面开展营销全业务检查工作，检查存在问题共计93项，建立问题清单，逐一进行整改；确保抄表准确率和同期率，所有表计全部实现全封闭抄表；成立煤改电领导小组，有序推进煤改电接入工作，共计完成3061户的接入工程；认真梳理2021年业扩报装资料，共计受理业扩报装4941户，受理容量8.27万千瓦，线上报装率93.9%。

邮政快递

【概况】 鄂托克前旗邮政分公司承担着全旗行政区域的邮政普遍服务，内设部室3个，下设基层网点6个（敖镇3个）。2021年，共实现业务收入670.1万元，完成全年计划的99.57%，同比增长16.34%。其中金融类业务实现收入425.64万元，完成全年计划的109.95%；邮务类业务实现收入152.36万元，完成全年计划的115%；寄递类业务实现收入83.69万元，完成全年计划的85.40%，同比增长20.47%；其他类业务实现收入8.41万元。

【增值业务】 2021年，旗邮政分公司代开税票732张，代征额15.6493万元，实现收入4.76万元。累计开展固定沙龙、微信沙龙金融服务90多场，由分公司派员工进驻社区、广场等人员活动较多场所宣传“存款保险宣传”“反假币宣传”，组织邮展活动1场。

电信信息化

【概况】 鄂托克前旗着力推动农村牧区及偏远地区信息化发展，加快实现农村牧区4G网络全覆盖，实施《鄂托克前旗农村牧区4G信号覆盖服务项目实施方案》，针对信号盲区、盲点现场勘查统计规划，对农牧区新增29处基站可大幅度增加农村牧区4G覆盖广度。至年底，全旗共有铁塔272座、简易发射架21个，除去镇区，农村牧区共有铁塔160座，简易发射架20个，基站铁塔共享率46.37%。全旗运营网络基站701个，其中5G基站101个，4G基站432个，2G、3G基站168个。本地网固定电话用户0.45万户，手机用户14.617万户，接入宽带共38021户。

移动 2021年，新建网络基站80个，其中4G基站34个，3G基站行政村0个，5G基站46个；新增宽带用户2217户（农村牧区231户）。至年底，共建成网络基站281个，其中5G基站52个、4G基站218个、2G基站11个，镇村覆盖率达95%；网上手机用户95034户（包括一机多号用户）；宽带实现乡镇城区连续覆盖、行政村热点覆盖，宽带覆盖用户11740户。

联通 2021年，新建网络基站48个，其中4G基站9个，5G基站39个；至年底，共建成网络基站321个，其中5G基站49个、4G基站138个、3G基站120个、2G基站14个；新增宽带用户1983户（农村牧区741户）。网上手机用户32036户，实现3G、4G网络乡镇城区全覆盖，2G、3G网络覆盖行政村95%、4G网络覆盖95%；宽带覆盖用户9781户，实现行政村宽带全覆盖、乡镇城区600M以上的宽带全覆盖。

电信 2021年，新建网络基站2个，4G基站2个，3G基站行政村0个（5G基站与联通共建共享）；新增宽带用户205户（农村牧区新增95户）。至年底，建成网络基站99个，4G基站76个（闲置站调整5个）、2G基站23个（退网33个），镇村覆盖率75%；网上手机用户1.91万户；宽带覆盖用户1.65万户。

铁塔 2021年，新建铁塔29座。至年底，各类铁塔共计272座，基站铁塔共享率46.37%。

社会事务

民政事务

【行政区划管理】 2021年，鄂托克前旗民政局与鄂托克旗民政局联合做好第六轮行政区域边界线检查工作，53颗界桩完成维护测绘。绘制完成鄂托克前旗第一版行政区划图，已报送内蒙古自治区地图院待审核。开展行政区域边界线矛盾纠纷排查处理，调处矛盾纠纷7起，行政区域界线确认3起。加强毗邻地区行政区域边界线检查，维护好鄂托克前旗行政区域边界稳定。

【基层自治组织建设】 2021年，开展全旗嘎查村（居）委会换届工作。举办嘎查村（居）委会换届工作培训会，对程序、重点环节再梳理、再培训，顺利完成了嘎查村（居）委会换届工作。规范社区工作者管理。制定印发《社区工作者管理暂行办法》《社区工作者绩效考核办法》，经综合考核、征求有关单位联审意见和履历审核认定等程序，认定专职社区工作者94名，充实社区服务力量。印发《社区工作者绩效考核管理办法（试行）》，通过建立专职社区工作者考核评价、绩效管理、日常工作制度执行等机制，规范社区工作者管理，打造专业化、职业化的专职社区工作者队伍。

【社会组织管理】 2021年，鄂托克前旗共有社会组织114家，其中社会团体78家、民办非企业单位36家。已设组织成立党支部11个（5个独立党支部、6个联合党支部）。2021年度完成139家社会组织年检工作，清理不作为、僵尸组织35家，优化社会组织发展环境。加强社会组织监督管理力度，开展打击整治非法社会组织专项行动，经排查，全旗范围内无非法社会组织；开展“僵尸型”社会组织专项整治行动，排查出僵尸型社会组织35家，通过政策宣传，动员指导，已引导社会组织主动注销12家，撤销23家；开展行业协会商会涉企收费专项治理行动，全旗未发现违规涉企收费社会组织。

【婚姻登记】 2021年，全旗共办理婚姻登记事项738项，其中办理结婚登记398对，办理离婚登记89对，补办登记251对，合格率全部达到100%。

【殡葬管理】 2021年，加强殡葬管理服务。鄂托克前旗殡仪馆于2021年年初建成投用。坚持惠民、绿色、文明殡葬的理念，完善设施设备，建设200平方米焚烧炉除尘设备厂房、550平方米祭祀广场、停车棚，平整21000平方米殡仪馆外围场地，铺设绿化管网7198平方米和一条10千米长网络专线，硬化3000平方米出入口，绿化种植沙地柏11000平方米。健全管理制度，规范服务流程，各项工作运行有序。截至年底，共办理各类丧事活动115次。

违建墓地整治。按照内蒙古自治区和鄂尔多斯市有关要求，在2021年9月15日前，各旗区要完成违建硬化墓、住宅墓、活人墓整治任务。全旗共上报违建墓地12个。整治期间，发布《关于加强殡葬管理工作的通告》，旗政府分管领导召开工作推进会、专项整治联席会2次，旗民政局组成工作专班，与家属“一对一”沟通做工作，按时完成整治任务。

【社会工作建设】 2021年，鄂托克前旗引进广东工业大学社会工作人才团队，培育带动本土社会工作人才培养，全程督导全旗社会工作发展和人才队伍建设。统计更新社工人才信息库，至年底，全旗社会工作领域人才520人。组建“公益先锋”专业社工人才团队，纳入全旗持国家级社工证书的专业人才21人，示范引领多领域社会工作专业人才团队建设，培育社会救助调查、养老护理、心理咨询、困境儿童服务等社工人才，形成社会工作本土化、规模化发展与社会救助、养老服务、司法、卫健、残疾人服务、慈善救助等领域工作“互动式”共育共进、互补互促良性循环局面。引导符合条件的社会组织积极承接自治区、市、旗各类服务、培训项目25期，涉及项目资金1250万元，形成长效化服务机制，2021年，继续推进“三社联动”试点项目工作，项目以“多方联动百姓受益”的运行模式，聚焦社区6—12岁困境儿童、老年人、待就业妇女、青少年等群体，提供学业辅导、兴趣拓展、亲子互动、心理辅导、助老帮扶等公益服务项目，开展“妈妈课堂”、情绪管理、“破冰行动”“我帮你”志愿服务等活动70余期，惠及社区居民2000余人次。2021年，承接自治区“五社联动”项目，在6个社区实施开展活动169场，累计服务9800人次，同时在项目实施中带动10名待业青年就业，将居民需求与社会工作服务资源供给有效对接，提升居民获得感、幸福感。

退役军人事务

【概况】 全旗“一中心两站”总数89个，工作人员192名，全面推进示范型退役军人服务中心（站）

54个；制定印发业务知识合订本3本8万余字，建立1400多册图书的老兵书屋；详细普查识别全旗4个镇退役军人及军人家属基本情况，分33类登记造册、建档立卡；对全旗农村籍退役士兵档案进行一人一档管理，并在全区率先上线推行“互联网+退役军人服务”，成立“退役军人心理咨询工作室”，累计开展心理咨询120余人次。在漫水塘村连栋拱棚基地和民族职业高中挂牌成立退役军人就业创业实训基地和孵化基地。投入5.9万元美化、绿化、亮化马良诚、顾寿山革命烈士纪念园设施及周边。

【优抚政策落实】　严格执行《退役士兵安置条例》，本年度接收退役士兵22名，累计采集退役军人信息1321人，悬挂光荣牌1311户；为2020年退出现役的19名自主就业退役士兵发放地方经济补助金187.59万元；为49户义务兵家属发放家属优待金145.24万元；为142名退役军人补缴养老保险219.3万元；为5名退役士兵补缴医疗保险19.24万元；为146名优抚对象发放定期定量生活补助金180.76万元和物价补贴1.12万元；为24人发放医疗补助金6.94万元；在节假日期间累计慰问驻旗部队3个、退役军人256人次，发放慰问金32万元；为12名困难退役军人发放帮扶援助资金10.6万元。采取与社会组织寿康养老合作运营模式，对全旗军队转业干部开展“菜单式”精细化服务，已开展服务205次，服务金额10万余元。80周岁以上退役军人实行免费体检、每年慰问全覆盖。

【退役军人权益维护】　全力打造退役军人信息化平台，思政教育、权益维护、就业创业、优待褒扬、帮扶援助、志愿服务等实现网上开展、平台化运作；积极开展第二届最美退役军人、模范兵支书评选活动，表彰最美退役军人10名、模范兵支书10名，推荐上报全区、全市最美退役军人4人；全面落实常态化联系退役军人工作制度，对22名困难退役军人、信访人员建立了常态化联系工作台账，不定期地开展沟通联络、走访慰问、谈心交心等活动100余人次。

【就业创业】　全面开展示范型退役军人服务站创建工作，2020年创建的54个服务站全部达标，2021年重点对30个退役军人服务站按照全国示范型退役军人服务站创建标准进行创建，建立工作例会、考核考评等工作机制，高质量督促开展就业创业扶持、走访慰问、建档立卡、帮扶解困、信访接待、权益保障等服务，标准化、规范化、制度化水平不断提升，实现集中办公、标准化服务。在鄂托克前旗职业中学挂牌成立内蒙古自治区退役军人职业技能培训基地、退役军人就业创业孵化基地，先后举办职业技能培训班、就业专场招聘会7场，培训退役军人68人，为退役军人推荐就业岗位1800余个，帮助27名退役军人实现就业创业，结合全旗乡村振兴战略，开展“双百工程”，在全旗选树100名示范带头“排头兵”结对帮扶100名困难退役军人增收致富，实现对退役军人的网格化管理、精准化服务。投入300多万元成立退役军人“战友”农牧业专业合作社，引进15名退役军人创业就业。

【宣传教育】　开展清明、烈士纪念日、讲解员大赛、英烈事迹、弘扬英烈精神等系列爱国主义教育宣传活动，参与群众达1000余人次。英烈讲解员大赛在全区荣获一等奖。

残疾人联合会

【概况】　鄂托克前旗残疾人联合会代表全旗残疾人共同利益，帮助残疾人平等参与社会生活，为残疾人提供服务，切实履行“代表、服务、管理”的职能。2021年，全旗持证残疾人2941人，占全旗总人口的3.12%。其中视力残疾261人，占全旗残疾人8.87%；听力残疾337人，占全旗残疾人11.45%；言语残疾120人，占全旗残疾人4.8%；肢体残疾1579人，占全旗残疾人53.68%；智力残疾393人，占全旗残疾人13.36%；精神残疾186人，占全旗残疾人6.32%；多重残疾65人，占全旗残疾人2.21%。

【康复服务】　鄂托克前旗残疾人康复中心“公建民营”于2021年2月24日完成招投标工作，中标企业为阿吉泰健康养生园。共开展神经系统疾病康复100人、肌肉骨骼系统疾病500人、骨折术后康复治疗50人、心理康复1000余人；与鄂托克前旗医院、鄂尔多斯市妇幼保健院等机构合作签订康复合作协议，为15名有康复需求残疾儿童开展康复资助服务；委托阿吉泰健康养生园为20余名残疾人提供阳光家园服务；残疾人的辅助器具发放和适配应配尽配。2021年，免费发放残疾人护理床、轮椅、气垫床、助听器、拐杖等辅助器具200余件。

【残疾证补助金发放】

残疾证发放 为全旗3000余名残疾人完成智能残疾人证照片信息采集和残疾证换证。

残疾人保障金 鄂托克前旗残疾人联合会与旗财政局、税务局对接，从6月份开始到年底，审核全旗行政事业单位、企业、民办非企业残疾人就业保障金。

残疾人生活补贴 按季度精准统计符合条件的重度一、二级残疾人和精神、智力三、四级残疾人名册报旗民政局，给予发放重度残疾人生活补贴。

【助困与就业】 鄂托克前旗残疾人联合会与各镇对接，以元旦、春节、助残日为契机，救助慰问60户困难残疾人；与鄂托克前旗公检法、司法、民政、卫健等十部门沟通对接，联合下发调整残疾人法律救助领导小组的通知，为残疾人法律救助提供便利；为88户有无障碍改造需求的残疾人家庭给予坡道、扶手、坐便器、热水器等免费精准改造；于6月22日—25日举办城镇、农村牧区残疾人种养殖业实用技术培训班，培训80余人次，为残疾人提高种植养殖实用技术提供帮助，拓宽残疾人就业渠道；9月1—3日举办残疾人专职委员培训班，提高残疾人专职委员服务广大残疾人的能力；12月7日，邀请国家二级心理咨询师钱荣跃先生为残疾人开展心理健康讲座；培育爱心助残企业、残疾人就业创业平台，对接爱心企业，鄂尔多斯市宇通建筑装饰工程有限公司为10户困难残疾人家庭送去慰问金，鄂托克前旗福川商务服务公司为10户困难残疾人家庭送去米面，鄂托克前旗沙头酒业为5名残疾学生提供1.95万元的助学金；确定鄂托克前旗民族职业中学敖包民族文化艺术品有限责任公司为鄂托克前旗残疾人辅助性就业机构，为8名重度和精神残疾人提供就业平台，后续将继续为有就业能力的重度、精神智力残疾人提供培训、就业平台；争取残疾人自强创业示范户2户，每户5万元扶持资金，残疾人个体创业户5户，每户2万元扶持资金；对接鄂尔多斯市残联、鄂尔多斯市人社局，为鄂托克前旗考录3个残疾大学生公益性岗位。

【文化体育】 鄂托克前旗在旗职业高中成立残疾人运动员训练基地，选派32名运动员参加鄂尔多斯市首届残疾人运动会暨特殊奥林匹克运动会，共荣获金牌18枚、银牌15枚、铜牌14枚的优异成绩，金牌榜、奖牌榜、总分排名均居全市第一，以3个第一的优秀成绩荣获优秀组织奖；举办“关爱残疾强服务 砥砺奋进五年行”摄影比赛，评选出一、二、三等奖作品6幅，优秀奖作品14幅，编印《奋斗成就残疾人事业——鄂托克前旗残疾人联合会工作纪实》画册。

民族宗教事务

【民族宗教构成】 2021年，鄂托克前旗户籍总人口81709人，其中蒙古族人口为24264人，占总人口的29.7%，回族、满族、苗族、土家族、鄂温克族、达斡尔族等其他少数民族151人，占总人口的0.2%。

鄂托克前旗信教群众为藏传佛教信教群众、天主教信教群众、宗教教职人员。

【民族团结进步创建】 多形式开展民族政策普及宣传教育。以民族团结进步创建“七进”活动为抓手，把民族团结进步宣传教育纳入各镇、各部门学习和普法教育中，利用微信公众号、公众媒体、社区悬挂横幅、LED显示屏、发放宣传手册、举办专题讲座、主题班会等多种形式进行宣传；参与“三下乡”“弘扬乌兰牧骑精神到人民中间去”、群众性宣传文化活动暨“百日消夏”广场文化活动等；以建党100周年为契机开展“一月一周”系列活动，举办一次专题讲座，开展一次集中宣传，举办书法摄影展，制作宣传视频、展板，开展“互联网+民族团结”行动，真正做到民族团结进步宣传教育进乡镇、进社区、进机关、进学校、进企业、进宗教活动场所、进网络；向群众发放宣传资料、宣传品400余份，解答群众咨询12人次；制作《唱支山歌给党听》视频，宣传昂素镇阿日赖嘎查、巴彦乌素嘎查在特色村寨建设方面取得的优异成绩。多角度集中开展民族团结进步活动月。组织相关人员参加各类人才专题培训，提高少数民族干部政治理论和业务素质，在民族团结进步宣传活动月期间，举办2021年全旗少数民族干部履职能力提升专题培训班；更新民族团结进步创建宣传长廊、街面指示牌的宣传内容；举办“铸牢中华民族共同体意识”主题农牧民实用技术培训；开展“千村万寨心向党，载歌载舞庆丰收”主题活动，迎接第四个中国农民丰收节。全力打造示范单位引领创建工作整体推进。将旗蒙医综合医院、旗第二幼儿园申报为第七批全区民族团结进步示范单位，旗政协机关、妇联、敖勒召其镇、敖镇满都拉社区、城川幼儿园、沙日胡舒嘎查等6个单位被命名为全市民族团结进步示范单位；旗档案史志馆被命名为第四批全市民族团结进步教育基地、全旗民族团结进步教育基地。

【蒙古语文工作】 鄂托克前旗民委全年推行使用国家统编教材工作。利用主流媒体的线上线下方式，自媒体，全面宣传铸牢中华民族共同体意识、推行使用国家统编教材工作的有关政策；在各类活动现场发放宣传资料，现场解读和利用新媒体等方式向群众解读和宣传推行使用国家统编教材政策知识；配合全旗推行使用国家统编教材工作领导小组完成各项工作任务；召开会议、签订责任状、切实履行看门管事的责任。

【民族民生保障】 实施项目资金助力乡村振兴战略。争取各级衔接推进乡村振兴补助资金730万元，其中中央级464万元，自治区级61万元，市级205万元，用于少数民族特色村寨保护与发展，嘎查集体经济发展，乡村公路建设等。全力扶持民族教育。争取市民族教育专项补助资金95万元，实施昂素幼儿园、旗第二中学、上海庙幼儿园、旗职业中学等学校的铸牢中华民族共同体意识有关项目。落实旗级少数民族贫困大学生救助金。推进蒙古语文工作。落实旗级民族文化遗产保护传承资金，用于扶持发展民族特色产业、民族文化遗产保护传承发展、图书出版发行、民族产业从业者扶持等项目；审批商业牌匾93块，各类宣传标语、手册等1900多个；联合相关部门4次执法检查全旗社会用语用字文明规范情况；组织相关单位的翻译人员参加全市翻译人员培训班、古籍业务培训班；协助市民委成功举办鄂尔多斯市第三届民族手工艺品制作培训班；组织全旗农牧民参加全市少数民族农牧民实用技术培训班、全市少数民族职业技能培训班；落实市级和旗级少数民族困难家庭救助金、养骆驼补助金、嘎查村（社区）赤脚蒙医补助金等。按照城市民族工作相关文件要求，落实少数民族困难家庭补助资金、少数民族贫困大学生救助金时，对本旗城市民族困难群众给予倾斜性帮扶、救助；2021年敖镇满都拉社区被确定为“全市少数民族流动人口服务管理体系建设示范社区”。

【铸牢中华民族共同体意识】 开展“铸牢中华民族共同体意识”主题教育活动。按照内蒙古自治区民委部署要求，1月15日，旗民委召开“铸牢中华民族共同体意识”主题教育动员部署会，宣读《鄂托克前旗民族事务委员会开展“铸牢中华民族共同体意识”主题教育实施方案》，结合全旗民族工作实际细化方案加入“自选动作”，建立工作台账，确保主题教育高质量完成；统一制作“铸牢中华民族共同体意识”学习笔记本、中性笔、U盘、鼠标垫、双语“主题教育、每日一句”小册子，在单位工作群发布“主题教育、每日一句”，便于大家学习；召开集中学习会8次，召开主题教育研讨会2次，全体党员干部撰写主题教育心得体会；开展“铸牢中华民族共同体意识”主题讲座、“三八”国际劳动妇女节系列活动、原创诗歌大赛暨经典诗歌诵读等活动，全面宣传铸牢中华民族共同体意识；围绕“怎样认识中华民族共同体建设，怎样铸牢中华民族共同体意识”深入基层，实地调研全旗民族工作存在的难点、热点问题，推行使用国家统编教材情况，衔接推进乡村振兴补助资金项目使用落实、产生效益情况，民族传统文化传承与弘扬等情况，搜集一手资料，形成《鄂托克前旗新形势下民族工作调研报告》，上报市民委；结合学习交流、调研下乡、座谈交流、面对面交流、谈心谈话等方式征求到关于民族工作的意见4条；召开加强和改进民族工作专题民主生活会和组织生活会，按照查摆出的问题，列出清单，明确任务，逐项整改落实完成。

【疫情防控工作】 根据旗疫情防控指挥部要求，制定应急预案、成立新冠疫情指挥领导小组，利用各自媒体平台，转载相关疫情防控知识，做到疫情防控家喻户晓，营造良好的防控氛围；根据旗疫情防控指挥部要求，选派一名干部到东胜西站参与疫情防控工作，圆满完成工作任务。

【党建宣传教育】 2021年，鄂托克前旗民族事务委员会严格执行党组理论学习中心组学习制度和“三会一课”制度，学习传达各级党委会议文件精神、意识形态、保密制度、依法治旗等重点内容；全力打造“和谐之音”党建品牌，召开党支部会议12次、集中学习会41次、先进典型教育1次、警示教育1次、革命传统教育1次、主题党日活动12次、党课4次，在党日活动下乡时给农牧民发放《中华人民共和国民法典》《习近平谈治国理政》等200多册书籍；配合旗委第二巡察组巡察“回头看”民委党组工作，加强整改反馈问题工作，逐条逐项整改完成到位。

信访工作

【概况】 鄂托克前旗信访工作坚守人民情怀，坚持底线思维，以抓好建党100周年信访工作为主线，坚持运用“3594”信访工作法，组织开展集中“治理重复信访、化解信访积案”专项工作和大排查大接访大化解活动，持续推进信访工作体制机制改革，强化信访工作基层基础，维护群众合法权益、化解信访突出问题、促进社会和谐稳定，为全旗经济持续健康发展、社会和谐稳定作出贡献。

2021年，接待来访群众58批113人次，同比批次上升176%、人次下降85.25%。按信访统计分类，群众反映诉求主要集中在自然资源类、农村农业类、城乡建设类和劳动保障类。受理案件58件，其中出具不予受理和不再受理告知单9件，正式登记转交办49件，全部按期办结，办结率100%。

【信访制度改革】

阳光信访 2021年，积极推进“网上群众之家”创建活动，推进信访信息化建设。严格规范“精准受理、精准研判、精准办理、精准审核、精准督查、精准回访、精准处置”等业务流程，做到网上信访事项“及时回应、及时受理、及时反馈、及时办结、及时审核、及时报送、及时化解”，在第一时间、第一地点，落实首接首办责任制，推动群众初次网上信访一次性化解，切实提升群众初次网上信访事项一次性化解率。全年办理内蒙古自治区信访信息系统转交办信访案件156件。

责任信访 2021年，常态化推进领导干部定点接访、联合接访、带案下访、重点约访和领导包案的“四访一包”工作机制。通过定点接访接待群众56批100人次、带案下访14批21人次，落实副县级领导包案案件68件，旗委、政府主要领导带头接访下访包案化解复杂疑难案件，示范带动全旗各级领导干部层层落实信访责任。按照“提前谋划、统一组织、周密部署”工作要求，组织各镇、各部门滚动式、全方位排查矛盾纠纷，多方面收集汇总预警性、内幕性的信息，对重点信访人员落实“一对一”精准管控工作，切实把矛盾化解在萌芽状态，问题解决在属地，圆满完成建党100周年信访安保工作任务。

法治信访 2021年，结合“网上信访宣传月”活动和“12·4”宪法宣传日，利用集市深入各镇，通过发放宣传册、小礼品、横幅标语、播放录音等形式，向群众宣传《宪法》《信访工作条例》《依法逐级走访办法》等知识，并设立咨询台，现场为群众答疑解惑。充分发挥访前调解室作用，成功调解案件13件，免费代写法律文书500余份。

【信访矛盾化解】 2021年，成立鄂托克前旗常态化推进矛盾纠纷化解专项领导小组，下设草牧场权属、自然资源、涉法涉诉、城乡建设、依法打击信访违法行为5个工作专班，采取“倾听诉求、集中会诊、开出良方、精心调理、事心双解”工作模式，按照“主动回应群众关切的热点、难点问题，妥善处置部分疑难复杂矛盾纠纷案件”工作要求，全旗4个常态化推进矛盾纠纷化解专项行动工作专班化解疑难复杂信访案件15件。

【“集中治理重复信访、化解信访积案”专项工作】

2021年，中央信访工作联席会议办公室、内蒙古自治区信访联席会议办公室分别交办鄂托克前旗治理重复信访、化解信访积案31件、6件，全部上报化解。

【信访为民】 2021年，积极开展党史学习教育，重点聚焦群众“急难愁盼”征集梳理民生实事清单，公布鄂托克前旗信访局“我为群众办实事”项目清单11个，着力推进基层治理体系，提升群众获得感和满意度。

社会事业

城乡规划

【规划编制】 2021年1月份，完成鄂托克前旗国土空间总体规划招投标工作，并签订国土空间规划编制合同；旗政府组织召开鄂托克前旗国土空间总体规划编制启动会议，鄂托克前旗自然资源局牵头编制；开展编制的前期现场调研、成立规划编制项目组和参加推进视频会等工作；统筹划定“三区三线”及耕地和永久基本农田、生态保护红线和城镇开发边界线，积极参加自然资源部多次组织的视频会议，广泛听取各方面意见建议，结合地方实际落实划定要求；按照上级要求将鄂托克前旗村庄规划根据情况进行分类编制；年末开展鄂托克前旗敖勒召其镇城市设计前期工作。

【“一书两证”核发】 2021年，共核发《用地预审与选址意见书》7件，出具规划条件意见26件，《建设用地规划许可证》30件，《建设工程规划许可证》30件，办理规划验收合格15件。

【重点项目规划】 优化营商环境，重点配合推进全市2021年亿元以上工程项目3项，认真落实“多审合一、多证合一”改革工作，有序推进项目进度。疫情防控期间，完成内蒙古劲牛现代农牧业开发有限公司天牧绒毛制品分公司梳绒厂、廉政教育中心、鄂尔多斯市圣世一品住宅小区、第一小学新校区、工人文化宫、通用机场改扩建等项目的规划审批。

【镇区危房改造】 依据镇区危房改造审批标准，建议禁建区列入土地储备范围；计划拆迁范围或者近期建设范围内的城镇房屋，按照不超过承载建筑面积、不改变原建筑使用功能、不突破土地使用权范围原则控制；其他区域的城镇房屋可适当扩建，按照证载用地长度以一定比例扩建的原则控制。申请改造面积低于该审批标准的，按照申请面积进行审批，原证载建筑面积高于该审批标准的，按照不超过证载建筑面积的原则审批。按照鄂尔多斯市市政公用设施建设配套费标准缴纳相应费用。保证危房改造审批公开、透明、公正；依申请到现场排查存在的安全隐患，切实保证居民的住房安全。全年共核发敖镇镇区危房改造《建设工程规划许可证》223件。

【地理信息建设】 主要对测绘地理信息进行有效管理，保障上海庙经济开发区、各镇区工程建设有序开展。完成各重点项目选址及前期基础测绘及地下管网基础资料、工程放验线等工作，本年度共完成工程放验线26项。

【档案管理】 2021年度城建档案验收合格34项，共移交档案1580卷。截至2021年底，入档方案设计、总规、控规及专项规划共计1676本，收集工程竣工资料共15371卷，工程竣工联合验收A类资料和E类竣工图电子版光盘共234张。

城乡建设

【概况】 2021年，鄂托克前旗主城区敖勒召其镇道路黑色化率100%；污水和生活垃圾处理率分别为99.8%、100%；供水用水、集中供暖、燃气供应普及率分别为

99.5%、95%、99.5%；建成区绿地率、绿化覆盖率分别为37.53%、42.1%，人均公园绿地面积23.89平方米。

全年建筑业增加值完成5.0832亿元；全旗具有建筑业资质等级的建筑施工企业14家，房屋建筑施工面积198669平方米，竣工房屋面积119635平方米。

【建筑市场管理】 依法办理施工许可手续75项，办理竣工验收备案手续36项，参与工程竣工验收20项。全年开展工程项目综合执法检查7次，下达《停工通知书》7份、《限期整改通知书》15份；监管约谈9人次，移送违法案件10项。公布诚信“红名单”企业1家，“失信名单”企业2家。

【社会事业基建】 实施鄂托克前旗敖勒召其镇蒙古族幼儿园、第三实验小学周边停车场及绿化工程项目，项目总投资363.40万元。蒙古族幼儿园周边规划用地面积12612平方米，硬化6670平方米，绿化5942平方米；第三实验小学周边规划用地面积6014.69平方米，硬化3985.16平方米，绿化2029.53平方米，同时实施亮化、给水等配套工程。

实施完成鄂托克前旗敖勒召其镇路灯节能改造（EMC）合同能源管理项目，总投资583.19万元，敖勒召其镇城区18条道路1398基（1523盏）路灯节能改造。将1523盏250W高压钠灯替换为LED灯，加装城市路灯控制器、城市亮化控制系统。

【市政基建】 2021年，实施完成敖勒召其镇毛盖图街、原吉拉街市政道路改造项目，投资875.02万元将原有1642.65米街路环保砖路面改造为沥青油面，新建污水管道1002米、新建雨水管道418米及检查井等配套设施，将原合流制管网改造为分流管道；投资852.54万元实施敖勒召其镇乌兰新区管网改造项目，新建雨水管网1700米，污水管网7400米，实施检查井等配套设施。

实施城川镇金元街西延伸段道路及配套市政管网工程项目，总投资996.70万元，项目改造城川镇金元街西延伸段道路长471.021米；临时通行便道377.62平方米，实施照明、给水、雨污水、排管、检查井等配套工程，完成工程总量60%。

【建筑工人权益保障】 严格落实建筑工人实名制管理制度，依托“内蒙古自治区建筑业从业人员实名制管理服务信息平台”，对在建项目实行农民工工资保证金、劳务用工实名制、农民工工资专用账户、银行代发农民工工资等“一金三制”制度严格执行，实时掌握施工现场用工管理、考勤管理及其工资支付情况。实名制平台完成8个项目的注册，累计实名登记建筑从业人员900余人；加强各建设项目实名制管理的数据采集、录入工作，确保全旗规模以上在建项目全部纳入建筑工人实名制管理平台。2021年，在建项目累计存储农民工工资保证金4697万元。联合旗劳动监察大队处理有关农民工工资纠纷4起。

交通运输

【概况】 全旗铁路通车里程263千米。全旗公路总里程3825.1千米，其中高速公路86.5千米，一级公路130.9千米，二级公路387.9千米，三级公路542.2千米，四级及以下公路2677.6千米（按照行政等级划分为国道84.2千米、省道373.5千米、县道537.3千米、乡道539.6千米、村道2290.5千米）。全旗公路密度达到31.4千米/百平方千米。

2021年，鄂托克前旗实施的交通建设项目累计里程244.312千米，总投资约16.33亿元，实施嘎查村通达通畅农村公路项目5个，建设里程38.67千米。X628昂素至城川红色旅游公路全长54.584千米、X611城川至三段地红色旅游公路全长88.042千米、S317线敖勒召其至巴郎庙路面翻修项目23千米、昂素至敖勒召其段养护项目10千米均已完工并实现通车；S317陶利至昂素一级公路建设项目30千米，主体工程已贯通。

全年各种运输方式完成货运量2596.97万吨、比上年增长19.2%。全年各种运输方式完成客运量2.05万人次，同比下降18%。全年完成货物运输周转量436204.08万吨公里、同比增长16.3%。全旗营运普通货物运输车辆692辆（主车519辆，挂车173辆），危险货物运输车辆245辆（主车88辆，挂车157辆）；营运客车45辆，出租车173辆。

【乡村公路】 全面摸底全旗68个嘎查村、317个自然村的道路数据，编制完成《鄂托克前旗“十四五”综合交通运输发展规划》。2021年，鄂托克前旗荣获自治区“四好农村路”示范县。重点整治路域环境和包联嘎查村内环境，推进公路网络建设向嘎查村延伸覆盖，农村牧区公路里程达到3367.4千米，X663通史至城川公路被评为鄂尔多斯“美丽农村路”。

【铁路民航】 铁路2021年新建国电双维电厂铁路专用线1条7.314千米。至年底，全旗铁路通车里程155.47千米。

航空 鄂托克前旗敖勒召其通用机场属一类通用机场，总投资0.78亿元。于2018年4月开工建设，2019年7月18日正式通航，实现航空运输零的突破。建成飞行区跑道长1200米、宽33米，站坪建有3个B类停机位，可供Y-12及其以下机型起降。通用机场共开展短途运输507架次，旅客吞吐量1750人次，航校飞行714小时5764架次，无人机试验飞行84小时127架次。2021年，实施改扩建通用机场项目。

【公交线路】 开通公交线路8条，敖镇和上海庙镇各4条，建设公交站点158个，运行公交车30辆，其中敖镇16辆天然气汽车，负责敖镇镇区；上海庙镇4辆双燃料车和10辆柴油车，负责矿区、滨河新区运行。全旗公交线路总路网长度177.8千米，客运总量26.9万人次。实施60周岁以上老人、现役军人、残疾人免费，学生半价乘坐公交的优惠政策。

【运输市场】

客运市场 全旗客运班线14条，盟市际班线3条、省际班线3条、旗县际线路2条、县内班线6条。2021年，投入营运出租车172辆，营运驾驶员200余人；全旗完成会客运量2.05万人次，完成旅客周转量777.3万人次千米年客运量约97.8万人次，年运营里程数约1956.5万千米。

货运市场 全旗营运货车937辆，其中营运普货车692辆，危货车245辆，完成社会货运量1070.47万吨，完成货物周转量282604.08万吨/千米。辖区内有机动车维修企业143家，其中二类维修企业13家、三类维修企业130家；客运企业2家，客运站场4家，出租企业1家，普通货物运输企业25家，危险品运输企业4家，驾驶员培训学校2家。

【农村公路养护】 加强农村公路日常养护。2021年，鄂托克前旗农村牧区公路养护中心养护各等级农村牧区公路2980.3千米。全旗乡道、村道优良中等路以上里程占比达到76.5%，县道平均优良路率83.3%。全年农村公路日常养护清理路面积雪2041千米，清理路面积沙114034立方米，撒路面融雪盐11.5吨；路肩培土11035立方米，修补水毁206074立方米，修补柏油路面坑槽11424平方米，沙砾补坑槽28457立方米，公路沿线清理垃圾315600千米，新建急流槽307道，维修急流槽410道，整修公路标志标牌206块。

2021年获批农村牧区公路养护工程项目7个，实施项目总里程127.652千米。

【国省干线公路养护】 鄂托克前旗工区负责养护国道G338线1317K至1379K段62千米；省道S216线262K至376K段114千米，连接线12千米；县道X662线主线76K至140K段64千米，连接线43千米，总计养护里程295千米。2021年，共完成路面灌缝213045延米，补水毁2348平方米，整修路肩198889平方米，清扫路面8388343平方米，除雪1025200立方米，清理急流槽26370平方米，清理积沙1366立方米，铲草283383平方米；更换隔离带防眩板2308块，增设防撞桶138个，增设减速带200米；S216线粉刷护栏柱10908根。

【路域环境治理】 组织开展路域环境治理专项行动，严厉打击超限运输、非公路标志、增设平交路口等违法违规行为，执法人员上路巡查400余人次，出动执法车辆350余台次，巡查里程4.5万千米，排除整改各类安全隐患20余处，校正公路标牌40余处，清除障碍物及抛撒物8处，劝返中重型车辆绕行乡村公路300余台次，管控期间未出现因货车超限超载而引发的道路交通安全事故，有效保障路产路权及公路安全畅通。

【路政管理】 持续深化货车超限超载治理，严厉查处超限运输违法行为，全年共检测大型货运车辆28.96万台次，检测载重量1300余万吨，查处超限车辆38台次，分装转载超限货物1120余吨，处罚金额75.99万元；下半年度将工作重心转移到农村公路巡查管理，合理安排时间、路线、人员上路巡查462人次，出动执法车辆146辆次，联合旗交管大队查获绕行农村公路超限车辆54辆，均由旗交管大队实施处罚、旗交通执法大队监督卸载后放行。联合相关部门赴上海庙煤矿加强对车辆装载行为的监督检查，督促装载单位严格执行货物装载规定。在上一年度限高限宽设施排查整治的基础上，组织执法人员200余人次对农村公路设置的限高限宽设施开展清理排查，完善保留项目标识标牌，逐一录入系统管理。全旗农村公路共拆除不符合“一条路设一处”及规范标准要求限宽设施89处，共保留符合设置要求限高限宽设施39处，已全部完成信息采集、数据上传工作。

【交通运输综合执法】 加强超限运输治理。持续深化货车超限超载治理严厉查处超限运输违法行为，全年共检测大型货运车辆28.96万台次，检测载重量1300余万吨，查处超限车辆38台次，分装超限货物1120余吨，处罚金额75.99万元；联合相关部门督促源头装载单位严格执行货运车辆称重检测规定。

清理限高限宽设施。按照五部委关于清理整治“限高限宽”设施的通知，组织执法人员200余人次对农村公路设置的限高限宽设施开展清理排查，完善保留项目标识标牌，逐一录入系统管理。工作开展以来，全旗农村公路共拆除不符合“一条路设一处”及规范标准要求限宽设施89处，共保留符合设置要求限高限宽设施39处，信息采集、数据上传全部完成。

切实保护路产路权。组织开展路域环境治理专项行动，严厉打击超限运输、非公路标志、增设平交路口等违法违规行为，执法人员上路巡查400余人次，出动执法车辆350余台次，巡查里程4.5万千米，排除整改各类安全隐患20余处，校正公路标牌40余处，清除障碍物及抛撒物8处，劝返中重型车辆绕行乡村公路300余台次，管控期间未出现因货车超限超载而引发的道路交通安全事故，有效保障路产路权及公路安全畅通。

【疫情防控】 全旗8个收费站全部使用ETC、微信、支付宝等不接触电子收费。全面落实一线工作人员每周2次核酸检测，筑牢外防输入防线。完善疫情防控应急运力储备，储备人员转运、应急物资运输、核酸样本转运等各类应急车辆126辆。从严从紧落实邮政快递全过程防控措施。狠抓物流园区、网点、末端三级消杀，定期对快递网点、车辆、快递、人员核酸抽检，全面落实场站和人员防护防控措施，坚决阻断疫情在交通运输渠道传播。

【党建工作】 开展理论学习中心组学习12次，开展“习近平在庆祝中 国共产党成立100周年大会上的讲话精神学习会”等理论专题学习8次。完善机关“三重一大”决策制度、廉政风险防控工作制度等，形成《党务工作制度手册》1份，共23条。全年累计组织党日活动12次，组织红色沙龙1次、红色教育基地现场研学1次。党史学习教育新阵地人人讲党史集中学习53期，开展党史专题学习6次，撰写心得体会160余份，组织知识测验5次。共推出微信平台有声栏目《党史小喇叭》32期，营造全员学党史氛围。深入贯彻“惠民、平安、智慧、绿色”理念，创建的“交通先行”党建品牌荣获优秀机关党建品牌二等奖。9月获得全旗第十届党员干部职工运动会道德风尚奖，10月获得“科学健身共参与同庆建党100周年”全旗第十三届“体彩杯”健身操大赛第三名。

【为民办事】 2021年，不断完善交通基础设施网络，提升道路运输服务水平，累计为民办实事40余件。办理信访案件、群众电话等共78件，受到了广大群众一致好评。深化“放管服”改革，持续优化营商环境，按照“三集中、三到位”要求，简化办事流程，提高审批效率，累计办理行政审批事项21件。全年收费公路绿色通道减免通行费95.41万元。全年累计化解债务2.45亿元，先后争取自治区、市公路建设、养护项目19项，建设资金3.86亿元。梳理整改执法领域突出问题3项，消除隐患60处，办理群众反映各类问题61件；完成农村牧区公路限高限宽设施全面排查整治工作，依法拆除不合规限高架103个、限宽墩3处，完善保留限高限宽设施的标识标牌42处。

【机构改革】 3月31日，经中共鄂托克前旗机构编制委员会办公室批复，鄂托克前旗公路工程管理站更名为鄂托克前旗交通运输工程质量检测鉴定服务中心，为鄂托克前旗交通运输局所属股级建制公益一类事业单位，核定事业编制9名。

3月31日，按鄂托克前旗事业单位改革推进要求，鄂托克前旗交通运输综合执法局更名为鄂托克前旗交通运输综合行政执法大队，旗编委对承担职能职责进行相应调整，重新印发《鄂托克前旗交通运输综合行政执法大队机构职能编制规定》，新增在建公路工程执法监管职责。核定事业编制19名。

3月31日，经中共鄂托克前旗机构编制委员会办公室批复，鄂托克前旗公路管理段更名为鄂托克前旗农村牧区公路养护中心，为鄂托克前旗交通运输局所属股级建制公益二类事业单位。核定事业编制14名。

医疗卫生事业

【概况】 2021年，全旗重点医疗卫生机构94所，其中公立医院2所（旗人民医院、旗蒙医综合医院）、专业公共卫生机构3个（旗疾病预防控制中心、旗妇幼保健计划生育服务中心、旗卫生健康综合行政执法大队）、企业医院1所、民营医院1所、乡镇卫生院7所、社区卫生服务中心2所、社区卫生服务站4个、嘎查村卫生室43个、医务室6个、个体诊所24个、门诊部1个。

全旗共有卫生机构102家，其中医院4个；基层医疗卫生机构95个，包括社区卫生服务中心（站）6个、乡镇卫生院7个、村卫生室43个、综合门诊部1个，诊所、卫生所、医务室38个；专业公共卫生机构3个，包括疾病预防控制中心1个、妇幼保健院1个、卫生监督所（中心）1个。医疗卫生机构实有床位508张，其中医院实有床位410张、基层医疗卫生机构实有床位76张、专业公共卫生机构实有床位22张。卫生技术人员727人、执业（助理）医师265人、注册护士224人、药师（士）44人、技师（士）62人、其他120人。

【公立医院改革】 协调推进医药卫生体制改革，全力推进医共体建设，各公立医院选派专家到成员单位坐诊32轮，接诊基层群众2500人次。医共体内诊疗设备调剂使用，为医共体成员单位配备血常规检测仪、尿分析仪、远程会诊系统等设备，有效缓解基层医疗机构设施设备短缺问题。

【家庭医生签约服务】 全旗开展电子网上家庭医生签约服务，签约6.212万人；全旗重点人群2.6754万人，签约2.5982万人。

【基本公共卫生服务】 全旗按照《国家基本公共卫生服务规范（第三版）》标准，各基层医疗机构积极推进居民健康档案电子化管理工作，建立电子居民健康档案6.212万人。各基层医疗机构开展高血压和2型糖尿病筛查，为患者建立健康档案，定期开展随访服务，全旗累计管理高血压患者6034人，规范管理5421人，规范管理率89.84%；累计管理糖尿病患者1328人，规范管理1094人，规范管理率82.38%。

【妇幼保健】 全旗孕产妇系统管理率93.63%，3岁以下儿童管理率96.98%，孕产妇死亡率0‰，婴儿死亡率1.99‰，产前筛查率139.69%，新生儿疾病筛查率99.38%，婚检率100.28%，适龄女性免费宫颈癌疫苗接种率70%。

【疾病防控】

疫情防控 加强人员培训和演练。各医疗卫生机构共开展新冠肺炎疫情防控培训91次3217人次，开展应急演练51次，参加演练人员3133人次。提升核酸检测能力，购入便携式核酸检测仪3台、荧光定量PCR仪8台，日检测总量达4万份。2021年，累计开展新冠病毒核酸检测18.16万人次，抗体检测4400人次，结果均为阴性。检测冷链食品样品561份、从业人员774人份、环境样品460份，结果均为阴性。对医务人员、快递外卖、交通运输服务人员等重点领域从业人员开展核酸检测1.55万人次，医疗机构环境样品8658份，结果均为阴性。全力推进新冠病毒疫苗接种。设立固定新冠疫苗接种点2个，临时新冠疫苗接种点8个，疫苗接种点设置规范，医务人员配备充足，应急处置设备全部齐全。全旗累计接种新冠病毒疫苗17.0172万剂，其中完成第一针接种8.5465万人、接种率107.35%，完成第二针接种8.1640万人、接种率112.33%，基本实现应接尽接，完成第三剂接种3067人，总接种任务完成率为91.75%。3—11岁儿童新冠病毒疫苗接种任务总数8604人。落实预检分诊制度。各医疗机构累计预检分诊27.2986万人次，排查发热病人2973人次，均排除新冠、鼠疫等传染病例。

鼠疫防控　加强鼠疫监测力度。累计踏查6726平方千米，累计捕获宿主1012只，累计获蚤837匹。集中开展灭鼠灭蚤。投入使用烟雾炮21.99吨，发放防疫物资400余套，完成疫点及周边1537公顷草场灭鼠灭蚤工作，巴音乌珠疫点、哈沙图疫点疫情处理均通过市卫健委验收。加强宣传教育。累计入户266户，发放宣传材料5230余册，发放干预包500个，发放鼠防干预箱204个，竖立警示标识56个。

【爱国卫生】　全旗加强督导检查，明察暗访相结合、日常检查与专项检查相结合，督导检查村容镇貌、市容环境卫生、流动商贩、早夜市、农贸市场、背街小巷、五小行业、公共场所卫生与食品安全以及城乡结合部卫生等管理情况。加强爱国卫生宣传，推动爱国卫生工作深入开展，紧紧围绕“文明健康，绿色环保”主题，在全旗范围内广泛开展爱国卫生宣传活动。推进卫生创建，所有嘎查村已全部创建为自治区级卫生村；国家卫生镇占比75%，正在推进昂素镇创建国家卫生镇。

【基础设施建设】　实施卫生基础设施建设项目6个，其中蒙医医院建设项目投入使用；旗人民医院传染病区建设项目完成总工程量的77%；妇幼保健院建设项目室内外装修、窗户玻璃安装、室内新增隔墙完成，3—4楼混凝土垫层完成，完成投资约90%；上海庙镇中心卫生院附属工程正在进行暖气片安装和污水处理系统安装工作；蒙医综合医院发热门诊建设项目室外石漆施工已完工，室内暖气通暖，完成投资约80%；旗疾病预防控制中心项目基础工程已完成。

【政务服务改革】　深入推进政务服务改革。坚持“一网、一门、一次”，强化“三集中、三到位”，杜绝审批环节“人进事不进、事进权不进、办事两头跑”。政务服务事项80项，经核定“应进必进”26项，已全部进驻政务服务大厅。深化审批服务便民化。夯实“宽进、快办、便利、公开”审批服务工作，切实做好线上线下同事同标，政务服务事项“一网通办、一窗通办、部分跨省通办”。全旗在册护士149名，2021年，网上审批护士电子化注册业务44件。在册执业医师299名、在册执业助理医师69名、总在册医师368名，网上审批医师电子化注册业务60件，在册医疗机构99家，网上审批医疗机构电子化注册业务 21件。

【老年健康】　充分发挥蒙医药“康复医养”作用，鄂托克前旗蒙医综合医院与阿吉泰健康养生园签订《医养结合工作合作协议》。派遣医护人员进驻阿吉泰健康养生园，开设便民门诊，做好全园住养老人的诊疗、医疗住院、康复治疗、健康教育、健康管理、核酸检测等工作。阿吉泰住养人员在蒙医院检查、诊断及治疗（除外送检查项目及药品外）可享受半价收费，医、养双方进一步融合。阿吉泰健康养生园居住长期养老人员251人，累计接收旅居养老人员10.07万人次，举办大型健康讲座4次，参加人员1.32万人次。12349便民为老服务中心开展全屋综合清洁服务、擦玻璃、生日祝福、清洗窗帘、按摩推拿、泡脚、修剪脚指甲、洗发理发、清洗油烟机、清洗床品衣物等上门实体服务，共服务2131人次。赛罕社区老年人日间照料中心为老年人提供免费餐饮服务，投入资金4万元，为老年人提供每天不低于109元标准的果蔬、干果、酸奶等营养辅餐。敖镇社区卫生服务中心设立定点诊疗室，每月开展诊疗3次。走访慰问高龄、贫困、伤残、空巢、失能失智等老人40名，投入经费近5.1万元。举办老年健康知识宣传义诊活动。发放各类宣传品及图册2000余份，举办大型宣传义诊活动7场，500余人受益。组织老年人举办文艺演出和趣味活动，营造重视老人、关爱老人、善待老人的良好氛围。开展"智慧助老"行动，组织志愿者以科技助老的形式"手把手"指导老年人使用智能手机，帮助老年人更好地适应信息社会的发展。

【区域合作】 加强跨区域卫生合作，邀请旗外三甲医院知名专家到全旗坐诊323人次，接诊6419人次，通过绿色通道转诊437人次，抢救危急重症患者188人次。

【人口监测和家庭发展】 2021年，全旗出生658人，人口出生率8.06‰。累计通过"一卡通"发放各类计划生育奖励扶助资金404万元，享受政策人数5489人。走访慰问失独家庭36户，发放慰问品1.8万元，为全旗特殊家庭免费健康体检45户80人，免除费用6.4万元。

【婴幼儿照护服务】 制定《鄂托克前旗促进和加强3岁以下婴幼儿照护服务工作实施方案》，投入2万余元，开展免费亲子课、入户指导、亲子运动会。鄂托克前旗卫健委、教体局、市场监督管理局等部门联合开展全旗托育机构卫生保健督导检查，保障幼儿卫生安全。投入1万元鼓励2家私立托育机构按标准进行室内改造装修。

【旗级医疗卫生机构】

旗人民医院 位于敖勒召其镇沙日塔拉东街，占地面积15459平方米，建筑面积15750平方米，业务用房200多间，开放病床180张。鄂托克前旗人民医院始建于1981年，1983年开设门诊，是旗内唯一一所集预防、医疗、教学、科研、康复为一体的二级乙等综合性医院，公益医院，爱婴医院，城乡居民医疗保险定点医院，全国异地结算定点医院，鄂前旗胸痛中心、孕产妇急救中心，危重新生儿救治中心、卒中中心、创伤中心、120急救中心、体检中心、检验中心、放射远程中心，传染病防治定点医院。有在职职工280人，高级职称29人，专业技术人员251人。医院配备核磁共振成像系统（MRI）、西门子64排螺旋CT机、DR（数字X光射影系统）、乳腺钨靶、数字胃肠机、C型臂X光机、阿波罗500彩色超声诊断仪、飞利浦IU22彩色超声诊断仪、罗氏生化免疫一体机、全自动尿分析仪、五分类血球计数仪、骨密度测量仪、血流变分析仪、血气分析仪、日本富士消化内镜系统、内镜高频电刀、美国强生高频超声系统、德国storz腹腔镜系统、体外碎石系统、日本奥林巴斯电子纤维鼻咽喉镜、体外冲击波治疗仪、经颅多普勒、24导联数字脑电系统、脑电地形图仪、24小时动态心电图仪、瑞典金宝200s、200US血液透析机、前列腺电切系统、无线胎儿母亲监护仪、利普刀治疗仪、空气波压力循环治疗仪、窄波UVB、新生儿黄疸治疗箱、婴儿辐射保暖台等先进设备。医院聘请4名美国医学博士为客座教授，并与北京301医院、阜外医院、协和医院、肿瘤医院、安贞医院、儿童医院等30多家"三甲"医院进行有效合作，有利于提高医院综合服务能力。2021年，接收门诊诊疗18.27万人次，出院人次5844人次；完成手术1185人次。

旗蒙医综合医院 鄂托克前旗蒙医综合医院是一所集蒙医药研究与治疗、预防、保健为一体的二级甲等蒙医综合医院。医院有职工218人，其中专业技术人员179人，主任医师6人、副主任医师18人（自治区级名蒙医师2名，市级名蒙医师4名）；设有临床科室26个，开放病床310张。配备有GEP6彩超机、飞利浦HD6彩超机、ORY9900超声经颅多普勒血流分析仪、全自动生化分析仪、全自动血凝仪、全自动血细胞分析仪、全自动荧光免疫分析仪、血流变分析仪、尿液分析仪、血气分析仪、电解质分析仪、生物安全柜、picke1600型医用数字X射线影像系统、洗片机、双螺旋CT机、移动DR、十二导联自动分析心电图机、麻醉机、呼吸机、心电监护仪、除颤仪、输液泵、注射泵、牙科综合治疗椅、红外线乳腺诊断仪和治疗仪、多功能微波治疗仪、肛肠综合治疗仪、牵引按摩理疗床、眼科检查设备、投影式红外血管成像仪、心理工作系统等设备。蒙医心脑血管科、消化内科被评为鄂尔多斯市重点专科，五种疗法科被评为市级特色专科。2014年起，与内蒙古国际蒙医医院建立医联体单位，2016年与鄂尔多斯市蒙医医院建立医联体单位，服务水平显著提升，蒙医特色疗法疗效优势在保障健康、养老养生等方面进一步凸显。2016年，为推动和发展鄂前旗养生、养老事业，扎实有效地开展了医养结合试点工作。2021年出院3259人次，门诊诊疗30403人次，收入2669.22万元。

旗疾病预防控制中心 属全额拨款副科级事业单位，位于敖勒召其镇沙日塔拉东街，占地面积8857平方米，建筑面积2040平方米，其中业务用房863平方米、实验室720平方米、行政用房151平方米、保障用房306平方米。内设办公室、免疫规划科、慢病科、地病科、检验科共5个科室，是全旗疾病预防与控制、应急预警与处置、疫情收集与报告、儿童规划免疫实施与管理、监测检验与评价、健康教育与促进、应用研究与指导、技术管理与服务的公共卫生专业机构，也是全旗疾病预防控制技术服务、培训和指导中心。中心核定编制27人，实有在编在岗21人，卫生专业技术人员19人，其中高级职称6人，中级职称9人，初级职称4人，管理人员1人，工勤技能1人。配备原子吸收分光光度计、高灵敏度电子分析天平、紫外分光光度计、酶标分析仪、半自动生化分析仪、离子色谱仪、气相色谱仪、原子荧光光度计、连续流动注射分析仪、α/β低本底测定仪等先进检测、诊疗设备。

旗卫健执法大队 鄂托克前旗卫生健康综合行政执法大队下设办公室、医疗和传染病防治卫生监督股、公共场所卫生监督股、职业病防治卫生监督股4个股室。2021年，以职业卫生、医疗卫生、生活饮用水、学校卫生、餐饮具消毒及公共场卫生监督为重点，共监管各类场所565家，下达卫生监督意见书1541份。在卫生健康宣传日期间组织开展法律法规宣传教育活动，普及《宪法》《传染病防治法》《中华人民共和国医师法》等法律法规知识11场次。推行学法用法制度，并将法律法规纳入集中学习计划，系统内干部职工学法参与率100%、法宣在线合格率100%。实施行政处罚3起，打击非法行医1起，实现各级各类医疗卫生机构、公共场所执法监督全覆盖。推进扫黑除恶专项斗争。紧盯“非法行医”等9类突出问题，营造和谐稳定的卫生健康服务环境。深化“放管服”改革，及时梳理完善权力清单，落实1名工作人员进驻政务大厅提供便民服务。

旗妇幼保健计划生育服务中心 2015年10月，旗计划生育服务站与旗妇幼保健所合并，更名为鄂托克前旗妇幼保健计划生育服务中心，加挂妇幼保健所牌子。位于旗敖勒召其镇苏力迪街东街，是一所集医疗、预防、保健、计划生育为一体的综合医疗保健机构，建筑面积6017.2平方米，属非营利性公益医院，是爱婴医院、医疗保险定点医院、合作医疗定点医院。有职工55人，其中专业技术人员48人；高级职称8人、中级职称19人、初级职称16人；工勤一级1人，医生18人、药师（士）3人，检验及影像技师（士）5人，其他技术人员6人。设有妇女保健部、儿童保健部、孕产保健部、计划生育技术服务部、药剂科、护办室、检验科、超声科等12个科室。配备电子阴道镜、全自动免疫分析仪、阿洛卡彩色超声诊断仪、电动流产吸引器、听力筛查仪、立体式压力灭菌器、乳腺钼靶X线机等设备。2021年，接收门诊诊疗16100余人次。

【基层医疗卫生机构】

敖镇社区卫生服务中心 有职工47人（正式工17人、雇佣工7人、试用期5人、村医3人、临时工15人），其中主任医师1人、副主任医师5人、外聘专家1人、主治医师3人、执业医师4人、助理医师2人、主管护师1人、护师1人、护士12人、检验师2人、B超师1人。内设预防保健科、全科医疗科、蒙中医馆、康复理疗室、B超室、心电图室、医学检验科、医学影像科、收费室、药剂科等科室。配备有全自动生化分析仪1台、12导联心电图1台、彩超1台。牵引床1张、针灸床5张、中药熏蒸机1台、火罐等常用设备。

中心承担辖区居民的基本医疗和基本公共卫生服务，广泛开展家庭医生签约服务。为提高敖镇基本公共卫生服务能力，成立干部保健室；为满足群众对母婴设施的公共服务需求，保障母婴权益，中心建立母婴室。至12月10日，累计建档32482人，累计建立电子健康档案32482人，建档率86.64%。登记管理65岁及以上老年人3914人、高血压患者2294人、糖尿病患者644人；区累计严重精神障碍患者115人，管理115人，规范管理81人。辖区累计发放印刷资料及宣传品28种13000余份；设置宣传栏14个，宣传栏内容更新96次；举办健康知识讲座94次，受益人数2182人。每月不固定时间为就诊患者播放健康教育知识，开展健康咨询活动13次，受益人数473人。实现基层首诊、双向转诊、急慢分治、上下联动的分级诊疗服务。至12月10日，业务收入68.2万元，服务18534人次。至12月10日，新农合、城镇居民“即时结报”及贫困户患者的先诊疗后付费（自付10%）的医保报销共计约10.5万元。至12月，开展安全生产培训12次、安全生产月活动1次、消防演练及培训2次。开展交通安全工作，通过交通安全专题培训、警示教育会和安全行为监督检查、谈话提醒、责任状签订等方式，提高所有人员的交通安全意识。

上海庙镇社区卫生服务中心 上海庙镇社区卫生服务中心成立于2012年6月，占地面积780平方米，建筑面积690平方米。辖区设立3个村、1个社区服务站、2个嘎查和8个居民小区，服务面积约3871.2平方千米，1.5万多人口，其中户籍人口1690户4920人。内设预防保健科、全科医疗科、康复医学科、医学检验科、影像科、收费处、药剂科等科室，开放床位10张，常用设备有500毫安X光机一台、12导联心电图2台、B超1台、120救护车1辆（报停）、流动医疗服务车1辆，积极开展卫生防疫、妇幼保健、健康教育、计划免疫、乡村医生业务培训等工作。有职工21人，其中主任医师1人、副主任医师1人、初级及以下职称14人，临时工5人。2021年，门诊诊疗人次约6356人次，医疗收入385376.6元(新农合门诊总报销人数518人，总报销费用62350.23元，实际补偿费用27897.45元)。发放各类宣传教育印刷资料12种，健康教育宣传栏48期（院12期、6个村卫生室36期），开展健康知识讲座48次（院12次，6个村卫生室36次），开展健康咨询活动12次。Ⅰ类疫苗接种2482针次，新冠疫苗34005剂次，宫颈癌疫苗286剂次，疑似异常反应全年共15例，儿童一类疫苗12例，新冠疫苗3例，均为一般反应，查验接种证的小学1所和幼儿园3所，查验率90%以上。辖区0—6岁儿童保健管理435人，新生儿访视68人，访视率100%。辖区内活产数68人，其中户籍35人、非户籍33人。早孕建册68人，早孕建册率100%，产后访视产妇数68人，产后访视率100%。全年无孕产妇死亡报告。辖区65岁及以上常住居民数524人，接受健康管理382人，健康体检老年382人。辖区内高血压637人、糖尿病148人、严重精神障碍患者34人；全年监督检查公共场所56所共巡查258次。

城川镇中心卫生院 始建于1957年，一类甲等中心卫生院，承担辖区居民的基本医疗和基本公共卫生工作。全院有职工25人，其中卫技专业技术人员23人，大专以上学历13人、本科10人、副主任医师1人、主治医师4人、执业医师8人，主管护师3人，执业护师2人、执业护士3人、药剂师1人、主管检验师1人。2015年，新建卫生院，占地面积5000平方米，建筑面积2490平方米，三层框架结构。开放住院病房6间，床位16张。设有急诊科、内科、外科、妇产科、妇科、中医科等12个科室。配备DR数字影像设备，全自动生化分析仪、口腔综合治疗仪、胃镜等设备。至2021年底，建立居民电子健康档案7600份，登记管理65岁及以上老年人1474人、高血压患者838人、糖尿病患者170人，辖区居民家庭医生签约2294户7878人。2021年接收门诊诊疗19685人次、住院治疗16人次。

昂素镇中心卫生院 始建于1951年，占地面积4650平方米，建筑面积1349平方米。有职工19人、正式工11人、同工同酬7人、主治医师4人、医师10人、护师5人，开设病床12张。设有内科、外科、蒙医科、口腔科、药房等科室。配置彩超、DR、心电监护仪、生化仪等常用医疗设备和流动医疗服务车、救护车各1辆，承担辖区居民的基本医疗和基本公共卫生服务工作。2021年接收门诊诊疗12018人次。

三段地卫生院 新建三段地卫生院于2015年8月份竣工并投入使用，建筑面积1032平方米。有职工15人，其中副高级职称1人、中级职称3人、初级及以下职称11人。设有全科、中医、药房等14个科室。配备DR、B超、血常规、生化分析仪等医疗设备。承担辖区居民的基本医疗和基本公共卫生服务。2021年常住人口5129人，建立居民健康档案4623份，电子建档率90.13%，签约4623人，家庭医生签约率90.13%；接收门诊诊疗8649人次，实现收入715,511.398元。

布拉格卫生院 始建于1950年，承担辖区居民的基本医疗和基本公共卫生服务。设有急诊科、内科、外科、蒙医科、五疗科等12个科室。有在职职工7人，雇佣工4人，其中主任医师1人，副主任医师1人、主治医师1人、执业医师3人、助理医师4人、主管护师1人、其他专业技术人员3人。2021年，接收门诊诊疗3986人次。

珠和卫生院 建于1958年，承担辖区居民的基本医疗和基本公共卫生服务。占地面积2000平方米。设有内科、外科、妇科、蒙医五疗科等科室，配备心电图、B超、手术床及救护车辆等设施设备。有职工10人，其中高级职称2人、中级职称3人、初级及以下职称5人，能够开展蒙医针灸、刮痧、拔罐、震脑等技术服务。至2021年底，建立居民电子健康档案3200份，登记管理65岁及以上老年人511人、高血压患者501人、糖尿病患者84人，2021年共接收门诊诊疗9417人次，门诊总额112.38万元，其中药品收入100.27万余元，综合使用多种蒙医药技术方法服务城乡居民，切实加强在基层防治常见病多发病中蒙医药适宜技术的推广与应用，进一步提升基层蒙医药服务能力，促进蒙医药特色优势的发挥，集中开展基本医疗、预防保健、养生康复等一体化蒙医药服务。

二道川卫生院 二道川卫生院始建于1965年，占地面积700平方米，业务用房500平方米。有职工9人，其中正式工3人、同工同酬2人、雇佣工1人、临时工3人。下设6个村卫生室，有6个村医，开设病床10张。配备化验、B超、心电图等医疗设备，能够开展中医针灸、刮痧、拔罐等中医药技术服务，配备流动医疗服务车1辆。至2021年底，建立健康档案2540人，电子档案2465人，登记管理辖区65岁以上老年人409人，高血压患者418人，糖尿病患者60人，严重精神障碍患者31人；全年为二道川社区群众让利平价药品共计186458.65元，其中处方费2412元、诊疗费4659.3元、处置费2986.8元、售出西药费103854.15元、售出中成药费71663.5元、化验费54元、床位费3240.9元。

毛盖图卫生院 始建于1981年，承担辖区居民的基本医疗和基本公共卫生服务。占地面积864平方米，业务用房620平方米。有职工11人，其中副主任医师2人、主治医师2人、住院医师2人、执业护士3人、办公室工作人员1人、雇佣工1人，开设病床4张，配有流动医疗服务车1辆。配备常用医疗设备，能够开展蒙医针灸、刮痧、拔罐等技术服务。至2021年底，建立居民电子健康档案2426份，登记管理65岁及以上老年人356人、高血压患者459人、糖尿病患者69人。2021年，接收门诊诊疗2761人次。

计划生育

【概况】 2021年，全旗总人口81760人，已婚育龄妇女15045人；本期出生658人，人口出生率8.06‰；自然增长率6.29‰。

【政策落实】 加强政策和科普宣传教育，结合元旦、春节、母亲节、三八节、世界人口日等节点，开展内容丰富、形式多样的群众性教育宣传活动，提高群众的科普知识知晓率。在各镇开展“婚育新风进万家”活动、“关爱女孩行动”“救助贫困计生家庭大学生生育关怀行动”等。落实市级生育关怀公益金，为14名计生贫困家庭大学生、14名女孩人均资助2000元，共计56000元，让真正需要和符合条件的群众得到帮助与关怀。落实计生系列保险，为全旗计生特殊家庭购买意外保险64份，人均160

元，共计10240元；计生家庭意外险共入保险3299人，收缴补交保费177720元，人口覆盖率4.5%，全年理赔案件21件，理赔金额90774.8元，已全部到位。

社会保障

社会救助

【最低保障】 按时发放社会救助各类资金。全旗享受最低生活保障户1255户，2032人。其中，全旗享受城市最低生活保障户247户，378人；全旗享受农村最低生活保障1008户，1654人。累计发放低保救助资金1041万元。

【困难救助】 全旗共有城乡特困人员140人，累计发放救助供养资金165.5万元。临时救助困难群众1012人，发放临时救助资金206.66万元。做好社会救助与乡村振兴相互衔接工作。主动与大数据中心对接，通过大数据与人社、市场监督、税务、财政、医保5个部门进行数据共享，至年底，利用旗内大数据共享进行12批次352条数据核查；将困难家庭中老年人、残疾人、儿童、符合条件的农牧民及时纳入低保特困范围，继续全面排查农村牧区低收入人口，实时监测建立的数据库，确保应救尽救，发挥好兜底职能。推进政府购买社会救助服务工作。继续开展政府购买社会救助调查服务项目，通过公开招标，继续由鄂托克前旗自己孵化的第三方社会组织智信社会调查服务中心中标承接，中标价179万元，服务期三年。2021年，共入户走访调查3570户次。

【其他补助】 全年发放三民定补对象生活补助资金157人246.62万元，60年代精简人员及社救人员发放生活补助资金74人2.5万元。

【福利保障】

慈善事业　全面梳理2020年度工作开展基本情况、财务支出、人员管理、资金来源使用等情况，完成2020年度慈善总会年检工作。联合各镇、总工会、医保局对大病困难人员信息进行比对，按程序从建档立卡贫困户、困难户、低保户、企事业单位教职工人员中筛选个人医疗费自付金额较高的救助对象63人，分“三档”发放救助金共计46万元。

孤儿生活保障　2021年，鄂托克前旗成立未成年保护工作领导小组，加强未成年保护工作的统筹协调和督促指导。利用广播、电视、微信等媒介，加大未成年关爱保护基本常识宣传，发放宣传册1.5万份。2021年，为24名困难儿童发放基本生活保障金47.13万元；累计开展儿童关爱关怀陪伴活动、沙盘活动、家长讲堂、进校园进社区服务22场次。

残疾人两项补贴　2021年，鄂托克前旗全面落实残疾人两项补贴政策，及时足额发放残疾人两项补贴370.32万元惠及1721人，其中为建档立卡贫困户发放残疾人两项补贴182人28.95万元，全力保障了困难、重度残疾人基本生活。

高龄津贴　2021年，在全旗范围内印发《鄂托克前旗75周岁以上老年人高龄津贴资金发放管理办法》，规范高龄津贴的使用管理，并通过自治区高龄津贴专用系统，通过手机App和掌上12349公众号完成全旗75周岁以上高龄老人的信息采集工作，全年发放高龄津贴2808人414.95万元。

（民政局）

就业创业

【概况】 2021年，全旗城镇新增就业776人，城镇登记失业率为3.4%，农牧民转移就业3149人次；为98户个体工商户发放创业担保贷款2037万元，创业带动就业249人。培训各类人员691人，其中城镇就业技能培训280人、创业培训131人，农牧民技能培训280人，开发青年就业见习岗位120人，累计就近就地安置脱贫人口公益性岗位222人。

2021年，鄂托克前旗就业服务中心落实就业优先战略和就业创业惠民政策，共涉及惠民资金4755.67万元22758人次，为稳就业、保就业提供强有力的支持。

【公共就业服务】 围绕实体经济发展需要，进一步完善促进就业工作机制，落实支持民营企业、小微企业发展的政策措施，加强信息对接、岗位对接、培训需求对接，统筹促进各类群体就业。2021年，组织开展5场线上线下招聘会，为各类求职人员提供就业服务，活动期间，共有272家用人单位提供岗位3899个，达成用工意向439人次。

【职业培训工程】 采取本地培训、请进来培训和送出去培训的办法，加强对全旗培训工作的组织领导与督查指导，形成大培训大就业的工作格局。2021年，培训各类人员691人，其中城镇就业技能培训280人、创业培训131人，农牧民技能培训280人，分别完成年度目标任务的140%、100%、100%，发放培训补贴40.27万元；延长“以工代训”政策实施期限，对受疫情影响的企业多措并举推动以工代训政策落实，为13476人次发放“以工代训”补贴808.56万元。

【创业扶助工程】 健全创业服务体系，不断完善创业培训、项目开发、创业指导、青年见习、创业担保贷款和跟踪服务“一站式”工作机制，助推全旗创业工作向纵深发展。2021年，创业培训131人，完成市定目标任务100%；为98户个体工商户发放创业担保贷款2037万元，创业带动就业249人，完成市定目标任务325%。实施青年就业见习计划，开发青年见习岗位120人，发放补贴175.95万元，完成市定目标任务180%。

【就业援助工程】 开展就业扶贫。扩展就业扶贫车间吸纳、返乡创业带动就业、公益性岗位兜底安置，在劳动年龄内有就业愿望的脱贫人口全部实现就业。结合就业扶贫大力开发卫生保洁、园林绿化、看门望户等公益性岗位，动员各行政事业单位广泛吸纳就业困难人员及时就业。2021年，累计就近就地安置脱贫人口公益性岗位222人，共发放补贴442.21万元。保持“4050”人员等就业困难群体稳定，开发公益性岗位244个、发放补贴540.7万元。

【大学生创业（孵化）园】 启动运营大学生创业（孵化）园。因地制宜，统筹规划，为创业者提供低成本、便利化、一站式的创业综合服务平台和发展空间。2021年，争取上级专项资金，不断完善创业（孵化）园功能，将人力资源市场、劳动力市场整合推进创业（孵化）园建设与发展，为创业者提供低成本、便利化、全要素、开放式、一站式的创业综合服务平台和发展空间，激发全社会创业创新活力，营造良好创业生态环境，形成政府激励创业、社会支持创业、劳动者勇于创业的良性机制，充分释放创业带动就业的倍增效应。通过招商引资，向上级争取80万元建园资助资金用于大学生创业（孵化）园建设。大学生创业（孵化）园总面积1000平方米，总投资260万元，已正式启动运营并先期入驻4家企业，为创业者成功创业提供实践平台。

【失业保险】 扩大失业保险返还等阶段性稳岗政策及范围，采取有力措施，加强失业保险扩面征缴发放工作。2021年，失业参保人数7832人，失业保险费收入527.12万元，为113名失业职工发放失业保险金、医疗补助金138.96万元，为139人发放失业补助金55.24万元、发放技能提升补贴1.5万元，为515人次发放临时价格补贴、取暖补贴3.06万元，为90家中小微企业职工4323人返还失业保险稳岗补贴600.45万元。继续加强政策宣传落实，通过网上办、快捷办，让所有符合条件的失业人员、申报企业，应领尽领，能享尽享，将政策和资金落实到位。

社会保险

【概况】 2021年，鄂托克前旗社会保险事业服务中心以服务全旗经济发展、维护改革发展稳定大局为宗旨，以保障全旗广大居民切身利益为出发点，努力提升机关效能，完善内控制度，把握“民生为本”的工作主线，落实社保政策要求，强化新冠肺炎疫情防控，推进社保工作，坚持民生为本，织牢社会保障。

【社会保险收支】 加强社会保险宣传，认真落实政府惠民补贴等措施，全旗社会保险参保人数不断增加。全旗参加城镇职工基本养老保险、机关事业单位养老保险、城乡居民养老保险、工伤保险人数分别为12809人、5951人、29968人、10113人；基金收入分别为15302万元、10962万元、6738万元、427万元；基金支出分别为11744

万元、11480万元、6434万元、634万元。

【养老金发放】 2021年，与公安系统的死亡信息比对，已为331名参保人员办理退保手续、发放丧葬费等共计136万元。

【养老保险转移】 2021年城镇职工基本养老保险关系跨省（区、市）转入146人，资金1449万元，转出242人，资金1319万元；机关事业单位工作人员养老保险关系已转出71人，转入68人。

【工伤保险待遇】 受理工伤待遇支出194人次，总支出634万元。其中住院报销47人次，共80万元；门诊报销32人次，共9万元；伤残待遇53人次，共352万元；一次性医疗补助12人次，共88万元；一次性工亡1人，共93万元；定期待遇49人次，共13万元。

【基本养老保险代缴】 为全旗1100名困难人员代缴了基本养老保险（其中重度残疾人按200元/人档次代缴，低保、五保、计划生育特殊家庭按100元/人档次代缴），金额总计15.49万元。

【全民参保扩面专项行动】 2021年，开展全民参保计划养老保险扩面专项行动，专项行动扩面任务数（下发盟市任务数）为1892人，专项行动扩面任务完成数为1974人，其中专项扩面城镇职工参保人数为1577人、城乡居民参保人数为397人，专项行动扩面任务完成率达104%。

【惠民政策落实】 调整全旗1571名机关事业单位人员、3063名企业退休人员的基本养老金，分别人均月增资184元、128元，调资后人均养老金分别达到6448元、3106元；城乡居民养老保险人均月增资7元，调资后人均基础养老金达到460元。

【社保缴费服务优化】 为进一步规范社会保险费征收，优化缴费服务，国家税务总局内蒙古自治区税务局、内蒙古自治区人力资源和社会保障厅、内蒙古自治区医疗保障局于2021年5月1日上线社会保险费信息共享平台（V2.0）暨金税三期社保费征管信息系统（标准版），于2021年4月22日零时至2021年4月30日24时期间进行新旧系统切换。缴费群体面向全区各缴费单位（含企业、机关事业单位、社会团体等）、灵活就业人员、城乡居民。缴费险种为全区各项基本养老保险费、基本医疗保险费、失业保险费、工伤保险费、补充社会保险费、职业年金等。系统上线后，税务部门开通新的“线上”“线下”缴费渠道，具体采取社保（医保）经办机构核定、税务部门征收的方式进行征缴。参保单位在社保（医保）经办机构参保登记、基数申报核定后，可通过“线上”渠道单位客户端和“线下”渠道税务实体大厅进行缴费。为方便灵活就业人员和城乡居民便捷缴费，简化业务办理流程，对正常缴纳全年费款的参保人，在社保（医保）经办机构进行参保登记后，可由参保人按照社保（医保）经办机构公布的缴费档次标准，自行通过“线上”和“线下”渠道缴费；对办理特殊缴费业务（包括跨年补缴、临近退休缴费、缴纳个别月份、调整基数补缴、政府代缴等）的参保人，由社保（医保）经办机构进行参保登记、基数核定（含应缴费额）后，自行通过“线上”和“线下”渠道缴费。“线上”渠道包括税务手机App、微信小程序、微信城市服务、支付宝市民中心、蒙速办、自然人电子税务局WEB端等；“线下”渠道包括税务实体大厅（现金缴费、云POS刷卡缴费）、合作银行（建设银行、光大银行等）柜台、建设银行裕农通、代收单位客户端、社区（村组）云POS刷卡缴费终端等。

医疗保障

【概况】 2019年1月，鄂托克前旗医疗保障局经历机构改革后正式组建成立。积极承接职责划转，统筹调度工作衔接，主动对接旗鄂托克前旗人社局、民政局、卫健委、发改委、社保局，全力推进人员转隶和职能划转接续工作，确保各项医保业务正常运行。初步建立党建工作、考勤制度和服务行为规范等各类管理制度，形成规范、高效的运行机制。紧紧围绕“智慧医保 惠民先锋”这一党建品牌，努力构建多层次医疗保障体系建设，逐步实现医疗保险异地实时结算，城乡医保并行、医前救助、大病救助、商业补充大病保险等模式全面推行运营。

【医疗保障服务】　稳步理顺管理体制、完善服务机制、深入推进“三医联动”改革；为人民群众提供更加便捷、高效、优质、可及的医疗保障服务，提升人民群众获得感；充分利用现有资源，进一步夯实基本医疗保障，提升经办管理服务效能；开展医疗保障管理服务、健康扶贫兜底救助。

2021年，全旗参加城镇职工基本医疗保险12989人、覆盖率达100%；城乡居民基本医疗保险58115人、覆盖率达88%；生育保险参保人数11077人。基金总收入15435万元，其中城镇职工基本医疗保险总收入9333万元、城乡居民基本医疗保险总收入6102万元；总支出13981万元，其中城镇职工医疗费支出5983万元、城乡居民医疗费支出7998万元；基金总结余22579万元，其中城镇职工基本医疗保险基金结余17918万元、城乡居民基本医疗保险基金结余4661万元。

【医疗服务行为规范】　2021年，与全旗55家两定机构（即定点医疗服务机构和定点零售药店）签订《服务协议》，明确责任，坚决以合同约定为抓手，进一步完善管理措施，确保服务对象获得优质高效的医疗医药服务。抽检全旗各定点医疗机构和定点零售药店60次，对15家履约不到位的定点医疗机构、定点零售药店下达整改通知书责令整改落实。

以“织密基金监管网　共筑医保防护线”宣传月活动为契机，健全完善各项财务规章制度，加大医疗票据审核力度，发放打击欺诈骗保宣传册、宣传单10000余份，公开举报电话，透明查处过程，着力营造全社会共同参与监督的浓厚氛围。

【兜底救助资金发放】　深入贯彻党中央、国务院关于医保扶贫工作决策部署，提高农村牧区贫困人口医疗保障水平、促进精准扶贫，遏制、减少农村“因病致贫、因病返贫”。

2021年，有1027人次在“一站式”系统结算，总费用182.43万元，基本医疗报销120.32万元；享受大病商业保险救助的有31人次，救助资金4.93万元；享受大病医疗救助的有237人次，救助资金19.92万元；享受脱贫保险救助的有5人次，救助资金0.46万元；享受兜底救助的有890人次，救助资金8.59万元。

【异地就医结算】　开通异地就医定点医药机构6家，持续推广异地就医结算业务，方便患者及时结算，减少报销周期。全年直接结算1481人次，统筹医疗金额直接支付396万元，其中区内直接结算186人次、金额112万元；区外直接结算1295人次、金额1452万元（跨省异地就医医疗系统备案1136人）。

住房保障

【保障性住房】　2021年，全旗累计建成公共租赁住房2507套17.1万平方米，已全部分配入住，有效解决住房困难人员5265人。加强保障性住房运营管理，对公租房小区内转租转借等违规行为进行整体排查，累计查处各类违规住户25户，收回并再分配公租房25套。建设公租房信息系统，完成和政务服务平台的数据关联工作，基本实现线上业务办理。发放住房租赁补贴，严格按照“三审三公示”原则，全年累计发放城镇低收入家庭230户480人的租赁补贴专项资金51.84万元。

【棚户区改造】　2021年积极推进配套红色研学城川镇城中村棚户区改造项目269套，总投资1.87亿元，以公开招投标的方式完成采购城川镇城中村棚户区改造项目安置房源住宅312套、3.45万平方米，中标金额为7558万元。

【房屋征收】　征拆工作主要集中在敖镇和城川镇。其中，敖镇包括鄂托克前旗蒙古族实验小学新校区房屋征收补偿项目、牛奶厂片区和泰小区开发项目、圣世一品商住小区开发项目、中智佳苑二期项目、车站对面（原粮食局小区）开发项目，共涉及324户，已征收214户，未征收110户。城川镇包括城川非遗文旅小镇建设项目、城川商住小区建设项目、城川镇棚户区改造3个项目，共涉及269户，已征收130户，未征收139户。

（住房中心）

【住房公积金】 2021年，归集职工个人住房公积金10632.32万元；个人住房公积金支取7116.87万元。当年发放职工个人住房贷款223笔，总金额8089万元。

教育资助

【贫困资助】 2021年，全年发放各类贫困学生教育资助金1966.3万元，受益24610人次，其中资助建档立卡贫困家庭在校子女244人次19.5515万元。

【助学贷款】 办理大学生生源地信用助学贷款562人次449.67万元。组织社会爱心人士、社会组织、企业等开展捐助贫困生活动20场，累计资助贫困生164人次，发放物资40多万元。

社会应急保障

政府应急管理

【应急机构机制保障】 依托机构改革，为适应“全灾种”和“大应急”的任务需要，通过加强应急预案体系和应急救援队伍建设以及应急物资储备等，不断提升全旗应急管理能力。对全旗10支专兼职消防应急救援队伍的装备、人员等基本情况摸底建档，编制《鄂托克前旗应急指挥通讯录》；修订全旗地质灾害、地震、生产安全事故、防汛、抗旱、森林草原防灭火等6个专项应急预案修订，将65家直管企业应急预案审查备案，形成“上下联动、纵横衔接”的预案体系；组织旗矿山救护中队与6家驻旗煤矿企业签署救援服务协议；设立应急值班室，明确5名专职值班人员，承担旗森林草原防灭火、防汛抗旱、减灾委、抗震救灾等指挥机构办公室和生产安全事故报告、隐患举报等方面的365×24小时全天候值班值守工作，确保突发事件得到第一时间应急、响应和处置。

【应急演练】 联合恒坤化工和苏南公司开展政企联动应急演练，在城川完全小学开展地震应急疏散演练，在大沟湾开展水库防汛应急演练，提高应对紧急事件的能力和水平。

【大应急体系建设】 建立应急指挥平台，实现与国家应急指挥综合平台和自治区、市应急指挥平台协同作战，及时有效报告和响应处置包括震灾在内的各类自然灾害和生产安全事故，第一时间采取防范措施避险避灾，减少因灾损失，推动以“全方位、多灾种、大应急”体系建设为目标的应急管理水平稳步提升。

综合应急管理

【概况】 鄂托克前旗坚持“人民至上、生命至上”的理念，探索新时期应急管理新发展模式，做好安全生产、应急救援、防灾减灾救灾工作，助力全旗经济社会持续安全平稳发展。全年全旗共发生生产经营性事故1起、死亡1人。2021年，监管全旗各类企业9199家，其中综合监管企业8871家、重点监管企业328家。

【安全生产】 鄂托克前旗党委、政府高度重视安全生产工作，全年召开旗委常委会、政府常务会、安全生产专题会等研究部署安全生产工作9次；按照“四个一”的原则，带领89个检查组，检查企事业单位465家，确保全旗安全生产工作高站位推动高效率落实。

责任落实 2021年是全旗安全生产专项整治三年行动集中攻坚之年，鄂托克前旗安委办充分发挥牵头抓总、指导协调、考核巡查的作用，完善作战图，制定部门、企业和对照问题“三张检查表”，开展“飓风利剑”活动，助推攻坚年各项工作有力有序开展；持续深化以企业自查为基础，领导带队检查、部门专项检查、专家定期巡查、党政综合督查为辅助的安全生产大检查长效机制。

隐患排查治理 全年共排查安全隐患3445项，完成整改3319项，整改率96.3%。在煤炭、危化等重点行业开展专家巡察活动116次、排查隐患1134项，全部已整改。打击非法违法行为65次，责令停产整顿企业6家，罚款96.2万元。推进第一次全国自然灾害综合风险普查工作，全面细致摸排全旗公共服务类、政府综合减灾资源、基层综合减灾资源、企业与社会力量减灾资源、自然灾害次生危化品、矿山等，已摸排统计全旗各类企业263家、公共服务机构45家、社会救援力量6家、应急避难场所5处。

安全监管执法 全旗共有危险化学品企业64家，通过安全评估、标准化创建、延期换证现场核查、重大危险源专项检查等方式，累计检查危险化学品企业325家次、排查各类安全隐患440条、实施行政处罚5次、罚款16.6万元。受理“三同时”安全条件审查申请4家，已出具设立安全条件审查文件3份，安全设施的设计审查文件1份，办结率100%。

在非煤矿山领域，重点监督检查天然气开采企业的非法违法分包、责任落实、重要安全设施设备维护保养和检测、特种作业人员持证、危险作业管理等。全年共组织检查38次，排查安全隐患223条，实施行政处罚13次，罚款37.215万元。6家黏土砖厂无采矿许可证停产停业，并提请旗人民政府依法关闭。

在工贸领域，涉及轻工、建材、制造、冶金、纺织等八大领域，全旗的工贸领域企业至年底直接监管的有36家，按照执法计划全年共排查隐患98条，下达整改指令书38份、复查意见书38份，隐患整改率为97%，实施行政处罚3家，罚款5.4万元。

信息化建设 建立应急指挥平台，实现与国家应急指挥综合平台和自治区、市应急指挥平台协同作战，及时有效报告和响应处置包括震灾在内的各类自然灾害和生产安全事故，第一时间采取防范措施避险避灾，减少因灾损失，推动以“全方位、多灾种、大应急”体系建设为目标的应急管理水平稳步提升。

法治化建设 制定年度安全执法监察计划，推行安全监管执法公示、执法全过程记录、重大执法决定法制审核等“三项制度”，依托扫黑除恶专项斗争，结合“双随机”抽查、多部门联合检查等方式治理行业乱象，在全旗各行业领域扎实开展安全生产“打非治违”专项活动。2021年，累计打击非法违法行为80次，责令停产整顿企业6家，罚款105.49万元，努力形成高压震慑态势。

【应急救援】 2021年，占地604平方米的全旗应急物资储备库、应急指挥平台建成并投入使用，实现与国家应急指挥综合平台和内蒙古自治区、鄂尔多斯市应急指挥平台协同作战，可及时有效报告和响应处置包括震灾在内的各类自然灾害和生产安全事故，第一时间采取防范措施避险避灾，减少因灾损失，推动以“全方位、多灾种、大应急”体系建设为目标的应急管理水平稳步提升。

2021年，鄂托克前旗应急管理局有效应对可能发生的重特大自然灾害，综合全旗现有救灾物资储备情况、实际救灾需求，投入专项资金30万元购买发电机、水泵等防汛抢险、应急设备和物资，以备不时之需。提出价值183万元的应急救灾物资采购计划，报旗发改委实施采购。鄂尔多斯市应急管理局给鄂托克前旗配备水罐车2台、彩条布、水泵等设备物资应对全旗旱灾，提升全旗旱灾应对能力。对全旗10支专兼职消防应急救援队伍的装备、人员等基本情况摸底建档，编制《鄂托克前旗应急指挥通讯录》；修订全旗地质灾害、地震、生产安全事故、防汛、抗旱、森林草原防灭火等6个专项应急预案修订，将65家直管企业应急预案审查备案，形成“上下联动、纵横衔接”的预案体系；组织旗矿山救护中队与6家驻旗煤矿企业签署救援服务协议；设立应急值班室，明确5名专职值班人员，承担旗森林草原防灭火、防汛抗旱、减灾委、抗震救灾等指挥机构办公室和生产安全事故报告、隐患举报等方面的365×24小时全天候值班值守工作，确保突发事件得到第一时间应急、响应和处置。联合恒坤化工和苏南公司开展政企联动应急演练，在城川完全小学开展地震应急疏散演练，在大沟湾开展水库防汛应急演练，提高应对紧急事件的能力和水平。

开展救灾工作，针对全旗出现的8次较大范围强对流天气造成全旗4.8万人受灾、7间房屋损坏、86.9万公顷农作物受灾、548只牲畜死亡，直接经济损失1.56亿元，进行核查、统计、上报，争取救灾资金，降低受灾群众的经济损失。

【安全教育】 2021年，鄂托克前旗按照“以点带面、全面推广”的安全生产宣传工作思路，坚持“三个面向”的原则，形成全方位、立体化、无缝隙宣传教育培训网。面向全旗安委会成员单位开展安全生产理论学习中心组学习28次，组织观看《生命重于泰山》电视专题片200场，参与人数7600余人次。组织机关56名干部参加“应急管理干部网络学院”专题培训2轮，安全监管人员业务水平进一步提升。面向企业全年对危化、非煤、工贸等重点行业企业的896名“三类人员”进行教育培训和取证考试。面向社会公众采取“线上+线下”的方式，提升宣传社会影响力。至年底，累计开展安全生产“大讲堂”“大家谈”“公开课”“微课堂”和在线访谈、基层宣讲6场次，参与人数776人；组织观看典型事故警示教育片11场；开展新《安全生产法》等安全生产宣传咨询活动5场次，制作宣传展板100多块，发放宣传资料3500余份，宣传品3000份；开展灾害避险逃生、自救互救演练13场次，累计参与人数2万人次，公众的安全意识、应急知识和防灾能力逐步提高。

消防应急抢险

【概况】 2021年，全旗消防工作继续保持“双稳定”，火灾形势持续稳定，社会面未发生较大以上大火灾事故，消防安全专项整治三年行动持续开展，火灾防控能力得到显著增强；消防队伍管理持续稳定，消防安全知识宣传稳步推进。全年共接警出动123起，其中火警78起，抢险救援35起，出动车辆246辆，出动警力1476人次，抢救被困人员20人。

【火灾防控】 鄂托克前旗消防救援大队根据“双随机、一公开”系统，依法开展日常的监督检查；根据鄂尔多斯市消防救援支队部署，针对重大危险源、消防产品、消防技术服务机构、设有消防控制室的社会单位及国庆节期间等开展专项整治行动。积极参与旗委、旗政府领导带队进行的安全检查5次，联合教体局、卫健委、民政局、市场监督管理局、文旅局、统战部等行业主管部门进行安全检查15次。为深刻吸取“鄂托克旗棋盘井7.26火灾事故”“东胜区泊江海8.23火灾事故”对九小场所和农牧区开展火灾隐患排查整治。全年集中约谈全旗所有消防安全重点单位责任人2次、深入重点单位开展单独约谈70次，培训全旗公安派出所消防民警培训2次，联合派出所民警对群租房检查1次，全旗嘎查村“两委”负责人培训2次。2021年，组织全旗463家（次）单位进行了消防安全监督检查，共督促整改火灾隐患381处，下发《责令整改通知书》234份，下发《行政处罚决定书》35份，下发《临时查封决定书》1份，责令“三停”单位3家，罚款29.22万元，检查单位数同比上升38%，罚款数量同比上升54%，形成整治隐患、预防火灾的良好态势，为社会经济发展和人民安居乐业创造了良好的消防安全环境。

【执勤备战工作】 鄂托克前旗消防救援大队不断提高练兵积极性，全年组织对辖区重点单位实战演练85次，六熟悉85次。全面普查辖区消防水源6次，与辖区企业专职消防队开展联合演练3次、与工艺处置队开展联合演练4次，与12家单位签订联勤联动保障协议书。圆满完成全旗两会、中考、高考、中国共产党成立100周年、“‘大沙头杯’沙漠汽车、摩托车挑战赛”、烟花秀等重大活动的消防安保任务。为切实抓好训练工作，进一步提高队伍灭火救援能力，增强队员体能、业务等科目的纵深发展，组织开展执勤作战各种操法训练和体能训练，全年训练时间60天以上，加强作战训练安全管控，理论学习共计20次，作战训练安全考试5次，常态化对消防站训练安全指导35次。

【消防演练宣教】 鄂托克前旗消防救援大队消防宣传工作主要通过组织开展大型宣传活动、消防安全知识讲座、疏散逃生演练和发放宣传资料等多种方式相结合进行。2021年，深入各社区、嘎查（村）、居民小区以及对物业公司从业人员开展消防安全知识宣传教育培训、演练28次，发放宣传资料2900余份，制作消防车通道治理温馨提示500份，积极开展“消防安全进校园”“开学第一课”活动，累计到全旗中小学幼儿园宣传

15次。组织全旗中小学积极开展“我与消防的故事”绘画比赛，共8名参赛学生取得名次。在镇区主干道路更新安装90平方米的大型广告宣传牌，联合德克士餐饮公司建设消防宣传主题餐厅1家，利用楼宇设置电视、户外视频、电子屏幕，播放消防知识500余条（次）。

能源行业应急管理

【煤矿安全责任落实】 2021年，全旗煤矿企业安全生产形势持续稳定，安全生产实现“零死亡”目标。

【能源行业隐患治理】 鄂托克前旗能源局全年加强安全监管队伍建设、安全监管执法，按照上级行业主管部门的要求制定年度安全监管计划并组织实施；开展各类安全执法检查98次，查出各类隐患1478条，其中煤炭方面71次、隐患1059条，油气方面19次、隐患171条，电力方面8次、隐患248条；各类隐患均已整改完毕。

【应急预案备案】 2021年，鄂托克前旗能源局对长输管道企业生产安全事故应急预案备案3起。

【数字能源】 2021年，鄂托克前旗能源局推进风险防控中心安全监控平台升级改造，实现能源企业安全生产远程监控与实时调度，已完成3座煤矿视频信号回传接入，盛鲁电厂、长城电厂、时鼎天然气工业视频正在协调安设专网专线。

自然灾害应急救灾

【防震减灾】 2021年，全旗开展森林草原防灭火工作，在春冬季森林草原防灭火关键时期，紧盯重点场所和重要节点，出动检查组55次，排查治理火灾隐患10项，共清理重点区域可燃物1500公顷，开设防火隔离带90多千米；组织开展森林草原防灭火机具操作培训，应急扑救实战演练以及森林草原防灭火警示教育周等活动，有效保障全旗森林草原防灭火形势持续稳定。

【救灾救济】 2021年，全旗开展防汛抗旱工作。组织旗水利局等单位对全旗3座水库、4座淤地坝、18座谷坊以及排洪渠、引洪漫地等水利、水保设施进行隐患排查；组织煤矿企业专项检查雨季“三防”；专业管护敖镇镇区排水管网及附属设施，保证城市排水管网、设施设备正常运行，努力降低城市洪涝灾害风险；针对2021年夏季全旗高温少雨，旱情严峻的形势，7月份启动全旗抗旱Ⅲ级响应，并通过开展人工增雨作业、开动机电井、调用发放抗旱饲草料，共投入抗旱资金600余万元。

红十字会

【概况】 2021年，共收到127个行政机关、企事业单位“博爱一日捐”募捐款81.3万元。

开展造血干细胞知识普及宣传活动6次。完成无偿献血432人，造血干细胞血样标本入库35例，抽样回访志愿捐献者37人。救助1位先心病患儿。

【救灾备灾】 2021年，鄂托克前旗秉持“有灾救灾、无灾备灾”的原则，储备112万元的备灾物资。9月，组织开展全市红十字会系统“学党史用好红色资源，办实事抓实赈济救援”培训演练活动。

【救助救护】 2021年，鄂托克前旗红十字会开展贫困救助37人，发放人道救助资金7.4万元；“博爱送万家”活动为敖镇汽车站、鄂前旗机场等地发放额温枪、隔离服、口罩等18万元疫情防控物资，深入企业慰问困难职工40多户，送去米面、棉被等5000多元慰问品；开展博爱助学活动，通过“9·9公益日”网络筹资，为20名困境儿童捐赠物品价值2.5万元；开展送清凉活动，向72个嘎查村驻村第一书记发放物资1.2万元；开展送温暖活动，慰问老党员、老干部、贫困人群等，发放米面、棉被等慰问物资近7万元；领导班子做好结对帮扶工作，解决了贫困户打井资金1.4万元。

【“五个一”项目建设】

红十字示范学校建设 2021年，创建了鄂托克前旗第二幼儿园示范学校。

红十字急救点、急救角建设 通过争取上级资金和自筹资金等渠道，在三段地活畜市场、赛罕社区等人员密集场所设置了1个红十字应急救护角和1个应急救护点。

红十字人道文化传播点建设 建立赛罕社区人道文化传播点，联合社区组织志愿者开展文明劝导志愿服务、学雷锋志愿服务、环保宣传志愿服务、空巢老人关爱、扶贫帮困志愿服务等形式多样的大型社会志愿服务活动100多次，服务5000多人。

“博爱家园”项目建设 建立了三段地博爱家园项目。在三段地社区投资20万元，新建300㎡交易棚1处，10㎡羊圈围栏48个，配备座椅40套、饮水机1台，打造了48㎡红十字便民服务室一处，配备了红十字急救点全套设备。

社会监督管理

统计

【统计监测】 2021年，全旗地区生产总值增速11.5%，规模以上工业增加值增速18.3%，固定资产投资增速25.1%，社会消费品零售总额增速5.2%，城镇常住居民人均可支配收入增速6.5%，农村牧区常住居民人均可支配收入增速9.7%。

【统计调查】

畜牧业调查 选聘普查指导员、普查员382名，合计发放补贴11万元，登记总户数14000余户，全旗总播种面积保持在56333公顷，粮经草比例为47.4∶8.2∶44.4，粮食作物播种面积保持稳定，经济作物种植种类更丰富，更加适应市场需求。牲畜存栏头数199.7万头只。

人口变动情况抽样调查 抽样调查工作共涉及全旗4个镇128个普查小区，摸底户数16900余户，调查登记1469户、4064人，完成率100%。2021年，全旗常住人口9.42万人，其中城镇人口5.68万人、乡村人口3.74万人。

常规调查 圆满完成常规调查工作。按照联网直报的要求，按月上报规模以上工业、固定资产投资、批发零售、住宿餐饮业等报表；按季上报全社会商贸流通企业购销存情况、建筑业企业生产情况、地区能源核算等报表。完成规模以下工业、限额以下商业、服务业、劳动力抽样调查，小微企业、个体经营户跟踪调查，城乡一体化住户调查等多项调查任务。

【培训指导】 加强统计业务培训。提高基层统计人员业务能力，分专业进行培训，年内组织业务及法律法规培训约900人次。积极组织各镇、企业统计人员参加上级统计部门业务培训。按照在线监测、实地核查、分类指导等方式，扎实做好“企业一套表”工作，切实提高联网直报报送效率及准确率。年内，服务业、投资、工业能源等专业以查处统计对象虚报、漏报、拒报统计数据，未按照规定设立统计基础台账为重点，对五大行业80余家企业及个体经营户开展数据核查。狠抓名录库建设。坚持精准动态管理，夯实应统尽统基础，全年累计更新法人单位、产业活动单位信息2000多余次。

【统计服务】 及时发布《鄂托克前旗2020年国民经济和社会发展统计公报》，每月定期做好经济监测预警，在上级统计部门反馈数据的第一时间编印统计月报、季报和统计信息，在微信公众平台及时更新统计动态、统计分析，为鄂托克前旗委、政府科学决策提供服务。1—12月，编发统计分析和专题调研报告186篇、《统计月报》11期、《决策参考》11期、新开发《数情监测》报告类产品4期，《统计指标解释及相关算法》100余册，提供统计政务信息186条，被鄂托克前旗人民政府采用53条，市政府采用21条。

国土资源管理

【概况】 鄂托克前旗自然资源管理以“保障科学发展，保护耕地红线，保障普惠民生”为目标，坚持耕地保护和资源节约的基本国策。强化行政执法，妥善处理好依法行政和服务发展、保障供地的关系，保护国土资源、节约集约利用自然资源，尽心尽力维护群众权益。2021年，全旗土地总面积为1222094.36公顷，其中农用地1092600.08公顷（耕地70505.65公顷、园地1144.82公顷、林地168967.92公顷、草地851981.69公顷），占土地总面积的89.4%；建设用地13141.35公顷（城镇及工矿用地6756.51公顷、交通用地

4304.47公顷、水利设施用地2080.37公顷），占土地总面积的1.04%；其他土地115663.88公顷，占土地总面积的9.5%。

【耕地保护】 耕地保护纳入全旗年度目标考核责任体系，层层签订耕地和基本农田保护责任状，2021年国土调查全旗耕地面积70505.65公顷，三区三线划定全旗永久基本农田面积50744.27公顷，耕地保护面积66220.4公顷，全力确保全旗永久基本农田和耕地保有量数量不减少、质量不降低、生态有改善。突出成果运用，注重耕地质量建设，全力推进耕地和基本农田数量、质量、生态“三位一体”保护。通过规划管控、严格用地预审、合理优化选址等措施，从源头控制建设占用耕地。

【地质环境治理保护】 认真贯彻全旗地质环境治理规划，落实地质环境治理基金制度，按照“边生产边治理”原则，督促矿山企业认真履行地质环境恢复治理义务，长城煤矿完成两次地质环境分期治理工作，治理面积40.01公顷，已通过市级验收，北大池盐湖兴盛盐化有限责任公司对盐池北部完成一次治理工作，治理面积118.8公顷，已通过自治区验收。计提地质环境恢复治理基金2551.86万元，完成6家石膏矿计提基金清退工作。

认真落实矿产资源规划，坚持生态优先、生产与生活并重的原则，着力推进绿色矿山建设。榆树井煤矿已创建为国家级绿色矿山；麻黄煤矿已完成绿色矿山评估工作，评估分数达自治区绿色矿山评估标准，待申报资料通过自治区自然资源厅审核后正式纳入自治区级绿色矿山名录内。

认真贯彻全旗地质环境治理规划，计提地质环境恢复治理基金2024.684万元，完成6家石膏矿计提基金清退工作，完成14家露天矿山综合整治工作。

【土地节约集约利用】 切实加强土地供后监管，对已供地项目实施全程跟踪管理，严防土地闲置和低效用地。经统计，全旗前五年平均供地率90.45%，前三年平均供地率85.76%，前两年平均供地率78.24%，上年度供地率93.72%，位居全市第一。开展基准地价更新、土地节约集约利用专项评价、标定地价体系建设等各项工作，土地节约集约利用水平稳步提升。

【项目用地审批】 紧紧围绕旗委、政府抓项目、调结构、促转型的总部署，实施有保有压的用地政策，着力提高土地资源的供给质量和效率，全旗重点项目、重大工业项目应保尽保。2021年，累计上报各类建设用地754.2132公顷，获得批准115.8746公顷，包括国电双维电厂及铁路专用线、内蒙古上海庙电厂2×1000兆瓦机组新建工程、华能上海庙煤电项目、兴源碳化硅项目、鄂托克前旗内蒙古恒坤化工有限公司年产260万吨捣固焦及综合利用项目、昂素至城川红色旅游公路、省道S216线敖勒召其至掌高图（蒙陕界）段公路工程、通史至城川二级旅游公路、鄂托克前旗通用机场改扩建等重点工业、基础设施、民生工程项目用地需求得到有效保障。

【不动产登记】 开展提质增效行动，各项业务办理在规定时限压缩近三分之二，一般登记5个工作日、抵押登记3个工作日完成，产权查询、查封登记、解封登记、产权注销即时办结，立等可取。不动产登记“一网通办”“一窗受理”平台上线运行，不动产登记电子证照和乡镇延伸工作深入推进。完成全旗农村牧区集体土地所有权确权工作。完成全旗68个嘎查村、190宗集体土地所有权确权工作；完成集体土地所有权动态更新、数据库更新汇交工作；完成全旗农村牧区宅基地和集体建设用地房地一体确权登记发证工作，共进行外业调查15659宗，符合发证条件10390宗，已颁证8985宗。全旗房地产领域历史遗留问题涉及居民1475户，建立绿色通道，集中时间、集中人力进行集中办证，已解决1287户，剔除无意愿登记120户，办证率达94.98%，有效化解潜在风险，积累解决历史遗留问题宝贵经验。

【国土空间规划】 推进国土空间规划编制工作，全国五级国土空间规划编制均在进行中；完成城镇开发边界划定、通过自治区审核；完成国土空间开发保护现状与国土空间风险评估；完成4个专题研究和城市体检、规划方案与规划大纲编制工作；完成村庄分类和村庄布局规划编制工作，在与各相关行业部门对接的基础上，上位规划及相关指标要求，完成国土空间总体规划方案初稿，正在征求相关部门意见。以各镇为主体，扎实推进村庄规划编制工作，完成4个试点（敖镇三道泉则村、城川镇苏坝海子村和麻黄套村、上海庙特布德嘎查）村庄规划编制并通过村民代表大会决议，按照旗政府审查意见和专家评审意见修改完善。其他村庄规划的编制由旗政府统一部署要求，调度各镇积极推进。

【矿政管理】 落实生态保护，严禁在河湖等生态功能区内审批项目用地、设置矿业权、审批宅基地。认真承接落实好非煤矿山矿业权审批下放权力，办理及上报矿权延续、保留、划定和合并共15宗。加强矿山储量动态监管工作，4家生产矿山已按要求编制储量年度检测报告，并通过评审。

人力资源管理

【概况】 2021年，鄂托克前旗人力资源和社会保障局推进“四区”建设，坚持“民生优先、人才优先、就业优先”，积极应对世纪疫情冲击影响，圆满完成全年各项目标任务。全旗1家医疗机构、3个人被评为自治区级抗击新冠疫情先进集体和个人。

【人才招引】 2021年，累计公开招引各类人才526人。招募嘎查村（社区）基层工作人员79人、公安系统40人、财务审计人员5人、其他专技人员31人，补录留置看护人员8人，招募留置看护人员8人，招聘国家统编教材教师11人、小学幼儿教师145人、基层医疗卫生专技人员32人，引进中学教师34人、医疗卫生专技人才19人。接收安置“三支一扶”高校毕业生15人，社区民生志愿者9人，公开招聘事业编制工作人员87人，残疾人大学生公益性岗位招聘3人。

【专业技术人员管理】 2021年，全旗进一步深化职称制度改革，累计推荐78人申报高级职称，评审中级职称170人，认定初级职称263人。推荐1人参加自治区级“杰出人才奖”评选。完成全旗115个事业单位补岗竞聘工作。推荐2人申报事业单位专技三级岗位，5人顺利晋升四级岗位。高质量完成事业单位机构涉改工作，全力做好人员转隶、岗位设置等工作，保证改革期间各单位业务不停滞。

【工资与离退休管理】 2021年，完成全旗机关、事业单位工作人员考核晋升工资审批工作。全面完成2020年事业单位工作人员考核工作和连续三年优秀、获得旗级以上表彰奖励雇用工作人员薪资调整。根据国家公布的年度工资增长率计算系数，审核审批2021年度退休

表14　2021年鄂托克前旗土地利用现状一级分类面积汇总表

单位:公顷(0.00)

园地（02）			林地（03）			草地（04）		
小计（02）	国家所有（G）	集体所有（J）	小计（03）	国家所有（G）	集体所有（J）	小计（02）	国家所有（G）	集体所有（J）
1144.82	162.15	982.67	168967.92	4980.12	163987.8	851981.69	33076.56	818905.13

城镇村及工矿用地（20）			交通运输用地（10）			水工建筑用地（1109）		
小计（20）	国家所有（G）	集体所有（J）	小计（10）	国家所有（G）	集体所有（J）	小计（1109）	国家所有（G）	集体所有（J）
6756.51	3362.71	3393.80	4304.47	2050.66	2253.81	11.39	0.02	11.37

水域（11）			其他（12）		
小计（11）	国家所有（G）	集体所有（J）	小计（12）	国家所有（G）	集体所有（J）
2068.98	294.42	1774.56	115663.88	3165.73	112498.15

人员退休金。配合岗位设置，调整事业单位工作人员岗位变动后的增降工资。按照上级文件精神，调整事业单位工作人员和机关工人（在编在岗、离岗退养、退休人员）基础绩效奖金。

市场监督管理

【概况】 2021年，新增市场主体1329户，同比增加9.2%。至年底，全旗有各类市场主体8854户、注册资金总额16.64亿元。全年企业线上全程网办144户，同比增长5倍，线下登记当场一次办结率98%；新增电子营业执照下载用户2800多户。

【市场监督】 始终坚持把法治建设作为市场监管事业发展的基础工程，认真梳理权责清单，深入推行执法公示、全过程记录、重大执法决定法制审核“三项制度”；依法划分业务股室、综合执法大队和基层所行政执法事权，创新推行“队所合一”统一对外执法，切实解决多头执法、重复执法等问题。围绕群众关注的热点难题，在房地产及物业管理、教育培训、母婴行业、汽车销售及服务等领域组织开展“衣食住行”领域专项整治三年行动，全面规范市场经营秩序，查处一批违法案件，净化市场环境，提振消费信心。全年共立案查处各类违法案件214件、罚没款75.25万元，处理投诉举报213件，涉及争议金额146.55万元，为消费者挽回经济损失3.88万元。

做优知识产权注册指导服务，积极为申请人提供申请材料编写、申报、使用范围确认等服务，提高商标的使用率盘活商标资源，全年指导新增注册商标203件，同比增长18%，指导完成商标转让25件、专利转化5件。组织开展“铁拳”“溯源”“蓝天”等专项整治行动，2021年，共查处侵犯知识产权和假冒伪劣商品案件24件，罚款11.2万元。聘请专业团队，完成《“鄂托克前旗羊肉”品牌战略规划》编制，指导“鄂托克前旗羊肉”积极参与博览会、丰收节、农产品展洽会等各类活动，多元化开展宣传、品鉴，多渠道吸引媒体、客商和消费者眼球，为商标富农、品牌兴农打基础、定方略、寻路径。

【食品药品监督】 将保障食品安全作为民生大事和政治任务来抓，着力加强监管能力建设，全面推行食用农产品合格证制度，统筹抓好综合治理，开展系列专项整治，严厉打击违法违规行为，守住不发生区域性、系统性食品安全事件的底线。

全年共开展食品药品安全各类专项检查32次，检查食品药品生产经营单位9200多户次，累计向市场投放“食安封签”2500多枚，入网餐饮单位“食安封签”使用率达80%以上；全年完成食品抽检523批次，检测合格率97.3%，食品抽检量达到5.7批次/千人，快检食品2407批次，合格率98.6%，查处违法案件73件，罚没款19.6万元。全年守住不发生系统性、区域性食品药品安全事故的底线。

【质量技术监督】 将食品、药品、特种设备、工业产品质量“四大安全”领域风险管控作为头等大事，实行周通报、月调度、季分析，围绕“一点两责”，及时推广使用内蒙古风险管控平台，先后督促900多户重点单位入驻平台，督促企业每日一次线上自评，结合元旦春节、庆祝建党100周年、中秋国庆等特殊时段，组织开展防风险、除隐患、促规范、保安全市场监管集中整治行动。全年共检查食品、药品、特种设备、工业产品质量“四大安全”领域市场主体8700多户，整改各类安全隐患104条，企业在内蒙古风险管控平台线上自查和监管人员线上检查率位列全市前列。有重点、分层次开展食品药品、地方工业产品、流通领域商品的监督抽检和计量器具的强制检定。全年累计快检食品2500多批次，完成食品抽检523批次，食品抽检量达到5.7批次/千人，完成地方工业产品抽检58批次，农资、建材、成品油、消防器材等流通领域商品抽检46批次，检定压力表、加油机、电子秤、汽车衡等在用计量器具7400多台件。

价格监督

【价格综合调控】 建立关键行业领域价格运行监测分析机制，准确分析价格走势，严格执行价格监测周报告制度，对与群众生活密切相关的32种粮、油、肉、副食、蔬菜等商品和服务价格进行监测并实行周报告动态监管，全年共报送价格监测信息48期。2021年，共受理价格认定业务94件，认定涉及金额72.9万元，案件办结率100%。

【收费管理】 实现收费管理全覆盖，进一步清理规范行政事业性和经营性服务收费，按照《2021年鄂托克前旗全面深化改革效果评价事项清单》的工作要求，落实国家、自治区、鄂尔多斯市有关收费政策。自2021年3月1日起全面取消供水供电供气供暖企业不合理收费。全旗取消不合理收费1项，减负金额为55.20万元。制定旗本级三张清单（行政事业性收费目录清单、经营性服务收费目录清单、涉企收费目录清单）并在旗级门户网站公示，作动态调整，接受社会监督。

道路运输管理

【概况】 2021年，全旗共完成会客运量2.05万人次，完成旅客周转量777.3万人千米，完成社会货运量1070.47万吨，完成货物周转量282604.08万吨/千米。全旗营运汽车1175辆，其中营运普货车692辆、危货车245辆、营运客车54辆、出租车184辆。全旗有客运班线14条、盟市际班线3条、省际班线3条、旗县际线路2条、县内班线6条。辖区内有机动车维修企业143家，其中二类维修企业13家、三类维修企业130家；有客运企业2家、客运站场4家、出租企业1家、普通货物运输企业25家、危险品运输企业4家、驾驶员培训学校2家。

【运输企业监管】 督促客运企业落实安全主体责任，加强企业对道路运输管理人员、驾驶员等从业人员开展安全教育培训情况的检查。全年督导服务运输企业22家次，排查隐患3起，已督促企业现场完善；共受理投诉43起、处理43起，做到“事事有回音、件件有答复”。

【客运市场监管】 督促汽车站明确安全管理人员岗位职责、工作内容与流程，严格落实“三关一监督”规定、“五不两确保”承诺，加强“三品”检查，牢筑安全第一道防线。全年督导服务客运汽车站11家次，未发现安全隐患。

【货运市场监管】 督促企业建立健全货运企业安全管理档案，把好企业经营证照、资质监督关，驾驶员从业资格关。督促危货等运输企业建立健全突发事件应急预案，建立车辆日常维护检验制度，健全货物运输从业人员的安全培训教育制度。2021年督导服务货运公司15家次，排查安全隐患4起，已督促企业完善；督导服务危险货物运输企业23家次，排查隐患8起，下达整改建议书1份，全部整改完毕。

【出租市场整顿】 督促运输企业建立、完善安全学习制度，提高从业人员的安全意识、服务水平。实行一车一档出租车管理。新更换的驾驶员需进行安全考核，考核合格后方准予上岗，考核需有记录。按照《鄂尔多斯市道路运输驾驶员诚信考核计分表》实行驾驶员诚信考核。全年督导服务出租企业11家次，排查隐患2起，督促企业现场完善。

【维修市场整治】 全面规范维修市场，以规范二类维修企业的经营行为为重点，严厉打击超范围经营、倒卖二维资料、不按操作规程进行维护的违法行为。全年督导服务修理厂214家次，排查隐患21起，督促企业现场完善；督导服务综合性能监测站5家次，未发现安全隐患。

【驾培学校监管】 加强教学车辆定员超编、学员达不到培训课时、无证车辆教学、非法改装车辆、在不规定和不合格场地训练的安全隐患监管工作。全年督导服务径达驾校13家次，排查隐患5起，下达整改通知书4份，均已整改完毕。

【宣传教育】 组织开展“道路运输平安年”“安全生产月”活动，营运大客车司机向乘客公开承诺在驾驶过程中做到“五不两确保”承诺行动。安全生产月期间，重点在道路客运、货运站场、旅游包车等人员密集场所开展旅客安全出行告知服务；开展新《安全生产法》、安全出行知识、安全警示案例的宣传、咨询服务；深入道路运输企业、社区开展安全生产宣传教育“七进”活动，发放《道路运输安全知识—校园篇》《安全带一命带》《抵制“黑车”告知书》等宣传资料，通过讲解安全小知识，现场操作演示客运班车的安全带、安全门、安全锤、逃生顶窗的正确使用方法和注意事项，提升学生安全出行意识、自我保护能力，构建人人都是“安全员”的良好氛围。中高考期间，组织志愿服务车队，20辆车开展“爱心送考”活动，已连续举办17届。开展“捐衣赠物”活动，号召干部职工18人参与，收到爱心捐助衣物300余件。

社会团体

总工会

【概况】 2021年，鄂托克前旗共建成基层工会173家，其中，建成企业工会56家，机关事业单位工会110家，行业性和区域性工会联合会7家，其中涵盖小微企业309家，职工18977人，工会会员18216人，200人以上企业有11家，基层工会兼职工会干部519人，建会率达到99%，入会率达到96%。

【工会组织建设】 2021年，下挂4名社会化工作者和6名联络员到基层联合会挂职锻炼，帮助基层工会联合会开展工会工作。按照“一镇一品、一家一特、一企一化”的“六有六好”原则，通过给予典型示范“职工之家”进行奖励补贴的方式，大力推进基层工会建设，选树先进典型激发奋进力量，召开全旗工会第八届委员会第六次全体（扩大）会议，表彰奖励2020年度先进集体、先进个人及优秀通讯员。为推动工会组织建设发挥作用，使工会组织真正成为职工信赖的“职工之家”，命名旗级职工之家2个、旗级职工小家2个。

【职工劳动竞赛】 2021年，以“五一”劳动节、安全生产月和安全万里行活动、“十一”国庆节为关键节点，广泛开展“安康杯”竞赛和“工人先锋号”创建活动，积极开展评优选先工作，发挥示范引领作用，评选表彰旗级五一劳动奖状6个、工人先锋号10个、五一劳动奖章31名，推荐申报自治区工人先锋号1个，市级五一劳动奖状1个、工人先锋号2个、奖章4个。

【职工服务扶困】 2021年，深入开展“四季惠”及送温暖工作，元旦、春节期间走访慰问企事业单位57家，开展“迎新春送温暖、稳岗留工”关心关爱慰问活动，向全旗煤炭、电力等8家企业的229名就地过年务工人员送去458份慰问品；“五一”、中秋、国庆等重大节日慰问园林、环卫工人700余人次；慰问农牧民工、“八大群体”职工280名；中秋、国庆两节深入旗医院、交警队等20余家值班单位走访慰问；开展“关爱支援额济纳旗疫情防控一线公安干警家属”活动，向30名干警家属送上米、面、油、牛奶、鲜花等慰问品；开展2021年“致敬劳动·夏送清凉”系列活动，分别为55个企事业单位、1.5万职工群众送去绿豆、白糖、西瓜、矿泉水等清凉物资，累计投入慰问资金70余万元。向78名劳模发放年度津贴、生活补助金、特殊困难补助金17万余元。向12名生活困难职工、45名大病职工、9名困难学生累计发放专项困难帮扶资金72万元。

【和谐劳动关系】 2021年，联合旗人社局、工商联举办2021年工资集体协商“要约行动季”启动仪式暨工资集体协商培训班，专题研究部署工资集体协商工作。至2021年底，鄂托克前旗建会企业共有56家，签订《集体合同》《工资专项集体合同》的企业56家，达到建会企业总数的100%，覆盖职工13936人，建会企业集体协商建制率达100%，签订《集体合同》《工资专项集体合同》，合法性审查率、备案率均达100%。

【互联网+】 鄂托克前旗充分利用门户网站、微信公众号等宣传媒介推动基层工会传统优势与信息技术有机融合，信息宣传及时更新，实时动态及时上传。2021年，累计上传工会动态220条，其中有国家、自治区、市、旗各级主流媒体刊登工会重点工作新闻宣传稿件128篇。深入各镇、企业开展《内蒙古自治区工会劳动法律监督条例》、“情系女职工 法在你身边”“建设法治鄂前旗 我们在行动”“宪法宣传周”等系列普法宣传活动10余次，通过设立咨询服务台、发放宣传手册等方式，向职工、农牧民工宣传并普及安全生产常识，开展“学党史，感党恩，促生产，保安全”安康杯有奖问答、“劳动托起中国梦，法治烛照职工心”法律知识竞赛等活动，提高广大职工、农牧民工的尊法守法用法与安全生产意识。

【党工共建】 2021年，围绕庆祝中国共产党成立100周年、党史学习教育、铸牢中华民族共同体意识等主题，结合“三会一课”、主题党日活动、书记课堂、劳模讲座，广泛开展“弘扬劳模品格，传承工匠精神”“浓浓端午情，永远跟党走”“巾帼共奋进，永远跟党走”“讲好红色故事，传承红色基因”等系列主题宣教活动20余次；围绕促进职工发展、维护职工权益、服务职工群众，扎实开展问计于职工、问需于职工、问政于职工的“我为群众办实事”实践活动，梳理汇总15项“我为群众办实事”任务清单，按照时间节点有序推进、逐项落实。

【职工医疗互助】 2021年，宣传动员全旗130个基层工会组织，6487名在职职工参加第三期医疗互助保障行动，共计缴纳保障金额65.7万元。至2021年底，有33家单位94名职工办理了互助金申领手续，共发放互助金7.02万元，为职工因发生大病重病费用支出减轻经济负担。

【工人文化宫】 2021年，为解决全旗职工文化活动场所短缺问题，进一步推进职工文化发展，增强广大职工群众健身意识，在敖镇建设一处集综合服务大厅、文化活动用房、劳模展厅等功能为一体的工人文化宫，项目总用地面积3907平方米，总建筑面积4145.19平方米，预计总投资1786.317万元，正在施工当中。

共青团

【概况】 鄂托克前旗坚持党建引领团建，印发《共青团鄂托克前旗委员会政策汇编》，将团建工作纳入党建工作整体考核。创新建立“团青先锋”党建品牌，建设智慧团建、青年爱里（蒙古语译“青年之家”）、大学生创业园、青年志愿者4个团建工作平台，实施青春强基、青春领航、青春建功、青春关爱、青春育才五大团建工程，构建凝聚青年、服务大局、当好桥梁、从严治团四维工作格局，发挥品牌带动作用和凝心聚力作用，不断提升党团组织和团员青年的凝聚力和战斗力。2021年，全旗共有基层团（队）组织328个，其中上海庙经济开发区团委1个、镇团委4个，嘎查村（社区）团组织90个，机关事业单位团组织45个，学校团委4个、少先大队9个、少先中队170个，非公企业团组织55个，青年社会组织团组织6个。共有团员2790名，专兼职团干部430名；14至35周岁青年1.33万人，创建“青年文明号”单位38家。

【共青团改革】 组织召开团教联席会议，部署学校共青团、少先队工作；组织召开基层团建暨“学社衔接”工作部署会、“新团员录入工作”推进会，着力做好学社衔接，推动基层团组织规范化建设；常态化开展“走转改”大宣传大调研活动，指导基层团建工作，联系服务基层团员青年；制定“驻校蹲班”活动制度，即团旗委班子成员深入各中小学，固定一个班级进行“蹲点”，密切共青团干部与广大青年学生的联系，了解学生思想动态和学习生活状况，直接联系、直接服务、直接引领团员学生，领导班子成员至少联系2个中小学，指导团、队工作，给予各中小学活动经费保障，为旗第一中学、旗第二中学、旗民族职业中学分别配备1名西部计划志愿者协助开展学校团建工作。

【青春强基工程】

基层团组织规范化建设 围绕组织力提升三年行动方案目标任务，按照学校领域强支部、新兴领域建组织、传统领域促规范、城乡社区抓阵地的思路，坚持建活并举、质量并重，夯实团的组织基础。

加强新兴领域团组织覆盖面，健全组织体系。2021年新兴领域新建社会团组织21个，其中新建非公领域团组织20个，全部录入“智慧团建”系统。

强化“三会两制一课”制度落实、发展团员、团费收缴、团内统计、团组织关系转接等工作，向全旗各级团组织发放《鄂尔多斯市团支部工作手册》，将团的制度落实情况作为党建带团建考核内容，督促各团支部规范开展团务工作，履行团支部工作职责。

队伍建设 严把团员、队员“入口关”，加强团前教育，2021年度发展新团员169名，初中、高中团学比分别控制在30%、60%以内。规范入队程序，在“六一”期间，根据“六知、六会、一做”的入队基本标准，按照首批入队队员不超过班级总人数30%的要求，其余学生利用“10·13”建队日全部入队。组织举办“14岁集体生日”“18岁成人礼”“扣好人生第一粒扣子”等主题团队活动170余场次，引导青少年树立正确的世界观、人生观、价值观，培养吃苦耐劳的品格和坚毅不拔的意志。通过微信平台，广泛宣传团组织关系转接相关信息，向社会公开旗、镇两级团委联系方式，以便“回家”团员顺利完成团组织关系转接事宜，2021年转接团员数564人，转接率100%。组织召开鄂托克前旗嘎查村（社区）新任团干部业务培训，提升团干部业务工作能力。

阵地建设 扎实推进制度自信教育，全旗各级团组织以观摩学习、文体活动、知识竞答、座谈交流、线上互动、主题宣传、故事分享、制作海报等方式，开展各类主题团日活动121场次；组织全旗少先队员开展“争做新时代好队员”主题教育实践活动41场次；引导广大青少年厚植爱国主义情怀。

党史学习教育 “线路图+时间表”统筹推进。以机关党员、全旗团干部、青年团员为重点对象，研究制定《共青团鄂托克前旗委员会党史学习教育工作方案》《党史学习教育计划表》，确保学习教育有序进行。

“规定动作+自选动作”全面覆盖。以线上、线下相结合的方式，不断创新自选动作。线上，在“鄂托克前旗智慧团建平台”微信公众平台上创新开设“百年党史天天学”“团团述党史”等专栏，方便全旗团员青年开展党史学习教育；线下，定时开展“晨读党史”学习活动，通过讲故事、述经典、唱红歌等青年干部喜闻乐见的方式，让党史学习教育生动起来；创新学习方式，在世界读书日、国庆等关键节点，组织参与“百年党史青年读——内蒙古青年线上一起读党史”“鄂尔多斯青年一起读党史”等活动，组织全旗各族各界人员共读党史，教育引领广大团员青年、少先队员学史明理、学史增信、学史崇德、学史力行。2021年共开展“晨读党史”120期、“团团述党史”3期、党史学习教育专题学习会27次、领导干部带头讲党课4次。创新开展“红色剧本杀”活动，为全旗广大团员青年搭建起党史学习的新模式。

“镶入式+嵌入式”全员参与。利用特殊时间节点，深入挖掘、表扬“优秀五四集体和个人”“向上向善好青年”等先进典型、集体72个，促进全旗广大团员青年形成“学典型，争模范”的良好局面；组织旗级青年讲师团成员进机关、进学校、进嘎查村（社区）开展主题宣传活动6次；基层团组织领域团员青年开展“请党放心，强国有我”主题团日活动240余次；组织全旗各中小学开展以“观看红色影片、游览党史文化长廊、聆听红色故事”为主题的团日（队日）活动、以“青年大学习”“争做新时代好队员”网上主题团（队）课、以“主题课本剧、主题演讲比赛、讲经典党史故事”为主题的趣味活动等共210余场次，开设“红领巾之声”栏目，至年底共发布50余期；以基层团组织换届选举为契机，组织开展全旗嘎查村（社区）新任团支部书记专题培训，讲授《铭记沧桑历史，传承革命精神》专题课程，开展“画好新时代同心圆”等实践教学活动。

创新实践载体活学，突出学用结合实效。在“鄂托克前旗智慧团建”微信公众号上发布“我为群众办实事”实践活动征求意见的公告；依托“驻校蹲班”“志愿服务”等方式，对群众开展“点单式”服务；发挥鄂托克前旗青年代表联络站作用，召开青年座谈会，与会青年提要求、谈困难、求帮助，团代表认真倾听，提出解决问题的思路和办法，增强服务青年的能力。至年底，共开展“我为群众办实事”“我是共青团员我帮你”主题实践活动54场次。

【青春领航工程】

“青年大学习”行动 动员全旗团员青年学习“青年大学习”网上主题团课，累计参与人数20万余人次；线下组织基层团组织举办“青年大学习”知识竞赛，提高广大团员青年学习积极性；将“团团讲堂”党建“书记项目”开到乡镇、学校，围绕“请党放心·强国有我”专题宣讲70次；深入各中学团校组织开展宣讲活动4次；组织全旗团代表及各级团组织负责人开展党的十九届六中全会精神专题座谈会，使党的最新理论在青少年中入脑入心。

网宣平台建设 根据青少年的特点，利用微视频、青年热议、青少年的作品等方式，加强网上宣传工作。以微信平台建设为主导，每天1期，每期至少1个原创专栏，共发布原创信息261期，主要以宣传习近平新时代中国特色社会主义思想、团组织工作动态、青年典型事迹为主要内容，其中内蒙古自治区媒体采纳53条、鄂尔多斯市媒体采纳15条、鄂托克前旗媒体采纳40条。

民族团结进步教育 利用全旗各学校团委、少队平台，组织开展“手拉手一起走”“我和我的少数民族朋友”“石榴籽小课堂”等主题活动70余场次。组织各民族新兴领域青年到三段地革命历史纪念馆开展民族团结进步知识竞赛，充分了解中国共产党在内蒙古的革命历史，促进民族团结进步。

【青春建功工程】

助力新时代文明实践 充分利用“志愿北疆”App，鼓励全旗青年志愿者实名注册，共注册志愿者5130名；动员全旗各级志愿服务队开展创建全国文明城市、扫雪除冰、助力春运、助力高考、助力中考、助力公考、环境卫生整治、爱国卫生运动、倡导文明出行、垃圾分类等志愿服务活动100余场次。

助力疫情防控工作 鄂托克前旗新冠疫情发生以来，团旗委组织动员全旗各级团组织，组建5支青年突击队，招募青年志愿者78名，开展公共区域消杀、信息统计录入、宣传引导、物资募捐等工作。

助力乡村振兴 马鞍桥村三优三劣（优越的地理位置，丰富的辣椒种植经验，相对成熟的“三元杂交”短期育肥养殖技术；产业结构单一，资源浪费严重，环境污染）的产业发展现状，在原有1家饲料厂的基础上，新引进1家辣椒厂、1家玉米芯加工厂，将马鞍桥村打造成产业示范园区，引领、带动更多企业、青年投身乡村振兴建设；以特色产业为支撑，为村集体经济擦亮品牌。以合作社育苗、基地种植、企业收购加工、农户全程参与的方式，因地制宜发展辣椒产业，逐步形成“育苗、种植、加工、销售”的全产业辣椒链条。2021年辣椒厂共收购辣椒30吨、创收5万元，集体经济收入达12万元。

【青春关爱工程】

开展关爱留守儿童、慰问孤寡老人等各类志愿服务活动30余次，实现少年儿童微心愿110个。全年落实“爱心助力 情暖校园”“爱心小鸟”“中国茅台、国之栋梁”“天祥基金”等助学项目累计助学6万元，助力4名学生完成学业。

【青春育才工程】

加强中长期青年发展规划，制定出台鄂托克前旗青年工作联席会议制度，召开青年工作联席第二次全体会议，审议通过鄂托克前旗《青年工作联席会议议事规则》《贯彻落实〈规划〉2021年工作要点》《贯彻落实〈规划〉2021年统计监测指标》，进一步促进规划落实见效。

加强青年创业就业，重新收集、更新青年致富带头人名单，与鄂托克前旗就业服务中心联合成立首家旗级青年创业园，联合举办招聘会2场次。为广大创业青年提供创业培训、结对辅导、金融扶持等服务，拓宽服务青年渠道。

加强全旗各级青年文明号、青安岗的复核工作，提高服务能力。联合鄂托克前旗消防大队、鄂托克前旗交警队、鄂托克前旗农商银行等青年文明号走进学校、企业、社区加强消防安全、交通安全、金融安全、禁毒宣传等活动25次，提高青少年的安全意识。

做好青少年服务项目，指导督促全旗各中小学，围绕五类球赛、远足、歌咏、郊游等方式开展丰富多彩的活动，丰富青少年校园文化生活；联合鄂托克前旗法院、检察院团支部开展“模拟法庭”、检察开放日、法治进校园等法治宣传活动13次；举办青年联谊交友活动2次，为全旗青年搭建婚恋交友平台；开展青少年消防安全教育工作，创新成立“青春团、火焰蓝”青少年课外实践基地；联合鄂托克前旗科协，在鄂托克前旗气象局成立青少年校外实践基地，以“培养创新精神，锻炼实践能力”

为重点，为青少年提供广泛接触气象知识的场所。

妇女联合会

【概况】 至2021年底，全旗共有基层妇女组织213个，其中经济开发区妇女组织1个、乡镇妇女组织4个、嘎查村（社区）妇女组织85个、旗直机关事业单位妇女组织75个、国有企业妇女组织17个、“两新”妇女组织25个、其他领域妇女组织7个。

【创业就业】 7月12日，鄂托克前旗妇女联合会联合旗职业高中、旗巾帼家政有限责任公司联合举办2021年度养老护理职业技能培训班，培训9天、40余人参加；11月23日，联合鄂托克前旗昂素镇妇联举办全旗苏绣培训班，培训7天，有20余名妇女参加培训；11月29日，联合旗就业服务中心、鄂尔多斯市鄂托克前旗金华英职业培训学校举办2021年第三期母婴护理员职业技能培训班，30余名农牧民妇女、下岗失业女性参加培训；12月2日，联合旗职业中学举办2021年盘扣胸针手工艺品制作培训班，有30余名妇女参加培训。

【扶贫助困】 2021年，鄂托克前旗妇女联合会开展“民族团结一家亲”系列活动，2名党员科级领导干部分别与2户困境家庭“结亲”。常态化推进困境儿童结对帮扶，联合旗“草原额吉”志愿服务协会向184名困境儿童捐款捐物8.7万元。阿拉善盟疫情严峻期间，第一时间发布捐款倡议，联合爱心企业、志愿服务协会向额济纳旗红十字会捐款捐物1.3万元。走访慰问“两癌”妇女、贫困妇女等29人，送去慰问金及慰问品0.86万元。协调旗女企业家协会为15名学生送去慰问金0.45万元。联合旗蒙医综合医院举办“感恩母亲关爱健康”主题活动，为50名贫困“两癌”患者争取到35节心身治疗健康免费课程，为7名“两癌”重症患者争取“低收入妇女两癌救助专项资金”7万元。

【文明建设】 2021年，鄂托克前旗妇女联合会深入开展“巾帼心向党·奋斗新征程”群众性宣传教育等建党100周年系列活动，举办各级各类妇女恳谈活动22场次、理论宣讲进基层20场次；积极开展民族政策法律系列宣讲活动，在昂素镇“儿童之家”、昂素完全小学、包联圐圙嘎查开展“铸牢中华民族共同体意识”宣讲恳谈会活动，11月份，旗妇联被评为“第六批全市民族团结进步示范单位”。联合昂素镇妇联开展“颂百年风华 传红色基因”家庭亲子阅读活动，联合图书馆开展家庭亲子阅读体验基地挂牌仪式暨“阅读传家风，亲子共成长”家庭亲子阅读活动，旗图书馆被自治区妇联命名为“自治区家庭亲子阅读体验基地”。以“巾帼逐梦新时代 与党同行共奋斗”为主题，评选表彰三八红旗手10名、三八红旗集体8个、优秀妇女工作者10 名、最美巾帼奋斗者10名、巾帼文明岗4个，获评自治区级最美家庭1户，市级最美家庭1户。

【改革创新】 2021年，全旗深化妇联组织改革行动，持续延伸妇联组织触角和服务半径，打造典型示范“妇女之家”1个、牧户“儿童之家”1个、“巾帼微学堂”1个。创新互联网时代妇女工作模式，打造“网上妇女之家”，在鄂托克前旗“巾帼微宣传”专栏发布“1分钟短视频”27期，积极宣传反家庭暴力法、男女平等基本国策，妇女儿童权益保障、身心健康调节，婚姻家庭幸福和谐等内容。

【权益保障】 2021年，鄂托克前旗妇女联合会联合公检法司等部门，充分发挥“好大姐”婚姻家庭纠纷调解委员会、心理咨询协会等志愿服务力量，做好婚姻家庭纠纷调解、妇女儿童维权服务、心理疏导等工作，全年接待和处理来信、来电、来访及婚姻家庭矛盾纠纷40余件，调解成功率75%。认真履行推进法治建设第一责任人责任，按照“谁主管、谁普法”要求，建立单位普法责任清单，积极开展普法宣传，举办维权、普法、防艾等各类讲座及宣讲活动60场次。联合旗总工会举办“颂党恩助维权”喜迎建党100周年党史、维权知识竞赛。

【素质提升】 举办全旗基层妇联干部培训班、基层妇联干部综合素质能力提升班，培训镇村妇联主席、旗直各单位妇委会主任210多名。联合旗教体局举办了第十三届健身操大赛，进一步唱响时代主旋律，弘扬社会新风尚。

工商业联合会

【概况】 全旗注册有中小微企业共2487家（其中2021年注册233家），其中一产企业311家、二产企业502家、三产企业1674家；5000万元以下3000万元以上企业93家、3000万元以下1000万元以上企业309家、1000万元以下500万元以上企业530家。

【商会建设】 2021年，鄂托克前旗举行全旗工商业联合会（总商会）工作座谈会，交流探讨商会建设经验，科学谋划工商联2021年工作；举办鄂托克前旗工商联（总商会）首期“部长主席接待日”活动，了解民营企业的困难，倾听企业家的呼声。

【合作交流】 2021年，鄂托克前旗工商业联合会在巴彦淖尔市考察学习期间，先后与巴彦淖尔市杭锦后旗、乌拉特后旗、乌拉特中旗、五原县工商联签订《缔结友好商会协议书》，缔结了友好关系，为民营企业交流合作搭建平台；协办“兴源水务杯”鄂托克前旗第三届非公经济运动会，共设置足球、篮球、排球、乒乓球、羽毛球、趣味赛等十几个项目，来自全旗29家非公企业的30支代表队370余名运动员参加。

【培训考察】 2021年，鄂托克前旗工商业联合会联合多部门开展“优环境 助发展”政策宣讲活动，鄂托克前旗市场监督管理局、税务局、金融服务中心、就业服务中心就本部门职能职责为企业进行专项惠企政策培训和讲解。

鄂托克前旗工商业联合会举办“非公经济大讲堂”，邀请鄂尔多斯市委党校法学教研部钱格祥教授，从准确把握中国共产党百年奋斗历史意义、准确把握中国共产党百年奋斗的历史经验、准确把握开创中国特色社会主义新时代等三方面对中国共产党第十九届六中全会精神讲解；举办鄂托克前旗“万企兴万村”企业涉税风险防范培训班，邀请高级会计师注册税务师王占雄教授授课。全旗各非公企业负责人和企业财务人员共100多人参加培训。

【公益事业】 2021年，鄂托克前旗工商业联合会开展“我为群众办实事”“点亮乡村光彩惠民”公益活动，联合中山市帕纳奇照明科技有限公司为每个嘎查（村）、社区捐赠和免费安装2套无杆光能路灯，全旗共计200套；举办鄂前旗民营企业2021“金秋助学”活动，引导民营企业履行社会责任，帮助品学兼优、家庭困难的学生继续完成学业，共有24家爱心企业捐助学生65人，捐助资金16.76万元；联合旗交警大队开展爱心头盔捐赠活动，工商联会员企业鄂尔多斯市恒鑫路桥工程有限责任公司、鄂托克前旗乐惠多超市、鄂尔多斯市径达驾驶员培训有限责任公司三家企业共捐赠3000顶头盔，总金额约15万元。

【非公经济党建】 鄂托克前旗工商联以“1485”非公党建工作模式为抓手，以非公党建服务中心为支撑，强化服务意识，创新工作载体，提升非公党组织凝聚力和战斗力。以庆祝中国共产党成立100周年为主题开展“我为群众办实事”实践活动。开展“解忧暖心传党恩”行动，走访慰问包扶嘎查困难党员、老党员、民营企业困难职工；组织所属民营企业举办“铸牢中华民族共同体意识”主题演讲比赛；邀请党校讲师为全旗非公企业党组负责人作中国共产党的十九届五中全会精神专题讲座；组织所属民营企业党支部书记、党员20余人赴城川开展以“追忆革命故事·传承红色基因”为主题的党史学习教育现场教学活动。

【工商联扶贫】 鄂托克前旗工商联组织的“万企兴万村”脱贫攻坚行动已覆盖全旗68个嘎查村，有53家民营企业参与到行动中，累计投入帮扶资金5800万元，带动7000多名农牧民增收。

社会主义核心价值

宣传思想文化

【概况】 鄂托克前旗宣传思想文化战线紧紧围绕旗委中心工作，遵循宣传规律，狠抓工作落实，为统筹疫情防控和经济社会发展营造良好的舆论环境。

【旗委中心组学习会】 以服务改革发展稳定大局为原则，以促进实际工作、解决实际问题为导向，把学习贯彻习近平新时代中国特色社会主义思想和习近平总书记对内蒙古重要讲话重要指示批示精神作为首要政治任务，作为旗委理论学习中心组学习的主题主线，结合党史学习教育，下发《2021年旗委理论学习中心组学习实施方案》，通过专题讲座、研讨交流、现场教学、调研学习等形式，组织开展旗委理论学习中心组学习13次，配套发放理论辅导材料和音像学习资料8期，深入解析铸牢中华民族共同体意识、优化营商环境、党史知识等重点学习内容。加大对旗委理论学习中心组学习质量监督考评力度，成立11个巡听旁听工作组深入全旗党委（党组）采取现场旁听、查阅资料、个别谈话、定期通报等方式，对理论学习中心组学习内容、学习方式、运行机制、成效转化等进行监督考评，带动形成崇尚学习研究的浓厚氛围。

第1次学习会　2月1日在党政二楼大会议室召开。旗委书记布仁其木格主持，学习贯彻习近平新时代中国特色社会主义思想、开展习近平总书记关于优化营商环境重要论述精神专题研讨。旗委、人大、政府、政协在家领导班子成员及法检两长参加会议。

第2次学习会　2月25日在涛龙宫一楼会议大厅召开。会议邀请内蒙古师范大学教授、博士生导师董杰作铸牢中华民族共同体意识专题讲座。旗委常委、政府副旗长孙军主持会议。会议以视频形式召开。旗委理论学习中心组成员、全旗副县以上在家领导、旗人大代表、全旗副科以上干部在主会场参加会议。上海庙经济开发区、各镇领导干部及各嘎查村（社区）驻村第一书记、“三委”班子成员在分会场参加会议。

第3次学习会　3月16日在涛龙宫一楼会议大厅召开，旗会议中心、开发区、各镇设分会场。会议邀请国务院发展研究中心社会发展研究部巡视员、研究员林家彬教授作“优化营商环境，建设高标准市场体系”专题讲座。会议以视频形式召开。旗委理论学习中心组成员、全旗副县以上领导、旗直各部门副科以上实职干部、旗直属国有企业领导班子成员在主会场参加会议。

第4次学习会　4月15日在旗党政二楼大会议室召开。旗委书记布仁其木格领学习近平《论中国共产党历史》。旗委、人大、政府、政协领导班子成员，旗法检两长参加会议。

第5次学习会 5月27日在旗党政二楼大会议室召开。市委党史学习教育第四巡回指导组组长杜存良，指导组副组长、市人社局副局长石宇军等到会指导。旗委、人大、政府、政协领导班子成员，检察院检察长参加会议。

第6次学习会 5月28日在旗党政二楼大会议室召开。深入学习习近平法治思想、习近平总书记关于政法队伍建设的重要论述以及中央第四督导组组长车俊在督导鄂尔多斯市反馈会议上的讲话精神，并围绕会议主题进行研讨交流。旗委、政府、政协有关领导，旗法检两长及旗司法局负责同志参加会议。

第7次学习会 6月28日在旗会议中心小会议室召开。都日斯哈拉同志领学了《毛泽东、邓小平、江泽民、胡锦涛关于中国共产党历史论述摘编》。杨颖新、张永清、尤建庆、蔡成等同志围绕“改革开放新时期的历史”学习内容，结合各自工作实际，依次作了研讨发言，其他同志提交了书面发言材料。旗委、人大、政府、政协领导班子成员，旗检察院检察长参加会议。

第8次学习会 7月7日在涛龙宫一楼会议大厅召开。会议邀请市委党史学习教育第四巡回指导组组长、准格尔旗党委原正处级领导杜存良同志以《实现第二个百年奋斗目标的时代动员令、政治宣言书》为主题，作专题讲座。旗委理论学习中心组成员、全旗副县以上领导、全旗实职副科以上干部、旗党史学习教育宣讲团成员、旗党史学习教育领导小组办公室全体工作人员参加会议。

第9次学习会 10月20日在旗会议中心大会议室召开。会议邀请市委党校行政管理教研部主任宝金山同志以《习近平总书记关于民族工作的重要论述》《解放思想、勇于担当、聚力建设新时代魅力鄂前旗》为主题作专题讲座。旗委理论学习中心组成员、全旗副县以上领导、各镇各部门主要负责同志参加会议。

第10次学习会 10月21日在旗党政二楼大会议室召开。领学了习近平法治思想、习近平总书记关于意识形态工作的重要论述、《统一战线工作条例》、习近平生态文明思想。旗委理论学习中心组成员参加会议。

第11次学习会 11月30日在涛龙宫一楼会议大厅召开。会议邀请市委党校教授巴图青格勒作意识形态专题讲座。讲座结束后，全体参会人员观看安全生产专题片《生命重于泰山》。旗委理论学习中心组成员，全旗副县以上领导，各镇、各部门、各国有企业负责同志参加会议。

第12次学习会 12月16日在旗党政二楼大会议室召开。会议学习习近平总书记关于《中共中央关于党的百年奋斗重大成就和历史经验的决议》的说明》精神、《决议》精神，部分与会人员围绕十九届六中全会精神进行研讨发言。全旗副县以上领导干部参加会议。

第13次学习会 12月22日，在旗会议中心大会议室召开，上海庙经济开发区、各镇设分会场。会议邀请内蒙古党校文化教研部主任薛建华作党的十九届六中全会精神专题讲座。会议以视频形式召开。旗委理论学习中心组成员，全旗副县以上领导，旗直各部门、旗国有企业负责同志在主会场参加会议。

【基层大讲堂】 以党史学习教育为切入点，以基层群众实际需求为出发点，广泛吸纳政治素质好、理论水平高、表达能力强的党政领导干部、专家学者、基层骨干、科技特派员、英雄模范人物等社会各界人士，成立旗新时代文明实践“传承红色基因、服务人民群众、推进乡村振兴”宣讲团，组织开展集体备课，形成党史、党建、铸牢中华民族共同体意识、优化营商环境、农牧业实用技术、“七一”重要讲话精神等6个宣讲主题，通过干部教育培训、专题讲座、“双周讲堂”等形式，开展“菜单式”“点播式”“互动式”“微课堂”等形式多样的理论宣讲160余场次，受众人数达1.2万余人，推动习近平新时代中国特色社会主义思想进企业、进农村、进机关、进校园、进社区、进网络。

【“大宣传”格局】 统筹各类宣传资源，构建“大宣传”工作格局，将新闻宣传、网络宣传、社会宣传资源统一调配，形成宣传合力。

新闻宣传 始终坚持“策划先行、多方兼顾、注重精品”原则，针对旗经济社会发展等各项事业中的新举措、新经验、新成效开展持续性宣传报道，全旗正面舆论态势稳固。“鄂托克前旗发布”微信公众号共推送微信4100余条，总阅读量突破155.3万人次，单条最高阅读量6.7万；电视平台播发新闻125期、742条新闻稿件；广播平台播发新闻125期、742条，文海泛舟、音乐部落、红歌传唱、援鄂民警抗疫日记等专栏185期；报纸平台刊发41期、746篇稿件。紧扣主题、突出重点，切实做好重大主题宣传工作。累计开设《铸牢中华民族共同体意识》《草原儿女爱祖国 中华民族共团结》《学党史 悟思想 办实事 开新局》《我为群众办实事》《让鄂尔多斯美好 创城有我》《文明鄂前旗进行时》等20余个专栏，为各重点工作推进提供有力舆论保障；制作推出大型融媒节目《以案说反诈》、问政节目《营商环境面对面》、访谈节目《贯彻落实旗党代会精神·微访谈》、短视频栏目《主播说前旗》，密切关注新闻热点，聚焦百姓最关心的话题，努力实现媒体联动、融合传播的新格局。在创作精品上下功夫，完成新闻素材的二次推送。累计完成原创作品328个，其中抖音产品54个、微视频产品142个、图文包132个，让新闻产品更贴地气，更有温度。

对外宣传 深挖、收集、整理新闻线索15次；制作《建党百年选题集》《鄂托克前旗：用好红色资源 讲好党史故事》《我的入党故事》《鄂托克前旗农牧业方面选题集》新闻选题集8册；制定新闻采访线9条，内容涵盖全旗农牧业发展、红色教育、民族团结、农村牧区户改厕等全旗重点工作、重大决策内容，为做好全旗对外宣传打好基础。向市级以上媒体推送稿件，全年累计在市级以上媒体刊发稿件1125条，在中央电视台、人民日报客户端、人民网、学习强国、新华社客户端等国家级主流媒体刊发稿件266条，在内蒙古电视台、内蒙古日报等自治区级媒体刊发稿件361条，在鄂尔多斯电视台、鄂尔多斯日报、鄂尔多斯发布等市级媒体刊发稿件498条。其中，中央电视台播出6篇稿件，《人民日报》刊发19篇稿件，人民网刊发77篇稿件，学习强国刊发63篇稿件，25篇稿件浏览量均达百万+。做好各级媒体对接和服务工作。累计邀请、接待市级以上各级媒体500余人次。邀请实践杂志社专访旗委书记王羽强，在学习强国、实践杂志专版发布《鄂托克前旗委书记王羽强：不辱使命踏征程 感恩奋进再出发》，做到在全区103个旗县委书记首推目标。高质量完成“再唱赞歌给党听”“走进乡村看小康—康庄大道”“几字湾里看小康”“开卷有理”等大型直播活动。

网络宣传 2021年，对标党和国家中心工作，结合重大会议活动、重要时间节点，开展网上评论工作。落实全国、全区、全市两会、脱贫攻坚表彰大会、庆祝建党百年、庆祝辛亥革命110周年等上级网评工作任务43次；围绕全旗两会等旗内重大会议活动主动设置议题，组织开展网评活动4次。精心打造覆盖809个居民微信生活群、企事业单位工作群的新媒体宣传矩阵，累计推送宣传信息、便民服务信息400多条，实现内容和用户的精准匹配。全力做好舆情信息收集上报工作，全年累计向市委宣传部报送舆情信息1600多篇，其中40多篇被中宣部采用。

网络安全 制定出台《鄂托克前旗网络安全统筹协调工作机制》，组织开展庆祝建党100周年网络安全大检查，登记备案14个部门的关键信息基础设施，现场抽查上海庙10家厂矿企业，反馈网络安全问题13个，全部完成整改。精心组织开展鄂托克前旗2021年国家网络安全宣传周活动，“校园日”“电信日”等6个主题日活动深入开展，网上答题、网络安全应急演练、知识竞赛等活动取得良好成效。加强“网络卫士”志愿服务队建设，深入厂矿企业、集贸市场、社区企业开展网络安全知识专题讲座。2021年，“网络卫士”志愿服务队被市委宣传部评为“最美志愿服务组织”。

信息化建设 制定出台《鄂托克前旗数字经济统筹协调工作机制》《鄂托克前旗委网信委数字经济发展工作领导小组及其办公室工作职责》，进一步建立健全数字经济发展协调机制，形成工作合力。扎实推进“杨飞三农学习讲堂”建设工作，向市委宣传部和市委网信办报送典型材料《鄂托克前旗："小课堂"发挥大能量，网上"学习讲堂"助力乡村振兴》。认真抓好统筹协调和服务保障工作，旗数字乡村建设顺利通过国家数字乡村试点阶段性评估。

社会宣传 全旗宣传载体有主要公路沿线擎天柱22个、立地牌102个、桥体广告15个、新媒体宣传载体6个、电子屏71个、公交车16辆、出租车183辆、楼宇广告1个、敖镇镇区灯杆旗605套、景观小品115套、小型宣传栏285个、彩绘箱150个、公交站牌30个。

2021年，主要以铸牢中华民族共同体意识、社会主义核心价值观、十九届六中全会精神、建党100周年和党史学习教育、优化营商环境、乡镇党委换届、统编教材、疫情防控等重大主题宣传为主，在重要交通路口更换擎天柱15处、桥体广告14处，落地牌20处，在主要街道设置灯杆旗70个、更换公交站牌12个，更换景观宣传灯箱230套，更换灯杆旗621套，在政务大厅、公园广场、嘎查村社区利用电子屏、条幅滚动刊播2万余次。

【繁荣文化】 围绕建党100周年、党史学习教育、疫情防控等主题，完成包括歌曲、小品、舞蹈、快板等新节目创作37个，上报10个全区"十四五"期间重点文艺作品；线上线下累计开展各类文艺辅导27次，受益人数达1.7万人次，通过微信公众号平台、抖音平台发布作品131篇，内容涵盖演出、服务辅导、宣传等动态，累计点击量73000余人次；以"弘扬乌兰牧骑精神·到人民中间去""党旗高高飘扬——全区乌兰牧骑基层服务活动""草原儿女爱祖国·中华民族共团圆"为主题，深入一线开展综合服务，带领群众回忆中国共产党走过的百年奋斗历史，累计开展基层巡演活动175场次；围绕"庆祝建党100周年百团千场文化惠民演出"活动、鄂尔多斯四季赏花·夏季赏花度假暨"马兰花开锦·醉美鄂前旗"花季系列文旅活动等主题开展九场次52项系列大型群众性文化活动，惠及群众近9万人次；积极参加各级各类比赛，累计获国家级奖项7项、自治区级12项、市级6项。

【新闻出版广电】

新闻出版 开展各类宣传活动6次，发放各类宣传资料1万余份；新增版权工作服务站2处，共有版权登记服务站3处（分别位于旗委宣传部、旗文化产业园区、城川镇），并开设网上登记端口，全年登记版权作品达86件。

电影 结合党史学习教育，深入开展"建党百年 光影铸魂"百部主题电影放映活动，累计放映1012场次；打造了基层放映点2个（城川镇糜地梁嘎查、敖镇巴音社区），其中城川镇糜地梁嘎查红色影院是全区首家具有影院观影效果并纳入农村牧区公益电影监管平台的村级红色影院；累计投入12万元用于购买放映设备，提升观影效果，设立公益电影服务站1处，实现影片的自主更新下载。

扫黄打非 组织召开工作推进会2次；扎实开展联合检查和部门专项检查工作，累计开展联合、专项检查40余次，搜索"关键词"200余个，累计查办上报相关案件2件，依法没收各类非法出版物2000余册；推进宣传活动进集贸市场、进校园、进矿区景区、进企业，累计开展各类宣传活动17场次，发放各类宣传品2万余个，创新打造"鲁叔叔进课堂"护苗品牌；实现"扫黄打非"进基层示范站点全覆盖，打造护苗工作站1处，申报国家级基层示范站点1个，新矿上海庙能源有限责任公司获自治区先进示范基层站点。

精神文明建设

【概况】 深入贯彻全国、全区文明办主任会议和全市宣传部长会议精神，以迎接第七届全国文明城市测评为统揽，加强"一个中心"建设，深化"五大创建"活动，实施"六项风尚"行动，提升未成年人思想道德建设水平，努力打造范围更广、内涵更丰富、水平更高的全国文明典范城市，推动新时代精神文明建设高质量发展。

【深化全国文明县城创建】 夯实领导责任，7月9日，召开文明委会议，吹响了创城攻坚冲锋号。制定印发《鄂托克前旗2021年度深化全国文明城市常态化创建工作分工方案》，推行"县级领导包片、旗直部门联片、干部蹲点守片、问题反馈到片”的创建工作机制，旗委主要领导亲自调度，定期听取工作汇报，定期进行现场督查。21个县级领导包联21个责任片区，常态化开展创城督导工作。夯实目标责任。按照“一年打基础、两年促提升、三年夺决胜”的总体工作安排，突出年度工作重点，将《全国文明城市测评体系》《全国未成年人思想道德建设工作测评体系》分别细化分解为60项108个、6项34个具体指标，紧扣网上申报、实地考察、问卷调查的具体内容、标准要求，逐项逐条找差距、盯准细节补短板。夯实调度责任。强化一日一总结、一日一调度、一日一督查，成立由县级领导任组长的13个专项工作组，全程跟踪、全程督办，对全旗实地测评任务进行定期考核、定期通报、推动整改，不断推进文明城市创建工作提质增效、向上向好。坚持为民创城、创城惠民导向，由改造主次干道、商业大街、公园广场这些“面”上的点位，逐步向改造老旧小区、集贸市场、背街小巷等点位转变。先后对9个老旧小区进行改造提升，完成住宅小区硬化8849平方米，道路维修2506平方米，墙皮破损修补5880平方米。完成背街小巷硬化3.2万平方米。设立垃圾分类站、分类果皮箱42处，维修道路塌陷300余处1942平方米，拆除陶伦市场院内历史遗留临建1处。同时，对17000辆电动车上牌管理。集中开展市容市貌管理、交通秩序整治、文明素质提升等13项专项行动，强化对各种不文明行为教育引导，培育文明行为习惯。明确各镇、旗直各单位主要负责人为创建工作“第一责任人”，对照年度行动方案，推动创建清单化、清单责任化、责任具体化。更加注重提升市民文明素质，广泛开展“讲文明树新风”“做文明有礼鄂前旗人”等主题活动，大力培树评选文明家庭、最美家庭、十星级文明户、干整人家等先进典型，积极挖掘推送身边好人事迹，教育引导广大群众懂礼貌、知礼仪、守秩序。充分发挥新时代文明实践中心17支常备志愿服务队作用，动员全旗1万多名志愿者、147名文明交通劝导员，常态化开展“我为群众办实事”“我是党员我帮你”等新时代文明实践志愿服务活动，提升群众参与度。

【文明单位创建】 鄂托克前旗文明单位积极开展各项工作，推动文明单位创建工作经常化、制度化、规范化，全旗各文明单位在创城、脱贫攻坚等领域发挥主力军作用。鄂托克前旗已创建成功国家级文明单位2个，自治区级文明标兵1个、自治区级文明单位8个，市级文明标兵4个、市级文明单位26个。

【文明村镇创建】 落实《全市文明村镇创建五年行动计划》，依托《乡风文明考核管理办法》《文明村镇创建管理办法》，深化乡风文明大行动，助推乡村振兴战略，每三

表15　　鄂托克前旗文明单位名录

序号	级别	单位名称	年度	颁授部门
1	国家级（2个）	鄂托克前旗人民检察院	2017	中央精神文明建设指导委员会
2		内蒙古电力（集团）有限责任公司鄂尔多斯电业局鄂托克前旗供电分局	2020	
1	省级标兵（1个）	鄂托克前旗公安局	2019	
1	省级（8个）	鄂托克前旗交通管理大队	2000	
2		鄂托克前旗财政局	2000	
3		鄂托克前旗公路管理工区	2003	
4		鄂托克前旗公安局敖勒召其派出所	2008	

续表15

序号	级别	单位名称	年度	颁授部门
5	省级（8个）	鄂托克前旗道路运输管理分局	2008	中央精神文明建设指导委员会
6		鄂托克前旗移动通信支公司	2011	
7		鄂托克前旗气象局	2014	
8		鄂托克前旗税务局	2019	
1	市级标兵（4个）	鄂托克前旗审计局	2009	鄂尔多斯市精神文明建设委员会
2		鄂托克前旗第二幼儿园	1996	
3		鄂托克前旗第一幼儿园	2009	
4		中国农业银行股份有限公司鄂托克前旗支行	2013	
1	市级（26个）	鄂托克前旗公用事业服务中心	1997	鄂尔多斯市精神文明建设委员会
2		鄂托克前旗档案史志馆	1997	
3		鄂托克前旗委员会办公室	1997	
4		鄂托克前旗市场监督管理局	1997	
5		鄂托克前旗水利局	2001	
6		鄂托克前旗林业和草原局	2002	
7		鄂托克前旗乌兰牧骑	2003	
8		鄂托克前旗住房和城乡建设局	2003	
9		鄂托克前旗烟草专卖局	2008	
10		中国联合网络通信有限公司鄂托克前旗分公司	2009	
11		鄂托克前旗蒙医综合医院	2012	
12		鄂托克前旗人民代表大会常务委员会办公室	2013	
13		鄂托克前旗文化和旅游局	2014	
14		中国人民政治协商会议鄂托克前旗委员会办公室	2015	
15		鄂托克前旗人民法院	2015	
16		中国邮政集团有限公司内蒙古自治区鄂托克前旗邮政分公司	2017	
17		鄂托克前旗营商环境促进中心	2018	
18		鄂托克前旗政务服务局	2018	
19		国电电力双维内蒙古上海庙能源有限公司	2021	
20		鄂托克前旗阿吉泰健康养生园	2021	
21		内蒙古兴源水务集团有限公司	2021	
22		鄂托克前旗上海庙派出所	2021	
23		山东能源内蒙古盛鲁电力有限公司	2021	
24		鄂托克前旗老干部服务中心	2021	
25		鄂托克前旗工信和科技局	2021	
26		鄂托克前旗大数据中心	2021	

年开展一次文明村镇评选表彰活动，在各镇有针对地打造一批移风易俗示范村，加强农村牧区“十个一”和农牧户“五个一”创建工作，由村“两委”班子专题研究和部署该项工作，建立完善“一约四会”工作制度，广泛开展乡风评议活动，引导农牧民自我约束、自我管理、自我提高，推动形成勤俭节约、俭办婚丧的新习俗。组织文明单位与嘎查村结对共建乡风文明，帮助嘎查村改善环境卫生，推动移风易俗，开展精神文明创建活动。推动经济条件较好、具备帮扶能力的文明单位发挥自身优势，结对帮扶贫困嘎查村，助力脱贫攻坚。鄂托克前旗共有4个镇，其中荣获省级文明镇3个、旗级文明镇1个，文明镇比例为100%；共有68个嘎查村，其中荣获国家级文明嘎查村1个、省级文明嘎查村4个、市级文明嘎查村7个、旗级文明嘎查村38个，文明嘎查村共计47个。

【文明家庭创建】 为培育和践行社会主义核心价值观，弘扬中华民族家庭美德，根据《关于在全旗范围内开展“文明家庭”创建活动的通知》，2021年共评选旗级文明家庭112户,其中敖镇43户、昂素镇23

表16　　鄂托克前旗文明村镇名单

序号	级别	年度	单位名称	颁授部门
1	国家级	2011	昂素镇昂素嘎查	中央精神文明建设指导委员会
2	省级	2010	敖勒召其镇	内蒙古自治区精神文明建设委员会
3		2013	上海庙镇特布德嘎查	
4		2017	上海庙镇	
5		2017	上海庙镇八一村	
6		2019	城川镇	
7		2019	敖勒召其镇大沙头村	
8		2019	昂素镇哈日根图嘎查	
9	市级	2010	上海庙镇长城花园社区	鄂尔多斯市精神文明建设委员会
10		2013	城川镇呼芦素淖尔村	
11		2015	城川镇大沟湾村	
12		2015	敖勒召其镇查干巴拉嘎苏嘎查	
13		2015	敖勒召其镇巴音社区	
14		2015	昂素镇玛拉迪社区	
15		2015	城川镇糜地梁嘎查	
16	旗级	2016	昂素镇阿日赖嘎查	鄂托克前旗精神文明建设委员会
17		2016	敖勒召其镇三道泉则村	
18		2018	昂素镇巴彦柴达木嘎查	
19		2018	昂素镇明盖嘎查	
20		2018	昂素镇巴彦希里嘎查	
21		2018	昂素镇巴彦乌素嘎查	
22		2018	昂素镇克仁格图嘎查	
23		2018	昂素镇玛拉迪嘎查	

续表16

序号	级别	年度	单位名称	颁授部门
24	旗级	2018	昂素镇沙日胡舒嘎查	鄂托克前旗精神文明建设委员会
25		2018	昂素镇苏力迪嘎查	
26		2018	上海庙镇拜图嘎查	
27		2018	上海庙镇芒哈图嘎查	
28		2018	上海庙镇公乌素嘎查	
29		2018	上海庙镇阿勒台嘎查	
30		2018	上海庙镇水泉子村	
31		2018	上海庙镇哈沙图嘎查	
32		2018	城川镇巴彦希泊日嘎查	
33		2018	城川镇大池子村	
34		2018	城川镇二道川村	
35		2018	城川镇呼和陶勒盖嘎查	
36		2018	城川镇克珠日村	
37		2018	城川镇苏坝海子村	
38		2018	城川镇伊克柴达木嘎查	
39		2018	城川镇章昂希里村	
40		2018	城川镇大场子村	
41		2018	城川镇黄海子村	
42		2018	城川镇麻黄套村	
43		2018	敖勒召其镇塔班陶勒盖嘎查	
44		2018	敖勒召其镇马场井村	
45		2018	敖勒召其镇巴郎庙村	
46		2018	敖勒召其镇敖勒召其嘎查	
47		2018	昂素镇	
48		2021	上海庙镇沙章图村	
49		2021	敖勒召其镇伊克乌素嘎查	
50		2021	城川镇高潮畔村	
51		2021	城川镇克珠日嘎查	
52		2021	城川镇巴彦希泊日嘎查	
53		2021	昂素镇巴彦乌珠日嘎查	
54		2021	昂素镇毛盖图嘎查	

户、城川镇30户、上海庙镇16户。根据市文明办《关于做好第三届全市文明家庭推荐评选和往届全市文明家庭复查工作的通知》要求，推荐上报第三届全市文明家庭5户，复查往届全市文明家庭8户，经复查，1户往届全市文明家庭存在违纪行为，取消全市文明家庭荣誉称号。

【身边好人】 2021年，按照《关于组织开展2021年度“鄂尔多斯身边好人”评选表彰工作的通知》文件要求，鄂托克前旗文明办对公布扎布、李树霞、武刚刚、张晓明等拟推荐参评人选，书面征求旗纪委监委、旗委组织部、法院、公安局等部门以及拟推荐候选人所在镇党委、嘎查党支部意见后，向上级部门报送。2021年6月，苏占霞被评为内蒙古好人。

表17　　鄂托克前旗2021年度获得第三届全市文明家庭名录

序号	类别	年度	姓名	家庭地址	颁授部门
1	全市文明家庭	2021	吉亚	昂素镇	市文明委
2	全市文明家庭	2021	李宏	敖镇	市文明委
3	全市文明家庭	2021	杨文峰	敖镇	市文明委
4	全市文明家庭	2021	呼和牧仁	城川镇	市文明委

表18　　鄂托克前旗2021年市级以上身边好人榜名录

序号	姓名	性别	民族	家庭住址	先进类别	入选时间
1	苏占霞	女	汉	春苑社区	内蒙古好人	2021.06

【网络文明】 鄂托克前旗文明网发布稿件360余篇稿件，文明鄂前旗微信公众号、微博发布稿件200余篇。制作“清明祭英烈·共铸中华魂”网上祭扫英烈专题，有2万余人献花、点蜡烛、撞钟，800多人写祭文。制作“文明礼仪线上答题”专题，1000多人参与。制作“文明礼仪线上教育引导”专题，500余人参与。完成“我们的节日”“‘我帮你’进行时”“童心向党”“3·5雷锋日”等主题活动报道。向上级部门报送“童心向党”短视频5部。开展“我是党员 我帮你”“清明祭英烈·共铸中华魂”“文明燃放烟花爆竹”等网络文明传播志愿者活动3次。

【志愿服务】 按照“一体管理、总体谋划、平台共建、资源共享”的工作模式，实行新时代文明实践中心、大数据中心、党务政务服务中心、融媒体中心“一体三翼”工作模式。在队伍融合上，推行“一把手”工程，实践中心组建1支志愿服务总队，培育理论政策宣讲、助学支教、科学普及、专业服务等11类18支常备志愿服务队伍；实践所、站、艾勒（点）吸纳乡土文化人才、科技能人、“五老”人员、先进典型等，组建群众志愿服务队伍百余支，围绕“五改五提升”开展互助式、自助式志愿服务，注册志愿者累计2.3万余人。2021年，累计开展志愿服务活动700余场次，参与志愿者6000余人次，受益5万人次。

旗级设立新时代文明实践中心1个、分中心3个，在可容纳40多个单位800余名工作人员的综合办公大楼，设立新时代文明实践志愿服务促进中心1处。镇级整合利用党群服务中心、文化活动中心等场所，设立实践所4个，实现镇级新时代文明实践所全覆盖。嘎查村（社区）级按照示范带动的方式，分批打造实践站，常态化开展志愿服务活动。延伸设立文明实践艾勒，将具有模范带动作用的典型户、文化户、示范户、“1+6”红色培训教育基地培育成为新时代文明实践艾勒。

对接供需两端，按照不同地区群众差异化需求，开展志愿服务。在城区，以社区实践站为主要阵地，打造示范志愿服务项目7个。在农区，打造流动的志愿服务队伍，主动“送单”到田间地头，为群众提供全程种植指导。在牧区，结合文化科技卫生“三下乡”“弘扬乌兰牧骑精神 到人民中间去”，组织“文艺轻骑兵”“红色代办”志愿服务队，开展上门服务。在矿区，打造蓝色清洁服务工业品牌，组建“企地连心”“一站贴心”志愿服务队，为企业和地方开展双向服务。

通过“线上加线下”“线上带线下”的方式，开展志愿服务活动。在便民服务方面，围绕与百姓密切相关的惠民事项，将80多项业务搭载在“i前旗”手机客户端上，为群众提供线上服务。在产业服务方面，在“i前旗”手机客户端建立红色研学、数字能源、乡村振兴等六大特色服务，利用“我要求助”功能，连线“农牧之友”志愿服务队，在线为农牧民解决种养殖问题。在媒体服务方面，开设“文明实践在行动”专栏，为群众提供产业、文化、法律等服务。在政务服务方面，通过“网上受理中心”进行线上“中转办”，提供网上105项业务办理，降低群众办事成本，提高政务服务效率。

【未成年人思想道德建设】 2021年，鄂托克前旗认真贯彻落实全国、全区、全市文明办主任会议精神，围绕立德树人根本任务，着力培养担当民族复兴大任的时代新人，着力弘扬共筑美好生活梦想的时代新风，推动未成年人思想道德建设工作。

主题教育 各学校开展“铸牢中华民族共同体意识”主题明确、内容丰富、形式多样、吸引力强的教育系列活动，全旗21所学校师生、家长共3万人次积极参与；组织开展“铸牢中华民族共同体意识”全旗中小学主题朗诵比赛，全旗共9所学校的18支参赛队伍参加比赛；12月，举办“舞台上的思政课·优秀思政作品大赛”活动，举办第五届小学生汉语课本剧大赛。通过一系列主题活动，增强广大师生爱国爱党的情感，促进身心健康，厚植家国情怀。各类活动精心规划，系统实施，细化活动目标，提高了德育活动的实效性和持久性。

典型选树 制定《鄂托克前旗先进典型评选推广办法》，将新时代好少年、美德少年列入其中。完成2021年度旗级三好标兵、校园之星、温馨教室三类评选工作，经学校评选推荐、旗教体局审核评议，择优上报市级三好标兵9名、温馨教室12个；评选表彰旗级三好标兵51名、红花儿童38名、温馨教室43个。配合旗文明办评选审核上报市级新时代好少年11名，审核推荐上报市级劳动实践基地1个、市级综合实践研学基地2个、综合实践营地1个。

典型经验 打造青少年红色

表19　　鄂托克前旗2021年度新时代好少年名录

序号	姓名	所在学校	颁授部门
1	万景研	旗第三小学	鄂托克前旗精神文明建设委员会
2	邢烯晨	旗实验小学	
3	爱民	旗职业中学	
4	王璐	城川完全小学	
5	李欣远	旗实验小学	
6	张雨轩	旗海军希望小学	
7	阿如热	旗蒙古族中学	
8	张雨曦	上海庙学校	
9	额日凯木日根	旗蒙古族希望小学	
10	杨景然	核实	
11	宁静	昂素小学	

研学品牌，审核推荐上报市级综合实践研学基地2个。在打磨课程上下功夫，注重实践化特色化提炼，打造精品线路，加强管理体系完善，丰富内涵建设，吸引市内与周边更多师生研学旅行。推进国家级营地建设申报工作，鄂托克前旗青少年劳动实践基地已经申报全国中小学劳动教育实验区。

文明校园建设 全旗10所中小学全部通过旗级“文明校园”评定，4所学校被评为市级“文明校园”、1所自治区级“文明校园”、城川完全小学被列入全国文明校园创建先进学习名单。

乡村学校少年宫建设 2021年，建成中央专项彩票公益金支持乡村学校少年宫4所，即昂素完全小学、城川镇完全小学、旗第一小学、旗民族职业中学；建成内蒙古自治区彩票公益金支持鄂托克前旗乡村学校少年宫2所，即上海庙学校、旗第四小学；市级乡村学校少年宫1所，即旗第二小学。

表20　　鄂托克前旗中小学文明校园一览表

序号	学校名称	旗级	市级	区级	国家级	颁授部门
1	城川完全小学	√	√	√	申报中	内蒙古自治区精神文明建设委员会
2	旗第一中学	√	√	申报中		鄂尔多斯市精神文明建设委员会
3	旗蒙古族实验小学	√				鄂托克前旗精神文明建设委员会
4	旗民族职业中学	√	√			
5	旗第二小学	√	√			
6	旗第二中学	√				
7	昂素完全小学	√				
8	上海庙学校	√				
9	敖勒召其海军希望小学	√				
10	旗第三小学	√				

表21　　鄂托克前旗乡村学校少年宫一览表

序号	学校名称	市级	区级	中央级	颁授部门
1	旗第一小学			√	中央专项彩票公益金
2	旗民族职业中学			√	
3	城川完全小学			√	
4	昂素完全小学			√	
5	上海庙学校		√		自治区彩票公益金
6	旗第四小学		√		
7	旗第二小学	√			鄂尔多斯市彩票公益金
8	旗第一中学	申报中			
9	旗第二中学	申报中			
10	旗第三小学	申报中			

融媒体

【概况】 鄂托克前旗融媒体中心成立于2018年11月28日，是自治区103个旗县中38个率先挂牌的试点旗之一，是鄂尔多斯市首批试点挂牌单位。鄂托克前旗自办有电视、广播、报纸《今日鄂前旗》（内部刊物）等传统媒体，运营客户端“i前旗”（新闻模块）、“品质鄂前旗”、微信公众号“鄂托克前旗发布”“鄂前旗融媒发布”“鄂托克前旗发布 蒙文版”、抖音“鄂托克前旗发布”等新媒体。

【电视台】 在电视网络上拥有自办频道1个，即鄂托克前旗电视台。主办栏目有《鄂托克前旗新闻》《天气预报》《健康鄂前旗》《教育体育园地》《科普鄂前旗》《营商环境面对面》《以案说反诈》，实现电视节目全天候播出。新闻节目用蒙汉两种语言播出，汉语新闻每周3期，周一、三、五首播、周六、日重播，蒙语新闻每周2期，周二、四首播；每期时长约15分钟，播出时间为19时55分，重播时间为当晚21时30分。

【广播电台】 调频为90.8兆赫，用蒙汉两种语言广播，每周一、三、五为汉语广播，周六、日重播；周二、四蒙语广播，蒙语广播日播3次，分别为8时至9时30分、12时30分至14时、17时至18时30分，汉语每日播出时间为7时至22时。

【报纸】 报纸发行有蒙文、汉文版《今日鄂前旗》（内部刊物）。2021年，发行汉文报纸52期，共5.2万份，同步在“i前旗”App上传电子报；蒙文报纸发行15期，共1.5万份。汉文报纸每月发行6期，每期设计四版，第一版面为时政要闻版，第二版面为要闻、综合新闻版，第三版面为党建、理论、副刊、专刊，第四版面为社会关注、公示公告、专栏、公益广告。蒙文报纸每两周发行1期，每期设计四版，第一版面为要闻，第二版面为综合新闻，第三版面为社会新闻，第四版面为政策宣传、文学艺术。

【新媒体】 2021年，汉语新媒体微信平台粉丝量6.8万，周末、节假日发稿1次，工作日每日发稿3次，每期至少推送5条信息，共计发稿4159篇，单条点击量最高达4.2万次；抖音平台发布视频97条，获赞65万。

【新闻内宣】 2021年，电视平台播发新闻151期900余条；广播平台播发新闻151期900余条，专栏节目播发166期；报纸平台刊发67期1400余篇稿件，印发6.7万份；微信平台发布信息4159篇，点击量达400万次；生产推送抖音产品97个、微视频产品198个、图文包260个，原创作品544个，占总发布量的12.6%。开设专栏20余个，先后完成策划方案80余期，其中重点策划《庆祝中国共产党建党100周年宣传策划方案》《中国共产党鄂托克前旗第十次党代会宣传报道策划方案》《旗融媒体中心报道优化营商环境策划方案》《鄂托克前旗融媒体中心“问政”栏目策划方案》等。

【新闻外宣】 2021年，各平台被上级媒体采用新闻稿件与产品共430余条，市级主流媒体采用290余条，区级主流媒体采用120余条，中央级主流媒体采用20余条。同步重点选择性上传“草原云”“天骄云”“i前旗”客户端稿件2700多篇（个）。组织大型活动现场直播3次，配合直播1次。

红色培训教育基地

【基地建设】 2021年，鄂托克前旗修复建设以延安民族学院城川纪念馆为核心，以三段地革命历史纪念馆、阳早寒春三边牧场陈列馆、城川红色国际秘密交通站陈列馆、王震井纪念园、滴哨沟战场纪念园、马良诚顾寿山烈士陵园、鄂尔多斯国防教育展馆等教学场馆为补充的“一核引领、多点联动”的红色教育基地布局。在提升原有教育培训功能的基础上，按照研学、实训、拓展、体验的标准化要求，打造集党性教育、国防教育、爱国主义教育、青少年素质拓展等为一体的综合性拓展训练基地，作为红色教育基地的补充，进一步丰富红色教育培训的多样性。建成投用鄂托克前旗红色教育集训中心，可同时容纳青少年红色研学学员1500人，党员干部教育培训200人参加培训。与长庆油田苏里格南作业分公司党支部联合，在鄂托克前旗红色教育集训中心成功挂牌“革命传统教育基地”，并向该公司争取捐助资金30万元打造“红色博览室”，丰富参训学员课余生活。

【红色培训教育】 为最大限度地满足各级各类培训群体的培训需求，旗红色教育培训中心联合文旅集团、青少年活动中心等部门积极搭建培训平台，广泛承接各类红色研学、红色教育培训活动，首次较为系统地阐述了革命战争时期党在蒙古族地区开展民族政策理论研究和民族统战工作初期的实践历程，展示城川红色老区革命精神的历史意义和时代价值。设置有课堂教学精品课程30节，现场教学课程9个，体验教学项目80个，基层实践教学课堂10个。结合党史学习教育，搜集整理天宝、马富纲等红色人物故事，编入现场教学课程体系，提升广大学员对红色文化历史价值的认同；创新研发“革命精神在老区·军民共话鱼水情”互动体验剧场课程、《红色家书》经典诵读课程，带动学员参与互动，寓教于乐，受到参训学员的高度评价。2021年，城川红色教育培训中心承载主体培训班次达216期7819人。

【红色资源挖掘】 组建专家团队拍摄电视政论片《传承》、创作长篇报告文学《融江入海》，展现鄂托克前旗革命斗争史、红色教育培训基地建设过程中涌现的感人事例，在市级以上相关媒体进行推广播送，有效提高全旗红色教育培训地区影响力，树立良好品牌与形象。与鄂托克前旗延安精神研究会合编刊发《摇篮》杂志，挖掘鄂托克前旗红色人物事迹和红色故事，宣传革命老区历史，弘扬“延安精神”。

【讲解员队伍建设】 选派优秀讲解员参加自治区级、市级讲解员大赛，在全市英烈讲解员大赛中，城川红色教育培训中心高凤龙参加比赛，并荣获优秀奖。在鄂尔多斯市第六届导游员（讲解员）服务技能大赛中，单位推荐的4名参赛选手中有2名进入决赛，并荣获优秀奖，其中永梅荣获全市“十佳”导游员（讲解员）称号。在内蒙古自治区红色故事讲解员大赛中，中心讲解员永梅荣获专业组第三名，获得大赛专业组“金牌讲解员”荣誉称号。紧扣“学党史、悟思想、办实事、开新局”目标要求，推出“有声有色讲党史”“红色故事声音馆”活动，用真实故事宣传学习党的光辉历史，选派优秀讲解员深入到校园中开展“红色故事进校园”义务宣讲两场，受到学校师生的一致欢迎。

文化广播电视

文化

【概况】 鄂托克前旗公共文化设施建成有国家一级图书馆1座，镇级服务点4个，配备基层流动文化服务车11辆；镇综合文化活动中心4个，嘎查村（社区）文化活动中心70个；实施“数字文化走进蒙古包”工程安装数字文化基站110个（“移动便捷式加油站”105个，“一级数字加油站”5个），提供24小时数字文化信息资源便民服务；培育民间文艺组织47个，农牧民家庭文化户190户，草原书屋86个。形成旗、镇、村、户四级公共文化服务网络，实现“城镇十分钟文化圈”和“农村牧区十公里文化圈”文化资源共建共享目标。

【民族文化博览园】 位于敖勒召其镇镇区西南角，规划占地面积3.4平方千米，园区共有建筑45栋413户，建筑面积11万平方米。规划建设五大功能区，即主题文化展示区、民族特色商业街区、职业教育培训区、旅游服务区和生产加工区；按业态布局，商业街区划分为民族（手）工艺品区、民族食品药品区、餐饮区和文化娱乐四大功能区。

【图书馆】 鄂托克前旗图书馆位于文化产业园F区，为国家一级馆。建筑面积2500平方米，内设新时代草原红色书屋、书法展厅、民族地方文献展厅、少儿阅览室、综合阅览室、电子阅览室、中文、蒙文、盲文书库、往期报刊室、采编加工室、公共活动服务大厅等。2021年，鄂托克前旗图书馆纸质藏书总量达145802册，全年接待读者50742人次，图书流通10885册次。全年办理读者卡218张。认真做好报纸、杂志的分类、编目、上架、管理工作。

【文化馆】 鄂托克前旗文化馆新馆位于文化产业园H1区，为国家一级文化馆，是鄂尔多斯原生态短调民歌教学基地、扎木苏原生态长调民歌教学基地和兔兔少儿舞蹈培训中心。建筑面积2578平方米，内设非物质文化遗产展厅、多功能演艺厅、录音棚、合唱排练厅、乐队排练室、舞蹈排练室，少儿舞蹈排练室、少儿美术书法室、电子阅览室、健身活动房、棋牌室等11个功能区。

【博物馆】 建成民间博物馆4个、在建1个。均为民间自办博物馆。

内蒙古民俗文化博物馆 位于旗科教职教园南区，临旗文化产业园，于2015年建成并投用。是一座以陈列、展示、弘扬鄂尔多斯民间民俗文化为主的综合性博物馆，集中展现春秋至明清时期鄂尔多斯一带游牧定居民族的农牧业、手工业及婚俗祭祀等生产生活习俗。博物馆建筑面积5047平方米，展厅面积2123平方米，分上下两层共18个展厅，主要由鄂尔多斯婚礼类、传统蒙医药和草药类、民族民俗用品类、蒙古族马文化类、游牧文化及农耕文化类、"文革"时期展品类六大部分组成。馆藏展品2.6万件（套），其中传统蒙医药和草药类展品种类较为全面，自成一体。2021年参馆2万人次。

曹纳木博物馆 位于旗文化产业园E6区，建筑面积2000平方米。馆内展品分为藏书和藏品两大部分。藏书分古籍和现代出版物两大类，古籍藏有手抄本、木刻本和活字铅印本，现代出版物包括社会科学类和自然科学类图书，有蒙文图书15000余部、汉文图书5000余部，国内各地蒙汉文刊物（包括内部刊物）70余部5000余期（册）。藏品主要有近代蒙古族生活起居用品，鄂尔多斯蒙古服饰，化石、鼻烟壶等珍品，红色纪念品等。2021年参馆3万人次。

内蒙古蒙古文书法博物馆 位于旗科教职教园内，是为探究蒙古文字历史演变、传承和保护蒙古文书法而创建的内蒙古自治区唯一一家蒙古文书法专题博物馆。建筑面积2030平方米，分上下两层，共5个展厅，划分为序厅、蒙古文字沿革展厅、蒙古族当代书法家作品展厅、成吉思汗箴言展厅、哈旺加卜蒙古文书法展厅。藏品11850余件。2021年参馆2万人次。

鄂尔多斯市铜镜博物馆 位于旗文化产业园区E区，建筑面积2100平方米。主要收藏有中国古代铜镜、中国历代钱币及丝路钱币、化石、青铜器、兵器、陶器、瓷器，以及民俗收藏、红色收藏、票证、烟标等十几个门类约2万多件藏品。

【乌兰牧骑】 1981年成立，排练厅等建筑面积4858平方米，演职员64名。曾代表自治区赴北京、上海、广州等多地巡回演出，受邀出访欧洲、东南亚等国家演出。首次将传统民俗文化《鄂尔多斯婚礼》以歌舞剧形式搬上舞台。荣获全国服务基层先进集体、自治区十佳乌兰牧骑、自治区一类乌兰牧骑、自治区职工职业道德十佳单位、自治区优秀乌兰牧骑、自治区"五个一工程"创作奖、全区乌兰牧骑艺术节金奖及全市专业团体文艺汇演金奖等多项荣誉称号。充分发挥鄂尔多斯乌兰牧骑联盟成员的合作与纽带作用，成功举办首届鄂尔多斯乌兰牧骑联盟电声音乐那达慕；乌兰牧骑荣获2018—2020年度全区一类优秀乌兰牧骑；征集旗歌歌词1300首；开展2021年度春季业务培训；以"学""用""研"三步走形式，累计开展业务培训540学时。积极参加华北五省舞蹈大赛和全区声乐比赛并获得三等奖；复排音乐剧《石榴红了》《草原礼赞》；新编排《风华百年路 启航新征程》两会期间文艺晚会。紧紧围绕建党100周年、党史学习教育、疫情防控等主题，组织专业和群众文艺团体完成新节目创作37个。

【艾基木儿童合唱团】 成立于2016年6月12日，由45名7—12岁的蒙古族儿童组成，主要演唱蒙古族童谣、传统民歌、颂歌及传统与现代原创艺术歌曲，是内蒙古唯一一支儿童合唱团。2021年，艾基木合唱团共创作4首MV，包括《做自己》《巴音杭盖》《巴拉干桑》；参加了鄂尔多斯春晚演出。

【"鄂尔多斯之韵"合唱团】 成立于2015年12月1日，是鄂托克前旗文化馆管理的公益性、示范性群众文艺团体，也是全旗第一个以无伴奏为主的合唱团。团员主要由文艺协会骨干和群众声乐爱好者组成，具备较高的艺术水准和独特的民族风格，共有团员40名。

【"鄂尔多斯之韵"女生合唱团】 成立于2020年，是鄂托克前旗文化馆管理的公益性、示范性群众文艺团体，成员为女性，有成员38人。

【文物保护征集】 鄂托克前旗历史文化遗存有113处，其中国家级重点文物保护单位1处，自治区级重点文物保护单位10处，市级重点文物保护单位9处，旗级重点文物保护单位27处，馆藏文物4982件（套）。全年开展实地文物安全巡查90余次，完成全旗46个基建项目文物调查。全区"文化和自然遗产日"活动启动仪式在鄂托克前旗成功举办，受到自治区相关领导的高度评价、肯定，争取上级文物保护经费368万元用于城川城址安防工程，发掘三段地墓地考古墓葬22座、围沟3处、灰坑2个，出土文物150余件；追缴回来城川城址西夏时期被盗珍贵文物27件；聘请自治区、市文博专家对全旗馆藏文物进行断代定级。

【群众文化活动】 通过线上、线下等方式，持续举办新年音乐会、农牧民春晚、少儿春晚等晚会；组织举办"永远跟党走"—鄂托克前旗庆祝中国共产党成立100周年群众性大合唱比赛，共计86支队伍参赛，5080余名党员干部群众参赛。积极参加全市"唱支山歌给党听""永远跟党走"群众性歌咏合唱活动和全区西部民歌大赛，分别获得三等奖和最佳表演奖的好成绩；从全旗各民间艺术团、学校中精选出优秀表演者编排千人筷子舞展演；启动首次全旗民间艺术团体评估定级工作，综合评估全年全旗47支民间艺术团体工作。累计开展文化惠民活动404场，其中文艺演出175场、各类阅读推广活动38场，深入各镇、嘎查村、社区、艺术团开展服务辅导培训112场，流动博物馆活动7场，引导各镇自行开展文体活动72场次，惠及群众40多万人次。

【文艺作品创作】 充分发挥鄂尔多斯乌兰牧骑联盟成员的合作与纽带作用，成功举办首届鄂尔多斯乌兰牧骑联盟电声音乐那达慕；乌兰牧骑荣获2018—2020年度全区一类优秀乌兰牧骑；征集旗歌歌词1300首；开展2021年度春季业务培训；以"学""用""研"三步走形式，累计开展业务培训540学时。积极参加华北五省舞蹈大赛和全区声乐比赛并获得三等奖；复排音乐剧《石榴红了》《草原礼赞》；新编排《风华百年路 启航新征程》两会期间文艺晚会。紧紧围绕建党100周年、党史学习教育、疫情防控等主题，组织专业和群众文艺团体完成新节目创作37个。

【非物质文化遗产】 全旗有非物质文化遗产项目国家级1项、自治区级8项、市级20项、旗级76项，非物质文化遗产代表性传承人国家级1人、自治区级15人、市级33人、旗级125人，国家级文化之乡（中国鄂尔多斯文化之乡、中国鄂尔多斯搏克文化之乡、中国筷子舞艺术之乡、中国蒙古族三弦文化之乡）4个、自治区级文化艺术之乡（鄂尔多斯婚礼文化之乡、圣火祭祀文化之乡、民间筷子舞之乡）3个、市级文化艺术之乡（民间筷子舞之乡、民间马文化之乡、圣火祭祀文化之乡、鄂尔多斯搏克之乡）4个，国家级非遗保护基地（中国鄂尔多斯马文化保护基地、中国鄂尔多斯婚礼文化传承基地）2个，非遗综合展示厅2个，鄂尔多斯原生态短调民歌微信教学基地1个。

"六十棵榆树祭"正式入选第五批国家级非物质文化遗产代表性项目名录，填补全旗国家级非物质文化遗产代表性项目名录的空白；开展非遗进校园、参与文旅节庆活动展览展示20多场次；各类非遗培训1200多人次；完成全国非遗普查、档案整理工作，并完成市级传承人评估工作；非遗《鄂尔多斯非物质文化遗产丛书》有关材料初步整理完成，组织首届民族传统（千双马海）展览展示活动比赛。

【文化市场】 通过"线上"实时监管。争取资金更新原有智慧执法设备，维护好"互联网+文化市场综合执法"平台，对场所实现线上巡查无死角；采取“线下”实地检查。一般场所周抽查，重点场所日巡查，错时检查、常规检查、突击检查和线上线下巡查相结合的方式，加强元旦、“五一”“十一”等重点节假日的执法检查力度。建立联合检查机制，完善“双随机、一公开”制度，加强与公安、市场监督管理局等部门沟通协调，形成强大市场监管合力。2021年，共开展文化旅游、民宗体育场所检查1100家次，文化旅游市场领域乱象摸排4次，清理整治违规经营“小影院”2家，“鲁叔叔”法治宣传小课堂被评为内蒙古自治区级优秀志愿服务项目。

广播电视

【广播】　全旗建有广播电视发射台1处，广播基站2个，确保全旗人民群众收听到63套广播节目（54卫星广播+9套调频广播）。为全旗68个嘎查村、15个社区、1个林场、1个牧场提供应急广播服务。

【电视】　全旗建有地面数字电视基站7个，确保全旗农村牧区电视用户收看到106套电视节目（卫星100套+地面6套）。

文学艺术界联合会

【概况】　2021年，鄂托克前旗文联开展“文艺进万家·健康你我他”新时代文明实践文艺志愿服务活动；首批试点项目文艺志愿服务、笑脸墙、村歌村赋等在巴音乌素、克仁格图、糜地梁等地完成；网上文联建设在“智慧宣传”开设端口和5个模块，并按进度完善相关内容，更加便捷地服务广大群众，“指尖上的文艺”有新突破。继续打造“鄂托克前旗文艺创作中心”工程。

鄂托克前旗文联“三定”方案已经编委会审核批复，内设综合办公室、综合业务室，职能职责、内设机构得到进一步优化；努力发挥自身职能，坚持文艺为人民服务、为社会主义服务的方向和百花齐放、百家争鸣的方针，引导广大文艺界人士坚持以社会主义核心价值观为引领、以铸牢中华民族共同体意识为主线，繁荣文艺创作、丰富文艺活动、培育文艺人才、提升文艺阵地、强化自身建设，深入生活、扎根人民，弘扬主旋律、讴歌新生活，全旗文艺事业繁荣发展。

【文艺活动】　2021年，鄂托克前旗文联组织开展新时代文明实践文艺志愿服务活动，组织书法家、摄影家深入各镇和部分嘎查村（社区）开展“文艺进万家，健康你我他”新时代文明实践文艺志愿服务活动，为“文明户”、“五好家庭”、居民群众书写并赠送春联400余副、“好家风、好家训”书法作品100余幅，赠送《巴彦杭盖》《红柳河》等书刊600余册，为农牧民拍摄“我们的美好生活微笑墙”“全家福”200余张。在纪念学雷锋日、“三八”妇女节期间，开展“中国梦·最美全家福”摄影作品展和“定格美丽·致敬她力量”各行业女性风采摄影作品赠送活动。在巴音乌素、克仁格图、糜地梁打造笑脸墙、村赋、村歌等新时代文明志愿服务文化墙。

组织开展摄影活动，举办建党100周年“红色记忆守初心·美好印象献百年”主题摄影大赛，分3个主题，向全市和周边友邻县征集反映鄂托克前旗美丽花开、美好生活、红色记忆等方面的摄影作品，进一步宣传鄂托克前旗。

组织开展展览活动。组织摄影家、摄影爱好者深入基层开展采风活动3次；在上海庙芒哈图嘎查举办“马兰花开锦·醉美鄂前旗”文旅活动摄影作品展，共征集作品500余幅，展出作品50幅；在涛龙宫举办建党100周年“铸牢中华民族共同体意识”主题书法摄影作品展，共展出作品100幅、摄影50幅、书法50幅；在马兰花广场举办建党100周年“百幅红色摄影作品”主题展览，共展出摄影作品100幅；在金氏大酒店大厅举办“民族团结”摄影展活动，共展出反映全旗民族团结等方面摄影作品60余幅；在综合大楼一楼大厅与残联联合举办“关爱残疾强服务·砥砺奋进五年行”主题摄影展，共展出作品100余幅，表彰奖励20幅作品。

组织开展宣传活动。参加4·23世界读书日活动、全区“文化、自然遗产日”启动仪式；组织书法家和美术家现场书写和绘画，为40余名群众赠送以弘扬社会主义核心价值观为内容的书法和绘画作品，为现场群众赠送书刊600余册。

组织开展读书活动。与鄂托克前旗融媒体中心联合开展“读一本好书、过一个书香春节”推荐活动。邀请作家协会、机关单位、教育系统等各行各业读者分享自己精心推荐的好书，进行录制展播，宣传铸牢中华民族共同体意识主题。

组织唱红歌活动，与鄂托克前旗科协、红十字会联合组队，参加鄂尔多斯市科协、文联、红十字会主办的“赞歌献给亲爱的党”庆祝建党100周年文艺晚会。

组织开展户外写生活动。9月11—12日，组织美术家协会12人到大沟湾等地开展“美好生活乡村行”户外写生活动，美术家协会户外写生基地在大沟湾挂牌启动。

鼓励文艺创作。全旗文艺创作扶持奖励已经旗人民政府常务会议研究纳入旗文化旅游扶持整体规划；向鄂尔多斯市文联申报鄂尔多斯市马兰花文学艺术激励扶持工程鄂托克前旗文艺创作作品15人三大类24件（套），待评审。

培育文艺人才。6月19日，与鄂托克前旗职业高中、书法家协会共同举办为期1天的庆祝建党100周年书法讲座和笔会活动，邀请中书协会员、职业书法家王应科教授授课指导，50余名中小学教师、书法界人士参加，有效提升书法应用水平。5月9日，组织20余名摄影家、摄影爱好者赴宁夏参加摄影技术实地培训学习，提升摄影专业能力。夯实文艺阵地，文学书刊《巴音杭盖》《红柳河》印制完成2期。办好电子微刊，新建“红柳河”和“巴彦杭盖”微信平台，每周一期，共刊发文学作品200余篇。鄂托克前旗文艺创作中心打造完成，“全区红色文艺创作基地”挂牌启动，总结、提炼、创作100幅书法作品、美术作品，完成“诗书颂伟业·翰墨写精神”庆祝建党100周年主题书法美术作品展，200余人次到展厅观摩学习。完善制度机制，创建“1375”（1个品牌引领，3套制度保障，7个协会助推，5项工作强会）工作机制；以“扎根红色沃土 创作文艺精品”为引领，制定完善一套政治制度抓思想、一套日常管理制度抓规范、一套协会制度抓激励；做好指导、引导和服务文艺家协会工作，依托文艺家协会助推文艺活动、文艺创作、文艺人才培育、文艺阵地、自身建设不断提质升级，出新出彩，不断满足群众对美好文艺的新需求。继续完善书法家协会、摄影家协会、美术家协会、作家协会等7个文艺家协会服务功能，在各镇和部分嘎查村（社区）成立文艺工作站，文艺工作延伸到基层群众的文化生活。优化文艺家队伍，于9月29—30日召开鄂托克前旗文学艺术界联合会第三次会员代表大会，推进文艺界代表人士的新老交替、及时优化。

表22　　鄂托克前旗籍2021年原创文艺作品一览表

1	孛儿只斤 查汉生布尔	《蒙古马神采》	说明文	内蒙古文化音像出版社
2	苏那木	《鄂尔多斯马文化》	纪实文类	内蒙古文化音像出版社
3	呼格吉勒图	《见证内蒙古摇滚音乐历程》	说明文	内蒙古文化音像出版社
4	鄂托克前旗文学艺术界联合会	《巴彦杭盖》2021上册	地方文学杂志	无
5	鄂托克前旗文学艺术界联合会	《巴彦杭盖》2021下册	地方文学杂志	无
6	鄂托克前旗文学艺术界联合会	《红柳河》2021上册	地方文学杂志	无
7	鄂托克前旗文学艺术界联合会	《红柳河》2021下册	地方文学杂志	无
8	呼格吉勒图	《呼格吉勒图2020》音乐专辑	音乐专辑	内蒙古文化音像出版社
9	革命人乌日娜	《革命 乌日娜新歌集 》	音乐专辑	民族音像出版社
10	阿拉腾其木格	《阿巴汗梁》	音乐专辑	民族出版社
11	巴雅尔达来	《我的故乡鄂前旗》巴雅尔达来音乐专辑	音乐专辑	民族音像出版社

文化旅游

综述

鄂托克前旗旅游发展的总体思路是“文化引领、旅游带动、项目支撑、节庆造势、产业融合、协同发展”，以“旅游强旗”为目标，依托富集的红色资源和深厚的文化底蕴，主打“红色文化、民族风情、大漠风光、乡村休闲”四大类旅游产品，全力推进“德善草原·大美前旗”旅游品牌建设，统筹推动全域旅游长足发展。

鄂托克前旗建成以延安民院城川纪念馆和城川民族干部学院为中心的“1+6”红色培训教育基地9处；国家级AAAA景区3家、AAA景区2家、AA景区1家；国家水利风景区1处；中国传统村落1个，中国少数民族特色村寨1个；特色景观旅游名镇村国家级2个、自治区级3个。市级乡村旅游示范村6个；自治区星级农牧家乐12户，市级农牧家乐典型示范户20户，旗级规模以上农牧家乐35户；旅行社3家。2021年，全旗累计接待游客111.78万人次，同比增长62%，实现旅游收入32.49亿元，同比增长52%；实现文化赋能、旅游富民双驱动。

《打响红色旅游品牌推进红色旅游高质量发展——鄂托克前旗红色旅游发展典型案例》作为内蒙古自治区唯一入选案例，入选全国红色旅游发展典型案例。

草原文化旅游

【政策扶持】 编制《鄂托克前旗红色旅游发展专项规划》《大沙头生态文化旅游区红色旅游配套设施建设规划》《城川红色拓展基地总体规划》《城川红色拓展基地修建性规划》《鄂托克前旗高潮畔村旅游扶贫专项规划》。

【项目建设】 全面完成红色拓展基地项目，努力实现以项目建设的新突破带动旅游业发展的新跨越。打造红色旅游精品线路5条。建成旅游服务中心3个、旅游厕所10座，设置旅游路牌27块。鄂托克前旗水洞沟景区与宁夏水洞沟景区实现一票通，正式启动运营。

【旅游造势活动】 2021年，成功举办鄂尔多斯市四季赏花暨“马兰花开锦·醉美鄂前旗”花季系列文旅活动，“永远跟党走”鄂托克前旗庆祝中国共产党成立100周年系列活动，“庆祝建党100周年”“‘悦达雅海杯’大沙头沙漠汽车、摩托车挑战赛”、鄂尔多斯乌兰牧骑联盟电声音乐那达慕、首届国际烟花秀系列文旅活动等大型活动，既活跃了全旗干部群众的文化生活，又吸引了大批的周边游客。

红色文化旅游

【概况】 鄂托克前旗发展红色旅游传承红色基因，以红色旅游为引领，带动全域旅游，将红色资源转换为品牌价值、教育价值、旅游价值、经济价值，走出一条红色教育与红色旅游融合共生、红色资源与市场配置多元互补、红色产业与人民群众互利共享的红色旅游发展新路子。

鄂托克前旗积极寻找红色文化、红色旅游与产业富民的最佳契合点，探索形成“研学+旅游+商贸”的链条式产业格局，打造含文化展示、产品制作、旅游休闲等业态的文化产业示范基地，配套发展吃、住、游、购、娱和物流配送等现代服务业。红色文化与蒙元民俗文化体验、农畜产品生产销售、工矿企业参观调研互融、互动、互进，构建出一个红色旅游“热”起来、红色产品“火”起来、老区人民“富”起来的产业集群。

全旗拥有国家AAAA级旅游景区3个、AAA级旅游景区1个。作为红色旅游发展探索者，鄂托克前旗深推业态融合，将红色文化旅游与草原文化相结合，连点组面，全力集中打造红色文化旅游。打造红色研学矩阵，变红色资源为红色优势，让革命文物“活起来”，让红色旅游流行起来，让红色基因传承下去。

【红色培训教育】 2021年，鄂托克前旗充分挖掘和利用鄂托克前旗特有的红色文化教学资源，打造具有鄂托克前旗特色的红色教育品牌，把鄂托克前旗红色教育基地建设成为面向全国的红色教育培训基地。城川红色教育培训中心承载主体培训班次达216期7819人次；城川民族干部学院举办各类培训班140期7048人，其中承接主体培训班27期1535人次。全年鄂托克前旗红色培训教育基地累计接待游客2.46万人次，实现教育培训和红色旅游收入450万元。

2021年，鄂托克前旗文化旅游集团全年在疫情反复频发、周边同业竞争压力大的情况下，实现营业收入1151万元，同比下降18%。全旗红色研学及旅游带动旗内13家住宿企业、16家餐饮企业、50余户农牧户通过文化旅游创业创收。

全年全旗旅游业态更加优化，城川红色景区纳入全区旅游网红打卡地、全区十大红色经典旅游线路；稳步发展旅游接、发业务，与自治区内2家旅行社、3家培训机构签署合作协议，与自治区外4家旅行社、1家培训机构建立友好合作关系；针对旗内，开发民俗体验与红色旅游相结合旅游线路；跨境旅游方面，开发鄂托克前旗至甘肃省会宁县、六盘山地区、呼和浩特市等多条研学旅游线路；推出“建党百年”5条精品研学线路，并优化原有的“1至4日”精品旅游线路。

红色培训教育基础设施建设 修复建设以延安民族学院城川纪念馆为核心，以三段地革命历史纪念馆、阳早寒春三边牧场陈列馆、城川红色国际秘密交通站陈列馆、王震井纪念园、滴哨沟战场纪念园、马良诚顾寿山烈士陵园、鄂尔多斯国防教育展馆等7个现场教学点为补充的“一核引领、多点联动”的红色教育基地布局。建成投用了城川红色教育集训中心、城川红色拓展基地、红十字人道文化传播与生命健康安全教育基地、青少年研学基地、民兵预备役训练基地，搭建起了集理论教学、红色研学、军事训练、野外拉练、现场教学、拓展训练等功能于一体的红色培训格局，红色教育培训的承载能力不断提升。全旗共有现场教学场馆8个、体验教学场所8处、精品教学点12个。

创新红色教学模式 统筹协调党的基本理论教育、党性教育、爱国主义教育等红色教育培训工作，研究形成优质储备新课程17节，2021年推出了“革命精神在老区·军民共话鱼水情”互动体验剧场课程和《红色家书》经典诵读课程，带动学员参与互动，寓教于乐。推出“有声有色讲党史”“红色故事声音馆”活动，全体讲解员用真实故事宣传学习党的光辉历史，把党史学习教育和业务工作高效结合起来。选派优秀讲解员深入到校园中开展“红色故事进校园”义务宣讲。编印《传承—鄂托克前旗红色教育培训基地建设纪实》画册，全面记录鄂托克前旗红色教育培训基地建设和运营过程。拍摄电视政论片《传承》，在市级以上相关媒体进行推广播送。创作长篇报告文学《融江入海》，展现鄂托克前旗革命斗争史及红色教育培训基地建设过程中涌现的感人事例。与鄂托克前旗延安精神研究会合编刊发《摇篮》杂志，挖掘红色故事、理论文章、学术专著。突出红色教育培训的创新性、实训性、实践性，围绕基层党建、脱贫攻坚、乡村振兴、生态保护、民族团结等主题，在各镇打造实践教学点、红色研学户8家，引导学员贴近群众，了解基层，学用结合。

教育体育

教育

【概况】 2021年，鄂托克前旗有各类学校、幼儿园共24所，其中完全中学2所、民族职业高中1所、九年一贯制学校1所、完全小学6所、公办幼儿园10所、注册民办幼儿园4所。全旗有在校学生及幼儿13704名（蒙授2535名），其中幼儿3300名（蒙授699名）、小学生6126名（蒙授1010名）、初中生2305名（蒙授381名）、普通高中生890名（蒙授129名）、职业高中生1083名（蒙授316名）。全年学前适龄儿童入园率达98.14%，小学、初中适龄人口入学率和巩固率均为100%，高中适龄人口入学率达97.32%。中小学、幼儿园在岗教职工1795名，其中专任教师1526名，专任教师学历合格率幼儿园、小学、初中均为100%，普通高中99.09%，职业高中96.95%。

【学前教育】 2021年，全旗有早教中心1所、幼儿园14所（公办10所、注册民办4所），其中自治区示范园2所、市级示范园5所，一类甲级幼儿园2所，一类乙级幼儿园2所，二类甲级幼儿园1所。在园幼儿3300名（公办幼儿园

2946名，民办幼儿园354名），其中蒙语授课幼儿699名。学前三年入园率达98.56%，学前一年入园率达98.14%。教职工467人，其中专任教师418人（蒙授119名），专任教师学历合格率100%。

2021年，全年组织教师参加各级各类培训996人次，教师节表彰优秀教师37人；组织开展幼儿园类级评定和“温馨教室”评选活动，评定一类乙级幼儿园2所，评选旗级“温馨班级”16个、市级“温馨班级”4个；鄂托克前旗顺利通过自治区幼儿园办学行为规范督评。

【义务教育】 2021年，全旗义务教育阶段在校学生8431名（蒙授1391名），其中初中2305名（蒙授381名）、小学6126名（蒙授1010名）。有教职工908人，其中专任教师771人（蒙授223名）、专任教师学历合格率100%。

全年组织教师参加各级各类培训3896人次，教师节表彰优秀教师69人。全旗83名汉授初中毕业生被市直学校录取，4名蒙授初中毕业生被内师大附中录取，43名蒙授初中毕业生被市蒙古族中学录取。

【普通高中教育】 2021年，全旗有普通高中教育在校学生890人，其中蒙授129人。教职工137人，其中专任教师110人（蒙授29人），专任教师学历合格率99.05%。

2021年，全年组织教师参加各级各类培训1879人次，教师节表彰优秀教师15人。全旗普通汉授高考249人参考，本科上线210人（一本45人，二本100人，艺体类65人），本科上线率84.3%；普通蒙授高考参考40人，本科上线19人（一本2人，二本11人，艺体类6人），本科上线率47.5%。

【职业教育】 2021年，旗民族职业高中有在校生1083名（蒙授316名），教学班41个。教职工201名，专任教师164人（蒙授57人），专任教师学历合格率96.95%。双师型教师占40.66%。

2021年，全年组织教师参加各级各类培训596人次，教师节表彰优秀教师13人。推行工学结合、校企合作人才培养模式，加强教学过程中生产实习、社会实践环节，培养适应企业岗位需要的高技能人才。现有校企合作基础上，全方位、深层次推进校企合作，以此为契机，深化改革，实现“校企合作、互惠共赢”的目标。开展合作企业24家，8个专业拥有校外实训基地。2021年，继续深化与鄂托克前旗草原侠食品有限责任公司、鄂尔多斯市宏野农牧业开发有限责任公司、鄂尔多斯市旭信劳务派遣有限责任公司、北京非凡影视传媒有限责任公司、北京翔宇通用航空集体开展合作。2021年与中德诺浩（北京）教育投资有限公司联合招收的第一批16名学生已顺利顶岗就业。2021年8月与江苏常熟市景宏盛科技有限公司就机电专业初步达成合作办学协议。6月，2019级智能网联汽车检测与运维专业订单班的16名学生，以优异的成绩分别赴北京、西安进行顶岗实习。

【特殊教育】 2021年，争取安排特殊教育专项资金44万元（其中自治区级4万元、旗级40万元），用于送教上门、资源中心及各资源教室开展日常教学工作、购置设备。全旗有0—18周岁残疾儿童少年84人，在校园残疾儿童少年74人（义务教育阶段59人），适龄三类残疾儿童32人，其中盲（弱视）1人、聋哑11人、弱智20人。现共建成投用资源教室4所，资源中心1所，随班就读39人、送教上门8人。全旗义务教育阶段适龄残疾儿童少年入学率为100%，三类残疾儿童入学率100%。

【民族教育】 2021年，在校民族语言授课学生数2535名，其中在园幼儿699名。

2021年，争取落实市级民族教育专项资金95万元、旗级民族教育专项资金62万元，用于民族学校幼儿园特色文化建设、教学资源开发、师资培训等。认真贯彻落实国家自治区有关民族教育政策，稳步推行民族语言授课学校高一年级三科统编教材，组织各中小学幼儿园开展铸牢中华民族共同体意识、民族团结进步创建教育活动，民族政策宣传月、第38个民族团结进步活动月，表彰奖励民族团结进步先进个人10名，加强结对共建，提升教育教学质量。

【智慧教育】 投入375余万元，更新全旗教育城域网网络基础设施、校园视频监控平台，优化教育信息化支撑保障与服务能力；全年信息技术应用能力提升累计培训2200人次；探索信息技术创新研究，促进融合创新应用，承担中央电教馆—英特尔“智能互联教育项目”1个子课题并顺利结题，完成内蒙古自治区基础教育科学“十三五”规划课题《信息技术在中小学教育教学中创新应用的研究》子课题2个，争取立项内蒙古自治区基础教育科学“十三五”规划课题《区域智慧教育推进策略研究》子课题5个；贯彻落实“双减”政策，提升课后服务质量，借力“三个课堂”“双师课堂”课后服务平台，全旗4所小学开设“创意设计”“人工智能”“编程教育基础课”等社团活动。

体育

【学校体育】 全旗各中小学、幼儿园均配有户外运动场地，除鄂托克前旗第二中学外，其余学校均设有风雨操场，基本满足学校体育教学需要、学生课外体育活动需求。全旗共有国家级足球特色学校10所（一中、二中、一小、二小、四小、城小、一幼、二幼、四幼、城幼）。2021年，组织全旗体育教师、社会体育团体人员120余人足篮球技战术课程培训，啦啦操、跳绳技能培训。举办第四届小学生篮排球比赛、第十届中学生篮排球比赛、“旗长杯”校园足球四级联赛等体育竞赛活动约130场次，参加全市中小学生篮球、排球等体育竞赛活动，获小学组篮球比赛第二名、排球比赛第三名、跳绳比赛第四名。

【群众体育】 鄂托克前旗建有全民健身乒羽馆、游泳馆大型体育场所2个，全民健身中心1个，全民健身活动场1个，其他综合健身活动场所30个；建有体育场地321块，青少年后备人才训练基地4个，业余体校1所，全旗嘎查村、社区健身设施覆盖率达100%，全年健身活动人数达6.5万人次。共有单项体育协会17个，体彩销售点20个，全年体育彩票销售额1300万元。主办、承办全市“体彩杯”门球邀请赛；全旗第十届党员干部职工运动会；举办“悦达雅海杯”第十届大沙头沙漠汽车、摩托车挑战赛；全旗“爱我中华 圆梦百年”“体彩杯”围棋比赛；庆祝建党100周年迎“五一”“五四”球类比赛；联合旗总工会举办庆祝建党100周年职工排球比赛；承办“马兰花开锦 醉美鄂前旗”花季系列活动之骑游大会；主办全旗健身操大赛；全旗第三届非公经济运动会；全旗教体系统职工运动会；全旗赛马比赛11场次，参与人数20000余人次；参与新时代文明实践体育志愿服务约2万人次；组织健身气功协会5名队员于5月24日至28日赴呼和浩特市参加第六届全区百县健身气功交流赛；10月份，56名职工赴乌审旗参加全市第二届教体系统职工运动会等，吸引广大群众参与到全民健身活动中。

表23　　2021年鄂托克前旗教育事业基本概况表

学校类型	学校数	班级数	招生数	在校生数	毕业生数	高等院校录取人数		教职工	
						大专	本科	合计	专任教师
（中等）职业学校	1	45	466	1083	499	246	20	200	164
普通中学	2	83	996	3163	936				
高中	2	24	292	890	265	56	229	137	110
初中	2	59	704	2273	671			295	236
小学	7	170	1207	5702	759			613	535
幼儿园	14	126	846	3300	759			467	418

科学技术

科技创新

【科技】 2021年，鄂托克前旗抓创新、求发展，打造科技创新一流服务环境。争取项目支持，促进科技成果转化。全年获批市科技计划项目7项、“科技兴蒙”行动科技需求项目1项、市科技特派员项目2项。共争取到市级以上科技专项资金1818.92万元，全面提高全旗科技项目入库数量和质量。加强企业创新培育，产学研融通创新。推动国家生态工业示范园区、科技企业孵化器、北极神绒牧业研究所试验基地建设。开展“科技型中小企业—高新技术企业—创新型领军企业”梯次培育，培育高新技术企业4家，备案自治区科技型中小企业库1家。与华中农业、山东科技、安徽理工等多所院校建立合作机制，建设智慧农业实验室、现代农牧业产业园、低品质煤炭资源清洁高效加工利用实验室等多个技术创新平台。完成规上企业“三清零”6家。

项目合作

【科技项目】 2021年，全旗获批市级以上科技专项20项，项目资金1823.92万元，已全部拨付到位。配合市科技局督察组和旗审计局对旗内3家高新技术企业、5家民营企业的科技项目实施工作，进行督查和审计，规范项目管理、实施。

【科技合作交流】 全旗全年共推荐自治区科技重大专项项目7项，市级科技成果转化项目15项；指导24家企业储备市级科技计划项目33项、市级科技特派员项目2项。紧紧抓住“科技兴蒙”行动“4＋8＋N”合作主体科技创新对接契机，开展产学研工作。与中国科学院过程研究所深入上海庙经济开发区、敖镇相关企业，进行产业调研、合作项目对接。指导企业单位积极申报自治区“科技兴蒙”项目，申报自治区“科技兴蒙”项目4项，获批1项。鄂托克前旗人民政府与华中农业大学战略合作共建1所智慧农业实验室，开展现代农牧业产业建设与示范。推动新矿内蒙古能源与山东科技大学、安徽理工大学、西安科技大学、华北科技学院的5位国内外知名专家建立以企业为主体、市场为导向、产学研相结合的技术创新平台；协助上海庙矿业公司与山东科技大学、安徽理工大学合作建设软岩工程实验室；与中国矿业大学、唐山神州集团、山东科技大学联合共建低品质煤炭资源清洁高效加工利用实验室。

【科技专利】 2021年，全旗共有各类有效专利457个，其中发明专利19个、发明授权23个、实用新型专利353个、外观设计专利62个。2021年公开专利数180个，比2020年公开数增加55个，增长47.5%。

科技服务

【科技人才工作】 加强全旗科技队伍建设。依托国家级示范院士工作站，柔性引进文化、医疗等领域高技能科技人才，带动培养本地人才。深入推进科技特派员工作，选派15名科技特派员，培育组建高效农业、现代牧业2个科技特派员工作站，其中高效农业工作站被评为市级特派员工作站。实施旗本级科技计划项目2项、扶持资金10万元，扶持专业合作社7个、帮扶资金70万元。组织农牧业科技型企业、高新技术企业参加2021年旗级“马兰英才”申报工作会议，推荐“马兰英才”个人4名，获评2021年市级科技特派员专业技术人才11人、创新创业人才团队1个、高层次人才创新创业基地1个。

【科技培训】 2021年，鄂托克前旗通过现场培训、参加山西农博会等形式，进一步提升科技特派员服务能力。全年通过科技惠民小程序、“i前旗”等科技信息服务平台发布农牧业生产信息80余条；线上线下举办各类科技服务、科普和培训活动30余次，惠及农牧民4500人次。获得全市最美科技工作者1人。

科技协会

【概况】 鄂托克前旗科学技术协会由企业协会、乡镇科技学会及农村专业技术协会组成。全旗已建立企业科学技术协会5个、乡镇科学技术学会4个、农村专业技术协会15个。

【科普体系建设】 为适应新形势发展需要，鄂托克前旗科学技术协会认真总结创建全国科普示范旗经验，积极探索建立健全科协和科普服务组织的新渠道、新方法。2021

年，接受内蒙古自治区科协实地检查、中科协的抽查，一举夺得“2021—2025年度第一批全国科普示范旗”荣誉称号，也是全自治区103个旗县唯一上榜旗。推进科普基地建设。健全完善1200平方米科技馆基础设施，拓展丰富体验功能，提升基层科普阵地档次。全旗各中小学科技活动室功能齐全，作用发挥到位。旗第一小学被命名为内蒙古自治区级科普示范教育基地，大池珍珠鸡养殖合作社、人人益种养殖基地、城川辣椒经纪人协会被命名为旗级科普示范基地。健全科普组织体系。延伸科协组织触角，全旗4个镇68个嘎查村、17个社区和10所学校建设科普e站，构建“大科普”工作格局。优化科普服务环境。引领广大科技工作者立足岗位、创新争先，内蒙古福城矿业有限公司“智汇+”灾防创新工作室、内蒙古上海庙矿业有限公司水害防治创新工作室被内蒙古自治区科协命名为全区“创新先锋号”，全市仅3家，鄂前旗占三分之二。

【科普宣传】 旗科协以“十四五”期间提升全民科学素质行动计划为契机和动力，创新思路举措，加大工作力度，努力在提升全民科学素质方面走在全市前列。开展主题科普活动。组织开展“三下乡”、科技活动周、科普活动日、宪法宣传日等系列重大科普活动25场次，发放科普图书2万余册、科普学习与生活用品1万余份；发放宣传品3000余份、宣传资料3万余册（份），受众2万多人。组织科技志愿者做好疫情防控专业知识科普宣传，助力疫情防控。开展科普教育。持续开展鄂托克前旗第十二届青少年科技创新大赛，全旗中小学生参与率90%以上，向全市科技创新大赛推荐优秀作品48件，荣获一等奖5件、二等奖9件、三等奖10件。统筹推进科学家进校园、大篷车进校园、中小学幼儿科技辅导员创新能力提升培训班、航空知识讲座、夏令营等培训类活动31场次，依托旗青少年科技馆，开展青少年爱科学实践活动23次。搭建线上科普发展资源。会同旗电视台、旗大数据中心、旗广播电台创建电视、网络“科普鄂前旗”、广播“科普908”发布科普宣传知识、科普工作动态等220余条，在鄂前旗电视台录制播放“科普鄂前旗”栏目24期，“i前旗”App“科普鄂前旗”栏目本土专家线上答疑解惑3000余次，广播“科普908”播放96期。传统模式与新媒体宣传相结合。2021年，新建科普宣传栏6个，制作科普流动展板12块，更新科普宣传栏55次，宣传面基本覆盖旗域各个角落。利用快手、抖音等新媒体平台，创建“科技靠普”短视频专栏，发布小视频40条。推动科普成果宣传走深走远。利用“科普先锋号”扬帆远航宣传片，报道全国科普示范旗创建成果。2021年，在内蒙古自治区级新闻媒体平台发布信息4条、市级2条、旗级18条。

【科普惠农】 组织鄂前旗科技工作者赴山西省特色农产品交易博览会、甘肃省民勤县人参果种植基地、宁夏天亿禾农业基地、榆林市湖羊养殖基地实地考察5次，组织开展科技专题培训班2期，共培训科技工作者300多人次。积极寻求科研院所作为技术依托，聘请内蒙古农大、山西农大专家从技术引进、种植推广、选苗、栽植、修剪等各环节全过程指导，提高管理技能，促进产业化结构调整。实施科普项目，争取应用研发项目资金，扶持品种推广示范科普项目，全年在城川镇吉拉社区落地高钙富硒猪肉项目，落实科技扶持资金33万元。引进推广“满堂北斗桃”133公顷，与内蒙古农业大学合作开展钙硒羊肉试验，建立钙果种植示范基地2处，推广种植钙果66.7公顷，通过示范引领，带动种植户户均增收1万多元。

【科技表彰】 推荐1名科技工作者荣获自治区最美科技工作者，表彰2021年度旗级优秀科普工作者5名、优秀科普信息员10名，科协代表队在全市公民科学素质电视大赛中荣获一等奖，以“鄂托克前旗科学技术协会”微信公众号为平台，强化优秀科技工作者宣传力度。

【科技创新】 打造“科普蒙古包”。结合全旗红色研学、牧家乐建设、全域旅游，积极打造科普阵地，被誉为草原上的“移动科技馆”的科普蒙古包建成投运，展示全旗农牧业科技创新成果以及青少年实践活动情况，利用网络资源辐射周边、传播科普知识，年参观人数达7000余人次。组建“科普乌兰牧骑”。依托包联嘎查民间艺术团，组建了全市第一支“科普乌兰牧骑”文艺演出队，深入农村牧区、工矿企业，弘扬红色主旋律，传播科技新知识，共享时代新生活。普惠基层弱势群体。依托旗社会心理服务中心，邀请国家二级心理咨询师、内蒙古科普专家团专家钱荣跃教授，通过“心理健康讲座+现场咨询”的方式，为300多名园林环卫工人心理辅导，缓解工作生活压力，传导党和国家的关爱和温暖。

档案方志

档案

【档案管理】 围绕美丽乡村建设、脱贫攻坚、乡村振兴，加强相关档案整理、管理工作；监督指导镇、村级档案室规范化建设和土地、草原确权建档。积极指导全旗各单位规范建档，加强企事业单位、重点建设项目及城建档案的监督、指导和机构改革档案处置工作。

加强档案接收工作。各镇、各部门2010年以前的永久、长期文书档案、声像档案和实物档案全部进馆，全年接收到期档案8859件、519卷，已全部核对入库，到期应入馆档案已经全部接收完毕；所有机构改革中涉改单位档案接收已完成，接收涉改单位档案1736卷、9917件，接收范围包括文书档案、会计档案、实物档案；全旗精准扶贫档案、疫情档案已全部接收入馆。全年接收入馆的6332件照片档案、视频档案、实物档案的数字化加工、计算机存储工作全部完成。

【档案资源库建设】 加强档案史志资源建设，建立方志馆、文史馆、南京知青纪念馆、名人档案库、声像档案库、书法展厅等。开展历史档案征集，全年征集革命历史档案120件，建成党史史料陈列展，完成革命历史档案的整理归档，革命历史档案中文简体处理已经完成，为下一步开展革命研究、挖掘打好基础；《鄂托克前旗历史人物传略》编纂出版正在进行。

口述历史档案建设 2015年在全区建立首家口述档案室，购置口述档案采集设备，以采访革命历史和民俗文化为重点，先后采访老红军及后人、民族文化传承人、民间艺人300多人并录音，通过口述的方式，保存和记录鄂托克前旗无文字记载的历史事件，弥补历史档案的空档。2021年，新购置照相机、编辑机等采编设备，打造口述档案室，全年采访了50多人。

建设名人档案库 向社会各界征集名人档案，已为全旗各行各业中作出突出贡献的100多人建立名人档案，使名人档案库成为研究名人历史、撰写名人传记、编辑名人文集、举办名人事迹展览、研究历史提供有价值的档案资料的基地。

建设文史馆 收集鄂托克前旗籍作家、鄂托克前旗各单位编写的书籍、杂志、视频、画册1700多本，所有收集的书籍全部计算机存储，使鄂托克前旗文学艺术资源更加齐全、完整，对教育人、鼓舞人起到激励作用，在文化交流中起到展示地方特色、弘扬民族文化的作用。

建立南京知青纪念馆 在鄂托克前旗、鄂托克旗、乌审旗的广大知青中，广泛开展南京知青档案征集活动。完成南京知青纪念馆的实物布展，打造全旗爱国主义教育基地及民族团结教育基地。完成知青通讯录印刷并分发到各个知青手中。

建设图片档案库 征集到有关建旗40年以来城镇建设、生态、工业、农牧业、文化民俗、红色文化、重大项目等内容图片10万多张。

建设书法档案库 收藏鄂托克前旗籍书法家的书法作品69件。

【档案开发利用】 2021年，鄂托克前旗档案史志馆实施馆藏档案资料数字化工程，加强档案资料开发利用、档案资料查阅服务工作，依法加大档案的开放力度。

充分发挥馆藏资源优势，加强爱国主义教育基地展厅建设，利用馆藏档案资料和红色文化档案史料，建设三个展厅。建设“档案见证历史——纪念建党100周年革命历史档案史料陈列展”，展厅通过向参观者展示丰富的馆藏革命历史档案史料，从客观、真实、原始的视角、真实地再现了鄂托克前旗革命斗争的历史，以达到守护历史、传承文明、资政育人、服务社会的目的。建设“记录小康工程图片档案展”，展厅以记录小康工程为主线，穿越历史档案，见证时代变迁，全面展现鄂托克前旗40年的发展成就，启发奋斗梦想，照亮美好生活。建设“南京知青纪念馆”，展馆以知青为主轴，完整地呈现南京知青在鄂尔多斯插队的这段历史，用档案、历史讲述南京知青为草原传播现代文明、奉献美好青春的动人故事和蒙汉团结的佳话，在鄂托克前旗新征程中高举习近平新时代中国特色社会主义思想伟大旗帜，铸牢中华民族命运共同体意识，更好地开展民族团结教育工作。鄂托克前旗档案史志馆已被授予全旗爱国主义教育基地、全旗民族团结进步教育基地、红色教育研学实践点。全旗各部门党员干部职工参观学习人数达80批1800多人。三个展厅的建设为社会各界人士了解鄂托克前旗革命奋斗史、发展史和民族团结提供研学参观平台。与中央电视台、南京电视台、内蒙古电视台和鄂尔多斯电视台合作拍摄以南京知青插队史为题材的纪录片《宁心草原》(暂定名)，已经开始拍摄。

加强档案鉴定，建立数字化档案，依法开放档案，提供优质高效的查询服务，维护社会各界及公民个人依法查阅档案资料的合法权益。全年档案提供利用452人，利用范围涉及煤炭领域整治、供销社领域整治、粮食系统整治等专项工作及涉及老百姓日常事务，为利用者解决了许多实际问题。

【依法治档】　采取多种形式宣传档案法律法规，提高全社会的档案意识，积极报送工作信息。利用第14个“6·9国际档案日”系列宣传活动，召开了“6·9国际档案日”宣传暨2021年全旗档案工作会议，举行《鄂托克前旗年鉴2019卷、2020卷》首发仪式、革命历史档案文献资料捐赠仪式，表彰奖励全旗档案史志工作先进单位、先进个人。开展档案主题宣传活动，通过发放档案宣传品、设置宣传展板、主题征文和LED屏幕播放等多种形式，广泛宣传《档案法》，普及档案知识，进一步增强广大群众重视档案、关心档案的意识。举办档案专题培训讲座。举办走进档案、认识档案观摩活动。组织全旗各单位档案管理员参观档案史志馆。

加强档案安全工作。进一步贯彻落实预防为主、防消结合的方针，充实更新灭火器37个，新购1台消防站。7月23日，鄂托克前旗档案史志馆开展消防安全知识培训和消防演习，增强干部职工消防安全意识，提高灭火、疏散、自救能力。

方志

【概况】　鄂托克前旗地方志编纂委员会于1995年编辑出版《鄂托克前旗志（1980—1990年）》卷，2010年编辑出版《鄂托克前旗志（1991—2009年）》卷，并完成二轮志书的蒙古文书籍的翻译出版。2017年10月启动首创卷《鄂托克前旗年鉴（2016—2017）》编纂工作，2019年5月出版发行，填补了鄂前旗无年鉴记史的空白。2021年，《鄂托克前旗年鉴（2018、2019、2020）》完成编辑出版、《鄂托克前旗年鉴（2021）》完成编辑。按照自治区地志办要求编辑上报《内蒙古年鉴（2021）鄂托克前旗篇》。按照市地志办要求编辑上报《鄂尔多斯年鉴（2021）鄂托克前旗篇》《鄂尔多斯志（1990—2010）鄂托克前旗篇》。

【方志馆】　建立鄂托克前旗方志馆，组织专人主要收集旗志、综合年鉴、行业志鉴和全旗各镇、嘎查村（社区）志鉴和周边地区以及全市各旗区、全区各盟市旗县等地区历年来编撰的志鉴进馆永久收藏。至2021年，共收集各地各类志鉴丛书888本，打造鄂前旗地情资料的资源中心，为社会各界研史修志人员提供借阅与查询服务，普及旗情地情知识、开展爱国主义教育。

水

综述

2021年，全旗共计完成水利水保建设投资5656万元。维修集中供水工程32处；完成水土保持综合治理面积1.6346万公顷，新增小流域治理面积6940公顷；核发取水许可证25家，批复生产建设项目水土保持方案16个、水资源论证报告35个、防洪评价报告3个，置换机电井374眼；征收水资源税1881.8149万元、水土保持补偿费1665.055万元；

全面推行河湖长制工作，使河湖长制工作从“有名”“有实”逐步向“有效”转变。

2021年，全旗取水总量为11477.1127万立方米，其中地下水源10431.7592万立方米、地表水源852.2841万立方米、其他水源193.0694万立方米。按照取水用途分类，农业用水量9486.65万立方米、工业用水量897.6071万立方米、生活用水量523.0356万立方米、人工生态环境补水量320万立方米。农田灌溉水有效利用系数为0.628。

水务

【水资源管理】 鄂托克前旗有城市集中式供水单位3家，农村饮水安全工程141处已全部投入使用，其中设计日供水量50吨以上的有57处，大型旅游景点自备水源3处。

节水型社会建设 持续巩固县域节水型社会建设成果，全旗节水型机关建成率100%、节水型事业单位建成率54%。

地下水管理 严格贯彻落实《内蒙古自治区人民政府关于加强地下水生态保护和治理的指导意见》，编制《鄂托克前旗地下水生态保护规划》《鄂托克前旗水资源综合利用规划》，并上报市水利局。从开发、利用、节约、保护、调度等环节入手，认真落实内蒙古自治区《关于加强地下水生态保护和治理的指导意见》《农牧业生产取用水限额标准及水量核定办法》，举办以“推进地下水超采综合治理 复苏河湖生态环境”为主题的世界水日、中国水周系列宣传活动。

取水许可审批 严格实行取水许可审批，按照行业用水定额标准和计划用水管理办法，对获得取水许可证的用水企业和自来水管网覆盖范围内的用水户下达用水计划指标。批复准予行政许可决定书26份，核发取水许可证25个，批复水量119.7445万立方米。

水土保持方案审批 全年共批复生产建设项目水土保持方案16个，征收水土保持补偿费1665.055万元。

超采区治理 2021年，鄂托克前旗人民政府印发《关于鄂托克前旗敖镇、三段地地下水超采区治理巩固实施方案的通知》（鄂前政办发〔2021〕98号），通过8项措施持续巩固超采区的治理成果，实行分水到户以电限水，落实休耕政策，置换水源，加大执法力度，调整农牧业产业结构，推广节水灌溉技术，加强地下水监测预判，加强农牧业节水宣传。

【饮用水源地管理】 2021年，鄂托克前旗严格按照《鄂尔多斯市水利局 鄂尔多斯市生态环境局 鄂尔多斯市住房和城乡建设局关于开展2021年度自治区与市级重要饮用水水源地安全保障达标建设评估相关工作的通知》（鄂水发〔2021〕200号）要求，认真开展敖镇饮用水水源地安全达标建设自查工作，形成工作总结和相关档案资料上报鄂尔多斯市水利局。

敖勒召其镇水源情况 鄂托克前旗敖勒召其镇水源地位于鄂托克前旗敖勒召其镇敖勒召其嘎查一带，属于鄂尔多斯闭流区。水源地供水方式采用潜水泵抽取地下潜水或承压水，经管道输送、净水厂沉淀消毒后进入供水管网供居民使用。供水工程由鄂托克前旗自来水公司负责运营管理，并设有专人看管。水源地服务区域为敖勒召其镇城区，取水用途为生活用水和其他用水。许可取水量为188.2万立方米/年，日取水量5156.2立方米，工程规模为Ⅱ型，供水人口约3.5万人。

上海庙水源情况 上海庙经济技术开发区水源地地处黄河流域，区域属无定河流域，鄂尔多斯波状高原，鄂托克前旗上海庙镇。区外主要水系是黄河，黄河位于上海庙镇西部，距上海庙镇区约11千米，现有水源井18眼。水源地供水方式采用潜水泵抽取地下潜水或承压水，暗管输送，经净水厂沉淀消毒后进入供水管网供居民使用。供水工程由上海庙富源水务公司负责运营管理，并设有专人看管。水源地服务区域为上海庙镇，用水结构为生活用水和绿化等用水。设计年取水量为300万立方米，日取水量为9201立方米，工程规模为Ⅲ型，现年供水人口1.1万人。

城川镇水源情况 城川镇饮用水水源地地处黄河流域，区域属黄河支流无定河流域，位于城川嘎查沙站，现有水源井2眼，水源地供水方式采用潜水泵抽取地下潜水或承压水，经管道输送至供水管网直接供居民饮用。供水工程由城川镇龙兴自来水公司负责运营管理，设有专人看管。水源地服务区域为城川镇区部分居民和机关单位，用水结构为生活用水和其他用水。供水工程设计供水能力为69万立方米/年，日供水量为1900立方米，工程规模为Ⅲ型，供水人口0.14万人。

【安全生产】 2021年，鄂托克前旗水利局建立健全安全生产监管责任制，建立“一岗双责”制度、安全生产目标管理责任制度，将安全生产责任层层进行落实。落实水利生产经营单位主体责任；与大沟湾水库、水洞沟水库、敖镇自来水公司、城川龙兴自来水公司、富源水务公司、上源水务公司等水利生产单位签订安全生产目标责任书；与水利工程施工单位签订安全生产责任合同。全旗各水利生产经营单位持续做好水利行业安全隐患排查、自查，确保水利行业安全稳定发展。

全年全旗开展水利工程运行安全整治，加强水利安全风险分级管控、生产安全事故隐患排查治理，召开安全生产工作部署会12次、开展专项排查20余次，利用水利行业上报信息系统定期上报水利生产经营单位危险源、安全隐患和事故风险12次。

加强安全生产宣传教育，开展安全生产教育活动，增强安全意识，组织学习习近平总书记关于安全生产重要论述、指示、批示3次，集中观看《生命重于泰山—学习习近平总书记关于安全生产重要论述电视专题片》，教育引导领导干部强化“人民至上、生命至上”理念，切实把安全责任扛在肩上、落在行动上，促进全旗水利行业安全生产形势持续稳定向好。开展安全生产宣传咨询日活动，采取发放宣传资料、宣传品、悬挂横幅、开设咨询台等方式开展现场咨询服务活动，面对面解答群众关心的安全生产问题，传播安全生产理念、思路、措施和宣传安全生产法律法规、安全科普常识、应急处置和逃生自救等知识。共计发放安全生产宣传资料、宣传品1000余份，活动悬挂安全生产宣传横幅1条，现场咨询服务50余人次，营造良好社会宣传效应。

【河湖长制】 完善河湖长制体系，全面推行旗、镇、村三级河湖长制管理体系。2021年，因人事调整，及时调整全旗15条河、6个湖泊的旗、镇、嘎查村级河湖长，分别由旗委、政府9名县级领导、26名镇级领导、27名村级领导担任河湖长，实现旗、镇、嘎查村三级河湖长体系"全覆盖"。

建立"河长湖长+检察长+警长"联动协作长效机制，形成河长湖长、检察长、警长"三长"联手、部门联动、打防结合、处置高效、共护河湖的铁腕护水新格局，为维护河湖健康生命、实现河湖功能永续利用，打造健康河湖、美丽河湖、幸福河湖、平安河湖提供制度保障。

结合河长制工作年度目标任务及黄河河道有关问题再排查再整治工作安排，先后召开专题部署会，发布总河湖长令，成立领导小组及工作专班，由鄂托克前旗河长办牵头组织相关部门开展河湖管理保护"春季""秋季"行动以及结合本部门职能职责开展的日常监督检查等工作，全年累计出动排查人员224人次，发现涉及河湖有关问题11个，已全部整改完成。出动机械60台次，清理河湖垃圾3万余吨，清理淤泥860立方米。

【防汛抗旱】 坚持以行政首长负责制为核心，落实水库、淤地坝等防洪设施的三个责任人，对"三个责任人"名单进行备案、公示，在水库库区、淤地坝坝区分别设置公示牌、警示牌。针对全旗水旱灾害薄弱环节，全面开展汛前隐患排查，及时整改检查中发现的风险隐患和薄弱环节，消除隐患确保安全度汛。利用建成的农村基层防汛预报预警体系，及时监测雨情水情，监测预警数据到报率100%。结合历年防汛实际，参与修订完善《鄂托克前旗防汛抗旱应急预案》等4个应急预案，报旗防汛抗旱指挥部批复。于7月中旬开展防汛应急演练及培训。为满足汛期应急需要和防汛抢险救灾需求，储备防汛应急车1辆、排水泵13套、发电机7台、发电机照明设备2套、帐篷5顶、皮划艇2艘，基本满足汛期需求。严格执行汛期专人24小时值班制度、领导干部带班、重点工程设施巡查制度，依规履职尽责，时刻关注雨水情和工程运行情况，确保信息上下沟通顺畅，安全度过汛期。7月20日启动全旗抗旱Ⅲ级响应，积极向上级部门申请抗旱资金、实施抗旱项目以及其他临时性抗旱工程，解决农牧民生产生活用水困难。为解决人畜饮水困难启动历年抗旱水源井，储备送水车2辆、钻机1台、发电机8台、输水管道1000米、电缆400米。

水土保持

【小流域综合治理】 2021年，全旗累计完成小流域综合治理面积约24平方千米，完成投资约965万元，工程进度达80%。

【京津风沙源水利水保项目】 完成2020年京津风沙源水利水保续建项目，该项目于2020年10月开工建设，当年完成总建设任务的60%。2021年3月中旬复工后，于5月下旬完成全部治理任务，累计完成小流域综合治理面积20平方公里，新建水源工程31处，节水灌溉工程77处。开工建设2021年京津风沙源水利水保项目，该项目批复总投资1200万元，新增小流域综合治理面积30平方千米。项目于2021年9月下旬完成招投标工作，10月上旬开工建设。

【2021年国家水土保持重点工程】 该工程包括鄂托克前旗2021年乌兰道崩小流域、乌兰胡舒生态清洁小流域2个项目，批复总投资2000万元，新增水土保持综合治理面积40平方千米。工程分别于2019年10月、2020年12月获鄂尔多斯市水利局批复，2021年3月下旬完成招投标工作，4月上旬开工建设，12月底全部完工。

供水工程

【供水保障储水窖工程】 鄂托克前旗供水保障储水窖工程是鄂托克前旗人大民生实事项目的票决工程，是为解决群众急难愁盼饮水问题实施的一项惠民工程。该工程于2021年2月由鄂尔多斯市水利局批复，批复总投资859.77万元，其中市级资金800万元、地方及群众自筹资金59.77万元。建设内容为新建10立方米预制钢筋混凝土储水窖335座、畜用自动蓄水槽335个。4月21日工程开工建设，11月底主体工程完工。该工程改善了4个镇15个嘎查村335户1157人、64544只（头）牲畜的饮水问题。

【五湖都格淖河道治理工程】 该工程于2020年9月由内蒙古自治区水利厅批复，批复总投资501.27万元。2020年11月26日工程开工建设，2021年7月20日工程全面完工，完成河道疏浚2.245千米，完成河道护砌2.55千米，重建涵洞2座，维修伊克乌素涵洞翼墙1处。该工程的建成，可有效保护五湖都格沟、伊克乌素沟河道两岸幼林地、耕地、草地的安全，提高河道防洪标准，为保护自然保护区内农牧民群众生命财产安全、推动当地经济社会发展提供水安全保障。

森林草原

生态文明建设

【概况】 鄂托克前旗生态文明建设以习近平生态文明思想为指导，按照生态优先，绿色发展的总体要求，深入推进林业和草原重点项目和重点区域绿化工作，切实加强生态保护修复，大力发展绿色富民产业，全旗基本形成乔灌草、带网片相结合的东南部防护林体系和以原生植被恢复为主的西北部生态屏障，生态环境明显改善。

2021年，鄂托克前旗累计造林8533.33公顷，其中人工造林4666.67公顷、退化林分改造3666.66公顷、森林抚育200公顷、森林保险29.247万公顷。全旗森林总面积29.5181万公顷，森林覆盖率24.15%。森林管护面积39.531333万公顷，其中国有林面积7626.6667公顷，集体（个体）所有林面积38.768667万公顷。全旗林业用地面积59.8255万公顷，其中有林地1.7881万公顷，灌木林地27.73万公顷，未成林造林地1.4569万公顷，宜林荒山荒地23.8611万公顷，其他林业用地4.9894万公顷。

【植树造林】 2021年，鄂托克前旗完成林业生态林建设9200公顷，其中林业重点工程项目8533.33公顷、义务植树等其他工程666.67公顷。

【生态保护】 2021年，全旗国有林场治沙站共完成中幼抚育林100公顷；组织开展自然保护区自查工作，核查保护区和沙漠公园的6块界碑570根界桩，未发现自然保护区及沙漠公园内的界桩界碑丢失或被破坏。全年旗林业生态保护中心共救护国家二级保护野生动物9只，其中天鹅1只、灰鹤1只、草鹭1只、雕鸮3只、红隼3只。根据国土三调数据与林草数据融合，全旗境内湿地61块，总面积1356.75公顷，全部建立台账，未发现破坏行为。为加强古树名木的保护和管理，对全旗境内的66株古树名木进行重新更换保护牌，对每棵古树名木都编制二维码，通过扫描二维码功能了解每棵古树名木情况，进一步对古树名木胸径和树高测量、拍照，了解生长健康状况并造册建档。严格按照当年计划和本地麻黄草资源状况，为全旗农牧民办理人工麻黄采集证共6000吨、野生麻黄采集证共1000吨，并完善了档案。

【林沙经济】 参照《鄂托克前旗建设“北纬37度经济林”发展规划（2019—2023年）》，着力构建“南部果树、西部葡萄、全域枣树”的经济林发展格局，推动经济林产业又好又快发展，完成经济林种植2670公顷。

林草防护

【林长制】 2021年，鄂托克前旗认真贯彻国家、自治区、市级林长制文件精神，全面推行林长制工作，阶段性工作圆满完成。

在旗级设置林长制办公室，承担实施林长制具体工作，落实林长确定的事项。定期向林长报告本责任区域森林、草原、湿地等资源保护发展工作，制定并组织实施年度工作计划，督促、协调、指导有关部门和下级林长办公室抓好各项工作，开展林长制落实情况督查、检查，拟定林长制配套制度，组织实施林长制年度考核等工作。林长制办公室设在旗林业和草原局，办公室主任由局长担任,副主任由分管副局长担任，成员由相应二级部门负责人担任。

2021年，按照自治区、市级要求出台《鄂托克前旗全面推进林长制实施方案》，制定《鄂托克前旗林长制会议制度》《鄂托克前旗林长制信息公开制度（试行）》《鄂托克前旗林长制部门协作制度》《鄂托克前旗林长制工作督查制度（试行）》《鄂托克前旗林长巡查工作制度》5项制度，成立旗级林长制工作领导小组，明确旗级林长、副林长领导责任区域分工及旗级林长制成员单位职责。各镇党委政府相应出台《全面推行林长制实施方案》并成立各镇林长制工作领导小组，明确镇级林长、副林长领导责任区域和嘎查村、社区级林长名单。成立旗、镇林长制办公室，完善建成全旗、镇、嘎查村社区三级林长制工作体系，将三级林长、副林长名单及责任区域通过旗政府网站向社会公示。全旗建立林长制的乡镇级单位5个、村级单位88个，设立旗级林长2人、旗级副林长7人，镇级林长9人、镇级副林长46人，嘎查村级林长88人。

【林草资源保护】 全旗林草资源保护发展问题整改初步完成，国家林草局下发的2021年森林资源督查786个图斑，经现地核实，违法使用林地图斑39个17.3202公顷；2020年林地变更结果显示疑似违法地块图斑共4277个1.0865万公顷，经现地核实违法面积3218公顷，已全面完成整改，恢复森林植被3218公顷、自然恢复7647公顷。2020年草原变更结果显示疑似违法地块图斑共4634个2.478万公顷，经现地核实违法面积4800公顷，已全面完成整改，恢复草原植被1.998万公顷、自然恢复1.998万公顷。

【森林草原病虫害防治与检疫】 2021年，完成全旗境内783.75公顷苗木产地检疫检验自查，产地检疫率100%，调运检疫苗木8902.26万株，复检苗木50.85万株，劝导造林单位自行退回处理苗木3500株。全年共挂设各类诱捕器及虫情测报灯178余套，发布虫情预测预报13期，测报率达95.5%，实施无公害防治作业面积5466.67公顷。全年草原有害生物防控面积4.354147万公顷，其中草原保护灭鼠2.340813万公顷。

【森林草原防火】 加强全旗森林草原防火巡护巡查，全旗未发生大的森林草原火灾，全年森林和草原火灾受灾率分别控制在0.5‰和2‰以内。共计发放宣传手册1.865万余册、宣传品5120余份，悬挂森林草原防火标语50余条，插排彩旗1500面，出动宣传车54车次，重点防火区域和主要路段、旅游景区设立警示牌6块，利用微信公众号、网络媒体等转发各类防火通告、防火倡议书、防火戒严命令共计播放量3536余条；利用气象局公众号发布森林草原火险等级信息40余万条，野外隐患排查出动35次，出动人员数量110人次，开设隔离带清理可燃物90余千米。

【林政管理】 2021年，共办理征占用林地审批56件756.0038公顷，其中临时占用林地31件、面积424.7932公顷，永久占用林地25件、面积331.2106公顷；审批临时占用草原申请事项29件，草原面积46.1158公顷，永久占用草原申请事项11件，涉及草原面积44.9384公顷。

草原保护与建设

【草原监测】 2021年，全旗天然草原平均覆盖度19.59%，草群平均高度8.83厘米，平均产草量350.41万千克/公顷，总产草量9457.16万千克。

【草原建设】 实施草原生态保护修复治理项目，完成2020年草原生态保护修复治理项目补充作业（第二批资金）723.3333公顷，总投资230万元；2021年草原生态保护修复治理项目总规模3400公顷，总投资706万元。

实施2020年规模化防沙治沙项目，总规模2266.6666公顷，总投资1260万元，已完成2266.6666公顷。

实施草原植被恢复项目，2020年草原植被恢复项目总规模3866.6666公顷，总投资1640万元，完成2364.1333公顷；2021年，草原植被恢复项目总规模866.6666公顷，总投资367.5万元，初步作业设计已编制，并通过市林草局评审。

实施京津风沙源治理二期工程草原生态保护建设项目，完成2019年京津风沙源治理二期工程草原生态保护建设项目全部建设内容，并通过自治区检查验收；2020年京津风沙源治理二期工程草原生态保护建设项目总投资1284万元，围栏封育3万公顷、储草棚60处、暖棚60处。

【草原保险】 全旗草原保险试点工作由中华联合财产保险股份有限公司鄂尔多斯中心支公司承保。计划实施草原保险2000余户34.51266666万公顷草原，试点区域为昂素镇天然草原，草原类型为荒漠草原。完成草原保险投保1605户23.7758046万公顷，完成目标任务的69%。

【草原确权】 2021年，全旗应确权草原面积114.67万公顷，颁发农牧民草原承包权证、草原经营权证书5835个，68个嘎查村1.3852万户，涉及草原面积97.67万公顷，颁证率为98%。

【生态奖补】 2021年，全旗落实新一轮草原生态保护补助奖励机制，总面积97.67万公顷，其中禁牧面积18.99万公顷、草畜平衡面积78.67万公顷。草原生态补奖资金由旗农牧局发放。

生态环境

环境保护

【概况】 全年开展各项监督性监测30次，获得监测数据1379个。辖区内重点污染源企业自动监控数据传输有效率达95%以上，联网企业均完成监测设备比对工作，新增联网企业8家。

【环境监测】

空气监测 2021年，敖勒召其镇空气质量优良以上天数比例为92%，PM2.5平均浓度为19微克/米^3，PM10平均浓度为49微克/米^3（剔除受沙尘影响的天气后），空气质量保持在国家二级标准；集中式饮用水水源地水质全部保持稳定达标。

水质监测 开展敖镇、上海庙镇和城川镇三个集中式饮用水水源地水质例行监测6次，获得各类监测数据220个，均符合地下水Ⅲ类标准，达标率均为100%；开展地表水水质监测8次，获得数据224个，辖区内无黑臭水体现象；开展各项监督性监测30次，获得监测数据1379个。大沟湾河流水质符合地表水Ⅲ类标准，大沙头景观湖及圣火公园景观湖均未发现黑臭水体。辖区内集中式饮用水水源名录和重要饮用水水源名录，集中式饮用水水源地源头水、出厂水、末梢水水质安全信息全部在鄂前旗之窗公布。

污染源监测 2021年，登记辖区内非道路移动机械编码登记67辆，抽测23辆，完成柴油车大户抽测20余辆。至年底，已联网企业12家，新增8家，重点污染源监控企业在线联网数据传输有效率均达95%以上，完成在线设备现场巡检50余次，超标数据现场核查24次。

【环评审批】 优化营商环境，认真执行环评分级审批、分类管理规定、审批程序，审批业务进驻旗政务服务局19项，2021年共审批环境影响报告表56个，备案环境影响登记表31个，环境影响评价执行率100%。按照《固定污染源排污许可分类管理名录（2019版）》管理类别，完成登记管理排污企业137家、简化和重点管理类别56家。

环境治理

【污染防治】 2021年，鄂托克前旗承担污染防治任务104项，已完成96项，剩余8项顺延为2022年工作任务，均在持续推进。

大气污染防治 全年共初审总量核算文件4个，共计初审二氧化硫155.783吨、氮氧化物167.272吨。自治区生态环境厅委托第三方机构已对盛鲁电厂2020年度碳排放数据报告现场核查，核查碳排放量173.9万吨，未列入全国碳排放权交易市场第一个履约周期。

水污染防治 2021年，配合核查全旗建设项目选址是否在水源地保护区内，共出具101份建设项目核查意见函。全面排查入河排污口，并加强日常排查监管。在鄂前旗之窗公布辖区内集中式饮用水水源名录和重要饮用水水源名录，集中式饮用水水源地源头水、出厂水、末梢水水质安全信息。

土壤污染防治 全年完成5个嘎查村的农村环境整治工作，已建成的农村生活污水治理设施处理率达70%以上；公布2家重点监管企业名单；畜禽粪污综合利用率和规模化养殖场粪污处理设施配套率达到要求，综合利用率达70%以上；持续维护自然保护区重点区域高清视频监控。

核辐射管理 有放射源使用单位3家，涉及四、五类放射源共计25枚。下半年检查所有涉核单位均符合相关使用要求。

环境监管

【环境执法】 2021年，全面落实“双随机、一公开”事项，定期公示环保违规企业名单。通过现场和“互联网+执法”共检查企业1020家次，其中，下达各类整改通知书55份，查处环境违法行为24起并全部实施了行政处罚，适用四个配套办法按日连续处罚1起。充分发挥“12369”投诉受理平台作用，查处各类信访案件18起，投诉处理率达100%。

【督察整改】 2021年，完成整改并销号2016年—2018年上级环保督察反馈鄂托克前旗38项问题；2020年自治区第二生态环境保护督察反馈问题21项，已完成整改16项，5项还在整改；6月10日，内蒙古自治区中央生态环境保护督察整改工作推进视频会议反馈问题涉及鄂托克前旗4项，已完成整改2项，2项还在整改。督察、接收、转办信访案件45项，已全面完成整改并进行“回头看”，暂未发现反弹现象。

【宣传教育】 认真落实环保“六进”宣传活动，举办“环保知识进校园、生态文明浸童心”志愿服务活动等主题宣传活动15场，其中六五环境日举办的“人与自然和谐共生、环保文化大集”大型主题活动吸引线上线下参与人数达1.5万余人。宣传活动共计发放各类宣传物资12000余份，吸引参与群众2.3万余人。积极上报各类信息205条，被旗级以上平台采用99条，其中国家级平台5条，形成微信、微博、抖音等官方平台关于环境法律法规知识及其他各类环境政策和动态案例信息的常态发布。

人居环境

城市管理

【城市治理】 鄂托克前旗城市管理综合行政执法局全面参与创城复检验收工作，采用延时执法措施（早7:00—晚10:00），逐步开展镇区“十乱”专项整治行动，推进城市像绣花一样精细管理。全年累计与镇区沿街商户签订、发放“门前五包”铝牌3000份，摸底排查镇区沿街商户设置霓虹灯864块，整改存在问题霓虹灯56块；清理各类“三乱”小广告10240处，捕获流浪犬194条；配合创城责任单位清理卫生死角300多处，掩埋生活、建筑垃圾4000多立方米，清理城乡结合部乱倾乱倒建筑、生活垃圾65处；排查登记镇区流动商贩164户，整治流动商贩858起，暂扣各类经营工具43件，整治商户夜间占道经营行为336次，督促商贩清理油污场所1000多平方米；规范引导车辆停放8875次，张贴违法停车处罚单7012张，上传交警网5448张，拖移乱停乱放车辆96次；备案监管危房维修193户，依法拆除违法建设12处、临建6处、历史遗留临建1处（陶伦市场院内），排查、整改违法建设地下室11处、约990平方米；办理旗住建局移交案件16起，常规监管敖镇镇区大型建筑工地13处（新建10处、续建3处），签订规范化施工责任书10份，整改建筑工地破损围挡6次。

【城市管理】 2021年，鄂托克前旗城市管理综合行政执法局根据城市精细化要求，制定网格分布图，构建“面、片、块”三级网格管理运行体系，形成统一领导、分级负责、重心下移、权责一致的城市管理模式。依托鄂尔多斯市智慧城管一体化平台建设，开通智慧城管App、“一码共治”等平台。以劳务派遣的方式，申请旗国有劳务派遣公司向鄂托克前旗城市管理综合行政执法局派遣8名信息采集员，辅助执法人员科学管理、精准执法，有效提高执法效率。

【便民服务】 鄂托克前旗城市管理综合行政执法局依托全旗镇区现有条件，科学规划、合理施划停车泊位，实现应划尽划，最大限度满足居民的停车需求。累计在镇区新施划无障碍停车泊位550个、机动车停车泊位5800多个、非机动车泊位1860米，调整不合理停车泊位450个，张贴温馨提示10000余张，有效缓解镇区停车难、停车乱等问题。联合旗纪委监委，在旗综合办公楼、政务服务大厅、人民医院、蒙医院等地施划便民停车位328个，有效缓解居民群众办事停车难问题；在各中小学、幼儿园附近施划学生专用通道，增设临时停车泊位，有效解决接送学生车辆拥堵、乱停乱放等问题。

主动对接联系鄂托克前旗市场监管局、敖镇综合执法局常态化监管镇区物资交流会、集市贸易日等各类乱象，重点抓牢商贩的安全生产、食品安全工作，合理规范用水用电用气行为，严查健康码、行程码是否正常，保障各类商品展销和集市贸易安全、健康、有序。

与鄂托克前旗人民医院联合组建流动核酸采样车，秉承“招手即停、随停随采”的原则，为镇区周边过路的货运司机、劳务人员、摊贩经营户、老弱病残等群体进行上门核酸检测。累计出车监测30多天，出动执法人员60余人次，采集核酸样本1053人。

园林绿化

【概况】 鄂托克前旗以精细化管理为目标，持续巩固全国县级文明城市、国家园林县城的创建成果，全面提升园林绿化景观，加快环卫设施提档升级，做好市政维护，将群众对幸福指数的追求转化为工作责任清单，打造秀美家园。2021年，鄂托克前旗建成区绿地率、绿化覆盖率分别为37.53%、42.09%，人均公园绿地面积23.89平方米。

【园林绿化景观培育】 2021年，全旗着力推进精细化管理，精心呵护每一块绿地，“小而精”的城镇绿地特色更加突显。全旗市政道路及街景绿化工程、人防疏散基地配套绿化工程全部竣工，新增和改造提升绿地面积11.5万平方米，城镇绿地宜居品质提档升级，居民幸福指数显著提高。

围绕“生态园林”“节约园林”“文化园林”“亲民园林”的理念，以植物造景、花布景为主线，自育尾穗苋、千穗谷等各类应季花卉20余种113万株，采购应季花卉16万株，在主要街道及景观节点补植花带，增设蘑菇屋、花瀑布、福牛等特色花雕4处，摆放苏铁盆景27个，花树、花球12个，巧妙装点公共绿地；种植补植乔灌木3172株、篱子2.79万株、地被1.96万平方米；开展修剪、施肥、涂白等日常园林绿地管护工作，综合防治园林植物病虫害4轮；完成建党100周年花雕、综合办公楼南侧花海种植，陶伦路、人防疏散基地绿植种植。

城乡环境卫生

【概况】 全旗环境卫生管理工作包括敖勒召其镇镇区445.5万平方米道路清扫保洁，其中道路清扫保洁面积约275.5万平方米，绿化带保洁面积约170万平方米；152座水冲式公共卫生间、40座镇区垃圾中转站、16座旱厕的清扫工作，500个果皮箱、1575个分类垃圾桶、30个垃圾分类亭、30个垃圾分类箱、330个垃圾箱的垃圾清运、清扫保洁工作；垃圾填埋场、油水分离厂、干化池、渗滤液厂、9座乡镇垃圾中转站、57辆环卫车辆的运行管理管护工作。同时，负责4个镇9座垃圾中转站的垃圾清运处理，环卫设施的建设、运营与维护。

全旗有垃圾压缩中转站9座，分别位于三段地、上海庙社区、布拉格社区、玛拉迪社区、昂素镇、城川镇、大沟湾村、珠和社区、二道川社区。全旗农村牧区共有垃圾收集点2160个。全旗有环卫作业车辆57辆，主要包括垃圾清运车、扫路车、铲车、铲雪车、翻斗车、洒水车、洗扫车、压实机、推土机、餐厨垃圾收集车、吸污车等；有生活污水窖150座，公路沿线垃圾收集点96个。

敖镇镇区有公厕168座，其中水冲式公共卫生间152座、旱厕16座。敖镇有生活垃圾填埋场1座，餐厨、粪便干化池1座，租用环卫作业车辆停车场1座。

2021年，开展镇区生活垃圾、餐厨垃圾的收集、清运和处理，日均处理生活垃圾68吨、餐厨垃圾30吨；开展镇区公厕的保洁、清掏、维修等，日均处理粪便6吨。

【环卫日常管理】 实行人员管理“网格化”。将镇区街道划分为5个作业片区、132个作业单元，公厕划分为4个作业片区、79个作业单元，实行定岗定责定人员，提高环卫工作者工作效率，保证城镇卫生质量的常态化整洁。实行清扫保洁“精细化”。

加强道路保洁，实行大型扫路车和人工清扫相结合，机械化清扫率达71%以上，主次干道坚持一天一普扫，10小时保洁。

加强公厕保洁，水厕实行专人管理，随时清扫，12小时保洁；旱厕实行一日一清扫，十日一清掏的管理机制。实行垃圾处理“标准化”。镇区垃圾桶、垃圾箱实行专人巡回日保洁，定点定时全封闭清运，确保垃圾“日产日清”，居民区、垃圾中转站垃圾随满随清，垃圾清运率100%。垃圾填埋场日处理垃圾68吨，垃圾无害化处理率98.4%以上。实行污水收集“规范化”。主要负责将陶伦路及东西延伸200米的沿街商户产生的污水和餐厨垃圾清运至油水分离站进行处理，每日上午、下午各收集一次，全年累计清运餐厨污水约9900方。

【环卫创城】 全面检修镇区152座公共卫生间、污水收集口、井盖，累计维修其中污水收集口32处、大暖维修6处、内外扶手54个、外墙真石漆、瓷砖1452.9平方米、无障碍坡道5处、房顶漏雨维修420.5平方米、蹲便堵塞情况进行整改维修6处、吊顶及扣板重新拆除维修120平方米、地面从铺340.5平方米，其他（如地沟清理、蹲便、马桶盖、玻璃、隔断板、把手、锁芯、门帘、各类标识牌更换等等）维修更换项目约85种；街道新换果皮箱317个；各场站维修垃圾箱395个、维修油水分离厂罐体、电磁柜、渗滤液车间设备和乡镇9个中转站设备，更换垃圾填埋场防尘铁网5000平方米、圆钢150米。为镇区主干道25座公共卫生间安装遵德守礼宣传音响；按照创城测评要求取缔垃圾箱地坑42处；垃圾箱维修喷字700个；维修更换灯箱、果皮箱319个；累计处理暴露垃圾11处，处理卫生死角50余处，共处理垃圾200余吨；统一调整街道垃圾箱、垃圾桶、果皮箱点位，在地面印刷垃圾箱、垃圾桶专用字样。

【疫情防控】 及时排查全体环卫工作人员核酸检测信息，发放医用口罩16110个、84消毒液979公升和780小瓶、消毒片约10万片、消毒喷壶304个、医用一次性手套940双、防腐蚀胶手套188双。

全面细化完善环卫疫情防控各类工作方案、应急预案，完善规章制度；强化镇区公厕、化粪罐、街道垃圾箱、垃圾桶、果皮箱、垃圾收集转运设施、运输工具和环卫各场站、镇区各公共场所的消杀工作；增加垃圾清运频次，避免产生生活垃圾堆积现象，及时对生活垃圾进行无害化填埋处理，有效预防病毒传播。对镇区152座公共卫生间、16座旱厕，每天全面消杀不少于4次；49座中转站，每天全面消杀不少于4次，57辆环卫车每日消杀不少于2次。对辖区内的果皮箱、垃圾桶开展全面擦洗、消杀作业，并做好记录，保障镇区生产生活有序。

【垃圾分类】 按照《鄂托克前旗城镇生活垃圾分类工作实施方案的通知》要求，开展垃圾分类宣传教育，累计发放垃圾分类倡议书1500份、宣传手册500本，悬挂宣传条幅20条，

采购垃圾分类收集车3辆、500个四分类果皮箱、30座四分类垃圾分类亭、30座两分类垃圾分类箱、分类垃圾桶200组，实现镇区公共机构区域分类垃圾桶全覆盖；在镇区建设40个小型垃圾分类收集站，配套建设污水收集口项目，已完成招投标工作，为开展垃圾分类工作做好准备；建立健全垃圾分类清运台账；在末端处置上，与有资质的企业签订垃圾分类处理协议，实现有害垃圾单独存放，可回收物统一回收，餐厨垃圾高效处理。

【环卫安全生产】 2021年，累计组织环卫工人就道路交通安全法及单位内部管理制度开展专题培训26次，在垃圾填埋场等火灾易发生地配备灭火器等消防安全设备，垃圾填埋场、停车场、干化池、压缩中转站等大型场所均实行专人常驻管理，确保安全生产常态化、制度化。

脱贫攻坚

综述

【概况】 2021年，全旗按照产业兴旺、生态宜居、乡风文明、治理有效、生活富裕的总要求，认真贯彻落实上级党委、政府关于实施乡村振兴决策部署，全力推进实施乡村振兴战略，将巩固脱贫攻坚成果与乡村振兴战略有机结合，不断健全完善精准防贫机制，实现巩固拓展脱贫攻坚成果同乡村振兴有效衔接。

【产业扶贫】 2021年，共落实自治区财政衔接推进乡村振兴补助资金（三下乡资金）500万元，市级财政衔接推进乡村振兴补助资金1550万元，安排旗本级预算资金600万元，用于补齐扶贫项目短板，实施产业扶贫项目11个，基本保障每个适宜产业扶持的脱贫户至少参与到1个产业扶贫项目中，辐射带动658户脱贫户增收5000余元，脱贫户实现稳定增收。

【健康扶贫】 为每名建档立卡贫困人口补助或代缴医保参保费用255元，贫困人口基本医疗参保全覆盖；实施健康扶贫“三个一批”行动计划，贫困人口门诊慢性病实际报销比例达80%左右，大病和重特大病住院实际报销比例达90%以上。

【教育扶贫】 全面核查全旗建档立卡贫困家庭子女教育情况，贫困学生建档立卡率100%，落实10名建档立卡贫困学生雨露计划补助资金15000元，全年未发生因贫失学、辍学问题。

【消费扶贫】 制定印发《鄂托克前旗关于进一步加强企地合力助推脱贫攻坚乡村振兴行动方案》，开设消费扶贫专区1个，建成消费扶贫专馆1处，销售洪山塘香菇、王震井矿泉水、大池珍珠鸡、漫水塘蔬菜等25种产品，已累计销售帮扶产品17万多元。

【就业扶贫】 出台《鄂托克前旗公益性岗位管理办法》，建立健全就业扶持长效机制，以扶贫车间吸纳灵活就业69人，购买公益性岗位解决213名建档立卡贫困劳动力的就业问题，实现有就业能力和愿望的贫困人口就业全覆盖。

【扶贫对象动态管理】 印发《鄂托克前旗防致贫监测和帮扶全面摸底排查工作方案》，共排查农牧户9891户，完成整改房屋安全隐患、饮水安全等问题90条。制定印发《鄂托克前旗健全防止返贫动态监测和帮扶机制实施办法》，完成防止返贫“监测对象”动态管理工作，全旗有建档立卡脱贫户658户1718人，边缘户5户15人，监测户1户1人，已全部消除致贫风险，未发现新增脱贫不稳定户和边缘易致贫户。

【社会保障】 进一步健全完善低保精准进出机制和残疾贫困人口扶持机制，将高龄、残疾以及无劳动能力的脱贫户全部纳入低保范围，落实脱贫人口低保172户331人、特困供养3户3人、临时救助605人，困难残疾人生活补助82人，重度残疾人护理补贴88人，高龄津贴78人，享受养老待遇662人，兜底保障和养老保障实现全覆盖。

包扶村

【政府办】 包扶上海庙镇芒哈图嘎查。开发嘎查公益性岗位，安置嘎查1户低保户、3户监测户，户均年纯收入增长2万余元。为嘎查修通1条5.3千米的农村公路、争取安全饮水工程2眼、增设移动信号基站1处，累计受益达240余人次，帮助嘎查申报生态养殖园、一事一议等项目3个，争取专项资金110余万元。

【政协办】 2021年，旗政协领导班子成员分别深入各包联嘎查和贫困户，认真落实包联帮扶责任；各界别政协委员积极投身脱贫攻坚、乡村振兴主战场，为农牧民提供技术指导、创造就业岗位、捐助帮扶资金、发展农牧产业，带动贫困群众脱贫增收等等，委员主体作用充分发挥。旗政协机关选派3名机关干部组成包联驻村工作队扎根基层一线，加强包扶嘎查昂素镇哈日根图嘎查帮扶，结合党史学习教育和“民族团结一家亲”活动，单位党员干部为包联户协调就业岗位、盖羊棚、赠揉草机等，解决群众的急事、难事。

【巡察办】 包扶城川镇大发村。积极争取建设项目49万元用于扩建村级阵地，整合水浇地6.7公顷，完善配套设施，实现集体经济收入14万元；完成户厕改造125户、化解矛盾纠纷6起，为贫困家庭送去基本生活用品。

【人武部】 及时成立鄂托克前旗人武部参建援建工作领导小组，制定嘎查脱贫攻坚成果衔接乡村振兴工作过渡时期帮扶五年工作规划。协调旗供电局为巴彦乌素嘎查10户返乡户投入150余万元拉线通电，捐资助学贫困学生。巴彦乌素嘎查集体经济稳定收入10万元。

【检察院】 包扶上海庙镇水泉子村。2021年投入资金111500元。与万正集团协调10万元环境整治资金，开展慰问脱贫户、困难户、老党员户、残疾户1万元，慰问离世老党员家属1500元。

【旗委组织部】 包扶城川镇敦达图嘎查。为嘎查改建日光温室大棚育苗增温设施，投入资金30万元；与帮扶企业苏里格南作业分公司争取40万元的集体经济发展资金，在嘎查现租赁土地上建成2处温室暖棚。为11户农牧民争取到林草项目扶持新建羊棚、草棚项目，已投入使用。帮扶13户贫困户实现年人均收入均超1万元。开展“联系群众、兴办实事、促进振兴”实践活动、线上线下联动“三问”活动。分配给嘎查216户农牧民每户2吨低价煤。2021年，嘎查集体经济收入10万元，农牧民人均纯收入2.4万元。

【档案史志馆】 包扶昂素镇巴彦呼日呼嘎查。开展“我为群众办实事”实践活动，主要领导多次深入包扶嘎查了解情况、办实事，加快推进产业结构调整、乡村振兴战略实施。出资4万多元，帮助嘎查集体经济发展壮大；积极与市交通局联系沟通，争取到204万元的农村公路建设项目；开展送温暖活动，深入包扶嘎查，慰问孤寡老人、困难居民9户。

【融媒体中心】 包扶城川镇克泊日嘎查。组织开展送温暖鼓干劲活动，看望慰问老党员并送去米、面、油等慰问品。多次召开农牧民矛盾纠纷调解会议、到达纠纷现场调解，协商调解2起十几年的草牧场纠纷。累计走访入户100余次，进行疫情宣传、摸底排查、安全生产、扫黑除恶宣传。协助嘎查“两委”完成旗镇两级人大代表换届选举工作。

【团旗委】 包扶城川镇马鞍桥村。全年投入资金2万元，根据马鞍桥村产业发展现状，在原有1家饲料厂的基础上，新引进1家辣椒厂、1家玉米芯加工厂。构建“团旗委+青年创业联盟+企业+金融机构”的四方联盟模式，形成政策落实、金融倾斜、社会参与的发展格局。以合作社育苗、基地种植、企业收购加工、农户全程参与的方式，因地制宜发展辣椒产业，形成“育苗、种植、加工、销售”的全产业辣椒链条。全年辣椒厂共收购辣椒30吨、创收5万元。村集体经济年收入12万元。

【财政局】 包扶城川镇大场则村。2021年，结合“我为群众办实事”实践活动，深入基层一线开展调研4次，开展上级会议精神宣讲3次，座谈会2次，征集“我为群众办实事”项目共13项，全部解决到位。积极开展“民族团结一家亲”活动，通过对接6户少数民族家庭，帮助解决他们在生产生活中的一些实际问题。七一前后，走访慰问老党员、脱贫户、退役军人、退休党员共12户。按照走访调研征集的民意民需，为大场子村投入活动阵地建设资金120万元；完成大场子村新建水冲式厕所1处；积极协调交通、水利等部门，解决S216过境大场子村路段大车来往频繁造成的安全隐患、北滩河道清淤、村民自来水饮用等问题。

【能源局】 包扶上海庙镇阿勒台嘎查。为提增集体经济收入，为阿勒台嘎查争取集体经济发展资金7万元，引进乡村“一事一议”资金49.8万元。协助阿勒台嘎查争取集体经济项目资金30万元购买150只萨福克种羊；争取市体彩基金为嘎查免费安装室外健身器材。

【统计局】 包扶敖勒召其镇乌兰道崩嘎查。投入资金2万元，帮助发展集体经济。依托嘎查造林合作社作为项目中介，争取国家生态文明建设项目，打造造林合作社生态文明建设项目（国家战略项目和惠民工程）。利用扶贫资金项目建立坂帝合作社肉牛养殖项目。积极与有关部门对接，争取一事一议财政奖补乡村道路建设项目资金49万元。修建砂石路4.9千米1条。协调长庆油田项目部，修整乡村道路2千米。增容变压器16台。2021年集体经济达到13.8万元。

【住房中心】 包扶昂素镇克仁格图嘎查。争取上级资金10万元，建设强化包扶嘎查阵地建设，拓宽为民服务功能，新建活动阵地85平方米。争取少数民族发展资金50万元，实施克仁格图嘎查现代化畜牧业机械自动化饲养建设项目。争取上级资金40万元，实施克仁克图嘎查草颗粒加工厂建设项目，建设500平方米颗粒饲料加工厂1座。帮助嘎查牧民家庭争取棚圈、节水等项目，推进嘎查绿化、硬化、亮化工程，切实改进农村牧区人居环境，助力增加集体经济收入。

【公用事业服务中心】 包扶敖勒召其镇巴郎庙村。协助包扶村巴郎庙村完成“两委”换届、党代表选举以及人大代表换届选举工作；全面摸底排查巴郎庙村171户常住户，为4户贫困户申请公益性岗位2个，协调助学金3000元、医疗救助金1000元、临时救助金5000元；投入1万元维修村内公厕4座，积极协调发展集体经济帮扶资金2万元。协助村“两委”做好养殖园区前期选址和测绘工作。村集体经济年收入12.9万元。

【人社局】 包扶城川镇阿日勒嘎查。2021年，全面加强包联驻村工作。选派1名优秀年轻干部担任“第一书记”，推动阿日勒嘎查实现巩固拓展脱贫攻坚成果同乡村振兴有效衔接，建立“党支部＋合作社＋农牧户”肉牛养殖模式，购入90头西蒙塔尔基础母牛租赁给农牧户，承包集体草场给嘎查农牧民，带动增收致富。嘎查村集体经济年收入突破10万元大关。

【教育体育局】 2021年，包扶昂素镇巴彦希里嘎查。投入资金10.28万元。帮助全嘎查完成柠条种植6200公顷，年内建成乡村砂石路1条，总长15.8千米，有效保障沿途20户61名牧民日常出行需求。与嘎查“两委”定期研究讨论发展壮大集体经济事宜，累计开展专项研讨5次。建成嘎查集体养殖棚圈及配套设施一处，占地总面积约900平方米，其中包括草棚、饲草料、羊棚、温棚、羊圈、住房、饲养槽等，可同时圈养200余头只牲畜。全年集体经济收入达16万元。

【税务局】 2021年，包扶昂素镇玛拉迪嘎查。帮助建设嘎查“创业示范基地”，以嘎查533公顷集体草牧场为基础，以发展天然麻黄产业、牛羊育肥产业、肉牛生态养殖项目为突破口，协同村委完善喷灌等农牧业种养殖配套实施。依托马良诚顾寿山纪念陵园红色旅游资源，帮助嘎查维护红色基地服务中心，全力助推嘎查产业发展，全年实现收益18余万元。

【市场监督管理局】 包扶城川镇巴彦希里嘎查。2021年，帮扶嘎查修建砂石路17千米，解决22户农牧民出行问题；为嘎查争取帮扶资金及物资1.6万余元，争取农网改造20千米，申请变压器4个；慰问困难党员6人，慰问现金、物资共计1800元。

【应急管理局】 包扶城川镇二道川村。了解村民生产生活情况，排查常住户112户324人（其中脱贫户9户25人），排查新增低保户、新增危房户等“十类人员”8户，通过摸排，不存在纳入监测对象及边缘户。帮助打造二道川村特色蔬菜育苗基地，投入60万元整合村集体土地，建成育苗温室大棚2栋并投入使用。结合党员联系服务群众“六个一”工作机制，全村19名党员干部每人联系服务4—6户，共计98户，全部包联到位，不漏一户、不落一人。与三二线九标段天骄路桥工程建设公司协商，为一社大海子铺设砂石路3千米，解决群众出行难问题；与二道川供电所争取新增100KW变压器1台，解决11户农牧民机井灌溉电力不足问题；与大池兴盛盐化厂申请，为261户农牧民发放食用、腌制盐；上门服务，为21位行动不便的嘎查高龄老人完成高龄补贴认证；为民办理其他实事30件。

【社保中心】 包扶城川镇希里嘎查。全年调解嘎查农牧民矛盾纠纷4起，开展农村人居环境整治6次。开展户厕改造回头看、整改工作，累计整改5户。帮嘎查争取旗委组织部集体经济发展资金22.5万元、购买拖拉机打捆机1套。嘎查实现集体经济年收入5万元。

【政务服务局】 包扶上海庙镇乌提嘎查。帮助制定《乌提嘎查乡村振兴发展规划》，以“生态乌提富民先锋”为党建品牌，开展“党支部+N”工作模式，统筹推进乡村振兴各项事业。开展包联驻村各项工作。协调争取各级惠农惠牧项目，实施农牧户安全饮水水窖项目57个，安装净水器46户，确保人畜饮水安全实现全覆盖；落实养殖棚圈项目10个，落实户厕改造工程32户。实施围栏封育项目4000公顷27户；助力产业发展工作。与嘎查“两委”、农牧民探索推广梁地草原绒山羊“二元”养殖模式、肉羊短期育肥养殖模式，着力打造“一村一品”，培育一批养殖和销售能手。助推集体经济壮大发展，协助嘎查“两委”规划集体经济发展，帮助申请嘎查发展集体经济扶贫资金60万元、民委资金30万元、农牧储粪棚项目10万元，助力豪布尔汉合作社养殖场、集体草颗粒厂及东部羊场壮大发展。向嘎查先后捐赠4万元资金和物品，用于集体经济运维管理、基础建设。

【烟草专卖局】 帮扶敖勒召其镇巴郎庙村。开设卷烟扶贫店；为贫困人员筹集帮资金捐款2650元；入村开展“守护安全 畅通消费”“12·4”国家宪法日宣传活动2次。

【交管大队】 包扶昂素镇昂素嘎查。协调大队、恒科公司、修路项目部投资，为5户牧民解决库房建设、房屋维修、青储窖、羊棚等设施；协调农电为1户牧民改造电路200米；协调大队、旗就业局解决贫困户、残疾人就业9人。协调恒科公司资助1户牧民1头种公牛款14000元、资助1名贫困大学生3000元；协调中石油管道五公司资助嘎查1万元。为嘎查群众发放春耕化肥500余斤。

【医保局】 包扶城川镇哈日色日嘎查。协助嘎查谋划集体经济发展方向，申请扶贫项目资金48.5万元，购买24头品种牛，承包布拉格股份经济合作社，创收5万元；向红十字会申请滚动生计金10万元，创收1万元。

【退役军人事务局】 包联敖镇漫水塘村，村建档立卡119户贫困户全部稳定脱贫。累计协调投入600余万元为村内解决路、电、水等基础设施，在村集体土地上新建2座日光温室、1栋大连栋拱棚。村集体经济年收入14万元。2021年4月，被鄂尔多斯市包联驻村工作领导小组评为先进包联单位。

【公共资源交易中心】 包扶城川镇伊克柴达木嘎查。为嘎查争取到文化活动室建设财政“一事一议”项目资金54.5万元；捐赠给嘎查价值83690元的办公家具。

【城市执法局】 与旗大数据中心共同包扶三段地村。摸排216户537人，无致贫返贫风险；走访慰问困难户、老党员3批次。统筹抓好抓实包扶村美丽乡村建设工作，协调相关部门增设乡村限高架1处、在社区施划停车泊位300多个、发放垃圾清运车30辆、免费配送疫情防控物资1批次（口罩300个，巴士消毒液1箱），切实改善村容村貌。结合党史学习教育，联合鄂托克前旗大数据中心赴包扶村共同开展庆祝建党100周年系列活动、“共促共办”活动，参观考察三段地村集体经济项目、三段地历史革命纪念馆。

【残联】 包联帮扶昂素镇乌兰胡舒嘎查，全年投入资金8200元。为嘎查建设活动阵地、购买排球网共花费18000元。慰问乌兰胡舒嘎查全体70周岁以上老党员50名，带领党员到三段地革命历史馆、昂素种养殖业户、苏力迪嘎查集体经济林、马拉迪柠条林等地方参观学习。入嘎查开展文艺演出活动1次。组织37名残疾人到阳光家园康复治疗。

【城川红色教育培训中心】 2021年，包扶城川镇苏坝海子村，开展“我为群众办实事”专项实践活动16场次，党员先后联系群众84人次，为村困难群众解决学生租房费2000元、资助贫困学生书包文具学习用品等。

【农牧业综合行政执法大队】 包扶城川镇明盖嘎查。加强嘎查疫病防控知识宣传和技术指导，帮助养殖户解决动物疫病难题，协助成立全市首家兽医医院社会化服务合作项目并实现运营。依托嘎查“明安希里”绒山羊合作社成立明源农牧业专业合作社，以种畜场改良、培育、繁殖、推广、销售优良种畜的方式，提高嘎查集体经济收入，合作社饲养绒山羊8000余只。协助嘎查修编《乡村振兴总体规划》，理清发展思路。与嘎查村“两委”班子共同研究确定具体发展方向，优化基础条件和产业优势，选定优势主导产业。指导发展“企业+党支部+合作组织+农牧户”“龙头企业+合作社+基地+农牧民”等多种形式的利益共同体，助推嘎查产业发展。嘎查集体经济年收入11.3万元。

【农牧局】 选派1名干部到昂素镇阿日赖嘎查驻村，指导帮助嘎查发展集体经济，为嘎查争取股份经济合作社养殖基地羊棚项目、集体经济发展及畜禽粪污资源化利用等资金680多万元，助推阿日赖嘎查主导产业转型升级。积极开展三级支部共建活动，协助嘎查做好防致贫返贫监测、农情统计、疫情防控、技术指导等工作。嘎查集体经济收入18万元，农牧民人均纯收入3.5万元，入选全国少数民族特色村寨。

【住建局】 包扶敖镇马场井村。选派第一书记1名专职开展包联驻村工作，协助完成马场井村两委换届、党代表选举以及人大代表换届选举工作；协助创建马场井村党建品牌，提出“振兴马场井、靓丽新农村”的口号；申请贫困户公益性就业岗位16个；动态管理马场井140户、313人国贫户；为民办实事8件。与鄂托克前旗宏野农牧业有限公司签订合作协议，村集体投入4栋日光温室大棚、116栋小拱棚，全年村集体创收4.15万元；村集体与企业合作种植人工草；参与肉羊产业联盟，年纯收入5万元；出租村集体闲置储草棚，每年纯收入1.4万元；与天悦节水灌溉公司达成建厂投资初步协议。关心适龄儿童就学，帮助解决2名生活困难学生学费和生活费。改造6类重点对象危房10户（建档立卡1户、低保9户），均已完工。实施户厕改造528户，普及率90%，超过自治区一类旗县标准。建成水冲式厕所12座，嘎查村常住户投放垃圾分类收集桶1780组，村镇公共场所分别配备垃圾收集箱130个、四分类垃圾箱45组。

【生态环境分局】 包扶上海庙镇陶利嘎查。2021年，帮助陶利嘎查发展集体经济带动当地农牧民收入。利用陶利嘎查原有的草棚改建为风干肉晾晒车间，在嘎查牧户中收购羊肉晾晒，全年共销售1200余斤风干肉制品，销售额达20万元。

【科学技术协会】 包扶上海庙镇公乌素嘎查。组织党员干部深入公乌素嘎查开展包联工作，并同全体党员在“七一”开展了共建活动，推动基层建设全面进步、全面过硬。

【总工会】 2021年，旗总工会包扶城川镇麻黄套村。持续巩固拓展脱贫攻坚成果，助力乡村振兴。与市总工会帮扶村麻黄套村发展集体经济项目，2021年帮助麻黄套村建设玉米储藏库，项目总投资约400万元，其中市旗两级工会投入32万元。

【妇联】 包扶昂素镇囫囵嘎查。为嘎查提供妇女儿童事业发展专项资金10000元，打造典型示范“妇女之家”1个。

【民政局】 为包扶村黄海子村投入帮扶资金3万元，切实解决群众实际困难。

【交通运输局】 多方筹资，帮助包联村巴彦乌珠日嘎查解决出行难问题，村集体收入达到9.7万元，农牧民人均收入达到2.87万元。旗交通运输局2021年获得2020年度包联驻村工作先进单位。

【民委】 包扶昂素镇沙日浩舒嘎查。落实衔接推进乡村振兴补助资金80万元，实施嘎查集体经济发展、困难户基础设施建设项目；全体党员干部到沙日胡舒嘎查参与庆祝建党100周年活动，表彰优秀党员和党务工作者，党组书记讲党课，趣味比赛，慰问嘎查党员等活动。

【大数据中心】 包扶敖镇三段地村巩固拓展脱贫攻坚成果同乡村振兴有效衔接，优化产业结构、发展集体经济。采取“党支部+企业+合作社+农牧民+贫困户”模式发展经济作物种植，拱棚种植香瓜11栋，智能温室辣椒种植1座。争取产业扶持资金350万余元，与“兄弟村”洪山塘村启动洪山塘村食用菌深加工及农畜产品存储物流综合示范园项目，进一步扩大集体经济规模。肉羊产业联盟分红，集体经济收入10万元。

【政法委】 包扶城川镇糜地梁嘎查，开展村情民意调研，认真开展基层党组织规范化建设，完善“振兴先锋”党建品牌和“五面红旗”创建工作。建设鄂尔多斯婚礼实景体验基地，包括婚礼实景体验区、红色蒙元文化体验区、民俗娱乐拓展区、餐饮购物区、停车区5大功能区，建成176平方米大型蒙古包1座，80平方米小型蒙古包9座。结合城川红色教育资源和城郊结合的地理优势以及民族文化底蕴，建设240平方米红色影院。为村集体购买24头基础母畜，带动村民共同致富。

【工信和科技局】 2021年，包扶城川镇城川嘎查，建立网通信号基站一处，农网改造4.5千米，增设变压器1台，销售果蔬产品60余吨。另外争取到项目资金100万元，建设城川小杂粮加工厂；与兴盛盐化厂协调到位平价食用盐、工业用盐20吨；和新寨子砖厂、高朝畔砖厂协调到位红砖7万块；协调驻旗部分企业销售北斗晚熟桃、蜂蜜等价值10万余元农产品；慰问老党员、贫困户10户，送去总价值1万余元慰问品。

【上海庙经济开发区】 结合“我为群众办实事”实践活动，针对帮扶嘎查、企业困难职工和贫困学生实际情况，有针对性的制定帮扶措施，联系帮扶19家企业、10个嘎查村、19户相对困难户、33名困难职工和22名贫困学生，累计发放帮扶资金7.63万元。

【党校】 2021年，旗委党校包扶城川镇大池村。选派1名第一书记统筹做好共建工作，根据大池村发展现状，就壮大村集体经济、拓宽产品销售渠道、增加农牧民收入，出谋划策，制定发展规划，充分发挥“参谋助手”作用。开展主题为“学党史、知党恩、跟党走”庆祝建党100周年系列活动，慰问老党员6户、困难群众1户，“一把手”讲党课、重温入党誓词。发挥党校

“喉舌”作用，把党的理论、政策、重大会议精神及时传达给包扶村村民，让他们能够第一时间掌握经济社会发展动态。

【统战部】 2021年，组织干部职工到包联嘎查昂素镇囫圇嘎查开展庆“三八”、庆“七一”主题活动，通过系列活动，丰富农牧民群众的文化生活，增进党群干群关系。组织全体干部到囫圇嘎查开展义务植树、环境卫生整治等活动，帮助改善农牧民人居环境。组织召开包联驻村工作座谈会，就嘎查集体经济发展、交通基础设施改善等事宜进行商议。协调有关部门为囫圇嘎查争取乡村振兴衔接资金60万元，改善农牧民基础设施建设；协调长庆油田公司修建乡村砂石路6千米。协助举办现代养殖技术培训、心理健康讲座等5期专题培训班，引导和激励农牧民党员发挥先锋模范作用。协调相关部门及民营企业捐助10万元，帮助囫圇嘎查2户困难户建设养殖棚圈各1处，助力困难户增收致富；协调旗妇联为囫圇嘎查巴音塔拉艺术团资助1万元，丰富农牧民群众的精神文化生活。

【城川干部学院】 2021年，包扶城川镇呼芦素淖日村，完成包联驻村各项任务。举办庆祝建党100周年系列活动，组织全体党员及村民代表参观1+6红色教育基地，评选优秀党务工作者1名、优秀党员2名。帮助建立嘎查村“两委”矛盾纠纷排查调处机制，协调解决6起村民矛盾纠纷。深入推进农村产业结构调整，与相关部门共同完成夏季农业普查。引导区居民积极接种新冠疫苗，确保疫亩接种工作全面铺开，不漏一户、不落一人。积极发展村集体经济，学院扶持6.3万元建立虫草养鸡场，同时带动村民入股，共同出资出力，形成规模化、多元化虫草鸡养殖产业，建立初加工、包装冷链销售一条龙服务基地。

【工商联】 “万企兴万村”脱贫攻坚行动已覆盖全旗68个嘎查村，有53家民营企业参与到行动中，累计投入帮扶资金5800万元，带动7000多名农牧民增收。

【纪委监委】 包扶敖镇查干巴拉嘎苏嘎查。派出1名干部蹲点挂职，为嘎查产业发展出谋划策，精准落实包扶政策，集中精力抓党建促致富，推动嘎查经济融合发展，发展壮大集体经济，推动乡村振兴。为嘎查农牧民争取到23个养殖棚圈。查干巴拉嘎苏嘎查集体经济年收入10万元。

【人大办】 在建党100周年之际，深入包扶点敖镇塔班陶勒盖嘎查共同举办庆“七一”娱乐文体活动，重温入党誓词、讲党课，表彰奖励旗人大常委会机关党支部、塔班陶勒盖3名优秀共产党员、2名优秀党务工作者。组织旗人大常委会机关党支部和塔班陶勒盖嘎查党支部党员干部开展“学党史、感党恩、听党话、跟党走”庆祝建党100周年主题党日活动，通过开展“同心击鼓”“争上游”“保龄球”、拔河等文体活动，创新党日活动方式，丰富组织生活内容，增强党员干部的凝聚力、向心力。

【市场监管综合行政执法大队】 2021年，与旗统计局共同帮扶敖镇乌兰道崩嘎查。全面落实“实职副科+第一书记+挂职干部”驻村蹲点制度，因户施策制定帮扶计划。积极开展新冠肺炎、鼠疫防控、种养殖相关政策宣传、扫黑除恶专项斗争、廉政宣传、法制宣传等相关工作。共发放宣传品、宣传册、宪法书籍、倡议书500余份，接受法律咨询30余人次。响应“煤改清洁能源”，采购多功能柜式取暖器，宣传推广使用清洁能源。

【住房中心】 2021年，包扶昂素镇克仁格图嘎查。争取上级资金10万元，建设强化包扶嘎查阵地建设，拓宽为民服务功能，新建活动阵地85平方米。争取少数民族发展资金50万元，实施克仁格图嘎查现代化畜牧业机械自动化饲养建设项目。争取上级资金40万元，实施克仁克图嘎查草颗粒加工厂建设项目，建设500平方米颗粒饲料加工厂1座。协助嘎查“两委”解决群众反映的热点、难点问题，帮助嘎查牧民争取棚圈、节水等项目，推进嘎查绿化、硬化、亮化工程,切实改进农村牧区人居环境，增加集体经济收入。

【发展和改革委员会】 包扶城川

镇珠拉图嘎查。通过项目带动、产业扶持、政策引导等方式，为珠拉图嘎查农牧民办实事10余件，切实解决嘎查农牧民交通、用电、住房等问题。协调建设两条通社公路，并顺利列入全旗2022年农村公路项目库，现已完成勘测。通过调研摸清发展基础，拟定集体经济发展思路，建设日产120吨蒸汽玉米压片厂集体经济项目，总投资500万元，发展村集体经济，实现年收入10万元。

【文化市场综合行政执法局】 包扶敖勒召其镇敖勒召其嘎查。帮助嘎查联系鄂尔多斯市文化市场综合行政执法局，争取到1套价值3万元的乐器及配套设施、图书200余套；联系人民出版社向嘎查捐赠价值1万元的图书资料。

敖勒召其镇

综述

【概况】 敖勒召其镇建于1983年10月，是鄂托克前旗政治、文化、交通和商贸中心。地处旗境中部，东邻昂素镇，南接城川镇，西北连上海庙镇，西南与宁夏盐池县接壤。S216、敖银线、敖昂线等干线公路贯通全境，距上海庙镇90千米、银川市120千米，交通便利。地质地貌以沙川和硬梁地为主，既有农区、又有牧区，是典型的农牧结合地区。全镇土地总面积16.08万公顷，其中耕地总播种面积1.07万公顷，草原面积8.29万公顷，林地面积4.07万公顷，森林覆盖率达25.31%。下辖12个嘎查村、7个社区。户籍总人口13378户35254人，其中蒙古族等少数民族人口2062户7631人，占总人口21.6%，农业户籍人口4893户15461人，城镇化率60.5%，是一个以蒙古族为主体，汉族占多数的少数民族聚居区。

敖镇物产资源丰富，天然中药材有野生麻黄、甘草、银柴等，可供开采的矿产资源有天然气、石膏、陶土等10多种。旅游资源独具特色，形成以三段地革命历史纪念馆红色旅游和大沙头沙漠旅游区、“农家乐牧户游”、草原生态观光等人文和自然景观为主题的旅游格局。

敖镇荣膺“内蒙古自治区卫生先进镇”“内蒙古自治区六星级文明城镇”“内蒙古自治区‘五个好’乡镇党委”“鄂尔多斯市文化示范镇”“鄂尔多斯市‘十佳苏木乡镇党委’”等称号。2021年12月，被鄂尔多斯市委宣传部、市委统战部、鄂尔多斯市民族事务委员会命名为全市民族团结进步示范区。

政治建设

【党风廉政建设】

党委主体责任落实　2021年，牢固树立“抓党风廉政建设是本职，不抓党风廉政建设是失职”的理念，坚持党风廉政建设与全镇重点工作同研究、同部署、同考核，按季度召开党风廉政建设专题会议4次。健全党风廉政建设责任网络，修订完善《敖勒召其镇党风廉政建设责任制度》《敖勒召其镇干部职工日常管理办法》等制度33项，制定“两个责任”任务分解清单，形成党委一把手牵头抓总、班子成员落实“一岗双责”的责任体系。

纪委监督责任落实　2021年，敖勒召其镇全面加强政治监督，围绕贯彻落实党委重大决策部署，开展监督检查53次，跟踪督促、全面落实党委决定事项90余项。着力加强日常监督，针对落实工作不力、违反值班纪律等问题，开展监督检查11次，印发通报5期，提醒谈话5人，印发廉政风险提醒通知书2份。全力加强专项治理，紧盯优化营商环境、林草整改、形式主义官僚主义整治、民生领域腐败问题整治、换届选举等14项专项治理任务，定期开展明察暗访，累计开展监督检查150余次，印发通报7期，下发整改通知书4份、提醒函1份。持续加强审查调查工作，受理信访举报及上级转办问题线索9件，向旗纪委监委移交问题线索1件，直接了结1件，初核了结3件，立案2件，正在办理2件，给予党纪政务处分1人。

宣传教育　2021年，将廉政宣传教育作为推进反腐倡廉工作的重要抓手，常态化开展警示教育和红色教育，组织廉政学习4次、廉政党课1次、观看警示教育片4次，选树清风干部25人。全面加强嘎查村社区阵地廉政文化建设，将廉政文化纳入村规民约和居民公约，打造旗级廉政宣传教育示范嘎查村社区2个，全镇廉政文化氛围日渐浓厚。

【政府自身建设】 2021年，坚持把全面从严治党要求贯穿于政府工作和自身建设各方面，严守党的政治纪律和政治规矩，持之以恒落实中央八项规定精神，严格按照法定权限和程序行使权力、履行职责。坚持政府过“紧日子”，严控“三公”经费和一般性支出，多渠道公开各类信息动态68条，自觉接受镇人大监督，支持镇人大开展各类视察调研活动，人大代表意见建议办结率100%，服务型政府建设成效显著。

【基层党建】

主体责任落实 2021年，敖勒召其镇从严压实管党治党主体责任，认真履行党委书记抓基层党建第一责任人责任，推动党建工作与业务工作同频共振、相互促进。

具体任务落实 2021年，全面完成镇党委、人大、政府和嘎查村社区“两委”换届工作，实现新一届嘎查村党组织书记轮训全覆盖，各级班子成员结构更加优化、更富活力。突出干部梯队建设，100%实现“一嘎查村3名大学生”目标，评定专职社区工作者47人，纳入“三岗十八级”薪酬体系35人，储备后备干部38人。加强党员教育管理，深化党员管理定岗、定责、定人、定时工作机制，新发展党员18名，储备入党积极分子39名。加快推进乡土人才孵化基地建设，搭建“企业+院校+乡土人才”交流平台，建立“2431”运行机制，构建人才“选育管服”全链条培育模式，有效积蓄乡村振兴人才力量。

2021年，敖勒召其镇持续深化基层党组织标准化规范化建设，认真落实嘎查村党组织“十星级”动态管理，动态调整8个嘎查村社区星级，评定申报镇级“最强党支部”10个，获评旗级“最强党支部”10个、市级先进基层党组织2个，基层组织战斗堡垒持续巩固。建立软弱涣散党组织常态化预警机制，按照“一村一策”要求，完成3个后进嘎查村转化升级，通过自筹资金启动实施赛罕社区、乌兰社区阵地升级改造工程，基层党建工作基础持续夯实。

2021年，敖勒召其镇依托“我为群众办实事”实践活动，以“一网覆盖、五级联动”模式推动联系服务群众“六个一”工作机制落地落实，实施“群众点单、网格递单、党组织（党员）接单”的“菜单式”服务，成功举办全旗“在职党员进社区为群众办实事”集中志愿服务活动，示范带动全镇7个社区开展在职党员进社区志愿服务活动81次，确定办实事项目471项，已完成442项，完成率93.8%，力促全体党员崇德力行。

党史学习教育 2021年，敖勒召其镇紧扣建党100周年主题和习近平总书记“七一”重要讲话精神，探索推行“把握一条主线、突出三大抓手、聚焦三个重点、抓实四项工作”的“1334”模式，增强党史学习教育的针对性和实效性。按照党史学习教育总体安排，制定党委理论学习中心组学习方案和学习计划，开展党委理论学习中心组学习20次、干部集中学习31次、专家辅学3次、专题研讨4次、红色研学3次，举办“晨读课堂”“红色夜校”6期，党政“一把手”讲党课2次，组织党史知识测试5次，观影活动3次，力促全体党员学史明理增信。

意识形态 2021年，敖勒召其镇党委严格履行主体责任，严守意识形态主阵地、主动权，突出抓好网络意识形态工作，组织召开意识形态专题会议2次，开展专项督查4次、舆情分析研判2次，处置负面网络舆情3起，党委理论学习中心组学习20次、干部职工集中学习42次。全面深化意识形态“1+3+N”网格化管理机制，构建起“横向到边、纵向到底”的监管格局。通过“敖勒召其镇发布”微信平台编发信息348期，编发各类原创信息560条，被旗级以上主流媒体刊载73篇。深入开展惠民政策主题宣讲活动16场次，围绕党史学习教育、乡村振兴、社会主义核心价值观等内容开展各类宣讲40余次。

包联驻村 2021年，强化驻村工作队日常管理力度，召开推进会5次、业务培训会12次，实地督查5次，印发通报1期，各驻村工作队走访入户平均每户每年2次、特殊户每户每年4次，解决群众实际困难103件，协调落实各扶持资金366万元。

创新做法 2021年，深化“美好敖镇·和社区”党建品牌创建，通过实施治“和”、凝“和”、聚“和”、汇“和”、促“和”五大行动，推动共建单位各类资源要素集聚下沉，各联合党委签署共建协议118份，认领“微心愿”489项，联合开展各类主题党日活动71次、结对共建项目87项，在实践中形成“育才家长学校”“巴音相约星期二”“赛罕集体经济”等一批可复制可推广的好做法、好经验。

经济建设

【经济运行】 2021年，敖勒召其镇立足新发展阶段，完整、准确、全面贯彻新发展理念，着力服务和融入新发展格局，全镇经济社会发展呈现出稳中有进、稳中向好的良好态势，全镇实现固定资产投资23.84亿元，年均增长19.2%；社会消费品零售总额年均增长8%；2021年城镇居民和农牧民人均可支配收入分别达到51791元、23400元，年均分别增长6.1%、9.7%，农作物总播面积1.16万公顷，投保面积8466.67公顷，参保率73%。年牲畜饲养量52.3万头只，出栏26.1万头只，出栏率达87%，年末存栏量26.2万头只，良种率88%，免疫率100%。

【农技推广应用】 2021年，敖勒召其镇推行“农技人员包村联户”“农技配方”服务模式，实地技术指导1000余次；组织新型职业农牧民、乡土人才培训4次；开展“惠农政策宣讲·助力乡村振兴”巡讲14场次，培训农牧民2000余人次，农牧民综合素质明显提升。

【农牧产业化发展】 2021年，敖勒召其镇全力构筑“三区两园一带”产业高质量发展布局，优质瓜果蔬菜种植面积达到2000公顷，经济林种植面积1000公顷，育苗4000万株，建成高标准日光温室2公顷，实施农作物政策性保险投保面积8400公顷，落实耕地地力提升项目4200公顷、有机肥替代化肥项目233.33公顷，发放各类政策性惠农补贴1373.2万元，朝天椒订单示范种植73.33公顷；新建塑料拱棚58座、香菇种植大棚12座；继续推广“企业+合作社+基地+农牧户”经营模式，鼓励扶持380户农牧民从事设施农业，发展拱棚瓜果蔬菜种植80公顷。

培育自治区级“一村一品”示范村4个，全市最大单体育苗温室劲牛现代农牧业三段地苗圃基地投入使用，敖镇农产品深加工项目具备投产条件。加快推进畜牧业振兴发展，培育年出栏羔羊1000只以上的短期育肥示范合作社5家，发放杜泊、萨福克等优质种公羊152只，筛选鉴定超细绒型绒山羊35户4500只，审批备案小型设施农业建设棚圈171处10.64万平方米，畜牧养殖产业实现良种化、规模化发展。农畜产品质量安全监管工作有力推进，动物免疫率、畜禽产地检疫率均达100%，全镇首家兽医医院落成投用。

推进畜牧业优质化发展，培育年出栏羔羊1000只以上的短期育肥示范合作社13家，实施养殖棚圈项目18处；实施良种繁育、肉羊追溯认证；落实标准化养殖棚圈项目2处。

壮大新型农牧业经营主体，扶持农牧业龙头企业4家、合作社7家，深化2个扶贫产业示范嘎查村创建，培植种养殖示范户430户，申报家庭农牧场47户。

社会建设

【法治政府建设】 2021年，敖勒召其镇全面完成基层整合审批服务执法力量改革，主动承接自治区赋予行政权力事项98项。严格落实法治政府建设各项制度，强化依法行政。继续加强信息公开工作，多渠道推进政务信息公开，累计公开各类政府信息68条。

【综合行政执法】

城乡建设管理 2021年，敖勒召其镇加大对镇域内日常巡查力度，累计巡查700余次，出动执法人员1700余人次，下达限期责令整改通知书36份；制止违法违规行为100余起，与公路沿线商户签订门前四包责任书300余份，对屡教不改的商户下达限期责令整改通知书17份。整治占道经营、店外经营、乱堆乱放等不文明行为400余处，清理各类广告牌匾、条幅150处，对城乡结合部4处废品回收点进行了联合执法和清理整治。

安全生产和食品安全 2021

年，开展安全检查12次，排查安全隐患36处。与各企业、幼儿园等签订《安全生产责任书》。持续加大重点危化企业的监督检查力度，进行安全隐患排查整治，检查民爆企业1家、砖厂4家、天然气生产销售企业7家、加油站15家、气站7家、烟花爆竹销售30家。开展辖区餐饮行业、学校食堂等食品安全检查5次。配合旗安委会完成安全月的宣传工作，联合安全大检查2批次，发放宣传资料1500余份。

【乡村振兴】 2021年，敖勒召其镇深入开展防致贫返贫监测和帮扶全面摸底排查工作，累计核查农村牧区人口2169户6043人，对全镇339户821名脱贫人口进行动态研判，排查出的各类问题均已整改到位，年内无新识别边缘易致贫户和脱贫不稳定户。加强10类重点对象排查，通过自查上报、集中排查、综合研判，列入致贫返贫风险户1户。全力推进农牧业重点项目建设，实施乡村振兴、产业扶贫领域项目10项，总投资2662万元，各项目完工率100%。

【城乡建设】 2021年，敖勒召其镇以深化全国文明城市创建为载体，完成巴音、鑫洲等老旧小区提质升级改造3处，乌兰社区雨污管网建成投用；实施完成查干巴拉嘎苏嘎查集中供水工程和漫水塘村饮用水净化处理工程；全面完成机场改扩建、建筑垃圾消纳场、北出口绿化带提质改造项目征地工作，鄂上铁路、疾控中心建设项目征地工作有序推进。

【社会事业】

医疗卫生 2021年，全镇有各类医疗卫生机构39所，其中公立医院2所（旗人民医院、蒙医综合医院），专业公共卫生机构2个（旗疾病预防控制中心、妇幼保健计划生育服务中心），乡镇卫生院2所，社区卫生服务中心2所，社区卫生服务站1个，嘎查村卫生室9个，企业医务室1个，学校医务室3个，个体诊所15个，门诊部2个。全镇卫计系统实有各类卫生计生人员523人，执业医师42人，注册护士51人，床位数378张；每千人拥有执业（助理）医师2.7人、拥有注册护士13.3人、拥有床位9.5张。

生育服务 2021年，全镇新生婴儿457人，出生男女性别比为246∶211，人口自然增长率6.4‰。补贴农村牧区独生子女（双女）户养老保险缴费1349人67.36万元，城镇独生子女户养老保险缴费563人50.67万元。发放农村牧区独生子女奖励资金19户9120元，农村牧区奖励扶助150人14.4万元。

爱国卫生 2021年，持续开展爱国卫生运动，严格落实鼠疫等重大疫病防控制度，结合第33个“爱国卫生月”、第34个“世界无烟日”等节日，开展环境卫生整治清除四害滋生场所活动，开展健康知识讲座19场、健康知识宣传活动19场，发放疫情防控知识宣传材料、中国公民健康素养500条、鼠疫防治、艾滋病防治读本、高血压、手足口病、健康生活常识等各种健康宣传手册、书籍6种1000余份。家庭医生签约覆盖率100%，城乡居民健康档案实现全覆盖。

【疫情防控】 2021年，敖勒召其镇常态化开展新冠肺炎疫情防控工作，制定全员核酸检测应急预案，组织开展全员核酸检测应急演练，已完成新冠疫苗全程接种5.2万余人，60周岁以上人群疫苗接种率超过80%。

【社会保障】

创业就业 2021年，开展创业就业培训87人次，新增就业49人；安置“4050”人员公益性岗位129人，建档立卡贫困户公益性岗位91人。发放“4050”就业保险补贴54人30.39万元。

民政救助 2021年，加强民政救助、残疾人救助、优抚补贴等政策落实，累计发放各类社会保障资金1560万元。发放临时救助67.9万元，受益305人；发放城镇低保313人239.9万元、农村低保779人312.4万元，其中新增城乡低保户55户92人；发放困难残疾人生活补贴263人、重度护理补贴453人，总发放补贴金额22.53万元，发放老年人高龄补贴1092人158.6万元；发放现役军人家属补贴23人67.51万元、优抚对象抚恤金59人103.87万元、优抚对象门诊医疗补助18人2.9万元。发放国贫人员医疗救助补贴14户1.39万元；发放三无人员供养资金19人42.29万元、五保户补贴25人28.19

万元、孤儿补贴2人6.56万元；发放自然灾害救灾款2087户45.28万元。

社会保险　2021年，新农合参保人数15170人，参保率98%；新增城镇养老保险参保人员85人、累计21207人，参保率96.1%；新增农村牧区养老保险参保人员65人、累计15186人，参保率96.03%。

住房保障　2021年，敖勒召其镇全面完成农村牧区房屋安全隐患排查整改任务，办理转移农牧民住房不动产权证341户。

【退役军人事务】　2021年，切实推进退役军人"两站"标准化、规范化建设，组建镇级退役军人服务站20处。采集敖勒召其镇范围内727名退役军人信息，其中退役士兵634人、军队离退休干部士官3人、军队转业干部20人、复员军人7人、烈士遗属4人、伤残军人11人。

【社会治理】

综治维稳　2021年，深化"平安敖镇"建设，严格落实领导包案化解工作机制，对全镇登记在册信访案件逐一明确包案领导、化解举措、化解责任，中央巡视组、市信访联席办转办案件全部办结。深入开展矛盾纠纷"大排查、大化解"专项行动，实行矛盾纠纷"月排查、零报告"制度，累计接待来访群众164人次，摸排走访重点信访人员20人次，答复市长热线160件，调解各类矛盾纠纷62起，实现矛盾纠纷就地化解、源头化解。

法治　2021年，建立定期学法制度，开展领导干部集中学法4次、法治讲座2次、法治党课1次。严格落实规范性文件审查报备制度，所有规范性文件实现100%送审备案。持之以恒推进政务公开，重点公开各领域信息62条，自觉接受社会监督，政府公信力进一步提升。深入实施"八五"普法，扎实开展普法宣传教育活动19场次，举办法律法规知识宣讲29场次，群众学法、守法、用法意识不断加强。

扫黑除恶　2021年，常态化开展扫黑除恶专项斗争，着力在统筹调度、宣传发动、线索摸排、深挖彻查上下功夫，召开专题会、推进会2次，开展专项宣传活动2次。

文化建设

【文化旅游】　2021年，规范全镇15个图书馆总分馆运行，新配备"草原书屋"书籍1113册，定期保护巡察9个文物遗址，扫黄打非工作宣传与监管力度不断强化，累计开展惠民文化活动21场次、送文艺下乡演出16场次，群众精神文化生活日益丰富。

【教育】　2021年，全镇有幼儿园9所（公办7所、民办2所），在园幼儿2573名（公办2442名，民办131名），其中蒙古族幼儿628名，教职工336人（公办318人、民办18人）；小学4所，在校学生4608名（蒙授845名），教职工300人；中学2所，在校中学生2981名（蒙授510名），教职工402人；职业学校1所，在校学生1083名（蒙授

表24　2021年敖镇三八妇女节表彰名录(4个集体，36个个人)

奖项名称及数量（个）	获奖集体或个人	单位
三八红旗集体（4个）	塔班陶勒盖嘎查	塔班陶勒盖嘎查
	洪山塘村	洪山塘村
	乌兰社区	乌兰社区
	社会事务办公室	社会事务办公室
三八红旗手(8人)	额登其木格	春苑社区
	张世菊	育才社区
	魏　霞	三段地社区
	马海月	党政综合办公室
	查　娜	基层党的建设办公室

续表24

奖项名称及数量（个）	获奖集体或个人	单位
三八红旗手(8人)	吉米斯	动检站
	阿拉腾托娅	财政所
	罗素梅	纪检监察室
优秀妇女工作者(6人)	高彩虹	伊克乌素嘎查
	苗兵花	赛罕社区
	康永秀	马场井村
	娜仁图雅	查干巴拉嘎苏嘎查
	白　丽	三道泉子村
	万秀梅	敖勒召其嘎查
好婆婆（2人）	张永霞	大沙头村
	乔梅兰	乌兰道崩嘎查
好媳妇（2人）	王建芳	巴郎庙村
	苏亚拉道布其	塔班陶勒盖嘎查
最美巾帼奋斗者（10人）	柱　娜	党政综合办公室
	白　芳	党政督查室
	马　婷	基层党的建设办公室
	特日格乐	外宣室
	尉　慧	乡村振兴办公室
	脑明其格乐	经济发展室
	刘丹萍	平安建设办公室
	陈阿荣	党群服务中心
	乔燕霞	便民服务大厅
	莲　花	综合行政执法局
优秀调解员（4人）	杨秉琴	春苑社区
	乌兰其其格	乌兰社区
	毛海霞	满都拉社区
	慕美英	巴音社区
最美家庭（8户）	黎杏香	大沙头村
	张艳荣	伊克乌素嘎查
	闫秀梅	三段地村
	纪海珍	巴郎庙村
	吴兰英	赛罕社区
	苏艳萍	漫水塘村
	王彦霞	三段地社区
	萨仁其其格	查干巴拉嘎苏嘎查

316名），教职工201人。

【乡风文明建设】 2021年，继续通过“美好敖镇讲习团”、开办夜校等形式，将理论知识、惠民政策送到嘎查村（社区）、田间地头、农牧户家中。评选三八红旗集体4个、三八红旗手8名、优秀妇女工作者6名、优秀调解员4名、最美巾帼奋斗者10名、好婆婆2名、好媳妇2名、最美家庭8户。

【文明城市】 2021年，持续深化文明城市创建，召开创城工作推进会，完善创城常态化工作方案，分解细化创城指标，配合完成对标创建，顺利完成2021年度测评迎检工作。

生态文明建设

【水资源保护】 2021年，敖勒召其镇认真落实《内蒙古自治区地下水保护和管理条例》，执行最严格的水资源保护利用制度，制定了地下水超采区治理方案，超采区内实施耕地休耕轮作9.83公顷，审核凿井审批手续124起，完成应急水源地选址工作。认真落实河湖长制，累计巡河208次，五湖都格淖尔河道治理工程全面完工。

【土地草原保护】 2021年，查处制止非法开垦21起31.4公顷，其中责令自然恢复21起；查处制止偷牧、夜牧112起，处罚39起；审批人工草地1353户1200公顷。

【植树造林】 2021年，敖勒召其镇实施国土绿化行动、京津风沙源治理等生态修复工程，种植经济林140公顷，实施乡村振兴林药产业项目37.33公顷，完成镇村两级义务植树120公顷、乡村绿化项目66.67公顷、草原保护建设6666.67公顷，全镇林草植被覆盖度持续提升。

【环境保护】 2021年，联合鄂托克前旗生态环境分局开展生态环境领域安全隐患排查5次，重点针对油气勘探开采领域的生态环境隐患排查，先后排查隐患3起，通过立行立改，年内全部整改完成。

上海庙镇

综述

【概况】 上海庙镇位于鄂托克前旗西部，宁、蒙两区交界，西连宁夏宁东能源化工基地，北接银川滨河新区，区位优势明显。镇政府距旗府所在地敖勒召其镇89千米，银川市中心35千米、宁夏河东国际机场和银川综合保税区25千米，境内三新铁路与太中银铁路贯通，交通条件十分便利。境内煤炭资源得天独厚，是自治区级重点能源化工基地，是鄂托克前旗的工业重镇。被评为“国家卫生镇”“全国重点镇”“全国特色景观旅游名镇”“自治区园林示范城镇”“自治区文明村镇”。

上海庙镇下辖4个社区，11个嘎查村、63个自然村。户籍人口3330户9819人，蒙古族3524人。2021年，上海庙镇土地总面积3891.46平方千米，农业耕地总面积7733公顷；年牲畜出栏28万头只，年末存栏量22万头只。

政治建设

【党风廉政建设】

2021年，上海庙镇党委组织累计召开党委会专题研究党风廉政建设和反腐败工作4次，召开警示教育大会4次，组织开展党委理论学习中心组学习会12次、“早读夜校”52场。组织开展廉政提醒谈话8人、约谈6人，印发督查通报37期。组织新一届嘎查村社区党支部书记、党支部委员及嘎查村委会成员开展任前集体谈话，确保党纪党规、廉洁从政各项规定得到有效落实。坚持问题导向，持续巩固巡察成果，有序推进各项巡视巡察反馈问题的整改。2021年，收到内蒙古自治区党委对鄂尔多斯市优化营商环境专项巡视反馈意见，其中涉及上海庙镇整改任务4项，已全部整改销号，完成率100%。

开展“四官”“四风”问题自查和干部工作纪律专项督查69次，印发《督察通报》9期，受理问题线索13条，其中立案审查9条、初步核实1条、了结3条，给予党纪处分5人，做到抓早抓小、防微杜渐。开展嘎查村“三资”清理整治，创新“两会三公开双向监督”（党员大会、村民代表大会、三务公开栏，接受党委、政府和人民群众监督）工作机制，通过民生监督平台及时上传镇村两级公示信息，主动公开“三务”信息2394条、各类惠民补贴1666篇，切实保障农牧民的知情权、参与权和监督权。

【基层党组织建设】

主体责任落实 2021年，做到“五个亲自”“五个带头”，高标准完成农村牧区基层党建“百日集中推进”工作，以党组织标准化规范化建设为抓手，成立规范化专项整顿领导小组，迅速落实市、旗相关工作要求，组织各嘎查村社区党组织对标对表，全面自查，逐项对账销号。深入开展党史学习教育，创新实施百名干部全员下沉，创新开展“百名干部全员下沉‘践初心、访民情、解难题、办实事’行动”，全镇干部全员下沉，通过“4个100”（100名干部，全年下乡不少于100天，为群众办实事不少于100件，记民情日记不少于100本）行动，构建密切联系群众长效机制，累计入户走访2500余户8000余人，收集各类意见建议100余条；高要求推行党员联系服务群众“六个一”工作机制，坚持问题导向，实施重点户子三级包联、党员干部双线推进、服务群众一网全覆盖的“点线面”工作法，全镇271名党员，联系3331户群众，精准服务978户，各党支部累计召开专题会议研究解决群众困难80余次，研究解决群众困难62项，全面推进在职党员进社区工作，镇域内25个企事业单位与4个社区共建，签订共建协议20份，实施共建项目12个，认领“微心愿”100余个，开展共建活动16次。

发展党员 2021年，按期转正预备党员24名，新发展党员20名，重新履行入党程序5名，培养入党积极分子15名。

集体经济 2021年，开展嘎查村集体经济“提质增效”行动，上海庙镇转移农牧民创业就业园、布拉格社区劳保用品加工厂、八一村四季有机牧草规模化种植、拜图饲草料交易市场、芒哈图奶食品加工、公乌素羔羊短期育肥等集体经济项目全部建成投用，完成集体经济收入222.75万元。邀请国内知名规划设计院，编制全镇乡村振兴战略规划、集体经济发展规划，在上海庙能源化工基地打造486亩创业就业服务中心项目，着力为工业企业提供优质服务，发展壮大嘎查村集体经济。

意识形态建设 全面从严从实抓好意识形态工作，组织开展党委理论学习中心组学习会12次、“早读夜校”52场。组建镇级“三下乡”宣讲服务队，开展“听党话、感党恩、跟党走”宣讲活动6场次，组织各类巡演、广场舞大赛、知识竞赛等群众性活动23场次，选树“身边好人”“十星级文明户”等各类先进典型16名，“两微一端”发布信息577条，在国家级主流媒体发稿35篇、自治区级媒体5篇、市级媒体发稿12篇、旗级媒体发稿157篇。

智慧党建 牢固树立“四个意识”，坚定“四个自信”，坚决做到“两个维护”，召开党建工作专题会议和党委会议44次，常态化开展软弱涣散党组织和农村牧区发展党员违规违纪问题排查整顿工作，高标准完成农村牧区基层党建“百日集中推进”工作，组织镇村干部赴周边旗区考察学习3次，召开抓党建现场观摩会，把督查作为推动工作重要方式，累计开展督查11次，整改问题32条，打造党建研学观摩线路2条、观摩点9个。创新开展百名干部全员下沉“践初心、访民情、解难题、办实事”行动。坚持问题导向，构建密切联系群众长效机制，累计入户走访2800余户8000余人，收集各类意见建议132条。实施“三级包联、双线推进、一网全覆盖”工作法，全镇271名党员，联系群众3331户，精准服务978户，引导全镇25个企事业单位与4个社区结对共建，签订共建协议19份、实施共建项目12个，完成社区居民“微心愿”100余项，研究解决群众困难180余件。

干部队伍建设 2021年，凝聚镇村两级工作合力，储备嘎查村级后备干部44名、提任环节干部13名，全力引导镇村两级干部当好落实政策的明白人、乡村振兴的领路人、为民办事的公道人、农牧民群众的贴心人、维护稳定的责任人和廉洁自律的干净人。坚持党管干部原则，推荐提拔副科级领导干部3名，依法依规选举产生了组织意图与党员群众意愿高度契合、结构更加合理、思想更加解放的新一届党政领导班子。立足干部队伍现状，推行“四力四带”模式（围绕提高履职能力、在业务工作上带，围绕提高决策能力、在熟悉情况和进入角色上带，围绕解决复杂问题能力、在岗位磨练上带，围绕提高班子合力、在谈心谈话中带），合理调整班子成员分工，“老中青”结对指导、“传帮带”共促发展，第一时间实现人岗相适、人事相宜，为经济社会发展提供坚强的组织保障。

经济建设

【经济运行】 上海庙镇已探明煤炭储量143亿吨，预测远景储量500亿吨以上。已建成绿色生态环保型煤矿7座（长城一矿、长城二矿、长城三矿、长城五矿、长城六矿、榆树井煤矿、新上海一号煤矿），在建1座，形成煤炭产能2630万吨。驻有国家电网、国家能源、山东能源等大型企业30多家，先后实施煤电、煤化工等重点项目40多项，累计完成投资约710亿元。

2021年，上海庙镇人均可支配收入23602元。农业耕地总面积7733公顷；年牲畜出栏28万头只，年末存栏量22万头只。

【土地收储】 2021年，成立矿区塌陷区搬迁补偿安置工作专班，累计收储土地108.6公顷、协调临时用地53.3333333公顷、解决企地矛盾100余起，为国电双维铁路、京能光伏发电、油气勘探等重大项目顺利落地实施营造良好环境。通过座谈交流、现场办公等方式，协调新矿内蒙古能源公司和内蒙古上海庙矿业公司清点农牧民财产49户，签订搬迁补偿安置协议22份，搬迁补偿面积640公顷，兑付资金1200万元，协调发放平价煤2190吨，切实保障农牧民的合法权益。广泛征求意见、充分研究论证，更新实施《矿区塌陷区搬迁补偿安置工作方案》，全力推动新旧《方案》有序衔接、后续工作高效开展。

【农牧产业】 2021年，大力推进绒山羊品种改良，发展肉羊、肉牛舍饲养殖产业。全年新建棚圈154处，成立羔羊短期育肥合作社22家、绒山羊养殖合作社2家，培育羔羊短期育肥示范户194户、绒山羊养殖示范户66户，引进繁育海福特、安格斯、西门塔尔等优质肉牛1500余头。种植粮食作物3067公顷、经济作物533公顷、饲草料4133公顷，“耕、种、收”等重点环节基本实现机械化作业全覆盖；建成投用玉米烘干厂1处，大幅提升了本地农作物的附加值。结合森林草原问题整改，增加西瓜、辣椒、林果等经济作物和青饲两用饲草料种植面积2000公顷，现代种植业的组织化和规模化程度不断提高。建成上海庙转移农牧民创业就业园、八一村农畜产品收储交易中心二期项目和上海庙社区果蔬冷藏保鲜一体化项目3个，实现集体经济发展和农牧民增收的“双赢”目标，工矿区三产服务业发展活力不断增强。

社会建设

【法治政府建设】 2021年，上海庙镇有序推进依法行政各项工作，深化政府职能转变、提供疫情防控法治保障、优化法治营商环境，行政执法规范化水平和效能不断提升。创新实施“一三六”社会治理模式，主动公开党务、政务、财务信息231条，政府规范性文件报备率、规范率和及时率均达100%。

【综合行政执法】

城乡建设管理 上海庙镇综合行政执法局违法占地行为立案20起，罚款3116.63万元；累计查处违规放牧案件62起，处罚62起，罚款4.882万元。接收综合保障和技术推广中心移交的毁草案件11件，已全部完成整改。

安全生产执法 制定印发《上海庙镇 2021年安全生产工作计划》，建立健全安全生产组织机构、完善安全生产监督管理制度、逐级签订安全生产责任状。与辖区内7个煤矿企业、11处加油站、6家商砼站、3家水务公司、3家电厂、2家滴灌带厂等企业签订41份安全生产责任状，全面落实企业安全生产主体责任。与15个嘎查村社区签订安全生产责任状，明确嘎查村社区安全生产工作职责。检查企事业单位98家、个体工商户271家，签订消防安全责任书170份，督促整改消防安全隐患48处，下发责令限期整改通知书22份。开展消防安全知识进校园讲座

3次，开展企业“四个能力”建设培训2次，组织消防演练5次、开展各类消防安全集中宣传10次，张贴和散发消防安全宣传资料850份。制定全镇“安全生产月”活动的通知，在“6·16”安全生产宣传日，与企业等相关部门联合开展安全生产“五进”活动，采用有奖知识竞答、发放宣传资料和悬挂横幅等形式进行宣传，共发放宣传折页800份、悬挂宣传横幅9条，教育引导群众树立防范意识，增强安全应急处置能力。

【城乡规划建设】 上海庙镇区11平方千米共建成企事业单位办公楼7座，转移农牧民安置小区、企业住宅小区10个，建筑面积140万平方米，绿地325万平方米，城镇绿化覆盖率42.55%，先后获得“国家卫生镇”“全国特色景观旅游名镇”“全国重点镇”“全区园林绿化示范城镇”“全区文明苏木乡镇”等荣誉称号。嘎查村共建成生态自然恢复区142667公顷。新建通讯基站8座，更换长城花园西门广场花岗岩1410平方米、供暖管网657米，完成户厕改造289户，建成水冲式厕所3座，整改问题户厕345户，畜禽粪便利用率、生活垃圾无害化处理率和饮用水卫生合格率基本达标，全年未发生环境污染重大事件；实施“煤改电”项目578户。

【社会治理】

信访维稳 2021年，按期办结十九届第六轮中央第八巡视组交办信访事项8件、旗信访局转交办案件9件，接待群众来信来访43批次89人，排查、调处各类信访案件、矛盾纠纷86起，办理市长热线102件、旗长热线46件，化解长期缠访、闹访、重复上访的历年信访积案7件，为社会和谐稳定发展营造良好氛围。

扫黑除恶 常态化开展扫黑除恶工作，在全镇11个嘎查村4个社区进行线索摸排工作，围绕重点人群，充分发挥镇村综治中心“五级联动”作用，一旦发现欺行霸市、强买强卖、敲诈勒索等侵害群众利益的各类黑恶势力，立即向旗扫黑除恶办报送相关线索，做到发现一起，报送一起，并做好线索移送台账。在集市人流密集处开展扫黑除恶宣传活动4次，发放宣传资料300余份。

普法宣传 围绕扫黑除恶专项斗争、信访维稳、“八五”普法、禁毒防范、反邪教等重点工作内容，联合公安、司法、消防、市场监管等部门开展各类法治宣传教育主题活动6次，悬挂宣传横幅12条，发放普法宣传资料1000余份、普法宣传品400余个，受教育群众达2000余人，营造农牧民群众知法、守法、用法的良好氛围。

禁毒防范 组织召开禁毒、防范工作推进会1次，开展禁毒踏查活动2次，全镇辖区内未发现毒品种植、生产现象。全镇辖区内发现的“门徒会”邪教组织人员移交上海庙派出所处理。全镇定期组织嘎查村、社区及上海庙派出所摸排辖区邪教组织，依法打击各类邪教组织活动，切实做到早发现、早控制、早消除。

【社会保障】

创业就业 2021年，协调驻镇企业提供转移农牧民就业岗位50个，提供“4050”人员就业岗位12个、公益性岗位20个，吸引劳动力就近就地就业，城镇登记失业率控制在3.5%以内。

民政救助 2021年，上海庙镇发放五保低保、三民、优抚优待、医疗救助、残疾人补贴等各类资金143.14万元，全镇446名“四类人群”免费健康体检，协调解决边缘户、困难人员就业27人，有效拓宽农牧民增收致富渠道。

计划生育各项奖励扶助发放 加强生育各项奖励扶助发放，完成计划生育三项制度申报、审批和每月人口信息统计录入工作，新增计划生育奖励补助10人。至2021年底，农村牧区奖励扶助73人发放补助金70080元；独生子女家庭奖励10户，发放奖励资金48000元；特别扶助2户6人，每户12960元，共发放补助资金25920元。发放农村牧区45—59周岁独生子女、双女户养老保险补助601人300500元；城镇45—59周岁独生子女、双女户养老保险8人6300元。

抗旱救灾 旱情严重，联系旗农牧局向全镇农牧民协调发放抗旱饲草料1474.2吨。

社会保险 2021年，协调发放低保、临时救助等各类资金159.26万元，农村牧区养老保险参保率提高至87%、基本医疗保险参保率达96%。

搬迁安置 积极协调新矿内蒙古能源、上海庙矿业两大煤炭开采企业落实采煤沉陷区综合治理主体责任，全力推动62户、1800公顷矿区塌陷区搬迁补偿安置任务顺利完成。

【社会事业】 加强爱国卫生工作，按照“政府监督、企业主体、奖惩倒逼”的治理模式，压紧压实各驻镇工矿企业的环境保护、环境整治责任，全面规范矿区及周边和公路沿线各类用地审批，从严查处违规违建、私搭乱建、乱排乱倒等违法行为，由表及里提升镇村人居环境。坚持“五个常态”（常态化自查整改、常态化消除卫生死角、常态化拆除违法建筑、常态化巡查执法、常态化规范经营秩序），创新开展“周五爱卫日”人居环境整治行动，扎实推进人居环境整治工作。在农村牧区推广“农牧民承包房前屋后、嘎查村管理公共区域、村干部绩效挂钩、政府定期考核评比”的环境整治长效机制，设立人居环境整治“三色榜”，下放农维费支配权，广泛动员农牧民参与到环境整治中来，全力打造美丽宜居乡村。全年累计清理整治农村牧区、镇区和矿区卫生死角630余处、公路沿线环境卫生1.2万千米、垃圾13.5万吨。

文化建设

【群众文体】 2021年，上海庙镇积极参加旗那达慕大会、马兰花节等全旗重大活动3次；申报自治区农牧家游示范户2户、市级农牧家游示范户2户；依托“一网一报三平台”宣传报道，成功推出全新历史舞台剧《一代天骄》。持续打造那达慕大会、马兰花艺术节、敖包祭祀活动、大漠越野音乐节、“快乐牧场·快乐骑行”自行车挑战赛等品牌节庆活动；积极组织沙日塔拉艺术团、阿勒台艺术协会、八一村秧歌协会等民间优秀艺术团举办文艺演出，文化惠民活动日趋常态化，年累计开展各类文化惠民服务活动近80场次，惠及人民群众25000多人次。

【文化旅游】 2021年，上海庙镇借助靠近宁夏的地理区位优势，深挖工业、民族、民俗等文化旅游资源，探索开发短途游、周末游、亲子互动游等多种新兴旅游业态，培育高品质农家乐、牧户游30户，将上海庙镇打造成为周边游客休闲度假目的地。支持水洞沟旅游区（北区）发展。联合草原大舞台等景区举办马兰花、藏锦鸡儿观赏节、摄影节等大型旅游活动，不断提升地区知名度和影响力。主动融入宁夏旅游圈和鄂托克前旗“红色资源”，挖掘马兰花草原、水洞沟旅游区等景区潜力，依托民俗文化带动旅游业蓬勃发展，开展马兰花旅游文化节、草原那达慕等大型特色活动，开展百日消夏广场文艺汇演、民俗文化体验拓展等特色活动，年吸引入境游客80万人次。

【教育】 2021年，上海庙镇有全日制学校1所，幼儿园3所。上海庙学校有在校学生929人，其中小学715人、中学214人；教职工97人，专任教师85人。幼儿园有幼儿490人，教职工75人，幼儿专任教师55人。

生态文明建设

【水源保护】 上海庙镇水源地地处黄河流域、鄂尔多斯波状高原地带，黄河距上海庙镇区约11千米。上海庙镇水源地有水源井18眼，供水方式采用潜水泵抽取地下潜水或承压水，暗管输送，经净水厂沉淀消毒后进入供水管网供居民使用，供水工程由上海庙富源水务公司负责运营管理。水源地服务区域为上海庙镇区生活用水和绿化等用水。设计年取水量为300万立方米，日取水量为9201立方米，实际年取水量为220万立方米，工程规模为Ⅲ型，年供水人口1.1万人，2021年规划供水人口3.5万人。

2021年，按照河长制工作任务要求，每月巡查镇内的河湖，通过巡查及时上报上海庙镇辖区内河湖概况，及时治理存在问题。

【城镇园林绿化】 至年底建成区绿地面积325万平方米，绿地率达42.55%，城镇居民人均公园绿地面积230平方米。

【生态文明建设】 全镇建成生态自然恢复区306666.7公顷，占全镇总面积的79.3%。现有机草牧场105533公顷、藏锦鸡儿保护区

表25　　2021年上海庙镇表彰农村牧区先进集体个人名录

奖项名称	获奖个人	单位
"七一"优秀党员	达楞花	上海庙镇妇联主席
	嘎毕雅图	纪委副书记
	蒋世强	矿区搬迁补偿安置办公室主任
	那顺朝格	乡村振兴办公室负责人
	王占福	矿区搬迁补偿安置办公室副主任
	孙世宏	综合保障和技术推广中心副主任
	徐成	平安建设办公室主任
	张弛凯	城市管理办公室负责人
	伊日贵	上海庙镇党政办公室副主任
	刘轶奎	沙章图监委会委员
	杜刚	马兰花社区监委会主任
	段云飞	水泉子村监委会主任
	王宁	陶利嘎查党支部副书记
	阿其拉	哈沙图党支部纪检委员、监委会主任
	乌宁吉日嘎拉	公乌素嘎查党支部书记、委员会主任
	斯仁旺扎拉	拜图嘎查监委会主任
"七一"优秀党务工作者	王天和	基层党的建设办公室主任
	卢慧	综合执法局工作人员
	杨靖	基层党的建设办公室副主任
	苏丽荣	长城花园社区党支部书记、委员会主任
	方圆圆	上海庙社区监委会主任
	那沁夫	财政所所长
	刘占山	沙章图村党支部书记、委员会主任
	曹玉斌	八一村党支部副书记
	赵伟	特布德党支部书记、委员会主任
	阿拉腾乌都	阿勒台嘎查党支部书记、委员会主任
	希尼毕力格	乌提嘎查党支部书记、委员会主任
	乌日根达来	芒哈图嘎查党支部书记、委员会主任
2021年先进基层党组织	拜图嘎查党支部	
	特布德嘎查党支部	
	八一村党支部	
	上海庙社区党支部	
	马兰花社区党支部	

23280公顷，森林草原植被覆盖率达24.05%。

【草原保护】 协助鄂托克前旗林草局在全镇开展破坏草原林地违规违法行为专项整治行动，逐一图斑、逐一地块压实整改责任，确保1106个涉案、变化图斑（其中2010—2020年的117个涉案图斑、2020年森林草原变化的242个图斑、2010—2019年遥感监测涉及的747个图斑）按期销号。

城川镇

综述

城川镇位于鄂托克前旗西南部，地处蒙、陕、宁三省区交界，属黄河一级支流无定河流域上游，东邻乌审旗无定河镇，南与陕西省靖边县柠条梁镇、东坑镇和定边县堆则梁乡、白泥井镇接壤，西连宁夏盐池县，北靠敖勒召其镇、昂素镇，素有自治区“南大门”之称，原名“包日巴拉嘎苏”，因唐朝宥州古城坐落于此，并建在两涟尖沙之间，故名城川。城川镇历史悠久,文化底蕴深厚，是古“河套人”文明的发祥地、汉唐雄风的边陲重镇，更是中国共产党在内蒙古开辟最早的革命根据地之一。城川镇区位优势明显，物产资源富集，旅游资源得天独厚，是蒙陕宁三省区交界处最具活力和影响力的旅游贸易物流中心。

城川镇东西长140千米，南北宽75千米，总土地面积2430.08平方千米。下辖3个社区、29个嘎查村、126个农牧业社，总户数8698户，人口25902人，蒙古族人口占23.4%。年牲畜饲养量75万头只，高品质肉牛、肉羊年出栏量分别保持在3.5万头、70万只，牲畜良种率达98%以上，是一个典型的以农为主、农牧结合的农牧业大镇。至2021年底，全镇耕地面积17052.68公顷，林地面积达107086公顷，草牧场面积242394.59公顷，植被覆盖率达44.9%。

政治建设

【党风廉政建设】

党委主体责任落实 2021年，城川镇坚持“党委统一领导、党政齐抓共管、纪委组织协调、部门各负其责、依靠群众参与”工作机制。严格按照“一岗双责”的要求，制定城川镇《2021年党风廉政建设主体责任清单》，建立健全廉政风险防控台账、廉政档案。推进“两个责任”落实常态化。全年召开党风廉政专题研究部署会4次、党风廉政建设相关会议8次，专题研究、具体部署涉及的重大决策部署、重点工作安排、重要案件查办，确保将党风廉政建设主体责任层层传导、压紧压实。召开专题研究部署会，与32个嘎查村社区及镇直各部门分别签订了《党风廉政建设目标责任状》。城川镇纪委认真履行监督检查职责，按要求监督检查党员干部遵守政治纪律、组织纪律等情况和执行党员领导干部廉洁自律有关规定情况，真正把每条战线、每个领域、每个环节的工作抓具体、抓深入、抓出成效。

纪委监督责任落实 2021年，城川镇纪委坚持以习近平新时代中国特色社会主义思想为指导，按照鄂托克前旗纪委监委和城川镇党委的部署要求，坚定不移全面从严治党，忠实履行党章和宪法赋予的职责，切实发挥监督保障执行、促进完善发展作用，一体推进不敢腐、不能腐、不想腐。严格按照《城川镇纪委受理信访举报问题线索处置制度》建立纪律审查机制，明确相关部门的职责，形成联合查办违纪违法案件工作机制。全年共查处违规违纪案件15起，其中立案审查1件，给予开除党籍处分6人，初核了结5件，正在办理6件。全年开展干部工作纪律督查42次，针对重要时间点纪律情况明察暗访6次，下发各类通报14期。镇党委书记与各党政领导每季度各开展廉政谈话1次，各党政领导与各部门负责人每季度开展廉政谈话1次。紧紧盯住班子成员、关键岗位、嘎查村“两委”及监委三个关键少数，全年受理案件16件，其中立案审查10件，给予开除党籍处分6人，党内严重警告处分2人，初核了结4件，正在办理5件。

制度建设 严格执行民主集中制，严肃党委班子政治生活，努力提升班子凝聚力、工作合力。牵头建立健全涵盖镇党委工作、干部积分考核管理、基层组织管理等六大方面49项工作制度，切实用制度管人、管事。严格履行党风廉政建设责任制，全面强化“两个责任”落实，从党委班子抓起，认真履行“一岗双责”职责，完善《城川镇“两个责任”工作落实实施方案》《党风廉政建设责任机制》等制度。

宣传教育 全年组织全体干部职工开展廉政建设专题教育8次；组织全镇党员干部观看警示教育片《镜鉴》《正风反腐就在身边》4次，让廉政文化渗透到每名干部职工的日常工作生活中；在考勤值班管理上，坚持领导干部带班、坐班制，钉钉打卡、手机视频发送工作动态。

【基层党组织建设】

队伍建设 发挥干部人才队伍的“头雁”效应，建设忠诚干净担当的高素质干部队伍。注重选贤任能。推动新当选“两委”干部尽快转变身份、进入角色、进入状态，提升嘎查村社区“两委”干部综合素质、履职能力，全年组织开展业务培训17场次，外出观摩学习3次。圆满完成镇党委、人大、政府换届，推选出旗镇党代表99名、人大代表106名。注重制度保障。严格执行民主集中制，严肃党委班子政治生活，努力提升班子凝聚力和工作合力。牵头建立健全涵盖镇党委工作、干部积分考核管理、基层组织管理等六大方面49项工作制度，切实用制度管人、管事。注重人才培养。挂牌成立富川人才工作站，储备四类人才123名，实用型人才31名，全面完成“一嘎查村3名大学生”的任务目标；持续把好“党员发展关”，扎实开展农村牧区发展党员违规违纪问题排查整顿工作，全年吸收预备党员35名，发展积极分子37名。注重教育管理。组织开展党务干部业务培训4次，深入开展党员承诺践诺活动，围绕“七个带头”作出公开承诺事项893条；选树表彰优秀党员、优秀党务工作者20人，优秀基层党组织5个，走访慰问老党员、困难党员78人次；开展“我是党员我帮你”“在职党员进社区”等志愿服务活动800余次。

组织建设 2021年，城川镇坚持聚焦基层抓党建、抓好党建强基层、建强基层促发展，着力推动全面从严治党向基层延伸、在基层扎根。压实主体责任，认真履行牵头抓总职责，时刻把牢固树立“四个意识”，坚定“四个自信”，做到“两个维护”作为根本标尺，从自我做起，通过抓书记促使书记抓，压实班子成员“一岗双责”，统筹谋划，高位推进；坚持每季度主持召开党建专题会议，谋篇布局基层党建，切实发挥镇党委把方向、管大局、促落实的作用。夯实党建基础，围绕补齐基层党建工作短板，深化“两横三纵”党建示范带建设，创建“红色城川”党建品牌，开展嘎查村社区党建品牌评比活动，积极争取新建羊场壕村、二道川村阵地，引领党建工作整体推进，建机制、抓落实，充分激发党组织发挥作用，创建最强党支部17个，创建率58.64%，整顿提升后进党组织6个；完成29个嘎查村运行经费审计工作，促进经费保障规范化。

经济建设

【经济运行】 全镇固定资产投资完成31.5亿元。农牧民人均可支配收入21450元，年均增长7.4%。谷物作物、豆类、薯类、油料、中草药材和蔬菜及食用菌等特色经济作物突破390948.1公顷，全镇粮经饲比例进一步优化，经济作物占比逐年上升，果蔬种植面积突破7533公顷，畜牧业发展形势持续向好，高品质肉牛、肉羊年出栏量分别达2.5万头、50万只，牲畜良种率达98%以上，农畜产品冷藏、存储等基础设施不断完善，冷藏能力达3.5万立方米，育苗能力达5000万株。

【农机农技推广应用】 2021年，配套各类农机具30台套，提高农业生产效率降低生产成本。组织开展动物疫病防控培训2次，共130余人次参加培训；开展玉米高效种植培训6次，共计300余人参加培训；组织农牧民参加职业技能培训2次，共58人次；培养农牧民科技示范户29户，突出典型代表，多方向促进以点带面共同发展。

【农牧业基础设施建设】 2021年，积极培育新型农牧业经营主体，支持4家合作社，带动周边12户贫困家庭增加收入，发展家庭农牧场2家，形成50头牛以上规模养殖示范户55家。另外新建养殖棚71座、贮草棚6座、彩钢种植棚1

座。积极发展育苗产业，形成二道川、城川嘎查、高潮畔为中心的辣椒、西瓜育苗中心，分别可提供2788万株辣椒和203万株西瓜苗；同时引进萨福克、杜泊等种公羊163头只。促进农牧产业快速发展。

社会建设

【法治政府建设】 城川镇人民政府始终将纪律和规矩挺在前面，严格履行重大行政决策程序，坚持依法履职、高效理政，自觉接受人大监督、社会舆论监督，规范履职水平持续提升，把依法行政、执政为民作为政府工作的第一理念，将为民办实事、办好事作为一切工作的出发点和落脚点，深化综合行政执法体制改革和“放管服”改革，加快推进“互联网+政务服务”系统建设，提升政府行政效能。全年依法公开政务信息120条，政府规范性文件报备率、规范率和及时率均为100%，将政府决策、执行、监督全过程纳入法治化轨道，保障权力在阳光下运行，政府的公信力、执行力不断增强，法治政府建设迈上新台阶。

法治宣传行动 2021年，城川镇多措并举，线上线下相结合，在全镇范围内开展禁毒、反邪教、反电信网络诈骗、扫黑除恶以及宪法、《中华人民共和国民法典》等法治宣传活动。联合旗禁毒办在全镇范围内开展踏查工作，利用集市等开展宣传活动发放宣传材料、宣传品共28000余份，对公安部门排查出的25名门徒会信仰人员入户走访，发放宣传品并进行思想教育疏导。结合扫黑除恶专项斗争工作集中开展“平安建设月”“6·26”禁毒宣传月、“宪法宣传日”“反邪教”“综治宣传月”活动，利用城川发布微信公众号共编发转载5篇，利用LED显示屏滚动播放宣传25条，发放宣传资料15400余份、悬挂宣传条幅27条，先后联合派出所、交警队、司法所等单位组织大型宣传活动4次。

【综合执法】

城镇管理执法 2021年，城川镇综合行政执法局重点纠正镇区乱堆乱摆、乱停乱放、乱涂乱画、乱搭乱建等不文明行为。累计整治店外堆放现象671次，人居环境整治107次，下达整改通知书14份，作出行政处罚决定书7起罚款金额1550元；制止随意倾倒建筑垃圾、生活垃圾现象70余次；规范摆放非机动车395辆次，依法张贴违法停车告知单535张，上传交警网535张，处罚金额26750元。整治修理一条街28户，脏乱差明显改善。拆除违章建筑3处710平方米，及时制止违章建筑8处。

土地草原保护 全面排查辖区内非法占地、非法采矿等各类土地、矿产资源违法行为。坚持每周全面巡查一次、重点巡查两次，国土卫片执法累计立案查处8起，处罚金额880.382万元，全年卫片核查171个图斑，均已完成销号整改。核查农村牧区乱占耕建房1524个图斑，已全部完成整改销号。拆除非法占用基本农田建筑物2处3980平方米。联合市场监督管理所查处无证经营土粉场3处，均现场查封。联合旗水务局检查境内商砼站3个，2处水源点的用水情况以及境内河道专项巡查清理整治。联合住建局检查在建工地7处，其中2处下达停止违法行为通知书。联合旗文化执法局宣传打非扫黄，发放宣传材料400余份。经过多次联合执法，各行业违法行为得到有效改善。

安全生产检查 2021年，开展安全检查60次，排查安全隐患25处。配合旗安委会完成安全月的宣传工作，联合安全大检查10批次，发放宣传资料3万余份。开展安全生产日常监督检查48次，其中镇主要领导参与检查24次；与各嘎查村、社区、企业、幼儿园等签订《安全生产责任书》64份。开展辖区餐饮行业、学校食堂等食品安全检查25次，下达停业整顿通知10份，责令5家流动餐厅限期登记造册备案。加强重点危化企业的监督检查力度，共检查加油站4家、烟花爆竹销售7家。

扫黄打非行动 2021年，城川镇通过发放宣传资料，现场讲解，专项活动进校园、进嘎查村（社区）等宣传活动，以案为例，全方位、多角度向居民介绍“扫黄打非”工作的重点以及非法出版物的识别技巧，引导居民树立自觉抵制各类非法出版物和有害信息的意识，倡导广大居民主动参与到“扫黄打非”活动中来，自觉抵制淫秽音像制品、非法少儿出版物，杜绝知识产权犯罪，努力净化社会环境。

【市政基础设施建设】 2021年，城川道路交通用地23.48公顷投入使用；镇区规划范围外、镇区北侧规划燃气门站1处，污水处理厂等公用设施用地投入使用；镇域规划4处变电站、1处变电所、1处供电所启动使用，镇区道路建设及基础设施建设建成并投入使用；公厕改造3处已建成投用；政府购买第三方服务，将镇区街道清扫、垃圾污水清运、公厕管理、树木养护等打包公开招标，与创园劳务服务公司签订镇区环卫工作服务协议，镇区环卫工作成效显著提升；投放共享单车390辆，助力节能减排，方便群众出行；62家特色餐饮店、酒店、超市等纳入“一铺一码”数据服务平台，金元街“数据乡村”示范街初见成效。

【精准扶贫】 2021年，城川镇紧紧围绕镇重点工作任务，全面推进“三乘三”项目联动机制，靠前推动项目提速提效，坚定开展“分类管理”工作，深化落实“一四六”工作机制，扎实有效推进脱贫攻坚成果同乡村振兴有效衔接。为符合政策的8户完成危房改造前期手续办理，每户给予27500元补助，其中，脱贫户4户、低保户4户。

开展全面摸底排查，通过年中对全镇农牧户进行全面摸底排查，对镇区187户脱贫户重点监测，严防返贫风险，常态化动态监测镇区“十类人员”，严防致贫风险。全镇通过走访、电话访问摸排方式，共摸排农村牧区常住人口4076户、12502人。人均纯收入1万元以上的3925户12051人，通过研判没有人纳入监测对象范围之内。通过农村牧区防致贫返贫摸底排查工作，摸排危房户23户，将符合政策的5户纳入本年度危房改造计划，其中脱贫户1户，低保户4户，每户给予28140元房屋改造补贴。经全面摸底排查工作入户摸排调研，镇区无饮水安全未解决的农牧户。对全镇186户贫困户实现医保缴纳全覆盖，为87户正常脱贫户代缴养老保险、大病商业保险及失能险。

开展产业项目，紧紧围绕全镇确立的“红色立城、绿色富川”发展目标、构建“一品两带三区”农牧业产业发展格局、打造一二三产业融合发展示范镇的整体思路，现阶段项目库立项五大类33项，有14项农产品初加工、深加工项目，3项养加工综合体、规模化、全产业链项目，6项特色种植、文化旅游一体化项目。实施苏坝海子村智能温室建设项目，建设双拱双膜连栋智能温室1栋，配套智能化环境控制系统、智能控制系统等操作管理系统，已完工。实施伊克柴达木嘎查肉羊规模化养殖项目，联合20户养殖户开展规模化养殖。实施麻黄套村物流园区冷库和玉米储藏库项目，4560平方米玉米储藏库、416立方米冷链库均已完工投用。

开展就业扶贫，设立公益性岗位，月工资1760元/人，新签续签公益性岗位共59人。坚持宣传乡村振兴贷款政策。为进一步巩固拓展脱贫攻坚成果，推动乡村振兴加油助力。已办理小额信贷27户135万元。帮助镇区32个嘎查村社区共982户安装煤改电。为全镇59名符合政策脱贫人员设立公益性岗位，月工资1760元。

开展教育扶贫，落实教育精准扶贫资助政策方面，2021年实施“雨露计划”3人，每人补助3000元。全镇义务教育阶段辍学率为0，脱贫户和常住普通农牧户中无适龄儿童辍学失学现象发生，在落实教育精准扶贫资助政策方面，2021年实施“雨露计划”3人，每人补助3000元。

【社会事业】

医疗卫生 2021年，全镇有公立医疗卫生机构3所（城川卫生院、珠和卫生院和二道川卫生院），嘎查村卫生室29个，药店3个。全镇有卫技人员53人，其中执业医师16人，每千人拥有执业医师0.8人；注册护士12人，每千人拥有注册护士0.6人。有病床位数40张，每千人拥有床位2张。

人口与计划生育 2021年，全镇新出生人口54人，政策内生育率90.7%，出生男30人、女24人，性别比5∶4，人口自然增长率为0.2%。做好全面二孩政策实施前后奖励扶助和社会制约政策的衔接，长效结育率为49%。

【社会保障】

民政救助 2021年，全镇农村低保594人，城镇低保35人，审核发放农村居民最低生活保障金594人114.4394万元，城镇居民最低生活保障金35人110649元；特困人员（60周岁未婚且无子女人员或者45周岁未婚、残疾且无子女人员）和分散供养五保户有29人，按季度发放供养金243870元；分散三无人员3人，按季度发放供养金55800元；发放重度残疾人护理补贴394人38.16万元、残疾人生活困难补贴212人102900元；共发放高龄补贴75—79岁488人56.86万元、80—89岁437人58.45万元、90—99岁45人26.58万元；发放事实无人抚养儿童补贴8人129852元；发放三民补贴75人1103016元；发放临时救助203人40.6万元；救助流浪乞讨人员1起，给予救助资金50元。

社会保险 2021年，全镇参加社会保险总人数12007人，其中新办理参保173人、新办理退休人员179人；为全镇315名居民代缴特殊养老保险金4.56万元；为99名领取养老保险待遇去世人员家属发放丧葬费38.42万元；暂停参保165人；为29名乡村医生发放乡村医生补助金。发放宣传资料4000多册。常态化办理生存认证、社保参保、死亡人员丧葬费、到龄退休手续。

创业就业 2021年，鄂托克前旗就业服务中心解除城川镇满3年4050公益性岗位5人，与符合条件的大龄失业人员1人、就业困难高校毕业生1人新签就业合同，为21个嘎查村建档立卡贫困户设置公益性岗位59个。

【社会治理】

综治 2021年，全镇建成镇级和嘎查村级标准化综治中心5处，畅通社情民意和群众诉求“两条渠道”，加强网格员队伍建设，全镇聘任网格员139名。

城川镇建立社会矛盾疏导和利益协调机制，按照“强化基层、化解矛盾、改善民生、共建和谐”的总体要求，以强化基层基础工作为立足点，以有效提升社会综合治理能力，建立便捷高效的服务体系为目标，积极探索推行“148”社会治理模式。“148”社会治理模式：“1”指“一站式”服务，即“一站式”矛盾纠纷调解服务模式：打破传统矛盾纠纷调解“踢皮球”现象。接到矛盾纠纷调解的申请后，由镇综治中心根据矛盾的实际情况组织司法、公安、农牧、纪检等相关涉事部门采取流动调解方式上门为百姓服务。“4”指“四级联动”网格化管理，通过精细划分责任，建立旗、镇、嘎查村（社区）、网格员“四级联动”网格化社会治理体系，按照强化基层基础的原则，在四级联动网格精心打造“一格两队”，构建起“网格党小组网格管理服务团队”的组织架构，明确其“包管理、包服务、包教育、包提高”的群众工作职责，提供个性化和全方位服务，实现干部走村入户全到位、联系方式全公开、反映渠道全畅通、服务管理全覆盖，形成城乡统筹、上下联动、条块结合、社会协同，公众参与的工作格局。“8”指“8种方法”助推矛盾纠纷多元化解，城川镇采取协商法、救助法、启发法、法定法、调解法、心理疏导法、第三方参与法、评议法“八法”集中化解疑难复杂信访案件。协商法：创造条件，让当事人双方直接进行磋商，直接对话、摆事实、讲道理，分清责任，达成和解协议，使纠纷得到解决。同时要察言观色，审时度势，关键时刻要调节气氛，正确引导，使协商沿着预定目标发展，达到预期目的。救助法：对无经济偿还能力，找不到责任主体、生活困难的个案，采取信访救助办法，推动积案化解，维护社会稳定。法定法：经过调解仍无法解决的纠纷，引导信访人到法律援助中心进行咨询，通过法律援助、诉讼途径等渠道解决问题。启发法：列举调解成功的类似案例，调动信访人解决问题的积极性，引导信访人主动解决问题、愿意解决问题。调解法：充分发挥联合调解作用，由综治、司法、农牧、派出所等相关部门组成的联合调解服务队，提供多种解决方案，促使双方达成一致意见及时化解矛盾。心理疏导法：主要是从矛盾产生的心理根源，抓住信访人的内心需求，因人而异因人施策，将矛盾化解在萌芽状态。第三方参与法：充分发挥社会力量参与化解信访积案作用，邀请社会上威信较高、专业人员等推动信访问题有效化解。评议法：对于疑难复杂经多次调解未能解决的信访案件，召开评议会，搭建信访人、被反映对象、承办人员及有关人员的交流平台，通过质询、辩论、评议、合议的方式，对调查事实是否清楚、处理结论是否妥当、案件办理是否优质、群众是否满意等内容作出评议意见，消除分歧，实现案结事了。“148”社会治理模式有效提升了社会治理工作能力和水平，为城川镇的和谐稳定提供了坚实保障，社会综合治理成效明显。

维稳 提升群众自我管理、自我服务水平。制定《2021年城川镇信访维稳工作应急预案》。坚持事前预防与事后应急相结合的原则，对重大突发事件的预警、控制进行管理和处置，最大限度地控制事态发展。如遇重大会议、敏感时期等活动，制定由主要领导负总责、包片领导亲自抓工作人员具体抓的维稳方案，确保会议、活动顺利有序进行。成立城川镇矛盾纠纷调解领导小组，由镇包片领导为组长，综治办、司法所工作人员，包村部门，各嘎查、村（社区）“两委”负责人，网格员为成员的矛盾纠纷调解组，对本辖区内的矛盾进行就地调解处理，确保和谐稳定。定期进行矛盾纠纷排查。由各嘎查村（社区）、网格员负责对所管辖的网格各类矛盾纠纷和不稳定因素进行拉网式的排查，每月月底上报排查结果，对排查出的矛盾嘎查村（社区）采取就地化解的措施，如有调解不成功的上报城川镇综治办，由镇综治办安排组织、协调相关部门人员进行二次调解，切实把问题解决在基层。全年累计受理信访案件、矛盾纠纷共355件，其中接待群众来电来访276件，领导包案13件，办理旗信访局交办件24件、网访16件、市长热线39件，已成功化解342件，化解率为96.3%，未化解13件属历史遗留和疑难复杂案件。

法治 通过法律“六进”（进机关、进嘎查村、进社区、进学校、进企业、进单位）活动，以城川镇党委中心组理论学习会、法治专题讲座、每周干部职工学习日等为载体，集中学习习近平法治思想、宪法、《民法典》等法律知识；全年聘请律师为群众免费提供法律服务65人次、代写文书10份；开展多种形式的“八五”普法活动，依法办事、遇事找法、解决问题用法、化解矛盾靠法成为社会新风尚，干部职工依法行政、依法办事能力明显提升。

文化建设

【**红色培训教育基地建设**】 全镇已构建起“1+6”红色培训教育基地布局。“1”就是以延安民族学院城川纪念馆和城川民族干部学院为中心，集中开展干部培训教育；“6”就是三段地革命历史纪念馆、城川红色国际秘密交通站陈列馆、阳早寒春三边牧场陈列馆、王震井纪念园、马良诚顾寿山烈士纪念陵园和滴哨沟战场纪念园6个红色教学景点。

【**文化旅游**】 2021年，城川镇将旅游产业作为三大主导产业之一，高起点规划、高标准管理、高质量建设，加强文化旅游基础设施建设，实施服务配套提升工程，打造出城川镇苏坝海子村“一锅饭”红色拓展训练基地、糜地梁鄂尔多斯婚礼体验基地、呼和陶勒盖蒙元风情露营地等一批精品旅游示范点、红色研学点、研学户24处，接待游客及培训人员达14.5万人次。

【**教育**】 2021年，城川镇有小学1所，即城川完全小学，共有教职工97名，专任教师82名，在校生687名；有幼儿园2所，即城川幼儿园、二道川幼儿园。2所幼儿园共有教职工61名，其中专任教师57名，在园幼儿269名。

【**乡风文明建设**】 2021年，城川镇利用宣传栏、标语等媒介培育和践行社会主义核心价值观。在镇、村主干道出入口安装创建宣传牌，在沿路沿线印刷乡风文明文化墙，广泛开展文明创建宣传，弘扬社会主义核心价值观，深入推进乡风文明建设，实施公民道德建设工程。全面推广开展“传家训、立家规、扬家风”活动，组织各嘎查村、社区开展“门整人家”“好婆婆”“好媳妇”等评选活动，以身边人、身边事为教材，教育引导广大群众见贤思齐、崇德向善，充分发挥示范户的引领带头作用，激发学先进、赶先进的热潮。发挥红白理事会作用，倡导村民移风易俗。完善村规民约，健全群众自治组织建设，褒扬乡村新风，反对不良风气，弘扬孝亲敬老文化，着力提升全镇精神文明创建。开展文明创建培训15余次，培训农牧民2500余名；文艺演出进嘎查村35场，营造相互督促、共同进步的良好氛围。

表26　　2021年城川镇党委政府表彰先进集体个人名录

奖项名称及数量	获奖集体或个人	单位
优秀共产党员（10人）	王有军	城川镇平安建设办公室副主任
	巴日斯	克珠日嘎查党支部委员
	巴音乌拉	城川镇平安建设办公室负责人
	石锦平	大场子村党支部书记
	刘志军	大沟湾村党支部书记
	苏锦涛	二道川社区党支部书记
	张永霞	高潮畔村党支部书记
	张树春	城川嘎查党支部委员
	郝金柱	城川镇社会事务办公室负责人
	高　飞	城川镇党政综合办公室负责人
旗级优秀个人（17人）	慕斌慧	综合行政执法局
	哈斯莫仁	乡村振兴办
	郝　奇	综合行政执法局
	李兰英	综合保障和技术推广中心
	王小军	党政综合办
	仁庆玛	党政综合办
	李余乐	党政综合办
	孟　克	党政综合办
	肖　进	综合保障和技术推广中心
	张　峰	乡村振兴办
	叶春蕾	社会事务办
	郭建兵	党建办
	莲　花	党建办
	王有军	平安建设办
	阿鲁斯	城市管理办
	尚秀娟	综合行政执法局
	高　飞	党政综合办
先进工作者（19人）	武　燕	社会事务办
	王亚倩	党政综合办
	刘洋	乡村振兴办
	巴音乌拉	平安建设办
	郝金柱	社会事务办
	杨　宇	城市管理办
	那音太	党群服务中心
	阿拉腾图娅	综合保障和技术推广中心
	赵永明	综合行政执法局

续表26

奖项名称及数量	获奖集体或个人	单位
先进工作者（19人）	阿勒素	综合行政执法局
	那　定	平安建设办
	唐克斯	综合保障和技术推广中心
	胡飞仙	社会事务办
	苏日嘎	党政综合办
	杨奋军	综合行政执法局
	乌日汗	党建办
	叶　伟	综合行政执法局
	张金梅	平安建设办
	马　奇	综合行政执法局
嘎查村（社区）优秀个人（10人）	斯庆扎布	阿日勒嘎查
	高登山	黄海子村
	郭建平	敦达图嘎查
	高建平	城川嘎查
	马飞盛	章昂希里村
	张贵平	糜地梁嘎查
	苏云峰	巴彦希泊日嘎查
	项小飞	二道川村
	巴音达来	克泊日嘎查
	苏锦涛	二道川社区
实绩考核突出嘎查村（6个）	珠和社区	
	大场子村	
	伊克柴达木嘎查	
	麻黄套村	
	大沟湾村	
	呼和陶勒盖嘎查	
实绩考核突出的镇直二级部门（3个）	综合保障和技术推广中心	
	基层党的建设办公室	
	平安建设办公室	

生态文明建设

【科普宣传】　全年全镇针对群众生产生活需求开展科普活动，让科普服务更加亲民；开展各类科普宣传培训8次，发放宣传资料2.5万余份，培训农牧民6000余人次。

【草原保护】　2021年，全镇严格执行禁牧、休牧、划区轮牧和以草定畜等政策，强化执法督查与宣传力度。查处偷牧放牧662起，警示教育546次，处罚116起共计12.3万元。

【乡村环境治理】　2021年，全镇加强生态文明建设，持续改善农村牧区人居环境，全力整治农村牧区“脏乱差”现象。强化组织领导，印发《城川镇村庄清洁百日攻坚行动实施方案》，成立城川镇党委书记为组长、镇长为副组长、镇各分管领导为成员的城川镇人居环境整治工作领导小组。定期召开工作推进会议，党政领导部署、解决环境整治工作推进过程的疑难杂症。全镇32个嘎查村社区成立32支保洁队伍，队伍均以党支部书记一肩挑为组长，以“网格+居民小区”为基础，实行嘎查村“两委”监委、公益性岗位人员、党员、村民代表包户责任制，开展村里的督促、检查、反馈、整改等工作。

全年全镇累计完成市、旗两级整改图斑248个，清理农村生活垃圾3844吨，出动车辆117辆，清理村内水塘28口，清理村内沟渠31千米，清理村内淤泥29吨，排查病死畜禽94只，发动农民群众投工投劳1157人次，清理畜禽养殖粪污等农业生产废弃物716吨，清理残垣断壁21处，张贴宣传标语54条，完成市、旗督查整改问题216条，实现主要道路整洁、公共场所清洁、沟渠河道治理有效。全镇建设垃圾中转站3处，有4辆垃圾运输车，确保垃圾及时清理。以“美丽庭院”“干净人家”评选活动为载体，建立选优评先机制，激发村民内生动力；不断完善村规民约，调动村民积极性；问责观望、敷衍、消极的村干部，约谈整改，确保乡村环境治理工作落到实处。

昂素镇

综述

【概况】 昂素镇建于2000年5月，地处旗境东北部，三旗交界，东邻乌审旗，北连鄂托克旗，南接城川镇，西依敖勒召其镇、上海庙镇。X628线、敖昂线等干线公路，陶（利）上（海庙）铁路横穿全境，距旗府敖勒召其镇55千米。地质地貌以荒漠草原为主，是农牧结合以牧为主的牧业镇。全镇土地总面积4297.58平方千米，其中耕地总播种面积1.1万公顷，有机草牧场面积12万公顷，藏锦鸡儿自然保护区1.33万公顷，天然柠条5.33万公顷，森林草原植被覆盖率达85%。全镇下辖3个社区、16个嘎查及78个牧业社，总人口3985户10815人，其中蒙古族7057人，是一个以蒙古族为主体、以牧为主的少数民族聚集区。

昂素镇油气资源富集，天然气远景储量462亿立方米，全镇有天然气井1100多眼，年产天然气33亿立方米；农牧业资源丰富，全镇可利用草牧场总面积37.33万公顷，优质牧草种植面积0.56万公顷，水浇地面积1.2万公顷，农牧户户均草牧场面积113公顷；农牧业基础坚实，水电路讯等基础设施较为完善，全镇柏油公路总里程近1000千米，农牧户养殖棚圈覆盖率95%，全镇牲畜饲养总量83万头只，户均牲畜饲养量218头只，全镇肉羊、肉牛存栏量分别达46万只、2万头，嘎查集体经济收入平均达12.67万元。全镇有专业养殖合作社105个、种植养殖大户260户、肉羊肉牛养殖基地14个，2021年，农牧民年人均纯收入2.45万元，扩大再生产的投入能力较强。

昂素镇是鄂尔多斯地区蒙古族传统文化保存较为完整的地区之一，民间曲艺、民族服饰、饮食、手工艺等蒙古族传统文化独具特色，草原那达慕文化、走马文化、敖包祭祀文化源远流长，闻名于世的蒙古族三大纛矛之一的阿拉格苏勒德（花纛）、包日陶勒盖敖包、哈日根图庙等一批具有浓厚民族文化特色的景观位于境内。马良诚顾寿山革命烈士纪念陵园等红色教育实践点常年对外开放，红色文化底蕴深厚。

政治建设

【党风廉政建设】

责任落实 2021年，昂素镇严格按照“谁主管，谁负责”的“一岗双责”责任制要求，先后召开4次专题会议调度部署党风廉政工作，领导班子成员认真落实“主体责任”“三重一大”集体决策等制度，听取分管部门廉政情况汇报。

监督机制 昂素镇全年开展廉政谈话4轮88人次，评选清风干部43名，经常性开展日常监督，发布通报4期19人，提醒谈话2人，加强廉政风险防控。昂素镇纪委全年处置问题线索6件，其中旗纪委监委转办3件，初核了结3件，党纪处分2人。

开设廉政文化宣传专栏，推动廉政文化进机关、进社区、进企业、进学校、进家庭，提高宣传的针对性、有效性。组织观看“认清反腐形势、远离职务犯罪”专题纪录片1次，召开警示教育大会、通报典型案例3次，观看警示教育片5次。

制度建设 昂素镇建立日常研判机制，将作风建设列入党委会重要议题，每月至少开展1次专题研究会议，通报作风建设工作推进情况及存在问题，集中研究下一步工作措施；每季度至少开展1次全镇党风廉政建设和反腐败工作推进会议。全年召开动员部署会议2次、推进会议2次、重点工作会议23次、党政联席会议21次，公开征求意见5次。

问题整改 昂素镇建立整改落实机制，抓好上级巡视巡察反馈的37项问题整改工作；认真梳理查摆、建立问题清单、制定整改方案、深入研究细化整改措施，明确整改要求，并执行销号制度，落实一条，销号一条，切实做到真整改、改到位。

宣传教育 昂素镇建立常态化学习机制，镇党委书记带头讲党课，为新一届嘎查社区“两委”成员宣讲乡村振兴战略及党的作风建设相关会议精神。昂素镇领导班子成员、包联部门责任人、镇嘎查社区两级宣讲员及嘎查社区支部书记、党员已开展集中讲党课活动34次，覆盖党员群众1100余人次。

【基层党组织建设】

队伍建设 为进一步管理好农牧民党员，教育引导广大党员充分发挥先锋模范作用，为乡村振兴贡献力量，全镇推广党员积分制管理机制，研究制定评定细则和考核奖惩办法，将评价结果与评先树优、民主评议党员挂钩，已在苏力迪嘎查、哈日根图嘎查作为示范点进行制度推广，打造党员动态管理平台。

深化乡村振兴人才工作，建立乡村振兴人才工作站；依托明盖嘎查兽医院挂牌畜牧业乡土人才工作站，探索形成“一心多点、多点开花”的工作模式。

组织建设 2021年，昂素镇采取“重能力顾经历、从原党组织书记中留任一批；重民意看素质、从‘两委’成员中提任一批；重储备强培养、从后备力量中启用一批；拓渠道纳贤才，从外出能人中回引一批”“四个一批”的措施着力配强村级“领头雁”，圆满完成嘎查、社区“两委”班子换届选举，实现书记、主任100%“一肩挑”。依法完成党代表和人大代表选举工作，按照旗委统一安排部署，紧跟时间节点，提前谋划部署、精心组织实施、扎实有序推进。认真开展选民登记，科学合理划分选区，严格执行法定程序，成功选举出旗第十次党代会代表20名、镇第四次党代会代表53名、旗第十一届人大代表24名、镇第四届人大代表52名。

【学习教育】 全镇制定实施《昂素镇2021年党委理论学习中心组学习实施方案》《昂素镇学习讲堂学习制度》等，每月至少开展中心组学习1次，各党支部每月开展专题学习1次，明确学习内容、时间、责任人。昂素镇党委组织开展中心组学习11次，各党支部结合“三会一课”制度开展专题学习190余次，在“美丽昂素”微信公众平台开设“为您读党史”栏目，已举办77期。以党建文化广场为载体，依托党史、党风廉政和马良诚顾寿山革命史3条党员教育长廊，精心组织全镇嘎查社区庆祝建党100周年有关活动20余场次。

经济建设

【经济运行】 2021年，昂素镇地区生产总值21亿元，增长5%，其中农牧业总产值14.7亿元，增长2.7%；固定资产投资960万元；社会消费品零售总额完成1.51亿元，比上年增长5.5%。农牧民人均可支配收入2.45万元、增长2%；农作物总播面积0.76万公顷，其中粮食作物种植面积7266公顷、经济作物种植面积334公顷，经济林146公顷，优质牧草苜蓿种植保留面积5667公顷。全镇牲畜饲养量86万余头只，年出栏40万头只，嘎查集体经济收入平均达12.67万元。

【农牧产业】

新型经营主体培育 围绕科学种养等内容组织开展农牧民外出考察、学习培训13期1100多人次，遴选高素质农牧民34名，新型职业农牧民队伍不断壮大，新培育优质合作社16家，打造肉羊养殖示范户110户、肉牛养殖示范户10户。健全“党支部+企业+农牧户”利益联结机制，与驻镇龙头企业恒科农牧业公司合作实施“现代畜牧业百户示范联建”项目，打造示范牧户100户，建成育肥养殖棚圈50座。牧户与企业实现从联合到融合，紧密联结一体化发展模式实现新突破。

品质农牧业建设 持续做优做强肉羊短期育肥、肉牛生态养殖、林果蔬菜种植三大主导产业，积极推广舍饲养殖和牲畜品种改良，建成规模化肉羊羔羊短期舍饲育肥集中点3处，高标准肉羊养殖园区一期建设项目顺利完工，实现每个嘎查均有30%以上的户子发展生态舍饲养殖产业，初步形成“配方饲喂，分群管理，同期发情，两年三茬”的标准肉羊养殖模式；在完善现有8个肉羊肉牛改良配种站功能的基础上，启动实施肉羊品种改良“十百千”五年行动，打造种羊繁育户5户，建设现代化养殖棚圈15座，培育“鄂托克前旗羊肉”生产示范户25户，肉羊、肉牛存栏量分别达到46万只、2万头，牲畜养殖不断向规模化、品质化产出方向发展。农作物总播面积0.76万公顷，其中粮食作物种植面积7266公顷、经济作物种植面积334公顷，粮经饲比例优化为56∶4∶40。农牧业产业结构持续优化，产业发展基础进一步夯实。

社会建设

【法治政府建设】 2021年，昂素镇全面推进依法行政，严格依照法定权限和程序行使权力、履行职责，从严落实“三重一大”集体决策、行政执法公示、执法全过程记录、重大执法决定法制审核等制度。严格落实意识形态工作责任制，坚持把意识形态工作与推进统编教材、民族统战等工作有效融合、同步落实，依托“美丽昂素”微信公众平台、嘎查社区居民微信群等载体，坚持把好舆论导向，管住守好意识阵地，建立健全舆情搜集、应急预警、应对处置、总结评估机制，针对森林资源保护、非法开垦、草牧场纠纷等重点舆情风险点积极分析研判、应对，切实提高网络舆情引导应对能力。

【综合行政执法】

土地草原执法 2021年，昂素镇坚守生态红线，严格执行禁牧休牧、以草定畜政策，利用草原动态监管系统，加强草原执法力度。全年围绕非法开垦、偷牧夜牧执法36次，开出禁牧处罚单据7单、下达行政处罚单据7单，共处罚金0.66万元。国土卫片执法立案查处违法占用土地行为13起，共处罚金154.57万元。切实加强昂素镇草原生态环境保护建设，巩固全镇生态文明建设成果。

安全生产 2021年，昂素镇党委、政府层层落实安全生产责任制，同全镇19个嘎查、社区“两委”负责人签订《安全生产责任状》。先后围绕食品安全、道路交通安全、安全生产等内容召开专题会议6次、开展专项检查15次，建立隐患排查治理、事故预防控制体系，整改隐患4处，及时通过微信工作交流群向嘎查、社区传送气象灾害预警，安全生产形势平稳向好。

专项行动 2021年，昂素镇从严落实行政执法公示、执法全过程记录、重大行政执法决定法制审核等制度，围绕禁休牧、违法占用土地、乱搭乱建等重点事项开展执法36次，集中整治乱搭乱建30多处，立案查处违法占用土地行为10起，核查图斑110块，共处罚金156.06万元，规范全镇土地利用、管理秩序。

【社会治理】

维稳 2021年，昂素镇持续深入开展矛盾纠纷大排查、大化解专项行动，突出“事要解决”核心理念，按照“四到位”原则，采取“一名领导、一套班子、一个方案、一包到底”的办法，先后化解各类矛盾纠纷50起。深入开展“拉网式、兜底式、全覆盖”排查，变“信访”为“下访”，采取“线上+线下”多种形式教育引导农牧民由“信访”转向“信法”，从源头上减少矛盾纠纷发生，“小事不出村、大事不出镇、矛盾不上交”目标初步实现。

法治 2021年，昂素镇深入开展法治教育宣传。制定《昂素镇普法宣传活动方案》，在消费者权益日、宪法日、嘎查社区党日活动、集市等开展禁毒宣传、普法教育15场次，发放宣传资料2600多份，提供法律咨询50多次。

自治 2021年，昂素镇坚持“三化”联动、“四治”融合，以建设“平安昂素”为目标，全面推进市域社会治理现代化，乌兰胡舒嘎查被评为自治区民主法治示范嘎查。

【脱贫攻坚】 2021年，昂素镇完成年度防致贫返贫监测、帮扶全面摸底排查工作，累计走访2196户6952人，未发现存在致贫返贫风险人群。

【城乡建设】 2021年，昂素镇对标党群服务中心“五个三”建设标准，建成镇级党群服务中心，累计接待党员群众1600余人次，办理事项1700多件，营商环境不断优化。全面落实民生项目，毛盖图社区新建体育场1处、安装路灯45盏，巴彦乌素嘎查新建加气站1处，全镇改造架设电力线路19.2千米，变压器新建、增容40台，解决无电户通电问题15户，新建砂石路5条41千米，新建基站5处，宽带和移动网络覆盖90%以上地区，农村牧区公共服务实现基本覆盖。

【社会事业】

医疗卫生 全镇有公立医疗卫生机构2所（昂素中心卫生院、毛盖图中心卫生院），嘎查村卫生室12个，药店1个。全镇有卫技人员27人，其中执业医师9人；注册护士18人。有病床位数20张，每千人（常住人口）拥有床位2.18张。

计划生育 2021年，全镇新出生人口109人，其中男性51人、女性58人，人口自然增长率为3.2‰。

交通 2021年，全镇新建乡村砂石路5条41千米，昂素至城川红色旅游公路完工通车。

【社会保障】

民政救助 2021年，昂素镇最低生活保障共计178户266人（城镇低保户12户15人、农村低保户166户251人），发放低保金117.39万元，为城镇低保发放10.24万元、农村低保发放107.14万元。发放定期抚恤、伤残金和义务兵家属优待金共计55.4996万元。按季度发放重度残疾人护理补贴、困难残疾人生活补贴，为重度残疾人183人发放补贴45.8万元、困难残疾人87人发放补贴11.38万元。为“三民”定补32人发放补贴50.39万元，发放重大疾病救助款2.9万元；发放“孤儿”供养金2.19万元、高龄津贴56.8万元；发放农村“五保”分散供养金12.9万元，城镇“三无”人员供养金1.8万元。发放救灾救济款51.292万元，临时救助款10万元。

社会保险 2021年，城乡居民养老保险参保人数5623人，参保率96%；新型农村牧区合作医疗保险参保人数6078人，参保率82%。

文化建设

【文化旅游】 2021年，昂素镇依托富集的红色、民族文化旅游资源，按照全域旅游发展理念，着力在文化旅游融合发展上培育新的经济增长点。统筹文旅资源利用，坚持做好“旅游+”和“+旅游”文章，走产业、文化、旅游“三位一体”融合发展之路，打造新时代文明实践所、站、点26处、特色文化示范户30户。扩大文旅产品供给，以27家特色牧家乐为基础，积极构建“研学+旅游+商贸”产业格局，推广销售奶制品、风干肉、蒙古刺绣等特色旅游产品1000余件，接待游客4万多人次，旅游综合收入突破150万元，赵都仁桑入选自治区第一批农村牧区文化示范户，草原情歌牧家乐生态园被评为自治区五星级牧区旅游接待户，玛拉迪嘎查被评选为市级乡村旅游示范村，特色文化旅游融合发展的布局和乡村文化全面振兴的格局正在逐步构建。

【群众文化】 充分利用各类志愿服务队，以“讲好昂素故事”为目标，围绕本土革命事迹、英雄事迹和建设红色教育培训基地过程中的感人故事精心打造“昂素镇特色采访线”工程，开展宣讲和各类宣传演出活动38场次，昂素镇区域影响不断扩大。丰富文旅产业载体。加强呼拉胡古城、古榆树等文物的保护利用，支持民歌合唱团、舞蹈队等17个民间艺术协会发展，成功举办农牧民排球、赛马等体育赛事15余场1800多人次。依托马良诚顾寿山纪念陵园和党建文化广场等3个红色教育基地，举办主题活动30多场次，通过丰富的具有民族特色的活动不断提升流量经济的吸附力。

【教育】 昂素镇有全日制小学1所，共有教职工43名，其中专任教师36名；在校生116名。有公办幼儿园1所，共有幼儿园教职工34名，其中幼儿专任教师32名；有在校幼儿81名。

【乡风文明建设】 深入挖掘群众看得见、摸得着的身边先进典型，树立和践行社会主义核心价值观，大力宣传先进典型的先进事迹。全年组织开展“两优一先”“优秀青年致富带头人”“最美家庭”“文明家庭”“道德模范”等各类评选活动，评选出各类先进模范33名，其中斯仁塔日娃荣获全国民族团结进步模范个人，赵都仁桑荣获自治区文化户称号，吉雅家荣获市级文明家庭，通过树立身边的先进典型，宣传先进典型的事迹，强化价值引导。

生态文明建设

【水资源保护】 昂素镇区水源地共有水源井3眼，供水方式采用潜水泵抽取地下潜水或承压水，经管道输送、净水厂沉淀消毒后进入供水管网供居民使用。供水工程由鄂托克前旗自来水公司负责运营管理。水源地服务区域为昂素社区、玛拉迪社区、毛盖图社区，用水结构为生活用水和其他用水。设计取水量为10万立方米/年，日取水量为200立方米，实际年取水量为7万立方米。工程规模为Ⅱ型，供水人口约1000人。

坚持以水定开发和以草定畜不动摇；加强节水灌溉技术推广，新增节水灌溉333公顷以上，全力保障农牧业高效发展；持续推进“河湖长制”工作、污染防治工作，强化源头预防和治理，持续推进“河湖长制”工作，镇、村两级河长、湖长先后开展河道巡查工作158次。

【草原保护】 严格落实禁休牧政策，依托草原3S管理技术，加强草原植被动态监控，开展非法开垦、偷牧夜牧专项整治，全年禁休牧执法36次，累计开出禁牧处罚单据7单、下达责令改正通知书7份，行政处罚决定书7份，共处罚金0.66万元。

【植树造林】 2021年，实施黄土高原水土流失治理项目466公顷，京津风沙源治理工程233公顷，蚂蚁森林项目600公顷，植被恢复180公顷，乡村绿化美化项目300公顷，义务植树1333公顷，造林试点补贴项目1400公顷。完成京津风沙源治理二期工程草原生态保护建设项目围栏建设13333公顷。创新实施“百万亩柠条种植行动”。广泛进行草牧场改良，建立“重度退化草原密植柠条、中度退化草原带状补播”的种植模式，首次在全市提出“株距1米、滴管补水”管护体系。全年打造党群柠条种植示范点29处，全镇柠条种植面积达18万公顷，草牧场沙化退化现象得到有效遏制，牲畜平均承载率逐年提升，经验做法被央视《朝闻天下》宣传报道。

【人居环境整治】 2021年，昂素镇全面实施“五清三治一改”行动，按照《鄂尔多斯市农村牧区人居环境治理条例》持续开展人居环境整治，组建19支环境卫生保洁队伍，清理乱堆乱放、乱搭乱建67处，清运垃圾1000余吨，对镇区小商户门前牌匾乱堆乱放现象集中治理16次，下达限期整改通知书3份，立案查处3起，共处罚金0.6万元；完成户厕改造233户，新建水冲式厕所5处，户厕覆盖率达常住农牧户的98.86%，农村牧区人居环境实现常态化改善。

表27　　　　昂素镇表彰2021年农村牧区先进集体个人名录

奖项名称	获奖集体或个人	单位
工作实绩突出嘎查社区	苏力迪嘎查	
	哈日根图嘎查	
	明盖嘎查	
	沙日胡舒嘎查	
	巴彦乌珠日嘎查	
	毛盖图社区	
工作实绩突出驻镇垂直单位	昂素供电所	
	昂素派出所	
	昂素交警中队	
	昂素幼儿园	
	昂素卫生院	
	昂素市场监督管理所	
优秀嘎查书记	巴音特古斯	乌兰胡舒嘎查
	巴图那顺	阿日赖嘎查
	图门吉日嘎	克仁格图嘎查
	苏日塔拉图	巴彦呼日呼嘎查
优秀网格员	德力格尔朝格图	阿日赖嘎查
	达楞巴雅尔	昂素嘎查
	吴美勇	巴彦柴达木嘎查
	吉日木图	巴彦呼日呼嘎查
	布特格其	巴彦乌素嘎查
	那顺	巴彦乌珠日嘎查
	道尔吉	巴彦希里嘎查
	巴雅尔图	哈日根图嘎查
	高建永	克仁格图嘎查
	阿木古浪	圐圙嘎查
	徐润国	玛拉迪嘎查
	陈玉治	毛盖图嘎查
	张利军	明盖嘎查
	吉仁纳玛	沙日胡舒嘎查
	乌仁苏布达	苏力迪嘎查
	高培军	乌兰胡舒嘎查
	郝光治	毛盖图社区
	徐春梅	玛拉迪社区
	谢丽花	昂素社区

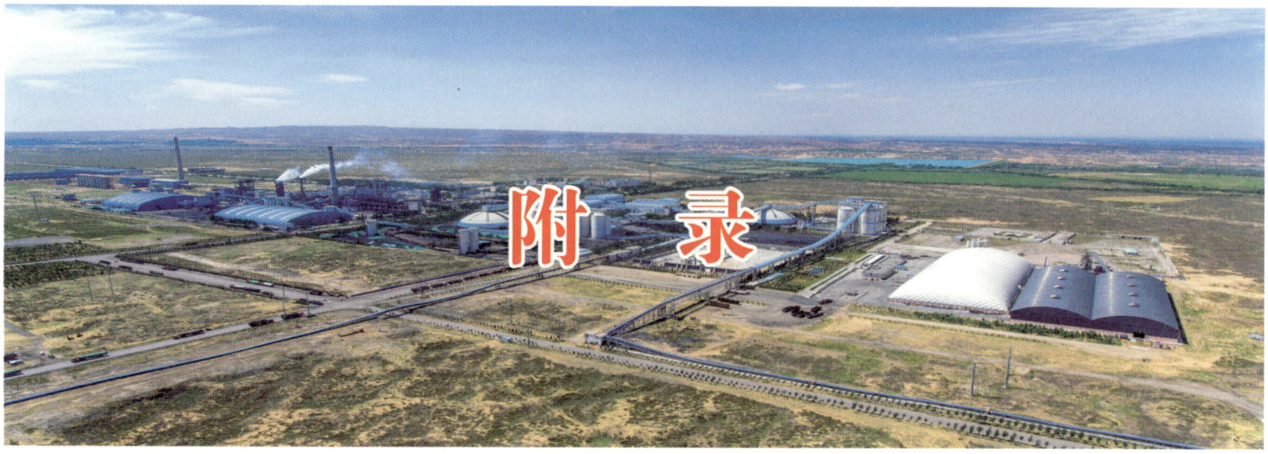

荣 誉

一、综 合

表28　　鄂托克前旗2021年国家级集体荣誉名录

获奖单位	荣誉称号	颁授部门
旗人民武装部	全国第八批民族团结示范单位	国家民族事务委员会

表29　　鄂托克前旗2021年国家级个人荣誉名录

姓名	单位	荣誉称号	颁授部门
白英兰	旗妇女联合会	2021年度全国维护妇女儿童权益先进个人	中华全国妇女联合会

表30　　鄂托克前旗2021年省部级集体荣誉名录

获奖单位	荣誉称号	颁授部门
党委办	全国第一批节约型机关	国管局、中直管理局、国家发展改革委、财政部
政府办		
纪委监委		
宣传部		
组织部		
党校		
审计局		
财政局		
政务服务局		
住房和城乡建设局		
人大常委会办公室		
教育体育局		

续表30

获奖单位	荣誉称号	颁授部门
自然资源局	全国第一批节约型机关	国管局、中直管理局、国家发展改革委、财政部
民政局		
上海庙经济开发区管委会		
政协办		
人民法院		
文化馆	一级馆	文化和旅游部
卫生健康委员会	2018—2020年全国计划生育优质服务先进单位	国家卫健委
工商联	全国“五好”县级工商联	中华全国工商业联合会
科学技术协会	科普中国信息员队伍建设优秀单位	中国科学技术协会
	2021—2025年度第一批全国科普示范县	
	2016—2020年度全国科普示范县（市、区）总结评估优秀	中国科协科普部
疾病预防控制中心	优秀国家级鼠疫监测点	中国疾病预防控制中心鼠疫布氏菌病预防控制基地
扶贫开发中心	全区脱贫攻坚先进集体	内蒙古自治区党委 自治区人民政府
人民医院	全区抗击新冠肺炎疫情先进集体	内蒙古自治区党委 自治区人民政府
文化市场综合行政执法局共青团	2021年内蒙古自治区青年志愿者优秀志愿服务项目	共青团内蒙古自治区委员会 自治区志愿者协会
文化市场综合行政执法局	第五届全区服务农牧民、服务基层文化建设先进集体	中共内蒙古自治区宣传部
融媒体中心	全区先进基层广播电视传输覆盖机构	中共内蒙古自治区委员会宣传部 自治区文化和旅游厅 自治区广播电视局
中共鄂托克前旗委员会办公室	2021年度信息调研工作成绩优异单位	自治区党委办公厅
鄂托克前旗	自治区“四好农村路”示范县	自治区交通运输厅、发展和改革委员会、财政厅、农牧厅、扶贫办
城川镇章昂希里村	内蒙古自治区级“一村一品”示范村镇	自治区农牧厅
昂素镇		
敖勒召其镇赛罕社区	内蒙古自治区民主法治示范嘎查村（社区）	自治区司法厅、民政厅
昂素镇乌兰胡舒嘎查		
上海庙镇公乌素嘎查		
工商联	全区“万企帮万村”精准扶贫行动组织工作先进集体	自治区“万企帮万村”行动领导小组
疾病预防控制中心	生活饮用水水质监测项目十年工作先进单位	自治区综合疾病预防控制中心

续表30

获奖单位	荣誉称号	颁授部门
工信和科技局实施的千名农技人员送科技到基层行动项目	“三下乡”活动示范项目	自治区文化科技卫生“三下乡”活动领导小组
科学技术协会	2021年全区优秀组织单位	自治区科学技术协会
敖勒召其镇	全区百家红色退役军人服务站	自治区退役军人服务中心
城川镇		
公安局	全区公安机关扫黑除恶专项斗争有功集体三等功	自治区公安厅
市公安局交通管理支队鄂托克前旗大队支部委员会	全区公安机关先进基层党组织	自治区公安厅党委
人民法院	2021年第一季度全区中基层法院案件结收比率高的基层法院	自治区高级人民法院政治部
内蒙古森泰天然气有限公司鄂托克前旗生产运行部	2021年度内蒙古自治区工人先锋号称号	自治区总工会
气象局	2020年度目标管理考核优秀单位	自治区气象局
气象台	2020年度气象工作嘉奖	
城川民族干部学院	内蒙古老区建设促进会教育培训基地	内蒙古老区建设促进会

表31　　鄂托克前旗2021年省部级个人荣誉名录

姓名	单位	荣誉称号	颁授部门
刘军	司法局	2021年度全国司法所模范个人	司法部
沙如拉	林业和草原局	2021年度沙尘天气灾害信息报送表现突出的信息员	国家林业和草原局荒漠化防治司
阿拉腾达来	昂素镇人民政府	全区脱贫攻坚先进个人	内蒙古自治区党委 自治区人民政府
布仁其木格	旗委	全区抗击新冠肺炎疫情先进个人	内蒙古自治区党委 自治区人民政府
王浦	人民医院		
方露	人民医院		
朱旭丽	人民医院	全区优秀共产党员	内蒙古自治区党委
乌云嘎	旗委办公室	内蒙古自治区党委办公厅优秀信息员	内蒙古自治区党委办公厅
张彦秀		内蒙古自治区党委办公厅信息调研工作优秀组织者	
苏占霞	敖勒召其镇春苑社区	2020年度内蒙古好人	自治区文明办
朝乐孟图雅	林业和草原局	2021年度全区优秀党建工作指导员	自治区党委组织部、自治区非公有制经济组织和社会组织党工委
白英兰	妇女联合会	第五届全区维护妇女儿童权益先进个人	自治区妇女联合会
杨晓琴	市场监督管理局	全区市场监管系统先进工作者	自治区市场监督管理局、内蒙古自治区人社厅

续表31

姓名	单位	荣誉称号	颁授部门
马燕妮	城川民族干部学院	内蒙古自治区首届红色故事讲解员大赛专业组第一名	自治区文化和旅游厅
赵煜盛		内蒙古自治区首届红色故事讲解员大赛中获得志愿组优秀讲解员	
陈文斌	司法局	“维护和谐稳定 喜庆建党百年”矛盾纠纷排查化解专项行动表现突出个人	自治区司法厅
刘海荣	人民法院	全区政法系统先进个人	自治区政法队伍教育整顿领导小组办公室
徐嘉敏		2021年全区法院“蒙马奔腾”专项行动先进个人	自治区高级人民法院
万毅	鄂尔多斯市鄂托克前旗消防救援大队	2021年三等功	自治区消防救援总队
胡继光	农牧业综合行政执法大队	自治区农牧业行政处罚二等优秀案卷	自治区农牧厅
李永胜			
胡继光		自治区农牧业行政处罚三等优秀案卷	
李永胜			

表32　鄂托克前旗2021年市级集体荣誉名录

获奖单位	荣誉称号	颁授部门
鄂托克前旗	2021年度创建全国文明城市先进旗区	中共鄂尔多斯市委员会 鄂尔多斯市人民政府
鄂托克前旗	2020年度全面依法治市工作优秀旗区	
旗委办	2021年度创建全国文明城市工作先进单位	
宣传部		
旗委办公室党支部	先进基层党组织	中共鄂尔多斯市委员会
城川镇党委		
敖勒召其镇马场井村党支部		
昂素镇苏力迪嘎查党支部		
敖勒召其镇巴音社区党支部		
大数据中心党支部		
文化旅游集团公司党支部		
供电分局党总支		
城川民族干部学院机关党支部	鄂尔多斯市直机关先进基层党组织	市直属机关工作委员会
敖勒召其镇人民政府	第六批全市民族团结进步示范区示范单位	市委宣传部 市委统战部 市民族事务委员会
敖勒召其镇满都拉社区		
妇女联合会		
城川镇幼儿园		
昂素镇沙日胡舒嘎查		
旗政协机关		
城川镇党委		

续表32

获奖单位	荣誉称号	颁授部门
统战部	2020年度“全市统战信息工作先进单位”	市委统战部
妇联妇女民族手工艺协会联合党支部	2021年度全市“三个表率”模范机关党组织	市委组织部
妇联妇女民族手工艺协会联合党支部	2021年度全市“六个好”社会组织党组织	市委组织部 市非公有制经济组织和社会组织党工委
宣传部	最美志愿服务组织	市委宣传部
气象局	鄂尔多斯市气象科普讲解大赛优秀组织奖	市气象局 市气象学会
	全市气象行业职业技能竞赛优秀组织奖	市气象局 市总工会 市人社局
	2021年度气象业务领域先进工作者	市气象局
税务局	鄂尔多斯市税务局先进基层党组织	市税务局
人力资源和社会保障局	全市人社系统练兵比武竞赛	市人力资源和社会保障局
融媒体中心	网上宣传工作先进集体	市委网络安全和信息化委员会办公室
城川民族干部学院	网上宣传工作先进集体	
	鄂尔多斯市老区建设促进会教育培训基地	市老区建设促进会
市场监督管理局	全市市场监管系统新闻宣传和政务信息先进集体	市市场监督管理局
退役军人事务局	全市包联驻村工作先进包联单位	鄂尔多斯市包联驻村工作领导小组
众赢农牧业专业合作社	全市企地合力助推消费扶贫先进单位优秀合作服务社	
内蒙古上海庙矿业有限责任公司	全市企地合力助推消费扶贫先进单位优秀驻地国企央企	
鄂尔多斯市草原侠食品有限公司	全市企地合力助推消费扶贫先进单位优秀农牧业龙头企业	
消防救援大队	2021年优秀调研先进集体	中共鄂尔多斯市消防支队委员会
人民法院第二支部委员会	全市法院先进基层党组织	中共鄂尔多斯市中级人民法院党组
人民法院	2021年度基层人民法院目标实绩考核优秀单位	市总工会
人民法院民事审判庭	全市法院先进集体	
人民法院行政审判庭（综合审判庭）	全市法院“蒙马奔腾”专项行动先进集体	
人民法院	2021年鄂尔多斯市五一劳动奖状	
人民医院急诊科	2021年鄂尔多斯市工人先锋号	
横山堡矿井筹建处工会委员会机运工区皮带维修组	2021年度鄂尔多斯市先锋号	
旗老干部服务中心	2021年市级“职工书屋”	
总工会	2021年度工会系统新闻信息宣传工作先进集体	

表33　　鄂托克前旗2021年市级个人荣誉名录

姓名	单位	荣誉称号	颁授部门
张桂福	宣传部	2021年度创建全国文明城市先进个人	中共鄂尔多斯市委员会 鄂尔多斯市人民政府
伊日贵	宣传部	2021年度创建全国文明城市先进个人	中共鄂尔多斯市委员会 鄂尔多斯市人民政府
敖特根吉雅	公用事业服务中心	2021年度创建全国文明城市先进个人	中共鄂尔多斯市委员会 鄂尔多斯市人民政府
高虎清	城市管理综合行政执法局	2021年度创建全国文明城市先进个人	中共鄂尔多斯市委员会 鄂尔多斯市人民政府
朱旭丽	人民医院党支部	优秀共产党员	中共鄂尔多斯市委员会
斯仁旺扎拉	上海庙镇拜图嘎查党支部	优秀共产党员	中共鄂尔多斯市委员会
项　楠	敖勒召其镇人民政府	优秀共产党员	中共鄂尔多斯市委员会
张永瑞	组织部	优秀党务工作者	中共鄂尔多斯市委员会
刘　冬	离退休干部党工委	优秀党务工作者	中共鄂尔多斯市委员会
吉日木图	昂素镇沙日呼舒嘎查	优秀党务工作者	中共鄂尔多斯市委员会
李军	巡察办	全市包联驻村工作优秀第一书记	市包联驻村工作领导小组
德力克	政府办	全市包联驻村工作优秀驻村干部	市包联驻村工作领导小组
张慧	发展和改革委员会	全市包联驻村工作优秀驻村干部	市包联驻村工作领导小组
万青	组织部	全市包联驻村工作先进工作者	市包联驻村工作领导小组
万媛	旗包联办	全市包联驻村工作先进工作者	市包联驻村工作领导小组
哈斯巴嘎那	敖勒召其镇	2021年度全市纪检监察系统“综合服务保障”优秀个人	市纪委监委
乌日娜	组织部	记功荣誉	市委组织部
辛海娥	统战部	2020年度全市统战系统优秀信息员	市委统战部
张万富	人力资源和社会保障局	2021年度全市优秀党建指导员	市委组织部 市非公经济和社会组织工作委员会
朝乐孟图雅	旗林业和草原局	2021年度全市优秀党建指导员	市委组织部 市非公经济和社会组织工作委员会
宝乐德	青少年活动中心	2021年鄂尔多斯市“最美科技工作者”	市委宣传部 市科协 市科技局
楠丁	宣传部	2020年度“全市网络安全工作先进个人”	市委网络安全和信息化文员会办公室
蔡富丽	宣传部	2021年度全市“学习强国”学习达人	市委宣传部
哈斯朝鲁门	司法局	2021年度全市政法队伍教育整顿先进个人	市委政法委
段丽华	税务局	优秀党务工作者	市税务局
唐坤	消防救援大队	2021年三等功	中共鄂尔多斯市消防救援支队委员会
乔磊	消防救援大队	2021年优秀消防员记嘉奖	中共鄂尔多斯市消防救援支队委员会
杨关成	消防救援大队	2021年优秀消防员记嘉奖	中共鄂尔多斯市消防救援支队委员会
杨雲嵦	消防救援大队	2021年优秀消防员记嘉奖	中共鄂尔多斯市消防救援支队委员会
孟济东	消防救援大队	嘉奖	中共鄂尔多斯市消防救援支队委员会
何运伟	消防救援大队	嘉奖	中共鄂尔多斯市消防救援支队委员会

续表33

姓名	单位	荣誉称号	颁授部门
拓小雷	消防救援大队	嘉奖	中共鄂尔多斯市消防救援支队委员会
韩伟		嘉奖	
万毅		2021年优秀消防监督员	
张建伟		2021年宣传工作先进个人	
赛哈娜		2021年优秀文员	
万东扬		2021年优秀政府专职队员记嘉奖	
马茹	人民法院	鄂尔多斯市政法系统先进典型	市政法队伍教育整顿领导小组办公室
边子仙			
边子仙	人民法院	全市法院优秀共产党员	市中级人民法院党组
解娜	人民法院	全市法院优秀党务工作者	
刘雅		全市法院先进个人	
宝迪稍		全市法院优秀法官	
周青		全市法院办案标兵	
纠凌云		全市法院调解能手	
代志勇		全市法院执行能手	
明曲		全市法院优秀法官助理	
布呢斯庆		全市法院优秀书记员	
王郝素		全市法院优秀司法警察	
宝音达来		全市法院教育整顿专项工作先进个人	
徐嘉敏		全市法院“蒙马奔腾”专项行动先进个人	
乌云宝力高		全市法院“蒙马奔腾”专项行动先进个人	
管文祥	工信和科技局	2021年鄂尔多斯市五一劳动奖章	市总工会
杨再琴	鄂尔多斯正道运输集团鄂托克前旗联合运输有限责任公司		
方唤唤	时泰天然气经营有限责任公司		
斯庆同嘎拉	蒙古族中学		

表34　　鄂托克前旗2021年工青妇表彰先进集体名录

单位名称	奖项	颁奖单位
营商环境促进中心工会委员会	旗级职工之家	旗总工会
老干部服务中心工会委员会		
城川完全小学工会委员会		

续表34

单位名称	奖项	颁奖单位
旗市场监督综合行政执法大队工会委员会	旗级职工之家	旗总工会
上海庙经济开发区机关工会	工会工作先进集体	
政务服务局工会		
国家税务总局内蒙古上海庙经济开发区税务局机关工会		
赛罕社区工会联合会		
公用事业服务中心工会		
营商环境促进中心工会		
老干部服务中心工会		
长城一号煤矿工会		
市正腾建设投资集团有限公司工会		
妇女联合会工会		
共青团昂素镇委员会	全旗五四红旗团委	共青团鄂前旗委员会
共青团鄂前旗第二中学		
共青团新矿内蒙古能源有限责任公司		
共青团鄂前旗委办公室支部委员会	全旗五四红旗团支部	
共青团鄂前旗人民检察院支部委员会		
共青团鄂前旗涛龙路消防救援站支部委员会		
公安局刑事侦查大队	青年五四奖章集体	
建设工程质量安全技术服务中心		
文化和旅游局		
审计局		
乡村振兴事业发展中心		
农牧局妇女委员会	最美红旗集体	旗妇女联合会
人力资源和社会保障局妇女委员会		
城川镇糜地梁嘎查妇女联合会		
市场监管综合行政执法大队妇女委员会		
民族事务委员会妇女委员会		
城川镇大场子村妇女联合会		
“好大姐”婚姻家庭调解委员会		
旗女企业家协会		
交管大队车辆管理所	巾帼文明岗	
总工会综合业务室		
税务局第一税务分局		
文化旅游集团有限公司		

表35　　鄂托克前旗2021年工青妇表彰先进个人名录

姓名	单位	奖项	颁奖单位
布仁巴特尔	上海庙镇工会	工会工作先进个人	旗总工会
张春丽	工信局工会	工会工作先进个人	旗总工会
蔺改霞	纪检委工会	工会工作先进个人	旗总工会
李金全	公安局工会	工会工作先进个人	旗总工会
边子平	人社局工会	工会工作先进个人	旗总工会
李锦霞	住建局工会	工会工作先进个人	旗总工会
岳公峰	山东盛鲁电厂工会	工会工作先进个人	旗总工会
樊世艳	巴音社区工会联合会	工会工作先进个人	旗总工会
王二虎	信访局工会	工会工作先进个人	旗总工会
格日乐其木格	融媒体中心工会	工会工作先进个人	旗总工会
莫日根毕利格	文旅局工会	工会工作先进个人	旗总工会
闫治平	北大池湖盐公司工会	工会工作先进个人	旗总工会
冀慎利	长城六矿工会	工会工作先进个人	旗总工会
周冠龙	上海庙矿业公司工会	工会工作先进个人	旗总工会
李娜	总工会	工会工作先进个人	旗总工会
焦伟	长城一号煤矿工会	工会系统优秀通讯员	旗总工会
裴梅梅	内蒙古福城矿业有限公司工会	工会系统优秀通讯员	旗总工会
张海燕	上海庙矿业公司工会	工会系统优秀通讯员	旗总工会
孟克浩日娃	民族事务委员会	民族团结好青年	共青团鄂前旗委员会
贾　婷	第一幼儿园	民族团结好青年	共青团鄂前旗委员会
陈　成	新上海一号煤矿筹建处	爱岗敬业好青年	共青团鄂前旗委员会
乌云嘎	鄂托克前旗纪委监委	爱岗敬业好青年	共青团鄂前旗委员会
徐　帅	宣传部	爱岗敬业好青年	共青团鄂前旗委员会
张　旭	第一幼儿园	爱岗敬业好青年	共青团鄂前旗委员会
张继林	城川镇马鞍桥村	爱岗敬业好青年	共青团鄂前旗委员会
海日汗	第二中学	创新创业好青年	共青团鄂前旗委员会
陈雨茹	内蒙古德善艺术培训有限公司	创新创业好青年	共青团鄂前旗委员会
张　钰	第一中学	担当奉献好青年	共青团鄂前旗委员会
娜仁格日勒	职业中学	担当奉献好青年	共青团鄂前旗委员会
苏　宇	第一幼儿园	崇德守信好青年	共青团鄂前旗委员会
苏　越	共青团鄂托克前旗委员会	崇德守信好青年	共青团鄂前旗委员会
于　娇	国家税务总局鄂托克前旗税务局	全旗优秀共青团员	共青团鄂前旗委员会
王　荣	共青团鄂托克前旗委员会	全旗优秀共青团员	共青团鄂前旗委员会
王信鹏	上海庙镇人民政府沙章图村	全旗优秀共青团员	共青团鄂前旗委员会
古和温都苏	昂素镇人民政府哈日根图嘎查	全旗优秀共青团员	共青团鄂前旗委员会
李　童	气象局	全旗优秀共青团员	共青团鄂前旗委员会

续表35

姓名	单位	奖项	颁奖单位
阿古达木	第二中学	全旗优秀共青团员	共青团鄂前旗委员会
陈浩楠	第一中学		
胡慧敏	城川镇人民政府		
耿一鑫	上海庙学校		
高文鑫	职业中学		
乌音嘎	上海庙镇人民政府	全旗优秀共青团干部	
刘至青	鄂托克前旗大数据中心数据		
孙雅芳	职业中学		
李鹏飞	敖勒召其镇		
杨雨欣	第一中学		
杨馥瑜	第三幼儿园		
张雨婷	共青团鄂托克前旗委		
钗拉汗	共青团鄂托克前旗委员会		
查　汗	第二中学		
楠　玎	人民法院		
王天和	上海庙镇人民政府	青年五四奖章	
邱　军	国家税务总局内蒙古上海庙经济开发区税务局		
张　青	内蒙古雅海能源开发有限责任公司		
杭　盖	鄂尔多斯市伊德泰生态农牧业有限公司		
赵碧娇	敖勒召其镇人民政府		
郝　奇	城川镇人民政府城市管理办		
贯　娟	检察院		
晏国富	人民医院		
蔡　波	鄂托克前旗美团外卖站		
德格吉	昂素镇人民政府		
傅华	水利局	三八红旗手	旗妇女联合会
刘丽	上海庙经济开发区党政办公室		
红梅	城川镇哈日色日嘎查		
格日乐其木格	融媒体中心		
闫丽娟	上海庙镇人民政府		
乌兰花	财政局化债办		
包迪祎	昂素镇巴音呼日呼嘎查		
何京梅	敖勒召其镇伊克乌素嘎查		
乌利娅苏	组织部		
李思佳	旗委办		
孙倩	内蒙古恒坤化工有限公司	优秀妇女工作者	
辛美娜	人民检察院		

续表35

姓名	单位	奖项	颁奖单位
娜音珠日嘎	蒙医综合医院	优秀妇女工作者	旗妇女联合会
王志华	敖勒召其海军希望小学		
张婷	城川镇人民政府		
胡红梅	昂素镇人民政府		
方圆圆	上海庙镇上海庙社区		
刘洁	敖勒召其镇春苑社区		
阿拉腾金丝	医疗保障局		
伊日贵	文学艺术界联合会		
孙倩	内蒙古恒坤化工有限公司	最美巾帼奋斗者	
辛美娜	人民检察院		
娜音珠日嘎	蒙医综合医院		
王志华	敖勒召其海军希望小学		
张婷	城川镇人民政府		
胡红梅	昂素镇人民政府		
方圆圆	上海庙镇上海庙社区		
刘洁	敖勒召其镇春苑社区		
阿拉腾金丝	医疗保障局		
伊日贵	文学艺术界联合会		
樊卉婷家庭	人武部	最美家庭	
额尔登格日乐家庭	宣传部		
斯庆图雅家庭	城川镇伊克柴达木嘎查		
郑月霞家庭	上海庙镇长城花园社区		
冬吉玛家庭	昂素镇乌兰胡舒嘎查		
李树霞家庭	敖勒召其镇漫水塘村		

二、单　项

中共鄂托克前旗委员会 鄂托克前旗人民政府表彰：

鄂托克前旗“两优一先”表彰对象名单

——中共鄂托克前旗委员会

（2021年7月1日）

优秀共产党员（40名）

项　楠　敖勒召其镇社会事务办公室主任

康春玲　敖勒召其镇赛罕社区网格员

陈　岗　敖勒召其镇马场井村监委会委员

徐志强　敖勒召其镇三段地村党支部书记、村委会主任

张程程　敖勒召其镇巴郎庙村驻村第一书记

曹玉昆　上海庙镇八一村党支部党员

道格陶呼　上海庙镇特布德嘎查卫生室医务人员

郝忠林　上海庙镇布拉格社区监委会主任

张彦慧　城川镇党群服务中心副主任

贺文涛　城川镇糜地梁嘎查党支部书记、嘎查委员会主任

斯仁道尔计　城川镇珠拉图嘎查党支部书记、嘎查委员会主任

刘小刚　城川镇克珠日村党支部书记、村委会主任

曹玉魁　城川镇克珠日嘎查党支部书记、嘎查委员会主任

巴图那顺　昂素镇阿日赖嘎查党支部书记、嘎查委员会主任

道布当斯仁　昂素镇昂素嘎查党支部党员

巴图扎布　昂素镇毛盖图嘎查党支部书记、嘎查委员会主任

娜布其玛　昂素镇巴彦呼日呼嘎查党支部副书记、妇联主席

奇阿日并　旗教育工委书记，教体局党组书记、局长

段永锐　旗财政综合服务中心工作人员

刘永梅　旗第三小学校长

朱旭丽　旗人民医院党支部书记、院长

闫树成　上海庙经济开发区党工委委员、党政综合办公室主任

塔　娜　旗民政局养老服务办公室负责人

朝勒孟　旗退役军人服务中心主任

何林芹　旗委保密机要局工作人员

张世霞　旗医疗保障局驻城川镇哈日色日嘎查第一书记

贾拥军　旗公安局党委委员、副局长

刘　杰　旗公安局敖镇派出所民警

边子仙　旗人民法院刑庭庭长

敖特根巴娃　旗社会保险事业服务中心工作人员

党瑞军　旗林业和草原局党组成员、副局长

何富云　旗委办公室常务副主任、档案局局长

苏　媛　旗委统战部副部长、政府侨务办公室主任

赵永玲　旗自然资源局地籍测绘股股长

梁四杰　旗委政法委常务副书记

阿有希　旗财政局党组书记、局长

席海英　鄂尔多斯市正腾投资有限责任公司董事长

郝永红　旗老年人体育协会主席

韦林花　旗维丽青刺绣有限责任公司总经理

钟　义　旗喜乐中老年传统文艺协会党支部书记

优秀党务工作者（30名）

苏占霞　敖勒召其镇春苑社区党支部书记、居委会主任

白　丽　敖勒召其镇三道泉子村党支部组织宣传委员

斯仁旺扎拉　上海庙镇拜图嘎查党支部纪检委员、监委会主任

李佩瑶　城川镇党群部副部长、镇团委书记
宝鲁德　城川镇珠和社区党支部书记、居委会主任
白琛越　昂素镇人民政府基层党的建设办公室主任
图门吉日嘎　昂素镇克仁格图嘎查党支部书记、嘎查委员会主任
达来都仁　昂素镇党政支部书记、社会事务办主任
马学忠　旗人力资源和社会保障局党组成员、副局长、机关党支部书记
刘　冬　旗离退休干部党工委副书记
张永瑞　旗委组织部副部长、旗直机关工委书记
王　凯　旗工信和科技局工业和科技发展促进中心主任
曹达来　旗科学技术协会党务工作者
李小燕　旗应急管理局党务工作者
郭勇源　旗发改委驻城川镇珠拉图嘎查第一书记
鲁淑娟　上海庙经济开发区党群工作部副部长
杜美荣　旗农牧局党务工作者
张旭龙　旗委保密机要局党务工作者
胡章来　旗交通运输综合行政执法大队党务工作者
哈斯布拉格　鄂尔多斯市正腾投资有限责任公司党支部组宣委员、董事
刘治俊　旗政协机关党务工作者
辛美娜　旗人民检察院政治部负责人
邵丹丹　旗住建局党支部文体委员
何平业　旗教体局组宣室主任、机关党支部书记
冯玉庭　旗人民政府机关党组成员、办公室副主任
阿拉腾哈达　旗蒙古族实验小学党支部书记
张春燕　旗公用事业服务中心党务工作者
张红玉　旗时鼎天然气经营有限责任公司党务工作者
周金莲　旗诚源物业管理有限责任公司党支部宣传委员
杜　伟　中国移动内蒙古公司鄂托克前旗分公司党务工作者

先进基层党组织（30个）

中共鄂托克前旗敖镇巴音社区支部委员会
中共鄂托克前旗敖勒召其镇洪山塘村支部委员会
中共鄂托克前旗敖勒召其镇乌兰社区支部委员会
中共鄂托克前旗上海庙镇公乌素嘎查支部委员会
中共鄂托克前旗上海庙镇长城花园社区支部委员会
中共鄂托克前旗上海庙镇芒哈图嘎查支部委员会
中共鄂托克前旗城川镇委员会
中共鄂托克前旗城川镇大发村支部委员会
中共鄂托克前旗城川镇章昂希里村支部委员会
中共鄂托克前旗城川镇敦达图嘎查支部委员会
中共鄂托克前旗城川镇黄海子村支部委员会
中共鄂托克前旗昂素镇巴彦希里嘎查支部委员会
中共鄂托克前旗昂素镇明盖嘎查支部委员会
中共鄂托克前旗昂素镇乌兰胡舒嘎查支部委员会
中共鄂托克前旗昂素镇巴彦乌珠日嘎查支部委员会
中共鄂托克前旗文化旅游集团有限公司支部委员会
中共鄂托克前旗纪委监委总支部委员会
中共鄂托克前旗文化市场综合行政执法局党支部
中共鄂托克前旗市场监督管理局支部委员会
中共鄂托克前旗委员会机构编制委员会办公室支部委员会
中共鄂托克前旗水利局支部委员会
中共鄂托克前旗政务服务局支部委员会
中共鄂托克前旗审计局支部委员会
中共鄂托克前旗委宣传部机关支部委员会
中共鄂托克前旗住房和城乡建设局支部委员会
中共鄂托克前旗大数据中心党支部
中共鄂尔多斯市生态环境局鄂托克前旗分局支部委员会
中共鄂托克前旗实验小学支部委员会
中共鄂托克前旗昌盛环保再生资源有限公司党支部
中共内蒙古兴源水务集团有限公司联合支部委员会

2021年全旗教体系统先进集体和先进个人名单

——中共鄂托克前旗委员会　旗人民政府

（2021年9月10日）

全旗教体系统先进集体（3个）

旗民族职业高中、敖勒召其海军希望小学、城川镇幼儿园

全旗优秀校（园）长（4人）

城川完全小学：邵雪波

旗早教中心：娜布庆花

旗蒙古族希望实验小学：额尔德木图

汉幼儿园：岳海霞

全旗优秀教师（76人）

旗中学：吴燕萍、官清梅、郭愿、康新杰、周玉琳、刘鹏、李玉虹、王小琴、刘海花、白晓飞、汪晓坤、刘文虎、王颖

旗蒙古族中学：乌云苏都、阿拉坦其木格、乌力吉德力格尔、图娅、苏日特拉图、花尔

旗民族职业高中：萨日楞、贺凤琴、呼木吉勒、阿利玛、姜金彪、陈静

上海庙学校：史秀梅、刘玉贵、张丽雅、敖登高娃、白沛灵、董艳

旗实验小学：张金凤、袁绪泽、乌拉

旗蒙古族希望实验小学：苏雅拉其其格、额尔登其木格、李图雅

敖勒召其海军希望小学：秦翠、武小燕、赵晓叶

第三小学：薛刚

昂素完全小学：布和、萨仁图娜拉

城川完全小学：任强、李春丽、谢陈敏、其巴嘎、贾志桃、乌仁

汉幼儿园：查苏娜、郭星月、王海东

蒙幼儿园：乌斯哈乐、孟根道布其、苏日格其其格

教育幼儿园：高攀英、钟瑞、党瑞

第三幼儿园：郝官鑫

上海庙民族幼儿园：许刚、吴丽、胡燕

昂素镇民族幼儿园：朱拉、孟都巴雅尔

城川镇幼儿园：阿米哈、何紫荣、张小蝶、杨景梅

三段地社区幼儿园：胡海艳

二道川幼儿园：高毕

青少年学生校外活动中心：韩青华、赞丹、阿拉贡

早教中心：薛晶晶

教育教学研究中心：何忠业、薛玉清

全旗优秀班主任（27人）

旗中学：白富平、王静、张文乐、苗玉平、刘振兴、刘宇东

旗蒙古族中学：乌日娜、巴图敖其尔

旗民族职业高中：高树斌、宝乐尔、罗瑞仙、郭占东

上海庙学校：苗丽娟、尹逊伟

旗实验小学：刘厚玉、苏君翠、罗瑞霞

旗蒙古族希望实验小学：张格雅、萨日娜、楠斯乐玛

敖勒召其海军希望小学：马玉红、刘霏、王悦

第三小学：闫月娥

昂素完全小学：乌云达巴拉甘

城川完全小学：白利东、郝文君

全旗德育工作先进个人（10人）

旗中学：高桂林

旗蒙古族中学：额日克其其格

旗民族职业高中：范金鱼

上海庙学校：张玉龙

旗实验小学：刘飞

旗蒙古族希望实验小学：乌兰图亚

敖勒召其海军希望小学：徐良

昂素完全小学：乌兰图雅

青少年学生校外活动中心：祁梓轩、劳布生道日吉

全旗优秀教育工作者（25人）

旗中学：赵再祥、李春梅

旗蒙古族中学：武维勤

旗民族职业高中：曹渊、敖日格勒

上海庙学校：陈艳英、高伟

旗实验小学：高保平

旗蒙古族希望实验小学：萨仁高娃

敖勒召其海军希望小学：李余芳

昂素完全小学：达布拉干

城川完全小学：察汉乌珠木

汉幼儿园：张旭艳

蒙幼儿园：额尔定其木格

教育幼儿园：胡淑霞

上海庙民族幼儿园：娜图亚

昂素镇民族幼儿园：都日娜

城川镇幼儿园：王小瑜

三段地社区幼儿园：娜仁图雅

二道川幼儿园：牛青伟

青少年学生校外活动中心：萨日娜、边海萍

教育教学研究中心：乌力吉孟都

教体局机关：李建军、谢慧丰

全旗尊师重教先进个人（1人）

张文慧（鄂托克前旗乐惠多超市总经理）

鄂托克前旗2020年度考核工作实绩优秀良好单位名单

（2021年8月18日）

县级领导所在单位（12个）

优秀（4个）

统战部、组织部，政府办、纪委监委机关

良好（8个）

宣传部、人大办、旗委政法委、旗委办、上海庙经济开发区内设机构、政协办、人民检察院、人民法院

党群部门（12个）

优秀（4个）

妇联、编办、融媒体中心、文联

良好（8个）

党校、红十字会、团委、巡察办、科协、残联、工商联、总工会

政府部门（25个）

优秀（7个）

文化和旅游局、政务服务局、应急管理局、审计局、水利局、农牧局、信访局

良好（18个）

林业和草原局、公安局、市场监督管理局、民族事务委员会、财政局、工信和科技局、司法局、人力资源和社会保障局、发展和改革委员会、教育体育局、民政局、交通运输局、统计局、住房和城乡建设局、能源局、退役军人事务局、医疗保障局、卫生健康委员会

事业单位（22个）

优秀（6个）

大数据中心、文化旅游综合执法局、园林绿化管理局、法务中心、环境卫生管理局、城市管理综合执法局

良好（16个）

智慧党建研究中心、老干部服务中心、投资促进中心、城川红色教育培训中心、市场监督管理综合执法局、交通运输执法局、机关事务管理服务中心、农牧和水务综合执法局、就业服务局、房屋征收与政府

工程项目建设管理中心、住房保障和物业管理中心、卫生计生综合监督执法局、疾病预防控制中心、供销合作社、社会保险事业管理局、旗民兵武器装备仓库训练基地

协管部门（4个）

优秀（1个）

税务局

良好（3个）

生态环境分局、气象局、自然资源局

国有企业（5个）

优秀（1个）

鄂尔多斯市正腾投资集团有限公司

良好（4个）

鄂托克前旗文化旅游集团有限公司、内蒙古上海庙鄂西物流有限责任公司、内蒙古城川红色产业发展有限责任公司、鄂托克前旗惠民乡村产业发展有限责任公司

各镇（共4个）

优秀（2个）

上海庙镇、城川镇

良好（2个）

敖勒召其镇、昂素镇

2021年鄂托克前旗五一劳动奖状、奖章和工人先锋号名单

——鄂托克前旗总工会

（2021年5月7日）

鄂托克前旗五一劳动奖状（共10个）

鄂托克前旗敖勒召其镇人民政府

鄂托克前旗政协办公室

鄂托克前旗财政局

国家税务总局鄂托克前旗税务局

鄂托克前旗农牧局

鄂尔多斯市鄂托克前旗公共资源交易中心

鄂托克前旗图书馆

鄂托克前旗实验小学

内蒙古上海庙矿业有限责任公司榆树井煤矿

鄂托克前旗乐惠多超市

鄂托克前旗五一劳动奖章（共31名）

乌宁其（女，蒙古族） 中共鄂托克前旗委员会党校

杭　盖（蒙古族） 鄂托克前旗阿吉泰健康养生园

李耀伟　鄂尔多斯市交通投资有限公司敖东高速公路收费所

刘文军　鄂托克前旗交通运输综合行政执法大队

敖云布拉格（蒙古族） 鄂托克前旗人大常委会办公室

叶崇生　鄂托克前旗敖镇赛罕社区

许永平　鄂托克前旗敖镇人民政府

房万伟　内蒙古福城矿业有限公司

高治平　内蒙古兴源集团鄂尔多斯市恒丰节水工程技术有限公司

莎仁其其格（女，蒙古族） 鄂托克前旗融媒体中心

赵　伟　鄂托克前旗上海庙镇特布德嘎查

王　霞（女） 鄂托克前旗扶贫开发中心

徐嘉敏（女） 鄂托克前旗人民法院

杨　丽（女） 鄂托克前旗文化旅游集团

尤永梅（女） 内蒙古鄂托克前旗时泰天然气经营有限责任公司

张　震　中共鄂托克前旗纪律检查委员会

苏晓丽（女） 鄂托克前旗交管大队

王占国 上海庙经济开发区建设局

吴青山（蒙古族） 鄂托克前旗昂素镇人民政府

薛　恒 鄂托克前旗规划审验中心

唐克斯（蒙古族） 鄂托克前旗城川镇人民政府

田　野 鄂托克前旗城市建设投资有限责任公司

魏志宇 国电电力双维内蒙古上海庙能源有限公司

王子娟（女） 鄂托克前旗总工会

高建林 鄂托克前旗育才社区

布　和（蒙古族） 鄂托克前旗昂素完全小学

李丽春（女） 鄂托克前旗敖勒召其海军希望小学

王俊梅（女） 鄂托克前旗实验小学

乌东嘎拉（女，蒙古族） 鄂托克前旗民族职业高中

崔　勇 鄂托克前旗人民医院

斯庆图雅（女，蒙古族） 鄂托克前旗蒙医综合医院

三、鄂托克前旗工人先锋号（共 6 个）

新上海一号煤矿筹建处综掘一工区掘进一队

鄂托克前旗农商银行营业部

鄂托克前旗昂素镇人民政府综合保障和技术推广中心

鄂托克前旗住房和城乡建设局城乡建设管理股

国家税务总局内蒙古上海庙经济开发区税务局办税服务厅

鄂托克前旗文化市场综合行政执法局综合执法业务室

企业选介

煤炭

【新矿内蒙古能源】 新矿内蒙古能源有限责任公司成立于2007年12月，注册资金15亿元，位于鄂托克前旗上海庙镇。是山东能源新矿集团的重点骨干企业，是鄂尔多斯市“十二五”期间重点培育的“双百亿”企业之一。主要经营煤炭开采、精细化工、设备制造等产业。公司遵循煤炭开发与就地转化原则，构筑以“煤炭为基础、煤化工为主导、电力为辅助”的循环经济产业集群，建设“五矿四厂一中心”。

五矿 上海庙西部矿区建设5座煤矿，设计煤炭年总产能1560万吨，为长城一矿年产能300万吨、长城二矿年产能400万吨、长城三矿年产能500万吨、长城五矿年产能180万吨、长城六矿年产能180万吨。其中长城一、二矿建成投产，长城三、五矿治灾开采，六矿正在建设。长城三矿井田面积82.6平方千米，地质储量14.98亿吨，可采储量4.64亿吨，为优质气肥煤；矿井设计年产能500万吨，服务年限62年，计划总投资34.9亿元，其中500万吨选煤厂投资7亿元。长城五矿井田面积13.84平方千米，地质储量2.01亿吨，可采储量1.13亿吨，为优质气肥煤；矿井设计年产能180万吨，服务年限51年，计划总投资12亿元。长城六矿井田面积为9.15平方千米，地质储量1.75亿吨，可采储量1.12亿吨，为优质气肥煤；矿井设计年产能180万吨，服务年限50年，计划总投资20.39亿元。至2019年，长城1号煤矿扩改建、长城3号煤矿、长城5号煤矿、长城6号煤矿等5座煤矿获得核准，长城2号煤矿取得采矿证。

四厂 上海庙精细化工园区建设年产130万吨捣固焦联产10万吨液化天然气、30万吨煤焦油深加工、10万吨精制粗苯的综合精细煤化工厂；2×35万千瓦煤矸石热电厂；年入洗能力1000万吨矿区洗煤厂；年加工能力6万吨的矿区机械制修厂。其中综合精细化工厂、中心洗煤厂和矿区机械制修厂装配车间建成投运。煤矸石热电厂开展前期工作，该电厂由国电电力发展股份有限公司与新矿内蒙古能源有限责任公司共同出资组建，位于上海庙西部矿区，项目规划占地面积20.5公顷，总投资28.6亿元；项目建成后年发电量达33亿千瓦时、供热量781万兆焦，年消耗煤泥矸及劣质煤250万吨，集中对上海庙工业区及生活区供热。

一中心 建成建筑面积为50万平方米的办公、生活综合服务中心。

【长城一矿】 鄂托克前旗长城煤矿有限责任公司简称长城一矿，位于上海庙西部矿区，为新矿集团内蒙古能源有限责任公司控股子公司（新矿内蒙古能源有限责任公司持股65%，华电国际电力股份有限公司持股35%），注册资本67618.03万元，2008年12月验收投产，年产能60万吨。

长城一矿井田面积16.02平方千米，地质储量1.93687亿吨，可采储量1.32433亿吨；矿井设计年产能180万吨，服务年限52.6年，计划总投资19.8403亿元，至2021年完成投资25亿元。煤质具有低灰、低硫、低瓦斯、特低磷、高发热量等特点，煤种有气肥煤、气煤；产品有动力精煤、冶炼精煤及洗末煤、煤泥等附加产品，主要销往周边电厂、焦化厂以及晋、宁、冀、陕等省区。长城1号煤矿扩改建获得批准。

【长城二矿】 鄂托克前旗福城矿业有限责任公司简称长城二矿，位于上海庙西部矿区，2006年5月注册成立，注册资本83760.36万元，由新矿内蒙古能源公司持股65%和华电国际持股35%共同出资组建。

井田南北长7.3千米，东西宽6.2千米，面积40.83平方千米，地质储量3.46亿吨，可采储量2.37亿吨，有效可采量1.09亿吨；矿井设计能力400万吨，服务年限52年，分两期建设，一期120万吨/年、二期400万吨/年。2019年，长城2号煤矿取得采矿证。

公司获得内蒙古自治区“工人先锋号”“全区示范化企业工会”“晓霞”创新工作室、“职工创新工作室”荣誉称号，被鄂尔多斯市政府命名为“园林式单位”，获山东能源集团“省外创业先进集体”“优秀基层党组织”“泰安市AAA级劳动关系和谐企业”“山东省企业文化建设先进单位”等荣誉称号。

【新矿内蒙古能源洗煤分公司】新矿内蒙古能源有限责任公司洗煤分公司位于上海庙精细化工园区，始建于2009年8月，总投资11亿元，承担着新矿内蒙古能源权属矿井的煤炭洗选任务，是新矿内蒙古能源实现煤炭资源转化、打造循环经济产业链条的重要一环。2017年5月8日，新矿集团正式批准成立洗煤分公司，下设中心洗煤厂和长城三矿洗煤厂。所属中心洗煤厂一期工程（设计洗选能力300万吨/年）于2010年6月投产，二期（设计洗选能力400万吨/年）于2012年12月投产；长城三矿洗煤厂于2015年10月实现联合试运转。选煤工艺为“预先脱泥—两段两产品重介旋流器—粗煤泥TBS分选—细煤泥浮选柱分选—尾煤泥压滤回收工艺”“预先脱泥—块煤重介浅槽—末煤两产品重介旋流器—粗煤泥TBS分选—细煤泥浮选柱分选—尾煤泥压滤回收工艺”，属目前国内最先进工艺技术，是大型现代化炼焦煤或动力煤选煤厂建设的优选模式。同时拥有“风吹式带式输送机清扫装置”“一种分级振动筛防堵筛板”“基于入浮矿浆预稳流截粗的浮选设备”等共7项自主知识产权技术专利。

公司深化“煤炭资源不可再生，必须吃干榨净，让精煤颗粒归仓”理念，发挥管理技术优势，推广智能化、自动化应用，深化技术工艺改革，推进硅煤课题研究。公司大力推行节能环保工艺，生产水取用生产、生活污水再生水，生产过程中采用闭路循环工艺，整个生产过程没有物料、煤泥水外排。

装备制造

【新矿内蒙古能源装备制造基地】山东能源重装集团内蒙古装备制造厂位于上海庙西部矿区，占地面积0.34平方千米，建设总投资12.6亿元，其中设备投资1.8亿元。下设10个专业化公司，服务矿区规模60Mt/a，是西北地区最大的煤矿成套装备制造企业，年煤机装备制造能力达15亿元规模水平。2021年实现产值0.73亿元。

公司综合实力雄厚，拥有技术研发、机械加工、铆焊加工、产品装配、计量检测、综合实验“六大中心”，在煤机制造领域有较强的自主研发、自主检测、加工制造等优势，配有30000KN大型液压支架试验台、采煤机试验台、光谱分析仪等先进的检测仪器，以及自动焊接机器人、激光加工系统、各类数控加工设备等“高精尖”装备。公司拥有完善的技术研发体系，设有博士后工作分站，并依托山东能源重装集团，与清华大学、中国矿业大学、辽宁工程技术大学、北京煤科院及山东科技大学等5所高等科研院校合作开展重点项目攻关。山东能源重装集团属国家级高新技术企业，承担着中国煤炭工业协会“千万吨综放工作面设备选型研究及其应用”的标准制定和科技部国家科技支撑计划，完成“煤矿用液压支架立柱和千斤顶激光熔覆再制造技术要求”标准的起草。

公司制造产品涵盖煤、电、化等三大行业160余个品种。主要有矿山机械设备、煤化工装备、工程机械、压力容器以及冶金、建材、环保设备。制造的橡胶制品及其他（高压胶管、高压胶管总成、各类密封元件；玻璃器皿；干发乙炔发生技术）为主。再制造产品以矿山机械设备、煤化工装备、工程机械及其配件再制造，以及各类零部件再制造为主。特别是采用了国际先进、国内领先的固态半导体激光器熔覆技术对刮板机中部槽、轴类、液压支架立柱等矿山设备进行再制造。

【内蒙古上海庙矿业】内蒙古上海庙矿业有限责任公司于2008年5月29日注册成立，注册资本470000万元，位于上海庙镇。由中国双维投资公司与山东临沂矿业集团共同出资组建。公司是以煤炭开采、洗精煤、煤矸石综合利用、电力、热力、煤化工等为一体的大型现代能源化工集团，是第一家进驻上海庙能源化工基地的国有大型企业，旗下拥有新上海庙1号和榆树井2座煤矿。

新上海1号煤矿 井田面积39.7平方千米，探明地质储量5.19亿吨、可采储量3.49亿吨；矿井设计生产能力400万吨/年，服务年限63年，总投资53.5亿元。该矿于2008年开工建设，2012年9月试生产，配套洗煤厂及铁路专用线同步建成投运。

榆树井煤矿 井田面积24.56平方千米，探明地质储量4.5亿吨、可采储量2.8亿吨；矿井设计生产能力300万吨/年，服务年限74年，总投资14亿元。该矿于2006年10月开工建设，2011年7月正式投产。

电厂

【盛鲁电厂】 内蒙古盛鲁电厂位于上海庙东部矿区，由山东能源集团内蒙古盛鲁能化有限公司投资建设。建设规模为新建2×100万千瓦超超临界间接空冷燃煤发电机组，同步建设脱硫、脱硝和除尘装置，项目总投资70.84亿元，投产后年供电量110亿度。该项目于2016年7月18日获自治区发改委批复文件，2017年5月24日开工建设。2020年两台机组全部投入运行，截至2021年年底完成产值23.74亿元。

【国电双维电厂】 国电双维电厂位于上海庙东部矿区，于2011年7月由国电电力发展股份有限公司占股51%和中国双维投资有限公司占股49%共同出资组建的国电双维内蒙古上海庙能源有限公司投资建设。国电双维电厂2×100万千瓦燃煤发电项目，于2016年7月15日获自治区发改委批复文件。项目总投资70.65亿元，建设规模为2×100万千瓦煤电，预计项目投产后年供电量119亿度。2021年年底，第一台机组投入运行，第二台机组将于2022年1月投入运行。

【长城电厂】 长城电厂位于上海庙经济开发区能源化工园，于2004年1月由内蒙古能源建设投资（集团）有限公司控股、北方联合电力有限责任公司和山东能源新汶矿业集团有限责任公司参股共同组建的华能内蒙古长城发电有限责任公司”投资建设。长城电厂2×100万千瓦高效超超临界空冷燃煤发电机组工程项目，静态投资610925万元、动态投资647005万元，于2017年8月11日获自治区发改委批复文件。2021年，2号锅炉烟风道保温外护板完成5%；2号间冷塔电缆敷设完成5%；地上环管焊接施工完成5%，累计完成70%；石灰石浆液箱安装完成20%；特殊消防完成65%。

天然气

【苏里格南作业分公司】 苏里格南作业分公司是中国石油与全球第四大石油公司法国道达尔公司首次开展合作的天然气开发项目，是中国石油首个在陆上主导的国际石油合作公司，并由中国石油担任作业方。

苏南公司作业区块面积2392.4平方千米，其中鄂托克前旗境内面积1700平方千米，已开发面积800平方千米。至2022年，在鄂前旗境内建成集气站3座，由苏南公司生产运维中心管理，涉及乌定什泊尔、克泊日等嘎查、哈日根图等嘎查区块，已建成各类井丛100座；共开发总井数800余口，年产天然气产量约21亿立方米。

【长庆油田分公司第三采气厂】 第三采气厂隶属于长庆油田分公司，成立于2001年9月，是苏里格气田开发最早的单位，生产区域包括鄂尔多斯西部三旗和陕西省定边县，承担着整个苏里格气田的天然气集输任务。采气三厂矿权管护面积3.15万平方千米，含气面积1.19万平方千米，地质储量1.33万亿方。截至目前，动用地质储量4066亿方，累计投产气井6712口（其中自营区块3697口，风险合作区块共计3015口）、日均开井5465口，形成配套产能98亿方/年。鄂托克前旗作为第三采气厂主要生产建设区域，涉及苏14、苏47、苏48三个开发区块，开发矿权面积2706.23平方千米，占第三采气厂自营开发矿权面积的73.55%，境内探明地质储量3031.41亿方，占总储量的68.45%，自2008年累计动用地质储量850亿方。在鄂托克前旗境内建成投运天然气处理厂1

座、集气站24座，投产天然气井2373口。

【渤海钻探苏里格分公司】 中国石油集团渤海钻探工程有限公司苏里格分公司是以油气合作开发服务为主的专业化公司，重组成立于2008年8月，主要从事原油、天然气勘探开发研究，工程地质设计、工程施工、油气处理输送、技术咨询等业务。天然气合作开发拥有4个区块：苏20区块、苏49区块、苏25区块和苏76区块。分公司所属苏20天然气开采区块有三分之一区域位于鄂托克前旗昂素镇毛盖图嘎查境内、苏49区块域位于鄂托克前旗昂素镇乌兰浩舒嘎查、库伦嘎查、明盖嘎查、苏力迪嘎查境内，敖勒召其镇敖勒召其嘎查、查干巴拉噶素嘎查、伊克乌素嘎查、大沙头嘎查、塔布陶勒盖嘎查拥有苏20-4站增压集气站1座、气井126口、苏120-2站增压集气站1座、苏120-3站增压集气站1座、苏48-5站增压集气站1座、苏48-6站增压集气站1座、气井146井。天然气年生产能力为20000万方。

【时达绿能天然气公司】 内蒙古汇和瑞达天然气有限责任公司成立于2010年8月19日，位于内蒙古鄂尔多斯市鄂托克前旗上海庙经济开发区能源化工园区，由湖北恩吉贸易有限公司和北京远景鼎泰投资有限公司共同控股，注册资本人民币1.3亿元。前身为鄂尔多斯市时达房地产开发集团有限责任公司下属能源事业部，从事天然气产业投资建设十余年，先后投资建设了鄂前旗敖勒召其镇城网、长蒙管道、时泰7万吨/年液化天然气、玛拉迪至上海庙天然气管道等多个天然气项目，是自治区最早进入天然气行业的民营企业。公司主要建设项目为2×20万吨/年液化天然气项目，主营业务为液化天然气、正庚烷生产及销售、液化天然气项目管理、技术开发与应用。

公司的2×20万吨/年液化天然气储备调峰项目，是上海庙能源化工基地打造清洁能源输出基地的核心工程，项目分两期投资建设，总占地面积22.6公顷。目前，一期项目已建设完成日处理天然气100万立方米生产线一条，配套一座2万立方米的LNG储罐作为调峰储备设施，总投资6亿元。该项目的建成能极大地优化区域能源结构，有利于节约能源，改善大气环境质量，实现节能减排目标和可持续发展战略，具有显著的经济效益和社会效益。

化工

【恒坤化工】 内蒙古恒坤化工有限公司属新矿集团内蒙古能源有限公司子公司，位于上海庙精细化工园区，2008年11月注册成立，注册资本60000万元。项目为520万吨/年捣固焦、30万吨/年焦炉煤气利用（LNG、甲醇）、60万吨/年煤焦油及30万吨/年苯加氢深加工，概算总投资163.5亿元，到2019年完成投资18亿元。项目共分四期规划建设，已投产一期130万吨/年捣固焦项目投资9.7亿元，焦炉炉型选用双联下喷、废气循环、捣固型焦炉，技术先进、低耗减排，年耗煤量182万吨，主要产品为焦炭、粗苯、焦油、硫铵、焦炉煤气；一期1.2亿Nm3/年焦炉煤气制液化天然气（LNG）项目，引进英国Davy公司世界领先技术，投资4.7亿元，成为世界首家投产的焦炉煤气制液化天然气（LNG）项目，实现炼焦煤气资源利用的新突破。二期260万吨/年捣固焦及综合利用项目首期复工建设。至2021年，炼焦、筛焦系统土建主体工程施工完成，化产系统土建主体工程施工完成84%，备煤运输系统钢结构完成80%，熄焦塔、捣固站工程完成72%，焦炉铁件已全部到货并安装完毕，设计院总包工程设备招标已完成76%。

【华星新能源】 内蒙古华星新能源有限公司位于上海庙经济开发区能源化工园，于2012年8月25日注册成立，注册资本金10亿元人民币。公司主要从事煤化工技术开发及利用，以建设40亿立方米煤制气项目为基础，配套完成50万吨煤焦油加氢项目、合成氨项目、综合利用热电厂项目、粉煤灰制砖项目和年产150万吨粉煤灰制水泥项目，实现国家“减量化、再利用、资源化”3R原则。华星煤制气项目总投资244亿元，建设规模为年产40亿立方米煤制天然气；华星煤制烯烃项目总投资171亿元，建设规模为年产60万吨烯烃。2017年，该项目取得除环评外的所有前期手续。至2019年，该项目所有前期手续全部取得，项目核准申请报告已报至国家发改委待批复。至2021年，核准申请报告已修改完成，已于6月再次报国家能源局待批复。

【时达绿能天然气公司】 鄂托克前旗时达绿能天然气经营有限责任公司成立于2010年8月19日，注册资本1.6亿元，由北京元景鼎泰投资有限责任公司、北京泰和瑞德投资有限责任公司共同出资组建的高科技能源企业。主营业务为天然气管道输送、天然气液化及下游油改气全产业链开发，所实施的项目为国家重点支持的民生基础设施建设项目、低碳节能减排清洁能源项目。前身为鄂尔多斯市时达房地产开发集团有限责任公司下属能源事业部，从事天然气产业投资建设十余年，先后投资建设了鄂前旗敖勒召其镇城网、长蒙管道、时泰7万吨/年液化天然气、玛拉迪至上海庙天然气管道等多个天然气项目，是自治区最早进入天然气行业的民营企业。至2021年，实现产值5.17亿元。

公司主要建设项目为2×20万吨/年LNG项目，以及蒙宁边界的C/LNG加气站项目，能极大地优化区域能源结构，有利于节约能源，改善大气环境质量，实现节能减排目标和可持续发展战略，具有显著的经济效益和社会效益。

铁路运输

【三新铁路】 内蒙古三新铁路有限责任公司位于上海庙镇，于2007年7月注册成立，注册资本金5.82亿元，由鄂尔多斯市国有资产投资经营有限责任公司、中国双维投资公司（中国烟草）、中国神华能源股份有限公司、山东临沂矿业集团有限责任公司、新矿内蒙古能源有限责任公司、鄂托克前旗国有资产投资经营有限责任公司6家股东共同出资设立。公司经营范围为铁路建设和运营，煤炭、建材及化工产品经销。2021年，运量约1526.5万吨。

文化旅游

【文化旅游集团】 鄂托克前旗文化旅游集团有限公司于2017年4月27日正式注册成立，注册资本11.68亿元人民币。是旗人民政府独资国有企业，办公场所位于文化产业园，建筑面积800平方米。

集团公司组建鄂尔多斯市快乐牧场旅游有限公司、鄂尔多斯市西部旅游营销有限公司、鄂尔多斯市宥州文化产业发展有限公司、鄂尔多斯市寻忆旅行社有限责任公司、鄂托克前旗红色文化教育培训有限公司等5个全资运营子公司，1个控股公司即鄂托克前旗天脉科技网络有限责任公司，在银川成立鄂尔多斯旅游营销中心。

打造全国红色教育培训基地。高起点投资建设总占地面积73万平方米的城川红色拓展基地，打造集党性教育、国防教育、爱国主义教育、青少年素质拓展、应急救援培训等为一体的综合性拓展基地，红色研学影响力不断提升。

打造鄂前旗文化旅游品牌。完善和提升“中国最佳休闲旅游目的地”“一乡两基地”等荣誉名片，创新推出“音乐小镇·乐光之城”“花沙骑径”“快乐牧场”等特色休闲产品，构建“休闲圣地·运动天堂”系列产品体系，树立鄂前旗文化旅游品牌，带动全旗交通、住宿、餐饮、商贸流通等相关行业产业的发展。

打造西北地区草原特色的文化休闲旅游目的地。建设“快乐牧场”项目，通过筛选全旗180余户农牧家乐，确定快乐牧场10+1发展方向和计划，即首期打造10个服务标准化牧场，同时带动特色农牧家乐，使鄂前旗成为辐射周边500公里范围内草原休闲度假目的地。启动敖镇音乐小镇项目，以敖镇为中心，深入挖掘蒙元音乐文化、特色文化，依照打造特色主题小镇模式，构建音乐休闲、养生度假、文化创意、节庆经济等旅游产业链，以打造国家级音乐特色小镇“音乐小镇·乐光之城”为品牌，以鄂前旗现有的音乐合唱团、乌兰牧骑等艺术团体为主体，融入吃、住、行、游、购、娱及体验等旅游产业要素，深度融合和开发独具魅力的音乐艺术产品和度假旅游产品。建设大沙头景区项目，全面提升大沙头景区品质，规划制定21

个建设项目。启动建设“草原逸栈”品牌民俗音乐客栈项目，顺应个性化、慢生活和深度体验的休闲度假游、乡村旅游市场需求，依托鄂前旗独特的民俗文化特点，积极探索和培育个性突出、特色鲜明、服务规范的鄂前旗民俗音乐客栈。启动建设草原观光夜市项目，引进旅游新业态，挖掘鄂尔多斯饮食文化和旅游特色产品，推动鄂前旗旅游转型升级，打造“音乐小镇·乐光之城”核心旅游餐饮区域，实现以旅游带动消费、以消费促进旅游产业多元发展。把快乐牧场草原观光夜市打造成为内蒙古西北地区特色旅游品牌，构筑鄂前旗文化旅游产业链的形成。编制“田园综合体总体规划”项目，按照鄂尔多斯市把小城镇建设为“一镇一品牌”“一镇一特色”要求，加快培育乡村文化旅游发展新动能，探索乡村旅游发展新模式，打造敖镇三道泉则村、三段地村、漫水塘村为“乐光庄园”田园旅游综合体，推动文化旅游、农业现代化与城乡一体化互促共进。开发宥州古城遗址旅游项目，着重对古城遗址进行保护性开发，以文物保护规划为依据，编制旅游规划和修建详细规划，完成了景区大门设计、《宥州古城文物保护规划》编制、古城遗址考古调查勘探，已进入自治区文物局评审阶段，并转报国家文物总局进行审核批复。

【上海庙马兰花草原旅游景区】 上海庙马兰花草原旅游景区位于上海庙镇以北，与银川市隔河相望，成立于2011年5月，注册资金2亿元，后期由内蒙古鄂尔多斯市东联控股集团投资建设。是国家AAAA级景区、银川滨河新区全域旅游AAAAA成员单位，是中国最佳休闲旅游目的地、中国鄂尔多斯文化之乡、内蒙古文化产业示范基地、内蒙古摄影家创作基地、银川市摄影家协会会员创作基地、宁夏大学人文学院旅游管理系实践基地。景区核心面积约1333公顷，建设项目计划投资9亿元，至2017年完成投资4.5亿元。建成景点包括国际赛马场、蒙古部落、上海庙福敖包、马兰花草原、欢乐那达慕、草原恰特景观等。2021年，由于新冠疫情影响，暂停营业。

【大沙头生态文化旅游区】 旅游区是内蒙古兴宇旅游文化投资有限公司于2008年开始建设的重点项目，是国家AAAA级景区，总开发面积1108公顷，已开发641公顷，划分为综合接待区、沙漠主题公园、中央游憩区、大漠之舞艺术城、沙漠生态经济示范区五大功能区。综合接待区有景观广场、蒙古民俗商业街、美食文化街、沙漠之星主题酒店群（蒙古帝王主题酒店、回族风情主题酒店、蒙古民俗主题酒店）等。

旅游区于2012年8月14日被全国旅游景区质量等级评定委员会评为国家AAAA级旅游景区，是中国内蒙古摄影发祥地、中国西部摄影家创作基地、中国鄂尔多斯婚礼文化传承基地、中国内蒙古沙漠赛车基地。2021年，累计接待游客约18万人次，营业收入2000余万元。

【上海庙旅游公司】 内蒙古上海庙欢乐大草原文化旅游区位于上海庙镇区北，是内蒙古文化产业示范基地、国家AAAA级景区、银川滨河新区全域旅游5A级成员单位。核心面积约1333公顷，建设项目计划投资9亿元，至2017年完成投资4.5亿元。建成景点包括国际赛马场、蒙古部落、上海庙福敖包、马兰花草原、欢乐那达慕、草原恰特以及席尼浩特景观等。2021年未营业。

【自治区级农家乐】

尚氏天骄生态园 位于鄂托克前旗敖勒召其镇大沙头村四社，距离旗府所在地镇区7千米，总占地面积4000平方米，建筑面积2800平方米，设有餐饮蒙古包、纯绿色采摘园、休闲垂钓区、体育运动项目区，可同时接待游客260人。

常设旅游文化活动项目有生态园观光、休闲垂钓、纯绿色天然食品采摘、游客体验项目及运动健身活动、民族篝火晚会及小型演唱会、冬季滑冰项目、户外踏青及烧烤野炊等。

佳日湾婚礼文化城牧家乐 位于敖靖线16.8千米南1千米处，占地面积100公顷，钓鱼场2500平方米，特色采摘园2个。设有可容纳800人的酒店、生态停车场、沙漠旅游区、有机种植区。建立以保护开发鄂尔多斯婚礼和马文化为主的民族文化保护基地、蒙元文化体验式游学基地和三智生命文化教育基地。以蒙古民族风味美食为要素，经营蒙古族奶食品、茶点、肉食。旅游项目有蒙古传统射箭、赛马，品尝民族美食、自助烧烤，欣赏沙漠风景、鄂尔多斯婚礼表演、马技表演等。

草原情歌牧家乐生态园　位于鄂托克前旗昂素镇昂素嘎查21号，距昂素镇8千米、旗府所在地66千米，总占地面积5800平方米，建筑面积1350平方米，可同时接待游客350人。有平层别墅150平方米、传统蒙古包4个480平方米，草原书屋80平方米、饮食文化体验馆500平方米、停车场1万平方米、凉亭2个300平方米、篝火场地400平方米、赛马场3公顷。2013年成立昂素镇昂素新牧区牧家乐文化旅游协会，组建艺术团队“亲兄弟组合”。

生态园具有现代家庭牧场特色，有草牧场187公顷、配备可手机操作的远程全自动监控草原设备和智能网围栏门；现代设施农业有手机远程监控操作的大型喷灌地21公顷、种植优质苜蓿草13公顷；建成现代养殖设施2000平方米、养殖羊360只，配置自动饲喂机和自动感应饮水器；建有温室蔬菜大棚1座，蔬菜种植基地0.08公顷。

旅游文化活动项目有组织游客观光草原、沙漠风景，骑马、射箭等；参观蒙古族餐饮文化体验区，体验炒米、捣炒米、制作奶食品，品尝手指羊、烤全羊、羊背子、蒙古奶茶等饮食；欣赏民族歌舞文化，由亲兄弟组合提供民族歌舞及乐队伴奏，游客互动卡拉OK、篝火晚会狂欢、草原书屋静心等。可为久居城市的人们提供一处感悟大自然、放松身心、调整心态的静谧舒适、轻松休闲之地。

金氏绿源蒙古风情园　位于鄂托克前旗城川镇呼和陶勒盖嘎查，有草牧场100公顷、水浇地10公顷，蒙古族饮食文化体验基地400平方米，草原书屋16平方米藏书200余册，平层别墅240平方米、蒙古包113平方米，旅游超市30平方米，篝火场地400平方米、赛马场地1万平方米、停车场800平方米，可同时接待游客150人。

旅游文化体验项目有，游客与牧民一同制作奶制品、大棚有机蔬菜采摘，品尝原味奶制品、手指羊、蒙古式风干肉、烤全羊等饮食；观光旅游骑乘蒙古马、勒勒车、大篷车、沙漠越野车、沙漠摩托、沙滩自行车；体验牧民生活参观牧羊圈、奶羊羔、挤牛奶；旅游商品有牧民手工奶制品、自制奶糖、风干牛羊肉、蒙古族手工艺制品银器、鼻烟壶及蒙古书法作品；开展摔跤、射箭、垂钓、台球、乒乓球、篮球、足球、羊毛球、投标、放风筝、草原KTV、大型电玩、咖啡书屋、棋牌麻将、观赏露天电影、篝火狂欢等活动。

鑫汗牧家乐　位于鄂托克前旗上海庙镇特布德嘎查1社39号，距离银川市57千米、旗府所在地54千米。占地面积10万平方米，建筑面积1500平方米，床位数150张，可以同时接待游客200人。

旅游文化活动项目有文物古迹明长城、古城兴武营怀古，原生态草原观光宿营，沙漠露天游泳、草原垂钓，品尝蒙古风味茶点、羊肉等，秋季举行那达慕大会、敖包会、赛马、摔跤、搏克、射箭等民族文化系列活动。

新蒙古牧家乐　位于鄂托克前旗昂素镇玛拉迪嘎查，距昂素镇13千米，距鄂前旗政府所在地67千米。建成游客接待平层别墅168平方米、平房有160平方米，蒙古包410平方米，停车场、厨房等配套设施1125平方米，同时可接待100余人。

旅游文化活动项目有草原观光、游泳、钓鱼，体验民族餐饮文化、品味蒙古茶点、手抓肉、羊背子、风干牛羊肉等天然绿色健康食品，欣赏民间艺人演艺的原生态民族歌舞及民乐，游客互动卡拉OK、篝火晚会等。

温都尔塔拉丰情园餐饮部落　位于鄂托克前旗敖昂线12千米处，总占地面积12800平方米，建筑面积6400平方米，营业有大型蒙古包2座、小型蒙古包4座、别墅1座，篝火晚会场地800平方米，可同时接待游客260人。

旅游文化活动项目有草原观光、沙漠越野、骑马、射箭、钓鱼、篝火晚会等；蒙古餐饮以手指羊、手抓肉、全羊宴、羊背子、蒙古套茶为主；民族文化活动有民间艺人提供民族歌舞及乐队伴奏、游客互动卡拉OK等。

塞上行生态园　位于鄂托克前旗城川镇新寨子村，总占地面积

33公顷，建筑面积3000平方米。旅游体验活动项目有风景区特色旅游、垂钓、烧烤篝火晚会、骑马、种植等20余项。

农牧林

【人人益清真食品】 内蒙古人人益清真食品有限责任公司，位于敖勒召其镇工业园区。注册资金1000万元，总投资1.5亿元，是一家集饲草料种植，牛、羊规模化养殖，牛羊屠宰、冷却肉分割、熟肉制品加工、物流配送和销售为一体的肉类食品深加工和销售企业，是自治区级农牧业产业化重点龙头企业，也是“鄂托克前旗羊肉”地理标志证明商标授权使用企业。公司拥有草牧场7333公顷、水浇地667公顷，养殖场存栏基础母畜5000多只、年出栏量达3万只，建成年加工30万只羊、1万头牛、班产20吨冷却肉的生产线。

公司秉承“携天下之优，厚人人之益”的发展理念，研发生产草原苜蓿牛羊肉产品60多种，打造清真、有机品牌，实施牛羊肉全产业链追溯，为消费者提供健康、安全、放心的牛羊肉食品，产品远销福建、山西、陕西、宁夏及内蒙古周边市区，受到广大消费者的一致好评。

【中川三和农林发展、惠丰源现代农业发展】 内蒙古惠丰源现代农业发展有限公司与内蒙古中川三和农林发展有限公司是宁夏宁鲁石化有限公司全资投资的两家大型农业公司。

内蒙古中川三和农林发展有限公司成立于2014年3月，位于城川镇麻黄套村，注册资本2000万元，经营项目有农业、林草种植、牲畜养殖、农畜产品销售；日用百货、农业机械及配件销售。

内蒙古惠丰源现代农业发展有限公司成立于2016年12月，位于城川镇麻黄套村二社。注册资本5000万元。经营项目有农业种植、畜禽养殖、农业技术开发与推广、农业观光服务、农副产品加工与销售、农业信息咨询、农用机械、化肥、种子、农药销售，苗木培育、销售，园林绿化、园林技术服务、农业机械服务。

两家公司在昔日的荒滩上开发利用土地近667公顷，引进新品种和齐垄栽培技术、高效节水灌溉、全程机械化作业，发展马铃薯和玉米规模种植。计划开发土地6000公顷，使总面积达到6667公顷，建成现代化的加工包装车间、保鲜库和占地33公顷的农副产品交易市场，以及其他配套工程，使之形成完整的产业链。

随着国家、自治区、市一系列扶持农业发展优惠政策的出台，给马铃薯产业带来了新的发展机遇。公司以此为契机，依托国际知名企业的管理、技术、人才、市场等优势，积极参与到经济全球化竞争中，开拓创新，打造一流的现代农业产业化企业，使农产品上质量、提品位，提高农产品的市场竞争力，促进农业增效、农民增收。

【恒科农牧业开发】 鄂尔多斯市恒科农牧业开发有限责任公司成立于2012年，位于昂素镇，注册资金1500万元，是一家集优质牧草种植、颗粒饲料加工、优质肉牛肉羊养殖、良种繁育、肉产品研发、牛羊屠宰加工、销售为一体的全产业链现代农牧业产业化龙头企业。

公司先后被内蒙古自治区人民政府、鄂尔多斯市人民政府认定为“内蒙古自治区农牧业产业化经营重点龙头企业”“鄂尔多斯市农牧业产业化经营重点龙头企业”“鄂尔多斯市级扶贫龙头企业”“鄂尔多斯市优秀创新创业企业”，被鄂托克前旗人民政府认定为“牛羊肉追溯体系肉食品加工定点企业”，成为“鄂托克前旗羊肉”地理标志证明商标授权使用单位。公司品牌“天骄情”荣获“中国品牌登记证书”，并获得“内蒙古著名品牌”。同时取得阿里巴巴（中国）网络技术有限公司认定的“诚信通百行先锋会员”。公司拥有的“天骄情”注册商标入围“内蒙古名片价值品牌”榜。

【宏野农牧业开发】 鄂尔多斯市宏野农牧业开发有限公司成立于2013年8月，位于敖镇漫水塘村，注册资金3200万元，占地面积45.2公顷，已建成高标准生态日光温室14座、拱棚32座，日光联运温室0.77公顷1座、0.5公顷1座、职中0.3公顷1座，是集特色种植、育苗、养殖、农畜产品销售为一体的专业化公司。

该公司以“打造纯天然、绿

色生态食品”为目标，“以科技研发为基础、以绿色发展为导向、以示范引领为支撑”作为经营方针，通过发展完善三大园区，开展生态旅游和休闲度假、生态农牧业示范和产业化、生态产品生产，使公司成为集生态旅游、休闲度假、生态农牧业示范、绿色农畜产品生产于一体，具有经济效益、生态效益和社会效益的综合绿色基地。

优质绿色的循环农牧业生产基地建设成效显著，2021年被评为自治区农牧业产业化示范联合体，已获得9项国家绿色食品认证，8项实用新型专利，被选定为内蒙古农业大学来华留学生感知内蒙古实践教学基地，2021年底建立智慧农业示范基地。公司在发展进程中做大设施农业产业，以项目进展争取上级政策和资金支持；在精准扶贫路上既发展壮大实力，又带动贫困群众摘掉“穷帽子”。

【金润源科技服务】 鄂托克前旗金润源农牧业科技服务有限公司，成立于2014年11月，公司位于城川镇高潮畔村，注册资金1500万元。该公司是集节水灌溉管道及设施生产、果蔬育苗、观光农业、设施农业于一体的农牧业科技服务企业。

公司已投资近2000万元用于基础设施建设。公司占地14公顷，有13980平方米的节水灌溉管道加工厂房，有加工生产线7条，包括滴灌带生产线4条、造粒生产线1条、粉碎清洗车间生产线1条、PE软管生产线1条；有3200平方米村企合署综合服务中心楼1座，员工宿舍780平方米；厂区道路硬化1.26万平方米，绿化6000平方米；有果蔬育苗基地1处，建成塑料拱棚20座，5200立方米的蔬菜保鲜库1座。

公司已与内蒙古自治区农牧科学院，鄂尔多斯市、鄂托克前旗有关农牧业技术推广部门达成技术合作协议。项目采用国内先进的果蔬高效栽培技术，包括设施建设、土壤基质配比、株型调控技术、水肥一体化技术、病虫害防治技术等。

公司实施“公司+基地+农户”连市场的经营模式，2021年建设10栋日光温室、8栋大棚共4公顷果蔬育苗基地，年产2400万株果蔬苗木。建成规模化果蔬种植示范基地以及果蔬育苗、观光农业、设施农业于一体的农牧业科技服务企业。

【可汗苏力迪乳制品】 鄂托克前旗可汗苏力迪乳制品有限责任公司成立于2012年4月，位于敖勒召其镇文化产业园内，注册资金500万元，建成年产值达5000余万元的固态乳制品生产线和奶茶粉生产线，公司总资产达2800万元，固定资产达1930万元，实现年销售额3600余万元。

可汗苏力迪商标荣获“内蒙古著名商标”的荣誉称号，可汗苏力迪奶酥荣获“内蒙古名牌产品”荣誉称号。

【劲牛现代农牧业】 内蒙古劲牛现代农牧业开发有限公司成立于2016年6月，位于敖勒召其镇，注册资金1000万元，是集种养殖业、旅游观光、物流储运、农畜产品深加工为一体的集团化运营公司，是全市农牧业龙头企业。公司推行“企业+支部+合作社+农牧户”的利益链结构及肉牛产业联盟。2020年已完成肉牛养殖基地建设工程项目16万平方米，草场533公顷、饲草料基地66.7公顷，牛棚10000平方米、草棚2000平方米、青储窖7500立方米，现肉牛存栏量达2000余头，计划建设可加工肉产品5000吨工厂，可帮助近百名贫困人口稳定就业，带动农牧民发展肉牛养殖产业。

三段地分公司一期项目占地面积11.47万平方米，项目投资5000万元，建设期限1.5年，规划建设智能温室、四季日光温室、果蔬种植大棚、休闲农业观光大棚、智慧农业展厅、高新技术研学区、“互联网+”大数据平台、农产品深生产加工车间、办公生活区等基础设施，配套打造一条以红色旅游为主题的商业街。

天牧绒毛制品分公司项目总投资16000万元，总占地面积7.52公顷，新建选绒车间、洗绒车间、梳绒车间各1间，新建原绒储藏库、无毛绒储藏库，配套相关设备及污水处理设施。项目建成后年加工50万张绵山羊皮、分疏500吨绒毛纺纱，提供就业岗位100多人次。该项目的实施在促进园区产业聚集的同时增加地方税收、就业岗位，缓解全旗乃至周边地区农牧民农畜产品销售难价格低的问题。

企业通过市场辐射带动，加快产业结构调整，构建起“技术+服务+市场”型利益联结机制，让优质农畜产品对接市场、找准市场，带动农牧民持续增收；让市场吸附在农牧业产业链上，树立地区农畜产品品牌，通过优质品牌产品输出不断扩大市场的区域影响力。

【内蒙古派尔康生态发展有限公司】 内蒙古派尔康生态发展有限公司成立于2010年9月，位于昂素镇毛盖图社区，注册资金500万元。自有种植基地储备353公顷，主营麻黄草种植、加工、收购和销售业务，从事以麻黄草和螺旋藻为主的中药材、保健品的种植、加工、销售工作。

公司立足于现代农牧业种植养殖项目，已开发建成优质麻黄草基地53公顷、无公害螺旋藻养殖池20万平方米，麻黄草加工车间400平方米，成品库房650平方米，具有产地加工条件，可年加工和储存麻黄绿成品600吨。

公司有存栏优质杂交母羊400多只，年产羔羊600多只，每年可为公司带来70余万元销售收入。

【双丰农牧业】 鄂托克前旗双丰农牧业有限公司是由旗双丰种养殖场发展而来，成立于2014年8月，位于敖勒召其镇北，地理位置优越、交通便利、水资源丰富、电力充沛，形成种、养一体化，规划合理、设备齐全、规模较大的集约化种养殖基地。

已建成高标准饲草料基地30.7公顷（其中种植紫花苜蓿13公顷、玉米14公顷、精饲料3.3公顷），育苗基地3.7公顷，办公室及工人宿舍1500多平方米，人畜饮水工程1处，铺设节水管道1500米，配套机电井4眼，安装喷灌机具30台（套）。

建设标准化猪养殖棚圈7000多平方米（其中标准生产棚舍5750平方米、饲草料加工车间1250平方米），配置饲草料加工机具2台（套），建成标准化养殖棚圈牛舍、羊舍14080平方米，年出栏牛1000头、出栏羊10000只、猪出栏10000头。

【亦禾农牧业经济专业合作社】 鄂托克前旗亦禾农牧业经济专业合作社于2009年11月18日成立，注册资金5000万元，位于昂素镇阿日赖嘎查。合作社有草牧场3333公顷。养殖区占地面积10公顷，其中标准化羊舍31500平方米，标准化牛舍4800平方米，年出栏羊10000只、牛500头；已经投资1.6亿元，固定资产1.39亿元，实现利润1100万元。

合作社按照“公司+合作社+农牧户”的运作机制，建设特色种植、高效养殖、田园观光经济基地。合作社规划建设“六个区”，即种植区、养殖区、饲草料加工区、农机合作服务区、田园观光区、草原生态区。合作社秉承“合作共赢”，坚持以科学发展观为理念，按照布局基地化、投资多元化、受益大众化、生活标准化、配套规模化、经济循环化、环境清洁化、运作市场化的“八化”模式，以转移农牧民创业、就业、发展为核心，强化基地建设，配备现代装备先进要素，重点发展无公害、绿色生态种养业，促进现代农牧业的畜产加工产业化发展，形成“一带一路”产业链条，将合作社建设成为全市乃至全区的农牧业示范基地。

【欣大农牧业】 鄂托克前旗欣大农牧业开发有限责任公司成立于2011年5月，位于敖勒召其嘎查，注册资金781.25万元。经营范围涉及肉羊肉牛养殖、种畜繁殖、饲草料加工、林木繁育、节水灌溉设备生产、贸易、仓储物流等多个领域。

【晋宏德养殖公司】 鄂托克前旗晋宏德养殖有限公司（以下简称公司）成立于2015年1月14日，位于敖勒召其嘎查红旗社，注册资金100万元，是集种植、养殖、加工、销售，有机肥料开发与销售，农业技术开发与技术服务为一体的综合农牧业企业。公司占地53公顷。

公司通过种植有机饲草料培育牛羊，每年向市场提供高品质牛羊肉30—40吨，销往山东、广东、北京等地；年产优质牧草1000吨，销售渠道稳定；牛羊肉及牧草供不应求，市场前景良好。

【丰农粮食储备】 鄂托克前旗丰农粮食储备有限公司，是鄂托克前旗唯一一家国有独资粮食购销企业，其前身是鄂托克前旗城川粮站，2021年4月，依据鄂托克前旗国有企业改制方案，旗丰农粮食储备有限公司由旗粮食储备库、旗查干陶勒盖粮站、旗芒哈图粮站三家国有粮站重组为有限公司，注册资金1568万元，占地面积5.2万平方米，有效仓容3万吨，是承担各级政策性粮食储备及成品粮油储备、贸易粮购销、平抑地方市场粮价及保供稳价等职能。

【汇能工贸】 鄂托克前旗汇能工贸有限公司成立于2015年10月份，位于城川镇麻黄套村，注册资金2000万元，总占地面积46809平方米，主要服务于马铃薯储存、蔬菜冷藏、信息服务、物流周转、玉米烘干、农牧业技术指导、农业经济作物种植、精品水果种植销售等业务；根据企业发展状况及经营范围，将企业的主要盈利模式划分为农产品种植、加工销售、仓储服务。

公司在城川镇麻黄套村建成农畜产品交易市场，包括马铃薯储存库1500平方米、包装办公间308平方米、市场交易大棚1600平方米、冷库800平方米、磅房和餐饮住宿200多平方米、玉米烘干塔及配套仓库3000平方米，已全部投入使用并取得良好的经济效益。

【草原侠食品】 鄂尔多斯市草原侠食品有限公司简称“草原侠食品”，成立于2019年5月，位于敖勒召其镇，注册资金500万元，是一家以“鄂托克前旗羊肉”为主，集牛羊养殖、鲜肉分割、熟食加工、乳品生产、冷链物流为一体的食品生产、加工、销售企业。

草原侠食品是“鄂托克前旗羊肉”地标品牌授权使用企业，鄂托克前旗职业中学产教融合、“产、学、研”实训基地，标杆基层供销社合作企业，市级农牧业产业化经营重点龙头企业，企地合力助推消费帮扶突出贡献企业，内蒙古农业大学食品科研成果转化基地。拥有草原侠、牧藏鲜、蒙味轩、蒙食圈、酷妹、西三旗等注册商标。与多家村集体、合作社联合助力乡村振兴，带动农牧民共同发展，全力打造“蒙食圈”线上平台及线下体验店，整合优质草原农牧产品推向全国。已在鄂托克前旗、鄂托克旗、伊金霍洛旗、康巴什、东胜区、呼和浩特、北京等地设立草原侠食品直营店—蒙食圈，并以社区为单位快速发展“驿站”，力争实现将地道草原食材和美食送到客户家门口。

【三牛农林牧】 鄂尔多斯市三牛农林牧有限公司成立于2020年8月，位于城川镇麻黄套村，注册资金1000万元，属于鄂尔多斯市农牧业重点龙头企业，是一家集农业种植、牲畜养殖、农畜产品加工销售、农林牧技术试验示范推广、苗木种植及销售、观光农业、果蔬采摘储藏为一体的现代农林牧业综合发展企业。

公司已投资2000多万元建成脱水蔬菜加工厂，建成土豆、胡萝卜、南瓜、辣椒、香葱、香菜、甘蓝、大蒜、芹菜、香菇等蔬菜烘干设备自动生产线。

【沙头酒业】 内蒙古沙头酒业有限责任公司于1992年在敖勒召其镇注册成立，注册资金1000万元；前身是国营鄂托克前旗制酒厂，始建于1986年；占地总面积2万多平方米。

公司年生产优质纯粮原酒能力800吨，产成品优质纯粮白酒能力25万件，实际年销售额500万元。有直营店16家，遍布全市各旗区及呼和浩特市、包头市、乌海市，以及宁夏、陕西、甘肃周边省区。

【瑞祥农牧产品开发】 鄂托克前旗瑞祥农牧产品开发有限公司成立于2016年6月，位于敖勒召其镇，注册资金500万元，拥有自然草原牧场3.3公顷，主要以牛羊养殖、冷鲜牛羊肉加工、预制菜制作销售为主，是“鄂托克前旗羊肉”地标品牌授权使用企业。

打造“偶宣”预制菜品牌，采用古法铁锅炖肉工艺，年产量40吨，销往北京、深圳以及宁夏等地。在鄂托克前旗、东胜以及北京拥有直营店3家。

【科兴农牧业】 鄂托克前旗科兴农牧业有限责任公司成立于2010年3月，位于敖镇乌兰新区，注册资金50万元。经营范围包括牲畜养殖、农业种植；农畜产品购销；场地租赁；农牧业信息技术咨询服务（分支机构经营）；设施农业；农业机械服务；观光旅游，农畜产品冷藏、冷冻、保鲜、加工服务；房屋建筑工程施工；钢结构制作安装，制冷设备销售、安装、维修。鄂托克前旗科兴农牧业有限责任公司具有3处分支机构。

公司2012年投资建设城川镇农畜产品交易市场，总投资2980万元，综合占地面积16.2公顷，建筑面积6600平方米，货物仓储能力达8000吨，货物吞吐量5万吨，建成冷链库17门；公司2016年投资850万元建成冷链库15门，占地1440平方米，总容量5000立方米，有效解决了农副产品交易储藏库不足问题；该市场主要有六大功能区：农产品交易区，建有储藏库、保鲜库、交易大棚、地磅；牲畜交易区，建有牲畜交易大棚、动检室，用于禽类和大小活畜交易；农资交易区，建有肥料交易大棚、农药交易区等；农机局销售维修区，并配套公共信息服务平台和农畜产品检测检疫设备区；客商住宿区，方便外来客商洽谈交易；农牧民培训基地，帮助农牧民推广应用更多农牧业技术。

合作社

【鄂托克前旗三段地活畜交易市场服务有限公司】 鄂托克前旗三段地活畜交易市场服务有限公司成立于2018年8月20日，主要经营范围为农牧业生产资料销购；农畜产品生产、销售；活畜交易；农资，农机、农具、化肥、农药销购；日常消费品销购；五金销售；农牧业信息科技服务；电子商务；物流服务；配送经营；旗供销社授权范围内的本级社有资产管理及运营；种养殖；农田草牧场托管；农牧业种养殖技术培训；企业管理人员培训；提供劳务服务。

【鄂托克前旗城川供销有限公司】 鄂托克前旗城川供销有限公司成立于2021年12月21日。主要经营范围为食品销售；酒类经营；食盐批发；农作物种子经营；农药零售；烟草制品零售；再生资源销售；日用品百货销售；烟草制品零售；再生资源销售；日用百货销售；针纺织品销售；鞋帽零售；家居用品销售；日用家电销售；五金产品零售；建筑材料销售；日用杂品销售；棉、麻销售；家用电器销售；电线、电缆经营；建筑装饰材料销售；化肥销售；农业机械销售；金属工具销售；农产品的生产、销售、加工、运送、贮藏及其相关服务。

【鄂托克前旗上海庙供销有限公司】 鄂托克前旗上海庙供销有限公司成立于2021年12月21日。主要经营范围为食品销售；酒类经营；食盐批发；农作物种子经营；农药零售；烟草制品零售；再生资源销售；日用品百货销售；烟草制品零售；再生资源销售；日用百货销售；针纺织品销售；鞋帽零售；家居用品销售；日用家电销售；五金产品零售；建筑材料销售；日用杂品销售；棉、麻销售；家用电器销售；电线、电缆经营；建筑装饰材料销售；化肥销售；农业机械销售；金属工具销售；农产品的生产、销售、加工、运送、贮藏及其相关服务。

【阿勒台农牧业专业合作社】 鄂托克前旗阿勒台农牧业专业合作社成立于2011年7月6日，位于上海庙镇阿勒台嘎查，是农牧民专业互助性组织，成员6户，户均草牧场260公顷、羊300多只。主要经营范围为农业种植、牲畜养殖、农畜产品购销。合作社以“合作社+基地+农牧户”的模式运作，主要以纯天然散养的养殖方式保障羊肉的品质，采取统一规划、统一经营、统一管理、统一销售的方式，带动农牧民从“小生产”走向“大市场”，从分散经营走向专业合作经营。

合作社主要产品有活羊，冷冻、冷鲜羊肉，风干羊肉，羊绒、羊皮，羊粪有机肥等。计划在实有1500只基础母羊的基础上扩繁到3010只、种公羊40只，年繁育肉羊4966只，年出栏商品羊4500只，羊绒1220千克，实现产值535.83万元，利润75.61万元，投资利润率28.75%。直接带动100户养殖户，每户增收1万元，间接带动150户，户均增收0.5万元。

2021年，出栏销售肉羊420只，实现销售收入25万元，盈利11万元。

【孟克苏荣格牧业专业合作社】 鄂托克前旗孟克苏荣格牧业专业合作社成立于2009年1月，位于城川镇阿日勒嘎查。合作社的主导产品是牛羊肉畜产品生产销售，生产牛羊鲜肉、自然风干牛羊肉、土特产等，经营实体店及网络销售覆盖内蒙古、宁夏、山西、北京等地。

合作社由5户农牧民组成。有草牧场1200公顷、配备农牧业机械成套设备，养殖棚圈830平方米，大型喷灌6套，种植美国产优特西紫花苜蓿草33公顷，养殖萨福克、道赛特品种肉羊300只，本地肉羊900只；西蒙特、黑安格斯、河牛等品种肉牛80头，本地肉牛100头。2015年1月，成功注册“孟克苏荣格”商标。

积极鼓励周边农牧民参与合作经营，计划发展优良牧草基地66.7公顷，新建养殖棚圈1600平方米，营销品牌肉羊1500只，发展西蒙特、黑安格斯、河牛等500头。

2021年，出栏销售肉牛70头、出栏销售肉羊600只，实现销售收入102万元，盈利50万元。

【赛外羊产业专业合作社】 鄂托克前旗赛外羊产业专业合作社成立于2012年6月26日，位于敖勒召其镇三段地社区。主要经营肉羊、肉牛养殖销售，2017年出栏销售肉牛60头、肉羊5000只，实现销售收入300万元，盈利82.5万元。

合作社由7户农牧民组成，有饲草料基地20公顷，建成标准化养殖圈棚6处6000平方米，资产总额652.3万元。

2021年，出栏销售肉牛8头、肉羊1100只，实现销售收入75万元，盈利14万元。

【阿塔尔民族特色食品专业合作社】 鄂托克前旗阿塔尔民族特色专业合作社成立于2015年3月，养殖基地位于城川镇呼和陶勒盖嘎查，生产加工销售基地位于敖勒召其镇职中规划区，主要经营风干牛羊肉、乳制品、米面熟制品的制作销售和民族用品销售。

合作社有成员6户，拥有草牧场800公顷，水浇地53公顷，建成养殖棚圈800平方米、储草棚300平方米，青贮窖400立方米，冷库及风干肉晾晒场400平方米，养殖肉羊1200只、肉牛300头。

合作社采用合作社+基地+牧户的运行模式，实行统一规划、统一标准建设、统一管理、统一承包经营、统一加工销售，从品种选育、饲养品质、环境保护、疾病控制等方面按标准对生产技术进行全程控制。

2021年，出栏销售肉牛62头、肉羊428只，猪肉53吨，实现销售收入215万元，盈利53万元。

房地产

【中智房地产】 鄂尔多斯市中智房地产开发有限责任公司成立于2010年1月15日，注册资金1000万元，是在原内蒙古旗王贡酒业有限责任公司的基础上组建的新型房地产开发企业，主要以经营房地产开发建设、市政道路建设为主，是内蒙古自治区建设厅核准的房地产开发企业和物业管理企业，也是旗本地综合实力最强、发展规模最大的民营企业之一。

公司开发建设有敖勒召其镇中智佳苑高档综合商住小区项目，一期总建筑面积3.8万多平方米；中智豪邸精品住宅小区8万平方米；承建旗第二期廉租房1.5万平方米；中智华府小区7.3万平方米。

盐业

【北大池盐湖】 北大池盐湖位于鄂托克前旗城川镇大池村，总面积39平方千米，实际有矿面积19平方千米，总资源量1100万吨左右，其中原盐总资源量350多万吨、芒硝总资源量650多万吨、镁盐总资源量100多万吨。北大池湖盐纯天然、无污染。

北大池盐湖开采已有几千年历史，最早在唐史中有记载，在清同治十三年（1874年），鄂尔多斯七旗地图在其右翼中旗标有“白池”，即为北大池。在中共陕甘宁边区建立以后，王震将军带领三五九旅2000多名战士边保卫盐湖边搞生产，为边区军民食用盐供给作出很大贡献。

【内蒙古北大池湖盐有限责任公司】 公司前身为鄂托克前旗北大池盐场。1958年在北大池成立鄂托克旗国营盐场，1997年盐场交由伊化集团管理经营，1998年组建鄂托克前旗兴盛盐化有限责任公司，2005年6月由国有有限责任公司转制为民营化有限责任公司，2018年12月19日公司更名为内蒙古北大池湖盐有限责任公司。公司注册资本3825万元；公司机构设综合办公室、生产部、质量检验部、财务部、采购供应部、销售部、安全环保部、生产车间（原料车间、洗盐车间、小包装车间）；公司有员工58名，其中管理岗位10名、生产人员48名。

公司是国家99家食盐定点生产企业之一，也是鄂尔多斯市唯一食用盐定点生产企业。一直以来，北大池湖盐与中国海湖盐研究中心合作，致力于“晶湖”牌系列食用盐的研发与推广，在绿色环保、节能减排等方面作出积极的贡献；公司拥有绿色食用盐基地80公顷，2006年通过ISO 9001:2000质量体系认证，2015年成功申报“晶湖”牌粉洗精盐（加碘）、日晒盐为绿色食品A级产品标志。公司连续多年被授予“鄂托克前旗重点企业”“先进企业”“感恩奉献回报社会示范企业”“诚信企业”“优秀私营企业”等，“晶湖”牌亦是鄂尔多斯知名商标。同时，企业还拥有“百味祖”“藏亿盐”“盐可味”“乐壹碘”“佳乐佳”等六大品牌。

2021年年底，公司存有原料盐75000吨、半成品盐850吨，主要产品有工业盐、饲料添加剂氯化钠、融雪剂、400克加碘/无碘晶湖、400克围裙版系列等。